Fundamentos da
Administração Estratégica
2ª edição

EDITORA AFILIADA

G187f Gamble, John E.
　　　　Fundamentos da administração estratégica : a busca pela vantagem competitiva / John E. Gamble, Arthur A. Thompson Jr. ; tradução: Maria Lúcia G. L. Rosa ; revisão técnica: Adalberto Fischmann, Eduardo Armando. – 2. ed. – Porto Alegre : AMGH, 2012.
　　　　xxiv, 350 p. : il. color. ; 28 cm.

　　　　ISBN 978-85-8055-088-7

　　　　1. Administração – Estratégias. I. Thompson, Arthur A. Jr. II. Título.

　　　　　　　　　　　　　　　　　　　　　　　　　　CDU 005.21

Catalogação na publicação: Fernanda B. Handke dos Santos – CRB 10/2107

Fundamentos da Administração Estratégica

2ª edição

A busca pela vantagem competitiva

John E. Gamble
University of South Alabama

Arthur A. Thompson Jr.
University of Alabama

Tradução
Maria Lúcia G. L. Rosa

Revisão técnica
Adalberto Fischmann
Professor Titular da Faculdade de Economia,
Administração e Contabilidade da USP/SP

Eduardo Armando
Professor de Administração e Negócios da FIA/SP

McGraw Hill | bookman

AMGH Editora Ltda.
2012

Obra originalmente publicada sob o título
Essentials of Strategic Management: The Quest for Competitive Advantage, 2nd Edition
ISBN 0078137144 / 9780078137143

Original English edition copyright © 2011, The McGraw-Hill Companies, Inc., New York, New York 10020. All rights reserved.

Capa: *Consolo & Cardinali (arte sobre original)*

Preparação de originais: *Entre Letras Comunicações*

Leitura final: *Lucas Cartaxo*

Gerente editorial CESA: *Arysinha Jacques Affonso*

Coordenadora editorial: *Viviane R. Nepomuceno*

Assistente editorial: *Caroline L. da Silva*

Editoração: *Triall Composição Editorial Ltda*

Reservados todos os direitos de publicação, em língua portuguesa,
à AMGH Editora Ltda., uma parceria entre GRUPO A EDUCAÇÃO S.A. e McGRAW-HILL EDUCATION.
Av. Jerônimo de Ornelas, 670 – Santana
90040-340 – Porto Alegre – RS
Fone: (51) 3027-7000 Fax: (51) 3027-7070

É proibida a duplicação ou reprodução deste volume, no todo ou em parte,
sob quaisquer formas ou por quaisquer meios
(eletrônico, mecânico, gravação, fotocópia, distribuição na Web
e outros) sem permissão expressa da Editora.

Unidade São Paulo
Av. Embaixador Macedo Soares, 10.735 – Pavilhão 5 – Cond. Espace Center – Vila Anastácio
05095-035 – São Paulo – SP
Fone: (11) 3665-1100 Fax (11) 3667-1333

SAC 0800 703-3444 – www.grupoa.com.br

IMPRESSO NO BRASIL
PRINTED IN BRAZIL

Os autores

John E. Gamble é livre-docente do Mitchell College of Business na University of South Alabama. Possui especialização como docente nos Estados Unidos em administração estratégica, e também conduz um curso na mesma área na Alemanha, patrocinado pela Universidade de Ciências Aplicadas em Worms.

Os interesses de pesquisa de Gamble concentram-se em questões estratégicas nas áreas de empreendedorismo, saúde e processos de fabricação. Seu trabalho foi publicado em vários periódicos acadêmicos e é autor ou coautor de mais de 50 estudos de caso publicados em diversos textos de administração e marketing estratégico. Ele também já atuou como consultor em análise setorial e de mercado para clientes em diversos segmentos de atuação.

O professor Gamble recebeu o título de doutor em Administração pela University of Alabama em 1995; ele também é bacharel em Ciências e mestre em Artes pela University of Alabama.

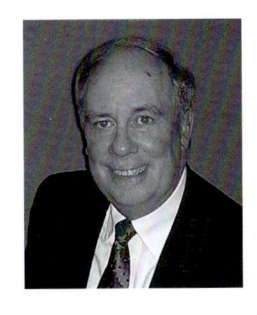

Arthur A. Thompson Jr. é bacharel em Ciências e Ph.D. em Economia pela University of Tennessee, passou três anos na Faculdade de Economia no Virginia Tech e durante 25 anos fez parte do corpo docente da Faculdade de Comércio e Administração da University of Alabama. Em 1974 e também em 1982, Thompson tirou licença de um semestre e realizou pesquisas como professor visitante na Harvard Business School.

Suas áreas de especialização são estratégia de negócios, análise da concorrência e de mercado e economia de empresas. Possui mais de 30 artigos publicados em 25 periódicos dirigidos a diferentes perfis de público e é autor ou coautor de cinco livros-texto e seis exercícios de simulação apoiados por computadores utilizados em faculdades e universidades de todo o mundo.

Quando não está na universidade, Thompson faz apresentações, cria programas de desenvolvimento administrativo, faz consultorias e ajuda a administrar uma empresa de simulação de negócios da qual é o principal sócio.

Prefácio

Os destaques desta segunda edição de *Fundamentos da Administração Estratégica* são a cobertura sólida e concisa dos conceitos da administração estratégica e uma coletânea de casos interessantes. Este livro responde às crescentes solicitações feitas pelos docentes do curso de administração por um tratamento conciso, conceitualmente forte em relação aos princípios da administração estratégica e por uma abordagem analítica que retrate discussões objetivas, exemplos oportunos e um estilo de redação que estimule o interesse dos estudantes. Esta edição foi elaborada com quatro objetivos em mente:

1. Engajar totalmente os estudantes no aprendizado do que todo aspirante a gestor precisa saber sobre a teoria e prática da administração estratégica.
2. Fornecer um conjunto atraente de casos contemporâneos que envolvam questões estratégicas fundamentais e ofereçam aos estudantes amplas oportunidades de aplicar o que leram nos capítulos.
3. Complementar o estudo com exercícios de aplicação prática na simulação de estratégias de negócio.
4. Simplificar o aprendizado do estudante mediante a conclusão de avaliações em cada capítulo.

Mudanças, aprimoramentos e aspectos diferenciadores

Como em qualquer revisão profunda, algumas partes dos capítulos foram editadas e outras, ampliadas. As mudanças mais visíveis estão na ordem dos capítulos, que foi alterada para corresponder à organização da 17ª edição de nosso texto completo, *Crafting & Executing Strategy*, e na inclusão de um novo capítulo para examinar as estratégias de negócio usadas para suplementar a estratégia competitiva escolhida. Como sempre, muitos esforços foram feitos para refinar as explanações de conceitos fundamentais e das ferramentas analíticas, atualizar e renovar exemplos e incluir conclusões de pesquisas mais recentes, pertinentes a um primeiro curso sobre estratégia. O caráter fundamental desta segunda edição está alinhado com o melhor pensamento acadêmico e prática de administração contemporânea.

Um conjunto de 15 casos diversos, atuais, bastante elaborados e muito interessantes, complementa o livro[*]. Todos os casos estão estreitamente vinculados ao conteúdo dos dez capítulos, estimulando os estudantes a aplicar os conceitos e ferramentas de análise tratados. Nove dos 15 casos foram escritos pelos coautores, para ilustrar ferramentas específicas de análise ou distinguir teorias de administração estratégica. Os demais seis casos que não escritos pelos coautores foram escolhidos por sua ligação com os conceitos de administração estratégica apresentados nesta obra.

Os capítulos têm estrutura relativamente curta, dando aos estudantes mais tempo para explorar a melhor maneira de utilizar e aplicar seu material, elaborando de fato

---

[*] N. de E.: Nesta edição brasileira publicamos apenas cinco casos que julgamos os mais interessantes para estudo em sala de aula. Os outros dez casos (em português) estão disponíveis no *site* www.grupoa.com.br.

uma estratégia para sua empresa e adquirindo mais conhecimentos sobre como tomar boas decisões. Além disso, cada capítulo contém um exercício de aplicação prática destinado a promover a ligação entre os conceitos gerenciais estratégicos apresentados e os desafios de tomada de decisões necessários para gerenciar uma empresa em um mercado globalmente competitivo.

Nossas experiências como docentes do curso de administração nos permitem entender plenamente as exigências de avaliação dos cursos de administração estratégica ministrados na faculdade. Em muitas instituições, cursos interdisciplinares surgiram como a forma lógica de se avaliar se os objetivos de aprendizagem do programa foram atingidos pelo estudante. *Fundamentos da Administração Estratégica* inclui inúmeros exercícios de reforço do aprendizado no final de cada capítulo, os quais podem ser usados como base para uma discussão em classe ou para comprovar o aprendizado do estudante por meio de respostas por escrito e/ou apresentações de grupo. Os professores podem facilmente atribuir pontos pelo aproveitamento dos estudantes nos exercícios de reforço da aprendizagem e utilizá-los na avaliação dos resultados de aprendizado do programa ou do curso.

Há ainda uma série de materiais de apoio no pacote de recursos do professor que darão enorme flexibilidade na composição do curso e um excelente conjunto de ferramentas de ensino/aprendizagem[*].

Diferenciação dos outros livros-texto

Três aspectos diferenciam claramente este livro dos demais, nessa área:

1. *A forma como a teoria baseada em recursos é tratada nesta edição é insuperável por qualquer outro texto importante sobre estratégia.* Os princípios e conceitos de RBV (Visão Baseada em Recursos, do inglês *Resources Based Vision*) são integrados de modo abrangente e com destaque quando tratamos da elaboração de estratégias para um único ou para vários negócios. Nos Capítulos 1 a 8, é enfatizado repetidamente que a estratégia de uma empresa deve estar associada *não só* às circunstâncias externas de mercado *mas também* aos seus recursos internos e competências competitivas. Além disso, a apresentação da execução da estratégia (Capítulo 10) teve uma perspectiva RBV incorporada para tornar inequivocamente claro como e por que as tarefas de formação de capital intelectual e de construção de capacidades dinâmicas e competências essenciais (*core competencies*) são absolutamente fundamentais para a boa execução da estratégia e a excelência operacional.

2. *A forma como a ética nos negócios, a responsabilidade social e a sustentabilidade ambiental são tratadas é imbatível por qualquer outro texto sobre condução estratégica.* Nesta nova edição, acrescentamos detalhes ao Capítulo 9, "Estratégias de ética empresarial, responsabilidade social corporativa e sustentabilidade ambiental", de modo que ele possa preencher melhor as importantes funções de (1) alertar os estudantes sobre o papel e a importância da tomada de decisões socialmente responsáveis, e (2) tratar das exigências da AACSB International[**], de que a ética empresarial faça parte do currículo básico e seja tratada com destaque. Além disso, do Capítulo 2 ao 10 foram

---

[*] N. de E.: Esse material complementar, além dos demais apresentados nas páginas posteriores, estão disponíveis no *site* www.grupoa.com.br. Lá constam materiais em português e inglês.

[**] N. de E.: AACSB International – The Association to Advance Collegiate Schools of Business. Instituição que atribui importante certificação para as escolas de negócios.

incorporadas discussões sobre a importância de padrões altamente éticos para reforçar ainda mais por que e como considerações relacionadas à ética, responsabilidade social e sustentabilidade deveriam figurar com destaque na tarefa gerencial de elaborar e executar as estratégias da empresa.

3. *O conjunto de casos desta segunda edição é realmente de primeira linha*, por serem atraentes aos estudantes, fáceis de ensinar e adequados para treiná-los na aplicação dos conceitos e tratamentos analíticos dos Capítulos de 1 a 10.

Organização, conteúdo e aspectos dos capítulos

A seguir resumimos o assunto principal de cada capítulo:

- O Capítulo 1 foca três questões centrais: *"Qual é a nossa situação atual?"*, *"Qual a direção que desejamos seguir?"* e *"Como vamos chegar lá?"*. Ao colocarmos essas perguntas no contexto da estratégia empresarial, introduzimos os estudantes às abordagens básicas para a formação da vantagem competitiva e os elementos fundamentais da estratégia de negócio. Seguindo a pesquisa pioneira de Henry Mintzberg, também ressaltamos por que a estratégia de uma empresa é em parte planejada e em parte reativa, e por que ela tende a evoluir com o tempo. O capítulo também discute por que é importante para a empresa *ter um modelo de negócio viável* que descreva a proposição de valor da empresa, sua fórmula de lucro e os recursos e processos fundamentais exigidos para criar e oferecer valor ao cliente.

- O Capítulo 2 expõe um *processo de administração em cinco etapas* e examina o papel da liderança para definir a direção da empresa no longo prazo, elaborar sua estratégia e conduzir o processo de execução. São introduzidos conceitos fundamentais como visão estratégica, declaração da missão, objetivos estratégicos *versus* objetivos financeiros, estratégia empresarial e estratégia corporativa. O tratamento dado no capítulo sobre como estabelecer objetivos é baseado nos princípios de *Balanced Scorecard* (metodologia de medição e gestão de desempenho), desenvolvido pelos professores da Harvard Business School, Robert Kaplan e David Norton. A responsabilidade do gerenciamento sênior de conduzir o desenvolvimento de competências competitivas, mostrar integridade ética e conduzir iniciativas de responsabilidade social está inserida em nossa discussão sobre *liderança estratégica*. O capítulo termina com uma seção sobre as condições para a *boa governança corporativa* e examina condições que levaram à falhas na governança corporativa de algumas empresas e que foram bastante divulgadas pela mídia.

- O Capítulo 3 introduz as ferramentas analíticas conhecidas atualmente e os conceitos de análise setorial competitiva, e também demonstra a importância de se ter uma estratégia adequada, de modo a se encaixar às circunstâncias do setor e do ambiente competitivo da empresa. *O destaque deste capítulo é uma apresentação do "modelo das cinco forças", de Michael Porter,* que acreditamos ser uma discussão mais clara e direta do que qualquer texto da área.

- O Capítulo 4 apresenta *a visão da empresa baseada em recursos* e discute de modo convincente por que a estratégia de uma empresa deve ser construída em torno de suas competências e de seus recursos valiosos do ponto de vista competitivo. Nossa discussão é estruturada pelos princípios do modelo VRIO (segundo o qual um recurso, para que seja potencialmente gerador de vantagem competitiva, deve ser: Valioso; Raro; Imperfeitamente imitável; Organizacionalmente não substituível). A análise SWOT é tida como uma forma simples e fácil de se inventariar os recursos e a situação geral de uma empresa. Há uma cobertura sólida da análise da cadeia de valor, *benchmarking* e avaliações dos pontos fortes competitivos – ferramentas-padrão para avaliar a posição de custo relativa de uma empresa e sua posição de mercado perante os concorrentes.

- O Capítulo 5 trata da busca pela vantagem competitiva de uma empresa, e é estruturado em torno das *cinco estratégias competitivas genéricas* – estratégia provedora de custos baixos, estratégia provedora de diferenciação ampla, estratégia direcionada ou focada para custos baixos, estratégia direcionada ou focada para diferenciação e estratégia provedora do melhor custo.

- Um Capítulo 6 inteiramente novo trata das *opções de estratégias empresariais* disponíveis para complementar a estratégia competitiva básica de uma empresa e aprimorar sua posição de mercado. As vantagens e desvantagens de estratégias ofensivas (incluindo os benefícios de uma estratégia "Blue Ocean" (oceano azul)), estratégias defensivas, estratégias "o primeiro a agir", os "seguidores rápidos" e "o último a agir" são discutidas. O capítulo apresenta seções sobre o que usar para fazer alianças estratégicas e parcerias; estratégias de fusão e aquisição; estratégias de integração vertical e estratégias de terceirização.

- O Capítulo 7 explora toda a gama de opções estratégicas para competir em mercados internacionais: estratégias de exportação, licenciamento e franquia; estratégias locais para cada país; estratégias globais e estratégias colaborativas, envolvendo a forte dependência em alianças estratégicas e *joint ventures*. Há ainda cobertura das considerações estratégicas em mercados internacionais, inclusive uma discussão das características singulares da competição em mercados emergentes. Tópicos-chave na discussão de como usar melhor as operações internacionais para aprimorar a competitividade geral incluem vantagens na localização, na coordenação internacional e no uso de santuários de lucro para estratégias ofensivas.

- O Capítulo 8 examina estratégias para construir valor ao acionista em empreendimentos que abrangem vários negócios. Tópicos de estratégia corporativa tratados no capítulo incluem métodos para entrar em novos negócios, diversificação relacionada, diversificação não relacionada, diversificação relacionada e não relacionada combinada e opções estratégicas para aprimorar o desempenho geral de uma empresa já diversificada. O foco analítico do capítulo está baseado nas técnicas e procedimentos para avaliar um portfólio de negócios diversificados de uma empresa – a atratividade relativa dos vários setores em que a empresa se diversificou, a força competitiva da empresa em cada uma das linhas de negócio e a adequação entre as *estratégias* e os *recursos* dos diferentes negócios de uma empresa diversificada. O capítulo conclui com uma breve pesquisa das quatro principais alternativas estratégicas pós-diversificação: (1) manter os vários negócios existentes; (2) ampliar a base de diversificação; (3) alienar alguns negócios e recuar para uma base de diversificação mais limitada; e (4) reestruturar a composição do conjunto de negócios da empresa.

- O Capítulo 9 reflete o que é mais recente na literatura sobre (1) *o dever de uma empresa de operar de acordo com padrões éticos*; (2) *a obrigação de uma empresa de demonstrar comportamento socialmente responsável e cidadania corporativa*; e (3) *por que as empresas estão limitando as iniciativas estratégicas àquelas que atendem às necessidades dos consumidores de um modo que proteja recursos naturais e sistemas de apoio ecológico necessários às futuras gerações*. A seção de abertura do capítulo descreve os propulsores de estratégias e comportamentos empresariais antiéticos, além de discutir um caso empresarial para apoiar um forte compromisso com a ética empresarial.

Essa discussão inclui abordagens para assegurar padrões éticos consistentes para empresas com operações internacionais. A seção é seguida por uma discussão sobre *as teorias da responsabilidade social corporativa e de cidadania corporativa* e os esforços crescentes de corporações em vários setores para limitar as estratégias e práticas operacionais àquelas que são *sustentáveis do ponto de vista ambiental*.

- O Capítulo 10 está ancorado em uma estrutura pragmática, conceitual e contundente: (1) construir capacidades dinâmicas, competências essenciais, recursos e a estrutura necessária para a execução competente de estratégias; (2) alocar amplos recursos para atividades fundamentais, em termos de estratégias; (3) assegurar que políticas e procedimentos facilitem a execução estratégica, em vez de impedi-la; (4) estimular o aprimoramento contínuo no modo como as atividades da cadeia de valor são desenvolvidas; (5) implementar sistemas operacionais e de informação que permitam ao pessoal da empresa executar melhor as atividades essenciais; (6) vincular recompensas e incentivos diretamente à realização de metas de desempenho e à boa execução estratégica; (7) adequar o ambiente de trabalho e a cultura corporativa para se enquadrarem à estratégia; e (8) exercer a liderança interna necessária para impulsionar a execução. O assunto recorrente em todo o capítulo é que implementar e executar estratégias envolve imaginar ações específicas, condutas e condições que sejam necessárias para uma operação tranquila, que dê sustentação à estratégia – o objetivo aqui é assegurar que os estudantes entendam que a fase de implementação e execução da estratégia seja um exercício gerencial do tipo "faça isso acontecer corretamente", que leva à excelência operacional e ao bom desempenho.

Fizemos o melhor possível para garantir que os dez capítulos transmitam o melhor do pensamento acadêmico (e daqueles que trabalham na área de Administração Estratégica) e acertem em cheio na abordagem desses tópicos em cursos de estratégia ministrados em pós-graduação e MBAs. Acreditamos que você vai achar este livro um dos melhores sobre Administração Estratégica em termos de cobertura, legibilidade, ilustrações de qualidade e estudos de caso elaborados cuidadosamente.

Os casos*

Esta segunda edição apresenta casos empresariais interessantes e lições valiosas para os estudantes, na arte e ciência de elaborar e executar estratégias. Há uma boa composição de casos que variam em extensão: cerca de um terço deles tem menos de 15 páginas, porém oferecem muito para os estudantes refletirem; já outro terço são de casos de tamanho médio, e a parte restante é composta de casos longos, ricos em detalhes, que exigem uma análise mais completa.

Pelo menos 13 dos 15 casos envolvem empresas, produtos ou pessoas dos quais os estudantes terão ouvido falar, conhecem de sua experiência pessoal ou com os quais podem se identificar facilmente. A lista inclui pelo menos seis casos que darão a eles uma ideia dos requisitos especiais para competir em ambientes setoriais nos quais os desenvolvimentos tecnológicos acontecem diariamente, os ciclos de vida do produto são curtos e as manobras entre concorrentes são executadas com rapidez e fúria. O efeito da recessão econômica internacional iniciada em dezembro de 2007 (e que continuou em 2009) é apresentado como uma questão estratégica prioritária em oito

---

* N. de E.: Materiais disponíveis no *site* www.grupoa.com.br.

dos 15 casos. Treze dos casos envolveram situações em que os recursos da empresa e suas competências competitivas desempenharam um papel tão amplo no esquema que envolve a formulação e execução de estratégias quanto aquele exercido pelas condições competitivas e setoriais. Oito casos sobre empresas que não são norte-americanas, setores competitivos globais e/ou situações multiculturais estão inseridos no conjunto; esses casos, somados ao conteúdo global contido nos capítulos, fornecem material abundante para associar o estudo da administração estratégica à globalização que está ocorrendo na economia mundial.

Materiais de apoio para o estudante*

Resumos dos pontos principais

No final de cada capítulo há uma sinopse dos conceitos fundamentais, das ferramentas de análise e outros pontos principais discutidos. Essas sinopses ajudam os estudantes a se concentrar nos princípios estratégicos básicos, assimilar as mensagens de cada capítulo e se preparar para os testes.

Duas séries de exercícios no final do capítulo

Cada capítulo conclui com duas séries de exercícios. Os *exercícios de reforço da aprendizagem* podem ser usados como base para a discussão em classe, apresentações orais, pequenos relatórios escritos e como substitutos de atribuições de casos. Os *exercícios de aplicação prática* destinam-se aos estudantes para que relacionem o conteúdo do capítulo à simulação da empresa que realizarão. As questões em ambos os conjuntos de exercícios (juntamente com as ilustrações de *conceitos e conexões*, que se qualificam como "minicasos") podem ser usadas para completar o tema.

Slides em PowerPoint (em português)

Apresenta pontos-chave dos temas abordados em cada capítulo e pode ser usado como guia de estudos.

Materiais de apoio para o professor*

Manual do professor e notas ao ensino de casos (em inglês)

O manual do professor foi preparado exclusivamente pelos coautores do livro. Incluímos uma seção de sugestões para organizar e estruturar o curso, um resumo dos principais tópicos e aspectos gerais, um conjunto de notas de aula, uma cópia do banco de testes e notas de ensino abrangentes para cada um dos casos. Todas as notas de ensino foram escritas pelos coautores do livro e refletem sua análise e visão sobre a melhor maneira de abordar cada caso.

- **Tarefas sobre o caso.** Cada um dos 15 casos é acompanhado por tarefas que correspondem à seção de plano de ensino e análise do caso fornecidas no Manual do

---

* N. de E.: Materiais disponíveis no *site* www.grupoa.com.br.

professor. As questões designadas para cada caso treinam o raciocínio estratégico dos estudantes, necessário para desenvolver recomendações baseadas em uma análise sólida, tratando das questões estratégicas apresentadas. Completar essas questões com seriedade ajuda os estudantes a adquirirem um domínio mais rápido dos conceitos e das técnicas analíticas e os dirige para uma boa análise estratégica.

Banco de testes (em inglês)

Há um banco de testes preparado pelos coautores que contém mais de 500 questões de múltipla escolha, questões dissertativas e de respostas curtas. Está ligado aos objetivos de aprendizagem, ao nível de dificuldade, à taxonomia de Bloom e aos critérios AACSB.

Slides em PowerPoint (em português)

Para facilitar a apresentação e a preparação das aulas e servir como tópicos de capítulos, o professor terá acesso às apresentações em PowerPoint que os autores desenvolveram para suas próprias aulas. A coleção inclui aproximadamente 250 *slides* feitos com profissionalismo, que exibem os conceitos, processos analíticos, pontos fundamentais e todas as imagens dos capítulos do livro.

Agradecimentos

Reconhecemos sinceramente as contribuições dos pesquisadores de casos cujos esforços aparecem aqui e às empresas cuja colaboração tornou os casos possíveis. A contribuição de casos cuidadosamente pesquisados e oportunos possibilitam um estudo substancial de questões e práticas de administração estratégica. Do ponto de vista da pesquisa, casos relacionados à estratégia são valiosos para expor os tipos genéricos de questões estratégicas que as empresas enfrentam, formular hipóteses sobre o comportamento estratégico e traçar generalizações baseadas na experiência sobre a prática da administração estratégica. Do ponto de vista educacional, os casos de estratégias proporcionam aos estudantes um saber prático essencial no diagnóstico e avaliação das situações estratégicas de empresas e organizações, na aplicação dos conceitos e ferramentas de análise estratégica, na ponderação de opções estratégicas, na elaboração de estratégias e no acompanhamento dos desafios enfrentados para se ter sucesso em sua execução. Sem um fluxo contínuo de casos novos, bem pesquisados e concebidos, a administração estratégica perderia seus vínculos estreitos com as próprias instituições cujas ações e comportamentos estratégicos essa disciplina visa a explicar. Portanto, não há dúvida de que as pesquisas de casos de primeira linha constituem uma valiosa contribuição acadêmica para a teoria e a prática da administração estratégica.

Além disso, vários colegas e estudantes em várias universidades, empresas conhecidas e colaboradores da McGraw-Hill nos forneceram motivação, incentivo e orientação no decorrer deste projeto. Como todos os autores de livros-texto na área de estratégia, temos uma dívida intelectual com vários acadêmicos cuja pesquisa e escritos apontaram para novas tendências e impulsionaram o avanço da disciplina de Administração Estratégica. A seguir o nome de leitores deste livro que forneceram sugestões esplêndidas e conselhos abalizados para aprimorar os capítulos nesta segunda edição:

Todd M. Alessandri, *Providence College*
Michael Anderson, *University of Nevada, Reno*

Gerald D. Baumgardner, *Penn College*
Edith C. Busija, *Murray State University*
Gerald E. Calvasina, *Southern Utah University*
Sam D. Cappel, *Southeastern Louisiana University*
Richard Churchman, *Belmont University*
John W. Collins, *St. Ambrose University*
David Conrad, *Augsburg College*
Connie Daniel, *Westfield State College*
Christine DeLa Torre, *Collin County Community College*
Vickie Cox Edmondson, *University of Alabama at Birmingham*
Diane D. Galbraith, *Slippery Rock University*
Naomi A. Gardberg, *Baruch College, CUNY*
Sanjay Goel, *University of Minnesota, Duluth*
Les Jankovich, *San Jose State University*
Jonatan Jelen, *Mercy College*
William Jiang, *San Jose State University*
Bonnie Johnson, *California Lutheran University*
Roy Johnson, *Southern Utah University*
John J. Lawrence, *University of Idaho*
Robert E. Ledman, *Georgia Southwestern State University*
Mark Lehrer, *Suffolk University*
Fred Maidment, *Western Connecticut State University*
Frank Markham, *Mesa State College*
Renata Mayrhofer, *Concordia University, St. Paul*
Simon Medcalfe, *Brenau University*
Elouise Mintz, *Saint Louis University*
Michael Monahan, *Frostburg State University*
Gerry Nkombo Muuka, *Murray State University*
Cori J. Myers, *Lock Haven University of Pennsylvania*
Jeryl L. Nelson, *Wayne State College*
David Olson, *California State University, Bakersfield*
John Perry, *Wichita State University*
L. Jeff Seaton, *Murray State University*
Charles F. Seifert, *Siena College*
Eugene S. Simko, *Monmouth University*
Karen J. Smith, *Columbia Southern University*
Susan Steiner, *The University of Tampa*
Troy V. Sullivan, *Middle Georgia College*
Elisabeth J. Teal, *North Georgia College & State University*
Lori Tisher, *University of Missouri*
Vincent Weaver, *Greenville Technical College*
Jim Whitlock, *Brenau University*
Beth Woodard, *Belmont University*

John E. Gamble
Arthur A. Thompson Jr.

Sumário

PARTE 1: Conceitos e técnicas para elaboração e execução de estratégias

Introdução e visão geral

CAPÍTULO 1   A estratégia e a busca pela vantagem competitiva 1

A importância da administração estratégica 1
O escopo da estratégia de negócio de uma empresa 2
Estratégia competitiva e vantagem sobre os concorrentes... 3
Por que a estratégia de uma empresa evolui com o tempo 5
A importância do modelo de negócio de uma empresa – A estratégia gera dinheiro? ... 7
Os três testes de uma estratégia eficaz 8
O caminho pela frente 10

Conceitos e conexões 1.1: *A estratégia do McDonald's no setor de restaurantes de
    atendimento rápido*..6
Conceitos e conexões 1.2: *A Sirius XM e a estação de rádio com transmissão por frequência:
    dois modelos de negócio contrastantes* 9

CAPÍTULO 2   Liderança e o processo de administração estratégica 12

O processo de administração estratégica 13
Desenvolvimento de uma visão estratégica: etapa 1 do processo de administração
estratégica 15
    Como a visão estratégica difere da declaração de missão.................................18
    A importância de comunicar a visão estratégica 19
    Os benefícios de uma visão estratégica efetiva..19
Estabelecimento de objetivos: etapa 2 do processo de administração estratégica........19
    Quais tipos de objetivos estabelecer – A necessidade de um *balanced scorecard* ...20
Elaboração de estratégia: etapa 3 do processo de administração estratégica 22
Implementação e execução da estratégia escolhida: etapa 4 do processo de
administração estratégica 24
Avaliação do desempenho e início dos ajustes corretivos: etapa 5 do processo de
administração estratégica 25
    Condução do processo de administração estratégica 26
Liderança estratégica do conselho administrativo 29

Conceitos e conexões 2.1: *Exemplos de visões estratégicas – em que medida elas
    são realizadas?*..17
Conceitos e conexões 2.2: *Exemplos de objetivos das empresas*..21
Conceitos e conexões 2.3: *Falhas de governança corporativa em Fannie Mae e Freddie Mac* ...31

Conceitos fundamentais e ferramentas de análise

CAPÍTULO 3 Avaliação do ambiente externo de uma empresa 35

Desempenho da empresa e o "macroambiente" 36
Avaliação do setor e do ambiente competitivo da empresa 36
Questão 1: quais são as características econômicas dominantes do setor? 37
Questão 2: quais são os tipos de forças competitivas que os integrantes do setor estão enfrentando, e qual é a intensidade de cada uma delas? 39
    A força competitiva do poder de negociação do comprador e da colaboração entre vendedor e comprador 39
    A força competitiva de produtos substitutos 43
    A força competitiva do poder de negociação do fornecedor e da colaboração entre fornecedor e vendedor 44
    A força competitiva de novos entrantes potenciais no mercado 47
    A força competitiva da rivalidade entre vendedores concorrentes 48
    A intensidade das cinco forças competitivas e a lucratividade do setor 52
Questão 3: quais forças estão impulsionando mudanças, e que impacto essas mudanças terão na intensidade competitiva e na lucratividade do setor? 53
    O conceito de forças propulsoras do setor 53
    Identificação das forças propulsoras de um setor 54
    Avaliação do impacto das forças propulsoras do setor 57
    Determinação das mudanças estratégicas necessárias para se preparar para o impacto das forças propulsoras 57
Questão 4: quais são as posições de mercado ocupadas pelos concorrentes no setor – quem está em forte posição e quem não está? 57
    Uso de mapas de grupos estratégicos para avaliar o posicionamento de concorrentes-chave 58
    O valor de mapas de grupos estratégicos 60
Questão 5: quais são os prováveis movimentos estratégicos que os concorrentes farão em seguida? 61
    Previsão das manobras dos concorrentes no setor 61
Questão 6: quais são os fatores críticos de sucesso competitivo? 62
Questão 7: o setor oferece boas perspectivas de lucro? 64
Conceitos e conexões 3.1: *Posições de mercado comparativas de fabricantes de automóveis selecionados – uma aplicação do mapa de grupo estratégico* 59

CAPÍTULO 4 Análise da situação interna: avaliação dos recursos, da posição de custo e da força competitiva de uma empresa 67

Questão 1: como a estratégia empresarial está funcionando? 68
Questão 2: quais são os recursos e as competências importantes da empresa, do ponto de vista da competitividade? 68
    Identificação de recursos e competências importantes para a competitividade 69
    Determinação do poder competitivo dos recursos de uma empresa 70
    Recursos e competências como base para a vantagem competitiva 72
    Inventário dos recursos internos de uma empresa, seus pontos fortes e fracos e suas oportunidades e ameaças externas 73

Questão 3: os preços e os custos da empresa são competitivos?...............................76
    Cadeias de valor da empresa..76
    Benchmarking: uma ferramenta para avaliar se as atividades da cadeia de
    valor de uma empresa são competitivas..78
    O sistema da cadeia de valor para um setor inteiro 79
    Opções estratégicas para corrigir uma desvantagem de custo...........................81
Questão 4: do ponto de vista competitivo, a empresa é mais forte ou mais fraca
que seus concorrentes? 83
    Interpretação das avaliações da força competitiva 83
Questão 5: quais são os assuntos e os problemas que merecem a atenção direta
dos gestores? 84

Conceitos e conexões 4.1: *Custos estimados para atividades da cadeia de valor no setor de gravação* 81

Elaboração de uma estratégia

CAPÍTULO 5   As cinco estratégias competitivas genéricas 90

Estratégias competitivas e posicionamento do setor..90
Estratégias provedoras de custo baixo..92
    Obter liderança mediante custo baixo..93
    Condições de mercado favoráveis a uma estratégia provedora de custo baixo 93
    Os riscos de uma estratégia provedora de custos baixos....................................95
Estratégias de diferenciação ampla...95
    Abordagens à diferenciação 96
    Criação de valor aos clientes por meio da diferenciação....................................96
    Onde procurar oportunidades para diferenciação 97
    Valor percebido e a importância de sinalizar o valor 98
    Condições de mercado que favorecem uma estratégia de diferenciação............98
    Os perigos potenciais de uma estratégia de diferenciação 99
    Estratégias direcionadas (ou de nicho de mercado)..100
    Uma estratégia direcionada para custos baixos 101
    Uma estratégia direcionada para a diferenciação...101
    Condições que tornam viável uma estratégia direcionada para a diferenciação
    ou custos baixos 102
    Os potenciais perigos de uma estratégia direcionada para diferenciação
    ou custo baixo...103
Estratégia provedora do melhor custo..104
    O perigo de uma estratégia provedora do melhor custo..................................105
    O perigo de adotar uma estratégia "em cima do muro" 106
Estratégias competitivas bem-sucedidas são adequadas aos recursos e às
competências de uma empresa 106

Conceitos e conexões 5.1: *Como a Walmart conseguiu que sua cadeia de valor atingisse uma vantagem recorrendo a custos baixos sobre as redes de supermercados concorrentes* 94
Conceitos e conexões 5.2: *A estratégia da Vizio, direcionada para custos baixos* 102
Conceitos e conexões 5.3: *Estratégia de diferenciação direcionada da Progressive Insurance no ramo de seguros de automóveis* 103
Conceitos e conexões 5.4: *A estratégia de produtor do melhor custo da Toyota, para sua linha Lexus* 105

CAPÍTULO 6 — Complementando a estratégia competitiva escolhida – outras escolhas importantes da estratégia de negócio 109

Alianças estratégicas e parcerias colaborativas 110
    Alianças estratégicas e parcerias fracassadas 111
    Perigos estratégicos de contar com alianças para obter recursos e competências essenciais 112
Estratégias de fusão e aquisição 112
    Por que as fusões e aquisições às vezes não produzem os resultados esperados ... 113
Integração vertical: operação por meio de mais segmentos da cadeia de valor do setor 114
    As vantagens de uma estratégia de integração vertical 115
    As desvantagens de uma estratégia de integração vertical 117
    Estratégias de terceirização: estreitando os limites do negócio 117
    Opções estratégicas para aprimorar a posição de mercado de uma empresa – o uso de ofensivas estratégicas 118
    Escolha da base para o ataque competitivo 119
    Escolher quais concorrentes atacar 121
    Estratégia do oceano azul – um tipo especial de ofensiva 121
Opções estratégicas para proteger a posição de mercado e a vantagem competitiva de uma empresa – o uso de estratégias defensivas 122
    Bloqueio das vias abertas a desafiadores 122
    Alertando os desafiadores sobre uma possível retaliação 123
O momento certo de praticar manobras estratégicas 123
    O potencial para vantagens de quem é retardatário ou desvantagens de quem dá o primeiro passo 124
    A decisão de ser o primeiro ou o retardatário 124

Conceitos e conexões 6.1: Clear Channel Communications – usando fusões e aquisições para se tornar líder no mercado global 114
Conceitos e conexões 6.2: Amazon.com – A vantagem de ser o primeiro no varejo on-line 125

CAPÍTULO 7 — Estratégias para competir em mercados internacionais 128

A razão da expansão de empresas em mercados internacionais 129
Fatores que definem as escolhas estratégicas em mercados internacionais 129
    Diferenças entre países, nas condições culturais, demográficas e de mercado 130
    Obter vantagem competitiva baseada na "localização" 131
    Os riscos de mudanças cambiais adversas 132
    O impacto de políticas do governo anfitrião no clima de negócios local 132
Opções estratégicas para entrar e competir em mercados estrangeiros 133
    Estratégias de exportação 133
    Estratégias de licenciamento 134
    Estratégias de franquia 134
    Estabelecimento de operações internacionais: a escolha entre estratégias locais, diferindo em cada país, e uma estratégia global 135
    Emprego de alianças estratégicas internacionais e *joint ventures* para construir força competitiva em mercados estrangeiros 138

Uso de operações internacionais para aprimorar a competitividade geral.................140
    Uso da localização para construir uma vantagem estratégica......................141
    Uso da coordenação internacional para construir vantagem competitiva 142
    Uso de santuários de lucro para se engajar em ofensiva estratégica 142
Estratégias para competir nos mercados de países emergentes......................144
    Opções estratégicas para mercados nacionais emergentes 145
Conceitos e conexões 7.1: Exemplos de alianças estratégicas internacionais..........................140
Conceitos e conexões 7.2: A estratégia das marcas Yum! para se tornar a marca líder no setor de alimentação na China..145

CAPÍTULO 8   Estratégias para corporações com vários negócios... 150

Quando a diversificação de negócios deve ser considerada 151
Construção do valor ao acionista: a justificativa mais importante para a diversificação dos negócios.................................152
Abordagens para diversificar o conjunto de negócios.................................153
    Diversificação pela aquisição de um negócio.................................153
    Entrar em uma nova linha de negócios por meio de um novo negócio interno...154
    Usar *joint ventures* para conquistar a diversificação.................................154
    Definição da estratégia corporativa: diversificar em negócios relacionados ou não relacionados?.................................154
    A atração da diversificação relacionada 155
    Diversificação em negócios não relacionados.................................158
    Estratégias corporativas combinando a diversificação relacionada e a não relacionada 161
Avaliando a estratégia corporativa de uma empresa diversificada.................................161
    Etapa 1: avaliar a atratividade do setor.................................162
    Etapa 2: avaliar a força competitiva da unidade estratégica de negócio 164
    Etapa 3: determinar o valor competitivo das adequações estratégicas em empresas com vários negócios 168
    Etapa 4: avaliar a suficiência de recursos corporativos em empresas diversificadas.................................168
    Etapa 5: classificar as unidades de negócio e atribuir prioridades para a alocação de recursos.................................171
    Etapa 6: elaborar novas manobras estratégicas para aprimorar o desempenho geral corporativo 171
Conceitos e conexões 8.1: Estratégia corporativa reestruturadora da VF tornou a empresa a estrela do setor de vestuário..175

CAPÍTULO 9   Estratégias de ética empresarial, responsabilidade social corporativa e sustentabilidade ambiental 180

Ética empresarial e as tarefas de elaborar e executar estratégias.................................181
    Propulsores de estratégias e conduta empresariais antiéticas.................................182
Justificativa para estratégias éticas e práticas operacionais éticas 185
    Assegurando um forte compromisso com a ética empresarial em empresas com operações internacionais.................................186
Responsabilidade social e cidadania de pessoa jurídica.................................189

Sustentabilidade corporativa e o ambiente..191
    Elaboração de estratégias de responsabilidade social e sustentabilidade..............193
O argumento para a conduta socialmente responsável...195
Conceitos e conexões 9.1: Fraude de investimento na Bernard L. Madoff Investment
    Securities e no Stanford Financial Group 183

Execução da estratégia

CAPÍTULO 10 Execução superior da estratégia – Outra trajetória para a vantagem competitiva 200

Os principais componentes gerenciais do processo de execução estratégica.............201
A construção de uma empresa capaz de uma boa execução de estratégias...............202
    Preenchimento de cargos da empresa 203
    A construção de capacidades dinâmicas e competências essenciais....................205
    Combinando a estrutura organizacional à estratégia 205
Alocação de recursos às atividades cruciais para a estratégia 208
Instituição de políticas e procedimentos de apoio à estratégia...............................209
A luta pelo aprimoramento contínuo de processos internos...................................210
    Diferença entre a reengenharia dos processos de negócios e programas de aprimoramento contínuo como o Seis Sigma e a TQM 212
Instalação de sistemas operacionais e de informação 213
Uso de recompensas e incentivos para promover uma execução estratégica melhor.214
    Sistemas de motivação e recompensa...214
    Diretrizes para conceber sistemas de incentivo monetário 214
    Recompensas não monetárias 215
Culturas corporativas e a execução superior da estratégia 216
    Culturas corporativas insalubres...218
    Culturas de alto desempenho..219
    Culturas adaptativas 220
    Mudança de uma cultura-problema...221
Condução do processo de execução de estratégias..223
Conceitos e conexões 10.1: O que as empresas fazem para motivar e recompensar os
    colaboradores..217

APÊNDICE 227

PARTE 2: Casos para elaboração e execução de estratégias

Elaboração de estratégia em empresas com um único negócio

CASO 1 Apple Inc. em 2009 231

A história da Apple Inc..231
A situação da Apple em 2009 234

Setor de computadores pessoais 234
Operações de computadores da Apple 234
Concorrentes no mercado de computadores 237
Setor de *media player* portáteis 238
    iPod da Apple 239
    iTunes 240
    Concorrentes no setor de *media player* portátil 241
Apple iPhone 243
O futuro 245
Notas finais 245

CASO 2   A estratégia do Google em 2009 246

História da empresa 247
    A oferta pública inicial 248
    Serviços adicionados entre 2005 e 2009 250
O modelo de negócio da Google 252
    Google Search Appliance 253
    AdWords 256
    AdSense 256
Estratégia e posição competitiva da Google Inc. em 2009 257
    Estratégias da Google para dominar a publicidade na internet 257
    Ofensiva estratégica do Google para controlar o *desktop* 258
    Concorrentes da internet do Google 259
Desempenho da Google em 2009 262
Notas finais 262

Estratégia corporativa em empresas com vários negócios

CASO 3   A estratégia de diversificação da PepsiCo em 2008 263

História da empresa 264
    A aquisição da Quaker Oats 266
    Aquisições após 2001 266
A construção do valor ao acionista em 2008 267
    Frito-Lay North America 269
    PepsiCo Beverages North America 272
    PepsiCo international 275
Quaker Foods North America 277
    Alinhamento da cadeia de valor entre as marcas e os produtos PepsiCo 277
Realinhamento estratégico da PepsiCo em 2008 278
Notas finais 278

Implementação e execução de estratégias

CASO 4   Walmart Stores Inc. em 2008: iniciativas da administração
                    para transformar e amenizar os ataques à empresa 279

O recente ataque ao Walmart: a razão para as iniciativas de transformação de Scott....283
Antecedentes da empresa 286
    Sam Walton, fundador do Walmart 288
A estratégia do Walmart 289
    As operações de eficiência de custo e preços baixos todo dia 289
    Vários formatos de loja 289
Ampla seleção de produto e um *mix* de mercadorias próprias e mercadorias
de outras marcas..290
    Ambiente de loja agradável..291
    Merchandising inteligente 292
    Pouca propaganda 292
    Expansão disciplinada em novos mercados geográficos 292
    O uso de aquisições para expandir em mercados estrangeiros 293
Concorrentes do Walmart..293
Abordagens do Walmart à execução da estratégia 294
    Relações com os fornecedores..294
    Padrões para os fornecedores do Walmart 296
    O uso de tecnologia de ponta pelo Walmart 297
    Operações do centro de distribuição..298
    Construção e manutenção de lojas...299
    A importância do atendimento ao cliente e da criação de uma experiência
    de compras agradável no Walmart...300
    A cultura do Walmart em 2008 300
    Solicitar ideias aos associados 303
    Remuneração e benefícios..305
    Treinamento 307
    As reuniões no Walmart: o momento de tomar decisões rápidas......................308
    Campanha da sustentabilidade ambiental da Walmart 310
O futuro do Walmart 312
Notas finais 313

Ética empresarial e responsabilidade social

CASO 5   Countrywide Financial Corporation e a polêmica da hipoteca *subprime* 315

História da concessão de crédito hipotecário nos Estados Unidos...........................316
    Os criadores do empréstimo hipotecário 317
    A expansão da posse de casa própria e o sonho americano 317
O mercado da hipoteca residencial nos Estados Unidos nos anos 2000 318
    O mercado hipotecário *subprime*..318
    A bolha habitacional em meados de 2000 319
    A crise financeira dos Estados Unidos em 2008..320
Countrywide Financial Corporation 320
    Segmentos de negócio da Countrywide 320
    Concessões de empréstimos e participação de mercado da Countrywide............322
    Desempenho estratégico e financeiro da Countrywide 323

    Remuneração de incentivo na Countrywide Financial 326
    Remuneração do executivo na Countrywide Financial Corporation....................326
    Acusações de práticas predatórias de empréstimo na Countrywide......................326
    E-mails internos de Angelo Mozilo na Countrywide Financial Corporation..........328
    Programa de empréstimo VIP da Countrywide 328
    As tentativas do Bank of America de salvar a Countrywide
    Financial Corporation 329
Notas finais 330

Glossário 331

Índice de nomes.. 335

Índice de empresas.. 339

Índice... 344

capítulo 1

A estratégia e a busca pela vantagem competitiva

METAS DE APRENDIZAGEM DO CAPÍTULO

MA1.	Entender a necessidade de se ter uma estratégia de negócio sólida para competir com sucesso no setor, administrar as áreas funcionais do negócio, desenvolver novas competências e reunir recursos que fortaleçam as perspectivas de sucesso duradouro da empresa.
MA2.	Conhecer as quatro abordagens estratégicas mais confiáveis e usadas com mais frequência pelas empresas para que possam se destacar das concorrentes e desenvolver vantagem competitiva sustentável.
MA3.	Entender por que a estratégia de uma empresa tende a evoluir com o tempo, em razão de mudanças nas circunstâncias e nas iniciativas da administração para aprimorar a estratégia empresarial.
MA4.	Saber por que é importante para uma empresa ter um modelo de negócio viável que descreva sua proposição de valor, sua fórmula de lucro, recursos e processos fundamentais exigidos para criar e oferecer valor ao cliente.
MA5.	Identificar os três testes que distinguem uma estratégia bem-sucedida de uma ineficaz.

A importância da administração estratégica

Três perguntas fundamentais devem ser respondidas por administradores de qualquer tipo de empresa (pequenos negócios de família, empreendimentos em rápido crescimento, organizações sem fins lucrativos e as melhores corporações multinacionais do mundo):

- *Qual é nossa atual situação?*
- *Que direção desejamos seguir?*
- *Como vamos chegar lá?*

A questão *"Qual é nossa atual situação?"* é respondida examinando-se a posição da empresa no mercado e os fatores que poderiam afetá-la: seu desempenho financeiro, suas competências e recursos, as fraquezas competitivas e as condições dinâmicas. A resposta à pergunta *"Que direção desejamos seguir?"* está implícita na visão que a administração tem sobre qual direção a empresa seguirá no futuro – quais grupos de clientes novos ou diferentes ela deveria se esforçar para atender e como deveria alterar sua estrutura. A pergunta *"Como vamos chegar lá?"* desafia os administradores a elaborar e executar uma estratégia capaz de mover a empresa na direção pretendida.

> A **estratégia** de uma empresa consiste nas iniciativas e abordagens desenvolvidas pela administração para atrair clientes e agradá-los, conduzir as operações, promover o crescimento dos negócios e atingir os objetivos de desempenho.

Elaborar respostas claras à pergunta *"Como vamos chegar lá?"* é a essência da administração estratégica. Em vez de manter a mesma orientação e lidar com novas oportunidades ou ameaças à medida que aparecem, a administração estratégica implica o desenvolvimento de um plano de ação empresarial. A abordagem de jogo da administração apresenta a metodologia empresarial e as mudanças que os administradores estão empregando para: fazer o negócio crescer; atrair os clientes e agradá-los; competir com sucesso; conduzir operações e alcançar os níveis de desempenho almejados. Dessa forma, tudo na estratégia de uma empresa se refere a como alcançar uma meta – como eliminar a concorrência; como reagir a mudanças, como administrar cada área funcional do negócio, como desenvolver recursos e competências importantes, como tirar vantagens das oportunidades de crescimento e como atingir os objetivos estratégicos e financeiros.

Neste primeiro capítulo, definiremos os conceitos de estratégia e vantagem competitiva e explicaremos em que consiste a estratégia de uma empresa, por que as estratégias são em parte proativas e em parte reativas, e discutiremos a relação entre a estratégia de uma empresa e seu modelo de negócio. O capítulo também introduzirá os tipos de estratégias competitivas que podem levar uma empresa a obter vantagem sobre os concorrentes, atrair clientes e ter lucros acima da média. Concluirá com uma discussão sobre três formas de testar uma estratégia de sucesso. Embora não exista uma estratégia de sucesso imbatível – que funcione sempre para todas as organizações e em todas as situações –, as melhores estratégias são aquelas que se adequam às situações interna e externa de uma empresa, que ajudam a construir uma vantagem competitiva sobre os concorrentes e geram um bom desempenho financeiro. No final do capítulo você terá uma ideia bem clara de por que administrar estrategicamente é sempre o ponto de partida na busca pela vantagem competitiva.

O escopo da estratégia de negócio de uma empresa

Os fatores específicos que contêm a resposta da administração à pergunta *"Como vamos chegar lá?"* definem a estratégia de negócio de uma empresa. Essa estratégia estabelece como os dirigentes pretendem competir no setor, administrar as áreas funcionais do negócio e desenvolver novas competências, além de acumular recursos para fortalecer as perspectivas da empresa de ter sucesso em longo prazo. Praticamente não há nenhuma área operacional de uma empresa que não esteja envolvida em sua estratégia de negócio e que não ajude a responder à pergunta *"Como vamos chegar lá?"*. A administração deve ter planos deliberados para tratar de questões como:

- Mudanças nas condições econômicas e de mercado;
- especificações e atributos a serem incluídos nos bens ou serviços da empresa;
- determinação dos preços dos serviços ou bens da empresa;
- canais de distribuição selecionados para os produtos da empresa;
- reações a ações ofensivas dos concorrentes;

- alocação dos recursos financeiros da empresa;
- aquisição de novos ativos físicos e recursos;
- desenvolvimento de capacidades internas, competências e recursos valiosos para a competitividade;
- criação de alianças e *joint ventures* para complementar os recursos e competências da empresa.

Evidentemente, a estratégia de negócio inclui planejar tópicos não incluídos na lista apresentada. É importante reconhecer que toda atividade envolvida na oferta de um bem ou serviço deve ser orientada pelo raciocínio estratégico. De fato, não existe atividade, processo, departamento ou área funcional que deva ser deixado ao acaso. A Figura 1.1 apresenta um diagrama mostrando ações e abordagens que compõem a estratégia de negócio de uma empresa. Já o quadro "Conceitos e conexões 1.1" descreve os vários componentes da estratégia do McDonald's no setor de restaurante de rápido atendimento (*fast-food*). O quadro deve deixar claro como a estratégia de negócio inclui ações relacionadas a questões tão amplas quanto seleção do cardápio, relações com fornecedores, despesas com propaganda, expansão em mercados estrangeiros, políticas e práticas para gerenciar restaurantes e respostas a mudanças nas condições econômicas e de mercado.

Estratégia competitiva e vantagem sobre os concorrentes

O aspecto mais importante da estratégia de negócio de uma empresa é sua forma de competir no mercado. É fundamental que a estratégia fortaleça sua posição competitiva em longo prazo e permita que ela obtenha uma vantagem competitiva durável sobre os concorrentes. Em "Conceitos e conexões 1.1", é evidente que o McDonald's obteve vantagem competitiva

> Uma empresa obtém **vantagem competitiva** sustentável quando um atraente número de compradores tem preferência permanente sobre seus bens e serviços em relação àqueles oferecidos por seus concorrentes.

FIGURA 1.1 Componentes da estratégia de uma empresa

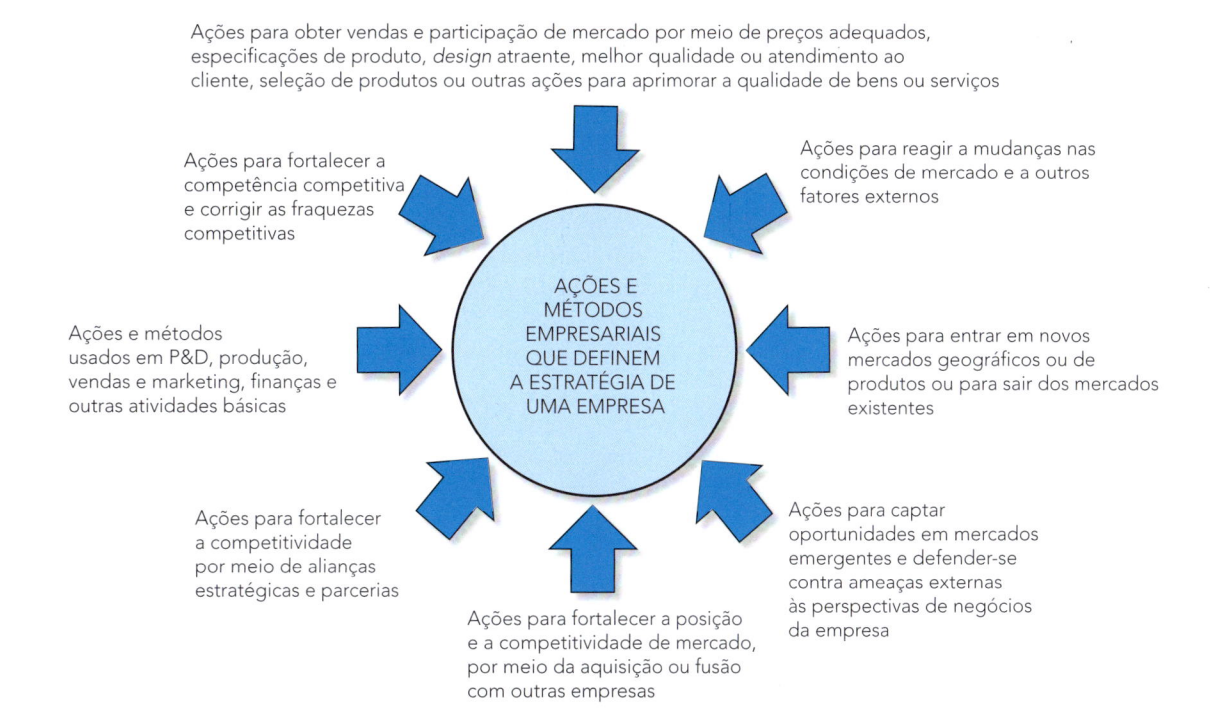

- Ações para obter vendas e participação de mercado por meio de preços adequados, especificações de produto, *design* atraente, melhor qualidade ou atendimento ao cliente, seleção de produtos ou outras ações para aprimorar a qualidade de bens ou serviços
- Ações para fortalecer a competência competitiva e corrigir as fraquezas competitivas
- Ações para reagir a mudanças nas condições de mercado e a outros fatores externos
- Ações e métodos usados em P&D, produção, vendas e marketing, finanças e outras atividades básicas
- Ações para entrar em novos mercados geográficos ou de produtos ou para sair dos mercados existentes
- Ações para fortalecer a competitividade por meio de alianças estratégicas e parcerias
- Ações para fortalecer a posição e a competitividade de mercado, por meio da aquisição ou fusão com outras empresas
- Ações para captar oportunidades em mercados emergentes e defender-se contra ameaças externas às perspectivas de negócios da empresa

AÇÕES E MÉTODOS EMPRESARIAIS QUE DEFINEM A ESTRATÉGIA DE UMA EMPRESA sobre os concorrentes ao empregar esforços para minimizar custos, assegurar a qualidade do produto, adicionar novos itens no cardápio e manter preços baixos. Uma estratégia distintiva, criativa, como a usada pelo McDonald's, é o meio mais confiável que uma empresa tem para desenvolver uma vantagem competitiva sustentável e ter lucros acima da média. Uma **vantagem competitiva sustentável** permite a uma empresa atrair números suficientemente grandes de compradores que tenham preferência permanente por seus bens e serviços em relação àqueles oferecidos por seus concorrentes. Essa demanda duradoura pelos bens e serviços de uma empresa é a chave para sua capacidade de obter, continuamente, lucros acima da média.

Quatro das abordagens mais confiáveis e usadas com mais frequência para uma empresa se destacar de suas concorrentes e obter uma vantagem competitiva sustentável são:

1. *Desenvolver vantagem baseada no custo.* A Walmart e a Southwest Airlines têm utilizado estratégias para oferecer baixo custo, a fim de ganhar fortes posições de mercado em seus respectivos setores. Conseguir uma vantagem baseada em custo pode levar a uma vantagem competitiva duradoura quando as concorrentes têm dificuldade de manter custos tão baixos quanto os oferecidos pela empresa líder, visto que essa prática as tiraria do mercado. Enquanto a United Airlines, a Delta Airlines, a US Airways e a Northwest Airlines entraram em falência e conseguiram se recuperar, a Southwest Airlines executou com maestria sua estratégia de custo baixo vinculada a rotas ponto a ponto, sem serviço de bordo, e eficientes operações em terra, o que lhe rendeu lucros durante 35 anos consecutivos.

2. *Criar uma vantagem baseada no diferencial.* Uma empresa pode desenvolver vantagem acrescentando características diferenciadoras a bens ou serviços, oferecendo aos clientes mais benefícios tangíveis ou intangíveis que aqueles ofertados pelos bens ou serviços de concorrentes vendidos a preços mais baixos. Entre as empresas que adotam estratégias diferenciadoras com sucesso incluem-se a Johnson & Johnson no setor de produtos infantis (confiabilidade do produto), a Harley-Davidson (imagem transgressora e som característico), a Chanel e Rolex (luxo e prestígio), a Porsche e a BMW (*design* de engenharia e desempenho) e também a Amazon.com (ampla seleção e conveniência). As empresas que perseguem estratégias de diferenciação devem inovar continuamente, empreender esforços permanentes para adicionar prestígio a uma marca ou lutar para oferecer serviços superiores que agreguem valor, a fim de se defenderem contra as tentativas das concorrentes de imitar as especificações de um produto cujo diferencial seja valorizado.

3. *Concentrar-se em um nicho de mercado do setor.* Muitas empresas desenvolveram uma vantagem competitiva não só por meio de estratégia vinculada à diferenciação ou a custos baixos, mas também por atenderem as necessidades e preferências especiais de um pequeno segmento dos compradores de um setor, em vez de tentarem apelar para todos os compradores de um determinado setor. Empresas destacadas que competem com sucesso em um nicho de mercado especializado incluem Google, na publicidade baseada no mecanismo de busca pela internet; e-Bay, em leilões *on-line*; Best Buy, em eletroeletrônicos; McAfee, em *software* de proteção a vírus; e The Weather Channel, em TV a cabo.

4. *Desenvolver recursos e competência competitiva valiosos que não possam ser alcançados, imitados ou superados pelos concorrentes.* Estratégias baseadas em recursos podem ser usadas com qualquer uma das três abordagens estratégicas já descritas, e são adaptadas para oferecer valor ao cliente de uma forma que as concorrentes sejam incapazes de fazer. A FedEx desenvolveu uma vantagem competitiva baseada em recursos por meio de sua capacidade superior de distribuição, que lhe permite prometer a entrega de pequenos pacotes, dentro dos Estados Unidos, para o dia seguinte. Ao longo dos anos, a Toyota desenvolveu um sistema de produção sofisticado que lhe permite produzir veículos confiáveis, praticamente sem defeitos, a baixo custo. Os hotéis Ritz Carlton e Four Seasons têm uma capacidade singular no oferecimento de serviços

altamente personalizados aos hóspedes. Muitas vezes, obter vantagem competitiva sobre os concorrentes depende mais do desenvolvimento de recursos valiosos e da capacidade de competição do que de se ter um produto diferenciado. Concorrentes inteligentes quase sempre são capazes de copiar as especificações de um produto de grande aceitação, mas é muito mais difícil adquirirem experiência, conhecimento ou recursos especializados comparáveis àqueles desenvolvidos e aperfeiçoados por uma empresa durante um longo período.

Por que a estratégia de uma empresa evolui com o tempo

O aspecto atraente de uma estratégia que gera uma vantagem competitiva sustentável é que ela oferece o potencial para uma posição vantajosa duradoura sobre os concorrentes. Os gestores de organizações devem, no entanto, estar dispostos e prontos a modificar a estratégia em resposta às ações inesperadas dos concorrentes, às mudanças nas necessidades e preferências do comprador, às oportunidades que surgem no mercado, às novas ideias para aprimorar a estratégia e às evidências sucessivas de que a estratégia não está funcionando bem. Os gestores devem evitar, se possível, abandonar uma estratégia competitiva comprovadamente eficaz, mas ela deve ser constantemente aprimorada e ajustada. Portanto, *a elaboração da estratégia de uma empresa não constitui um evento único, mas sempre um trabalho contínuo*.

Embora se espere que a estratégia de uma empresa evolua gradualmente, mudanças importantes são exigidas em determinadas ocasiões, como quando uma estratégia está claramente falhando e a empresa enfrenta uma crise financeira. Em alguns setores, as condições mudam em um ritmo bem baixo, tornando viável a manutenção de uma estratégia durante muitos anos. Contudo, nos setores em que as condições setoriais e competitivas mudam com frequência e por vezes de maneira radical, o ciclo de vida de uma dada estratégia é curto. Ambientes setoriais caracterizados por *mudanças que acontecem com extrema rapidez* exigem a contínua adaptação das estratégias das empresas.[1] Por exemplo, empresas em setores cujos avanços tecnológicos se sucedem rapidamente, como os setores de equipamentos médicos, eletrônicos e aparelhos sem fio, com frequência acham essencial ajustar várias vezes ao ano elementos-chave de suas estratégias.

> Circunstâncias dinâmicas e esforços contínuos dos dirigentes para aprimorar a estratégia de uma empresa a fazem evoluir com o tempo – uma condição que torna a tarefa de elaborar uma estratégia um trabalho contínuo, e não um evento único.

Independentemente da estratégia de uma empresa mudar de modo gradual ou rápido, o importante é que sua atual estratégia tenha sempre fluidez. A evolução da estratégia de uma empresa significa que sua estratégia típica é um misto de iniciativas proativas para aprimorar o desempenho financeiro e assegurar a vantagem competitiva da empresa e respostas conforme sejam necessárias a acontecimentos inesperados e a novas condições de mercado – veja a Figura 1.2.[2] A maior parte da estratégia atual de uma empresa flui de ações contínuas comprovadas no mercado e de iniciativas recém-lançadas, visando à construção de uma vantagem maior sobre os concorrentes e ao aprimoramento do desempenho financeiro. Essa parte do plano de ação da administração para dirigir a empresa é sua *estratégia deliberada*, proativa.

---

[1] Para um excelente tratamento dos desafios estratégicos impostos por mudanças extremamente rápidas, ver Shona L. Brown e Kathleen M. Eisenhardt, *Competing on the Edge: Strategy as Structured Chaos*. (Boston: Harvard Business School Press, 1998), Capítulo 1.

[2] Ver Henry Mintzberg e Joseph Lampel, "Reflecting on the Strategy Process", *Sloan Management Review* 40, n. 3 (Spring 1999), p. 21-30; Henry Mintzberg e J. A. Waters, "Of Strategies, Deliberate and Emergent", *Strategic Management Journal* 6 (1985), p. 257-272; Costas Markides, "Strategy as Balance: From 'Either-Or' to 'And'", *Business Strategy Review* 12, n. 3 (September 2001), p. 1-10; Henry Mintzberg, Bruce Ahlstrand e Joseph Lampel, *Strategy Safari: A Guided Tour through the Wilds of Strategic Management*, New York: Free Press, 1998, Capítulos 2, 5 e 7; e C. K. Prahalad e Gary Hamel, "The Core Competence of the Corporation", *Harvard Business Review* 70, n. 3 (May-June 1990), p. 79-93.

1.1 Conceitos e conexões

A ESTRATÉGIA DO McDONALD'S NO SETOR DE RESTAURANTES DE ATENDIMENTO RÁPIDO

Em 2009, o McDonald's estava atingindo novos recordes de vendas, apesar de uma recessão econômica global e da queda de confiança do consumidor nos Estados Unidos. Por dia, mais de 58 milhões de clientes foram atendidos nos 32 mil restaurantes McDonald's distribuídos por 118 países, o que permitiu à empresa um recorde na receita de vendas em 2008 e lucros superiores a US$ 23,5 bilhões e US$ 4,3 bilhões, respectivamente. O desempenho do McDonald's no mercado tornou-o uma das duas empresas listadas no Índice Dow Jones (a outra foi a Walmart Stores, Inc.) a encerrar 2008 com um aumento no valor de suas ações ordinárias. As vendas da empresa estavam se mantendo bem em meio à instabilidade econômica no início de 2009, e se verificou um crescimento das vendas (medidas em moeda constante) em todo o sistema superior a 6% durante janeiro e fevereiro. O sucesso da empresa resultou da boa concepção e execução de sua estratégia de negócio, chamada Plano para Vencer, na qual o foco era "ser melhor, e não apenas maior". As principais iniciativas da estratégia "Plano para Vencer" incluíam:

- **Aprimoramento das operações do restaurante**. O processo de aprimoramento das operações globais do McDonald's envolveu programas de treinamento de colaboradores, desde treinamentos no próprio local de trabalho para os novos colaboradores até cursos de nível universitário oferecidos na Hamburguer University da empresa. A empresa também enviou anualmente cerca de 200 colaboradores com alto potencial a seu Leadership Institute (Instituto de Liderança), para a formação das habilidades de liderança necessárias para a próxima geração de gestores seniores. O compromisso do McDonald's com o desenvolvimento do colaborador deu-lhe um lugar na lista das 20 Principais Empresas Globais para Liderança, divulgada na revista *Fortune* em 2007. A empresa também treinou seus gerentes de loja a acompanharem de perto a mão de obra, os alimentos e os custos com água e luz.

- **Preço acessível**. Além de atacar os custos operacionais em cada um de seus restaurantes, o McDonald's manteve os preços baixos examinando de perto os custos administrativos e outras despesas corporativas. A empresa viu a baixa da economia nos Estados Unidos como oportunidade para renegociar seus contratos de publicidade com jornais e redes de televisão no início de 2009. E, quando os preços da gasolina subiram acentuadamente nos Estados Unidos durante 2008, começou também a substituir sua frota de veículos por modelos que economizavam combustível. O McDonald's, no entanto, não escolheu sacrificar a qualidade do produto a fim de oferecer preços mais baixos: implementou programas intensivos de inspeção para assegurar que seus fornecedores não alterassem as especificações de produto para abaixar custos. O peso dos peitos de frango usados pela empresa, por exemplo, era checado regularmente quando o produto chegava dos fornecedores. A ampla abordagem da empresa visando minimizar as despesas que não agregavam valor permitiu-lhe oferecer mais opções de pratos a preços populares, como o *Dollar Menu*, nos Estados Unidos, o *Ein Mal Eins menu*, na Alemanha, e o *100 Yen menu*, no Japão.

- **Cardápio variado e amplas opções de bebida**. O McDonald's expandiu seu cardápio para além do Big Mac e do Quarteirão, as opções preferidas e mais vendidas, e incluiu novas opções, mais saudáveis, como saladas e frango grelhado, *wrap* de frango e sanduíches de frango Premium nos Estados Unidos, sanduíches de camarão na Alemanha e *wrap* de camarão no Japão. A empresa também acrescentou uma extensa linha de cafés especiais, incluindo expressos, cappuccinos e bebidas com leite, vendida em seus McCafe nos Estados Unidos, Europa e Ásia/Pacífico. Uma avaliação feita em dezembro de 2008 pela equipe Good Eating and Dining, do *Chicago Tribune*, considerou as bebidas com leite do McDonald's "tão boas ou melhores" do que as vendidas pela Starbucks ou Dunkin Donuts.

- **Conveniência e ampliação de oportunidades para jantar**. A inclusão de McCafes ajudou o McDonald's a aumentar as vendas de uma mesma loja*, ampliando o horário tradicional de refeições. Os clientes que desejavam tomar um café no meio da manhã ou comer um salgado à tarde ajudaram a manter o alto movimento do estabelecimento depois de o McDonald's ter vendido seu último Egg Muffin no café da manhã e antes de ficar lotado na hora do almoço, com pedidos de Big Macs, Quarteirão, sanduíches de frango ou saladas. A empresa também estendeu seu horário de atendimento *drive-thru* para 24 horas em mais de 25 mil locais espalhados por cidades em todo o mundo, onde os consumidores eram propensos a comer a qualquer hora do dia. A empresa acrescentou filas duplas em seus *drive-thru* nos Estados Unidos, para que os clientes fossem atendidos com rapidez em locais de trânsito intenso.

- **Reinvestimento contínuo no restaurante**. Com mais de 14 mil restaurantes nos Estados Unidos, o foco da expansão de unidades do McDonald's se deu em mercados emergentes de rápido crescimento, como a Rússia e a China. Em 2008, a empresa abriu 125 novos restaurantes na China e 40 na Rússia. A empresa também reformou cerca de 10 mil restaurantes nos Estados Unidos, entre 2004 e 2008, para introduzir seu McCafe e tornar seus estabelecimentos locais mais agradáveis tanto para os clientes jantarem quanto para os colaboradores trabalharem.

Fontes: Janet Adamy, "McDonald's Seeks Way to Keep Sizling", *The Wall Street Journal* Online, March 10, 2009; vários relatórios anuais; vários *press releases* da empresa.

* N. de R.T.: O conceito "vendas nas mesmas lojas" é uma métrica fundamental no setor varejista.

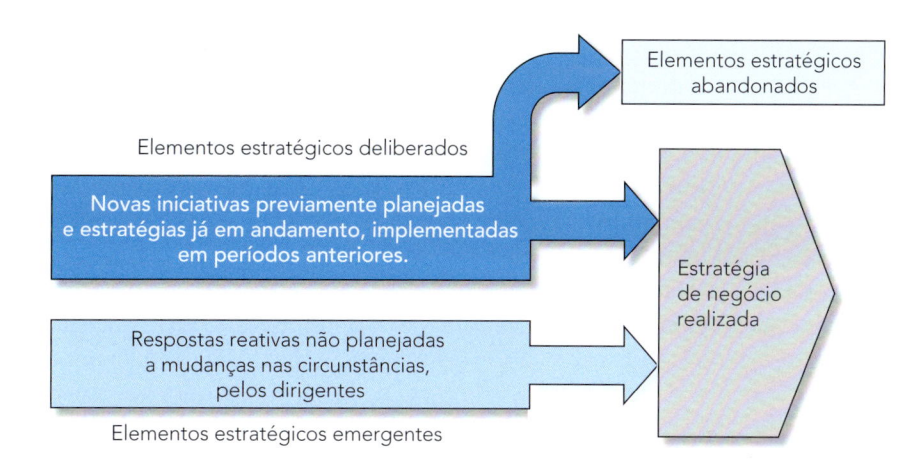

FIGURA 1.2

A estratégia de uma empresa é uma combinação de iniciativas planejadas e ajustes decorrentes não planejados

- Elementos estratégicos deliberados: Novas iniciativas previamente planejadas e estratégias já em andamento, implementadas em períodos anteriores.
- Elementos estratégicos abandonados
- Elementos estratégicos emergentes: Respostas reativas não planejadas a mudanças nas circunstâncias, pelos dirigentes
- Estratégia de negócio realizada

Por vezes, componentes da estratégia deliberada de uma empresa falharão no mercado e se tornarão *elementos de estratégia abandonados*. Embora a estratégia flua de uma análise do setor e da competência interna da empresa, as estratégias planejadas nem sempre funcionam como esperado. Nesses casos, faz muito mais sentido abandonar um plano malsucedido do que aderir cegamente a elementos estratégicos fadados ao fracasso. Embora se espere que a maioria dos elementos da estratégia deliberada da empresa sobreviva, uma parte da estratégia realizada resultará de reações não planejadas a acontecimentos inesperados. Deve-se supor que há ocasiões em que as condições competitivas e de mercado sofrem guinadas inesperadas que exijam algum tipo de reação estratégica. Manobras estratégicas inovadoras por parte de empresas concorrentes, mudanças inesperadas nas preferências dos clientes, desenvolvimentos tecnológicos em rápida mudança e novas oportunidades de mercado exigem ajustes não planejados, reativos, que formam a *estratégia emergente* da empresa. Como é mostrado na Figura 1.2, a *estratégia realizada* de uma empresa tende a ser uma *combinação* de elementos planejados deliberadamente e elementos não planejados, emergentes.

A importância do modelo de negócio de uma empresa – A estratégia gera dinheiro?

Intimamente relacionado ao conceito de estratégia é o conceito de **modelo de negócio** de uma empresa. O modelo de negócio é o guia para oferecer um bem ou serviço de valor aos clientes, de modo a gerar receitas suficientes para cobrir custos e propiciar um lucro atrativo. Os três componentes do modelo de negócio de uma empresa são sua proposição de valor ao cliente (sua abordagem para satisfazer desejos e necessidades a um preço que os clientes considerem bom), a fórmula de lucro (determinação de uma estrutura de custo que permita lucros aceitáveis, vinculando o preço a sua proposição de valor ao cliente) e a identificação dos recursos e processos fundamentais, necessários para criar e oferecer valor aos clientes.[3]

Os provedores de telefones celulares e de banda larga e empresas de satélite por rádio empregam um modelo de negócio baseado em assinatura. O modelo de negócio de transmissoras de rádio e TV envolve o fornecimento de programação paga ao público, mas também a cobrança pelas propagandas com base no índice de audiência. O modelo de negócio da Gillette envolve atingir economias de escala

> O **modelo de negócio de uma empresa** especifica a proposição de valor ao cliente, desenvolve uma fórmula de lucro e identifica recursos e processos fundamentais exigidos para criar e oferecer valor ao cliente. Se não houver uma forte adequação entre as competências organizacionais e a capacidade de oferecer boa lucratividade, o modelo de negócio não será viável e a competência de sobrevivência da empresa estará em jogo.

---

[3] Mark W. Johnson, Clayton M. Christensen e Henning Lagermann, "Reinventing Your Business Model", *Harvard Business Review* 86, n. 12 (December 2008), p. 52-53; e Joan Magretta, "Why Business Models Matter", *Harvard Business Review* 80, n. 5 (May 2002), p. 87.

na produção de seus produtos para barbear, vender aparelhos de barbear a um preço atrativamente baixo e, assim, ganhar dinheiro em compras regulares de lâminas. Os fabricantes de impressoras como a Hewlett-Packard, a Lexmark e a Epson seguem o mesmo modelo de negócio que a Gillette – atingir economias de escala na produção e venda de impressoras a um preço baixo (praticamente sem lucro) e ter grandes margens de lucro nas vendas regulares de suprimentos para impressora, principalmente cartuchos de tinta.

A questão básica acerca do modelo de negócio de uma empresa é se ela pode colocar em prática, com lucratividade, sua proposição de valor ao cliente. Uma estratégia não irá gerar lucratividade automaticamente só porque os gestores da empresa formularam uma estratégia para competir e dirigir os negócios – ela pode ou não gerar lucro. A relevância do modelo de negócio de uma empresa envolve esclarecer como o negócio poderá fornecer valor aos clientes, gerar receitas suficientes para cobrir custos e produzir lucros atrativos e ainda identificar os recursos e processos fundamentais para a proposição de valor aos clientes.

O quadro "Conceitos e conexões 1.2" discute os modelos contrastantes de negócio da Sirius XM e de estações de rádio transmitidas por ondas de frequência.

Os três testes de uma estratégia eficaz

Três perguntas podem ser usadas para distinguir uma **estratégia eficaz** de uma ineficaz ou de uma apenas satisfatória:

> Uma **estratégia eficaz** deve ser adequada às situações externa e interna da empresa, gerar vantagem competitiva sustentável e produzir um bom desempenho financeiro.

1. *A estratégia é adequada à situação da empresa?* Para ser eficaz, uma estratégia precisa se adequar às situações externas e internas da empresa. Deve se adequar às condições competitivas no setor e a outros aspectos do ambiente externo do empreendimento. Ao mesmo tempo, deve ser elaborada de acordo com os recursos e competências da empresa, que são importantes para sua competitividade. Não convém construir uma estratégia sobre os pontos fracos de uma empresa nem seguir uma abordagem competitiva que exija recursos indisponíveis. Se uma estratégia não exibir uma forte adequação com os aspectos tanto externos quanto internos da situação geral de uma empresa, é improvável que ela produza resultados de negócio reconhecidamente bons, de primeira linha.
2. *A estratégia gerou vantagem competitiva sustentável?* É improvável que estratégias que não obtêm vantagem competitiva sustentável sobre concorrentes produzam um desempenho melhor por um período mais longo. Estratégias eficazes permitem que uma empresa atinja uma vantagem competitiva duradoura em relação a seus principais concorrentes.
3. *A estratégia produziu bom desempenho financeiro?* Seria difícil classificar uma estratégia como "eficaz" se ela não produzisse um desempenho financeiro excelente. Dois tipos de aprimoramentos no desempenho indicam o calibre da estratégia de uma empresa: aumento da lucratividade e da força financeira e avanços na força competitiva e na posição de mercado da empresa.

Estratégias que mal passam por um ou mais dos testes apresentados são bem menos atraentes que aquelas que passam com êxito pelos três testes.

Os administradores deveriam usar as mesmas perguntas ao avaliarem as estratégias propostas ou existentes. Novas iniciativas que não parecem se adequar às situações interna e externa da empresa deveriam ser descartadas antes de produzir resultados, ao passo que as estratégias existentes devem ser analisadas regularmente, tanto para assegurar que sejam adequadas, quanto para verificar se oferecem vantagem competitiva e contribuem para o bom desempenho da empresa.

Conceitos e conexões 1.2

A SIRIUS XM E A ESTAÇÃO DE RÁDIO COM TRANSMISSÃO POR FREQUÊNCIA: DOIS MODELOS DE NEGÓCIO CONTRASTANTES

As estratégias de empresas concorrentes se baseiam em modelos de negócio completamente diferentes. Considere, por exemplo, os modelos de negócio para estações de rádio com transmissão por frequência e a Sirius XM.

O modelo de negócio de estações de rádio com transmissão por ondas de frequência – que oferecem programação gratuita aos ouvintes e cobram pelos anúncios – comprovadamente gera dinheiro.

Por outro lado, ainda não há um consenso quanto ao modelo de negócio da Sirius XM, baseado na assinatura paga por ouvintes que preferem programação digital de música, notícias ou entrevistas com raras interrupções. No final do ano de 2008, o número de assinantes da Sirius XM cresceu para 19 milhões, e sua receita anual atingiu quase US$ 2,4 bilhões, mas a empresa ainda não estava obtendo lucros.

	Sirius XM	Estação de rádio com transmissão por frequência
Proposição de valor ao cliente	Música, notícias, previsão de tempo nacional e internacional, informações sobre o trânsito em áreas específicas e entrevistas, fornecidas por assinatura, com pagamento mensal. Programação interrompida apenas por anúncios breves e ocasionais.	Música, notícias nacionais e locais, relatórios do trânsito local, boletins do tempo nacionais e locais gratuitos e programas de entrevistas oferecidos gratuitamente. Os ouvintes podiam contar com frequentes interrupções da programação por anúncios.
Fórmula de lucro	**Geração de receita**: assinatura mensal, vendas de equipamento de rádio por satélite e receitas com publicidade. **Estrutura de custo**: custos fixos associados a serviço de programação musical transmitida por satélite. Custos fixos e variáveis relacionados a direitos autorais pela programação e pelos conteúdos, ao marketing e atividades de suporte. **Margem de lucro**: a lucratividade da Sirius dependia de atrair um número suficientemente grande de assinantes para cobrir seus custos e fornecer lucros atrativos.	**Geração de receita**: vendas de publicidade para empresas nacionais e locais. **Estrutura de custo**: custos fixos associados a operações de transmissão via terrestre. Custos fixos e variáveis relacionados a reportagens de notícias locais, operações de vendas de publicidade, taxas de redes afiliadas, direitos autorais pela programação e conteúdo, atividades de produção comercial e atividades de suporte. **Margem de lucro**: a lucratividade de estações de rádio por frequência dependia da geração de receitas suficientes de propaganda para cobrir custos e oferecer lucros atraentes.
Recursos e processos fundamentais	Instalações e equipamento, competências de transmissão por satélite, repetidoras/cabos terrestres, licença para oferecer serviço de rádio audiodigital da FCC (Federal Communications Commission, órgão regulador da área de telecomunicações e radiodifusão dos Estados Unidos)[*], contratos de programação, alianças com fabricantes eletrônicos, alianças com fabricantes de automóveis, vendas e contratos de distribuição com varejistas eletrônicos, construção da marca e competências de marketing.	Torres de transmissão de rádio e outros equipamentos, pessoal de vendas, *expertise* no desenvolvimento de programação para aumentar a audiência, tanto aquela medida pelos órgãos oficiais quanto aquela medida por entidades independentes, sistemas de informação capazes de otimizar a determinação de preços locais e o estoque, licença da FCC, contratos de programação.

Fonte: Documentos da empresa, 10-Ks (relatório financeiro anual auditado, enviado para a Securities and Exchange Commission, correspondente à Comissão de Valores Mobiliários) e informações postadas em *sites* de empresas.

---

[*] N. de R.T.: Órgão equivalente à Agência Nacional de Telecomunicações (ANATEL), no Brasil.

O caminho pela frente

Nos próximos capítulos e nos casos que os acompanham, enfatiza-se a questão primordial na gestão de um empreendimento empresarial: *O que os administradores devem fazer, e fazer bem, para que uma empresa tenha êxito no mercado?* A resposta que surge é que administrar bem requer um bom raciocínio estratégico, uma boa condução da elaboração de estratégias e do processo de execução das estratégias.

A missão deste livro é fornecer uma visão geral sólida do que todo estudante de administração e aspirante a administrador precisa saber sobre a elaboração e a execução de estratégias. Vamos explorar o que envolve o bom raciocínio estratégico, descrever os conceitos e as ferramentas fundamentais para a análise estratégica e examinar os aspectos positivos e negativos da elaboração e execução dessas estratégias. Os casos descritos aqui o ajudarão a desenvolver suas habilidades tanto em diagnosticar como a tarefa de elaboração e execução de estratégias está sendo executada, quanto em propor recomendações para aprimorar o desempenho estratégico e financeiro da empresa. O curso de administração estratégica em que você está inscrito pode incluir também um exercício de simulação estratégica, no qual você vai dirigir uma empresa em competição acirrada com empresas dirigidas por seus colegas de classe. Seu domínio dos conceitos de administração estratégica apresentados nos capítulos a seguir o colocará em forte posição para elaborar uma estratégia bem-sucedida para sua empresa e imaginar como executá-la de forma lucrativa e efetiva em termos de custo. À medida que você passa para os capítulos seguintes e pelas atividades distribuídas durante o curso, esperamos convencê-lo de que a extrema competência na elaboração e execução de estratégias é essencial à boa administração.

✓ PONTOS-CHAVE

1. A estratégia de uma empresa é o plano da administração para estabelecer uma posição de mercado, conduzir suas operações, atrair e agradar aos clientes, competir com sucesso e atingir os objetivos organizacionais.

2. A força central da estratégia de uma empresa é empreender ações para construir e fortalecer sua posição competitiva e seu desempenho financeiro em longo prazo. Em termos ideais, isso resulta em uma vantagem competitiva sobre os concorrentes, vantagem que, **por sua vez**, se tornará o ingresso da empresa no grupo das que têm lucratividade acima da média.

3. A estratégia de uma empresa costuma evoluir com o tempo, surgindo de uma mistura de ações proativas e deliberadas por parte dos administradores da entidade e reações necessárias frente a acontecimentos inesperados e a novas condições de mercado.

4. O conceito de modelo de negócio de uma empresa está intimamente relacionado ao conceito de estratégia. O modelo de negócio de uma empresa especifica a proposição de valor aos clientes, desenvolve uma fórmula de lucro e identifica recursos e processos fundamentais exigidos para criar e oferecer valor ao cliente. Se não houver forte adequação entre as competências organizacionais e a condição de oferecer boa lucratividade, o modelo de negócio não será viável e a capacidade de sobrevivência da empresa estará em jogo.

5. Uma estratégia de sucesso combina as circunstâncias de uma situação externa da empresa com seus recursos internos e competências competitivas, desenvolve vantagem competitiva e impulsiona o desempenho da empresa.

✓ EXERCÍCIOS DE REFORÇO DA APRENDIZAGEM

1. Acesse www.bestbuy.com, clique na seção de relações com investidores e explore os relatórios anuais mais recentes da Best Buy e seus formulários 10-K para ver se você pode identificar os principais elementos da estratégia empresarial. Use o esquema fornecido na Figura 1.1 para ajudar a identificar os

MA1
MA2

principais componentes da estratégia da Best Buy. Que tipo de vantagem competitiva a empresa parece perseguir?

2. Com base no que você conhece sobre o setor de restaurantes de pronto atendimento (*fast-food*), a estratégia do McDonald's, conforme descrita em "Conceitos e conexões 1.1", parece estar adequada ao setor e às condições competitivas? A estratégia parece estar bem vinculada a uma vantagem baseada em custo, a características diferenciadoras, ao atendimento de necessidades específicas de um nicho ou ao desenvolvimento de recursos e competências competitivas que os concorrentes não conseguem imitar ou superar (ou um misto de ambos)? O que existe na estratégia do McDonald's que pode gerar uma vantagem competitiva sustentável?

3. Acesse www.nytco.com/investors e verifique se os recentes relatórios financeiros do *The New York Times* indicam que seu modelo de negócio está funcionando. O modelo de negócio da empresa se mantém sólido à medida que mais consumidores vão para a internet para encontrar informações gerais e ficarem a par de atuais acontecimentos e reportagens? Seu fluxo de receita proveniente de publicidade está crescendo ou diminuindo? O valor de sua assinatura e circulação está aumentando ou diminuindo? Leia os *press releases* mais recentes da empresa. Há evidências de que o modelo de negócio da empresa esteja evoluindo? A empresa possui os recursos fundamentais e competências para desenvolver os processos necessários para dar suporte a uma mudança em seu modelo de negócio?

✓ EXERCÍCIOS DE APLICAÇÃO PRÁTICA

MA1 Este capítulo discute três questões que devem ser respondidas pelos administradores de organizações de diferentes proporções. Você e seus colegas deverão elaborar respostas breves (de um ou dois parágrafos), às três perguntas, antes de entrarem em seu primeiro conjunto de decisões. Essas questões exigirão uma discussão entre os integrantes da equipe de administração de sua empresa sobre como pretendem administrar a empresa que foram incumbidos de dirigir.

1. Qual é nossa atual situação? (Sua empresa está em posição competitiva boa, média ou fraca perante as empresas concorrentes? Sua empresa parece estar em condição financeira sólida? Quais são os problemas de sua empresa que precisam ser resolvidos?)

2. Que direção desejamos seguir? (Em que posição você gostaria que sua empresa estivesse depois das cinco primeiras rodadas de decisão? Em quanto você gostaria de aumentar o lucro total da empresa até o final do exercício de simulação? Quais tipos de resultados no desempenho sinalizarão que você e seus colegas do curso de administração estão gerenciando a empresa com sucesso?)

3. Como vamos chegar lá? (Qual das abordagens estratégicas básicas e competitivas discutidas no Capítulo 1 você acha que faz mais sentido perseguir? Que tipo de vantagem competitiva sobre os concorrentes você pretende tentar construir?)

capítulo 2

Liderança e o processo de administração estratégica

METAS DE APRENDIZAGEM DO CAPÍTULO

MA1.	Descobrir por que é fundamental que os gestores de uma empresa tenham uma clara visão estratégica da direção que a empresa precisa tomar e por quê.
MA2.	Entender a importância de estabelecer objetivos tanto financeiros quanto estratégicos e usar o *balanced scorecard* para acompanhar o desempenho.
MA3.	Compreender por que as iniciativas estratégicas decididas em vários níveis organizacionais devem estar fortemente coordenadas para atingir metas de desempenho em toda a empresa.
MA4.	Saber o que uma empresa deve fazer para atingir a excelência operacional e executar sua estratégia com competência.
MA5.	Identificar que habilidades de liderança a gestão deve apresentar para executar a estratégia.
MA6.	Entender por que o processo de administração estratégica é contínuo.
MA7.	Ter ciência do papel e da responsabilidade do conselho administrativo de uma empresa na supervisão do processo de administração estratégica.

Formular e executar estratégias é a essência da administração de um empreendimento empresarial. O que, contudo, está exatamente envolvido no desenvolvimento de uma estratégia e no processo de sua competente execução? Quais são os diversos componentes do processo de formulação e execução de estratégia e em que medida os colaboradores da empresa – além dos dirigentes – estão envolvidos nele? Neste capítulo, apresentamos uma visão geral do que é correto e do que é incorreto na elaboração e execução de estratégias empresariais. Será dada atenção especial às responsabilidades da administração de determinar uma direção – traçar um curso estratégico, estabelecer metas de desempenho e explicar por que a formação de estratégias é uma tarefa para toda a equipe gerencial de uma empresa. Discutiremos também em quais níveis gerenciais e quais determinados tipos de decisões estratégicas tendem a ser mais tomadas. Concluiremos com um exame da liderança estratégica pelo conselho administrativo de uma empresa e com o modo como a boa governança corporativa protege os interesses dos acionistas e promove uma boa administração.

O processo de administração estratégica

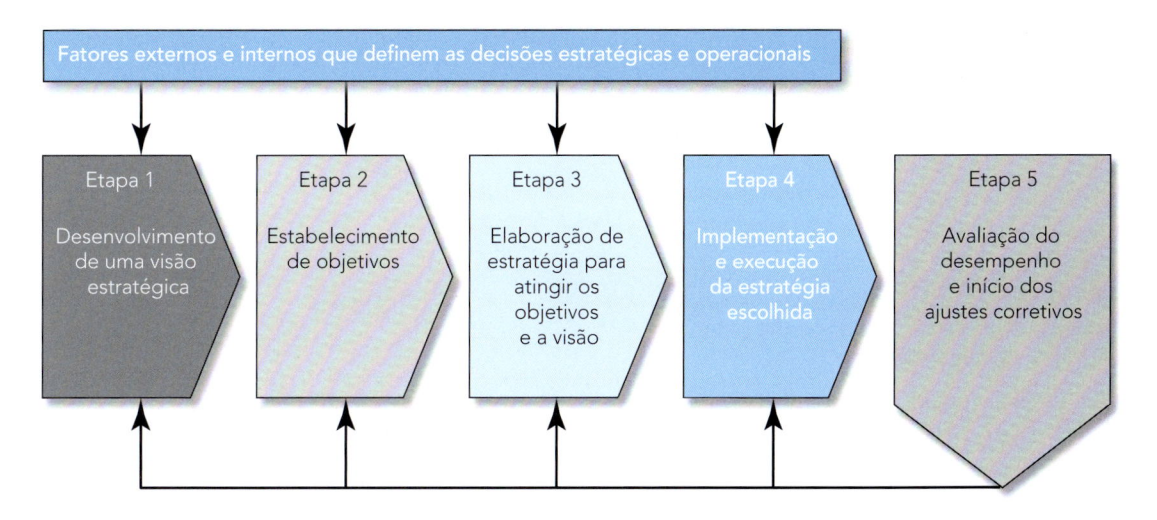

O processo gerencial de elaborar e executar a estratégia de uma empresa consiste em cinco etapas integradas:

1. *Desenvolvimento de uma visão estratégica* da futura direção e do foco da empresa.
2. *Estabelecimento de objetivos* para avaliar o progresso no alcance da visão estratégica.
3. *Elaboração de estratégia* para atingir os objetivos.
4. *Implementação e execução da estratégia escolhida* com eficiência e eficácia.
5. *Avaliação do desempenho e início dos ajustes corretivos* que sejam necessários na direção, objetivos, estratégia ou metodologia da empresa para a execução da estratégia a longo prazo.

A Figura 2.1 mostra esse processo de cinco etapas. O modelo ilustra a necessidade de a administração avaliar inúmeros fatores externos ao decidir por uma direção estratégica, objetivos adequados e abordagens para elaborar e executar uma estratégia (veja o Quadro 2.1). As decisões da gerência, no processo de administração estratégica, devem ser tomadas de acordo com as condições econômicas e o ambiente competitivo prevalecente, e ainda pelos próprios recursos internos e competências competitivas da empresa. Essas condições que definem as estratégias serão o foco dos Capítulos 3 e 4.

O modelo mostrado na Figura 2.1 também ilustra a necessidade, por parte da direção, de avaliação contínua do desempenho da empresa. Qualquer indicação de que a empresa não está conseguindo atingir seus objetivos exige ajustes em uma das quatro primeiras etapas do processo. É bem possível que os esforços de implementação da empresa tenham sido insuficientes, sendo necessárias novas táticas para explorar plenamente o potencial da estratégia empresarial. Se os dirigentes determinarem que as

FIGURA 2.1 O processo de administração estratégica

Fatores externos e internos que definem as decisões estratégicas e operacionais

Etapa 1	Etapa 2	Etapa 3	Etapa 4	Etapa 5
Desenvolvimento de uma visão estratégica	Estabelecimento de objetivos	Elaboração de estratégia para atingir os objetivos e a visão	Implementação e execução da estratégia escolhida	Avaliação do desempenho e início dos ajustes corretivos

ações tomadas na execução foram insuficientes, deverão questionar os pressupostos que nortearam a estratégia de negócio e alterá-la para que se torne mais adequada às condições competitivas e às capacitações internas da empresa. Se a abordagem estratégica da empresa em relação à concorrência for considerada segura, a alta gerência pode ter estabelecido metas de desempenho muito ambiciosas.

A etapa de avaliação do processo de administração estratégica mostrada na Figura 2.1 também pode fazer com que a empresa mude sua visão, mas isso só se tornará necessário

Quadro 2.1 Fatores que definem as decisões no processo de administração estratégica

Considerações externas	Considerações internas
Quais são as características econômicas dominantes do setor? Aspectos setoriais como o tamanho de mercado e a taxa de crescimento, o número e os tamanhos relativos de compradores e vendedores, a velocidade de inovação do produto, o ritmo de mudanças tecnológicas, a importância de economias de escala e o escopo geográfico em que ocorre a rivalidade competitiva têm peso significativo nas decisões da administração relativas a visão, objetivos estratégicos e financeiros e estratégia de negócio.	**Como está funcionando a atual estratégia?** Quanto mais forte for o desempenho geral da empresa, menos provável será a necessidade de mudanças radicais em sua estratégia. Quanto mais fraco for o desempenho de uma empresa, mais sua visão estratégica, estratégia e abordagem à execução estratégica devem ser questionadas.
Que tipo de forças competitivas os integrantes do setor estão enfrentando, e qual é a intensidade de cada força? A estratégia de uma empresa deve protegê-la o máximo possível de pressões competitivas, tentando colocá-la em situação favorável face à concorrência.	**Quais são as competências e os recursos valiosos, do ponto de vista competitivo, e quais são seus pontos fracos internos?** Os pontos fortes de uma empresa são relevantes estrategicamente, por serem os blocos de construção lógica para sua estratégia e abordagem à execução da estratégia; os pontos fracos internos são importantes para aqueles que elaboram estratégias e devem ser levados em consideração por quem as executa, porque podem representar vulnerabilidades que precisam ser corrigidas.
Quais forças estão impulsionando mudanças no setor? Ao tomar decisões quanto a opções estratégicas e objetivos adequados, os gestores devem considerar se as forças que impulsionam o setor estão causando o aumento ou a diminuição da demanda, tornando a concorrência mais ou menos intensa e produzindo maior ou menor lucratividade do setor.	**Os preços e custos da empresa são competitivos?** Os gestores encarregados de elaborar ou executar a estratégia devem determinar se a empresa está desempenhando as funções internas e as atividades empregando custos efetivos, e também verificar se os custos da empresa estão de acordo com os praticados pelos concorrentes.
Quais posições de mercado os concorrentes do setor ocupam e quais manobras estratégicas esses concorrentes provavelmente farão em seguida? As forças propulsoras do setor e as forças competitivas favorecem alguns grupos estratégicos e afetam outros. Os gestores que não estudam os concorrentes se arriscam a ser surpreendidos pelas manobras estratégicas dos concorrentes.	**A empresa é competitivamente mais forte ou mais fraca do que suas principais concorrentes?** A alta gerência deve construir a estratégia e a metodologia para executar a estratégia em torno de seus pontos competitivos fortes, aprimorando áreas em que a empresa é vulnerável, para melhor defender ou para aprimorar sua posição de mercado.
Quais são os fatores-chave para o futuro sucesso competitivo? Todos os setores são caracterizados por um conjunto de elementos estratégicos, competências competitivas ou atributos de produto que as empresas devem dominar para ter sucesso. Os gestores devem fazer dos principais fatores de sucesso do setor os pontos fundamentais de sua estratégia e suas competências competitivas mais destacadas.	
Quais são as oportunidades e ameaças externas da empresa? A estratégia gerencial deve tentar captar as oportunidades mais atraentes da empresa e se defender contra ameaças a seu bem-estar.	

quando ficar evidente que o setor está sofrendo mudanças significativas, o que deixará a visão obsoleta. Essas ocasiões podem ser chamadas de *pontos de inflexão estratégicos*. Quando uma empresa atinge um ponto de inflexão estratégico, os dirigentes precisam tomar decisões difíceis acerca da direção da empresa, porque abandonar um curso estabelecido acarreta riscos consideráveis. Reagir oportunamente às mudanças que ocorrem no mercado, no entanto, reduz as chances de a empresa ficar presa a um negócio estagnado ou em declínio, ou ainda de perder novas e atraentes oportunidades de crescimento.

As três primeiras etapas do processo de administração estratégica compõem um **plano estratégico**, que mapeia a direção seguida pela empresa, estabelece metas estratégicas e financeiras e descreve as manobras competitivas e os procedimentos a serem usados para que os resultados desejados sejam alcançados.[1]

> O **plano estratégico** de uma empresa apresenta sua direção, metas de desempenho e estratégia futuras.

Desenvolvimento de uma visão estratégica: etapa 1 do processo de administração estratégica

As perspectivas dos dirigentes sobre a direção que a empresa tomará e seu futuro foco em tecnologia, mercado, cliente e produto são definidas pelo modo como eles veem o setor externo, o ambiente competitivo e a situação interna, o que constitui uma **visão estratégica** para a empresa. Uma visão estratégica articulada claramente comunica as aspirações da administração aos *stakeholders* (as partes com interesses na empresa) sobre "para onde vamos", e ajuda a canalizar as energias dos colaboradores em uma mesma direção. Por exemplo: a visão de Henry Ford de um carro em cada garagem teve força porque captou a imaginação das outras pessoas, auxiliou as iniciativas internas para mobilizar os recursos da Ford Motor Company e serviu como referência para avaliar os méritos das ações estratégicas da empresa.

> Uma **visão estratégica** descreve "para onde vamos" – o curso e a direção traçados e o futuro foco da empresa em relação a produto, mercado, cliente e tecnologia.

Visões bem concebidas são *específicas* a uma determinada empresa; evitam declarações genéricas, excessivamente otimistas, como: "Nós nos tornaremos uma líder global e a primeira opção dos clientes em todos os mercados que escolhermos atender", o que poderia se aplicar a qualquer uma entre centenas de organizações.[2] Essas visões não são o produto de um comitê encarregado de chegar a uma visão inócua, embora bem-intencionada, resumida em uma única sentença, que terá a aprovação consensual dos vários *stakeholders*. Declarações de visão bem redigidas sem nenhum aspecto específico sobre o futuro foco da empresa em relação a produto, mercado, cliente e tecnologia estão muito aquém do que é necessário para que uma visão seja suficientemente boa.

---

[1] Para uma excelente discussão sobre por que um plano estratégico precisa ser mais que uma lista de pontos isolados e deve, de fato, contar uma história envolvente e esclarecedora que descreve o setor e a situação competitiva, bem como a visão, objetivos e estratégia empresarial, ver Gordon Shaw, Robert Brown e Philip Bromiley, "Strategic Stories: How 3M Is Rewriting Business Planning", *Harvard Business Review* 76, n. 3 (May-June 1998), p. 41-50. Para uma discussão valiosa do papel da declaração da missão, visão, objetivos e estratégia para prover direção organizacional, ver David J. Collins e Michael G. Rukstad, "Can You Say What Your Strategy Is?" *Harvard Business Review* 86, n. 4 (April 2008), p. 82-90.

[2] Para uma discussão mais aprofundada dos desafios de desenvolver uma visão bem concebida, e para também observar alguns bons exemplos, ver Hugh Davidson, *The Committed Enterprise: How to Make Vision and Values Work* (Oxford: Butterworth Heinemann, 2002), Capítulo 2; W. Chan Kim e Tenée Mauborgne, "Charting Your Company's Future", *Harvard Business Review* 80, n. 6 (June 2002), p. 77-83; James C. Collins e Jerry I. Porras, "Building Your Company's Vision", *Harvard Business Review* 74, n. 5 (September-October 1996), p. 65-77; Jim Collins e Jerry Porras, *Built to Last: Successful Habits of Visionary Companies* (New York: Harper Collins, 1994), Capítulo 11; e Michel Robert, *Strategy Pure and Simple II* (New York: McGraw-Hill, 1998), Capítulos 2, 3 e 6.

Para que uma visão estratégica funcione como ferramenta gerencial valiosa, deve proporcionar entendimento do que a direção quer que seu negócio pareça e fornecer aos gestores um ponto de referência para tomarem decisões estratégicas. Deve dizer algo definitivo sobre como os líderes da empresa pretendem posicionar a empresa para além do que ela é atualmente. O Quadro 2.2 relaciona algumas características de declarações efetivas de visão.

Um número surpreendente de declarações de visão encontradas em *sites* e em relatórios anuais de empresas é vago, não esclarece ou diz muito pouco sobre o futuro foco da empresa em relação a produto, mercado, cliente e tecnologia.

Algumas dessas características poderiam se aplicar à maioria das empresas em qualquer setor. Muitas parecem uma declaração de relações públicas – palavras requintadas escritas por alguém só porque está na moda que as empresas tenham uma declaração oficial de sua visão.[3] O Quadro 2.3 fornece uma lista das falhas mais comuns nas declarações de visão das empresas. Como qualquer ferramenta, as declarações de visão podem ser usadas adequada ou inadequadamente, transmitindo com clareza, ou não, o curso estratégico de uma empresa. O quadro "Conceitos e conexões 2.1" fornece uma crítica das visões estratégicas de várias empresas destacadas.

Quadro 2.2 Características das declarações de visão expressadas de modo eficiente

Descritiva – Apresenta um quadro do tipo de empresa que a direção está tentando criar e a posição de mercado que está lutando para obter.

Orientada – É voltada para o futuro; descreve o curso estratégico traçado pelos dirigentes e os tipos de mudanças no produto, mercado, cliente e tecnologia que ajudarão a empresa a se preparar para o futuro.

Direcionada – É bastante específica, oferecendo aos gestores orientação para tomarem decisões e alocarem recursos.

Flexível – Não tem foco tão preciso, a ponto de os gestores terem dificuldade para se ajustarem a mudanças nos mercados, preferências do cliente ou tecnologia.

Viável – Está dentro do âmbito do que a empresa pode esperar atingir.

Desejável – Indica por que a trajetória orientada faz sentido, do ponto de vista empresarial.

Fácil de comunicar – pode ser explicada em 5 a 10 minutos e, em termos ideais, reduzida a um simples *slogan*, fácil de lembrar (como a famosa visão de Henry Ford, de "um carro em cada garagem").

Fonte: Baseado parcialmente em John P. Kotler, *Leading Change* (Boston: Harvard Business School Press, 1996), p. 72.

Quadro 2.3 Falhas comuns nas declarações de visão das empresas

Vaga ou incompleta – Faltam detalhes sobre a direção que a empresa seguirá ou o que a empresa está fazendo para se preparar para o futuro.

Não orientada – Não indica se os dirigentes pretendem alterar o atual foco da empresa no produto, mercado, cliente e tecnologia, nem como farão isso.

Ampla demais – É tão abrangente que a empresa pode tomar qualquer direção, perseguir praticamente qualquer oportunidade ou iniciar qualquer negócio.

Insípida ou sem inspiração – Falta força para motivar os colaboradores ou inspirar a confiança do acionista na direção que a empresa tomará.

Não diferenciada – Não fornece identidade à empresa; poderia ser aplicada a empresas em vários setores (inclusive concorrentes que operam no mesmo mercado).

Muito dependente de superlativos – Não diz nada específico sobre a trajetória estratégica da empresa além de perseguir distinções como ser uma líder reconhecida, líder global ou mundial ou a primeira opção entre os clientes.

Fonte: Baseado de informações de Hugh Davidson, *The Committed Enterprise* (Oxford: Butterworth Heinemann, 2002), Capítulo 2; e Michel Robert, *Strategy Pure and Simple II* (New York: McGraw-Hill, 1998), Capítulos 2, 3 e 6.

---

[3] Hugh Davidson, The Committed Enterprise (Oxford: Butterworth Heinemann, 2002), p. 20 e 54.

Conceitos e conexões 2.1

EXEMPLOS DE VISÕES ESTRATÉGICAS — EM QUE MEDIDA ELAS SÃO REALIZADAS?

Declaração da visão	Aspectos efetivos	Falhas
Red Hat Linux		
Ampliar nossa posição como o provedor mais confiável de Linux e *open source* às empresas. Pretendemos ampliar o mercado para o Linux por meio de uma linha completa de *software* Red Hat Linux empresarial, uma sólida plataforma gerencial da internet, além de serviços e suporte associados.	<ul><li>Orientada</li><li>Direcionada</li><li>Viável</li><li>Desejável</li><li>Fácil de comunicar</li></ul>	<ul><li>Insípida ou não inspiradora</li></ul>
UBS		
Estamos decididos a ser a melhor empresa de serviços financeiros globais. Nos concentramos na administração de riquezas e ativos, e em títulos e investimentos bancários. Ganhamos continuamente o reconhecimento e a confiança dos clientes, acionistas e profissionais por meio de nossa capacidade de prever, identificar e definir nosso futuro. Partilhamos a ambição de ter êxito, oferecendo qualidade no que fazemos. Nosso objetivo é ajudar nossos clientes a tomarem decisões financeiras com confiança. Usamos recursos para desenvolver soluções e serviços efetivos a nossos clientes. Estimulamos uma cultura distintiva, meritocrática da ambição, do desempenho e da aprendizagem, pois isso atrai, retém e desenvolve o melhor talento para nossa empresa. Ao fazermos tanto nossa clientela quanto nossas talentosas franquias crescerem, agregamos valor sustentável a nossos acionistas.	<ul><li>Direcionada</li><li>Viável</li><li>Desejável</li></ul>	<ul><li>Não orientada para o futuro</li><li>Insípida ou não inspiradora</li></ul>
Caterpillar		
Ser a líder global em valor para o cliente.	<ul><li>Orientada</li><li>Desejável</li><li>Fácil de comunicar</li></ul>	<ul><li>Vaga ou incompleta</li><li>Poderia se aplicar a muitas empresas em vários setores</li></ul>
eBay		
Fornecer uma plataforma comercial global onde praticamente qualquer um possa comercializar praticamente qualquer coisa.	<ul><li>Descritiva</li><li>Flexível</li><li>Fácil de comunicar</li></ul>	<ul><li>Ampla demais</li></ul>

Fonte: Documentos e *sites* da empresa.

Como a visão estratégica difere da declaração de missão

> A distinção entre uma visão estratégica e uma declaração de missão é bem clara: uma visão estratégica retrata o **futuro escopo do negócio** de uma empresa ("que direção desejamos seguir"), ao passo que a missão de uma empresa costuma descrever seu **negócio e propósito atual** ("quem somos, o que fazemos e por que estamos aqui").

A característica que define uma visão estratégica bem concebida é o que ela diz sobre a *futura trajetória estratégica da empresa* – "*que direção vamos tomar e qual será nosso futuro foco no produto, cliente, mercado e tecnologia*". As declarações de missão da maioria das empresas dizem muito mais sobre o atual escopo de negócio e propósito da empresa – "*quem somos o que fazemos e por que estamos aqui*". Poucas missões são orientadas para o futuro, em conteúdo e ênfase. Considere, por exemplo, a declaração de missão da Trader Joe's (uma rede de alimentos que vende pratos sofisticados):

> A missão da Trader Joe's é oferecer aos nossos clientes o maior valor agregado em alimentos e bebidas que podem ser encontrados em qualquer mercado, e fornecer as informações necessárias para que possam tomar decisões de compra conscientes. Oferecemos esses esclarecimentos com atenção, gentileza, prazer, demonstrando orgulho e lealdade à empresa, para alcançar a máxima satisfação do cliente.

Note que a declaração da missão da Trader Joe's transmite com clareza "quem somos, o que fazemos e por que estamos aqui", mas não indica "que direção desejamos seguir". (Algumas empresas usam a expressão *finalidade empresarial* em lugar de *declaração da missão* para descreverem seus negócios; na prática, parece não haver diferença significativa entre as expressões *declaração de missão* e *finalidade empresarial* – trata-se de uma questão de preferência.)

Para refletir a prática gerencial comum, usaremos a expressão *declaração da missão* quando fizermos referência à descrição do negócio *atual* de um empreendimento e ao propósito de sua existência. Em termos ideais, a declaração da missão de uma empresa é suficientemente descritiva para:

- *Identificar seus bens ou serviços.*
- *Especificar as necessidades do comprador que ela procura satisfazer.*
- *Especificar os grupos de clientes ou mercados que ela está procurando atender.*
- *Especificar sua abordagem para satisfazer os clientes.*

Por vezes, as empresas afirmam que sua missão é simplesmente ter lucro. Isso é um equívoco. Seria mais correto afirmar que o lucro é um *objetivo* e um *resultado* do que uma empresa faz.

Um exemplo de declaração de missão benfeita que especifica o que a empresa faz é o da Occupational Safety and Health Administration (OSHA, Associação de Segurança e Saúde Ocupacional): "Assegurar a segurança e a saúde dos trabalhadores dos Estados Unidos estabelecendo e seguindo padrões; fornecendo treinamento, desenvolvimento de seu potencial e educação; estabelecendo parcerias e encorajando o aprimoramento contínuo na segurança e na saúde no local de trabalho". A declaração de missão da Google, embora seja breve, ainda capta a essência da empresa: "Organizar as informações do mundo e torná-las universalmente acessíveis e úteis". Um exemplo de declaração de missão pouco esclarecedora é a da Microsoft: "Ajudar as pessoas e as empresas em todo o mundo a explorar seu pleno potencial" nada diz a respeito de seus produtos ou sua estrutura de negócio, e poderia se aplicar a várias empresas em muitos setores diferentes. Uma declaração de missão que fornece pouca indicação de "quem somos e o que fazemos" não tem um valor claro.

A importância de comunicar a visão estratégica

Uma visão estratégica tem pouco valor para a empresa se não for comunicada efetivamente aos gestores menos graduados e colaboradores. Será difícil a declaração de uma visão oferecer direção àqueles que tomam decisões e motivar os colaboradores para atingir o objetivo estratégico no longo prazo se eles não souberem qual é a visão nem notarem o compromisso dos dirigentes com ela. Comunicar a visão aos integrantes da empresa quase sempre significa colocar por escrito "que direção desejamos seguir e por que", distribuir a declaração por toda a empresa e fazer os executivos explicarem-na e justificarem-na pessoalmente para o maior número de colaboradores possível. Em termos ideais, os executivos deveriam apresentar sua visão para a empresa procurando captar a atenção das pessoas. Uma visão estratégica convincente e envolvente tem enorme valor motivacional – pela mesma razão que um construtor é motivado a construir uma imensa catedral de pedra que perdurará por séculos. Portanto, a capacidade que um executivo tem de retratar um quadro convincente e inspirador da trajetória de uma empresa para o futuro é um aspecto importante da liderança estratégica efetiva.[4]

Os benefícios de uma visão estratégica efetiva

Em suma, uma visão estratégica bem concebida, comunicada efetivamente, compensa em vários sentidos: (1) esclarece as visões dos próprios executivos sobre a direção que a empresa tomará em longo prazo; (2) reduz o risco de tomada de decisão ao acaso, por gestores em todos os níveis hierárquicos; (3) é uma ferramenta para ganhar o apoio dos colaboradores, que ajudarão a tornar a visão uma realidade; (4) fornece inspiração para os gestores menos graduados formularem missões de departamento; e (5) ajuda empresa a se preparar para o futuro.

Estabelecimento de objetivos: etapa 2 do processo de administração estratégica

A finalidade empresarial do estabelecimento de **objetivos** é converter a visão estratégica em metas específicas de desempenho. Os objetivos refletem as aspirações dos dirigentes quanto ao desempenho da empresa à luz das condições econômicas e competitivas vigentes do setor e das competências internas da empresa. Objetivos bem definidos são *quantificáveis* ou *mensuráveis*, e *têm um prazo para serem alcançados*. Os objetivos concretos, mensuráveis, são valiosos do ponto de vista gerencial, porque servem como medida para acompanhar o desempenho da empresa e seu progresso em direção à visão. Metas vagas como "maximizar lucros", "reduzir custos", "tornar-se mais eficiente" ou "aumentar as vendas", que não especificam nem quanto nem quando, têm pouco valor como ferramenta gerencial para aprimorar o desempenho da empresa. Em termos ideais, os gestores deveriam desenvolver objetivos desafiadores, porém atingíveis, que demandem um esforço conjunto para que todos os colaboradores da empresa tenham

---

[4] Ibid., p. 36, 54.

um desempenho que exija deles o uso de seu potencial pleno. Como disse certa vez Mitchell Leibovitz, ex-diretor da Pep Boys, uma loja de autopeças e serviços: "Se você quer ter resultados surpreendentes, tenha objetivos surpreendentes".

Quais tipos de objetivos estabelecer – A necessidade de um *balanced scorecard*

Dois tipos bem distintos de medidas de desempenho são necessários: os relacionados ao desempenho financeiro e os relacionados ao desempenho estratégico. Os **objetivos financeiros** comunicam as metas dos dirigentes para o desempenho financeiro. Objetivos financeiros comuns se relacionam ao crescimento da receita, à lucratividade e ao retorno sobre o investimento. Os **objetivos estratégicos** se relacionam à posição de mercado de uma empresa e a sua vitalidade competitiva. A importância de atingir objetivos financeiros é intuitiva. Sem lucratividade e solidez financeira adequadas, a saúde de uma empresa e sua sobrevivência estão ameaçadas. Além disso, ganhos abaixo do esperado e um balanço patrimonial fraco alarmam os acionistas e credores, além de colocar o emprego dos altos executivos em risco. No entanto, bom desempenho financeiro em si não basta.

> Os **objetivos financeiros** se relacionam às metas de desempenho financeiro que os dirigentes estabeleceram para a empresa atingir. Os **objetivos estratégicos** se relacionam aos resultados que indicam que uma empresa está fortalecendo sua posição de mercado, a vitalidade competitiva e as futuras perspectivas de negócio.

Os objetivos financeiros de uma empresa são realmente *indicadores de resultados* que refletem os efeitos de decisões e atividades organizacionais realizadas anteriormente.[5] Os resultados de decisões e atividades organizacionais realizadas anteriormente não são indicadores confiáveis das perspectivas de uma empresa. As empresas que têm um fraco desempenho financeiro às vezes são capazes de dar uma guinada, e aquelas com bom desempenho financeiro podem se deparar com tempos difíceis. Por isso, os objetivos estratégicos são os melhores indicadores e os mais confiáveis. Resultados estratégicos são os *indicadores indutores* do futuro desempenho financeiro de uma empresa e de suas perspectivas de negócio. A realização de objetivos estratégicos sinaliza que a empresa está bem posicionada para sustentar ou aprimorar seu desempenho. Por exemplo, se uma empresa está atingindo objetivos estratégicos ambiciosos, então há razão para se esperar que seu *futuro* desempenho financeiro seja melhor do que seu desempenho atual ou anterior. Se uma empresa começa a perder competitividade e não consegue atingir objetivos estratégicos importantes, então sua capacidade de manter a lucratividade atual é duvidável.*

Em consequência, utilizar um sistema de avaliação do desempenho que atinja um equilíbrio entre os objetivos financeiros e estratégicos é um excelente procedimento.[6] O simples acompanhamento do desempenho financeiro de uma empresa não leva em consideração que, em última instância, o que permite que uma empresa obtenha resultados financeiros melhores é a realização dos objetivos estratégicos, que aprimora sua competitividade e a força de mercado. Exemplos representativos de objetivos financei-

---

* N. de R.T.: *Lagging indicators* são indicadores de resultados e *leading indicators* são indicadores indutores. Assim, os indicadores são a causa ou origem, e os indicadores de resultado são o efeito ou destino.

[5] Robert S. Kaplan e David P. Norton, *The Strategy-Focused Organization* (Boston: Harvard Business School Press, 2001), p. 3.

[6] Ibid., p. 7. Ver também Robert S. Kaplan e David P. Norton, *The Balanced Scorecard: Translating Strategy into Action* (Boston: Harvard Business School Press, 1996), p. 10; Kevin B. Hendricks, Larry Menor e Christine Wiedman, "The *Balanced Scorecard*: To Adopt or Not to Adopt", *Ivey Business Journal* 69, n. 2 (November-December 2004), p. 1-7; e Sandy Richardson, "The Key Elements of *Balanced Scorecard* Success", *Ivey Business Journal* 69, n. 2 (November-December 2004), p. 7-9.

ros e estratégicos que as empresas incluem com frequência ao empregarem o *balanced scorecard* (metodologia de medição e avaliação da eficácia das alternativas estratégicas, desenvolvida por Robert Kaplan e David Norton) para avaliar seu desempenho são apresentados no Quadro 2.4.[7]

Em 2008, quase 60% das empresas globais empregaram o *balanced scorecard* para medir seu desempenho financeiro e estratégico.[8] Entre as organizações que adotaram essa metodologia para estabelecer objetivos e avaliar o desempenho estão a UPS, a ANN Taylor Stores, o Ministério da Defesa do Reino Unido, a Caterpillar, a Daimler AG, a Hilton Hotels, a Duke University Hospital e a Siemens AG.[9] O quadro "Conceitos e conexões 2.2" fornece objetivos estratégicos e financeiros de quatro empresas destacadas.

OBJETIVOS DE CURTO E LONGO PRAZO O conjunto de objetivos financeiros e estratégicos de uma empresa deve incluir metas de desempenho de curto e de longo prazo. Os objetivos de curto prazo focalizam a atenção no alcance de aprimoramentos do de-

Conceitos e conexões 2.2

EXEMPLOS DE OBJETIVOS DAS EMPRESAS

General Motors
Reduzir a porcentagem de automóveis que usam motores de combustão interna (MCI) convencional por meio do desenvolvimento de MCIs híbridos, MCIs híbridos plug-in, veículos elétricos com maior autonomia e motores elétricos movidos com células de hidrogênio; reduzir os custos automotivos estruturais para os níveis exemplares correspondentes a 23% da receita, até 2012, em comparação aos 34% que foram gastos em 2005; e reduzir os custos anuais com mão de obra nos Estados Unidos em mais de US$ 5 bilhões, até 2011.

The Home Depot
Ser o local mais procurado por construtores, que respondem por aproximadamente 30% das vendas de 2006; aprimorar a disponibilidade de estoque interno para que os clientes possam encontrar e comprar exatamente aquilo que precisam; oferecer atendimento diferenciado ao cliente e o conhecimento que eles esperam da The Home Depot; recomprar US$ 22,5 bilhões das ações vendidas publicamente durante 2008; e abrir 55 novas lojas com cinco relocalizações de lojas em 2008.

Yum Restaurants (KFC, Pizza Hut e Taco Bell)
Abrir mais de 100 restaurantes KFC no Vietnã até 2010; expandir o conceito de restaurante da Taco Bell para Dubai, Índia, Espanha e Japão durante 2008 e 2009; aumentar o número de restaurantes internacionais de 12 mil estabelecimentos em 2007 para 15 mil em 2012; aumentar o lucro operacional das operações internacionais de US$ 480 milhões em 2007 para US$ 770 milhões em 2012; ampliar o cardápio da Pizza Hut para incluir massa e pratos com frango; diminuir o número de restaurantes de proprietários particulares nos Estados Unidos, que somaram 20% das unidades em 2007, para menos de 10% até 2010; e aumentar o número de unidades Taco Bell nos Estados Unidos em 2 a 3% ao ano, entre 2008 e 2010.

Avon
Aumentar nossas vendas e participação no setor de cosméticos; fortalecer a imagem da nossa marca; melhorar a experiência dos clientes com as vendedoras; realizar economias de custo anual de US$ 430 milhões por meio de aprimoramentos dos processos de marketing, do modelo de vendas e das atividades organizacionais; e atingir economias de custo anual de US$ 200 milhões com a iniciativa de terceirização estratégica.

Fonte: Informações postadas nos *sites* das empresas, acessados em 27 de março de 2008.

---

[7] Kaplan e Norton, *The Balanced Scorecard: Translating Strategy into Action*, p. 25-29. Kaplan e Norton classificam objetivos estratégicos em categorias relacionadas ao cliente, processos empresariais, aprendizagem e crescimento. Na prática, as empresas que usam o *balanced scorecard* podem escolher categorias de objetivos estratégicos que melhor refletem as atividades e os processos que criam valor para ela.
[8] Informação postada no *site* de Bain and Company, www.bain.com, acessado em 27 de maio de 2009.
[9] Informação postada no *site* de Balanced Scorecard Institute, acessado em 27 de maio de 2009.

Quadro 2.4 O emprego de *balanced scorecard* para avaliação do desempenho

Objetivos financeiros	Objetivos estratégicos	
▪ Um aumento de x% nas receitas anuais ▪ Aumentos anuais no lucro por ação de x% ▪ Um retorno de x% sobre o capital empregado (ROCE) ou investimento do acionista (ROE) ▪ Classificações de títulos e crédito de x ▪ Fluxos de caixa interno de x para cobrir novo investimento de capital	▪ Ganhar x% de participação de mercado ▪ Atingir x% na satisfação do cliente ▪ Atingir uma taxa de retenção de clientes de x% ▪ Adquirir x novos clientes ▪ Introdução de x novos produtos nos próximos três anos ▪ Reduzir os tempos de desenvolvimento de produto para x meses	▪ Aumentar a porcentagem de vendas que vêm de novos produtos para x% ▪ Aprimorar a capacidade dos sistemas de informação para dar aos gestores da linha de frente informações sobre defeitos em x minutos ▪ Aprimorar o trabalho de equipe aumentando o número de projetos que envolvem mais de uma unidade estratégica de negócio para x

sempenho no período atual, ao passo que as metas de longo prazo forçam a empresa a considerar como as ações que estão sendo tomadas afetarão a empresa no futuro. Especificamente, os objetivos de longo prazo colocam-se como uma barreira a uma filosofia gerencial que não tenha visão e se concentram indevidamente em resultados no curto prazo. Quando é preciso ponderar as vantagens e desvantagens entre atingir objetivos de longo prazo *versus* objetivos de curto prazo, os objetivos de longo prazo devem ter precedência (a não ser que a realização de uma ou mais metas de desempenho no curto prazo seja de extrema importância).

A NECESSIDADE DE OBJETIVOS EM TODOS OS NÍVEIS ORGANIZACIONAIS A definição de objetivos não deve impedir o estabelecimento de metas de desempenho em toda a empresa. Os objetivos da empresa precisam ser divididos em metas de desempenho para cada um dos negócios da empresa, linhas de produto, departamentos funcionais e unidades de trabalho individuais. Colaboradores em várias áreas funcionais e níveis operacionais terão uma orientação muito melhor se forem estabelecidos objetivos mais específicos, diretamente relacionados à suas atividades departamentais em vez de amplos objetivos organizacionais. O estabelecimento de objetivos é, portanto, um processo de cima para baixo, que deve se estender aos níveis organizacionais básicos. E isso significa que cada unidade organizacional deve procurar estabelecer metas de desempenho que apoiem – em vez de entrar em conflito ou negar – a realização de objetivos financeiros e estratégicos em toda a empresa.

Elaboração de estratégia: etapa 3 do processo de administração estratégica

Como discutimos no Capítulo 1, a abordagem estratégica à administração para a realização de objetivos organizacionais, o sucesso na concorrência e o desenvolvimento de competências competitivas importantes deve estar bem ajustado à situação interna e externa da empresa. Os elementos da estratégia de negócio elaborados pelos dirigentes devem também ser coesos e se reforçar mutuamente, atingindo um entrosamento perfeito, como as peças de um quebra-cabeça. Para conseguir tal unidade, os altos executivos devem articular claramente temas estratégicos fundamentais a fim de orientar os colaboradores menos graduados a formularem estratégias. Por exemplo, gestores de área funcional de uma empresa que estejam buscando vantagem baseada em custo devem adotar, para cada nível, estratégias que minimizem o custo. A Figura 2.2 ilustra os níveis estratégicos de uma única empresa comercial com uma estrutura empresarial relativamente simples. Uma empresa diversificada, com vários negócios, também teria uma estratégia abrangente, de nível corporativo, que iria além do que é mostrado na Figura 2.2 para assegurar a coerência estratégica entre todos os negócios de seu portfólio.

Um aspecto fundamental da hierarquia apresentada na Figura 2.2 é a influência, nos dois sentidos, entre vários níveis gerenciais da empresa na elaboração da estratégia de negócio. Os gestores na direção da empresa podem ter desenvolvido o conceito de uma estratégia revolucionária capaz de resultar em vantagens de mercado significativas, mas tais planos podem não corresponder a suas respectivas competências competitivas. Em diversos sentidos, os gestores mais próximos das operações são os que estão em melhor posição para determinar se uma empresa consegue executar uma estratégia planejada. Deve-se concluir, ao examinar a figura, que as iniciativas para formular estratégias exigem a colaboração mútua de todos os gestores da empresa e haverá existência de uma coordenação de todas as áreas funcionais para que a empresa tenha boa chance de sucesso.

FIGURA 2.2 Hierarquia na formulação de estratégias para uma empresa com um único negócio

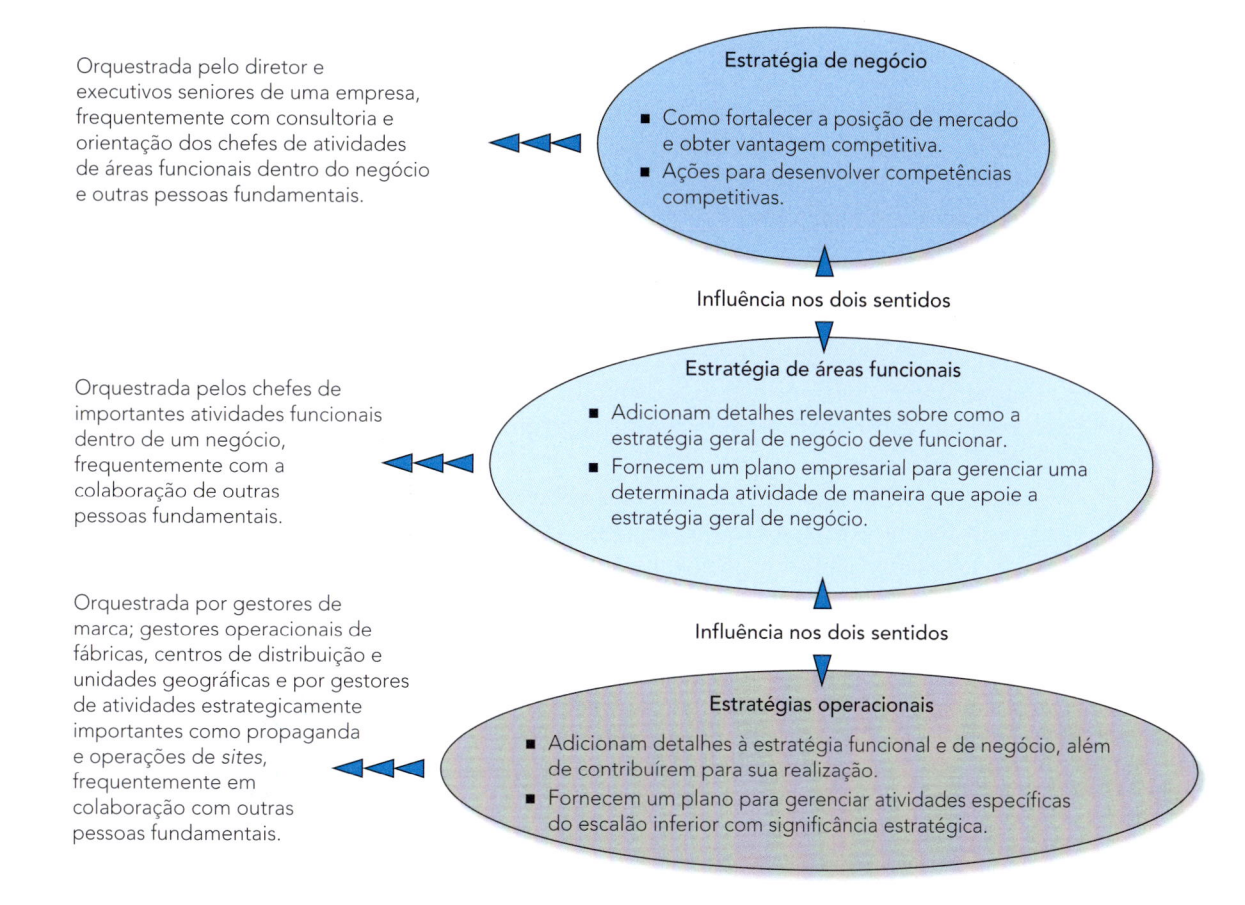

Orquestrada pelo diretor e executivos seniores de uma empresa, frequentemente com consultoria e orientação dos chefes de atividades de áreas funcionais dentro do negócio e outras pessoas fundamentais.

◄◄◄ **Estratégia de negócio**
- Como fortalecer a posição de mercado e obter vantagem competitiva.
- Ações para desenvolver competências competitivas.

Influência nos dois sentidos

Orquestrada pelos chefes de importantes atividades funcionais dentro de um negócio, frequentemente com a colaboração de outras pessoas fundamentais.

◄◄◄ **Estratégia de áreas funcionais**
- Adicionam detalhes relevantes sobre como a estratégia geral de negócio deve funcionar.
- Fornecem um plano empresarial para gerenciar uma determinada atividade de maneira que apoie a estratégia geral de negócio.

Influência nos dois sentidos

Orquestrada por gestores de marca; gestores operacionais de fábricas, centros de distribuição e unidades geográficas e por gestores de atividades estrategicamente importantes como propaganda e operações de *sites*, frequentemente em colaboração com outras pessoas fundamentais.

◄◄◄ **Estratégias operacionais**
- Adicionam detalhes à estratégia funcional e de negócio, além de contribuírem para sua realização.
- Fornecem um plano para gerenciar atividades específicas do escalão inferior com significância estratégica.

> A estratégia corporativa garante a coerência na abordagem estratégica entre os negócios de uma corporação diversificada. A estratégia de negócio consiste basicamente em fortalecer a posição de mercado da empresa e desenvolver vantagem competitiva em uma empresa que tenha um único negócio ou uma única unidade estratégica de negócio em uma corporação diversificada.

> Na maioria das empresas, elaborar uma estratégia é um esforço que exige a colaboração da equipe, o que inclui gestores em várias posições e níveis organizacionais. Elaborar uma estratégia raramente é algo que só os altos executivos fazem.

Como mostrado na Figura 2.2, a **estratégia de negócio** é responsabilidade do diretor e dos outros executivos seniores, e procura basicamente fortalecer a posição de mercado da empresa e obter vantagem competitiva. As **estratégias de áreas funcionais** dizem respeito às ações relacionadas a determinadas funções ou processos dentro de uma empresa. A estratégia de desenvolvimento de produto, por exemplo, representa o plano gerencial para criar novos produtos que estejam em sintonia com o que os compradores procuram. As estratégias funcionais acrescentam detalhes à estratégia de nível de negócio da empresa e especificam que recursos e competências organizacionais são necessários para colocar a estratégia geral de negócio em ação. A responsabilidade principal pelas estratégias funcionais dentro de um negócio normalmente é delegada às chefias das respectivas funções, e cabe ao gestor geral a aprovação final das estratégias funcionais. Para que a estratégia geral de negócio tenha o máximo impacto, as estratégias de marketing, assim como as estratégias nas áreas de produção, financeira, de atendimento ao cliente, de desenvolvimento de produto e de recursos humanos, devem ser compatíveis e se reforçar mutuamente, em vez de atender, cada uma, a seus próprios objetivos, mais restritos.

As **estratégias operacionais** dizem respeito às iniciativas estratégicas e abordagens relativamente restritas para gerenciar as principais unidades operacionais (fábricas, centros de distribuição, unidades geográficas) e atividades operacionais específicas, como compras de materiais ou vendas pela internet. Um gestor de um centro de distribuição de uma empresa que promete entregas rápidas aos clientes deve ter uma estratégia para garantir que os bens acabados sejam produzidos rapidamente e despachados aos clientes assim que forem recebidos das fábricas da empresa. As estratégias operacionais têm um escopo limitado, mas acrescentam mais detalhes às estratégias funcionais e à estratégia geral de negócio. A principal responsabilidade pelas estratégias operacionais em geral é delegada aos gestores da linha de frente, sujeitas à análise e aprovação pelos gestores mais graduados.

Como mencionado anteriormente, a finalidade da estratégia corporativa é assegurar a coerência na abordagem estratégica entre os vários negócios de uma corporação diversificada. A estratégia corporativa e a diversificação de negócios são discutidas em detalhes no Capítulo 8. Em resumo, estratégias corporativas bem-sucedidas constroem valor para o acionista, combinando negócios de modo a gerar um efeito em que 1 + 1 pode virar 3. As melhores estratégias corporativas utilizadas em empresas com vários negócios identificam as unidades com maior probabilidade de gerar lucro acima da média e captar a divisão de custos entre negócios e sinergias na transferência de habilidades. Os executivos seniores normalmente são os principais responsáveis por conceber uma estratégia corporativa. Os chefes de unidades de negócio também podem ter influência, principalmente em decisões estratégicas que afetam os negócios por eles dirigidos. Decisões estratégicas importantes em geral são analisadas e aprovadas pelo conselho administrativo da empresa.

Implementação e execução da estratégia escolhida: etapa 4 do processo de administração estratégica

Gerenciar a implementação e execução de estratégia é, sem dúvida, a parte que mais exige esforços e aquela que mais demora no processo de administração estratégica. A boa execução da estratégia requer que os gestores fiquem atentos à maneira como os processos internos de negócio são realizados e se empenhem para que os colaboradores direcionem esforços para a realização dos resultados operacionais desejados. A tarefa de implementação e execução da estratégia também necessita de uma análise contínua da eficiência e efetividade das atividades internas de uma empresa e do conhecimento, por parte dos gestores, de novos desenvolvimentos tecnológicos que possam aprimorar os processos empresariais. Na maioria das situações, gerenciar o processo de execução de estratégia inclui os seguintes aspectos principais:

- Contratar colaboradores que ofereçam as competências e especializações necessárias;
- alocar amplos recursos às atividades cruciais para a boa execução da estratégia;
- assegurar que as políticas e procedimentos facilitem a execução efetiva em vez de impedi-la;
- instalar sistemas de informação e operacionais que permitam ao pessoal da empresa o desempenho de atividades essenciais;
- exigir o aprimoramento contínuo na maneira como as atividades da cadeia de valor são executadas;
- vincular recompensas e incentivos diretamente à realização dos objetivos de desempenho;
- criar uma cultura empresarial e clima de trabalho contribuinte ao sucesso da execução da estratégia;
- exercer a liderança interna necessária para impulsionar a implementação.

Avaliação do desempenho e início dos ajustes corretivos: etapa 5 do processo de administração estratégica

A quinta etapa do processo de administração estratégica – acompanhar novos desenvolvimentos externos, avaliar o progresso da empresa e fazer os ajustes corretivos – é o ponto a partir do qual se deve decidir se a visão, os objetivos, a estratégia e/ou os métodos de execução da estratégia empresarial devem ser mantidos ou alterados. Enquanto a direção e a estratégia empresarial pareçam adequadas ao setor e às condições competitivas, e que as metas de desempenho estejam sendo cumpridas, a empresa e os executivos podem decidir manter o curso. O simples refinamento do plano estratégico e a continuidade dos esforços para aprimorar a execução da estratégia são suficientes.

Contudo, sempre que uma empresa se deparar com mudanças acentuadas em seu ambiente, precisará questionar a adequação da direção e da estratégia por ela adotadas. Se a posição de mercado de uma empresa está decaindo ou ela tem regularmente um desempenho abaixo do esperado, então os gestores devem descobrir as causas – elas estão relacionadas a estratégias fracas, a falhas na execução da estratégia, ou a ambas? – e tomar as medidas corretivas cabíveis. A direção, os objetivos e a estratégia de uma empresa precisam ser revistos sempre que as condições internas ou externas da empresa pedirem isso.

> A visão, os objetivos, os métodos e a abordagem da empresa à execução da estratégia nunca são definitivos; administração estratégica é um processo contínuo, e não uma única tarefa realizada ocasionalmente.

Também não é incomum uma empresa achar que um ou mais aspectos de sua implementação e execução da estratégia não estão indo tão bem quanto pretendido. A execução competente da estratégia é sempre o produto de muito aprendizado organizacional. É atingida de forma irregular – ocorrendo rapidamente em algumas áreas e mostrando-se trabalhosa em outras. A execução bem-sucedida da estratégia envolve a busca atenta por formas de aprimoramento e a realização de constantes ajustes corretivos, e sempre que isso trouxer algum benefício.

Condução do processo de administração estratégica

Conduzir e administrar o processo estratégico requer uma série de ações bastante simples: elaborar um plano estratégico sólido, implementá-lo, executá-lo até o final, ajustá-lo conforme necessário e vencer! Os desafios de liderança, contudo, são significativos e diversos. A liderança responsável e a obtenção de resultados requerem dos dirigentes e gestores o exercício de diversos papéis, como o de visionário, estrategista, captador de recursos, formador de capacitações, motivador e solucionador de crises, só para mencionar alguns. Há momentos em que a condução do processo de administração estratégica envolve uma atitude autoritária e firme, e momentos em que é melhor ser um ouvinte perceptivo e sensato na tomada de decisões, e ainda há aqueles em que os problemas são delegados a pessoas mais ligadas à cena da ação.

Em geral, o processo de administração estratégica exige várias ações por parte dos executivos:

1. Garantir que a empresa tenha um bom plano estratégico;
2. ficar a par do que está acontecendo;
3. fazer pressão construtiva nas unidades organizacionais para alcançar bons resultados e a excelência operacional;
4. impor ações corretivas para aprimorar tanto a estratégia empresarial quanto a maneira como ela está sendo executada;
5. conduzir o desenvolvimento de competências competitivas sólidas;
6. tomar iniciativas que mostrem integridade ética e responsabilidade social.

GARANTIR QUE A EMPRESA TENHA UM BOM PLANO ESTRATÉGICO É responsabilidade dos dirigentes, principalmente do diretor, assegurar que a empresa tenha um plano estratégico coeso e sólido. Há duas iniciativas que um diretor e outros executivos de alto nível devem tomar para que seja desenvolvido um bom plano estratégico. Uma delas é *comunicar efetivamente a visão, os objetivos e os principais componentes estratégicos da empresa* aos gestores e colaboradores menos graduados. Quanto maior o número de colaboradores que sabe, entende e adere à direção e à estratégia geral da empresa no longo prazo, menor o risco de que as unidades organizacionais entrem em conflito quanto às direções estratégicas. A segunda é *efetuar uma análise cuidadosa da coerência das estratégias de nível mais baixo e apoiar as estratégias de nível mais alto*. Qualquer conflito entre as estratégias deve ser tratado e resolvido, seja modificando as estratégias de nível mais baixo que apresentem elementos conflitantes ou adaptando as estratégias de nível superior para acomodar ideias que podem ser estratégias mais atraentes e iniciativas criadas por colaboradores menos graduados. *Um conjunto de estratégias que não seja unificado enfraquece a estratégia geral e provavelmente prejudicará o desempenho da empresa.*

FICAR A PAR DO QUE ESTÁ ACONTECENDO Para os executivos, uma das melhores maneiras de ficar a par do processo de execução estratégica é visitar regularmente os diversos setores da empresa e conversar com vários colaboradores de níveis diferentes – uma técnica chamada com frequência de *gestão por ronda* (MBWA, do inglês *Manage-*

ment by Wandering Around). Os executivos da Walmart têm longa prática em passar dois ou três dias toda semana visitando suas lojas e conversando com os gestores e colaboradores. Sam Walton, fundador da Walmart, insistia: "O segredo é entrar na loja e ouvir o que os associados têm a dizer". Jack Welch, o diretor altamente eficiente da General Electric (GE) entre 1980 e 2001, não só passava vários dias por mês visitando as operações da GE e conversando com grandes clientes como também fazia um cronograma para que pudesse trocar informações e ideias com seus gestores de todo o mundo, que estavam frequentando aulas no centro de desenvolvimento de liderança da empresa, perto da sede da GE. Jeff Bezos, diretor da Amazon, destaca-se por suas habituais visitas às dependências da empresa e por sua insistência para que outros gestores passem um tempo nas "trincheiras" com seus colaboradores, para evitar ideias excessivamente abstratas e o distanciamento do que está acontecendo na realidade.[10]

A maioria dos gestores pratica o MBWA, atribuindo grande importância às informações dadas por pessoas em diferentes níveis organizacionais sobre como estão indo vários aspectos do processo de execução estratégico. Eles acreditam que as visitas a instalações de produção e contatos pessoais lhes dão uma boa noção sobre o progresso que está sendo alcançado, quais problemas estão sendo encontrados e quais recursos adicionais ou diferentes abordagens podem vir a ser necessários. Outro aspecto da mesma importância é que o MBWA oferece oportunidades de incentivar, animar, deslocar a atenção de prioridades antigas para novas e gerar o entusiasmo – tudo isso ajuda a mobilizar o empenho organizacional que impulsionará a execução da estratégia.

FAZER PRESSÃO CONSTRUTIVA NAS UNIDADES ORGANIZACIONAIS PARA ALCANÇAR BONS RESULTADOS E A EXCELÊNCIA OPERACIONAL Os gestores precisam estar na linha de frente para mobilizar iniciativas que auxiliem a boa execução de estratégias e a excelência operacional. Parte do requisito desse aspecto da liderança envolve estimular um clima de trabalho orientado para resultados, em que os padrões de desempenho sejam elevados e o espírito de realização, contagiante. Conduzir a iniciativa de estimular uma cultura de alto desempenho, orientada para resultados, envolve ações da liderança e práticas gerenciais, como:

- *Tratar os colaboradores com dignidade e respeito;*
- *estimular os colaboradores a usarem a iniciativa e a criatividade no desempenho de seu trabalho;*
- *estabelecer objetivos ousados e comunicar com clareza que se espera que o pessoal da empresa dê o melhor de si para atingir as metas de desempenho;*
- *focalizar a atenção no aprimoramento contínuo;*
- *usar toda a gama de técnicas motivacionais e incentivos em forma de remuneração para recompensar o alto desempenho;*
- *comemorar sucessos individuais, de grupo e da empresa.* Os dirigentes não devem perder a oportunidade de manifestar respeito pelos colaboradores e mostrar reconhecimento pelo esforço extraordinário, seja individual ou coletivo.[11]

Embora o empenho da liderança para infundir um espírito de alta realização na cultura em geral seja um reforço positivo, existem ainda os reforços negativos. Os trabalhadores com baixo desempenho e aqueles que rejeitam a ênfase da cultura voltada para

---
[10] Fred Vogelstein, "Winning the Amazon Way", *Fortune*, 26 May 2003, p. 64.
[11] Jeffrey Pfeffer, "Producing Sustainable Competitive Advantage through the Effective Management of People", *Academy of Management Executive* 9, n. 1 (February 1995), p. 55-69.

resultados precisam ser eliminados ou pelo menos ser transferidos para posições em que não interfiram nesse processo. Aqueles que têm um desempenho regular precisam ser aconselhados com sinceridade que terão um potencial de carreira limitado se não mostrarem um progresso maior na forma de esforços adicionais, melhores competências e a capacidade aprimorada de oferecer bons resultados. Além disso, os gestores cujas unidades têm um desempenho consistentemente fraco devem ser substituídos.

IMPOR AÇÕES CORRETIVAS PARA APRIMORAR TANTO A ESTRATÉGIA EMPRESARIAL QUANTO A MANEIRA COMO ELA ESTÁ SENDO EXECUTADA O desafio da liderança de fazer ajustes corretivos é duplo: decidir quando os ajustes são necessários e que ajustes fazer. Ambas as decisões são uma parte normal e necessária da gestão do processo de administração estratégica, pois não há esquema para implementar e executar estratégias capaz de prever tudo o que acontecerá e os problemas que surgirão.[12] Chega um momento em toda empresa em que os gestores precisam afinar ou reformular a estratégia empresarial ou suas abordagens quanto à execução estratégica e tentar obter melhores resultados. Claramente, quando a estratégia de uma empresa ou sua execução não estão gerando bons resultados, cabe ao líder tomar a iniciativa e introduzir ações corretivas.

CONDUZIR O DESENVOLVIMENTO DE COMPETÊNCIAS COMPETITIVAS SÓLIDAS Uma empresa que tente proativamente fortalecer suas competências competitivas não só agrega força a sua estratégia e a seu potencial para obter vantagem competitiva, mas também aumenta suas chances de atingir uma boa execução da estratégia e a excelência operacional. Os dirigentes em geral precisam conduzir as iniciativas para fortalecer a empresa porque as capacidades e competências competitivas são geradas por esforços conjuntos de diferentes grupos de trabalho, departamentos e alianças estratégicas. As tarefas de desenvolver competências humanas, bases de conhecimento e ativo intelectual, e depois integrá-los para forjar competências e capacidades vantajosas do ponto de vista competitivo, constituem um exercício bem orquestrado pelos gestores seniores, que reconhecem sua importância e são capazes de obter a cooperação necessária entre indivíduos, grupos, departamentos e alianças externas. Além das medidas para fortalecer as competências competitivas existentes, a liderança estratégica efetiva também envolve tentar antecipar mudanças nos requisitos de mercado/cliente e construir proativamente novas competências e capacidades que guardem a promessa da construção de uma vantagem competitiva duradoura sobre os concorrentes. Os gestores seniores são os que estão em melhor posição para perceber a necessidade e o potencial dessas novas competências e desempenhar um papel fundamental em seu processo de construção.

TOMAR INICIATIVAS QUE MOSTREM INTEGRIDADE ÉTICA E RESPONSABILIDADE SOCIAL Para que uma empresa evite as armadilhas de escândalo e desonra relacionadas a práticas antiéticas, seus dirigentes devem mostrar um comprometimento claro e firme com a conduta ética e com princípios empresariais que contribuam para o bem-estar social. Conduzir as operações do negócio da empresa de acordo com princípios éticos envolve três aspectos:

- Primeiro, o diretor e outros executivos seniores devem dar um excelente exemplo de seu próprio comportamento ético, demonstrando caráter e integridade pessoal

---

[12] Para uma importante discussão de estratégia como um processo dinâmico que envolve a criação contínua e permanente e também a recriação da estratégia, ver Cynthia A. Montgomery, "Putting Leadership Back into Strategy", *Harvard Business Review* 86, n. 1 (January 2008), p. 54-60.

em suas ações e decisões. O comportamento dos *executivos* é sempre acompanhado com atenção, enviando uma mensagem clara aos colaboradores a respeito de quais são os padrões "reais" de conduta pessoal.

- Em segundo lugar, os dirigentes devem declarar apoio inequívoco ao código ético da empresa e assumir uma postura irredutível, esperando a adesão de todo o quadro de colaboradores aos princípios éticos.
- O terceiro aspecto é que os dirigentes devem estar preparados para agir como árbitros que tomam a decisão em situações difíceis; isso significa remover pessoas de posições-chave ou demiti-las quando cometem alguma violação. Significa ainda advertir aqueles que não foram firmes no seguimento da ética. Deixar de agir com rapidez e determinação, punindo a má conduta ética, é interpretado como falta de compromisso verdadeiro.

A responsabilidade social, assim como a observância aos princípios éticos, requer a liderança dos altos executivos. O que distingue as empresas que se empenham realmente no exercício da cidadania daquelas que se contentam em fazer apenas o que é exigido legalmente são os líderes de empresas que acreditam firmemente que não basta ter lucro. Esses líderes estão comprometidos com um padrão superior de desempenho que inclui medidas sociais e ambientais, além das financeiras e estratégicas. A força do compromisso da direção – em geral o diretor e o conselho administrativo da empresa – determina, em última instância, se uma empresa irá implementar e executar uma estratégia plenamente desenvolvida de responsabilidade social que proteja o ambiente, participe ativamente de atividades comunitárias, apoie causas beneficentes e tenha um impacto positivo na diversidade da força de trabalho e no bem-estar geral dos colaboradores.

Liderança estratégica do conselho administrativo

Embora caiba aos gestores seniores a *principal responsabilidade* pela elaboração e execução da estratégia de uma empresa, é dever do conselho exercer forte supervisão e garantir que as cinco etapas da administração estratégica sejam realizadas de maneira a beneficiar os acionistas (no caso de empreendimentos de propriedade dos investidores) ou *stakeholders* (no caso de organizações sem fins lucrativos). Ao vigiar as ações da gerência na elaboração e execução de estratégias, o conselho deve cumprir quatro obrigações corporativas importantes de governança:

1. *Supervisionar as práticas de relatórios financeiros e contábeis da empresa*. Embora a direção, em particular o diretor e o diretor financeiro da empresa, seja basicamente responsável por garantir que as demonstrações financeiras da empresa relatem com exatidão seus resultados operacionais, os integrantes do conselho têm o dever fiduciário de proteger os acionistas, supervisionando as práticas financeiras da empresa. Além disso, os conselhos corporativos devem assegurar que princípios contábeis geralmente aceitos (GAAP – *Generally Accepted Accounting Principles*) sejam usados adequadamente para preparar as demonstrações financeiras da empresa e determinar se os controles financeiros adequados têm condição de evitar fraude e a má aplicação de recursos. Praticamente todos os conselhos administrativos fiscalizam as atividades de demonstrativos financeiros indicando um comitê de auditoria, sempre composto na sua totalidade por diretores externos (os diretores internos assumem posições administrativas na empresa e se reportam direta ou indiretamente ao diretor). Os integrantes do comitê de auditoria têm a responsabilidade principal de fiscalizar as decisões das autoridades financeiras e dos consultores com os auditores internos e externos, a fim de assegurar que os relatórios financeiros sejam exatos e que se tenham controles

financeiros adequados. A fraca fiscalização das práticas de demonstrativos contábeis e financeiros por parte dos auditores e dos conselhos administrativos no início dos anos 2000 resultou na investigação federal de mais de vinte importantes corporações entre 2000 e 2002. As investigações de empresas conhecidas, como AOL Time Warner, Global Crossing, Enron, Qwest Communications e WorldCom, revelaram que a direção tinha empregado práticas contábeis fraudulentas ou não confiáveis para inflar artificialmente as receitas, declarar ativos a mais e reduzir as despesas. Os escândalos resultaram na condenação de vários executivos e na aprovação da Lei Sarbanes-Oxley de 2002, que tornou mais rigorosos os padrões de divulgação de dados financeiros e criou requisitos adicionais a serem observados pelos conselhos externos.

2. *Ter uma postura crítica contundente e supervisionar a direção, a estratégia e as abordagens de negócio da empresa.* Embora os integrantes do conselho administrativo tenham a obrigação legal de garantir a exatidão dos relatórios financeiros da empresa, os diretores devem reservar um tempo para orientar a alta gerência na escolha de uma direção estratégica e na elaboração de julgamentos independentes sobre a validade e o bom senso das ações estratégicas propostas pelos dirigentes. Muitos conselhos descobrem que as pautas de reuniões são consumidas por questões formais e pouco tempo restou para a discussão de questões de importância estratégica. O conselho administrativo e a direção da Philips Electronics promovem dois ou três recessos por ano dedicados exclusivamente à avaliação da direção da empresa em longo prazo e de várias propostas estratégicas. A empresa fechou o negócio de semicondutores em 2006 e concentrou-se em tecnologia médica e cuidados da saúde em domicílio como resultado das discussões entre a diretoria e a alta gerência durante esses recessos.[13]

3. *Avaliar o calibre das competências de formulação e execução de estratégias dos executivos.* A diretoria é sempre responsável por determinar se o atual diretor está fazendo um bom trabalho de liderança estratégica e se os gestores estão criando ativamente um grupo de sucessores potenciais do diretor e outros dirigentes.[14] A avaliação das competências de executivos para formularem e executarem estratégias é aprimorada quando diretores externos entram em campo para avaliar pessoalmente como a estratégia está sendo executada. Integrantes independentes da diretoria na GE visitam executivos operacionais em cada uma das importantes unidades de negócio uma vez por ano para avaliar os talentos da empresa e se informar sobre as questões estratégicas e operacionais emergentes, que afetam as divisões da empresa. O conselho administrativo da The Home Depot faz visita trimestral a cada loja para determinar se as operações da empresa estão saudáveis.[15]

4. *Instituir um plano de remuneração para altos executivos que os recompense por ações e resultados que atendam aos interesses do acionista.* Um princípio básico da governança corporativa é que os proprietários de uma corporação deleguem autoridade operacional e controle gerencial para a alta gerência e remunere seus integrantes por isso. Em seu papel de representante dos acionistas, os altos executivos têm o dever claro e inequívoco de tomar decisões e dirigir a empresa de acordo com os interesses do acionista (mas isso não significa desrespeitar os interesses de outros *stakeholders*, principalmente dos colaboradores, a quem eles também devem representar). A maioria dos conselhos administrativos tem uma comissão de remuneração, composta totalmente por diretores de fora, para desenvolver planos de remuneração de salário e incentivo que tornem os executivos interessados em dirigir os negócios de modo

---

[13] Como discutido em Jay W. Lorsch e Robert C. Clark, "Leading from the Boardroom", *Harvard Business Review* 86, n. 4 (April 2008), p. 105-111.
[14] Ibid., p. 110.
[15] Como discutido em Stephen P. Kaufman, "Evaluating the CEO", *Harvard Business Review* 86, n. 10 (October 2008), p. 53-57.

a beneficiar os proprietários. Também é incumbência do conselho administrativo evitar que a alta gerência ganhe privilégios e regalias que simplesmente encha os bolsos financeiros dos executivos. O quadro "Conceitos e conexões 2.3" discute como a fraca governança na Fannie Mae e na Freddie Mac permitiu que gestores seniores oportunistas assegurassem remuneração excessiva, senão imoral, enquanto tomavam decisões que colocavam em perigo o futuro das empresas por eles administradas.

Conceitos e conexões 2.3

FALHAS DE GOVERNANÇA CORPORATIVA EM FANNIE MAE E FREDDIE MAC

A remuneração executiva no setor de serviços financeiros durante meados dos anos 2000 constitui um dos exemplos mais claros de falha na governança corporativa. A governança corporativa na Fannie Mae (Associação Hipotecária Federal) e na Freddie Mac (Sociedade Federal Hipotecária de Crédito Habitacional), gigantes do ramo hipotecário de responsabilidade do governo estadunidense, era extremamente fraca. As diretorias indicadas politicamente em ambos os empreendimentos não entenderam os riscos das estratégias de empréstimo *subprime* que estavam sendo empregadas, não monitoraram adequadamente as decisões do diretor, não exerceram a supervisão efetiva dos princípios contábeis que estavam sendo empregados (que geraram ganhos inflados) e aprovaram sistemas de remuneração dos executivos que permitiam a manipulação dos ganhos de modo a receber bonificações lucrativas pelo desempenho. Os comitês de remuneração e auditoria na Fannie Mae eram particularmente ineficientes na proteção dos interesses dos acionistas, e a comissão de auditoria permitia que as autoridades financeiras do GSE (Government-Sponsored Enterprises, entidades de responsabilidade do governo estadunidense) auditassem relatórios preparados sob sua direção e os utilizassem para determinar as bonificações por desempenho. Os auditores da Fannie Mae também tinham conhecimento do uso de práticas contábeis questionáveis pela direção, que reduziam as perdas e registravam lucros obtidos de uma só vez para atingir metas de lucro por ação vinculadas às bonificações. Além disso, os auditores deixaram de investigar acusações formais de improbidades contábeis registradas por um gestor no órgão competente.

O comitê de remuneração da Fannie Mae era igualmente ineficiente. Permitiu que o diretor da empresa, Franklin Raines, selecionasse o consultor empregado para conceber o plano de remuneração do executivo da empresa hipotecária e concordasse com um plano de bonificação vinculada que permitiria a Raines e a outros gestores seniores receber bonificações máximas sem grande dificuldade. O plano de remuneração permitiu a Raines ganhar bonificações baseadas no desempenho do lucro de US$ 52 milhões e remuneração total de US$ 90 milhões entre 1999 e 2004. Raines foi forçado a sair em dezembro de 2004, quando o Escritório Federal de Supervisão do Mercado Imobiliário (OFHEO, do inglês Office of Federal Housing Enterprise Oversight) achou que os executivos da Fannie Mae inflaram os lucros reportados para receber bonificações ligadas ao desempenho financeiro. Os investigadores da Securities and Exchange Commission também encontraram evidências de contabilidade imprópria na Fannie Mae e exigiram que o GSE refizesse sua declaração de lucros entre 2002 e 2004, com uma diferença de US$ 6,3 bilhões.

A fraca governança na Freddie Mac permitiu que seu diretor e os gestores seniores também manipulassem dados financeiros para receber remuneração baseada no desempenho. Richard Syron, diretor da Freddie Mac, recebeu em 2007 remuneração de US$ 19,8 milhões enquanto o preço das ações da empresa de empréstimos hipotecários declinou de US$ 70 em 2005 para US$ 25 no final de 2007. Durante a gestão de Syron como diretor, a empresa se envolveu em vários escândalos contábeis na casa de vários bilhões de dólares; além disso, ele desconsiderou os relatórios internos desde 2004, que alertavam sobre uma crise financeira iminente. Advertências feitas dentro da Freddie Mac e por parte das autoridades federais de fiscalização e observadores externos do setor provaram estar corretas; as políticas de subscrição de empréstimos na Freddie Mac e na Fannie Mae levaram a perdas combinadas nas duas empresas de mais de US$ 100 bilhões em 2008. O preço das ações da Freddie Mac tinha despencado para menos de US$ 1 quando Syron pediu demissão, em setembro de 2008.

Ambas as organizações foram colocadas sob a direção do governo dos Estados Unidos em setembro de 2008 e receberam recursos de resgate de quase US$ 60 bilhões em abril de 2009. Em maio de 2009, a Fannie Mae tinha solicitado mais US$ 19 bilhões dos US$ 400 bilhões repassados pelo governo estadunidense para cobrir as perdas operacionais das duas empresas de concessão de hipotecas patrocinadas pelo governo. Em junho de 2009, o governo havia gasto mais de US$ 2,5 trilhões para ajudar as instituições financeiras prejudicadas pelo mercado hipotecário *subprime* e outros empréstimos arriscados, e se comprometeu a repassar US$ 12,2 trilhões, visando garantir a estabilidade em longo prazo do setor de serviços financeiros.

Fontes: "Adding Up the Government's Total Bailout Tab", *New York Times Online*, February 4, 2009; Eric Dash, "Fannie Mae to Restate Results by US$ 6,3 billions because of Accounting", *New York Times Online*, www.nytimes.com, December 7, 2006; Annys Shin, "Fannie Mae Sets Executive Salaries", *Washington Post*, February 9, 2006, p. D4; e Scott DeCarlo, Eric Weiss, Mark Jickling e James R. Cristie, *Fannie Mae and Freedie Mac: Scandal in U.S. Housing* (Nova Publishers, 2006), p. 266-286.

Toda corporação deve ter um conselho administrativo independente, forte, que (1) seja bem-informado sobre o desempenho da empresa; (2) oriente e julgue o diretor e outros altos executivos; (3) tenha a coragem de contornar ações gerenciais que acredite ser inadequadas ou indevidamente arriscadas; (4) certifique aos acionistas de que o diretor está fazendo o que o conselho espera; (5) ofereça esclarecimentos e conselhos à alta direção; e (6) se envolva intensamente no debate dos prós e contras das decisões e ações fundamentais.[16] Os conselhos administrativos que não têm estrutura para questionar um diretor voluntarioso ou autoritário ou que aceitam a maioria das recomendações do diretor sem investigá-las e debatê-las estão descumprindo seu dever de representar e proteger os interesses dos acionistas.

✓ PONTOS-CHAVE

O processo de administração estratégica consiste em cinco etapas relacionadas e integradas:

1. *Desenvolver uma visão estratégica* do caminho que a empresa precisa seguir e de qual deverá ser seu foco futuro no que diz respeito a produto, cliente, mercado e tecnologia. Essa etapa gerencial fornece direção em longo prazo, infunde uma noção de ação intencional na empresa e comunica as aspirações dos dirigentes da empresa aos *stakeholders*.

2. *Estabelecer objetivos* e usar os resultados desejados como instrumentos de medida do desempenho da empresa. Os objetivos precisam expressar *quanto* de *qual tipo* de desempenho existe, e *quando*. A abordagem do *balanced scorecard* para medir o desempenho da empresa envolve o estabelecimento de objetivos financeiros e estratégicos.

3. *Elaborar uma estratégia para atingir os objetivos* e mover a empresa ao longo do curso estratégico que os dirigentes traçaram. A estratégia total que emerge é realmente um conjunto de ações estratégicas e abordagens de negócio iniciadas em parte pelos executivos seniores da empresa, em parte pelos chefes de importantes divisões de negócio, em parte pelos gestores de áreas funcionais e em parte pelos gestores operacionais na linha de frente. Um único empreendimento empresarial possui três níveis estratégicos – estratégia de negócio para a empresa como um todo, estratégias de área funcional para cada área principal dentro do negócio e estratégias operacionais empregadas pelos gestores de níveis mais baixos. Em empresas diversificadas, com vários negócios, a tarefa de elaboração de estratégias envolve quatro tipos distintivos ou níveis de estratégia: estratégia corporativa para a empresa como um todo, estratégia empresarial (uma para cada negócio), estratégias funcionais de cada um dos negócios e estratégias operacionais. Tipicamente, a tarefa de elaboração de estratégias é mais de cima para baixo do que o inverso, e as estratégias de nível superior servem como guia para desenvolver estratégias de nível inferior.

4. *Implementar e executar a estratégia escolhida de forma eficiente e efetiva*. Gerenciar a implementação e execução da estratégia é uma atividade orientada para operações, que faz as coisas acontecerem, destinada a definir o desempenho de atividades essenciais ao negócio (*core business*) de um modo que apoie a estratégia. A condução do processo de implementação da estratégia pela administração pode ser considerada bem-sucedida se as coisas correrem bem e a empresa atingir ou superar suas metas de desempenho financeiro e estratégico, mostrando um bom progresso rumo à realização da visão estratégica da direção da empresa.

5. *Avaliar o desempenho e iniciar ajustes corretivos* no que diz respeito a visão, direção em longo prazo, objetivos, estratégia ou execução à luz da experiência real, das condições mutáveis, novas ideias e novas oportunidades. Essa etapa do processo de

---

[16] Para uma discussão sobre o que faz um sistema de governança corporativa funcionar bem, ver David A. Nadler, "Building Better Boards", Harvard Business Review 82, n. 5 (May 2004), p. 102-105; Cynthia A. Montgnomery e Rhonda Kaufman, "The Board's Missing Link", Harvard Business Review 81, n. 3 (March 2003), p. 86-93 e John Carver, "What Continues to Be Wrong with Corporate Governance and How to Fix It," Ivey Business Journal 68 n. 1 (September-October 2003), p. 1-5. Ver também Gordon Donaldson, "A New Tool for Boards: The Strategic Audit," Harvard Business Review 73 n. 4 (July-August 1995), p. 99-107.

administração estratégica constitui o ponto a partir do qual se decide se a visão, os objetivos, estratégia e/ou os métodos de execução estratégica da empresa continuam ou mudam.

A soma da visão, dos objetivos e da estratégia de uma empresa constitui um *plano estratégico*.

Os gestores devem demonstrar forte liderança para levar a cabo a formulação e a execução de uma estratégia. Em geral, o esforço para a boa formulação e a execução de uma estratégia requer seis ações por parte do gestor encarregado:

1. Assegurar que a empresa tenha um bom plano estratégico.
2. Ficar informado do que está acontecendo.
3. Colocar pressão construtiva nas unidades organizacionais para atingir bons resultados e excelência operacional.
4. Estimular ações corretivas para aprimorar tanto a estratégia empresarial quanto a forma como ela está sendo executada.
5. Conduzir o desenvolvimento de competências competitivas mais fortes.
6. Exibir integridade ética e conduzir iniciativas de responsabilidade social.

Os conselhos administrativos têm o dever com os acionistas de exercer um papel vigilante, fiscalizando a maneira como os dirigentes conduzem o processo de formulação e execução de estratégia. O conselho administrativo de uma empresa é obrigado a (1) garantir que a empresa divulgue relatórios financeiros exatos e tenha controles financeiros adequados; (2) avaliar criticamente e aprovar os planos de ação estratégica; (3) avaliar as competências de liderança estratégica do diretor; e (4) instituir um plano de remuneração para altos executivos que os recompense pelas ações e resultados que atendem aos interesses do *stakeholder*, principalmente aqueles dos acionistas.

EXERCÍCIOS DE REFORÇO DA APRENDIZAGEM

1. Usando as informações dos Quadros 2.2 e 2.3, critique a adequação e o mérito das seguintes declarações de visão, listando aspectos que funcionam e falhas. Classifique as declarações de visão da melhor para a pior, depois de completar sua avaliação.

MA1

DECLARAÇÃO DE VISÃO	ASPECTOS QUE FUNCIONAM	FALHAS

Wells Fargo

Queremos satisfazer a todas as necessidades financeiras de nossos clientes, ajudá-los a ter sucesso financeiro, a se tornarem os principais provedores de serviços financeiros em cada um de nossos mercados e a se tornarem conhecidos como uma das maiores empresas dos Estados Unidos

Hilton Hotels Corporation

Nossa visão é ser a primeira opção dos viajantes do mundo. O Hilton pretende aproveitar a rica herança e a força de nossas marcas:

- Encantando consistentemente nossos clientes;
- investindo nos integrantes de nossa equipe;
- oferecendo bens e serviços inovadores;
- aprimorando continuamente o desempenho;
- aumentando o valor para o acionista;
- criando uma cultura do orgulho;
- fortalecendo a lealdade de nossos constituintes.

H. J. Heinz Company

Ser a primeira empresa de alimentos do mundo, oferecendo alimentos mais saborosos e nutritivos a pessoas de toda parte. Ser a primeira empresa de alimentos não significa ser a maior, mas ser a melhor em termos de valor ao consumidor, atendimento ao cliente, talento dos colaboradores e crescimento consistente e previsível.

Chevron

Ser a empresa de energia global mais admirada no setor, por conta de seus colaboradores, parceiros e desempenho. Nossa visão esclarece que nós:

- Oferecemos produtos de energia vital para o progresso econômico sustentável e o desenvolvimento humano em todo o mundo;
- somos pessoas e também uma empresa com competências e comprometimento superiores;
- somos o parceiro de escolha;
- oferecemos desempenho de classe mundial;
- ganhamos a admiração de todos nossos *stakeholders* – investidores, clientes, governos que nos recebem, comunidades locais e colaboradores – não apenas pelas metas que atingimos, mas pela maneira como são atingidas.

Fonte: *Sites* e relatórios anuais das empresas.

2. Acesse www.dell.com/speeches e leia os últimos discursos de Michael Dell. Eles oferecem evidências de que Michael Dell é um líder efetivo na empresa? Há evidências de que ele está preocupado em ficar por dentro do que está acontecendo e identificar obstáculos à boa execução estratégica, pressionar a empresa para atingir bons resultados e excelência operacional, além de exibir integridade ética e iniciativas de responsabilidade social?

3. Acesse www.dell.com/leadership e leia as seções dedicadas a seu conselho de diretoria e à governança corporativa. Há evidências de governança efetiva na Dell, ligadas a relatórios e controles financeiros exatos, uma avaliação crítica de planos de ação estratégicos, avaliação das competências de liderança estratégica do diretor e remuneração do executivo?

✓ EXERCÍCIOS DE APLICAÇÃO PRÁTICA

1. Reúna-se com seus colegas gestores e prepare uma declaração de visão estratégica para sua empresa. Essa declaração deve ter pelo menos uma sentença e não mais do que um parágrafo breve. Quando você acabar, confira se sua visão satisfaz as condições para uma visão estratégica bem formulada, estabelecidas no Quadro 2.3. Se não satisfizer, então revise-a. Qual seria um bom *slogan*, que captasse a essência de sua visão estratégica e pudesse ser usado para ajudar a comunicar a visão ao pessoal, acionistas e outros *stakeholders* da empresa?

2. Quais são os objetivos financeiros de sua empresa? Quais são os objetivos estratégicos de sua empresa?

3. Quais são os três ou quatro elementos fundamentais da estratégia de sua empresa?

capítulo 3

Avaliação do ambiente externo de uma empresa

METAS DE APRENDIZAGEM DO CAPÍTULO

MA1. Adquirir domínio dos conceitos e ferramentas de análise básicos mais usados para diagnosticar o setor e as condições competitivas de uma empresa.

MA2. Tornar-se apto a reconhecer os fatores que tornam a concorrência em um determinado setor mais acirrada, regular ou relativamente fraca.

MA3. Aprender a determinar se as perspectivas para um setor apresentam a uma empresa oportunidades suficientemente atraentes de crescimento e lucratividade.

No parágrafo de abertura do Capítulo 1, dissemos que uma das três perguntas fundamentais que os gestores precisam responder na avaliação das perspectivas de negócio de sua empresa é *"Qual é nossa situação atual?"*. Duas facetas da situação da empresa são mais pertinentes: (1) os ambientes setorial e competitivo em que a empresa opera; e (2) o conjunto de recursos e competências valiosos do ponto de vista da competitividade, seus pontos fortes e fracos em comparação aos concorrentes e as oportunidades que se abrem. Elaborar respostas às perguntas *"Que direção desejamos seguir?"* e *"Como vamos chegar lá?"* sem primeiro entender o ambiente externo da empresa e sua situação interna torna ineficazes as tentativas de desenvolver vantagem competitiva e estimular o desempenho da empresa. De fato, o primeiro teste de uma estratégia vencedora investiga: *"A estratégia é adequada à situação da empresa?"*.

Este capítulo apresenta os conceitos e as ferramentas analíticas a serem identificados no ambiente externo de uma empresa que atua em um único setor. A atenção é centrada na arena competitiva em que a empresa opera, nos propulsores de mudança de mercado e nas ações das empresas concorrentes. No Capítulo 4 vamos explorar os métodos de avaliar as circunstâncias internas da empresa e sua competitividade.

Desempenho da empresa e o "macroambiente"

O desempenho de todas as empresas é afetado por fatores externos, como a economia em geral, os valores e estilos de vida da sociedade, a demografia, a legislação e a regulação governamental e os fatores tecnológicos. Falando em termos estritos, o "macroambiente" inclui *todos os fatores e influências relevantes* fora dos limites da empresa – por *relevantes*, queremos dizer que esses fatores são de extrema importância para definir as decisões gerenciais acerca da direção, dos objetivos, da estratégia e do modelo de negócio que a empresa tomará no longo prazo. A Figura 3.1 apresenta um retrato dos fatores macroambientais com alto potencial para afetar a situação de uma empresa. O impacto dos fatores no anel externo, na escolha de estratégias de uma empresa, varia de grande a pequeno. Contudo, mesmo que os fatores no anel externo do macroambiente mudem devagar ou provavelmente tenham pouco impacto na situação atual da empresa, ainda assim, merecem ser observados com atenção. Assim, os fabricantes de veículos motorizados devem adaptar suas estratégias para as preocupações atuais dos clientes com as emissões de gás carbono e os altos preços da gasolina. A demografia de uma população idosa e expectativas de vida mais longa, por exemplo, terão um impacto acentuado nos setores de medicamentos e saúde nas próximas décadas. À medida que os gestores de uma empresa examinam detalhadamente o ambiente externo, devem ficar alertas a ocorrências potencialmente importantes no anel externo, avaliar seu impacto e influência e adaptar a direção e a estratégia empresarial conforme necessário.

Os fatores e as forças no macroambiente de uma empresa que têm o *maior impacto* na definição da estratégia costumam, no entanto, pertencer ao setor imediato e ao ambiente competitivo da empresa – pressões competitivas, iniciativas de empresas concorrentes, comportamento do comprador, considerações relacionadas ao fornecedor e assim por diante. Em consequência, neste capítulo, concentraremos nossa atenção no ambiente competitivo e no setor da empresa.

Avaliação do setor e do ambiente competitivo da empresa

Pensar estrategicamente sobre o ambiente setorial e competitivo de uma empresa envolve usar alguns conceitos e ferramentas analíticas bem validados para obter respostas claras a sete questões:

FIGURA 3.1 Os componentes do macroambiente de uma empresa

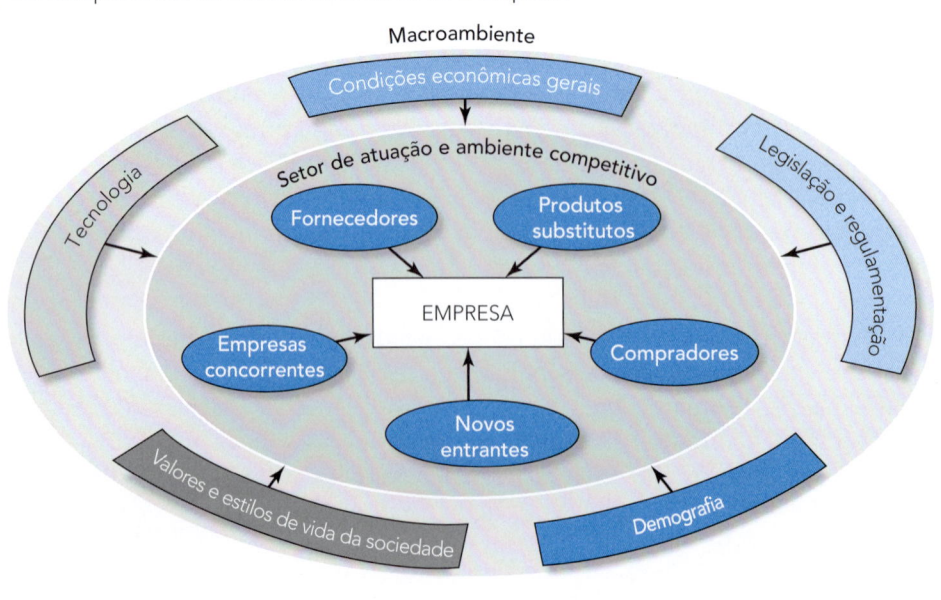

1. Quais são as características econômicas dominantes do setor?
2. Quais são os tipos de forças competitivas que os integrantes do setor estão enfrentando, e qual é a intensidade de cada uma delas?
3. Quais forças estão impulsionando mudanças, e que impacto essas mudanças terão na intensidade competitiva e na lucratividade do setor?
4. Quais são as posições de mercado ocupadas pelos concorrentes no setor – quem está em forte posição e quem não está?
5. Quais são os prováveis movimentos estratégicos que os concorrentes farão em seguida?
6. Quais são os fatores críticos de sucesso competitivo?
7. O setor oferece boas perspectivas de lucro?

As respostas a essas perguntas, baseadas em análise, são pré-requisitos para que uma estratégia seja adequada à situação externa. No restante do capítulo serão descritos os métodos de obtenção de respostas seguras às sete perguntas feitas.

Questão 1: quais são as características econômicas dominantes do setor?

A análise do ambiente setorial e competitivo da empresa começa com a identificação das características econômicas dominantes do setor. Os aspectos econômicos dominantes de um setor são definidos por fatores como: o tamanho e a taxa de crescimento de mercado; o número e o tamanho de compradores e vendedores; os limites geográficos do mercado (que podem se estender de locais a mundiais); a presença de produtos altamente diferenciados ou praticamente idênticos oferecidos pelos vendedores; o número de vendedores concorrentes; o ritmo de inovação de produto; as condições de oferta e demanda de mercado; o ritmo das mudanças tecnológicas; a extensão da integração vertical e o grau em que os custos são afetados por economias de escala (situações em que as operações de grande volume resultam em custos unitários menores) e pelos efeitos da curva de aprendizado e experiência (situações em que os custos diminuem com o conhecimento e experiência adquiridos pela empresa). O Quadro 3.1 fornece um resumo das questões analíticas que definem os aspectos econômicos dominantes do setor.

Entender os aspectos econômicos distintivos de um setor não só fornece uma visão geral da atratividade do setor como promove o entendimento dos tipos de manobras estratégicas que os integrantes do setor provavelmente empregarão. Por exemplo, setores caracterizados por rápidas inovações de produto exigem investimentos substanciais em P&D e o desenvolvimento de forte capacitação para inovar o produto – a inovação contínua de produtos é basicamente uma estratégia de sobrevivência em setores como *videogames*, computadores e produtos farmacêuticos. O ingresso de novos concorrentes em setores com forte efeito na *curva de aprendizado e experiência* é improvável porque qualquer empresa nova estaria em desvantagem competitiva por um longo período. O setor de microprocessadores é um excelente exemplo de como as curvas de aprendizado e experiência colocam os novos entrantes em uma desvantagem de custo substancial. Os custos unitários de fabricação de microprocessadores tendem a declinar cerca de 20% cada vez que o volume *acumulado* de produção dobra. Com um efeito na curva de experiência de 20%, se o primeiro milhão de *chips* custar US$ 100 cada um, quando a produção atingir 2 milhões o custo unitário cairia para US$ 80 (80% de US$ 100); com um volume de produção de 4 milhões, o custo unitário seria de US$ 64 (80% de

US$ 80).[1] Quanto maior o efeito da curva de aprendizado e experiência, maior a vantagem de custo da empresa com o maior volume *acumulado* de produção.

Fator econômico	Perguntas a responder
Tamanho de mercado e taxa de crescimento	<ul><li>Qual é o tamanho do setor e qual é a rapidez com que está crescendo?</li><li>O que a posição do setor no seu ciclo de vida (desenvolvimento precoce – rápido crescimento e decolagem – maturidade precoce e crescimento lento – saturação e estagnação – declínio) revela sobre as perspectivas de crescimento do setor?</li></ul>
Número de concorrentes	<ul><li>O setor é fragmentado em várias empresas pequenas ou é concentrado e dominado por poucas empresas grandes?</li><li>O setor está passando por um período de consolidação, para um número menor de competidores?</li></ul>
Escopo da rivalidade competitiva	<ul><li>A área geográfica pela qual a maioria das empresas compete é local, regional, nacional, multinacional ou global?</li></ul>
Número de compradores	<ul><li>A demanda de mercado é fragmentada entre os vários compradores?</li></ul>
Grau de diferenciação do produto	<ul><li>Os produtos da concorrência estão se tornando mais diferenciados ou menos?</li></ul>
Inovação do produto	<ul><li>O setor é caracterizado pela rápida inovação de produto e por curtos ciclos de vida de produto?</li><li>Qual é a importância da inovação de produto e da P&D?</li><li>Há oportunidades de superar os principais concorrentes e ser líder no mercado, com produtos da próxima geração?</li></ul>
Condições de oferta/demanda	<ul><li>O excesso de capacidade produtiva está diminuindo os preços e as margens de lucro?</li><li>O setor está com excesso de concorrentes?</li></ul>
Ritmo de mudança tecnológica	<ul><li>Que papel o avanço na tecnologia desempenha neste setor?</li><li>A maioria dos participantes do setor tem ou precisa de forte capacitação tecnológica? Por quê?</li></ul>
Integração vertical	<ul><li>A maioria dos concorrentes opera apenas em uma etapa do setor (produção de peças e componentes, manufatura e montagem, distribuição, varejo) ou alguns concorrentes operam em várias etapas (são verticalizadas)?</li><li>Existe alguma vantagem ou desvantagem de custo ou competitiva associada à integração plena ou parcial?</li></ul>
Economias de escala	<ul><li>O setor é caracterizado por economias de escala na compra, fabricação, propaganda, expedição ou outras atividades?</li><li>As empresas com operações de grande escala têm uma vantagem de custo importante sobre empresas de pequena escala?</li></ul>
Efeitos da curva de experiência e aprendizagem	<ul><li>Certas atividades do setor são caracterizadas por fortes efeitos na curva de experiência e aprendizagem?</li><li>Qualquer empresa tem vantagens de custo significativas em razão da experiência/aprendizado no desempenho de atividades específicas?</li></ul>

---

[1] Há inúmeros estudos relacionando redução de custo à experiência; embora haja amplas variações de um setor para outro, a redução de custo associada a um aumento de 100% na produção é de 15%. Para uma boa discussão sobre as chamadas economia da experiência e curva de aprendizado, ver "Building Strategy on the Experience Curve", *Harvard Business Review* 64, n. 2 (March-April 1985), p. 143-149.

Questão 2: quais são os tipos de forças competitivas que os integrantes do setor estão enfrentando, e qual é a intensidade de cada uma delas?

Depois de entender as características econômicas gerais do setor, a análise setorial e competitiva deveria focalizar a dinâmica competitiva do setor. A natureza e as sutilezas das forças competitivas nunca são as mesmas de um setor para outro e devem ser totalmente entendidas para que se responda com precisão à pergunta *"Qual é nossa situação atual?"*. De longe, a ferramenta mais usada e mais eficiente para avaliar a intensidade das forças competitivas de um setor é o modelo de concorrência das cinco forças.[2]

Esse modelo, conforme mostrado na Figura 3.2, sustenta que as forças competitivas que afetam a atratividade do setor vão além da rivalidade entre vendedores concorrentes e incluem pressões vindas de quatro fontes coexistentes. As cinco forças competitivas que afetam a atratividade do setor são listadas a seguir:

1. Pressões competitivas vindas do poder de negociação do *comprador* e da colaboração entre vendedor e comprador.
2. Pressões competitivas vindas de empresas em outros setores a fim de conquistar compradores para *produtos substitutos*.
3. Pressões competitivas vindas do poder de negociação do *fornecedor* e da colaboração entre fornecedor e vendedor.
4. Pressões competitivas associadas à ameaça de *novos entrantes* no mercado.
5. Pressões competitivas associadas à *rivalidade entre vendedores concorrentes* para atrair clientes. Em geral, esta é a mais forte das cinco forças competitivas.

A força competitiva do poder de negociação do comprador e da colaboração entre vendedor e comprador

A força competitiva das relações entre vendedor e comprador pode ser menos ou mais significativa à medida que alguns ou muitos compradores apresentarem alavancagem suficiente para negociar e obter concessões de preço e outras condições favoráveis e dependerá também da extensão e importância de parcerias estratégicas entre vendedor e comprador no setor.

FATORES QUE AFETAM O PODER DE NEGOCIAÇÃO DO COMPRADOR A alavancagem que os compradores apresentam ao negociarem condições favoráveis da venda pode variar de fraca a forte. Consumidores individuais, por exemplo, raramente têm muito poder para negociar concessões de preço ou outras condições favoráveis com os vendedores. As exceções básicas envolvem situações em que é habitual discutir o preço, como na compra de veículos motorizados novos e usados, de casas e outros itens caros, como joias e barcos para passeio. Para a maioria dos serviços e bens de consumo, os compradores individuais não têm alavancagem de negociação – a opção deles é pagar o preço indicado pelo vendedor, adiar a compra até que os preços e condições melhorem ou fazer negócio em outro lugar.

---
[2] O modelo de concorrência das cinco forças foi criado pelo professor Michael E. Porter, da Harvard Business School. A concepção original do modelo pode ser vista em Michael E. Porter, "How Competitive Forces Shape Strategy," *Harvard Business Review* 57, n. 2 (March-April 1979), p. 137-145. Para uma discussão mais detalhada, ver Michael E. Porter, *Competitive Strategy: Techniques for Analyzing Industries and Competitors* (New York: Free Press, 1980), Capítulo 1; o modelo das cinco forças de Porter revalidado e ampliado em "The Five Competitive Forces That Shape Strategy," *Harvard Business Review* 86, n. 1 (January 2008), p. 78-93.

FIGURA 3.2 O modelo de concorrência das cinco forças

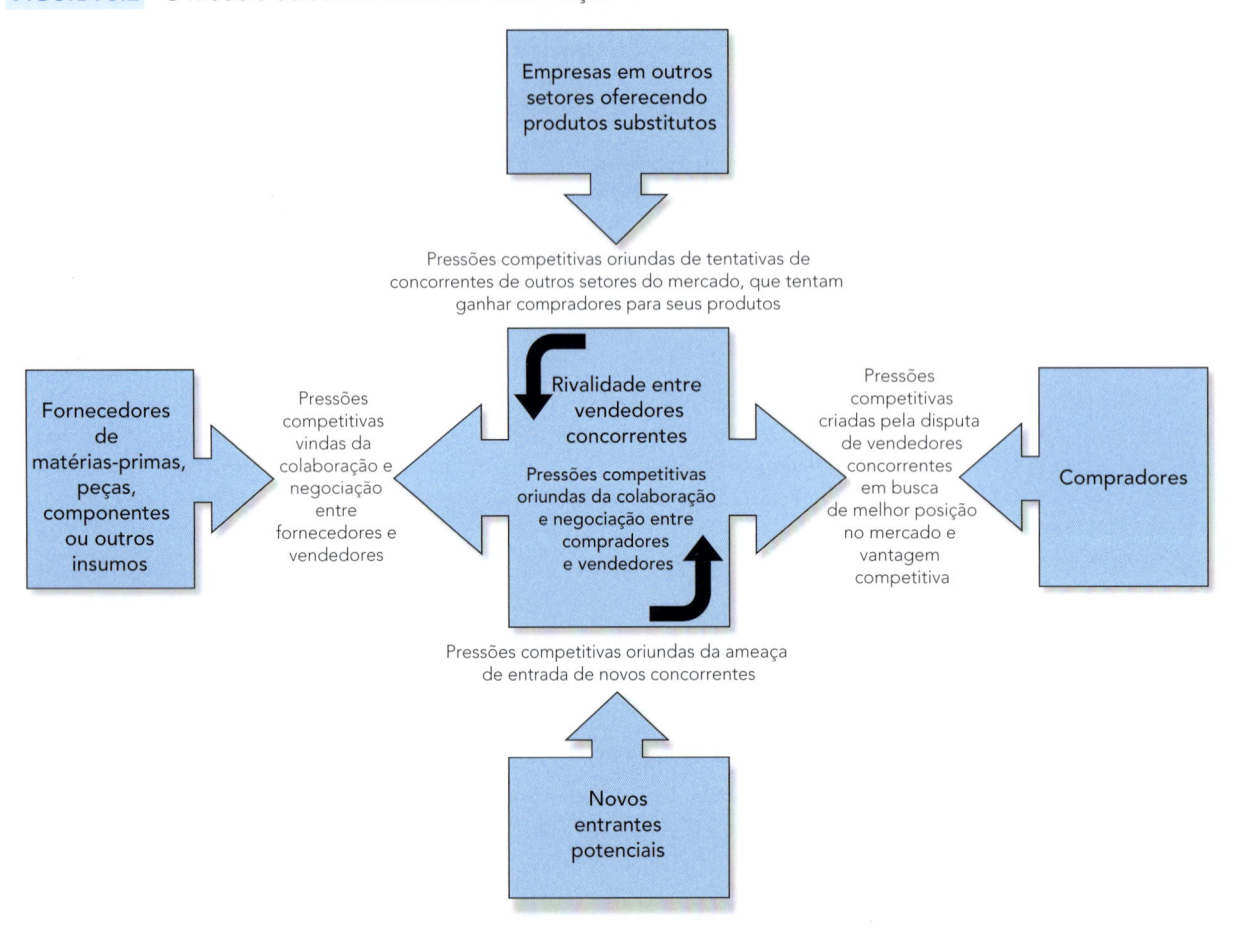

```
                    ┌─────────────────┐
                    │ Empresas em     │
                    │ outros setores  │
                    │ oferecendo      │
                    │ produtos        │
                    │ substitutos     │
                    └────────┬────────┘
                             ▼
     Pressões competitivas oriundas de tentativas de
     concorrentes de outros setores do mercado, que tentam
     ganhar compradores para seus produtos
```

(diagrama com as caixas: Fornecedores de matérias-primas, peças, componentes ou outros insumos → Rivalidade entre vendedores concorrentes ← Compradores; Novos entrantes potenciais ↑)

- Pressões competitivas vindas da colaboração e negociação entre fornecedores e vendedores
- Pressões competitivas oriundas da colaboração e negociação entre compradores e vendedores
- Pressões competitivas criadas pela disputa de vendedores concorrentes em busca de melhor posição no mercado e vantagem competitiva
- Pressões competitivas oriundas da ameaça de entrada de novos concorrentes

Fonte: Baseada em Michael E. Porter, "How Competitive Forces Shape Strategy", *Harvard Business Review* 57, n. 2 (March-April 1979), p. 137-45; e Michael E. Porter, "The Five Competitive Forces That Shape Strategy", *Harvard Business Review* 86, n. 1 (January 2008), p. 80-86.

Em contrapartida, grandes redes de varejo, como Walmart, Best Buy, Staples e Home Depot, costumam ter alavancagem de negociação considerável na compra de produtos de fabricantes porque os varejistas em geral estocam duas ou três marcas concorrentes de um produto e raramente têm todas as marcas concorrentes. Além disso, o forte poder de negociação de redes de supermercado importantes, como a Kroger, Safeway e Albertsons, lhes permite exigir concessões promocionais e pagamentos dos fabricantes de produtos alimentícios por estocarem certas marcas ou colocá-las nos locais mais visíveis (a chamada *taxa de locação de espaço em prateleiras*). Fabricantes de veículos automotores têm forte poder de negociação na compra de pneus da Goodyear, Michelin, Bridgestone/Firestone, Continental e Pirelli usados como acessórios originais não só porque compram em grandes quantidades mas também porque os fabricantes de pneus consideram que os pneus empregados como acessórios originais têm uma contribuição importante para a consciência da marca e a fidelidade a ela.

Mesmo que os compradores não comprem em grandes quantidades nem ofereçam a um vendedor importante exposição ou prestígio no mercado, eles podem ganhar um grau de alavancagem na negociação nas seguintes circunstâncias:[3]

---

[3] Porter, *Competitive Strategy*, p. 24-27; e Porter, "The Five Competitive Forces That Shape Strategy," p. 83-84.

- *Se para os compradores os custos da mudança para marcas concorrentes ou substitutas forem relativamente baixos.* Compradores que podem mudar rapidamente entre vários vendedores têm mais alavancagem na negociação que os compradores que têm altos custos para mudar. Quando os produtos de vendedores concorrentes são praticamente idênticos, é relativamente fácil para os compradores mudarem de um vendedor para outro com pouco ou nenhum custo. Por exemplo, parafusos e rebites, aço e capacitores usados na produção de grandes eletrodomésticos como lavadoras e secadoras são *commodities*[*] e estão disponíveis em vários vendedores. O potencial para mudar facilmente de um vendedor para outro encoraja os vendedores a fazerem concessões para fechar negócio com o comprador ou continuar fazendo negócios com ele.
- *Se o número de compradores for pequeno ou se um cliente é particularmente importante para um vendedor.* Quanto menor for o número de compradores, menor será a facilidade com que os vendedores encontrarão compradores alternativos quando perdem um cliente para um concorrente. A perspectiva de perder um cliente que não seja facilmente substituído muitas vezes aumenta a disposição do vendedor para fazer algum tipo de concessão. Em razão do número relativamente pequeno de marcas de câmeras digitais, os vendedores de lentes e outros componentes usados na fabricação dessas câmeras estão em fraca posição para negociar com aqueles que compram seus componentes.
- *Se a demanda do comprador for fraca.* A demanda fraca ou em queda cria um "mercado de compradores"; por outro lado, a demanda forte ou em rápido crescimento cria um "mercado de vendedores" e desloca o poder de negociação para os vendedores.
- *Se os compradores são bem-informados sobre os produtos, preços e custos dos vendedores.* Quanto mais informação os compradores tiverem, melhor será sua posição para negociar. A farta disponibilidade de informações sobre o produto na internet está dando um poder de negociação adicional aos indivíduos. Agora é comum ver potenciais compradores de automóveis chegarem às concessionárias munidos com lista de preços, informações não divulgadas pelos revendedores, resumos de incentivos e condições de financiamento dos fabricantes.
- *Se os compradores ameaçam fazer a integração reversa do negócio dos vendedores.* Empresas como a Anheuser-Busch, Coors e Heinz integram a fabricação de latas de alumínio para ganhar poder de negociação e, com isso, equilibrar a quantidade de latas que precisam comprar de fabricantes.

A Figura 3.3 fornece um resumo dos fatores que podem tornar o poder de negociação do comprador forte ou fraco.

Um ponto final a ser lembrado é que *nem todos os compradores do produto de um setor têm igual grau de poder de negociação com os vendedores*, e alguns podem ser menos sensíveis que outros a diferenças de preço, qualidade ou serviços. Por exemplo, os fabricantes de roupas confrontam um poder de negociação significativo ao venderem para grandes varejistas como a Macy's, T. J. Maxx ou Target, mas podem impor preços de venda muito melhores para pequenas butiques de um único dono.

PARCERIAS ENTRE VENDEDOR E COMPRADOR E O PODER COMPETITIVO DOS COMPRADORES As parcerias entre vendedores e compradores são um aspecto cada vez mais importante do quadro competitivo nas *relações entre empresas* (em oposição às

---

[*] N. de R.T.: O termo *commodity* é usado para designar bens ou serviços com baixa diferenciação, levando a uma decisão de compra baseada fortemente no fator preço.

FIGURA 3.3 Fatores que afetam o poder de negociação do comprador

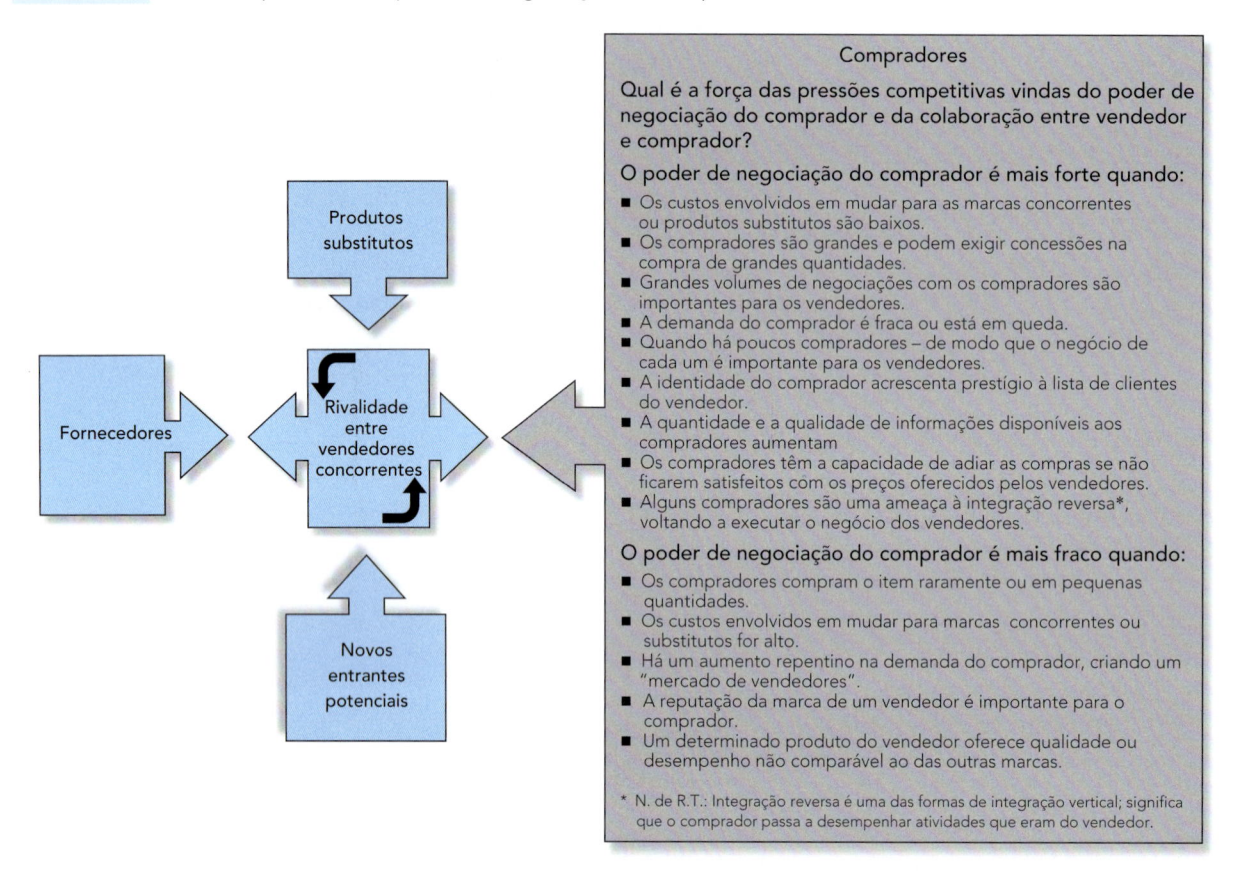

Compradores

Qual é a força das pressões competitivas vindas do poder de negociação do comprador e da colaboração entre vendedor e comprador?

O poder de negociação do comprador é mais forte quando:

- Os custos envolvidos em mudar para as marcas concorrentes ou produtos substitutos são baixos.
- Os compradores são grandes e podem exigir concessões na compra de grandes quantidades.
- Grandes volumes de negociações com os compradores são importantes para os vendedores.
- A demanda do comprador é fraca ou está em queda.
- Quando há poucos compradores – de modo que o negócio de cada um é importante para os vendedores.
- A identidade do comprador acrescenta prestígio à lista de clientes do vendedor.
- A quantidade e a qualidade de informações disponíveis aos compradores aumentam
- Os compradores têm a capacidade de adiar as compras se não ficarem satisfeitos com os preços oferecidos pelos vendedores.
- Alguns compradores são uma ameaça à integração reversa*, voltando a executar o negócio dos vendedores.

O poder de negociação do comprador é mais fraco quando:

- Os compradores compram o item raramente ou em pequenas quantidades.
- Os custos envolvidos em mudar para marcas concorrentes ou substitutos for alto.
- Há um aumento repentino na demanda do comprador, criando um "mercado de vendedores".
- A reputação da marca de um vendedor é importante para o comprador.
- Um determinado produto do vendedor oferece qualidade ou desempenho não comparável ao das outras marcas.

* N. de R.T.: Integração reversa é uma das formas de integração vertical; significa que o comprador passa a desempenhar atividades que eram do vendedor.

---

relações entre empresa e consumidor). Muitos vendedores que fornecem itens a clientes comerciais consideraram ser de interesse mútuo colaborar com os compradores em questões como entregas *just-in-time*, processamento de pedidos, pagamentos eletrônicos de faturas e compartilhamento de dados. Muitos vendedores de produtos domésticos e alimentos processados fizeram parcerias com lojas de descontos e grandes supermercados para aprimorar a eficiência de sua logística de armazenamento e aumentar os volumes de vendas. Essas parcerias também beneficiam os compradores, garantindo que a mercadoria esteja nas prateleiras e reduzindo os custos de estoques. A Walmart permite que fornecedores como Procter & Gamble, Sara Lee e Unilever monitorem dados do código de barras para determinar quando será necessário enviar produtos até os centros de distribuição da Walmart e em que quantidade. Em alguns casos, os vendedores despacham estoques diretamente para cada loja Walmart à medida que a mercadoria é vendida e as prateleiras ficam vazias. Na Walmart, a transição do uso da leitura de códigos de barra para a identificação por radiofrequência (RFID) foi bem recebida pelos vendedores, que viram uma oportunidade de aumentar as vendas de seus produtos na rede de lojas. Os receptores de RFID em cada loja ou centro de distribuição da Walmart permitiram que os vendedores acompanhassem o estoque pelo número e local indicados na etiqueta RFID. A Procter & Gamble e outros vendedores puderam, então, se conectar as redes de computador da Walmart para acompanhar em tempo real o fluxo de itens do estoque vendidos para a Walmart e fazer a expedição *just-in-time* para evitar a falta de estoque.

A força competitiva de produtos substitutos

As empresas de um determinado setor são vulneráveis à pressão competitiva das ações de empresas em outro setor sempre que os compradores considerarem os produtos dos dois setores como bons substitutos. Por exemplo: os produtores de açúcar sofrem pressões competitivas das equipes de vendas e marketing dos fabricantes da Equal, Splenda e Sweet'N Low. Da mesma forma, os fabricantes de óculos e lentes de contato enfrentam pressões competitivas de médicos que fazem cirurgia corretiva a *laser*. As redes de salas de cinema estão sentindo o calor competitivo à medida que um número cada vez maior de consumidores é atraído a simplesmente assistir a vídeos *pay-per-view* ou DVDs em casa, em salas equipadas com grandes telas, TVs de alta definição e som ambiente. Os fabricantes de latas de alumínio estão se engajando cada vez mais em uma batalha contra os fabricantes de embalagens cartonadas para fazer negócio com empresas que produzem frutas, vegetais, carnes e rações para animais. As embalagens cartonadas, que são caixas com várias camadas feitas de folha de alumínio, polipropileno e poliéster, têm um preço mais atraente que as latas de alumínio porque sua produção e expedição não são tão caras.

A força das pressões competitivas sobre os vendedores de produtos substitutos depende de três fatores:

1. *Se os produtos substitutos estão disponíveis e têm um preço atraente.* A presença de produtos substitutos e com preços atraentes cria pressão competitiva, colocando um teto aos preços que os integrantes do setor podem cobrar.[4] Quando os substitutos são mais baratos que o produto do setor, os integrantes do setor sofrem forte pressão competitiva para reduzir seus preços e encontrar maneiras de absorver os cortes de preço por meio de reduções de custo.

2. *Se os compradores veem os substitutos como comparáveis ou melhores em termos de qualidade, desempenho e outros atributos relevantes.* Os clientes tendem a comparar o desempenho e outros atributos, bem como o preço. Por exemplo: os consumidores descobriram que as câmeras digitais são um substituto superior a câmeras de filme por causa da maior facilidade de uso, da capacidade de baixar imagens para um computador pessoal e da capacidade de apagar fotos ruins sem pagar pela revelação do filme.

3. *Se os custos nos quais os compradores incorrem na mudança para produtos substitutos são altos ou baixos.* Altos custos para mudar detêm a mudança para produtos substitutos, ao passo que baixos custos para mudar facilitam para os vendedores de substitutos atraentes a aquisição de compradores para seus produtos.[5] Custos típicos para mudar incluem a inconveniência de mudar para um substituto, os custos de equipamento adicional, os custos psicológicos de romper antigas relações com fornecedores e os custos para dar novo treinamento aos colaboradores.

A Figura 3.4 resume as condições que determinam se as pressões competitivas de produtos substitutos são fortes, moderadas ou fracas. Como regra, quanto mais baixo for o preço dos produtos substitutos, mais alta for sua qualidade e desempenho e mais baixos forem os custos para o usuário, mais intensas serão as pressões comparativas impostas pelos produtos substitutos.

---

[4] Porter, "How Competitive Forces Shape Strategy," p. 142; Porter, *Competitive Strategy*, p. 23-24; e Porter, "The Five Competitive Forces That Shape Strategy," p. 82-83.
[5] Porter, *Competitive Strategy*, p. 10; e Porter, "The Five Competitive Forces That Shape Strategy," p. 85.

FIGURA 3.4 Fatores que afetam a concorrência de produtos substitutos

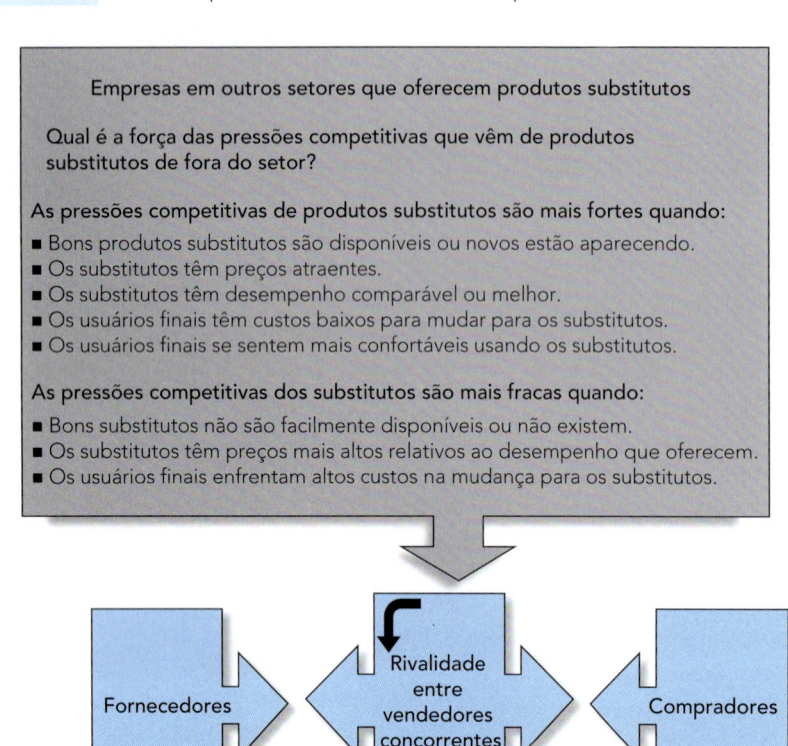

Empresas em outros setores que oferecem produtos substitutos

Qual é a força das pressões competitivas que vêm de produtos substitutos de fora do setor?

As pressões competitivas de produtos substitutos são mais fortes quando:
- Bons produtos substitutos são disponíveis ou novos estão aparecendo.
- Os substitutos têm preços atraentes.
- Os substitutos têm desempenho comparável ou melhor.
- Os usuários finais têm custos baixos para mudar para os substitutos.
- Os usuários finais se sentem mais confortáveis usando os substitutos.

As pressões competitivas dos substitutos são mais fracas quando:
- Bons substitutos não são facilmente disponíveis ou não existem.
- Os substitutos têm preços mais altos relativos ao desempenho que oferecem.
- Os usuários finais enfrentam altos custos na mudança para os substitutos.

Sinais de que a concorrência de substitutos é forte
- As vendas de substitutos estão crescendo mais rápido que as vendas do setor em análise (uma indicação de que os vendedores de substitutos estão afastando clientes do setor em questão).
- Os produtores de substitutos estão trabalhando para ganhar capacitação.
- Os lucros dos produtores de substitutos estão subindo.

Fornecedores → Rivalidade entre vendedores concorrentes ← Compradores

↑ Novos entrantes potenciais

A força competitiva do poder de negociação do fornecedor e da colaboração entre fornecedor e vendedor

As relações entre fornecedor e vendedor podem representar uma força competitiva forte ou fraca, dependendo da capacidade que os fornecedores tiverem de definir os termos e condições de vendas dos itens que fornecem a um setor e da natureza e extensão da colaboração entre fornecedor e vendedor no setor.

FATORES QUE INFLUENCIAM O PODER DE NEGOCIAÇÃO DO FORNECEDOR Existem certas condições que tornam possível aos fornecedores do setor exercer pressão competitiva em um ou mais vendedores concorrentes. Sabe-se, por exemplo, que a Microsoft e a Intel, ambas fornecedoras de componentes essenciais a fabricantes de computadores, usam seu domínio de mercado não só para cobrar preços mais altos destes computadores, mas também para alavancar os fabricantes desses produtos de outras formas. O poder de negociação da Microsoft e da Intel frente aos clientes é tão grande que ambas as empresas enfrentaram acusações de antitruste em várias ocasiões. Antes de um acordo legal encerrando a prática em 2001, a Microsoft pressionava os fabricantes de computador a carregarem apenas produtos Microsoft nos computadores que negociavam. A Intel também se defendeu contra as acusações de antitruste resultantes de sua força de negociação, mas continua a dar aos fabricantes de computadores que usam as maiores porcentagens de *chips* Intel em seus modelos, alta prioridade no atendimento dos pedidos de *chips* Intel recém-introduzidos. Estar na lista de clientes preferenciais da Intel ajuda um fabricante a obter mais rapidamente os últimos modelos de *chips* da Intel e, assim, permite a obtenção, antes dos concorrentes, de modelos mais novos para comercializar.

As condições que determinam se algum dos fornecedores do setor está em posição de exercer poder de negociação ou alavancagem substancial são bastante claras:[6]

- *Se o item que está sendo fornecido for um produto disponível de vários fornecedores.* Os fornecedores têm pouco ou nenhum poder de negociação ou alavancagem sempre que os integrantes do setor tiverem a capacidade de comprar de qualquer um dos vários fornecedores.
- *Se houver a competência de os integrantes do setor mudarem de fornecedor ou para substitutos atraentes.* Quando a mudança de fornecedor envolve altos custos, aumenta o poder de negociação do fornecedor, ao passo que, quando essa mudança envolve custos baixos e os insumos substitutos são disponíveis facilmente, ele terá seu poder de negociação enfraquecido.
- *Se certos insumos forem escassos.* Os fornecedores de itens com escassez têm certo poder de precificação.
- *Se certos fornecedores produzem um insumo diferencial que aumenta o desempenho, a qualidade ou a imagem do produto do setor.* Quanto maior for a capacidade de um determinado insumo aumentar o desempenho, a qualidade ou a imagem do produto, mais alavancagem de negociação seus fornecedores provavelmente possuirão.
- *Se certos fornecedores produzem equipamentos ou serviços que oferecem economias de custo aos integrantes do setor na condução de suas operações.* Os fornecedores que fornecem equipamentos ou serviços que economizem custo provavelmente possuirão certo grau de alavancagem de negociação.
- *A fração dos custos do produto do setor responsável pelo custo de um determinado insumo.* Quanto maior o custo de uma peça ou um componente específico, mais oportunidade a concorrência terá, no mercado, de ser afetada pelas iniciativas de fornecedores para elevar ou abaixar seus preços.
- *Se os integrantes do setor forem clientes importantes dos fornecedores.* Como regra, os fornecedores têm menos alavancagem de negociação quando suas vendas aos integrantes desse setor constituem uma grande porcentagem de seu total de vendas. Nesses casos, a boa condição dos fornecedores está intimamente vinculada ao bem-estar de seus principais clientes.
- *Se os integrantes do setor acharem economicamente vantajoso fazer a integração vertical reversa.* A decisão entre fazer ou comprar se resume em determinar se os fornecedores são capazes de fornecer um determinado componente a um custo mais baixo que aquele que os integrantes do setor poderiam atingir se fizessem a integração reversa.

A Figura 3.5 resume as condições que tendem a tornar o poder de negociação do fornecedor forte ou fraco.

---

[6] Porter, *Competitive Strategy*, p. 27-28; e Porter, "The Five Competitive Forces That Shape Strategy," p. 82-83.

FIGURA 3.5 Fatores que alteram o poder de negociação do fornecedor

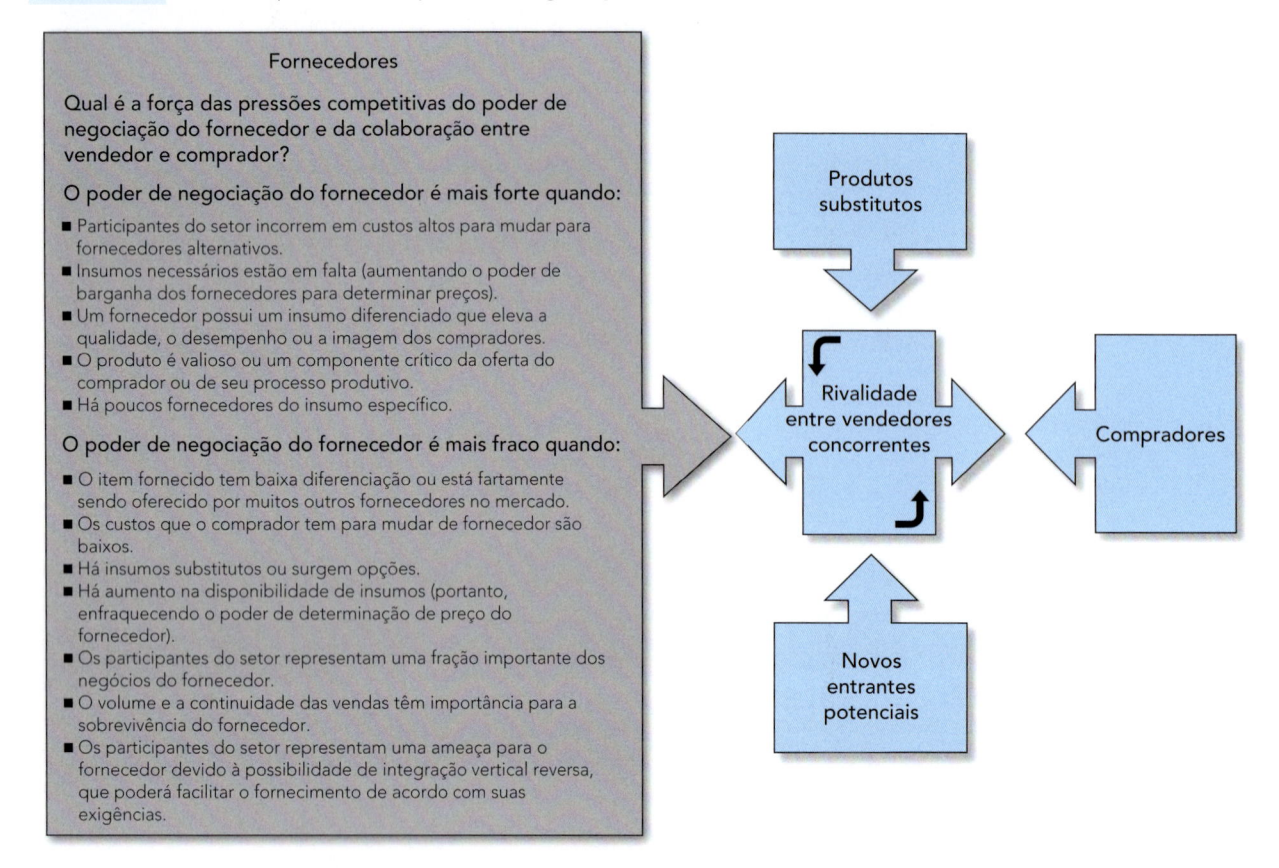

Fornecedores

Qual é a força das pressões competitivas do poder de negociação do fornecedor e da colaboração entre vendedor e comprador?

O poder de negociação do fornecedor é mais forte quando:

- Participantes do setor incorrem em custos altos para mudar para fornecedores alternativos.
- Insumos necessários estão em falta (aumentando o poder de barganha dos fornecedores para determinar preços).
- Um fornecedor possui um insumo diferenciado que eleva a qualidade, o desempenho ou a imagem dos compradores.
- O produto é valioso ou um componente crítico da oferta do comprador ou de seu processo produtivo.
- Há poucos fornecedores do insumo específico.

O poder de negociação do fornecedor é mais fraco quando:

- O item fornecido tem baixa diferenciação ou está fartamente sendo oferecido por muitos outros fornecedores no mercado.
- Os custos que o comprador tem para mudar de fornecedor são baixos.
- Há insumos substitutos ou surgem opções.
- Há aumento na disponibilidade de insumos (portanto, enfraquecendo o poder de determinação de preço do fornecedor).
- Os participantes do setor representam uma fração importante dos negócios do fornecedor.
- O volume e a continuidade das vendas têm importância para a sobrevivência do fornecedor.
- Os participantes do setor representam uma ameaça para o fornecedor devido à possibilidade de integração vertical reversa, que poderá facilitar o fornecimento de acordo com suas exigências.

COMO AS PARCERIAS ENTRE VENDEDOR E FORNECEDOR AFETAM AS PRESSÕES COMPETITIVAS Assim como os vendedores se beneficiam de parcerias estratégicas com compradores, a colaboração com fornecedores também pode ser recompensadora para eles. Em vários setores, as parcerias estratégicas com fornecedores permitem que os vendedores reduzam os custos de logística e estoque (por exemplo, por meio de entregas *just-in-time*), acelerem a disponibilidade de componentes da próxima geração, aumentem a qualidade das peças e componentes que estão sendo fornecidos e obtenham importantes economias de custo tanto para si mesmos quanto para seus fornecedores. A Dell Computer entrou em parcerias estratégicas com seus fornecedores mais importantes para garantir que suas entregas *just-in-time* de componentes de computador cheguem sempre que necessário. Em alguns casos, a Dell recebe a entrega *just-in-time* de peças de computador a cada intervalo curto de horas. Muitos dos principais fornecedores da empresa construíram fábricas e centros de distribuição a poucos quilômetros de distância das fábricas de montagem da Dell para atender a esses requisitos de entrega. Além disso, relações estreitas com os fornecedores permitem à Dell Computer reduzir a probabilidade de *recall* de computadores ou de interrupção na produção. Muitos fornecedores enviam engenheiros às fábricas da Dell para resolver rapidamente problemas relacionados à produção assim que esses ocorrem. Quanto mais oportunidades de gerar ganhos, tanto para uma empresa quanto para seus fornecedores, menos o relacionamento entre eles será caracterizado por quem vence no braço de ferro da negociação.

A força competitiva de novos entrantes potenciais no mercado

Vários fatores determinam se a ameaça da entrada de novas empresas no mercado apresenta uma pressão competitiva significativa. Um deles relaciona o tamanho das prováveis empresas candidatas a entrar no mercado aos recursos de que elas dispõem. Como regra, quanto maior for o conjunto de candidatos a entrar no mercado, mais forte será a ameaça de entrada potencial. Isso ocorre principalmente quando alguns dos prováveis candidatos tiverem amplos recursos para apoiar a entrada em uma nova linha de negócios. Com frequência, as pressões competitivas mais fortes associadas à entrada potencial não vêm de empresas de outro setor, mas dos atuais participantes do setor que estão procurando oportunidades de crescimento. *Os integrantes já existentes do setor são, com frequência, fortes candidatos a entrar em segmentos de mercado ou áreas geográficas onde não têm presença.*

Um segundo fator diz respeito à existência de altas ou pequenas barreiras de entrada dos prováveis candidatos. As barreiras altas reduzem a ameaça competitiva da entrada potencial, ao passo que as barreiras baixas tornam a entrada mais provável, principalmente se o setor estiver crescendo e oferecer oportunidades de lucro atraentes. As barreiras mais frequentes para os candidatos a entrar no mercado incluem:[7]

- *A presença de economias de escala consideráveis na produção ou em outras áreas operacionais.* Quando as empresas responsáveis gozam de vantagens de custo associadas a operações em larga escala, as empresas de outro setor devem adotar a larga escala (uma ação onerosa e talvez arriscada) ou aceitar uma desvantagem de custo e, em consequência, uma lucratividade menor.
- *Desvantagens de custo e de recursos não relacionadas à escala de operação.* Além de aproveitar as economias de escala, os incumbentes do setor podem ter vantagens de custo vindas de efeitos da curva de aprendizagem/experiência, detenção de tecnologia proprietária, parcerias com os melhores e mais baratos fornecedores e custos fixos baixos (porque têm instalações mais antigas que foram bastante depreciadas).
- *Fortes preferências de marca e altos graus de lealdade do cliente.* Quanto mais forte for a ligação dos compradores a marcas estabelecidas, mais difícil será para a recém-chegada entrar no mercado.
- *Requisito de capital elevado.* Quanto maior o investimento total em dinheiro necessário para entrar com sucesso no mercado, mais limitado será o conjunto de entrantes potenciais. Os requisitos de capital mais óbvios para novos entrantes estão relacionados a instalações de manufatura e equipamentos, propaganda inicial do produto e campanhas de promoção de vendas, capital de giro para financiar estoques e crédito ao cliente e caixa suficiente para cobrir os custos operacionais para iniciar as atividades da empresa.
- *As dificuldades de construir uma rede de distribuidores-varejistas e assegurar espaço adequado nas prateleiras dos varejistas.* Um entrante potencial pode enfrentar inúmeros desafios no canal de distribuição. Distribuidores atacadistas podem estar relutantes

---

[7] O papel das barreiras de entrada na formação de uma forte competitividade em um determinado mercado já é há muito um tópico importante nos estudos de microeconomia. Para uma discussão sobre como essas barreiras afetam a pressão competitiva relacionada a prováveis novos concorrentes, ver J. S. Bain, *Barriers to New Competition* (Cambridge, MA: Harvard University Press, 1956); F. M. Scherer, *Industrial Market Structure and Economic Performance* (Chicago: Rand McNally & Co., 1971), p. 216-220, 226-233; Porter, *Competitive Strategy*, p. 7-17; e Porter, "The Five Competitive Forces That Shape Strategy," p. 80-82.

em aceitar um produto que não tenha o reconhecimento do comprador. Os varejistas precisam ser recrutados e convencidos a dar amplo espaço expositivo e período adequado para teste a uma marca nova. Os entrantes potenciais às vezes precisam "comprar" sua forma de entrar nos canais de atacado ou varejo, cortando preços para fornecer aos revendedores e distribuidores *markups* e margens de lucro mais altas ou dando a eles grandes concessões publicitárias e promocionais.

- *Políticas reguladoras restritivas*. Órgãos do governo podem limitar ou até mesmo barrar a entrada de novas empresas no mercado, exigindo licenças e autorizações. Em setores regulamentados como TV a cabo, telecomunicações, fornecimento de energia elétrica e gás e transmissão de rádio e televisão, a entrada é controlada pelo governo.

- *Restrições tarifárias e de comércio internacional*. Governos nacionais costumam usar restrições tarifárias e comerciais (normas *antidumping*, requisitos de conteúdo local, requisitos de propriedade local, cotas etc.) para elevar as barreiras de entrada a empresas estrangeiras e proteger os produtores domésticos da concorrência externa.

- *A competência e a disposição dos incumbentes do setor de lançar iniciativas vigorosas para bloquear a entrada bem-sucedida de uma empresa*. Mesmo que uma entrante potencial tenha ou possa adquirir as capacitações e recursos necessários para tentar entrar, ainda deve se preocupar com a reação das empresas existentes.[8] Às vezes, elas podem colocar poucos obstáculos de entrada, mas há ocasiões em que recorrem a cortes de preço, intensificam a propaganda, introduzem aprimoramentos do produto e lançam ataques legais para impedir que a entrante construa uma clientela. As empresas de TV a cabo combateram vigorosamente a entrada da TV via satélite no setor, buscando a intervenção do governo para que os provedores de transmissão via satélite adiassem a oferta de estações locais, oferecendo aos assinantes de transmissão por satélite descontos para que voltassem a usar a transmissão a cabo e cobrando dos clientes de transmissão via satélite altas taxas mensais pelo acesso à internet via cabo.

Ao avaliar os efeitos gerais das barreiras de entrada, que impedem o ingresso de novas empresas no setor, os gestores devem também, examinar o quanto as perspectivas de lucro e crescimento para os novos entrantes são atraentes. *O rápido crescimento da demanda de mercado e altos lucros potenciais atuam como ímãs, motivando os novos entrantes a comprometerem os recursos necessários para transpor as barreiras impostas.*[9] Quando os lucros são muito atraentes, é improvável que as barreiras consigam deter a empresa que deseja entrar no mercado. Por isso, *o melhor teste para ver se a empresa que deseja entrar no mercado tem intensa ou fraca força competitiva no mercado é perguntar se as perspectivas de lucro e crescimento são bastante atraentes às candidatas potenciais.*

A Figura 3.6 resume as condições que tornam a ameaça da entrada forte ou fraca.

A força competitiva da rivalidade entre vendedores concorrentes

A mais intensa das cinco forças competitivas é quase sempre a rivalidade entre os vendedores concorrentes de um bem ou serviço. De fato, *um mercado é um campo de batalha competitivo* em que a campanha pela preferência do comprador não tem fim.

---

[8] Porter, "How Competitive Forces Shape Strategy", p. 140; Porter, *Competitive Strategy*, p. 14-15; e Porter, "The Five Competitive Forces That Shape Strategy," p. 82.

[9] Para uma boa discussão desse tema, ver George S. Yip, "Gateways to Entry," *Harvard Business Review* 60, n. 5 (September-October 1982), p. 85-93.

FIGURA 3.6 Fatores que afetam a ameaça da entrada

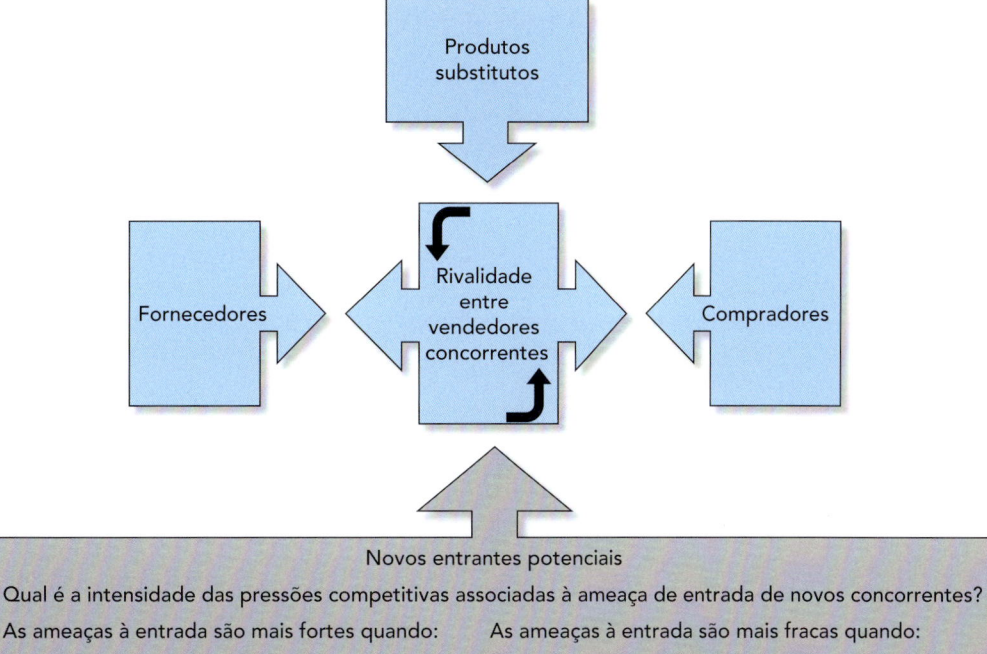

Novos entrantes potenciais

Qual é a intensidade das pressões competitivas associadas à ameaça de entrada de novos concorrentes?

As ameaças à entrada são mais fortes quando:

- O conjunto de empresas candidatas à entrada é grande e algumas têm recursos que as tornariam excelentes concorrentes de mercado.
- As barreiras de entrada são baixas ou podem ser prontamente superadas pelos prováveis candidatos.
- Os integrantes dos setores existentes estão procurando expandir seu alcance de mercado, entrando em segmentos de produto ou em áreas geográficas em que não têm presença.
- Os recém-chegados contam com lucros atraentes.
- A demanda do comprador está crescendo rapidamente.
- Os integrantes do setor são incapazes (ou não estão dispostos) de combater fortemente a entrada dos recém-chegados.

As ameaças à entrada são mais fracas quando:

- O conjunto de candidatos é pequeno.
- As barreiras de entrada são altas.
- Os concorrentes existentes estão lutando para ter bom lucro.
- O setor parece arriscado ou incerto.
- A demanda do comprador está crescendo lentamente ou está estagnada.
- Os integrantes do setor contestarem fortemente os esforços de novos entrantes voltados a ganhar espaço no mercado.

Vendedores concorrentes tendem a empregar todas as ferramentas que possuem em seu arsenal de negócio para aprimorar suas posições de mercado, fortalecer sua posição de mercado junto aos compradores e ter bons lucros. O desafio à formulação da estratégia é elaborar uma estratégia competitiva que, no mínimo, permita a uma empresa enfrentar a concorrência e que, em termos ideais, *produza uma vantagem competitiva sobre os concorrentes*. As disputas competitivas, contudo, são contínuas e dinâmicas. Quando uma empresa faz uma manobra estratégica que produz bons resultados, seus concorrentes costumam responder com manobras ofensivas ou defensivas. Esse padrão de ação e reação produz um cenário competitivo que evolui continuamente, no qual a guerra pelo mercado avança e recua, produzindo os vencedores e os perdedores. Em todo setor, as contínuas manobras dos concorrentes levam uma ou outra empresa a ganhar ou perder *momentum* no mercado, de acordo com o sucesso ou fracasso de suas manobras estratégicas mais recentes.[10]

---

[10] A tendência das empresas em contra-atacar movimentos competitivos de concorrentes pode causar pressões competitivas crescentes que afetam a lucratividade dos competidores; ver Pamela J. Derfus, Patrick G. Maggitti, Curtis M. Grimm, e Ken G. Smith, "The Red Queen Effect: Competitive Actions and Firm Performance", *Academy of Management Journal* 51, n. 1 (February 2008), p. 61-80.

A Figura 3.7 dá uma amostra das armas competitivas que as empresas podem empregar no combate aos concorrentes e indica os fatores que influenciam na intensidade de sua rivalidade. Eis alguns dos fatores que influenciam o ritmo das disputas entre as concorrentes do setor:[11]

- *A rivalidade é intensificada quando os vendedores concorrentes lançam regularmente novas ações para melhorar sua posição de mercado e desempenho nos negócios.* Normalmente, o jogo competitivo entre os vendedores concorrentes é bastante intenso. Indicadores de forte rivalidade competitiva incluem a intensa concorrência de preços, a rápida introdução da próxima geração de produtos e disputas para diferenciar produtos, oferecendo especificações que melhoram o desempenho, ofereçam mais qualidade e melhor atendimento ao cliente ou uma seleção mais ampla do produto.

FIGURA 3.7 Fatores que afetam a força da rivalidade competitiva

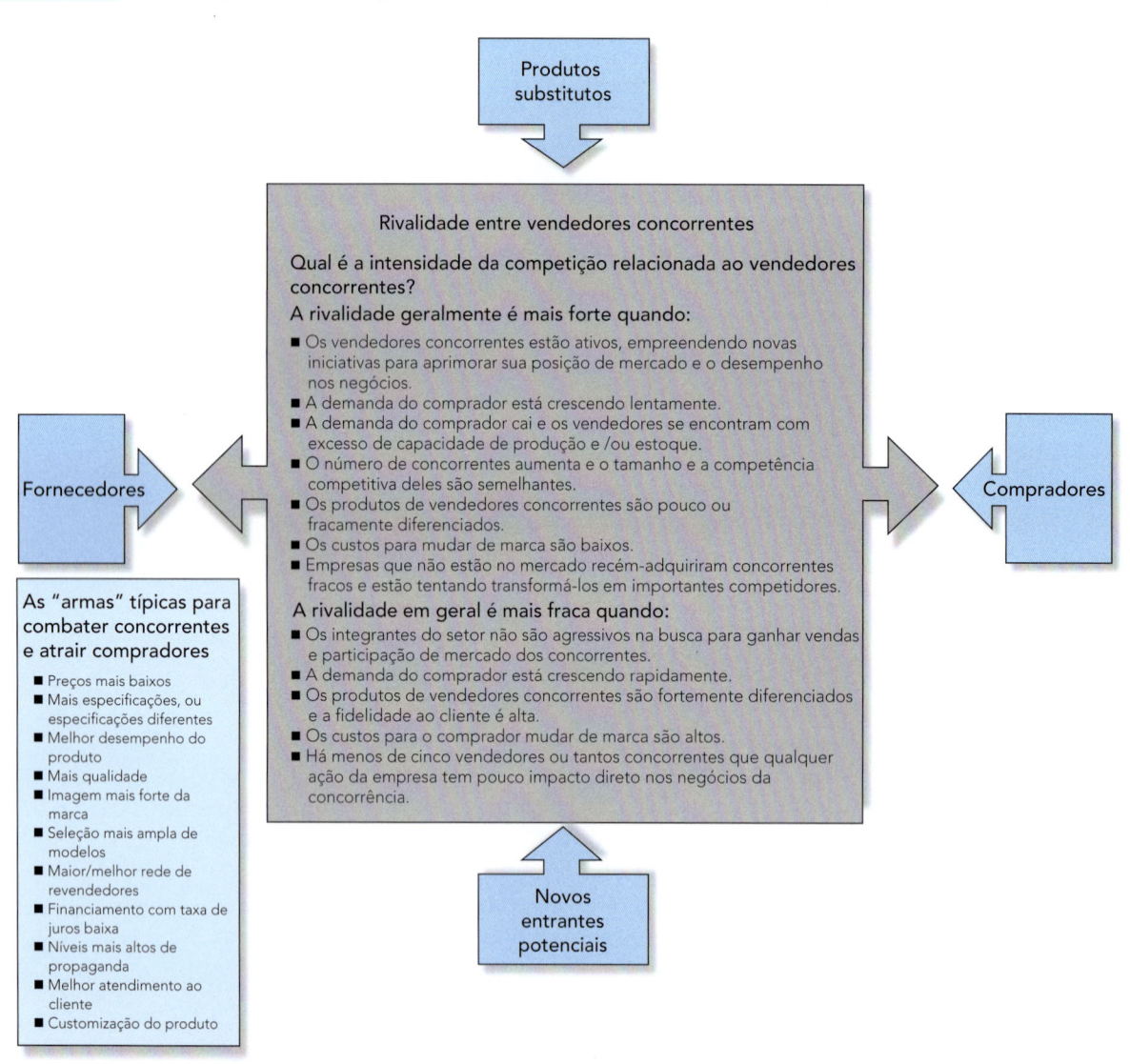

Produtos substitutos

Rivalidade entre vendedores concorrentes

Qual é a intensidade da competição relacionada ao vendedores concorrentes?

A rivalidade geralmente é mais forte quando:
- Os vendedores concorrentes estão ativos, empreendendo novas iniciativas para aprimorar sua posição de mercado e o desempenho nos negócios.
- A demanda do comprador está crescendo lentamente.
- A demanda do comprador cai e os vendedores se encontram com excesso de capacidade de produção e/ou estoque.
- O número de concorrentes aumenta e o tamanho e a competência competitiva deles são semelhantes.
- Os produtos de vendedores concorrentes são pouco ou fracamente diferenciados.
- Os custos para mudar de marca são baixos.
- Empresas que não estão no mercado recém-adquiriram concorrentes fracos e estão tentando transformá-los em importantes competidores.

A rivalidade em geral é mais fraca quando:
- Os integrantes do setor não são agressivos na busca para ganhar vendas e participação de mercado dos concorrentes.
- A demanda do comprador está crescendo rapidamente.
- Os produtos de vendedores concorrentes são fortemente diferenciados e a fidelidade ao cliente é alta.
- Os custos para o comprador mudar de marca são altos.
- Há menos de cinco vendedores ou tantos concorrentes que qualquer ação da empresa tem pouco impacto direto nos negócios da concorrência.

Fornecedores ← → **Compradores**

Novos entrantes potenciais

As "armas" típicas para combater concorrentes e atrair compradores
- Preços mais baixos
- Mais especificações, ou especificações diferentes
- Melhor desempenho do produto
- Mais qualidade
- Imagem mais forte da marca
- Seleção mais ampla de modelos
- Maior/melhor rede de revendedores
- Financiamento com taxa de juros baixa
- Níveis mais altos de propaganda
- Melhor atendimento ao cliente
- Customização do produto

---

[11] Muitos destes indicadores sobre a possibilidade da rivalidade causar intensas pressões competitivas estão baseados em Porter, *Competitive Strategy*, p. 17-21; e Porter, "The Five Competitive Forces That Shape Strategy". p. 85-86.

Outras táticas comuns, usadas para aumentar temporariamente as vendas, incluem promoções de vendas especiais, forte propaganda, devolução do dinheiro da compra ou financiamento a taxas de juros baixas.

- *A rivalidade é mais forte em setores em que os concorrentes têm tamanhos e competências iguais.* Nos Estados Unidos, a rivalidade competitiva no setor de restaurantes de rápido atendimento é extremamente forte, e há inúmeras redes de tamanho relativamente igual, servindo tacos, *delicatessen* e pratos à base de frango, por exemplo. Na maior parte, o McDonald's, o Burger King, o Taco Bell, o KFC, o Arby's e outras redes nacionais de *fast-food* têm capacitações comparáveis e precisam competir agressivamente para que consigam se manter no setor.

- *A rivalidade, em geral, é mais forte em mercados em lento crescimento e mais fraca naqueles que crescem rapidamente.* A rápida expansão da demanda do comprador produz um número suficiente de novas empresas, e assim todos os integrantes do setor podem crescer. Contudo, em mercados em que o crescimento é lento ou a demanda do comprador cai inesperadamente, não é incomum a rivalidade competitiva se intensificar significativamente, à medida que os concorrentes lutam para ganhar participação de mercado e volume.

- *A rivalidade em geral é mais fraca em setores que abrangem vastos números de pequenos concorrentes; da mesma forma, a frequência é fraca quando há menos que cinco concorrentes.* A rivalidade direta tende a ser fraca quando um setor acaba tendo tantos concorrentes que as manobras estratégicas de qualquer um deles têm pouco impacto perceptível no sucesso dos demais. A rivalidade também tende a ser fraca se em um setor existir apenas dois a quatro vendedores. Em um mercado com poucos concorrentes, cada um deles logo aprende que as manobras agressivas para aumentar suas vendas e participação de mercado podem ter um impacto adverso imediato nos negócios dos concorrentes, provocando, quase certamente, uma retaliação vigorosa. Deve-se ter cautela, no entanto, para concluir que a rivalidade é fraca só porque há um número pequeno de concorrentes. A violência das disputas atuais entre a Linus e a Microsoft e a guerra travada há décadas entre a Coca-Cola e a Pepsi são exemplos importantes.

- *A rivalidade aumenta quando a demanda do comprador cai e os vendedores estão com excesso de capacidade de produção e/ou estoque.* Condições de excesso de oferta criam um "mercado de compradores", impondo mais pressão competitiva aos concorrentes do setor para lutar por níveis de venda mais lucrativos (recorrendo, com frequência, a descontos).

- *A rivalidade aumenta à medida que a mudança de marca se torna menos onerosa para os compradores.* Quanto menos oneroso for para os compradores o processo de mudar suas compras de uma marca para outra, será mais fácil atrair clientes dos concorrentes.

- *A rivalidade aumenta quando os produtos de vendedores concorrentes se tornam mais padronizados e diminui quando os produtos dos concorrentes se tornam mais diferenciados.* Quando as ofertas de concorrentes são idênticas ou apresentam fraca diferenciação, os compradores têm menos razões para serem fiéis à marca – uma condição que torna mais fácil convencer os compradores a mudarem para a oferta da empresa concorrente. Por outro lado, ofertas de produto com forte diferenciação entre os concorrentes geram a fidelidade à marca por parte dos compradores.

- *A rivalidade é mais intensa quando as condições do setor são tentadoras, levando os concorrentes a recorrerem a reduções nos preços ou a outras armas competitivas para estimular o volume unitário.* Quando um produto é perecível ou sazonal ou seu custo de manutenção no estoque é alto, as pressões competitivas aumentam rapidamente, todas as vezes em que decidem reduzir preços e esgotar os suprimentos no mercado. Da mesma forma, sempre que os custos fixos respondem por uma ampla fração do custo total, de modo que os custos tendem a ser mais baixos quando a produção atingir a plena capacidade ou se aproximar dela, as empresas sofrem uma pressão significativa para reduzir preços ou tentar estimular as vendas quando estiverem operando abaixo de sua capacidade plena.

- *A rivalidade aumenta quando um ou mais concorrentes ficam insatisfeitos com sua posição de mercado.* As empresas que estão perdendo terreno ou se encontram com problemas financeiros buscam, com frequência, estratégias agressivas (ou talvez desesperadas) que envolvem uma reviravolta e podem incluir descontos, mais propaganda ou a fusão com concorrentes. Tais estratégias podem acentuar a pressão competitiva.
- *A rivalidade aumenta quando empresas em situação sólida, de fora do setor, adquirem empresas fracas e iniciam ações agressivas, bem fundadas, para construir a participação de mercado.* Um esforço concentrado para transformar uma concorrente fraca em líder de mercado quase sempre envolve iniciativas estratégicas bem financiadas para aprimorar radicalmente a oferta do produto do concorrente, despertar o interesse do comprador e ganhar maior participação de mercado – ações que, se bem-sucedidas, pressionam as concorrentes a reagir com suas próprias manobras estratégicas ousadas.

A rivalidade pode ser caracterizada como *implacável* ou *brutal* quando as concorrentes se engajam em longas guerras de preço ou costumam empregar táticas agressivas para destruir a lucratividade umas das outras. A rivalidade pode ser considerada de *intensa* a *forte* quando a batalha pela participação de mercado é tão dura que as margens de lucro da maioria dos integrantes do setor são apertadas a níveis quase nulos. A rivalidade pode ser caracterizada como *moderada* a *normal* quando as manobras entre os integrantes do setor, que ainda mantêm sua vitalidade, permitem a obtenção de lucros aceitáveis à maior parte dos integrantes. A rivalidade é *fraca* quando a maioria das empresas no setor está relativamente satisfeita com seu crescimento nas vendas e sua participação de mercado, e raramente empreende ofensivas para roubar clientes umas às outras.

A intensidade das cinco forças competitivas e a lucratividade do setor

Analisar cada uma das cinco forças competitivas fornece um diagnóstico sólido de como é a concorrência em um dado mercado. Uma vez que o estrategista adquiriu um entendimento das pressões competitivas associadas a cada uma das cinco forças, a próxima etapa é avaliar a intensidade dessas cinco forças e determinar se as empresas nesse setor devem esperar lucros razoáveis.

Como regra, quanto mais forte for o resultado conjunto das cinco forças competitivas, mais baixa será a lucratividade combinada dos participantes do setor. O caso mais extremo de um setor "competitivamente não atraente" se dá quando as cinco forças estão produzindo fortes pressões competitivas: a rivalidade entre vendedores é acentuada, baixas barreiras de entrada permitem que novos concorrentes ganhem espaço no mercado, a concorrência de substitutos é intensa e tanto os fornecedores quanto os clientes são capazes de exercer alavancagem de negociação considerável. As pressões competitivas que variam de intensas a fortes, vindas das cinco direções, quase sempre diminuem a lucratividade do setor a níveis inaceitáveis, muitas vezes produzindo perdas para vários integrantes do setor e forçando alguns a saírem do negócio. Contudo, um setor pode ser não atraente quando nem todas as cinco forças competitivas são fortes. As pressões competitivas intensas de apenas duas ou três das cinco forças podem ser suficientes para destruir as condições para a boa lucratividade. Condições competitivas não atraentes que incluem fortes substitutos, a intensa rivalidade competitiva e o baixo custo que o comprador enfrenta para mudar, têm criado um cenário assustador para o ramo de aluguel de vídeos. Em 2008, por exemplo, a Blockbuster registrou perda líquida de US$ 374 milhões em receitas de US$ 5,3 bilhões, ao passo que a Movie Gallery, que ocupava o segundo lugar, entrou em falência em outubro de 2007, depois de registrar perdas durante três anos seguidos. A Movie Gallery perdeu mais US$ 70 milhões no final de 2007, e suas ações foram retiradas pela Nasdaq em 2008.

Em contrapartida, quando o impacto conjunto das cinco forças competitivas é de moderado a fraco, um setor é competitivamente atraente, pois os integrantes podem ter lucros e um bom retorno sobre o investimento. O ambiente competitivo ideal para se ter lucros superiores é aquele em que tanto os fornecedores quanto os clientes estão em fraca posição de negociação, e onde não há bons substitutos, as altas barreiras bloqueiam a entrada de novos competidores e a rivalidade entre os vendedores gera pressão moderada. A fraca concorrência é o melhor dos mundos possíveis para as empresas com estratégias medíocres e implementação de pouca qualidade, porque até elas podem esperar lucros satisfatórios.

> Quanto mais fortes forem as forças da concorrência, mais difícil será para os integrantes do setor obterem lucros atraentes.

Questão 3: quais forças estão impulsionando mudanças, e que impacto essas mudanças terão na intensidade competitiva e na lucratividade do setor?

A intensidade das forças competitivas e o nível de atratividade do setor são quase sempre fluidos e sujeitos a mudança. É essencial que aqueles que concebem estratégias entendam a atual dinâmica competitiva do setor, mas de igual importância é considerar como o setor está mudando e qual será o efeito das mudanças que estão a caminho no setor. Qualquer estratégia concebida pelos dirigentes se esgotará em um ambiente setorial dinâmico; portanto, é fundamental que esses planos considerem como poderá ser o ambiente setorial no próximo semestre.

O conceito de forças propulsoras do setor

As condições competitivas e setoriais mudam porque as forças estão atraindo ou pressionando certos participantes do setor (concorrentes, clientes, fornecedores) a alterar suas ações de modo importante.[12] Os agentes de mudança mais fortes são chamados **forças propulsoras** porque influenciam mais na reformulação do cenário setorial e na mudança das condições competitivas. Algumas forças propulsoras originam-se no anel externo do macroambiente da empresa (veja a Figura 3.1), mas a maioria se origina nos ambientes setorial e competitivo mais imediatos.

> **Forças propulsoras** são as principais causas subjacentes de mudança em um setor e nas suas condições competitivas.

A análise das forças propulsoras tem três etapas: identificar quais são as forças propulsoras, avaliar se os propulsores de mudanças estão agindo individual ou coletiva-

---

[12] Porter, Competitive Strategy, p. 162.

mente para tornar o setor mais ou menos atraente e determinar quais são as mudanças estratégicas necessárias para preparar a empresa para a influência das forças propulsoras.

Identificação das forças propulsoras de um setor

Muitos acontecimentos podem afetar um setor com força o bastante para que se qualifiquem como forças propulsoras, mas a maioria dos fatores que impulsionam o setor e a maior parte das mudanças competitivas se enquadram em uma das seguintes categorias:[13]

- *Mudanças na taxa de crescimento de um setor no longo prazo.* Mudanças no crescimento setorial têm potencial para afetar o equilíbrio entre a oferta do setor e a demanda do comprador, a entrada e saída e o caráter e a intensidade da concorrência. Um aumento repentino na demanda do comprador desencadeia uma corrida entre empresas estabelecidas e novas para captar as novas oportunidades de vendas.

- *Aumento da globalização.* A concorrência começa a mudar de um foco basicamente regional ou nacional para um foco global ou internacional quando os integrantes do setor iniciam a busca por clientes em mercados estrangeiros ou quando as atividades de produção começam a migrar para países onde os custos são mais baixos. As forças de globalização às vezes são um propulsor tão forte que as empresas acham altamente vantajoso, se não necessário, ampliar seu alcance operacional em um número cada vez maior de mercados nacionais. A globalização é uma força propulsora de mudanças em setores como cartões de crédito, celulares, câmeras digitais, equipamentos para golfe e esqui, veículos motorizados, aço, petróleo, computadores pessoais e *videogames*.

- *Novos potenciais de uso e aplicativos na internet.* O uso disseminado da internet e uma série crescente de aplicativos e potenciais de uso da rede mundial têm sido importantes propulsores de mudanças em um setor após outro. A capacidade de alcançar consumidores via internet aumenta o número de concorrentes que uma empresa enfrenta e com frequência acirra a rivalidade, jogando vendedores *on-line* contra vendedores com negócios locais. A internet dá aos compradores a capacidade sem precedentes de pesquisar ofertas de produto de concorrentes e também o melhor valor no mercado. O uso generalizado de *e-mails* erodiu para sempre o negócio de oferecer serviços de fax e as receitas de serviços postais públicos no mundo todo. A videoconferência pela internet pode diminuir a demanda de viagem a negócios. Ofertas de cursos *on-line* estão afetando profundamente o ensino superior. A internet do futuro será mais veloz, terá aplicativos espetaculares e mais de um bilhão de dispositivos conectados desempenhando uma série de funções, acarretando novas mudanças competitivas e setoriais. Contudo, os impactos relacionados à internet variam de um setor para outro. Os desafios aqui envolvem avaliar com exatidão como os recursos emergentes na internet estão alterando o cenário de um determinado setor e considerar esses impactos na formulação de estratégias.

- *Mudanças em quem compra o produto e como ele é usado.* Mudanças no espaço demográfico do comprador e no modo de se utilizar os produtos podem alterar a concorrência, afetando a percepção de valor pelos clientes, a forma como eles tomam decisões de compra e o lugar em que compram o produto. A popularidade crescente de baixar música da internet mudou significativamente o setor de gravadoras. É

---

[13] A maior parte das forças propulsoras aqui descritas são baseadas em Porter, *Competitive Strategy*, p. 164-183.

comum os consumidores considerarem a compatibilidade de formato da música com iPods, MP3 *players* ou celulares, e eles podem adquirir sua faixa musical tanto legalmente, por meio de loja *on-line,* quanto ilegalmente, por meio de uma rede que compartilhe arquivos. De acordo com a Nielsen SoundScan, as vendas de discos caíram de 785,1 milhões de unidades em 2000 para 428 milhões de unidades em 2008. A mudança na natureza das compras de música pelos consumidores levou *sites* como iTunesStore, Rhapsody, Napster e Walmart.com a vender mais de 1 bilhão de faixas digitais em 2008.

- *Inovação de produto.* Um fluxo contínuo de inovações de produto tende a alterar o padrão de concorrência em um setor, atraindo mais compradores de primeira linha, revigorando o crescimento do setor e/ou criando uma diferenciação mais ampla ou estreita de produto entre os vendedores concorrentes. A inovação de produto tem sido uma força propulsora fundamental em setores como computadores, câmeras digitais, televisores, *videogames* e remédios vendidos com prescrição médica.

- *Mudança tecnológica e inovação do processo produtivo.* Avanços na tecnologia podem alterar acentuadamente o cenário de um setor, tornando possível a produção de produtos novos e melhores a custo mais baixo e abrindo novas fronteiras no setor. Por exemplo, a tecnologia de voz pela internet (VoIP) tem produzido redes de telefonia baseadas na internet, a baixo custo, que começaram a competir com as linhas de telefonia tradicionais no mundo todo (cujo custo mais alto de tecnologia depende de conexões de cabos por via aérea ou subterrânea).

- *Inovação em marketing.* Quando as empresas conseguem introduzir com sucesso novas maneiras de comercializar produtos, podem estimular o interesse do comprador, ampliar a demanda do setor, aumentar a diferenciação de produto e reduzir os custos unitários – qualquer um desses fatores ou todos eles podem alterar as posições competitivas de empresas concorrentes e forçar revisões de estratégias.

- *Entrada ou saída de empresas importantes.* A entrada de uma ou mais empresas estrangeiras em um mercado geográfico antes dominado por empresas domésticas quase sempre agita as condições competitivas. Da mesma forma, quando uma empresa doméstica estabelecida em outro setor tenta a entrada, seja por aquisição ou lançando sua própria iniciativa de risco, em geral impulsiona a competição para novas direções.

- *Difusão de conhecimento técnico entre mais empresas e mais países.* À medida que o conhecimento de como desempenhar uma determinada atividade ou utilizar uma determinada tecnologia de fabricação se espalha, desaparece a vantagem competitiva que as empresas que possuíam esse conhecimento detinham. A difusão de conhecimento pode ocorrer por meio de periódicos científicos, publicações comerciais, visitas às fábricas, propaganda boca a boca entre fornecedores e clientes, migração de colaboradores e fontes da internet.

- *Mudanças no custo e na eficiência.* Ampliar ou reduzir diferenças nos custos entre os principais concorrentes tende a alterar acentuadamente a concorrência. A queda nos custos de produção de computadores tem permitido reduções no preço e aumento das vendas de computadores (principalmente dos modelos com preços mais baixos), tornando-os mais acessíveis a compradores com renda mais baixa no mundo todo.

- *Preferências de compra crescentes por produtos diferenciados em vez de um produto comum (ou por um produto mais padronizado em vez de produtos fortemente diferenciados).* Quando ocorre uma mudança de produtos padronizados para diferenciados, os concorrentes devem adotar estratégias para se diferenciarem uns dos outros. No entanto, às vezes, os compradores decidem que um produto padronizado, cujo preço cabe no orçamento, atende tão bem a suas necessidades quanto um produto com preço mais alto, que possui muitas especificações sofisticadas e serviços personalizados.

- *Influências regulatórias e mudanças na política pública.* Ações regulatórias do governo muitas vezes podem forçar mudanças significativas em práticas setoriais e abordagens estratégicas. Em 2003, a aprovação do serviço estadunidense "Do Not Call Registry", que bloqueia os números telefônicos cadastrados para certas chamadas, dificultou o processo de vendas via telemarketing e a aquisição de novos clientes para as empresas que utilizavam esse recurso. A Scholastic, Inc., a maior editora e distribuidora de livros infantis do mundo (inclusive as séries *Harry Potter* e *The Baby-Sitters Club*), anunciou em 2008 que iria desativar o clube de livros vendidos diretamente em domicílios em razão dos desafios criados pela lei "Do Not Call". A divisão do clube de livros da Scholastic contou, durante anos, com o telemarketing para conseguir novos assinantes. (Note que essa força propulsora é gerada por forças no macroambiente de uma empresa.)

- *Mudança nas preocupações, atitudes e estilos de vida da sociedade.* Questões sociais emergentes e a mudança nas atitudes e estilos de vida podem instigar mudanças no setor. Preocupações do consumidor com sal, açúcar, aditivos químicos, gordura saturada, colesterol, carboidratos e valor nutricional têm forçado os fabricantes de produtos alimentícios a reformular as técnicas de processamento de alimentos, redirecionar esforços em P&D para a utilização de ingredientes mais saudáveis e competir no desenvolvimento de produtos nutritivos e saborosos.

Embora muitas forças de mudança possam estar atuando em um dado setor, provavelmente *não mais que três ou quatro* são as verdadeiras forças propulsoras fortes o suficiente para se tornarem os *principais determinantes do por que ou do como* o setor está mudando. Assim, os estrategistas de empresas devem resistir à tentação de rotular cada mudança que veem como uma força propulsora. O Quadro 3.2 enumera as forças propulsoras mais comuns.

Quadro 3.2 Forças propulsoras comuns

1. Mudanças na taxa de crescimento em longo prazo.
2. Aumento da globalização.
3. Novas capacitações e aplicativos na internet.
4. Mudanças em quem compra o produto e como este é usado.
5. Inovação do produto.
6. Mudança tecnológica e inovação do processo produtivo.
7. Inovação em marketing.
8. Entrada ou saída de empresas importantes.
9. Difusão de conhecimento técnico entre mais empresas e países.
10. Mudanças no custo e na eficiência.
11. Preferências crescentes do comprador, que optam por produtos diferenciados em vez de um produto padronizado (ou por um produto mais padronizado em vez de produtos fortemente diferenciados).
12. Influências regulatórias e mudanças na política do governo.
13. Mudança nas preocupações, atitudes e estilos de vida da sociedade.

Avaliação do impacto das forças propulsoras do setor

A segunda etapa na análise das forças propulsoras é determinar se as forças propulsoras prevalecentes estão agindo de modo a tornar o ambiente setorial mais ou menos atraente. Ter noção do impacto conjunto das forças propulsoras em geral requer o exame dos prováveis efeitos de cada força em separado, porque as forças propulsoras podem não estar impulsionando mudanças na mesma direção. Por exemplo, duas forças propulsoras podem estar agindo de forma a estimular a demanda por produtos do setor, ao passo que outra força pode estar trabalhando para reduzir a demanda. O efeito líquido na demanda setorial será de alta ou de queda, dependendo de quais forças propulsoras são mais poderosas.

> Uma parte importante da análise das forças propulsoras é determinar se o impacto individual ou conjunto das forças propulsoras será o aumento ou a diminuição da demanda de mercado, se tornará a concorrência mais ou menos intensa e se levará à maior ou menor lucratividade do setor.

Determinação das mudanças estratégicas necessárias para se preparar para o impacto das forças propulsoras

A terceira etapa da análise das forças propulsoras – quando vem o resultado mais importante da elaboração da estratégia – consiste em levar os gestores a tirar conclusões sobre quais serão os ajustes estratégicos necessários para lidar com o impacto dessas forças. Sem entender as forças que acarretam mudanças no setor e a influência que elas terão no ambiente setorial no período de um a três anos, os gestores estarão mal preparados para elaborar uma estratégia estreitamente ligada às condições emergentes. Da mesma forma, se os gestores não estiverem certos das implicações de uma ou mais forças propulsoras, ou se suas visões não forem bem embasadas, terão dificuldade em elaborar uma estratégia que responda às consequências das forças propulsoras. Logo, as forças propulsoras não devem ser analisadas irresponsavelmente: essa análise tem valor prático e é básica para se pensar estrategicamente sobre os rumos que o setor está tomando e em como se preparar para as mudanças que virão.

> O resultado mais importante da análise das forças propulsoras é ajudar os gestores a entender quais mudanças estratégicas são necessárias para preparar as empresas para os impactos dessas forças.

Questão 4: quais são as posições de mercado ocupadas pelos concorrentes no setor – quem está em forte posição e quem não está?

A natureza da estratégia competitiva inerentemente posiciona as empresas concorrentes de um setor a competir em grupos estratégicos com diversas faixas de preço/qualidade, variados canais de distribuição, variadas características de produtos e diferentes coberturas geográficas. A melhor técnica para revelar as posições de mercado dos concorrentes do setor é o **mapeamento de grupo estratégico**.[14] Essa ferramenta analítica é útil para comparar as posições de mercado de concorrentes do setor ou para agrupar combatentes do setor em posições parecidas.

---

[14] Porter, *Competitive Strategy*, Capítulo 7.

Uso de mapas de grupos estratégicos para avaliar o posicionamento de concorrentes-chave

Um **grupo estratégico** consiste dos integrantes do setor com metodologias competitivas e posições similares no mercado.[15] Empresas no mesmo grupo estratégico podem se parecer com outras de várias formas – podem ter amplitude comparável de linha-produto, vender na mesma faixa de preço/qualidade, enfatizar os mesmos canais de distribuição, usar essencialmente os mesmos atributos de produto para atrair tipos similares de compradores, depender de metodologias tecnológicas idênticas ou oferecer aos compradores serviços e assistência técnica similares.[16] Um setor com produtos pouco diferenciados pode conter apenas um grupo estratégico em que todos os vendedores perseguem estratégias essencialmente idênticas e têm posições de mercado comparáveis. Porém, mesmo com produtos comuns, podem haver algumas tentativas de diferenciação ocorrendo na forma de prazos de entrega, condições de financiamento ou níveis variáveis de atendimento ao cliente. A maior parte dos setores oferece um conjunto de metodologias competitivas que permite que as empresas encontrem posicionamento único no setor e evitem a concorrência intensa em um grupo estratégico lotado. Avaliar as opções de estratégias envolve examinar quais são os grupos estratégicos, identificar quais são as empresas de cada grupo e determinar se existe um espaço "não ocupado" competitivo, em que os concorrentes do setor sejam capazes de criar e captar juntos novas demandas.

> Um **grupo estratégico** é um aglomerado de concorrentes do setor que têm metodologias competitivas e posições de mercado similares.

O procedimento usado na construção de um *mapa do grupo estratégico* objetiva:

- Identificar as características competitivas que definem os métodos estratégicos usados no setor. Variáveis típicas usadas na criação de mapas de grupos estratégicos são a faixa de preço/qualidade (alta, média, baixa), a cobertura geográfica (local, regional, nacional, global), o grau de integração vertical (inexistente, parcial, total), a amplitude linha-produto (ampla, estreita), a opção de canais de distribuição (varejo, atacado, internet, multicanais) e o grau de atendimento oferecido (comum, limitado, total).

- Distribuir as empresas em um mapa de duas variáveis, com base em seus métodos estratégicos.

- Colocar as empresas que ocupam o mesmo lugar no mapa em um grupo estratégico comum.

- Identificar cada grupo estratégico com círculos proporcionais ao tamanho da participação do grupo na receita de vendas total do setor.

Isso produz um diagrama bidimensional como do setor automotivo mundial apresentado no quadro "Conceitos e conexões 3.1".

Várias diretrizes precisam ser observadas na criação de mapas de grupos estratégicos.[17] A primeira delas é que as duas variáveis selecionadas como eixos para o mapa não deveriam estar altamente correlacionadas; se estiverem, os círculos no mapa cairão ao longo de uma diagonal e os elaboradores de estratégias não saberão nada mais sobre as posições relativas dos concorrentes além do que saberiam se considerassem apenas uma das variáveis. Por exemplo, se as empresas com linhas de produto amplas usam vários

---

[15] Ibid., p. 129-30.
[16] Para uma excelente discussão sobre os fatores que definem os grupos estratégicos, ver Mary Ellen Gordon e George R. Milne, "Selecting the Dimensions That Define Strategic Groups: A Novel Market-Driven Approach," *Journal of Managerial Issues* 11, n. 2 (Summer 1999), p. 213-233.
[17] Porter, *Competitive Strategy*, p. 152-154.

Avaliação do ambiente externo de uma empresa Capítulo 3 59

Conceitos e conexões 3.1

POSIÇÕES DE MERCADO COMPARATIVAS DE FABRICANTES DE AUTOMÓVEIS SELECIONADOS – UMA APLICAÇÃO DO MAPA DE GRUPO ESTRATÉGICO

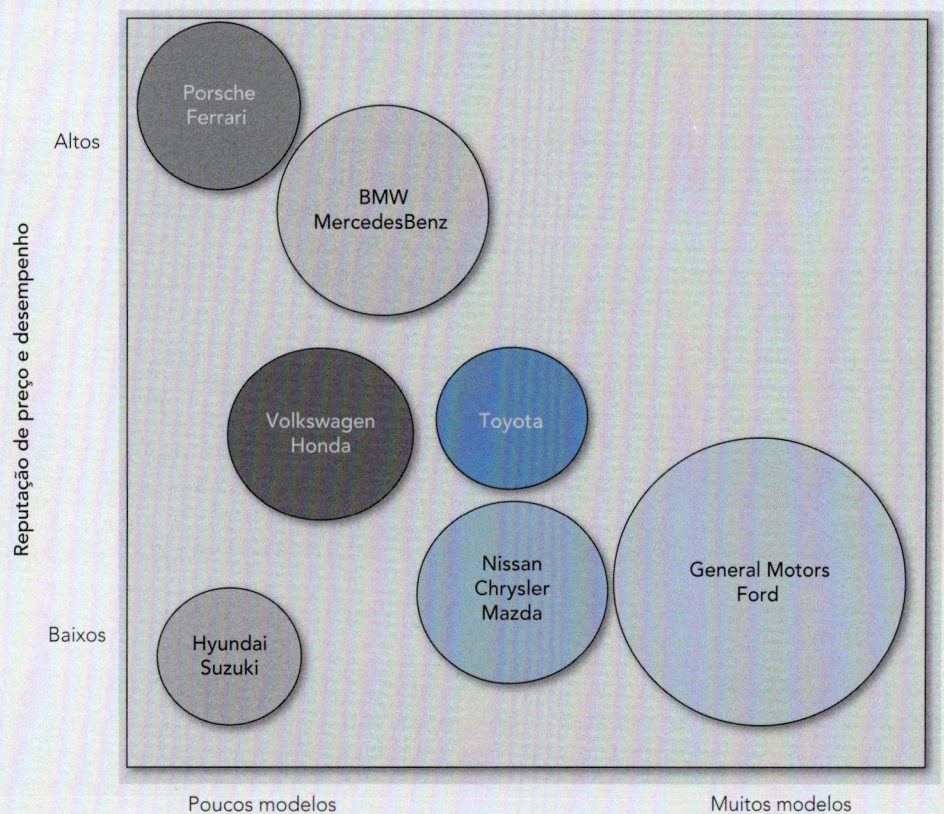

Reputação de preço e desempenho

Altos
- Porsche / Ferrari
- BMW / MercedesBenz

- Volkswagen / Honda
- Toyota

- Nissan / Chrysler / Mazda
- General Motors / Ford

Baixos
- Hyundai / Suzuki

Poucos modelos ——— Muitos modelos

Variedade de modelos (compactos, grandes, SUVs*, caminhonetes)

Nota: Os círculos são traçados de forma proporcional às receitas totais dos fabricantes incluídos em cada grupo estratégico.

* N. de R.T.: SUVs são utilitários compactos, de grande popularidade, principalmente nos centros urbanos dos Estados Unidos.

canais de distribuição, ao passo que aquelas com linhas estreitas usam um único canal de distribuição, então a tarefa de examinar a amplitude da linha de produto revela tanto sobre o posicionamento do setor quanto examinar as duas variáveis competitivas. Em segundo lugar, as variáveis escolhidas como eixos para o mapa deveriam refletir metodologias fundamentais para oferecer valor aos clientes e expor grandes diferenças em como os concorrentes se posicionam no mercado. Em terceiro lugar, as variáveis usadas como eixos não têm de ser nem quantitativas nem contínuas; em vez disso, elas podem ser variáveis distintas ou definidas em termos de classes e combinações distintas. A quarta diretriz orienta que traçar no mapa círculos com tamanho proporcional às vendas combinadas das empresas em cada grupo estratégico permite que o mapa reflita os tamanhos relativos de cada grupo. Uma quinta diretriz diz que, se mais de duas variáveis competitivas podem ser usadas como eixos para o mapa, vários mapas podem ser traçados para dar diferentes exposições ao posicionamento competitivo no setor. Uma vez que não há necessariamente um mapa melhor para retratar como empresas concorrentes estão posicionadas no mercado, é aconselhável experimentar diferentes pares de variáveis competitivas.

O valor de mapas de grupos estratégicos

Mapas de grupos estratégicos revelam vários aspectos. O *mais importante* tem a ver com a identificação dos concorrentes que estão posicionados de modo semelhante (e são, portanto, concorrentes próximos), e daqueles que estão distanciados. Em termos gerais, *quanto mais próximos estiverem os grupos estratégicos, no mapa, mais forte tenderá a ser a rivalidade competitiva entre eles.* Embora as empresas no mesmo grupo estratégico sejam as concorrentes mais próximas, em seguida vêm as concorrentes que estão em grupos imediatamente adjacentes.[18] Com frequência, as empresas em grupos estratégicos que estão bem distanciadas no mapa dificilmente competem entre si. Por exemplo, no varejo dos Estados Unidos, a clientela da Walmart, a seleção de mercadorias e os pontos de determinação de preços são diferentes demais para considerar que em tais áreas a rede seja concorrente próxima da Neiman Marcus ou da Saks Fifth Avenue no varejo. Pela mesma razão, a Timex não é uma concorrente competitiva importante da Rolex, e a Kia não é uma concorrente próxima da Porsche ou da Lexus.

O segundo aspecto que deve ser ressaltado no mapeamento de grupo estratégico é que *nem todas as posições no mapa são igualmente atraentes*. Duas razões justificam por que algumas posições podem ser mais atraentes que outras:

1. *Forças propulsoras do setor podem favorecer alguns grupos estratégicos e afetar outros.*[19] As forças propulsoras em um setor podem estar agindo para aumentar a demanda pelos produtos de empresas em alguns grupos estratégicos e reduzir a demanda para outros produtos de empresas em outros grupos estratégicos – como é o caso no setor de notícias, em que os serviços de notícias pela internet e redes a cabo estão ganhando terreno em detrimento de jornais e redes de televisão. As forças propulsoras do setor de aplicativos e capacitações emergentes na internet, mudanças em quem compra o produto e na maneira como ele é utilizado, além das mudanças nas preocupações, atitudes e estilos de vida sociais, estão tornando cada vez mais difícil para os meios tradicionais encontrarem formas de aumentar os públicos e atrair novos anunciantes.

2. *Pressões competitivas podem causar a variação do potencial de lucro de diferentes grupos estratégicos.* As perspectivas de lucro de empresas em diferentes grupos estratégicos podem variar de boas até fracas em razão dos diferentes graus de rivalidade competitiva dentro de grupos estratégicos, dos diferentes graus de exposição à concorrência de produtos substitutos fora do setor e dos diferentes graus de negociação do fornecedor ou cliente de um grupo para outro. Por exemplo, a batalha competitiva entre a Walmart e a Target é mais intensa (com margens de lucro consequentemente menores) que a rivalidade entre a Versace, a Chanel, a Fendi e outras varejistas da alta costura.

---

[18] Grupos estratégicos são bons pontos de referência para avaliar a evolução da estrutura competitiva de um setor. Ver Avi Fiegenbaum e Howard Thomas, "Strategic Groups as Reference Groups: Theory, Modeling and Empirical Examination of Industry and Competitive Strategy", *Strategic Management Journal* 16 (1995), p. 461-476. Para um estudo de como a análise de grupos estratégicos ajuda a identificar as variáveis que levam a uma vantagem competitiva sustentável, ver S. Ade Olusoga, Michael P. Mokwa e Charles H. Noble, "Strategic Groups, Mobility Barriers, and Competitive Advantage", *Journal of Business Research* 33 (1995), p. 153-164.

[19] Ibid., Porter, *Competitive Strategy*, p. 130, 132-138, e 154-155.

Assim, parte da análise de grupos estratégicos sempre envolve tirar conclusões sobre qual lugar do mapa é o "melhor" para se estar e por quê. Quais empresas ou grupos estratégicos estão nas melhores posições para prosperar e quais aquelas que possivelmente enfrentarão dificuldades? E igualmente importante: como as empresas em grupos estratégicos mal posicionados poderiam se reposicionar para aprimorar suas perspectivas de bom desempenho financeiro?

Questão 5: quais são os prováveis movimentos estratégicos que os concorrentes farão em seguida?

Como nos esportes, buscar informações sobre as empresas oponentes é uma parte essencial do desenvolvimento do plano de negócios. A **inteligência competitiva** sobre as estratégias dos concorrentes, suas últimas ações e pronunciamentos, seus recursos e pontos fracos e estilos de raciocínio e de liderança de seus executivos constituem um recurso valioso para prever quais serão as prováveis manobras estratégicas que os concorrentes executarão a seguir. Uma empresa que tenha boas informações para prever as prováveis manobras dos principais concorrentes poderá preparar manobras defensivas e explorar qualquer abertura que surja em decorrência de passos em falso dos concorrentes.

Previsão das manobras dos concorrentes no setor

Há algumas considerações a fazer quando se tenta dizer algo sobre quais serão as prováveis manobras estratégicas dos concorrentes:

- Saber o que executivos estão dizendo sobre a direção que o setor está seguindo e sobre a situação de uma empresa, inclusive suas ações passadas e estilos de liderança.
- Identificar tendências na época em que são feitos lançamentos de novos produtos ou nas promoções de marketing.
- Determinar quais concorrentes precisam realmente aumentar as vendas e a participação de mercado.
- Analisar quais concorrentes contam com forte incentivo (além de recursos), para efetuar mudanças estratégicas importantes.
- Saber quais concorrentes provavelmente entrarão em novos mercados geográficos.
- Decidir quais concorrentes são fortes candidatos a expandir suas ofertas de produto e a entrar em novos segmentos de produto.

Para ter sucesso na previsão das próximas manobras de um concorrente, os estrategistas da empresa precisam ter um bom entendimento da situação de cada concorrente, do seu padrão de comportamento e de procedimentos característicos a ataques estratégicos anteriores, de quais são suas melhores opções estratégicas e de como a alta gerência concorrente avalia o sucesso. Fazer esse necessário trabalho de investigação pode ser entediante e consumir muito tempo, mas explorar bem os concorrentes, o suficiente para prever suas próximas manobras, permite que os gestores preparem contra-ataques eficazes e levem em consideração as prováveis ações dos concorrentes para elaborar suas próprias estratégias ofensivas.[20]

> Estudar a conduta e as preferências do concorrente fornece uma ajuda valiosa para prever quais serão as prováveis manobras que eles adotarão e combatê-las com manobras no mercado.

---

[20] Para uma excelente discussão sobre os fatores que definem os grupos estratégicos, ver Kevin P. Coyne e John Horn, "Predicting Your Competitor's Reaction," *Harvard Business Review* 87, n. 4 (April 2009), p. 90-97.

ÉTICA EMPRESARIAL E INTELIGÊNCIA COMPETITIVA No entanto, aqueles que reúnem inteligência competitiva sobre os concorrentes às vezes podem ultrapassar os limites entre a investigação honesta e condutas antiéticas (e até mesmo ilegais). Por exemplo, ligar para os concorrentes para obter informações sobre preços, datas de lançamentos de novos produtos ou níveis de salários e remunerações é legal, mas passar-se por um integrante do grupo empresarial em ligações telefônicas é antiético. Fazer perguntas aos representantes de concorrentes em feiras comerciais só é ético se a pessoa estiver usando um crachá identificando o nome exato da empresa afiliada. A Avon Products certa vez obteve informações sobre sua maior concorrente, a Mary Kay (MKC), fazendo seus colaboradores vasculharem o lixo colocado na calçada da sede da MKC.[21] Quando o corpo diretivo da MKC soube da ação e processou a Avon, esta alegou que não fizera nada ilegal, uma vez que, em um caso de 1988, a Suprema Corte havia determinado que o lixo deixado em espaço público (neste caso, uma calçada) poderia ser vasculhado por qualquer pessoa. A Avon chegou até a produzir um videoteipe de sua remoção do lixo em frente da MKC. A Avon ganhou a causa – mas a ação da empresa, embora legal, não se qualifica como ética.

Questão 6: quais são os fatores críticos de sucesso competitivo?

Fatores críticos de sucesso são os elementos estratégicos, atributos de produto, competências competitivas ou ativos intangíveis com grande impacto no futuro sucesso no mercado.

Os **fatores críticos de sucesso** (FCS) de um setor são aqueles que mais afetam a capacidade de seus integrantes para prosperar no mercado. Os fatores críticos de sucesso podem incluir determinados elementos estratégicos, atributos de produto, recursos, competências competitivas ou ativos intangíveis. Por sua própria natureza, esses fatores são tão importantes para o futuro sucesso competitivo que *todas as empresas* no setor devem prestar atenção a eles se não quiserem se arriscar a sair da área.

No setor de roupas, esses fatores são *designs* e combinações de cores atraentes, o baixo custo de fabricação, uma forte rede de varejistas ou lojas da empresa, capacitação para a distribuição (que permite que as lojas continuem vendendo os itens mais procurados) e anúncios, que transmitam de modo eficaz a imagem da marca. Esses atributos e capacitações se aplicam a todas as marcas de roupas, que variam de marcas com rótulos próprios vendidos por lojas de descontos a marcas com preços altos vendidas por lojas de departamento refinadas. O Quadro 3.3 lista os tipos mais comuns de fatores críticos de sucesso do setor.

Em geral, os fatores críticos de sucesso de um setor podem ser deduzidos identificando as características dominantes do setor, avaliando as cinco forças competitivas, considerando os impactos de forças propulsoras, comparando as posições de mercado dos integrantes do setor e prevendo as próximas manobras prováveis de concorrentes importantes. Além disso, as respostas às três perguntas a seguir ajudam a identificar os fatores críticos de sucesso de um setor:

1. Em que base os compradores do produto do setor fazem sua escolha entre as marcas concorrentes dos vendedores? Ou seja, quais são os atributos cruciais do produto?
2. Dada a natureza das forças competitivas prevalecentes no mercado, de que recursos e competências competitivas uma empresa precisa para ter sucesso?
3. Quais as falhas em que é previsível (quase certo) uma significante desvantagem competitiva para uma determinada empresa?

---
[21] Larry Kahaner, *Competitive Intelligence* (New York: Simon and Schuster, 1996), p. 84-85.

Quadro 3.3 Tipos comuns de fatores críticos de sucesso de um setor

FCS relacionados à tecnologia	• A especialização em uma tecnologia específica ou na pesquisa científica (importante nos setores de medicamentos, de aplicativos da internet, de comunicação móvel e na maioria dos setores de alta tecnologia). • Capacidade comprovada para melhorar os processos produtivos (importante nos setores em que a evolução tecnológica permite eficiência produtiva e menores custos de produção).
FCS relacionados à produção	• Capacidade para atingir economias de escala e/ou aproveitar os efeitos da curva de aprendizado/experiência (importante para conseguir custos de produção baixos). • Conhecimento de controle de qualidade (importante nos setores em que os clientes insistem na confiabilidade do produto). • Extensa utilização de ativos fixos (importante na indústria de capital intensivo e de custo fixo elevado). • Acesso a uma ampla oferta de mão de obra especializada. • Produtividade elevada da mão de obra (importante para os produtos que exigem bastante mão de obra). • Custo baixo de projeto e engenharia do produto (reduz os custos de fabricação). • Capacidade para produzir ou montar produtos customizados de acordo com as especificações dos compradores.
FCS relacionados à distribuição	• Uma rede consolidada de distribuidores/atacadistas e revendedores. • Forte capacitação para vendas diretas pela internet e/ou possuir estabelecimentos varejistas de propriedade da empresa. • Capacidade para assegurar espaço de exibição favorável nas prateleiras dos varejistas.
FCS relacionados ao marketing	• Amplitude da linha de produtos e da variedade de produtos. • Marca muito conhecida e respeitada. • Assistência técnica rápida e precisa. • Atendimento ao cliente rápido e educado. • Atendimento preciso aos pedidos dos compradores (poucos pedidos aguardando ou ausência de erros). • Garantias concedidas aos clientes (importantes na venda por correio e no varejo *on-line*, nas compras de valor elevado e no lançamento de produtos). • Propaganda inteligente.
FCS relacionados a aptidões e capacitação	• Mão de obra talentosa (importante em serviços profissionais, como contabilidade e bancos de investimento). • Capacidade para distribuição em escala nacional ou global. • Capacidade para inovação do produto (importante nos setores em que os concorrentes estão se apressando para chegar primeiro ao mercado, com novas características ou desempenho do produto). • Capacitação para o *design* (importante nos setores de moda e vestuário). • Capacidade para entregas rápidas. • Capacitação para gerenciar a cadeia de suprimentos. • Forte capacitação para o comércio eletrônico – um *site* de consulta fácil e/ou aptidões para usar aplicações de tecnologia pela internet para organizar operações internas.
Outros tipos de FCS	• Custos baixos em geral (não apenas na fabricação) para atender às expectativas que os clientes possuem de um preço baixo. • Localizações convenientes (importante para muitas empresas varejistas). • Capacidade para proporcionar reparos e manutenção pós-venda rápidos. • Balanço patrimonial sólido e acesso ao capital financeiro (importante em novos setores emergentes com grau elevado de risco empresarial e em setores de capital intensivo). • Proteção de patentes.

Raramente existem mais de cinco ou seis fatores críticos para o futuro sucesso competitivo. Portanto, os gestores devem resistir à tentação de rotular um fator que tenha pouca importância como se esse fosse o fator fundamental para o sucesso de um setor. Compilar uma lista de todos os fatores, mesmo aqueles que interessam pouco, faz com que os dirigentes percam o foco nos fatores realmente fundamentais para o sucesso competitivo de longo prazo.

Questão 7: o setor oferece boas perspectivas de lucro?

A etapa final na avaliação do setor e do ambiente competitivo leva aos resultados das análises realizadas nas questões 1-6 determinar se o setor oferece fortes perspectivas de lucros a uma empresa.

Os fatores e condições importantes que devem ser tomados como base para tal conclusão incluem:

- O potencial de crescimento do setor.
- Verificar se as potentes forças competitivas estão apertando a lucratividade do setor a níveis quase nulos e se a concorrência parece estar destinada a se tornar mais forte ou mais fraca.
- Verificar se a lucratividade do setor será afetada favorável ou desfavoravelmente pelas forças propulsoras prevalecentes.
- A posição competitiva da empresa no setor, frente aos concorrentes. (Líderes bem preparados ou competidores fortemente posicionados têm uma chance muito melhor de obter margens atraentes do que aqueles que estão em posições desvantajosas.)
- Verificar em que medida uma empresa tem um desempenho competente nos fatores críticos para o sucesso no seu setor.

> O grau de atratividade de um setor não é o mesmo para todos os participantes e para os novos entrantes potenciais. A atratividade de um setor depende do grau de adequação entre as competências competitivas de uma empresa e os fatores críticos de sucesso de um setor.

É um erro pensar que um determinado setor é igualmente atraente ou não a todos os participantes do setor e a todos os entrantes potenciais. Devem-se tirar conclusões da perspectiva de uma determinada empresa. Os setores atraentes para organizações que o integram podem não ter atrativos para empresas que não fazem parte deles. Ambientes setoriais não atraentes para concorrentes fracos podem atrair concorrentes fortes. Uma empresa com posição favorável pode pesquisar um ambiente empresarial e ver uma série de oportunidades que concorrentes fracos não conseguem perceber.

Quando uma empresa considera um setor muito atraente, isso pode ser uma forte justificativa para essa empresa fazer um investimento agressivo, a fim de aproveitar as oportunidades que encontrou. Quando um forte concorrente conclui que um setor é relativamente não atraente, pode simplesmente optar por proteger sua posição atual – investindo com cautela, se for o caso, e começar a procurar oportunidades em outros setores. Uma empresa fraca em termos competitivos, em um setor não atraente, pode achar que sua melhor opção é encontrar um comprador, talvez até um concorrente, para adquirir seu negócio.

PONTOS-CHAVE

Pensar estrategicamente na situação externa de uma empresa envolve investigar respostas às sete perguntas a seguir:

1. *Quais são as características econômicas dominantes do setor?* Os setores diferem significativamente em fatores como o tamanho de mercado e a taxa de crescimento, o número e o tamanho relativos de compradores e vendedores, o escopo geográfico de rivalidade competitiva, o grau de diferenciação de produto, a velocidade de inovação de produto, as condições de oferta e demanda, a extensão de integração vertical e das economias de escala e os efeitos da curva de aprendizagem.

2. *Quais tipos de forças competitivas os integrantes do setor estão enfrentando, e qual é a intensidade de cada uma delas?* A intensidade da concorrência é composta de cinco forças: pressões competitivas que vêm do poder de negociação do comprador e da colaboração entre comprador e vendedor, pressões competitivas associadas aos vendedores de substitutos, pressões competitivas vindas do poder de negociação do fornecedor e da colaboração entre fornecedor e vendedor, pressões competitivas associadas à ameaça de novos entrantes no mercado e pressões competitivas vindas da disputa competitiva entre concorrentes do setor.

3. *Quais forças estão impulsionando mudanças, e que impacto essas mudanças terão na intensidade competitiva e na lucratividade do setor?* O setor e as condições competitivas mudam porque há forças em movimento que criam incentivos ou pressões para a mudança. A primeira fase é identificar quais forças estão impulsionando a mudança no setor. A segunda fase da análise é determinar se as forças propulsoras, tomadas em conjunto, estão agindo de modo a tornar o ambiente do setor mais ou menos atraente.

4. *Quais são as posições de mercado ocupadas pelos concorrentes no setor – quem está em forte posição e quem não está?* O mapeamento de grupos estratégicos é uma ferramenta valiosa para entender as semelhanças e diferenças inerentes às posições de mercado de empresas concorrentes. Os concorrentes no mesmo grupo ou em grupos estratégicos próximos são concorrentes próximos, ao passo que empresas em grupos estratégicos distantes impõem pouca ou nenhuma ameaça imediata. Alguns grupos estratégicos são mais favoráveis que outros. O potencial de lucro de diferentes grupos estratégicos pode não ser o mesmo porque as forças propulsoras do setor e as forças competitivas provavelmente têm efeitos variáveis nos grupos estratégicos distintos do setor.

5. *Quais são os prováveis movimentos estratégicos que os concorrentes farão em seguida?* Explorar os concorrentes o suficiente para prever suas ações pode ajudar uma empresa a preparar contra-ataques efetivos (talvez até nocauteando o concorrente) e permitirá aos gestores considerarem as prováveis ações dos concorrentes, ao conceberem o melhor curso de ação da empresa.

6. *Quais são os fatores críticos de sucesso competitivo?* Os principais fatores para o sucesso do setor são os atributos específicos do produto, as competências competitivas e ativos intangíveis que mostram a diferença entre um forte concorrente e um fraco – e às vezes entre lucro e perda. Esses fatores, por sua própria natureza, são tão importantes para o sucesso competitivo que todas as empresas no setor devem prestar atenção a eles ou se arriscarão a ser eliminadas do setor.

7. *O setor oferece boas perspectivas de lucro?* Conclusões a respeito da atratividade do setor são um importante condutor da estratégia empresarial. Quando uma empresa está certa quanto à atratividade de um setor e às boas oportunidades que ele apresenta, essa é uma forte razão para que ela invista agressivamente, de modo a captar as oportunidades percebidas. Quando um forte concorrente conclui que um setor é pouco atraente e não apresenta oportunidades, pode preferir simplesmente proteger sua posição atual, investir com cautela, se for o caso, e procurar oportunidades em outros setores. Uma empresa fraca, do ponto de vista competitivo, em um setor não atraente, pode achar que sua melhor opção é encontrar um comprador, talvez até um concorrente, para adquirir seu negócio. Às vezes, um setor que não apresenta atratividade ainda será atraente para uma empresa em situação favorável, que disponha das qualificações e recursos que lhe permitam tirar o negócio de concorrentes mais fracos.

EXERCÍCIOS DE REFORÇO DA APRENDIZAGEM

1. Prepare uma breve análise do setor de salgadinhos usando as informações fornecidas em *sites* da associação comercial do setor. Com base nas informações fornecidas nesses *sites*, trace um diagrama das cinco forças para o setor e discuta brevemente a natureza e a intensidade de cada uma das cinco forças competitivas. Quais forças propulsoras de mudança estão se definindo no setor?

MA1
MA2

2. Com base no mapa de grupo estratégico no quadro "Conceitos e conexões 3.1", quais são os concorrentes mais próximos da Toyota? Entre quais grupos estratégicos a concorrência é mais forte? Por que nenhum fabricante de automóveis está posicionado no canto direito superior do mapa? Qual empresa/grupo estratégico enfrenta a concorrência mais fraca dos integrantes de outros grupos estratégicos?

MA1

3. Usando as informações fornecidas no Quadro 3.3 e seu conhecimento como proprietário de um restaurante modesto, quais são os principais fatores de sucesso de restaurantes como o Outback Steakhouse? Sua lista não deve conter mais que seis fatores principais para o sucesso no setor. Ao decidir sua lista, é importante distinguir entre os fatores críticos de sucesso no setor e os fatores que aumentam a boa condição geral de uma empresa.

MA1

EXERCÍCIOS DE APLICAÇÃO PRÁTICA

1. Quais das cinco forças competitivas estão criando as pressões competitivas mais fortes para sua empresa?

2. Quais são as "ferramentas de concorrência" que as empresas concorrentes em seu setor podem usar para ganhar participação de mercado e vendas? Veja a Figura 3.7 para ajudá-lo a identificar os vários fatores competitivos.

MA1
MA2
MA3

3. Quais fatores afetam a intensidade da concorrência no setor em que sua empresa está competindo? Use a Figura 3.7 e a discussão seguinte para ajudá-lo a identificar os fatores específicos que mais estão afetando a intensidade competitiva. Você caracterizaria a rivalidade e a disputa por uma posição melhor, o aumento nas vendas e a participação de mercado entre as empresas em seu setor como cruéis, muito fortes, fortes, moderados ou relativamente fracos? Por quê?

4. Existem forças propulsoras no setor em que sua empresa está competindo? Se existem, que influência essas forças têm no setor? Elas tornarão a concorrência mais ou menos intensa? Agirão para estimular ou reduzir as margens de lucro? Faça uma lista de pelo menos cinco ações que sua empresa deve considerar a fim de combater qualquer influência negativa das forças propulsoras.

5. Trace um mapa de grupo estratégico mostrando as posições de mercado das empresas em seu setor. Em sua opinião, quais empresas estão em posição mais atrativa no mapa? Quais estão em posição mais fraca? Quais você acredita que provavelmente tentam se mover para uma posição diferente no mapa de grupo estratégico?

6. Em sua opinião, quais são os fatores-chave para ser um concorrente bem-sucedido em seu setor? Cite pelo menos três.

capítulo 4

Análise da situação interna: avaliação dos recursos, da posição de custo e da força competitiva de uma empresa

METAS DE APRENDIZAGEM DO CAPÍTULO

MA1. Entender como avaliar do ponto de vista competitivo a situação interna de uma empresa, incluindo seus valiosos recursos e competências.

MA2. Compreender como e por que as atividades desempenhadas internamente por uma empresa e aquelas desempenhadas externamente por seus fornecedores e pelos canais de comercialização determinam a estrutura de custo de uma empresa e a capacidade de competir com sucesso.

MA3. Aprender como avaliar a força competitiva de uma empresa face a seus principais concorrentes.

MA4. Entender o papel e a importância da análise setorial e competitiva e da análise da situação interna na identificação de questões estratégicas que os gestores de empresa devem tratar.

No Capítulo 3, descrevemos como usar as ferramentas do setor e a análise competitiva para avaliar o ambiente externo de uma empresa e estabelecer as bases para combinar a estratégia e a situação externa. Neste capítulo, discutiremos as técnicas de avaliação da situação interna de uma empresa, inclusive seus valiosos recursos e competências, sua posição relativa de custo e sua força competitiva frente aos concorrentes. O foco analítico será treinado a partir de cinco questões:

1. Como a estratégia empresarial está funcionando?
2. Quais são os recursos e as competências importantes da empresa, do ponto de vista da competitividade?
3. Os preços e os custos da empresa são competitivos?

4. Do ponto de vista competitivo, a empresa é mais forte ou mais fraca que seus concorrentes?
5. Quais são os assuntos e os problemas que merecem a atenção direta dos gestores?

As respostas a essas cinco questões completam o entendimento que os dirigentes terão ao responder *"Qual é a situação atual da empresa?"* e a posição da companhia para uma boa adequação da situação estratégica exigida de acordo com os *"Três testes de uma estratégia eficaz"* (veja o Capítulo 1, p. 7).

Questão 1: como a estratégia empresarial está funcionando?

Os dois melhores indicadores do funcionamento da estratégia empresarial são aqueles que verificam se ela está atingindo seus objetivos estratégicos e financeiros e se tem um desempenho acima da média do setor. Deixar de atingir as metas de desempenho com frequência e ter um fraco desempenho comparado aos concorrentes, são advertências claras de que a empresa está elaborando estratégias fracas ou de que a execução da estratégia não chega a ser competente, ou ambos. Outros indicadores do funcionamento da estratégia empresarial incluem:

- Tendências no crescimento das vendas e lucros da empresa.
- Tendências no preço das ações.
- A força financeira geral da empresa.
- A taxa em que novos clientes são obtidos.
- A taxa de retenção de clientes da empresa.
- Mudanças na imagem e reputação da empresa junto aos clientes.
- Evidências de aprimoramento em processos internos como a taxa de defeitos, atendimento a pedidos, datas de entrega, período de estocagem e produtividade do colaborador.

Quanto mais forte for o desempenho geral de uma empresa, menos provável será a necessidade de mudanças radicais em sua estratégia. Quanto mais fraco for o desempenho financeiro de uma empresa e sua posição no mercado, mais sua estratégia atual deve ser questionada. (Uma compilação dos índices financeiros mais usados para avaliar o desempenho financeiro de uma empresa e a força de seu balanço patrimonial é apresentada no Apêndice, p. 199-201.)

Questão 2: quais são os recursos e as competências importantes da empresa, do ponto de vista da competitividade?

Como foi discutido no Capítulo 1, o modelo de negócio e a estratégia de uma empresa devem estar bem adaptados a seus recursos e competências. Uma tentativa, por parte dos dirigentes, de criar e oferecer valor ao cliente, e que dependa dos recursos ou competências que são deficientes e não podem ser obtidos de imediato, é insensata e posiciona a empresa para o fracasso. A abordagem competitiva de uma empresa requer forte adequação à situação interna e é fortalecida quando ela explora recursos que são competitivamente valiosos, raros, difíceis de copiar e não superados facilmente pelos recursos substitutos dos concorrentes. De fato, muitas empresas buscam

estratégias baseadas em recursos, e tentam explorá-los para oferecer valor aos clientes de tal modo que os concorrentes não conseguirão se equiparar.[1]

> Uma **estratégia baseada em recursos** usa os recursos e as competências competitivas mais valiosas de uma empresa para oferecer valor aos clientes de tal modo que os concorrentes acharão difícil responder à altura.

Por exemplo, uma empresa que esteja buscando vantagem baseada em custo pode investir em centros de distribuição supereficientes que lhe dão a competência de distribuir seus produtos a um custo mais baixo que seus concorrentes. A Walmart é conhecida por sua distribuição a custo baixo e sua eficiência na distribuição é um dos fatores que contribuem para sua capacidade de manter preços abaixo dos concorrentes. Durante mais de uma década, a Dell empregou tempo e dinheiro consideráveis para cultivar um bom relacionamento com seus principais fornecedores, que lhe dão uma capacidade inigualável de rede de fornecimento. Informações em tempo real compartilhadas entre a Dell e os fornecedores permitem a muitas de suas fábricas operar apenas com um estoque limitado para um número de horas, de certas peças e componentes porque os fornecedores têm acesso *on-line* à programação diária de produção da Dell. Recursos e competências valiosos, do ponto de vista competitivo, também podem facilitar a diferenciação no mercado. Uma vez que a Fox News e a CNN têm capacitação para dedicar mais tempo da programação para dar notícias em primeira mão e colocar os repórteres em cena rapidamente, em comparação às principais redes como ABC, NBC e CBS, muitos espectadores sintonizam em redes de TV a cabo quando eventos importantes ocorrem.

Identificação de recursos e competências importantes para a competitividade

Tipos comuns de recursos valiosos e competências competitivas que os gestores deveriam considerar ao elaborar estratégias incluem:

- *Uma importante competência competitiva, aptidão ou conhecimento especializado* – exemplos: a habilidade para operar com custo baixo; competências comprovadas para criar e introduzir produtos inovadores; competência para gestão da cadeia de suprimento inovadora; conhecimento e experiência na rápida inserção de novos produtos no mercado e conhecimentos especializados para prover um bom atendimento ao cliente de forma consistente.

- *Ativos físicos valiosos* – como fábricas e equipamentos com tecnologia avançada, boa localização da empresa e depósitos de recursos naturais valiosos.

---

[1] Na década passada, houve considerável pesquisa sobre o papel dos recursos e competências competitivas de uma empresa na elaboração de sua estratégia e na determinação de sua lucratividade. Os achados e conclusões resultaram no que é chamado de visão da empresa baseada em recursos. Entre as publicações mais elucidativas sobre o tópico estão Birger Wernerfelt, "A Resource-Based View of the Firm", *Strategic Management Journal*, Sept.-Oct. 1984, p. 171-180; Jay Barney, "Firm Resources and Sustained Competitive Advantage", *Journal of Management* 17, n. 1 (1991), p. 99-129; Margaret A. Peteraf, "The Connerstones of Competitive Advantage: A Resource-Based View", *Strategic Management Journal*, March. 1993, p. 179-191; Birger Wernerfelt, "The Resource-Based View of the Firm: Ten Years After", *Strategic Management Journal* 16 (1995), p. 171-174; Jay B. Barney, "Looking Inside for Competitive Advantage", *Academy of Management Executive* 9, n. 4 (Nov. 1995), p. 49-61; Christopher A. Bartlett, e Sumantra Ghoshal, "Building Competitive Advantage through People", *MIT Sloan Management Review* 43, n. 2, (Winter 2002), p. 34-41; Danny Miller, Russell Eisenstat, e Nathaniel Foote, "Strategy from the Inside Out: Building Capability-Creating Organizations", *California Management Review* 44, n. 3 (Spring 2002), p. 37-54; e Jay B. Barney, and Delwym N. Clark, *Resource-Based Theory: Creating and Sustaining Competitive Advantage* (New York: Oxford University Press, 2007).

- *Ativos humanos e capital intelectual valiosos* – uma força de trabalho capaz e experiente, colaboradores talentosos em áreas-chave, aprendizado coletivo realizado na própria empresa ou *conhecimento* gerencial comprovado.[2]
- *Ativos organizacionais valiosos* – sistemas de controle de qualidade comprovados, tecnologia própria, patentes importantes e uma forte rede de distribuidores ou revendedores no varejo.
- *Ativos intangíveis valiosos* – nome de uma marca forte ou a fidelidade do comprador.
- *Alianças valiosas do ponto de vista competitivo ou iniciativas de risco em colaboração* – alianças ou *joint ventures* que fornecem acesso a tecnologias valiosas, conhecimento especializado ou mercados geográficos.

Determinação do poder competitivo dos recursos de uma empresa

O que determina a agregação de recursos de uma empresa é sua força no mercado. O poder competitivo de um recurso é medido pelo número de testes em que ele pode passar:[3]

1. *O recurso é realmente valioso, do ponto de vista competitivo?* Todas as empresas possuem um conjunto de recursos e competências – algumas têm o potencial para contribuir com uma vantagem competitiva, ao passo que outras podem não o ter. O sistema operacional da Apple para seu computador MacIntosh é em muitos aspectos o melhor do mundo (comparado ao Vista, do Windows), mas a Apple não conseguiu converter a força de seu recurso no *design* do sistema operacional em sucesso competitivo no mercado global de computadores.
2. *O recurso é raro – é algo de que os concorrentes não dispõem?* As empresas precisam se proteger, evitando acreditar orgulhosamente que seus recursos e competências competitivas são mais fortes que os de seus concorrentes. Quem pode realmente dizer se a proeza do marketing de consumo da Coca-Cola é melhor do que da Pepsi-Cola ou se o nome de marca Mercedes-Benz é mais forte que o da BMW ou Lexus? Embora muitos varejistas aleguem ser bastante competentes para selecionar produtos e mercadorias para sua loja, vários enfrentam problemas no mercado porque encontram concorrentes que são tão ou mais capazes de selecionar produtos e mercadorias.
3. *O recurso é difícil de copiar ou imitar?* Quanto mais difícil e caro for a imitação do recurso ou competência de uma empresa, maior será seu valor competitivo potencial. Os recursos tendem a ser difíceis de copiar quando são exclusivos (uma localização fantástica, a proteção da patente), quando devem ser construídos ao longo do tempo (um nome de marca, uma cultura organizacional que apoie a estratégia) e quando carregam requisitos de capital elevado (uma fábrica que produza microprocessado-

---

[2] Muitas organizações empresariais começam a ver o conhecimento de ponta e os recursos intelectuais do pessoal de uma empresa como um valioso ativo competitivo, e têm concluído que gerenciar explicitamente esses ativos é uma parte essencial de sua estratégia. Ver Michael H. Zack, "Developing a Knowledge Strategy", *California Management Review* 41, n. 3 (Spring 1999), p. 125-145; e Shaker A. Zahara; Anders P. Nielsen, e William C. Bogner, "Corporate Entrepreneurship, Knowledge, and Competence Development", *Entrepreneurship Theory and Practice*, Spring 1999, p. 169-189.

[3] Ver Jay B. Barney, "Firm Resources and Sustained Competitive Advantage", *Journal of Management* 17, n. 1 (1991), p. 105-109; e Jay B. Barney e Delwyb N. Clark, *Resource-Based Theory: Creating and Sustaining Competitive Advantage* (New York: Oxford University Press, 2007). Ver também M. A. Peteraf, "The Connerstones of Competitive Advantage: A Resource-Based View", Strategic Management Journal 14 (1993), p. 179-191; e David J. Collins e Cynthia A. Montgomery, "Competing on Resources: Strategy in the 1990s", *Harvard Business Review* 73, n. 4 (Jul.-Aug. 1995), p. 120-123.

res de ponta com custo baixo). Os concorrentes da Walmart falharam feio ao tentar, nas duas últimas décadas, desenvolver capacidade de distribuição similar à da rede.

4. *O recurso pode ser superado por forças e competências competitivas substitutas?* Recursos que são competitivamente valiosos, raros e caros para serem imitados perdem sua capacidade de oferecer vantagem competitiva se os concorrentes possuírem recursos substitutos equivalentes. Por exemplo, os fabricantes que contam com a automação para obter vantagem de custo nas atividades de produção podem ver anulada essa vantagem baseada em tecnologia quando os produtos são fabricados em outros países, onde os salários são baixos. Os recursos podem contribuir para uma vantagem competitiva somente quando não existirem recursos substitutos.

Entender a natureza de importantes recursos competitivos permite aos gestores identificar recursos e competências que devem ser mais desenvolvidos para desempenhar um papel importante nas futuras estratégias da empresa. Além disso, os dirigentes podem constatar que a empresa não possui recursos que passam independentemente por todos os quatro testes citados aqui com excelência, mas tem uma *série de recursos* que podem ser alavancados para apoiar seu modelo e estratégia de negócio. Embora os recursos da Nike dedicados a pesquisa e desenvolvimento, pesquisa de marketing e *design* de produto sejam comparáveis aos de sua concorrente Adidas, seu processo multifuncional permite-lhe determinar o ritmo de inovação em roupas e calçados esportivos e supera consistentemente não só a Adidas como outros concorrentes no mercado. Os *designers* de tênis Nike obtêm ideias de atletas profissionais para especificações que contribuam para seu desempenho. Os atletas endossam os produtos e trabalham junto aos pesquisadores de materiais para calçados, analistas de tendências de consumo, *design* de cor e comerciantes para desenhar novos modelos, que são apresentados para um comitê de análise. Esse comitê é composto de centenas de indivíduos que avaliam detalhes do protótipo, como proporções do calçado, o tamanho do logotipo, padrões de costura, a cor e o padrão do solado e o desenho interno. Por ano, cerca de 400 modelos são aprovados pelo comitê, e são terceirizados a fabricantes contratados e comercializados em mais de 180 países. A soma de profissionais que endossam os produtos Nike, nas atividades de P&D, nas pesquisas de marketing, no trabalho especializado de estilistas e no conhecimento gerencial, tornou-se uma fonte importante de vantagem competitiva da empresa e permite-lhe permanecer em primeiro lugar no setor de calçados e roupas esportivos há mais de 20 anos.

> Empresas que não dispõem de um recurso que se destaque competitivamente podem desenvolver uma vantagem competitiva por meio de **recursos agrupados**.

Estratégias baseadas em recursos podem ser direcionadas também para destruir ou pelo menos neutralizar a potência competitiva dos recursos e competências particulares do concorrente, identificando e desenvolvendo **recursos substitutos** para atingir a mesma finalidade. Por exemplo, a Amazon.com não tem uma grande rede de lojas de varejo para competir com aquelas operadas pela concorrente Barnes & Noble, mas o estoque de livros da Amazon, bem maior e prontamente acessível, – somado à entrega mais rápida e gratuita de pedidos acima de US$ 25 –, é mais atraente a muitos consumidores ocupados que não desejam ir a uma livraria. Ou seja, a Amazon tem desenvolvido cuidadosa e conscientemente um conjunto de recursos competitivos valiosos que estão provando ser substitutos efetivos para competir cabeça a cabeça com a Barnes & Noble sem ter que investir em centenas de lojas de varejo no mundo real. Muitos fabricantes de cosméticos vendem seus produtos por meio de lojas de departamento e varejistas de produtos especiais, ao passo que a Avon e a Mary Kay Cosmetics substituíram suas redes de revenda no varejo por uma força de vendas diretas

> Em vez de tentar possuir recursos e competências comparáveis aos de uma concorrente, uma empresa pode desenvolver recursos e competências totalmente diferentes que substituem as forças do concorrente.

que chega a centenas de milhares de pessoas – seus representantes podem demonstrar pessoalmente produtos para compradores interessados em suas casas ou em reuniões, pegar os pedidos na hora e entregar os produtos nas casas dos compradores.[4]

Recursos e competências como base para a vantagem competitiva

Um dos aspectos mais importantes para identificar recursos e competências que podem se tornar a base para a vantagem competitiva tem a ver com o nível de competência no desempenho de aspectos-chave de seu negócio – como a gestão da cadeia de suprimento, P&D, produção, distribuição, vendas e marketing e atendimento ao cliente. A excelência de uma empresa na condução de diferentes facetas de suas operações pode variar da mera capacidade de desempenhar uma atividade até uma competência, essencial ou distintiva:

1. Uma **competência** é uma atividade interna que uma empresa desempenha com excelência. Algumas competências se relacionam a habilidades e experiência bastante específicas (como o controle do estoque *just-in-time* ou escolher locais para novas lojas), e podem ser desempenhadas em um único departamento ou unidade organizacional. Outras competências, no entanto, são inerentemente multidisciplinares e multifuncionais. Uma competência na inovação contínua de produtos, por exemplo, vem da soma de esforços das pessoas e grupos especializados em pesquisa de mercado, P&D em novos produtos, *design* e engenharia, fabricação a custo efetivo e teste de mercado.

> Competência é uma atividade que a empresa desempenha com excelência.

2. Uma **competência essencial** (*core competence*) é uma atividade interna desempenhada com excelência e que tem papel central na estratégia e na competitividade de uma empresa. É uma capacidade de extrema utilidade porque contribui para o sucesso da empresa no mercado. Uma empresa pode ter mais de uma competência essencial em seu portfólio de recursos, mas é rara a empresa que pode alegar, com legitimidade, ter mais de duas ou três competências essenciais. Com muita frequência, *uma competência essencial é baseada em conhecimento, e está em pessoas e no capital intelectual de uma empresa, e não em seus ativos no balanço patrimonial*. Além disso, uma competência essencial tem mais probabilidade de ser fundada em combinações do conhecimento e da experiência de vários departamentos, em vez de ser produto de um único departamento ou grupo de trabalho. O Facebook tem uma competência essencial em prever especificações que vão atrair os usuários da internet que usam *sites* de redes sociais. A capacidade que os usuários da internet têm de compartilhar informações, fotos, vídeos e novas histórias interessantes com os amigos e outros fez do Facebook o maior *site* de rede social do mundo; em 2009, teve mais de 90 milhões de visitantes por mês.

> Uma competência essencial é uma atividade competitivamente importante que uma empresa desempenha melhor que outras atividades internas.

3. Uma **competência diferenciada** é uma atividade competitivamente valiosa que uma empresa desempenha melhor do que seus concorrentes. Uma vez que a competência diferenciada representa uma capacidade extremamente forte relativa a empresas concorrentes, possui um potencial significativo de vantagem competitiva. Isso ocorre particularmente quando a competência diferenciada permite a uma empresa oferecer valor destacado a clientes (na forma de preços mais baixos ou melhor desempenho de

---

[4] Para uma discussão mais detalhada, ver George Stalk, Philip Evans e Lawrence E. Schulman, "Competing on Capabilities: The New Rules of Corporate Strategy", *Harvard Business Review* 70, n. 2 (March-April 1992), p. 57-69.

produto ou atendimento superior). A Toyota trabalha há várias décadas para estabelecer competência diferenciada na fabricação de custo baixo e alta qualidade de veículos motorizados; seu sistema de "produção enxuta" é muito superior àquele de qualquer outra fabricante de automóveis, e a empresa está procurando ampliar suas vantagens de produção com uma nova linha de montagem, a Global Body. Essa linha de montagem custa 50% menos para ser instalada e pode ser alterada para acomodar um novo modelo por 70% a menos que o sistema de produção anterior.[5] As diferenças conceituais entre uma competência, uma competência essencial e uma competência diferenciada chamam a atenção para o fato de que os recursos e as competências competitivas de uma empresa não são iguais.[6] Algumas capacitações e competências permitem meramente a sobrevivência no mercado, porque a maioria dos concorrentes as têm. As competências essenciais são competitivamente mais importantes do que as competências porque agregam poder à estratégia empresarial e têm um impacto positivo maior em sua posição de mercado e lucratividade. Competências diferenciadas são ainda mais importantes do ponto de vista da competitividade. Uma competência diferenciada tem força competitiva por três razões: (1) dá a uma empresa competência competitiva valiosa, inigualável pelos concorrentes; (2) tem potencial para ser o ponto fundamental da estratégia empresarial; e (3) pode produzir uma vantagem competitiva no mercado.

> **Competência diferenciada** é uma atividade competitivamente importante que uma empresa desempenha melhor que seus concorrentes – oferecendo, portanto, potencial para vantagem competitiva.

Inventário dos recursos internos de uma empresa, seus pontos fortes e fracos e suas oportunidades e ameaças externas

Uma avaliação dos pontos fortes e fracos dos recursos de uma empresa pode ser acoplada a uma listagem de oportunidades e ameaças externas para fornecer uma visão geral da situação da empresa. Essa avaliação, conhecida como **análise SWOT** (do inglês, *Strengths, Weaknesses, Opportunities* e *Threats*), fornece a base para a elaboração de uma estratégia que capitalize as forças da empresa, procure captar as melhores oportunidades e defendê-la das ameaças a seu bem-estar.

> **Análise SWOT** é uma ferramenta simples, mas eficaz, para mensurar a força dos recursos da empresa e suas deficiências competitivas, assim como as oportunidades de mercado e as ameaças externas a seu futuro bem-estar.

IDENTIFICAÇÃO DA FORÇA DAS COMPETÊNCIAS ESSENCIAIS DA EMPRESA As forças dos recursos de uma empresa representam seus ativos competitivos e determinam se seu poder competitivo no mercado será marcantemente forte ou desapontadoramente fraco. Uma empresa que seja dotada de fortes recursos e competências essenciais em geral tem considerável poder competitivo – em especial quando sua equipe gerencial utiliza habilmente os recursos da empresa de modo a construir vantagem competitiva sustentável. Empresas com ativos competitivos modestos ou fracos quase sempre são relegadas à posição de seguidoras no setor. O Quadro 4.1 lista os tipos de fatores a considerar na compilação das forças e fraquezas da empresa.

---

[5] George Stalk, Jr. e Rob Lachenauer, "Hard Ball: Five Killer Strategies for Trouncing the Competition", *Harvard Business Review* 82, n. 4 (April 2004), p. 65.
[6] Para uma discussão mais extensa de como identificar e avaliar a força competitiva das competências de uma empresa, ver David W. Birchall e George Tovstiga, "The Strategic Potential of a Firm's Knowledge Portfolio", *Journal of General Management* 25, n. 1 (Autumn 1999), p. 1-16; "Firm's Knowledge Portfolio", *Journal of General Management* 25, n. 1 (Autumn 1999), p. 1-16; e David Teece, "Capturing Value from Knowledge Assts: The New Economy, Markets for Know-How, e Intangible Assets", *California Management Review* 40, n. 3 (Spring 1998), p. 55-79.

Quadro 4.1 Fatores a considerar ao identificar forças, fraquezas, oportunidades e ameaças de uma empresa

Pontos fortes e competências competitivas potenciais
- Competências essenciais em _____.
- Forte condição financeira; amplos recursos financeiros para desenvolver os negócios.
- Forte nome/imagem/reputação da marca da empresa.
- Economia de escala e/ou curva de aprendizagem e experiência sobre concorrentes.
- Tecnologia superior/habilidades tecnológicas superiores/patentes importantes.
- Vantagens de custo sobre os concorrentes.
- Capacidade para inovação de produto.
- Capacitação comprovada nos processos de aprimoramento da produção.
- Boa capacitação gerencial da cadeia de suprimento.
- Boa capacitação no atendimento ao cliente.
- Melhor qualidade do produto em relação aos concorrentes.
- Ampla cobertura geográfica e/ou forte capacidade de distribuição global.
- Alianças/*joint ventures* com outras empresas que fornecem acesso a tecnologia, competências valiosas e/ou mercados geográficos atraentes.

Oportunidades em potencial de mercado
- Atender aos grupos de clientes ou segmentos de mercado adicionais.
- Expandir para novos mercados geográficos.
- Expandir a linha de produto da empresa para atender a uma gama mais ampla de necessidades do cliente.
- Utilizar habilidades ou conhecimento tecnológico previamente existentes para introduzir novas linhas de produto ou novos negócios.
- Romper barreiras comerciais em mercados estrangeiros atraentes.
- Adquirir empresas concorrentes ou com conhecimentos tecnológicos ou competências atraentes.

Recursos fracos em potencial e deficiências competitivas
- Ausência de direção estratégica clara.
- Falta de competências essenciais comprovadas, bem desenvolvidas.
- Balanço patrimonial fraco, carregado de alto endividamento.
- Custos unitários gerais mais altos, em comparação a concorrentes importantes.
- Bem/serviço com especificações e atributos inferiores aos dos concorrentes.
- Linha de produto limitada demais em relação aos concorrentes.
- Fraca imagem da marca ou reputação.
- Rede de revendedores mais fraca que a dos principais concorrentes.
- Defasagem na qualidade do produto, P&D e/ou conhecimento tecnológico.
- Falta de profundidade gerencial.
- Recursos financeiros escassos para fazer o negócio crescer e empreender iniciativas promissoras.

Ameaças externas em potencial às perspectivas da empresa
- Aumento da intensidade da concorrência no setor, o que pode apertar as margens de lucro.
- Lentidão no crescimento de mercado.
- Provável entrada de novos e fortes concorrentes.
- Crescimento do poder de negociação de clientes e fornecedores.
- Mudança nas necessidades e preferências do comprador, afastando-se do produto do setor.
- Mudanças demográficas adversas que ameaçam reduzir a demanda pelo produto do setor.
- Vulnerabilidade a forças propulsoras desfavoráveis no setor.
- Políticas de comércio restritivas por parte de governos estrangeiros.
- Novas exigências regulatórias onerosas.

IDENTIFICAÇÃO DAS FRAQUEZAS DE RECURSOS E DAS DEFICIÊNCIAS COMPETITIVAS DA EMPRESA *Recursos fracos ou incompetência competitiva* constituem algo que uma empresa faz mal ou que lhe falta, ou uma condição que a coloca em desvantagem no mercado. Como regra, as estratégias que colocam pesadas demandas em áreas em que a empresa é mais fraca, ou em que não comprovou suas capacidades, são questionáveis ou devem ser evitadas. As fraquezas de recursos de uma empresa podem se relacionar a:

- Qualificações, experiência, ou capital intelectual inferiores ou não comprovados, em áreas dos negócios que são importantes para sua competitividade.
- Deficiências em ativos físicos, organizacionais ou intangíveis importantes para sua competitividade.
- Competências inferiores ou ausentes, em áreas-chave para sua competitividade.

> Os recursos em que uma empresa se destaca representam seu ativo; os que ela não dispõe representam seu passivo.

Quase todas as empresas têm falhas competitivas de um tipo ou de outro. A falta de recursos de uma empresa pode torná-la vulnerável, dependendo de quanto eles são importantes no mercado e de sua compensação pelos recursos em que ela se destaca. Avaliar como os recursos e deficiências de uma empresa se complementam equivale a construir um *balanço patrimonial estratégico*, no qual os pontos fortes representam o *ativo* e os fracos, o *passivo*.

IDENTIFICAÇÃO DAS OPORTUNIDADES DE MERCADO DE UMA EMPRESA

A oportunidade de mercado é um importante fator para a definição da estratégia de uma empresa. De fato, os gestores não podem adequar uma estratégia à situação da empresa sem primeiro identificar suas oportunidades de mercado e avaliar o potencial de crescimento e de lucro de cada um. (Veja o Quadro 4.1, "Oportunidades em potencial de mercado".) Dependendo das circunstâncias prevalecentes, as oportunidades de uma empresa podem ser abundantes ou escassas, e variar de fortemente atraentes a inadequadas.

Ao avaliarem a atratividade das oportunidades de mercado de uma empresa, os gestores precisam se controlar para não ver toda oportunidade do setor como uma oportunidade adequada. Nem toda empresa está equipada com os recursos necessários para perseguir com sucesso cada oportunidade existente em seu setor. Algumas empresas são mais capazes de ir atrás de determinadas oportunidades que outras. *As oportunidades de mercado mais relevantes para uma empresa são aquelas que combinam bem com seus recursos organizacionais e capacidade financeira, oferecem o melhor crescimento e lucratividade e apresentam o maior potencial para a vantagem competitiva.*

IDENTIFICAÇÃO DAS AMEAÇAS À LUCRATIVIDADE DE UMA EMPRESA NO FUTURO

Com frequência, certos fatores no ambiente externo de uma empresa impõem *ameaças* a sua lucratividade e a sua posição competitiva favorável. As ameaças podem vir do aparecimento de tecnologias mais econômicas ou melhores; da introdução de produtos novos ou aperfeiçoados pelos concorrentes; da entrada de concorrentes estrangeiros com custos mais baixos em um mercado dominado por uma empresa; de novas regulamentações que sejam mais preocupantes para uma empresa do que para seus concorrentes; da vulnerabilidade a um aumento nas taxas de juros; do potencial de aquisição hostil; do controle acionário; de mudanças demográficas desfavoráveis ou de mudanças adversas nas taxas de câmbio. (Veja o Quadro 4.1, "Ameaças externas em potencial às perspectivas da empresa".)

As ameaças externas podem gerar nada além de um grau moderado de adversidade ou podem ser bem preocupantes e tornar a situação de uma empresa bastante delicada.

Em raras ocasiões, choques de mercado podem levar a empresa a uma crise imediata e ameaçar sua sobrevivência. Muitas das empresas de aviação têm afundado em crises financeiras sem precedentes em razão de uma combinação de fatores: elevação nos preços do combustível, desaceleração econômica global e suas consequências nas viagens a negócio e no turismo, concorrência crescente de transportadoras a preços baixos, mudança nas preferências dos viajantes por tarifas baixas em oposição a muitas regalias durante o voo e custos "fora do controle" com mão de obra. É tarefa dos dirigentes identificar as ameaças às perspectivas da empresa e avaliar quais ações estratégicas podem ser tomadas para neutralizar ou amenizar o impacto delas.

> Não basta simplesmente fazer listas dos pontos fortes e fracos, das oportunidades e ameaças. Compensa fazer a análise SWOT quando são tiradas conclusões sobre a situação de uma empresa e quando as implicações para o aperfeiçoamento de estratégia fluem das quatro listas.

O VALOR DE UMA ANÁLISE SWOT Uma análise SWOT envolve mais do que a elaboração de quatro listas. As partes mais importantes da análise SWOT são:

1. Tirar conclusões, a partir das listas SWOT, sobre a situação geral da empresa.
2. Traduzir essas conclusões em ações estratégicas para que a estratégia empresarial seja mais adequada aos recursos em que ela se destaca e às oportunidades de mercado, corrigindo pontos fracos problemáticos e se defendendo contra ameaças externas preocupantes.

Questão 3: os preços e os custos da empresa são competitivos?

Os gestores com frequência ficam chocados quando um concorrente corta os preços a níveis "inacreditavelmente baixos" ou quando um novo entrante no mercado adota uma conduta agressiva, com um preço muito reduzido. No entanto, o concorrente pode não estar buscando uma maneira de entrar à força no mercado, com preços abaixo dos custos – ele pode simplesmente ter custos substancialmente mais baixos. Um dos sinais mais indicativos da posição comercial forte ou precária de uma empresa é a competitividade de seus preços e custos em relação aos concorrentes do setor.

Comparações de preço e custo são fundamentais em setores em que a concorrência de preços costuma ser a força reguladora de mercado. Contudo, mesmo em setores em que os produtos são diferenciados, as empresas concorrentes precisam manter seus custos de acordo com os concorrentes, oferecendo uma composição semelhante de características diferenciadoras. Duas ferramentas analíticas são extremamente úteis para determinar se os preços e custos de uma empresa são competitivos: a análise da cadeia de valor e o *benchmarking*.

Cadeias de valor da empresa

> A **cadeia de valor** de uma empresa identifica as atividades básicas que criam valor para o cliente e as atividades relacionadas de suporte.

Todo negócio de uma empresa consiste em um conjunto de atividades realizadas no decorrer das etapas de *design*, produção, marketing, entrega e suporte a seu bem ou serviço. As diversas atividades que uma empresa desempenha internamente combinam-se para formar uma **cadeia de valor**, assim chamada porque a intenção das atividades de uma empresa é fazer coisas que no final *criem valor para os compradores*. A cadeia de valor de uma empresa também inclui uma previsão para o lucro, que costuma fazer parte do preço (ou custo total) pago pelos compradores.

Como mostra a Figura 4.1, a cadeia de valor de uma empresa consiste em duas categorias amplas de atividades: as *atividades básicas*, que vêm em primeiro lugar na criação de valor aos clientes, e as *atividades de suporte*, que facilitam e melhoram o

FIGURA 4.1 Cadeia de valor representativa de uma empresa

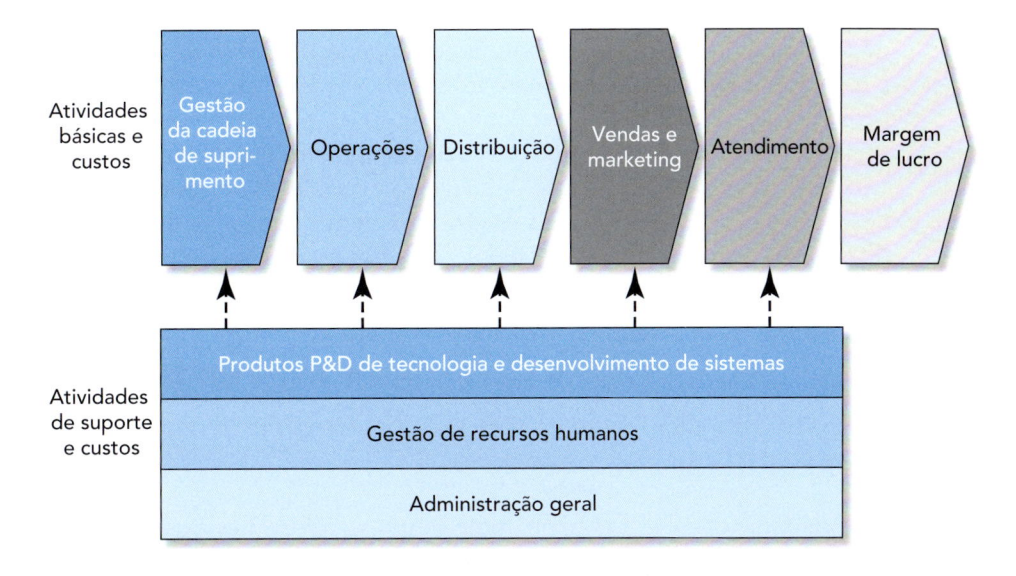

Atividades básicas e custos: Gestão da cadeia de suprimento → Operações → Distribuição → Vendas e marketing → Atendimento → Margem de lucro

Atividades de suporte e custos:
- Produtos P&D de tecnologia e desenvolvimento de sistemas
- Gestão de recursos humanos
- Administração geral

ATIVIDADES BÁSICAS

- **Gestão da cadeia de suprimento** – Atividades, custos e ativos associados à compra de combustível, energia, matérias-primas, peças e componentes, mercadoria e itens de consumo de fornecedores; recepção, armazenagem e distribuição interna de insumos entregues pelos fornecedores, inspeção, e gerenciamento do estoque.

- **Operações** – Atividades, custos e ativos associados à conversão de insumos em produto final (produção, montagem, embalagem; manutenção de equipamentos, instalações, operações, garantia de qualidade, proteção ambiental).

- **Distribuição** – Atividades, custos e ativos que lidam com a distribuição física do produto aos compradores (armazenamento de bens acabados, processamento de pedidos, empacotamento de pedidos, expedição, operações de entrega por veículos, estabelecimento e manutenção de rede de revendedores e distribuidores).

- **Vendas e marketing** – Atividades, custos e ativos relacionados aos esforços da força de vendas, propaganda e promoção, pesquisa de mercado e planejamento e apoio ao distribuidor/revendedor.

- **Serviço** – Atividades, custos e ativos associados ao fornecimento de assistência aos compradores, como instalação, reposição de peças, manutenção e reparos, assistência técnica, dúvidas do comprador e reclamações.

ATIVIDADES DE SUPORTE

- **P&D de produto, tecnologia e desenvolvimento de sistemas** – Atividades, custos e ativos relacionados a P&D de produtos, a P&D do processo, ao aprimoramento do processo, projeto do equipamento, desenvolvimento de *software*, sistemas de telecomunicação, projeto de engenharia auxiliado por computador, banco de dados e desenvolvimento de sistemas de suporte informatizados.

- **Gestão de recursos humanos** – Atividades, custos e ativos associados ao recrutamento, contratação, treinamento, desenvolvimento e remuneração de todas as categorias de pessoal; atividades relacionadas a sindicatos e desenvolvimento de habilidades baseadas em conhecimento e competências essenciais.

- **Administração geral** – Atividades, custos e ativos relacionados à administração geral, contabilidade e finanças, regulamentação e normas legais, segurança e seguridade, sistemas de informação gerencial, formação de alianças estratégicas e colaboração com parceiros estratégicos e outras funções "gerais".

Fonte: Baseado em trecho de Michael E. Porter, *Competitive Advantage* (New York: Free Press, 1985), p. 37-43.

desempenho das primeiras.[7] Por exemplo, as atividades básicas para um varejista incluem a seleção e compra de mercadorias, o *layout* da loja, a disposição e exposição dos produtos, propaganda e atendimento ao cliente; suas atividades de suporte incluem a seleção do local, contratação e treinamento e a manutenção da loja, além das atividades administrativas usuais. As atividades e os custos básicos de uma rede de hotéis consistem principalmente em reservas e nas suas operações (*check-in* e *check-out*, manutenção e limpeza, serviço de quarto e refeições, convenções e reuniões); as principais atividades de suporte incluem contabilidade, contratação e treinamento de colaboradores do hotel e administração geral. A gestão da cadeia de suprimentos é uma atividade fundamental para a Nissan, a L. L. Bean e a Petsmart, mas não é um componente da cadeia de valor para o Google ou o Bank of America. Vendas e marketing são atividades dominantes na Procter & Gamble e na Sony, mas têm papéis menores em empresas de exploração de petróleo e empresas de gás natural distribuído por dutos. Uma atividade pode ser classificada como básica ou de suporte dependendo do modelo de negócio e da estratégia empresarial; por isso, é importante considerar a lista de atividades básicas e de suporte na Figura 4.1 como ilustrativa e não definitiva.

Benchmarking: uma ferramenta para avaliar se as atividades da cadeia de valor de uma empresa são competitivas

Benchmarking envolve comparar como empresas diferentes executam várias atividades da cadeia de valor – como é feita a compra de materiais, como os estoques são gerenciados, como os produtos são montados, como os pedidos de clientes são atendidos e expedidos e como é feita a manutenção –, e então fazer comparações entre empresas no que se refere a custos e à eficiência dessas atividades.[8] Os objetivos de *benchmarking* são identificar as melhores práticas no desempenho de uma atividade e imitá-las.

Em 1979, a Xerox tornou-se uma das primeiras empresas a usar **benchmarking**, quando os fabricantes japoneses começaram a vender copiadoras de tamanho médio nos Estados Unidos por US$ 9.600 – menos que os custos de produção da Xerox.[9] Os dirigentes da Xerox enviaram uma equipe de gestores de linha e seu chefe responsável pela fabricação para o Japão, a fim de estudar os processos empresariais e os custos do concorrente. Com uma ajuda da parceira de *joint venture* da Xerox no Japão (a Fuji-Xerox), que conhecia bem os concorrentes, a equipe descobriu que os custos da Xerox eram excessivos em razão da ineficiência nos processos de fabricação e nas práticas comerciais da empresa. A constatação desencadeou um esforço interno importante para a empresa conseguir ter um custo competitivo e levou a Xerox a começar o *benchmarking* de 67 de seus processos de trabalho fundamentais. A Xerox decidiu rapidamente não restringir seus esforços de *benchmarking* aos concorrentes

> O *benchmarking* é uma ferramenta potente para descobrir quais empresas se destacam no desempenho de determinadas atividades, e, então, utilizar essas técnicas (ou "as melhores práticas") para aprimorar o custo e a eficácia das próprias atividades internas da empresa.

---

[7] O conceito de cadeia de valor foi desenvolvido e articulado pelo professor Michael Porter na Harvard Business School, e é descrito mais detalhadamente em Michael E. Porter, *Competitive Advantage* (New York: Free Press, 1985), Capítulos 2 e 3.

[8] Para mais detalhes, ver Gregory H. Watson, *Strategic Benchmarking: How to Rate Your Company's Performance Against the World's Best* (New York: John Wiley, 1993); Robert C. Camp, *Benchmarking: The Search for Industry Best Practices That Lead to Superior Performance* (Milwaukee: ASQC Quality Press, 1989); Christopher E. Bogan e Michael J. English, *Benchmarking for Best Practices: Winning through Innovative Adaptation* (New York: McGraw-Hill, 1994); e Dawn Iacobucci e Christie Nordhielm, "Creative Benchmarking", *Harvard Business Review* 78, n. 6 (Nov.- Dec. 2000), p. 24-25.

[9] Jeremy Main, "How to Steal the Best Ideas Around", *Fortune*, October 19, 1992, p. 102-103.

de equipamentos para escritório, mas estendê-los a qualquer empresa considerada de "classe mundial" no desempenho de *qualquer atividade* relevante ao negócio da Xerox. Outras empresas se apressaram a adotar a iniciativa da Xerox. Os gestores da Toyota tiveram a ideia de seu estoque *just-in-time* estudando como os supermercados dos Estados Unidos repunham suas prateleiras. A Southwest Airlines reduziu o tempo de permanência de seus aviões em cada escala programada, estudando as equipes que trabalham nos boxes em circuitos de corrida de automóveis. Mais de 80% das 500 empresas listadas pela revista *Fortune* usam *benchmarking* para que possam se comparar com os concorrentes em termos de custos e outras áreas importantes do ponto de vista competitivo.

A parte difícil do *benchmarking* não é fazê-lo, mas sim descobrir um modo de obter acesso a informações sobre as práticas e custos de outras empresas. Às vezes, o *benchmarking* pode ser feito coletando-se informações de relatórios publicados, grupos setoriais e empresas de pesquisa setorial, e também por meio de conversas com analistas, clientes e fornecedores que entendem do setor. Por vezes, podem-se marcar visitas a instalações de empresas (concorrentes ou não), para observar como as coisas são feitas, comparar práticas e processos e, talvez, trocar dados sobre produtividade e outros componentes de custo. Entretanto, mesmo que concordem com visitas a suas instalações e prestem esclarecimentos, essas empresas provavelmente não compartilharão informações delicadas, referentes a custo. Além disso, comparações de duas empresas podem não envolver a comparação de fatores da mesma natureza, caso as duas empreguem princípios contábeis diferentes no cálculo de custos de atividades específicas.

No entanto, atualmente existem fontes confiáveis de informações de *benchmarking*. O interesse explosivo das empresas pelo *benchmarking* de custos e a identificação das melhores práticas levou empresas de consultoria (como Accenture, A. T. Kearney, Benchnet – The Benchmarking Exchange, Towers Perrin e Best Practices, LLC) e vários conselhos e associações (como APQC, Qualserve Benchmarking Clearinghouse e Strategic Planning Institute's Council on Benchmarking) a reunir dados de *benchmarking*, distribuir informações sobre as melhores práticas e fornecer dados comparativos de custo, sem identificar os nomes das empresas. Ter um grupo independente para reunir informações e relatá-las sem revelar os nomes de empresas envolvidas evita a divulgação de dados delicados sob o aspecto da competitividade, e diminui o potencial de uma conduta antiética por parte do pessoal da empresa, ao reunir seus próprios dados sobre os concorrentes.

O sistema da cadeia de valor para um setor inteiro

A cadeia de valor de uma empresa está inserida em um sistema mais amplo de atividades que inclui as cadeias de valor de seus fornecedores e as cadeias de valor dos canais de distribuição aliados que ela utiliza para levar seu bem ou serviço aos usuários finais.[10] As cadeias de valor de canais de comercialização aliados são relevantes porque os (1) custos e margens dos distribuidores e revendedores no varejo de uma empresa fazem parte do preço que o consumidor paga; (2) e as atividades que os aliados da distribuição desempenham afetam a satisfação do cliente. Por essas razões, as empresas normalmente trabalham de perto com seus fornecedores e canais de comercialização para desempenhar as atividades da cadeia de valor de forma a gerar muitos benefícios. Por exemplo, montadoras de veículos trabalham de perto com seus canais de distribuição

> A competitividade de custo de uma empresa não depende apenas dos custos de atividades desempenhadas internamente (a própria cadeia de valor da empresa), mas também dos custos nas cadeias de valor de seus fornecedores e canais de comercialização.

---
[10] Porter, *Competitive Advantage*, p. 34.

(concessionárias de automóveis locais).[11] Além disso, muitos fornecedores de peças automotivas têm construído fábricas próximas às fábricas de montagem das quais são fornecedoras, para facilitar entregas *just-in-time*, reduzir custos de armazenamento e expedição e promover a estreita colaboração no *design* de peças e na programação da produção. As empresas de equipamentos de irrigação, equipamentos para a colheita de uva, assim como os fornecedores de equipamentos para a fabricação de vinhos e empresas fabricantes de barris, garrafas de vinho, lacre, rolhas e rótulos têm instalações no interior da Califórnia para ficarem próximas das quase 700 vinícolas.[12] A lição aqui é que as atividades da cadeia de valor de uma empresa estão, com frequência, estreitamente ligadas às cadeias de valor de seus fornecedores e aos aliados que desempenham as atividades de comercialização.

Como consequência, *avaliar com exatidão a competitividade de uma empresa exige que seus gestores entendam todo o sistema da cadeia de valor de um setor para entregar um bem ou serviço aos clientes, e não apenas a cadeia de valor da própria empresa*. Uma cadeia de valor típica de um setor que incorpora as atividades, custos e margens de fornecedores e canais de comercialização aliados (se houver) é mostrada na Figura 4.2. Porém, as cadeias de valor de setor variam significativamente de um setor para outro. Por exemplo, as atividades da cadeia de valor básica no setor de água engarrafada (operação de extração na fonte ou purificação da água, processamento de ingredientes básicos usados para aromatizar ou adição de vitaminas, engarrafamento, distribuição no atacado, propaganda e *merchandising* no varejo) diferem daquelas para o setor de *software* de computador (programação, gravação de disco, marketing, distribuição). Produtores de torneiras para banheiro e cozinha dependem fortemente das atividades dos distribuidores no atacado e no varejo para ganhar vendas de empresas construtoras e de pessoas que fazem esses serviços em suas casas, mas os produtores de máquinas de fabricação de papel internalizam suas atividades de distribuição vendendo diretamente aos operadores de fábricas de papel. O quadro "Conceitos e conexões 4.1" mostra custos representativos de várias atividades desempenhadas pelos que produzem e comercializam CDs de música.

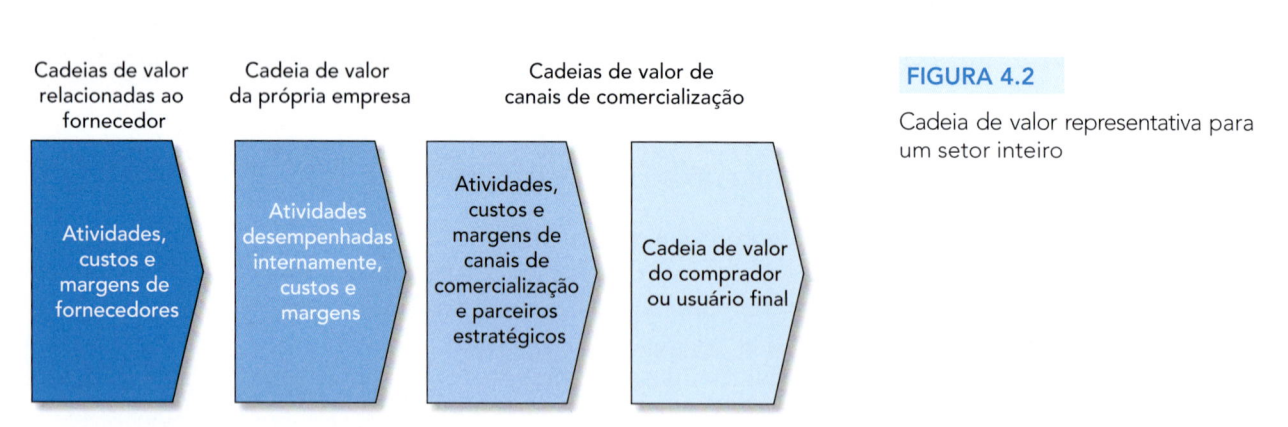

FIGURA 4.2

Cadeia de valor representativa para um setor inteiro

Cadeias de valor relacionadas ao fornecedor → Atividades, custos e margens de fornecedores

Cadeia de valor da própria empresa → Atividades desempenhadas internamente, custos e margens

Cadeias de valor de canais de comercialização → Atividades, custos e margens de canais de comercialização e parceiros estratégicos

Cadeia de valor do comprador ou usuário final

Fonte: Parcialmente baseado em cadeia de valor de um único setor exibida em Michael E. Porter, *Competitive Advantage* (New York: Free Press, 1985), p. 35.

---

[11] M. Hegert e D. Morris, "Accounting Data for Value Chain Analysis", *Strategic Management Journal* 10 (1989), p. 180; Robin Cooper e Robert S. Kaplan, "Measure Costs Right: Make the Right Decisions", *Harvard Business Review* 66, n. 5 (Sept.-Oct. 1988), p. 96-103; e John K. Shank e Vijay Govindarajan, *Strategic Cost Management* (New York: Free Press, 1993), principalmente os Capítulos 2-6 e 10.

[12] Para saber mais sobre como e por que o agrupamento de fornecedores e outras organizações de suporte é importante para os custos e a competitividade de uma empresa, ver Michael E. Porter, "Clusters and the New Economics of Competition", *Harvard Business Review* 76. n. 6 (Nov.-Dec. 1998), p. 77-90.

Conceitos e conexões 4.1

CUSTOS ESTIMADOS PARA ATIVIDADES DA CADEIA DE VALOR NO SETOR DE GRAVAÇÃO

A tabela abaixo apresenta os custos e *markups* representativos associados à produção e distribuição de um CD de música vendido no varejo por US$ 15 em lojas do gênero (em oposição a fontes da internet).

Atividades da cadeia de valor e custos na produção e distribuição de um CD (em dólares)	
1. Custos diretos de produção da gravadora	2,40
Artistas e repertório — 0,75	
Prensagem do CD e embalagem — 1,65	
2. Direitos autorais	0,99
3. Despesas da gravadora com marketing	1,50
4. Despesas gerais da gravadora	1,50
5. Custos totais da gravadora	6,39
6. Lucro operacional da gravadora	1,86
7. Preço de venda da gravadora ao distribuidor/atacadista	8,25
8. *Markup*/Margem de lucro média do distribuidor atacadista para cobrir atividades de distribuição e margens de lucro	1,50
9. Preço médio de atacado cobrado do varejista	9,75
10. *Markup* médio do varejista sobre o custo de atacado	5,25
11. Preço médio ao consumidor no varejo	15,00

Fonte: Desenvolvido a partir da informação obtida em "Fight the Power", um estudo de caso preparado por Adrian Aleyne, Babson College, 1999.

Opções estratégicas para corrigir uma desvantagem de custo

Há três áreas principais na cadeia de valor geral de uma empresa em que importantes diferenças nos custos de empresas concorrentes podem ocorrer: as atividades internas da própria empresa, os fornecedores na cadeia de valor do setor e os canais de comercialização da cadeia do setor.

CORREÇÃO DE UMA DESVANTAGEM DE CUSTO INTERNO Quando a desvantagem de custo de uma empresa vem das atividades internas da cadeia de valor realizadas a um custo mais alto que o de seus concorrentes, os gestores podem seguir qualquer uma das várias metodologias estratégicas para recuperar a paridade de custo:[13]

---

[13] Algumas dessas opções são discutidas em mais detalhes em Porter, *Competitive Advantage*, Capítulo 3.

1. *Implementar o uso das melhores práticas* em toda a empresa, particularmente para atividades de alto custo.
2. *Tentar eliminar definitivamente algumas das atividades que geram custo* reformulando a cadeia de valor. Muitos varejistas descobrem que doar itens devolvidos para organizações de caridade e efetuar a devida dedução de impostos resulta em menos perda que incorrer em custos das atividades da cadeia de valor envolvidos em logística reversa.
3. *Transferir atividades de alto custo* (como as de produção) para áreas geográficas como China, América Latina ou Leste Europeu, onde podem ser realizadas a preços mais baixos.
4. *Verificar se certas atividades desempenhadas internamente podem ser terceirizadas* para fornecedores ou executadas por empresas especializadas a um custo mais baixo do que se fossem realizadas internamente.
5. *Investir no aumento da produtividade*, em aprimoramentos tecnológicos que diminuem custo (robótica, técnicas de produção flexível, redes eletrônicas com tecnologia avançada).
6. *Encontrar maneiras de contornar as atividades ou itens com custos altos* – fabricantes de *chips* de computador executam projetos regularmente evitando infringir as patentes de outras empresas para evitar o pagamento de *royalties*; fabricantes de automóveis substituíram metal por plástico (que custa menos) em muitos acabamentos na carroceria.
7. *Redesenhar o produto e/ou alguns de seus componentes* para facilitar a fabricação ou montagem mais rápida e econômica.
8. *Tentar compensar a desvantagem do custo interno* reduzindo custos incorridos com o fornecedor ou com canais de comercialização da cadeia de valor do setor – em geral, um último recurso.

CORREÇÃO DA DESVANTAGEM DE CUSTO RELACIONADA AO FORNECEDOR As desvantagens de custo relacionadas ao fornecedor podem ser atacadas pressionando-se os fornecedores para conseguir preços mais baixos, substituindo-se insumos por outros com preços menores e colaborando de perto com fornecedores para identificar oportunidades mútuas de economia de custo.[14] Por exemplo, entregas *just-in-time* de fornecedores podem reduzir os custos com o estoque e com a logística interna de uma empresa, eliminar gastos de capital para ter um espaço adicional para depósito e aprimorar o fluxo de caixa e os índices financeiros, ao reduzir as contas a pagar. Em alguns casos, as empresas podem achar que é mais barato fazer a integração reversa de negócios dos fornecedores que representam altos custos e fabricar o item na própria empresa, em vez de comprá-lo de terceiros.

CORREÇÃO DE UMA DESVANTAGEM DE CUSTO ASSOCIADA ÀS ATIVIDADES DESEMPENHADAS PELOS CANAIS DE COMERCIALIZAÇÃO ALIADOS Existem três maneiras principais de combater uma desvantagem de custo na parte de comercialização da cadeia de valor do setor: (1) pressionar os distribuidores-concessionárias e outros canais aliados de comercialização para reduzir seus custos e *markups*; (2) trabalhar de perto com canais de comercialização aliados para identificar oportunidades e reduzir custos favorecendo a todos – por exemplo, um fabricante de chocolate percebeu que ao expe-

---

[14] Um exemplo de como a Whirpool Corporation transformou sua cadeia de suprimento de uma deficiência competitiva em um ativo é discutido em Reuben E. Stone, "Leading a Supply Chain Turnaround", *Harvard Business Review* 82, n. 10 (Oct. 2004), p. 114-115.

dir seu chocolate na forma líquida em carros-tanque em vez de barras moldadas de 5 quilos poderia não só poupar a seus clientes fabricantes de barras os custos associados a desembalar e derreter o chocolate, mas também eliminar seus próprios custos de moldar barras e embalá-las –, (3) mudar para uma estratégia de distribuição mais econômica ou fazer a integração horizontal, adquirindo estabelecimentos de varejo. A Dell Computer eliminou todas as atividades, custos e margens dos canais de comercialização aliados adotando um modelo de negócio com vendas diretas que permite aos compradores adquirir computadores customizados diretamente do fabricante. O modelo de vendas diretas permite à Dell equiparar facilmente seus preços aos dos concorrentes, enquanto obtém margens de lucro maiores.

Questão 4: do ponto de vista competitivo, a empresa é mais forte ou mais fraca que seus concorrentes?

Um componente adicional para avaliar a situação de uma empresa consiste em desenvolver uma avaliação abrangente da força competitiva geral da empresa. Isso requer que se respondam a duas perguntas:

1. Como a empresa se classifica em relação aos concorrentes em cada um dos importantes fatores que determinam o sucesso de mercado?
2. Considerando-se todos os fatores, a empresa tem uma vantagem ou desvantagem competitiva frente a seus principais concorrentes?

A Etapa 1 na avaliação da força competitiva consiste em fazer uma lista dos fatores-chave do setor e outras medidas que revelam a força ou a fraqueza competitiva (em geral, 6 a 10 fatores bastam). A Etapa 2 consiste em atribuir um peso a cada medida da força competitiva com base em sua importância percebida na determinação do sucesso (a soma dos pesos para cada medida deve dar 1,0). Na Etapa 3, calculam-se as classificações ponderadas da força atribuindo pontos a cada concorrente em cada fator que compõe sua força (usando uma escala de classificação de 1 a 10, em que 1 é muito fraca e 10 é muito forte) e multiplicando-se a classificação dada pelo peso atribuído. A Etapa 4 é a soma das classificações de força ponderadas em cada fator para se ter uma medida geral da força competitiva de cada empresa que está sendo classificada. Na Etapa 5, usam-se as classificações gerais da força da empresa para traçar conclusões sobre o tamanho e a extensão da vantagem ou desvantagem competitiva líquida e para identificar áreas específicas de força e fraqueza. O Quadro 4.2 fornece um exemplo de uma avaliação da força competitiva, usando a Empresa hipotética ABC contra quatro concorrentes. A pontuação total da ABC de 5,95 sinaliza uma vantagem competitiva líquida sobre a Concorrente 3 (com uma pontuação de 2,10) e a Concorrente 4 (com total de 3,70), mas indica uma desvantagem competitiva líquida em relação à Concorrente 1 (com total de 7,70) e a Concorrente 2 (com total de 6,85).

Interpretação das avaliações da força competitiva

As avaliações da força competitiva fornecem conclusões úteis sobre a competitividade de uma empresa. As classificações mostram como uma empresa se compara em relação às concorrentes, analisando-se cada fator e capacitação, revelando assim em que áreas ela é mais forte e em quais é mais fraca. Além disso, o total de pontos que representa a força competitiva indica se ela está em vantagem ou desvantagem competitiva em relação a cada concorrente.

As classificações relativas à força da empresa fornecem ainda diretrizes para conceber estratégias ofensivas e defensivas inteligentes. Considere as classificações e pontuações ponderadas no Quadro 4.2. Se a ABC Co. quer empreender uma ofensiva para ganhar vendas adicionais e participação de mercado, tal ofensiva provavelmente precisa ser dirigida diretamente para ganhar os clientes dos Concorrentes 3 e 4 (que têm pontuações mais baixas), e não os clientes dos Concorrentes 1 e 2 (que têm pontuações mais altas, relativas à força). As vantagens da ABC sobre o Concorrente 4 tendem a estar nas áreas moderadamente importantes para o sucesso competitivo no setor, mas a ABC supera o Concorrente 3 nos dois fatores de força com maior peso – a posição relativa de custo e as competências no atendimento ao cliente. Portanto, o Concorrente 3 deve ser visto como o alvo básico das estratégias ofensivas da ABC, sendo o Concorrente 4 um alvo secundário.

> A pontuação da força competitiva de uma empresa aponta suas forças e fraquezas em relação às concorrentes e indica estratégias ofensivas e defensivas capazes de produzir resultados de primeira linha.

O ponto aqui é que uma empresa com inteligência competitiva deve utilizar as pontuações de força para decidir quais manobras estratégicas realizará. Quando uma empresa tem importantes forças competitivas em áreas em que um ou mais concorrentes são fracos, faz sentido considerar manobras ofensivas para explorar as fraquezas competitivas dos concorrentes. Quando uma empresa tem pontos fracos em áreas importantes em que um ou mais concorrentes são fortes, faz sentido considerar manobras defensivas para diminuir sua vulnerabilidade.

Questão 5: quais são os assuntos e os problemas que merecem a atenção direta dos gestores?

A etapa final, que envolve a análise mais importante, consiste em identificar exatamente quais as questões estratégicas os gestores da empresa precisam tratar. Essa etapa envolve recorrer aos resultados da análise setorial e competitiva e às avaliações da situação interna da empresa. A tarefa aqui é ter um entendimento preciso dos desafios competitivos e setoriais com os quais a empresa se confronta, qual das fraquezas internas da empresa precisa ser corrigida e quais problemas específicos merecem mais atenção dos gestores. *A identificação dos aspectos exatos com os quais a direção precisa se preocupar influenciará na decisão das ações que deverão ser tomadas para aprimorar o desempenho da empresa e as perspectivas de negócio da empresa.*

Se os itens da "lista de preocupações" da gerência tiverem pouca importância, o que sugere que a estratégia empresarial está seguindo o rumo certo e está adequada a sua situação geral, os gestores raramente precisam se empenhar em alterar a atual estratégia. Se, no entanto, os assuntos e problemas que confrontam a empresa forem sérios e indicarem que a atual estratégia não está sendo adequada para o caminho que a empresa quer tomar, a tarefa de elaborar uma estratégia melhor precisa ganhar prioridade na agenda de ações dos dirigentes.

Quadro 4.2 Exemplo de avaliação de forças competitivas

Medida da força do fator-chave de sucesso	Peso de acordo com a importância	ABC CO. Peso atribuído	ABC CO. Pontos	Concorrente 1 Peso atribuído	Concorrente 1 Pontos	Concorrente 2 Peso atribuído	Concorrente 2 Pontos	Concorrente 3 Peso atribuído	Concorrente 3 Pontos	Concorrente 4 Peso atribuído	Concorrente 4 Pontos
Qualidade/desempenho do produto	0,10	8	0,80	5	0,50	10	1,00	1	0,10	6	0,60
Reputação/imagem	0,10	8	0,80	7	0,70	10	1,00	1	0,10	6	0,60
Capacidade de produção	0,10	2	0,20	10	1,00	4	0,40	5	0,50	1	0,10
Habilidades tecnológicas	0,05	10	0,50	1	0,05	7	0,35	3	0,15	8	0,40
Capacidade de rede de concessionárias/distribuidores	0,05	9	0,45	4	0,20	10	0,50	5	0,25	1	0,05
Capacidade de inovação de produtos	0,05	9	0,45	4	0,02	10	0,50	5	0,25	1	0,05
Recursos financeiros	0,10	5	0,50	10	1,00	7	0,70	3	0,30	1	0,10
Posição relativa de custo	0,30	5	1,50	10	3,00	3	0,95	1	0,30	4	1,20
Capacidade de atendimento ao cliente	0,15	5	0,75	7	1,05	10	1,50	1	0,15	4	0,60
Soma da importância	1,00										
Classificação ponderada da força geral			5,95		7,70		6,85		2,10		3,70

PONTOS-CHAVE

Existem cinco questões fundamentais a serem consideradas na análise das circunstâncias competitivas particulares da empresa e sua posição competitiva perante seus principais concorrentes:

1. *Como a estratégia empresarial está funcionando?* Isso envolve avaliar a estratégia de um ponto de vista qualitativo (totalidade, coerência interna, justificativa e adequação à situação) e também de um ponto de vista quantitativo (os resultados estratégicos e financeiros que a estratégia está produzindo). Quanto mais forte for o desempenho geral de uma empresa, menos provável será a necessidade de mudanças de estratégia radicais. Quanto mais fraco for o desempenho de uma empresa e/ou mais rápidas forem as mudanças em sua situação externa (o que pode ser verificado na análise setorial e competitiva), mais sua atual estratégia deve ser questionada.

2. *Quais são os recursos e as competências importantes da empresa, do ponto de vista da competitividade?* Os recursos, as competências competitivas e as competências essenciais (*core competencies*) de uma empresa são estrategicamente relevantes por serem os blocos de construção mais lógicos e atraentes para a estratégia. De fato, muitas empresas perseguem *estratégias baseadas em recursos* que tentam explorar os recursos da empresa de maneira a oferecer valor aos clientes que os concorrentes são incapazes de ofertar. As estratégias mais fortes baseadas em recursos exploram recursos que são *valiosos competitivamente, difíceis de copiar ou imitar e não são facilmente superados por recursos substitutos*. A Análise SWOT é uma ferramenta simples mas poderosa para medir as forças dos recursos de uma empresa e suas deficiências competitivas, oportunidades de mercado e ameaças externas a seu futuro bem-estar. As fraquezas de recursos são importantes porque podem representar vulnerabilidades que precisam ser corrigidas. As oportunidades e ameaças externas entram em jogo porque uma boa estratégia visa necessariamente captar as oportunidades mais atraentes a uma empresa e defendê-la das ameaças a seu bem-estar.

3. *Os preços e os custos da empresa são competitivos?* Um sinal indicando a situação forte ou precária da empresa é a competitividade de seus preços e custos em relação àqueles dos concorrentes do setor. A análise da cadeia de valor e o *benchmarking* são ferramentas essenciais para determinar se a empresa está desempenhando funções e atividades específicas a um custo econômico, assegurando que seus custos estão equiparados aos dos concorrentes e decidindo quais atividades internas e processos empresariais precisam ser examinados para serem aprimorados. A análise da cadeia de valor ensina o nível de competência com que uma empresa gerencia suas atividades de cadeia de valor em relação aos concorrentes é fundamental para construir vantagem competitiva com base em melhores competências e competências competitivas ou em custos menores que os dos concorrentes.

4. *Do ponto de vista competitivo, a empresa é mais forte ou mais fraca que seus concorrentes?* As avaliações principais aqui envolvem como a empresa se compara aos concorrentes quanto a fatores-chave para o sucesso no setor e outros determinantes do sucesso competitivo, e se a empresa tem vantagem ou desvantagem competitiva e por quê. Avaliações quantitativas da força competitiva usando o método apresentado no Quadro 4.2 indicam em que áreas uma empresa é forte e em quais é fraca competitivamente, e tornam clara a capacidade da empresa de defender ou aumentar sua posição de mercado. Como regra, a estratégia competitiva de uma empresa deve ser construída em torno de suas forças competitivas e visar ao reforço de áreas nas quais ela é competitivamente vulnerável. Quando uma empresa tem forças competitivas importantes em áreas em que um ou mais concorrentes são fracos, cabe a ela considerar manobras ofensivas para explorar as fraquezas competitivas dos concorrentes. Quando uma empresa tem importantes fraquezas competitivas em áreas em que um ou mais concorrentes são fortes, cabe a ela considerar as manobras defensivas para reduzir sua vulnerabilidade.

5. *Quais assuntos e problemas merecem a atenção direta da gerência?* Essa etapa analítica identifica as questões e problemas estratégicos que entravam o sucesso da empresa. Envolve usar os resultados tanto da análise setorial quanto competitiva e examinar a situação da empresa para identificar uma "lista de preocupações" a serem resolvidas, a fim de que a empresa tenha sucesso financeiro e competitivo nos anos subsequentes. Além disso, deve-se decidir quanto à estratégia e às ações específicas a tomar depois de elaborada a lista de assuntos e problemas estratégicos que merecem a atenção direta da gerência.

Uma boa análise da situação da empresa, como a boa análise setorial e competitiva, é uma pré-condição valiosa para a boa elaboração da estratégia.

EXERCÍCIOS DE REFORÇO DA APRENDIZAGEM

1. Usando os índices financeiros fornecidos no Apêndice e as informações da demonstração financeira para a Avon Products (no quadro a seguir), calcule os seguintes índices para a Avon, em 2007 e 2008.

a. Margem de lucro bruta
b. Margem de lucro operacional
c. Margem de lucro líquida
d. Índice de cobertura de juros
e. Retorno sobre o patrimônio líquido
f. Retorno sobre os ativos
g. Coeficiente de endividamento geral
h. Período de estocagem
i. Índice de giro do estoque
j. Período médio de recebimento

Com base nesses índices, o desempenho financeiro da Avon se aprimorou, se enfraqueceu ou permaneceu o mesmo de 2007 a 2008?

2. Revise as informações no quadro "Conceitos e conexões 4.1" a respeito dos custos das diferentes atividades da cadeia de valor associadas à gravação e distribuição de CDs por meio das lojas tradicionais de varejo. Depois, responda às seguintes perguntas:

a. A crescente popularidade da prática de baixar música da internet faz surgir uma nova cadeia de valor no setor de música que difere consideravelmente da cadeia de valor tradicional? Explique por quê.
b. Quais custos seriam cortados da tradicional cadeia de valor ou evitados caso os estúdios de gravação vendessem arquivos de gravações de artistas diretamente a compradores *on-line*?
c. O que acontece a uma cadeia de valor tradicional se um número cada vez maior de consumidores usar *software* de compartilhamento para baixar músicas da internet em vez de comprar CDs ou arquivos para baixar?

Demonstrativos do resultado consolidado de renda para a Avon Products, Inc., 2007-2008 (em milhões de dólares, exceto dados por ação)

Anos findos em 31 de dezembro	2008	2007
Vendas líquidas	$ 10.588,9	$ 9.845,2
Outras receitas	101,2	93,5
Receita total	10.690,1	9.938,7
Custos, despesas e outros:		
Custo de vendas	3.949,1	3.941,2
Despesas gerais, administrativas e de vendas	5.401,7	5.124,8
Lucro operacional	1.339,3	872,7
Despesa de juros	100,4	112,2
Renda de juros	(37,1)	(42,2)
Outras despesas, líquidas	37,7	6,6
Total de outras despesas	101,0	76,6
Renda antes de impostos e participação minoritária	1.238,3	796,1
Imposto de renda	362,7	262,8
Renda antes de participação minoritária	875,6	533,3
Participação minoritária	(0,3)	(2,6)
Renda líquida	$ 875,3	$ 530,7
Lucro por ação		
Básico	$ 2,05	$ 1,22
Diluído	$ 2,04	$ 1,21
Ações em circulação por médias ponderadas		
Básicas	426,36	433,47
Diluídas	429,53	436,89

Avon products, Inc. Balanço patrimonial consolidado, 2007-2008
(em milhões de dólares, exceto por dados de ações)

31 dezembro	2008	2007
Ativos		
Ativo circulante		
Caixa e bancos, incluindo ativos equivalentes a $ 704,8 e $ 492,3	$ 1.104,7	$ 963,4
Contas a receber (menos descontos de $ 127,9 e $ 141,1)	687,8	795,0
Estoques	1.007,9	1.041,8
Despesas pagas antecipadamente e outras	756,5	715,2
Ativo circulante total	3.556,9	3.515,4
Imóveis, instalações industriais e equipamentos a preço de custo		
Terrenos	85,3	71,8
Edifícios (incluindo melhorias)	1.000,7	972,7
Equipamentos	1.353,9	1.317,9
	2.439,9	2.362,4
Menos depreciação acumulada	(1.096,0)	(1.084,2)
	1.343,9	1.278,2
Outros ativos	1.173,2	922,6
Ativo total	$ 6.074,0	$ 5.716,2
Passivo e patrimônio líquido		
Passivo circulante		
Financiamento com prazo de até um ano	$ 1.031,4	$ 929,5
Contas a pagar	724,3	800,3
Provisão para o pagamento de salários	234,4	285,8
Outras provisões	581,9	713,2
Vendas e impostos diversos	212,2	222,3
Imposto de renda	128,0	102,3
Passivo circulante total	2.912,2	3.053,4
Financiamento de longo prazo	1.456,2	1.167,9
Planos de benefícios dos colaboradores	665,4	388,7
Imposto de renda diferido	168,9	208,7
Outros passivos (inclui participação minoritária de $ 37,4 e $ 38, 2)	196,4	185,9
Passivo total	$ 5.399,1	$ 5.004,6
Compromissos e contingências (Notas 13 e 15)		
Patrimônio líquido		
Ações ordinárias de valor nominal $ 25 – autorizadas 1.500 ações, emitidas 739,4 e 736,3 ações	$ 185,6	$ 184,7
Capital adicional integralizado	1.874,1	1.724,6
Lucros retidos	4.118,9	3.586,5
Prejuízo geral acumulado	(965,9)	(417,0)
Ações readquiridas ao custo de – 313,1 e 308,6 ações	(4.537,8)	(4.367,2)
Patrimônio líquido total	$ 674,9	$ 711,6
Passivo e patrimônio líquido total	$ 6.074,0	$ 5.716,2

Fonte: Avon Products, Inc., 2008, 10-K.

EXERCÍCIOS DE APLICAÇÃO PRÁTICA

1. Quais evidências concretas indicam que a estratégia de sua empresa está funcionando bem (ou talvez não esteja funcionando tão bem, se o desempenho de sua empresa não estiver acompanhando o de empresas concorrentes)?

2. Quais são os recursos fracos e fortes de sua empresa? Quais são as oportunidades de crescimento e aumento da lucratividade existentes no mercado externo para sua empresa? Que ameaças externas ao futuro bem-estar e lucratividade de sua empresa você e seus colegas na gerência estão vendo? O que a análise SWOT precedente indica sobre a atual situação e as perspectivas de sua empresa – como se posiciona sua empresa na escala de "excepcionalmente forte" a "alarmantemente fraca"?

3. Sua empresa tem competências essenciais (*core competencies*)? Em caso afirmativo, quais são elas?

4. Quais são os elementos-chave da cadeia de valor de sua empresa? Consulte a Figura 4.1 ao elaborar sua resposta.

5. Usando a metodologia apresentada no Quadro 4.2, prepare uma avaliação da força competitiva de sua empresa e de duas outras empresas que você e seus colegas gestores consideram ser concorrentes próximas.

capítulo 5

As cinco estratégias competitivas genéricas

METAS DE APRENDIZAGEM DO CAPÍTULO

MA1.	Entender como cada uma das cinco estratégias competitivas genéricas constrói vantagem competitiva e oferece mais valor aos clientes.
MA2.	Reconhecer por que algumas das cinco estratégias genéricas funcionam melhor em certos setores e condições competitivas do que em outros.
MA3.	Identificar os principais meios para atingir uma vantagem competitiva com base em custos mais baixos.
MA4.	Identificar os principais meios para desenvolver uma vantagem competitiva buscando diferenciar um bem ou serviço oferecido por uma empresa daquele oferecido pelos concorrentes.

Várias são as condutas básicas para competir com sucesso e obter vantagem competitiva, mas todas envolvem oferecer aos compradores o que eles percebem ter mais valor em comparação às ofertas de fornecedores concorrentes. Um produto pode ter mais valor se for de boa qualidade e oferecido a um preço mais baixo, se valer a pena pagar mais por suas características diferenciadoras ou se for uma oferta que ofereça o melhor valor por representar uma combinação atraente de preço, especificações, qualidade, atendimento e outros atributos atraentes.

Este capítulo descreverá as cinco *alternativas básicas de estratégias* para se obter vantagem competitiva e oferecer mais valor aos clientes – cabe à empresa escolher qual das cinco empregará primeiro ao elaborar uma estratégia geral e iniciar sua busca pela vantagem competitiva.

Estratégias competitivas e posicionamento do setor

A estratégia competitiva de uma empresa lida exclusivamente *com aspectos específicos do plano gerencial para competir com sucesso – suas iniciativas específicas para agradar aos*

> Uma **estratégia competitiva** diz respeito a aspectos específicos do plano gerencial dos dirigentes para competir com sucesso e assegurar uma vantagem competitiva sobre os concorrentes.

clientes, suas manobras ofensivas e defensivas para combater as manobras de concorrentes, suas respostas às condições de mercado prevalentes no momento e sua abordagem para assegurar uma vantagem competitiva frente aos concorrentes. Inúmeras são as variações nas estratégias competitivas empregadas pelas empresas, principalmente porque a abordagem estratégica de cada uma envolve ações específicas, adequadas a suas próprias circunstâncias e ao ambiente do setor. A especificidade da estratégia de cada empresa também é resultado do empenho dos dirigentes para que ela ocupe uma posição de destaque em seu setor. É muito mais provável que as empresas alcancem vantagem competitiva e ganhem lucros acima da média se forem capazes de oferecer mais valor aos clientes. Por exemplo, o estilo atraente do iPod, a facilidade de uso dos controles, propagandas que chamam a atenção e a extensa coleção de músicas disponíveis na iTunes Store da Apple têm dado à empresa uma vantagem competitiva no setor de aparelhos para música digital. A Microsoft tentou imitar a estratégia competitiva da Apple introduzindo seu aparelho Zune, para tocar música, e a sua própria loja virtual de música, mas não se saiu melhor em seu ataque ao iPod do que qualquer outro fabricante de MP3 *players*. Ao escolher uma abordagem singular para oferecer valor aos clientes, a Apple atingiu uma fidelidade à marca incomparável, o que dificulta o êxito de outras empresas por meio da simples imitação de sua abordagem estratégica. Raramente pode-se esperar que as estratégias que recorrem à imitação ofereçam vantagem competitiva e um desempenho estelar, a menos que o imitador possua recursos ou competências que lhe permitam oferecer maior valor aos clientes do que aquele oferecido pelas empresas com abordagens estratégicas semelhantes.

As estratégias competitivas que levam a um posicionamento distintivo no setor e a uma vantagem competitiva no mercado envolvem escolher entre uma meta de mercado que seja ampla ou restrita e buscar uma vantagem competitiva ligada a custos baixos ou à diferenciação da empresa. A Figura 5.1 apresenta cinco estratégias competitivas comprovadamente eficazes, vinculadas ao posicionamento do setor.[1] A abordagem geral para competir e dirigir o negócio difere claramente para cada uma das cinco estratégias competitivas. As cinco estratégias genéricas são:

1. *Uma estratégia provedora de custo baixo* – lutar para atingir custos gerais menores que os dos concorrentes e atraentes a um amplo espectro de clientes, em geral praticando preços mais baixos que os da concorrência.
2. *Uma estratégia de diferenciação ampla* – buscar a diferenciação do bem ou serviço dos concorrentes da empresa de maneira a atrair um amplo espectro de compradores.
3. *Uma estratégia direcionada para o custo baixo* – concentrar-se em um segmento restrito de compradores (ou nicho de mercado) e superar os concorrentes, para que assim possa obter custos mais baixos que os dos concorrentes e se tornar capaz de atender aos integrantes do nicho a um preço mais baixo.
4. *Uma estratégia direcionada para a diferenciação* – concentrar-se em um segmento restrito de compradores (ou nicho de mercado) e superar os concorrentes, oferecendo aos integrantes do nicho atributos que atendam melhor às preferências e aos requisitos em comparação aos produtos dos concorrentes.

---

[1] Este esquema classificatório é uma adaptação de uma classificação mais restrita de três estratégias apresentadas em Michael E. Porter, *Competitive Strategy: Techniques for Analysing Industries and Competitors*, (New York: Free Press, 1980), Capítulo 2, principalmente as p. 35-40 e 44-46. Para uma discussão das diferentes formas de posicionamento das empresas no mercado, ver Michael E. Porter "What Is Strategy", *Harvard Business Review* 74, n. 6 (Nov.-Dec. 1996), p. 65-67.

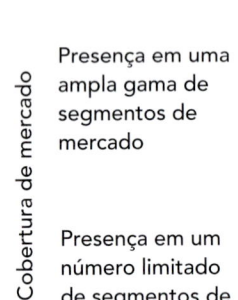

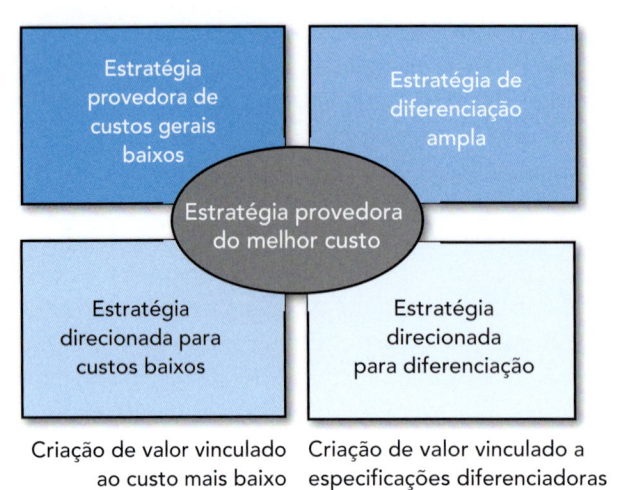

FIGURA 5.1

As cinco estratégias competitivas genéricas

Cobertura de mercado:
- Presença em uma ampla gama de segmentos de mercado
- Presença em um número limitado de segmentos de mercado

- Estratégia provedora de custos gerais baixos
- Estratégia de diferenciação ampla
- Estratégia provedora do melhor custo
- Estratégia direcionada para custos baixos
- Estratégia direcionada para diferenciação

Tipo de vantagem competitiva desejada:
- Criação de valor vinculado ao custo mais baixo
- Criação de valor vinculado a especificações diferenciadoras

Fonte: Essa é uma versão, ampliada pelo autor, de uma classificação de três estratégias discutida em Michael E. Porter, *Competitive Strategy* (New York: Free Press, 1980), p. 35-40.

5. *Uma estratégia provedora do melhor custo* – dar aos clientes mais valor pelo dinheiro, satisfazendo as expectativas dos compradores em atributos de qualidade/características/desempenho/atributos de serviço enquanto se superam as expectativas que eles têm de preços. Essa opção é uma estratégia híbrida que mescla elementos das estratégias de oferecer custo baixo e diferenciação; o objetivo é obter os custos e preços mais baixos (melhores) entre vendedores que ofereçam produtos com atributos de diferenciação comparáveis.

Cada uma dessas cinco abordagens competitivas gerais marca uma posição diferente de mercado. As seções a seguir exploram aspectos positivos e negativos das cinco estratégias competitivas genéricas e explicam como elas diferem.

Estratégias provedoras de custo baixo

Lutar para ser a provedora do melhor custo no setor é uma abordagem competitiva forte em mercados com muitos compradores sensíveis a preço. Uma empresa alcança a liderança em custos baixos quando oferece os melhores custos do setor, e não apenas como um dos vários concorrentes a oferecer custos baixos. As empresas que conseguem oferecer custo baixo se gabam de ter custos mais baixos que os concorrentes – mas não necessariamente o custo mais baixo possível, em termos absolutos. Ao lutarem por uma vantagem de custo em relação aos concorrentes, os gestores devem incluir características e serviços que os compradores considerem essenciais – *uma oferta de produto que não tenha nenhuma especificação especial pode ser pouco valorizada pelos consumidores, mesmo que seu preço seja menor que os de produtos concorrentes.*

Uma empresa tem duas opções para que sua vantagem por ter baixo custo seja traduzida em lucro. A opção 1 é usar a vantagem do menor custo para praticar preços mais baixos que os concorrentes e atrair um grande número de compradores sensíveis a preço, de modo a aumentar o lucro total. A opção 2 é manter o preço atual, contentar-se com a participação de mercado e usar a vantagem de custo mais baixo para ganhar uma margem de lucro maior em cada unidade vendida, aumentando assim o lucro total da empresa e o retorno geral sobre o investimento.

Obter liderança mediante custo baixo

Uma vantagem sobre os concorrentes por meio de preços baixos é obtida de duas formas: desempenhando atividades essenciais da cadeia de valor a custos mais baixos que os dos concorrentes e reformulando a cadeia de valor geral da empresa para eliminar ou evitar algumas atividades que geram custo.[2] A Southwest Airlines reconfigurou a tradicional cadeia de valor da aviação comercial a custos menores e, dessa forma, oferece tarifas muito mais baixas aos passageiros. A empresa não oferece refeições durante o voo, nem assento numerado, transferência de bagagem para conexões ou serviço de bordo e assentos de primeira classe, eliminando assim todas as atividades associadas a esses aspectos que produzem custo. O melhor desempenho das atividades essenciais da empresa também contribui para sua vantagem de custo no setor aéreo. Paradas rápidas nos portões (cerca de 25 minutos comparados a 45 minutos de concorrentes) permitem que suas aeronaves voem mais horas por dia. Isso se traduz na capacidade de programar mais voos por dia com menos aeronaves, o que permite à Southwest gerar mais receita por avião do que os concorrentes.

> O sucesso para se obter vantagem sobre os concorrentes, em termos de custos mais baixos, é obtido quando uma empresa desempenha as atividades essenciais e elimina ou evita as atividades "não essenciais".

Para que uma empresa seja eficiente no gerenciamento de sua cadeia de valor a um custo menor que os concorrentes, os gestores devem empreender uma iniciativa conjunta, continuada, visando à identificação de oportunidades que representem economias de custo em todas as partes da cadeia de valor. Nenhuma atividade pode escapar ao exame de economia de custo e devem ser exploradas todas as formas de desempenhar as atividades da cadeia de valor a um custo mais baixo que o dos concorrentes. Normalmente, aqueles que produzem a custos baixos trabalham ativamente para criar culturas corporativas que se preocupam com os custos, estimulam a ampla participação dos colaboradores em esforços contínuos de aprimoramento dos custos e limitam regalias e benefícios aos executivos. Essas empresas lutam para operar com um corpo de colaboradores extremamente pequeno, de modo a manter mínimos os custos administrativos. Muitos líderes que têm sucesso na obtenção de custos baixos também usam *benchmarking* para determinar como seus custos se comparam aos de seus concorrentes e de empresas que desempenham atividades comparáveis em outros setores.

Embora os provedores de custos baixos evitem desperdícios de qualquer maneira, eles não economizam no investimento de recursos que prometam reduzir ainda mais os custos. A Walmart, uma das mais destacadas praticantes da liderança mediante custos baixos, investiu em tecnologia de última geração em todas as suas operações – seus centros de distribuição são automatizados, a empresa usa sistemas *on-line* para pedidos de produtos aos fornecedores e gerenciamento dos estoques, equipa suas lojas com sistemas avançados de acompanhamento de vendas e pagamentos no caixa e envia dados diários dos pontos de vendas a 4 mil fornecedores. Os sistemas de comunicação e informação e as capacidades da Walmart são mais sofisticados que os de qualquer outra cadeia de varejo do mundo. O quadro "Conceitos e conexões 5.1" descreve a ampla metodologia da Walmart para gerenciar sua cadeia de valor a fim de atingir uma vantagem de custo acentuada sobre as redes de supermercado concorrentes e se tornar a maior rede de supermercados do mundo.

Condições de mercado favoráveis a uma estratégia provedora de custo baixo

Uma estratégia competitiva baseada na liderança por meio da prática de custos baixos é extremamente poderosa quando:

---
[2] Michael E. Porter, *Competitive Advantage* (New York: Free Press, 1985), p. 97.

5.1 Conceitos e conexões

COMO A WALMART CONSEGUIU QUE SUA CADEIA DE VALOR ATINGISSE UMA VANTAGEM RECORRENDO A CUSTOS BAIXOS SOBRE AS REDES DE SUPERMERCADOS CONCORRENTES

A Walmart conseguiu uma vantagem substancial de custo e preço sobre as redes de supermercado concorrentes ao reformular partes da cadeia de valor do supermercado e executar, com eficiência, várias atividades da cadeia de valor. Sua vantagem de custo vem de uma série de iniciativas e práticas:

- Instituir o extenso compartilhamento de informações com fornecedores por meio de sistemas *on-line* que repassam as vendas efetuadas em seus caixas diretamente aos fornecedores dos itens, transmitindo dessa forma informações em tempo real aos fornecedores sobre a demanda e as preferências do cliente (criando uma vantagem de custo estimada de 6%).
- Perseguir a aquisição global de alguns itens e centralizar a maioria das atividades de compras, de modo a alavancar o poder de compra da empresa (criando uma vantagem de custo estimada de 2,5%).
- Investir em automação de ponta em seus centros de distribuição, operando com eficiência uma frota de caminhões que faz entregas diárias para as lojas da Walmart e empregando diversas outras práticas de economia de custo em sua sede, centros de distribuição e lojas (resultando em uma vantagem de custo estimada de 4%).
- Lutar para otimizar a diversidade de produtos e atingir maior giro de vendas (resultando em uma vantagem de custo de cerca de 2%).
- Instalar sistemas de segurança e procedimentos operacionais de loja que reduzam as taxas de desvalorização das mercadorias (produzindo uma vantagem de custo de cerca de 0,5%).
- Negociar aluguel de imóvel e taxas de *leasing* com os proprietários ou com imobiliárias (rendendo uma vantagem de custo de 2%).
- Gerenciar e remunerar sua força de trabalho de modo a produzir custos mais baixos com mão de obra (rendendo uma vantagem de custo de 5%).

Juntas, essas iniciativas na cadeia de valor dão à Walmart uma vantagem de custo aproximada de 22% sobre a Kroger, a Safeway e outras redes de supermercado. Com uma vantagem de custo considerável, a Walmart tem sido capaz de praticar preços menores que seus concorrentes, tornando-se a maior varejista no ramo de supermercados do mundo, em pouco mais de uma década.

Fonte: Desenvolvido pelos autores a partir de informações em www.walmart.com e em Marco Iansiti e Toy Levien, "Strategy as Ecology", *Harvard Business Review* 82, n. 3 (March 2004), p. 70.

1. *A concorrência de preço entre vendedores é extremamente vigorosa.* Os provedores de custo baixo são os que estão em melhor posição de competir ofensivamente na base de preço e sobreviver a guerras de preço.
2. *Os produtos de vendedores concorrentes são essencialmente idênticos e prontamente disponíveis.* Produtos comuns e/ou amplos suprimentos são condições para uma concorrência acirrada de preços; em tais mercados, as empresas menos eficientes, com custos mais altos, são as mais vulneráveis.
3. *Poucas são as maneiras de atingir uma diferenciação de produto que seja valorizada pelos compradores.* Quando diferenças no bem ou serviços entre marcas não importam muito aos compradores, quase sempre eles procuram o melhor preço no mercado.
4. *O custo para mudar de fornecedor é baixo.* Custos baixos para mudar para outro fornecedor dão aos compradores a flexibilidade para passarem a comprar de fornecedores que ofereçam preços mais baixos por produtos igualmente bons. Uma empresa líder em custo baixo está bem posicionada para usar preços baixos de modo a induzir seus clientes a não mudarem para as marcas do concorrente.
5. *A maioria das vendas no setor é feita para alguns compradores, que compram em grandes volumes.* As empresas que obtêm custo baixo são as que estão em melhor condição

entre os fornecedores para negociar com aqueles que compram grandes volumes, porque são capazes de bater o preço dos concorrentes para ganhar um alto volume de vendas, mantendo uma margem de lucro aceitável.

6. *As novas empresas no setor usam preços baixos para atrair compradores e construir uma base de clientes.* A líder em custos baixos pode recorrer a reduções de preço, levando um novo concorrente a enfrentar dificuldades para ganhar clientes.

Como regra, quanto mais os compradores se preocuparem com preços, mais atraente se tornará a estratégia da prática de custo baixo. A capacidade que uma empresa praticante de custos baixos possui de estabelecer o preço de piso no setor e ainda assim ter lucro ergue barreiras protetoras em torno de sua posição de mercado.

Os riscos de uma estratégia provedora de custos baixos

Talvez a maior armadilha de uma estratégia provedora de custos baixos seja envolver-se obsessivamente em *cortes agressivos de preços* e acabar tendo uma lucratividade mais baixa, e não mais alta. Uma vantagem de preço baixo/custo baixo só resultará em aumento da lucratividade se os preços forem reduzidos menos que a vantagem de custo ou o volume adicional for suficientemente grande para gerar um lucro total maior, apesar de margens mais baixas por unidade vendida. Assim, uma empresa com uma vantagem de custo de 5% não pode cortar os preços em 20%, apresentar um ganho por volume de apenas 10% e ainda assim esperar ter mais lucro!

Uma segunda armadilha é *contar com uma abordagem para reduzir os custos que possa ser facilmente copiada pelos concorrentes*. O valor de uma vantagem de custo depende de sua sustentabilidade. Esta, por sua vez, depende de a empresa atingir sua vantagem de custo de maneiras difíceis para os concorrentes se equipararem ou retalharem. Se os concorrentes acharem relativamente fácil ou inexpressivo imitar os métodos de custo baixo da empresa líder, então a vantagem da líder durará muito pouco para lhe render alguma posição vantajosa no mercado.

Uma terceira armadilha é *fixar-se demais na redução de custo*. Custos baixos não podem ser perseguidos com tanto fervor que a oferta de uma empresa acabe sendo pobre demais para captar o interesse dos compradores. Além disso, uma empresa que esteja se esforçando para abaixar seus custos deve se proteger, evitando interpretar mal ou ignorar a preferência crescente do comprador por produtos com mais especificações ou, ainda, a queda da sensibilidade do comprador ao preço. Mesmo que esses erros sejam evitados, a metodologia do baixo custo competitivo ainda envolve um risco. Avanços tecnológicos ou aprimoramentos em processos que geram economias de custo podem levar uma empresa a perder sua posição de liderança conquistada, com dificuldade, por meio da prática de custos baixos.

Estratégias de diferenciação ampla

As estratégias de diferenciação são atraentes sempre que as necessidades e preferências dos compradores forem diversas demais para serem plenamente satisfeitas por um bem ou serviço padronizado. Uma empresa que esteja tentando ter sucesso por meio da diferenciação deve estudar atentamente as necessidades e a conduta dos compradores para perceber o que eles valorizam e quanto estão dispostos a pagar por seus bens e serviços diferenciados. Então, a empresa deve incluir esses aspectos desejáveis para se destacar claramente dos concorrentes que não oferecem tais atributos de bens ou serviços.

> A essência de uma estratégia de diferenciação ampla consiste em oferecer características exclusivas que sejam valorizadas por uma extensa gama de clientes.

O êxito na diferenciação permite a uma empresa:

- Cobrar um preço mais alto; e/ou
- aumentar as vendas por unidade (porque mais compradores são conquistados em razão dos aspectos diferenciados); e/ou
- ganhar a fidelidade do comprador a sua marca (porque alguns compradores são fortemente atraídos a características diferenciadoras e ligados à empresa e a seus produtos).

A diferenciação aumenta a lucratividade sempre que o preço extra do produto superar os custos adicionais incorridos para atingi-la. As estratégias de diferenciação da empresa falham quando os compradores não valorizam a exclusividade da marca e/ou quando a forma de uma empresa obter a diferenciação é facilmente copiada ou equiparada por seus concorrentes.

Abordagens à diferenciação

As empresas podem buscar a diferenciação sob vários ângulos: um sabor singular (Dr. Pepper, Listerine), várias especificações (Microsoft Windows 7, Microsoft Office), amplo sortimento e uma compra de vários produtos em um único lugar (Home Depot, Amazon.com), serviços melhores (FedEx), disponibilidade de peças de reposição (a Caterpillar garante a entrega de peças de reposição em 48 horas para qualquer cliente em qualquer parte do mundo ou a peça não é cobrada), *design* de engenharia e desempenho (Mercedes, BMW), prestígio e distintividade (Rolex), confiabilidade do produto (Whirlpool e GE, no setor de grandes aparelhos domésticos), produção de qualidade (Michelin em pneus, Toyota e Honda em automóveis), liderança tecnológica (3MCorporation em produtos adesivos e de revestimento), uma gama completa de serviços (Charles Schwab em corretagem de ações), uma linha completa de produtos (sopas Campbell's), e imagem e a reputação superiores (Ralph Lauren e Starbucks).

As formas de diferenciação mais atraentes são aquelas mais difíceis de replicar ou onerosas demais para os concorrentes. De fato, os concorrentes podem clonar, quase de imediato, praticamente qualquer especificação ou característica de um produto. Se a Coca-Cola introduz uma água engarrafada enriquecida com vitaminas, a Pepsi faz o mesmo; se a Canon lança câmeras com 12 megapixels, a Sony e a Nikon também lançam; se a Research in Motion (a fabricante dos modelos Blackberry, tão populares) introduz celulares com capacidade para receber e enviar *e-mails*, a Samsung, a Apple e a LG fazem a mesma coisa. Como regra, a diferenciação gera uma vantagem competitiva mais duradoura e lucrativa quando se baseia na inovação de um produto, na superioridade técnica, na qualidade e confiabilidade do produto, no atendimento completo ao cliente e em competências competitivas incomparáveis. Os concorrentes tendem a ter dificuldade para imitar esses atributos diferenciadores, ou para ter a mesma lucratividade, e seu valor é claramente percebido pelos compradores.

> Especificações de produtos fáceis de imitar não podem produzir vantagem competitiva sustentável; a diferenciação baseada em competências e capacidades difíceis de copiar tende a ser mais sustentável.

Criação de valor aos clientes por meio da diferenciação

Embora seja bem fácil entender que uma estratégia de diferenciação executada com sucesso deve oferecer valor de maneiras não alcançadas pelos concorrentes, um problema na elaboração de uma estratégia de diferenciação é decidir o que é valorizado pelos clientes. De modo geral, o valor pode ser oferecido aos clientes de quatro maneiras básicas.

1. *Incluir atributos de produto e especificações de uso que reduzam os custos aos compradores.* Os compradores comerciais valorizam produtos que possam reduzir seu custo de produção. Por exemplo, o produto pode ser fabricado de modo a gerar economia de custo ao comprador, ao reduzir o desperdício no uso de matérias-primas (fornecer componentes cortados no tamanho certo), reduzir o estoque (fornecer entregas *just-in-time*) ou aumentar a confiabilidade do produto, o que reduzirá os custos de reparos e manutenção de um comprador, e ao oferecer ao cliente suporte técnico gratuito. A alta de custos nos preços da gasolina estimulou os fabricantes de veículos motorizados no mundo todo a introduzir modelos com melhor economia de combustível.
2. *Incorporar especificações que melhorem o desempenho do produto.*[3] Os compradores comerciais e os consumidores valorizam níveis mais altos de desempenho em muitos tipos de produto. A confiabilidade do produto, os resultados, a durabilidade, a conveniência e a facilidade de uso são aspectos do desempenho que diferenciam os produtos oferecidos. Fabricantes de celulares estão atualmente na corrida para aprimorar o desempenho de seus aparelhos por meio da introdução de telefones da próxima geração com um conjunto mais atraente e moderno de especificações e opções.
3. *Incorporar especificações que aumentem a satisfação do comprador de maneiras intangíveis ou não relacionadas a preços econômicos.* O Prius da Toyota atrai motoristas preocupados com questões ambientais e que desejam ajudar a reduzir as emissões globais de gás carbônico. Bentley, Ralph Lauren, Louis Vuitton, Tiffany, Cartier e Rolex têm vantagens competitivas baseadas na diferenciação associada ao desejo de *status*, imagem, prestígio, alta costura, um trabalho artesanal superior e artigos mais refinados. A L. L. Bean faz com que seus clientes sintam-se seguros ao comprar os produtos da empresa pelo correio, oferecendo garantia incondicional por um prazo indeterminado.
4. *Oferecer valor aos clientes, explorando as capacidades e competências competitiva que os concorrentes não têm ou com as quais não podem se equiparar.*[4] Competências diferenciadas e/ou centrais únicas no setor podem ser usadas para ajudar a destacar uma empresa de seus concorrentes. Há inúmeros exemplos de empresas que se diferenciaram com base em capacidades. A Nintendo consegue oferecer aos proprietários de Wii uma ampla variedade de jogos para todas as idades por ter grande força nas operações internas de desenvolvimento de jogos e uma rede extensa de profissionais e empresas terceirizadas para desenvolvê-los. Os fabricantes japoneses de automóveis podem se adaptar mais rapidamente à preferência do consumidor por um determinado modelo de veículo porque têm a capacidade para levar novos modelos ao mercado com mais rapidez do que os fabricantes americanos e europeus.

Onde procurar oportunidades para diferenciação

A diferenciação não é necessariamente algo gerado nos departamentos de propaganda e marketing, nem se limita a qualidade e serviços. Podem existir oportunidades de diferenciação em todas as atividades que afetam o valor de um bem ou serviço; várias são as possibilidades:

- *Atividades da cadeia de suprimento* que acabam afetando o desempenho ou a qualidade do produto final. A Starbucks tem um café excelente, o que se deve, em parte, às especificações muito restritas na compra de grãos de café.

---

[3] Ibid., p. 135-138.
[4] Para uma discussão detalhada, ver George Stalk, Philip Evans e Lawrence E. Schulman, "Competing on Capabilities: The New Rules of Corporate Strategy", *Harvard Business Review* 70, n. 2 (March-April 1992), p. 57-69.

- *Atividades de P&D do produto* que visam a *designs* e desempenho aprimorados do produto, à ampliação dos usuários finais e das aplicações, a conseguir chegar primeiro no mercado com mais frequência, à maior segurança do usuário, à maior capacidade de reciclagem ou a uma proteção ambiental maior.
- *Atividades de P&D da produção e relacionadas à tecnologia*, que permitem produtos customizados com eficiência de custo, tornam os métodos de produção mais seguros para o ambiente ou aprimoram a qualidade, a confiabilidade e a aparência do produto. Muitos fabricantes desenvolveram sistemas de produção flexíveis que permitem a produção de diferentes modelos e versões de um produto na mesma linha de montagem. Ser capaz de fornecer aos compradores produtos feitos sob encomenda pode ser uma forte capacidade diferenciadora.
- *Atividades de produção* que reduzem os defeitos do produto, estendem sua vida, permitem dar mais garantia ou melhoram sua aparência. A qualidade superior dos fabricantes de automóveis japoneses vem, em parte, de sua competência diferenciada nas atividades da linha de montagem.
- *Atividades de distribuição e expedição* que permitem menos armazenamento e estoque nas prateleiras, a entrega mais rápida aos clientes, o preenchimento mais exato dos pedidos e/ou custos mais baixos de expedição.
- *Atividades de marketing, vendas e atendimento ao cliente* que resultam em melhor assistência técnica aos compradores, serviços de manutenção e conserto mais rápidos, condições de crédito mais favoráveis, rapidez no processamento de pedidos ou maior conveniência ao cliente.

Valor percebido e a importância de sinalizar o valor

O preço adicional cobrado em decorrência de uma estratégia de diferenciação reflete *o valor realmente oferecido* ao comprador e *o valor percebido* por ele. O valor de certas especificações diferenciadoras é facilmente detectável pelos compradores, mas em alguns casos eles podem ter dificuldade em avaliar qual será sua experiência com o produto.[5] Empresas bem-sucedidas na diferenciação não medem esforços para que os compradores conheçam o valor de um produto e incorporem os sinais de valor, como uma embalagem atraente, campanhas de propaganda extensas, a qualidade dos impressos promocionais e das apresentações de vendas, a lista de clientes do vendedor, o tempo que a empresa está no ramo e seu profissionalismo, a aparência e a personalidade dos colaboradores do vendedor. Esses sinais de valor podem ser tão importantes quanto o valor real quando a natureza da diferenciação é subjetiva ou difícil de quantificar, quando os compradores estão fazendo a compra pela primeira vez, quando a compra não é feita regularmente e quando os compradores não são exigentes.

Condições de mercado que favorecem uma estratégia de diferenciação

As estratégias de diferenciação tendem a funcionar em circunstâncias de mercado em que:

1. *As necessidades e usos do comprador do produto são diversos.* Preferências diversas do comprador permitem que os concorrentes do setor se destaquem com atributos de

---

[5] A relevância e a indicação do valor percebido são discutidas mais detalhadamente em Porter, *Competitive Advantage: Creating and Sustaining Superior Performance*, (New York: Simon & Schuster, 1996), p. 138-142.

produto que atraiam determinados compradores. Por exemplo, a diversidade nas preferências do consumidor por cardápio, ambiente, preço e atendimento ao cliente dá aos restaurantes uma grande amplitude na criação de conceitos diferenciados. Outros setores que oferecem oportunidades para diferenciação com base em necessidades e usos diversos do comprador incluem a publicação de revistas, a fabricação de automóveis, calçados, eletrodomésticos para a cozinha e computadores.

2. *Há várias maneiras de diferenciar o bem ou serviço, valorizadas pelos compradores.* O uso de estratégias de diferenciação é adequado nos setores que permitem aos concorrentes adicionarem especificações a seus produtos. Por exemplo, redes de hotéis podem se diferenciar em aspectos como localização, tamanho dos quartos, variedade de serviços aos hóspedes, restaurantes e qualidade e luxo da roupa de cama e da mobília. Da mesma forma, os fabricantes de cosméticos são capazes de se diferenciar com base no prestígio e na imagem, em fórmulas que combatem os sinais do envelhecimento, na proteção UV, na exclusividade de locais de varejo, na inclusão de antioxidantes e ingredientes naturais ou em proibições a testes em animais.

3. *Poucas empresas concorrentes estão seguindo uma abordagem de diferenciação parecida.* As melhores formas de diferenciação envolvem tentar atrair os compradores com base em atributos que os concorrentes não estão enfatizando. Uma empresa que diferencia seus produtos encontra menos rivalidade direta quando persegue a exclusividade e não tenta superar os concorrentes, procurando se diferenciar deles nas mesmas características de produto. Quando muitos concorrentes estão afirmando "o nosso é mais saboroso que o deles" ou "o nosso deixa suas roupas mais limpas que o deles", eles tendem a ir atrás dos mesmos compradores, com ofertas de produtos muito similares.

4. *A mudança tecnológica é rápida e a concorrência gira em torno de características de produto que evoluem rapidamente.* A rápida inovação de produto e frequentes introduções de produtos da nova geração aguçam o interesse do comprador e fornecem espaço para as empresas buscarem meios de se diferenciar. Em *hardware* e jogos de *videogame*, equipamentos de golfe, computadores, celulares e sistemas de navegação para automóveis, os concorrentes se envolvem em uma disputa permanente para se destacar, introduzindo produtos da próxima geração – as empresas que não conseguem lançar produtos novos e aperfeiçoados, além de características de desempenho diferenciadas, perdem mercado rapidamente.

Os perigos potenciais de uma estratégia de diferenciação

As estratégias de diferenciação podem fracassar por diversas razões. *Uma estratégia de diferenciação vinculada a atributos de bem ou serviço que sejam copiados fácil e rapidamente é sempre suspeita.* A rápida imitação significa que nenhum concorrente atinge uma diferenciação significativa, porque qualquer nova característica que uma empresa introduza e cause a admiração dos compradores é quase imediatamente adicionada pelos concorrentes. É por isso que, se uma empresa espera usar a diferenciação para obter uma vantagem sustentável sobre a concorrência, deve buscar exclusividades que levem tempo ou sejam trabalhosas para os concorrentes alcançarem.

As estratégias de diferenciação também podem falhar quando os compradores virem pouco valor nas qualidades exclusivas do produto de uma empresa. Assim, mesmo que uma empresa consiga atributos para sua marca que se distingam das marcas dos concorrentes, sua estratégia pode falhar por tentar se diferenciar em algo que não oferece valor adequado aos compradores. Quando muitos compradores potenciais olham para a oferta de um produto diferenciado de uma empresa e concluem "e daí?", essa estratégia de diferenciação apresenta sérios problemas – os compradores provavelmente decidirão que o produto não vale o preço extra e as vendas serão decepcionantemente baixas.

Gastar demais em iniciativas para se diferenciar é uma estratégia falha que pode acabar afetando a lucratividade. As iniciativas de uma empresa para alcançar a diferenciação quase sempre aumentam os custos. O truque para lucrar com a diferenciação é manter os custos para atingi-la abaixo do preço adicional que será cobrado pelos atributos diferenciadores no mercado ou compensar margens de lucro mais baixas com a venda de um número suficiente de unidades a mais, o que elevará o lucro total. Se uma empresa busca a diferenciação, mesmo que seja onerosa, pode acabar com margens de lucros inaceitavelmente baixas, ou até com perdas. A necessidade de conter os custos de diferenciação se justifica uma vez que muitas empresas acrescentam pequenos toques diferenciadores a seu produto, que aumentam a satisfação do comprador e não custam quase nada a elas.

Outras armadilhas e erros comuns na elaboração de uma estratégia de diferenciação incluem:[6]

- *Exagerar na diferenciação, de modo que seu bem ou serviços estejam acima das necessidades dos compradores.* É improvável que os compradores paguem um preço extra por características e atributos que não serão usados. Por exemplo, é improvável que os usuários de *videogames* comprem consoles com imagem de alta resolução e conectividade de banda larga se não tiverem um HDTV e forem assinantes de serviços da internet.
- *Tentar cobrar um preço alto demais.* Mesmo que os compradores considerem "bom" ter um produto com características extras ou que seja mais luxuoso, podem concluir que o benefício ou luxo adicional não vale a diferença de preço, comparado aos produtos menos diferenciados.
- *Ser tímido e não lutar para alcançar diferenças importantes na qualidade ou nos serviços, ou ainda em aspectos do desempenho, comparadas aos produtos dos concorrentes.* Diferenças mínimas em relação às ofertas de produto dos concorrentes podem não ser visíveis ou importantes aos compradores.

Uma estratégia provedora de custo baixo sempre pode derrotar uma estratégia de diferenciação quando os compradores estão satisfeitos com um produto básico e não acham que os atributos "extras" valem um preço mais alto.

Estratégias direcionadas (ou de nicho de mercado)

O que distingue as estratégias direcionadas das estratégias de liderança pelo preço baixo ou de ampla diferenciação é uma concentração em uma parte estreita do mercado. O segmento almejado, ou nicho, pode ser definido pela exclusividade geográfica ou por atributos especiais de produto que atraem apenas àqueles que pertencem àquele nicho. As vantagens de direcionar todo o esforço competitivo de uma empresa para um único nicho de mercado são consideráveis, principalmente para empresas menores e de tamanho médio que podem não ter recursos suficientes para ir atrás de uma base de clientes nacional, apresentando uma linha de modelos e estilos e uma seleção de produtos que ofereça "algo para todos". A Community Coffee, a maior varejista de cafés especiais nos Estados Unidos, tem foco geográfico no estado de Louisiana e em comunidades situadas no golfo do México. A empresa tem apenas 1,1% de participação do mercado nacional

---

[6] Porter, *Competitive Advantage*, p. 160-162.

de café, mas suas vendas foram superiores a US$ 100 milhões e ela ganhou 50% de participação no mercado nas onze regiões em que o produto é distribuído. Exemplos de empresas que se concentram em um nicho de mercado bem definido, vinculado a um determinado produto ou segmento de compradores, incluem os canais Animal Planet e History Channel (em TV a cabo), Google (em mecanismos de busca pela internet), Porsche (em carros esportivos) e Bandag (uma especialista em recauchutagem de pneus para caminhões que promove agressivamente seus serviços em mais de mil pontos de parada de caminhões). Pequenas cervejarias, padarias locais, pousadas e butiques locais, gerenciadas pelos próprios donos, são bons exemplos de empreendimentos que dimensionaram suas operações para atender a segmentos estreitos ou locais de clientes.

Uma estratégia direcionada para custos baixos

Uma estratégia direcionada para custos baixos visa assegurar uma vantagem competitiva, atendendo os compradores no nicho de mercado almejado, a um custo e preço mais baixos do que os concorrentes. Essa estratégia tem uma ação considerável quando uma empresa dispõe de meios de reduzir significativamente os custos, limitando sua base de clientes a um segmento de comprador bem definido. As vias para atingir uma vantagem de custo sobre os concorrentes que também atendem ao nicho de mercado almejado são as mesmas que as empregadas na liderança mediante custos baixos – formas inovadoras de evitar ou reduzir as atividades não essenciais. A única diferença real entre uma estratégia provedora de custo baixo e uma estratégia direcionada para custos baixos é o tamanho do grupo de compradores ao qual uma empresa se mostra atraente.

As estratégias direcionadas para custos baixos são bastante comuns. Os produtores de bens de marcas próprias são capazes de alcançar custos baixos no desenvolvimento, marketing, distribuição e propaganda do produto, concentrando-se na fabricação de produtos genéricos similares a mercadorias de marcas e vendendo diretamente para redes de varejo que desejam uma marca de loja com preço baixo. A Perrigo Company tornou-se uma fabricante líder de produtos vendidos sem receita médica com vendas superiores a US$ 1,8 bilhão em 2008, concentrando-se na produção de marcas próprias para varejistas como Walmart, CVS, Walgreens, Rite Aid e Safeway. Embora a Perrigo não fabrique produtos de marca, uma estratégia direcionada para custos baixos também é adequada para os fabricantes desse tipo de produtos. O quadro "Conceitos e conexões 5.2" descreve como os custos baixos da Vizio e o foco em grandes varejistas permitiu que a empresa se tornasse a maior vendedora de HDTV com tela plana nos Estados Unidos, seis anos após ter iniciado suas atividades.

Uma estratégia direcionada para a diferenciação

As estratégias direcionadas para a diferenciação são voltadas para a oferta de bens ou serviços cuidadosamente concebidos, para atrair as preferências e necessidades singulares de um grupo restrito e bem definido de compradores (em oposição a uma estratégia de ampla diferenciação voltada para vários grupos de compradores e segmentos de mercado). Empresas como Four Seasons Hotels e Resorts, Chanel, Gucci e Louis Vuitton empregam estratégias de sucesso baseadas na diferenciação, dirigidas para compradores abastados que desejam bens e serviços com qualidade internacional. De fato, a maioria dos mercados contém um segmento de compradores dispostos a pagar um preço adicional pelos mais sofisticados itens disponíveis, abrindo assim oportunidades para alguns concorrentes perseguirem estratégias baseadas na dife-

5.2 Conceitos e conexões

A ESTRATÉGIA DA VIZIO, DIRECIONADA PARA CUSTOS BAIXOS

A Vizion Inc., com sede na Califórnia, projeta TVs de plasma e de tela plana de 20 até 55 polegadas, vendidas apenas em grandes lojas de varejo como Walmart, Sam's Club, Costco Wholesale e Best Buy. Se você pesquisou para encontrar uma TV com tela plana recentemente, é provável que tenha notado que a Vizio está entre as marcas de preços mais baixos e que a qualidade de sua imagem é surpreendentemente boa, considerando-se seu preço. A empresa consegue manter custo baixo fazendo apenas o projeto das TVs e terceirizando a produção para um número limitado de fabricantes em Taiwan. De fato, 80% de sua produção é feita pela AmTran Technology. Tal dependência de um fornecedor pode deixar um comprador em uma situação precária, tornando-o vulnerável a aumentos de preço ou escassez de produto, mas a Vizio combateu essa possível ameaça tornando a AmTran uma importante acionista, com uma participação na Vizio de 23% e com cerca de 80 % de suas receitas vindo das vendas de televisores para a Vizio. Essa relação próxima com seu maior fornecedor e seu foco em uma única categoria de produto vendido por meio de canais de distribuição limitados permite à Vizio oferecer grandes descontos a seus clientes.

A primeira conta importante da Vizio foi estabelecida em 2003, quando ela ofereceu à Costco uma TV de plasma de 46 polegadas com um preço de atacado que era a metade do preço do concorrente com o preço mais baixo. Em dois meses, a Costco tinha TVs de tela plana da Vizio em 320 de seus depósitos nos Estados Unidos. Em outubro de 2007, a Vizio ofereceu aos compradores do Sam's Club uma TV LCD de 20 polegadas que podia ser vendida no varejo por menos de US$ 350. O preço e a qualidade da TV de 20 polegadas levou o departamento de compras do Sam's Club a fazer um pedido de 20 mil unidades para entrega em março de 2008. Em 2009, a Vizio foi a empresa que mais vendeu HDTVs com tela plana nos Estados Unidos, com uma participação de mercado de 21,6%. A empresa registrou receitas de US$ 2 bilhões em 2007 e foi a vendedora de TV que mais teve lucro no setor.

Fonte: O rápido sucesso da Vizio foi destacado em "Picture Shift: U.S. Upstart Takes On TV Giants in Price War", *The Wall Street Journal*, April 15, 2008, p. A1, e "Vizio Achieves #1 LCD HDTV Ranking in North America and #1 Ranking in U.S. Flat Panel HDTV Shipments", *Vizio Press Release*, May 11, 2009.

renciação voltadas para o topo da pirâmide mercado. Na América do Norte, a Ferrari vende 1.500 unidades de seu carro anualmente para uma lista de 20 mil compradores aficcionados pela marca e com alto poder aquisitivo. Somente o mais alto escalão desse grupo exclusivo foi contatado pela Ferrari para ter a chance de colocar seus nomes na lista de espera de um dos vinte modelos FXX, de US$ 1,1 milhão, planejados para venda nos Estados Unidos. O Quadro "Conceitos e conexões 5.3" descreve a estratégia da Progressive Insurance, direcionada para a diferenciação.

Condições que tornam viável uma estratégia direcionada para a diferenciação ou custos baixos

Uma estratégia direcionada, que vise assegurar uma vantagem competitiva baseada no custo baixo ou na diferenciação, torna-se cada vez mais atraente à medida que mais condições, que serão apresentadas a seguir, forem atendidas:

- O nicho de mercado que se deseja atingir é grande o suficiente para ser lucrativo e oferece bom crescimento potencial.
- Os líderes do setor preferiram não competir no nicho – caso em que é possível evitar a disputa direta contra os maiores e mais fortes concorrentes do setor.
- É oneroso ou difícil para concorrentes de vários segmentos atenderem às necessidades especializadas de compradores pertencentes a um nicho e ao mesmo tempo satisfazer às expectativas de clientes principais.

Conceitos e conexões 5.3

ESTRATÉGIA DE DIFERENCIAÇÃO DIRECIONADA DA PROGRESSIVE INSURANCE NO RAMO DE SEGUROS DE AUTOMÓVEIS

A Progressive Insurance inaugurou uma estratégia em seguro de veículos direcionada para pessoas com um registro de infrações no trânsito que dirigem carros com alto desempenho, motoristas com histórico de acidentes, motociclistas, adolescentes e outras chamadas categorias de alto risco evitadas pela maioria das seguradoras. A empresa descobriu que alguns desses motoristas que se arriscam muito têm pressa, o que os torna menos sensíveis a pagarem mais pelo seguro de seus carros. A gerência percebeu que poderia cobrar desses motoristas um adicional suficientemente alto para cobrir os riscos extras, além de diferenciar a Progressive das outras seguradoras, por agilizar o processo de aprovação de seguro e diminuir o incômodo que esses motoristas enfrentavam para fazer uma apólice de seguro. A empresa foi pioneira no modelo de vendas diretas de baixo custo, permitindo aos clientes efetuarem seguro *on-line* e por telefone.

Além disso, a Progressive estudou cuidadosamente os segmentos de mercado para seguro de veículos e concluiu que alguns proprietários de motocicletas não se arriscavam no trânsito (pessoas de meia-idade que moravam em subúrbios e às vezes iam ao trabalho ou usavam suas motocicletas principalmente para passear com os amigos). A estratégia empresarial permitiu que ela se tornasse uma líder no mercado de seguro de carros de luxo para clientes que apreciavam sua forma ágil de fazer negócios.

Para se diferenciar ainda mais e promover a política da empresa, a gerência criou equipes que *registravam* os sinistros, indo aos locais dos acidentes para avaliar os danos e emitir cheques para o conserto no ato. A Progressive introduziu o registro contínuo de sinistros, 24 horas por dia, que agora se tornou padrão no setor. Além disso, desenvolveu um sistema de preços sofisticado para avaliar com rapidez e exatidão o risco de cada cliente e excluir os que não lhe davam lucro.

Ao ser criativa e se destacar na prática de seu negócio, a Progressive ganhou 7,6% de participação em um mercado de US$ 150 bilhões, apresentando as margens mais altas na aquisição de apólices no setor de seguro de automóveis.

Fontes: www.progressiveinsurance.com; Ian C. McMillan, Alexander van Putten e Rita Gunther McGrath, "Global Gamesmanship", *Harvard Business Review* 81, n. 5 (May 2003), p. 68; *Fortune*, May 16, 2005, p. 34; e "Motorcyclists Age, Affluence Trending Upward", *BestWire*, July 24, 2007.

- O setor tem vários nichos e segmentos diferentes, o que permite a uma empresa escolher um nicho adequado a seus pontos fortes e a suas capacidades.
- Poucos concorrentes (caso houver algum) estão tentando se especializar no mesmo segmento-alvo.

Os potenciais perigos de uma estratégia direcionada para diferenciação ou custo baixo

Concentrar-se envolve uma série de riscos. O *primeiro e principal risco* é a chance de os concorrentes encontrarem maneiras efetivas de desenvolver capacidades comparáveis às da empresa, no atendimento ao nicho almejado. No ramo hoteleiro, grandes redes como Marriott e Hilton lançaram estratégias com várias marcas que lhes permitem concorrer efetiva e simultaneamente em diversos segmentos de hotelaria. O Marriott tem hotéis de prestígio com todos os serviços e o máximo de conforto, o que lhe permite atrair viajantes a negócios e turistas que procuram *resorts*; os hotéis Marriott e o Ritz-Carlton oferecem conforto, luxo e atendimento a turistas e viajantes a negócio que estejam procurando hospedagem a um preço moderado; o Marriott Residence Inns e o TownePlace Suites atraem viajantes que se hospedam por cinco noites ou mais e desejam ter um "lar longe do lar"; e tem mais de 590 Fairfield Inn para atrair viajantes que procuram alojamento de qualidade a um preço "acessível". Da mesma forma, o Hilton possui marcas (Waldorf Astoria, Conrad Hotels, Doubletree Hotels, Embassy Suites Hotels, Hampton Inns, Hilton Hotels, Hilton Garden Inns e Homewood Suites) que lhe permitem competir em vários segmentos e concorrer diretamente com redes hoteleiras que operam em um único segmento. As estratégias multimarcas são atraentes a grandes empresas como Marriott e Hilton exatamente por lhes permitir entrar em um nicho de mercado e tomar os negócios daquelas empresas que empregam uma estratégia direcionada.

Um *segundo risco* de empregar uma estratégia direcionada é a possível mudança nas preferências e necessidades dos integrantes de um nicho, que passam a buscar atributos de produto desejados pela maioria dos compradores. Uma erosão das diferenças entre segmentos de compradores diminui as barreiras de entrada em um nicho de mercado e oferece um convite aos concorrentes de segmentos adjacentes para começar a competir pelos clientes das empresas que adotam estratégias direcionadas. Um *terceiro risco* é que o segmento pode se tornar tão atraente que logo ficará inundado de concorrentes, intensificando a rivalidade e fragmentando os lucros do segmento.

Estratégia provedora do melhor custo

> **Estratégias provedoras do melhor custo** são uma forma híbrida de estratégias de diferenciação e provedoras de custo baixo que visam satisfazer as expectativas do comprador em atributos-chave como qualidade/especificações/desempenho/serviços e almejam superar as expectativas do cliente em preço.

Como a Figura 5.1 indica, as **estratégias provedoras do melhor custo** demarcam uma posição intermediária entre perseguir uma vantagem de custo baixo e uma vantagem de diferenciação e entre atrair o mercado amplo como um todo e um nicho de mercado restrito. Tal posição intermediária permite que uma empresa vise diretamente à grande massa de compradores que buscam valor e procuram um produto que varie de bom a muito bom ou um serviço a um preço econômico. Com frequência, os compradores conscientes se afastam tanto dos produtos baratos, em um extremo, quanto dos muito caros, no outro, mas estão dispostos a pagar um preço "justo" por especificações extras e pela funcionalidade que acharem atraente e útil. A essência da estratégia provedora do melhor custo é dar aos clientes *mais valor pelo dinheiro*, satisfazendo os desejos do comprador por especificações/desempenho/qualidade/serviço e cobrando um preço mais baixo por esses atributos, em comparação aos concorrentes com ofertas de produto similares.[7]

Para empregar uma estratégia provedora do melhor custo e ter lucro, uma empresa *deve ter a capacidade de incorporar atributos atraentes ou aprimorados a um custo inferior ao dos concorrentes*. Essa capacidade é contingente a (1) uma configuração melhor da cadeia de valor, que elimina ou minimiza atividades que não agregam valor; (2) uma eficiência incomparável na gestão das atividades essenciais da cadeia de valor; e (3) pontos fortes e competências essenciais que permitem que os atributos diferenciadores sejam incorporados a um custo baixo. Quando uma empresa consegue incorporar aspectos atraentes, um desempenho ou qualidade do produto de bom a excelente, ou um atendimento que satisfaz mais ao cliente e oferece seu bem a um *custo inferior ao dos concorrentes*, então ela adquire um *status* de "melhor custo" – é provedora de um bem ou serviço com *atributos refinados e de custo baixo*. Uma empresa provedora do melhor custo pode usar sua vantagem de custo baixo para manter preços inferiores aos dos concorrentes cujos bens ou serviços tenham atributos refinados similares, e ainda assim obter lucros atraentes.

O quadro "Conceitos e conexões 5.4" descreve como a Toyota aplicou os princípios da estratégia provedora do melhor custo na produção e marketing de sua marca Lexus.

---

[7] Para uma excelente discussão acerca das estratégias provedoras do melhor custo, ver Peter J. Williamson e Ming Zeng, "Value-for-Money Strategies for Recessionary Times", *Harvard Business Review* 87, n. 3 (March 2009), p. 66-74.

Conceitos e conexões 5.4

A ESTRATÉGIA DE PRODUTOR DO MELHOR CUSTO DA TOYOTA, PARA SUA LINHA LEXUS

A Toyota Motor Company é amplamente considerada como uma produtora de baixo custo entre as fabricantes de veículos motorizados de todo o mundo. Apesar de sua ênfase na qualidade do produto, a empresa alcançou a liderança no custo baixo por ter desenvolvido aptidões consideráveis na gestão eficiente da cadeia de suprimento e nas capacidades de montagem a baixo custo, e porque seus modelos se posicionam no extremo de inferior a médio do espectro de preço, em que altos volumes de produção conduzem a custos unitários baixos. Contudo, quando a Toyota decidiu introduzir seus modelos Lexus para competir no mercado de carros de luxo, empregou uma estratégia clássica de provedora do melhor custo. A Toyota adotou as quatro medidas a seguir, na elaboração e implementação de sua estratégia com a linha Lexus:

- Desenhar uma série de características de alto desempenho e especificações sofisticadas nos modelos Lexus, de modo a tornar seu desempenho e acessórios de luxo comparáveis aos outros modelos de alto padrão e atraentes aos compradores de carros das marcas Mercedes, BMW, Audi, Jaguar, Cadillac e Lincoln.
- Transferir sua capacidade de fabricar modelos Toyota de alta qualidade e a baixo custo para fabricar os modelos Lexus de qualidade excepcional a custos inferiores aos de outros fabricantes de carros de luxo. A capacidade da cadeia de suprimento da Toyota e o conhecimento na montagem a um custo baixo permitiram que a empresa incorporasse características de desempenho de alta tecnologia e alta qualidade nos modelos Lexus a um custo substancialmente menor do que os modelos Mercedes e BMW comparáveis.
- Usar seus custos de produção relativamente mais baixos para praticar preços menores do que modelos comparáveis da Mercedes e da BMW. A Toyota acreditava que, com sua vantagem de custo, poderia cobrar um preço atrativo e suficientemente baixo pelos carros Lexus bem equipados, visando atrair os compradores de Mercedes e de BMW que se preocupam com preço. A política de precificação da Toyota também lhe permitiu induzir os donos de carros Toyota, Honda, Ford ou GM que desejam mais luxo a mudar para um Lexus. Algumas vezes, a vantagem de preços do Lexus sobre a Mercedes e a BMW foi bastante significativa. Por exemplo, em 2009 o Lexus RX 350, uma SUV de tamanho médio, custava de US$ 36 a US$ 48 mil (dependendo de como era equipado), ao passo que SUVs Mercedes ML 350 custavam na faixa de US$ 40 a US$ 90 mil e uma BMW X5 SUV podia variar de US$ 47.500 a US$ 86 mil, dependendo dos opcionais escolhidos.
- Estabelecer uma nova rede de concessionárias Lexus, separadas das concessionárias Toyota, dedicadas a oferecer um atendimento personalizado e diferenciado ao cliente, incomparável no setor.

A estratégia do melhor custo da Lexus lhe permitiu tornar-se a marca número um na venda de carros de luxo em todo o mundo, em 2000 – uma distinção que manteve até 2008.

O perigo de uma estratégia provedora do melhor custo

A maior vulnerabilidade de uma empresa ao empregar uma estratégia provedora do melhor custo é não possuir as competências essenciais e as eficiências necessárias para gerenciar as atividades da cadeia de valor, de modo a apoiar a inclusão de aspectos diferenciadores sem aumentos significativos de custo. Uma empresa com um grau modesto de diferenciação e nenhuma vantagem real de custo muito provavelmente se verá apertada entre as empresas que estão usando estratégias de custo baixo e as que usam as estratégias de diferenciação. As provedoras de custo baixo podem ser capazes de sugar seus clientes, com o apelo de um preço mais baixo (apesar de ter atributos de produto menos atraentes). As empresas que apresentam diferenciais sofisticados podem ser capazes de roubar os clientes, com o apelo de atributos de produto reconhecidamente melhores (embora seus produtos tenham preços um pouco mais elevados). Assim, uma empresa provedora do melhor custo, para ter sucesso, deve oferecer aos compradores produtos com características *significativamente* melhores, a fim de justificar um preço acima daquele que os líderes de custo baixo estão cobrando. Da mesma forma, precisa alcançar custos *significativamente* mais baixos para oferecer características sofisticadas, de modo a superar as empresas com aspectos diferenciadores valorizados com base em um preço *significativamente* menor.

O perigo de adotar uma estratégia "em cima do muro"

Cada uma das estratégias competitivas genéricas posiciona a empresa de uma forma diferente em seu mercado e ambiente competitivo. Cada uma estabelece um tema central sobre como a empresa se empenhará para superar os concorrentes. Cada uma cria limites ou diretrizes para manobras, de acordo com as circunstâncias no mercado e com o aparecimento de ideias para aprimorar a estratégia. Assim, determinar qual estratégia geral empregar talvez seja o compromisso estratégico mais importante que uma empresa assume – essa decisão tende a conduzir o restante das ações estratégicas de uma empresa.

Um dos maiores perigos na elaboração de uma estratégia competitiva é que os gestores, pressionados entre os prós e os contras das várias estratégias gerais, optarão por estratégias "*que fiquem no meio*", que representem o meio-termo entre custos mais baixos e a maior diferenciação, e entre o mercado amplo e restrito. As estratégias de posição intermediária raramente produzem vantagem competitiva sustentável ou uma posição competitiva distintiva. Em geral, as empresas com estratégias intermediárias acabam com uma classificação no setor como empresas no "meio do caminho" – têm custos médios, moderada diferenciação de produto relativa aos concorrentes, imagem e reputação médias e pouca perspectiva de liderar no setor.

Estratégias competitivas bem-sucedidas são adequadas aos recursos e às competências de uma empresa

Para uma estratégia competitiva baseada no posicionamento oferecer um bom desempenho e a vantagem competitiva pretendida em relação aos concorrentes, ela precisa ser adequada à situação interna de uma empresa e sustentada por um conjunto apropriado de recursos, conhecimento e competências competitivas. Assim, para conseguir empregar uma estratégia provedora de custo baixo, uma empresa precisa ter fortes recursos e competência para manter seus custos abaixo daqueles mantidos pelos concorrentes. Isso significa possuir conhecimentos específicos para gerenciar atividades da cadeia de valor com um custo efetivo, melhor do que os concorrentes, e/ou a capacidade de inovar, a fim de evitar certas atividades da cadeia de valor que estão sendo realizadas pelos concorrentes. Para conseguir uma forte diferenciação de seu produto de forma a atrair os compradores, uma empresa deve ter capacidades (como melhor tecnologia, fortes aptidões para inovar o produto, experiência no atendimento ao cliente) para incorporar aos produtos oferecidos características exclusivas que uma ampla gama de compradores achará atraentes e pelas quais estará disposta a pagar. Estratégias que focalizem um segmento estreito de mercado exigem a capacidade de fazer um trabalho destacado para satisfazer as necessidades e as expectativas dos compradores daquele nicho. O sucesso no emprego de uma estratégia vinculada a oferecer o melhor valor exige as capacidades de recursos para incorporar atributos refinados no atendimento ou no produto a um preço mais baixo que o praticado pelos concorrentes.

> A estratégia competitiva baseada no posicionamento de uma empresa deve estar adequada a sua situação interna e conseguir alavancar competências essenciais e pontos fortes valiosos para sua competitividade.

PONTOS-CHAVE

1. No início do processo de elaboração de uma estratégia, os gestores de uma empresa precisam decidir qual das cinco estratégias competitivas básicas devem empregar – baixo custo geral; ampla diferenciação; direcionada para custo baixo; direcionada para diferenciação ou provedora do melhor custo.

2. Ao empregar uma estratégia provedora de custo baixo, uma empresa deve fazer um trabalho melhor do que os concorrentes, gerenciando as atividades internas com custos efetivos, e/ou deve encontrar maneiras inovadoras de eliminar ou evitar as atividades que geram custo. As estratégias provedoras de custo baixo funcionam extremamente bem quando a concorrência de preço é forte e os produtos dos vendedores concorrentes apresentam fraca diferenciação. Outras condições que favorecem a estratégia provedora de custo baixo se dão quando os suprimentos estão prontamente disponíveis aos vendedores (ansiosos para vender); quando não há muitas maneiras de diferenciar o produto, que podem vir a ser valorizadas pelos compradores; quando a maioria das vendas no setor é feita para poucos compradores grandes; quando os custos para mudar de comprador são baixos e quando os recém-chegados ao setor provavelmente usam um preço de lançamento baixo visando construir participação de mercado.

3. Estratégias de ampla diferenciação buscam produzir uma vantagem competitiva, incorporando atributos e especificações que distingam a oferta de produto/serviço de uma empresa daquela dos concorrentes, de maneira que os compradores considerem vantajoso pagar por ele. A diferenciação bem-sucedida permite a uma empresa cobrar um preço mais alto por seu produto, aumentar as vendas unitárias (porque um número maior de compradores foi atraído pelas características diferenciadoras) e/ou ganhar a fidelidade do comprador a sua marca (porque alguns compradores são fortemente atraídos aos aspectos diferenciados e ligados à empresa e a seus produtos). As estratégias de diferenciação funcionam melhor em mercados onde há diversas preferências entre os compradores, e também naqueles em que há grandes oportunidades para a oferta de produto de uma empresa se diferenciar fortemente das marcas concorrentes, assim como nas situações em que poucos concorrentes estão perseguindo uma abordagem de diferenciação similar, e naquelas circunstâncias em que a mudança tecnológica é rápida e a concorrência é centrada em características do produto que evoluem rapidamente. Uma estratégia de diferenciação irá fracassar quando os concorrentes forem capazes de copiar rapidamente a maioria ou todos os atributos atraentes do produto que uma empresa introduz, quando os esforços de diferenciação de uma empresa são recebidos com indiferença no mercado ou quando uma empresa afeta sua lucratividade, gastando demais em iniciativas para diferenciar sua oferta de produto.

4. Uma estratégia direcionada oferece vantagem competitiva alcançando custos mais baixos do que os concorrentes para atender aos compradores que pertencem a um determinado nicho de mercado ou oferecendo aos compradores do nicho um bem ou serviço atraente, diferenciado, que atenda melhor a suas necessidades que as marcas concorrentes. Uma estratégia direcionada se torna cada vez mais atraente quando o nicho de mercado almejado é suficientemente grande para ser lucrativo e apresenta um bom crescimento potencial, quando é oneroso ou difícil para os concorrentes de vários segmentos aplicarem suas competências de modo a atender a necessidades especializadas do nicho de mercado almejado e ao mesmo tempo satisfazer as expectativas dos clientes principais, quando há um ou mais nichos que apresentam uma boa adequação aos pontos fortes e competências e quando poucos concorrentes estão tentando se especializar no mesmo segmento-alvo.

5. Estratégias provedoras do melhor custo adotam uma posição intermediária entre perseguir uma vantagem de custo baixo e uma vantagem baseada na diferenciação, e entre atrair um mercado amplo como um todo e um nicho estreito de mercado. O objetivo é criar vantagem competitiva, dando aos compradores mais valor pelo seu dinheiro – satisfazendo as expectativas do comprador em atributos de qualidade, especificações, desempenho e atendimento, ao passo que superam as expectativas do cliente quanto aos preços. Para empregar uma estratégia do melhor custo e manter os lucros, uma empresa deve ter capacidade para incorporar atributos atraentes ou superiores a um custo mais baixo que os concorrentes. Essa capacidade é contingente a uma melhor configuração da cadeia de valor, uma eficiência incomparável na gestão das atividades da cadeia de valor e pontos fortes e competências essenciais que permitam a incorporação de atributos diferenciadores a um custo baixo. Uma estratégia provedora do melhor custo funciona melhor em mercados em que as oportunidades de diferenciação existem e muitos compradores são sensíveis a preço e valor.

6. A decisão da estratégia geral a ser empregada talvez seja o compromisso estratégico mais importante que uma empresa assume – ela tende a orientar o restante das ações estratégicas que uma empresa decide empreender e estabelece o tom para se perseguir uma vantagem competitiva sobre os concorrentes.

EXERCÍCIOS DE REFORÇO DA APRENDIZAGEM

1. A Best Buy é a maior varejista de eletrônicos nos Estados Unidos, tendo atingido vendas superiores a US$ 45 bilhões em 2009. A empresa compete agressivamente em preço com concorrentes como Costco Wholesale, Sam's Club, Walmart e Target, mas também é conhecida pelos consumidores pela qualidade de seu atendimento ao cliente. Os clientes da Best Buy comentam que a equipe de vendas no varejo conhece profundamente os produtos que vende e pode dirigi-los ao local exato, quando têm dificuldade para encontrar os artigos. Eles também apreciam que os modelos de demonstração de monitores de computador, MP3 *players* e outros eletrônicos estejam carregados e prontos para serem usados na loja. O centro de assistência da Best Buy que dá suporte técnico e executa a instalação dos aparelhos, chamado de Geek Squad, é um adicional no atendimento valorizado por muitos clientes.

Como você caracterizaria a estratégia competitiva da Best Buy? Ela deveria ser classificada como estratégia provedora de custo baixo? Como uma estratégia de diferenciação? Como uma estratégia do melhor custo? Explique sua resposta.

2. Acesse www.bmwgroup.com e identifique pelo menos três maneiras empregadas pela BMW para se diferenciar dos fabricantes de veículos concorrentes. Há razão para acreditar que a estratégia de diferenciação da BMW gerou uma vantagem competitiva? Por quê?

EXERCÍCIOS DE APLICAÇÃO PRÁTICA

1. Qual das cinco estratégias competitivas genéricas caracteriza melhor a abordagem estratégica de sua empresa para competir com sucesso?

2. Que empresas concorrentes parecem estar empregando uma estratégia provedora de custo baixo?

3. Que empresas concorrentes parecem estar empregando uma estratégia de diferenciação ampla?

4. Que empresas concorrentes parecem estar empregando uma estratégia provedora do melhor custo?

5. Quais das empresas concorrentes parecem estar empregando algum tipo de estratégia direcionada?

capítulo 6

Complementando a estratégia competitiva escolhida – outras escolhas importantes da estratégia de negócio

METAS DE APRENDIZAGEM DO CAPÍTULO

MA1.	Entender como as alianças estratégicas e parcerias colaborativas podem estimular os recursos e competências de uma empresa.
MA2.	Conscientizar-se dos benefícios estratégicos de fusões e aquisições.
MA3.	Entender quando uma empresa deve considerar a utilização de uma estratégia de integração vertical para estender suas operações a mais etapas da cadeia de valor geral do setor.
MA4.	Entender as condições que favorecem as transferências de certas atividades da cadeia de valor para fornecedores externos e aliados estratégicos.
MA5.	Identificar se e quando é necessário buscar manobras estratégicas ofensivas para aprimorar a posição de mercado de uma empresa.
MA6.	Identificar a necessidade e a ocasião de empregar estratégias defensivas para proteger a posição de mercado de uma empresa.
MA7.	Reconhecer em quais ocasiões pode haver vantagem competitiva: ser o primeiro a agir e fazê-lo rapidamente ou ser o último na ação.

Depois de determinar qual das cinco estratégias competitivas básicas empregará, a empresa volta a atenção para as *outras ações estratégicas* que poderá executar para complementar sua abordagem competitiva e completar sua estratégia empresarial. Como foi discutido em capítulos anteriores, a estratégia empresarial geral de uma empresa inclui não só os detalhes de sua estratégia competitiva para oferecer valor incomparável aos clientes, mas também outras iniciativas que possam gerar vantagem competitiva. Várias medidas para aperfeiçoar a estratégia de uma empresa devem ser consideradas:

- Se devem ser iniciadas alianças estratégicas ou parcerias com outros empreendimentos;
- se sua posição de mercado deve ser fortalecida por meio de fusão ou aquisições;
- se ela deve efetuar a integração para a frente e para trás em mais etapas da cadeia de valor do setor;
- quais atividades da cadeia de valor, se houver, devem ser terceirizadas;
- necessidade e ocasião de iniciar uma ofensiva e manobras estratégicas agressivas para melhorar sua posição de mercado;
- necessidade e ocasião de empregar estratégias defensivas para proteger sua posição de mercado;
- quando empreender manobras estratégicas – se é vantajoso ser a primeira a agir, seguir rapidamente as inovações de uma empresa líder ou ainda ser a última a agir.

Este capítulo apresenta os prós e contras de cada uma dessas estratégias empresariais.

Alianças estratégicas e parcerias colaborativas

Empresas em todos os setores têm preferido formar alianças estratégicas e parcerias para agregar seus recursos e vantagens competitivas e fortalecer sua competitividade em mercados domésticos e internacionais. As alianças estratégicas permitem que as empresas corrijam a falta de recursos ou deficiências formando parceria com outros empreendimentos que possuam o conhecimento e as competências de que necessita. Assim, *uma* **aliança estratégica** *é um acordo formal entre duas ou mais empresas separadas em que se busca algum tipo de colaboração estrategicamente relevante: a contribuição conjunta de recursos, o compartilhamento de riscos, ou controle e a dependência mútua.* Relações de colaboração entre parceiros podem envolver um acordo contratual, mas normalmente não chegam a se formar vínculos formais de participação patrimonial entre eles (embora haja algumas alianças estratégicas em que um ou mais aliados têm participação minoritária em alguns integrantes da aliança).

As razões mais comuns para as empresas iniciarem alianças estratégicas são acelerar o desenvolvimento de novas tecnologias ou produtos promissores, superar deficiências em sua própria experiência técnica ou de produção, juntar pessoal e *expertise* necessários para criar novas habilidades e competências desejáveis a fim de aprimorar a eficiência da cadeia de suprimento, ganhar economias de escala na produção e/ou no marketing e adquirir ou aprimorar o acesso ao mercado por meio de acordos de marketing conjuntos (*joint marketing agreements*).[1] Em muitos casos, os recursos, capacidades, aptidões e co-

> **Alianças estratégicas** são arranjos para reunir forças de duas ou mais empresas com o objetivo de atingir resultados estratégicos mutuamente benéficos. O aspecto atraente das alianças está em permitir que as empresas juntem os recursos e competências que serão mais importantes, relativos à competitividade, em um esforço conjunto do que quando mantidos em separado.

---

[1] Michael E. Porter, *The Competitive Advantage of Nations* (New York: Free Press, 1990), p. 66. Para uma discussão de como perceber as vantagens de parcerias estratégicas, ver Nancy J. Kaplan e Jonathan Hurd, "Realizing the Promise of Partnership", *Journal of Business Strategy* 23, n. 3 (May-June. 2002), p. 38-42; Salvatore Parise e Lisa Sasson, "Leveraging Knowledge Management across Strategic Alliances", *Ivey Business Journal* 66, n. 4 (March-April 2002), p. 41-47; e David Ernest e James Bamford, "Your Alliances Are Too Stable", *Harvard Business Review* 83, n. 6 (June. 2005) p. 133-141.

nhecimentos de empresas parceiras são mais valiosos quando reunidos em um esforço conjunto do que quando mantidos em separado.

Empresas em muitos setores diferentes em todo o mundo têm feito das alianças estratégicas uma parte central de sua estratégia geral; só as empresas estadunidenses anunciaram quase 68 mil alianças de 1996 até 2003.[2] A Genentech, uma empresa líder em biotecnologia e genética humana, formou alianças de P&D com mais de 30 empresas para fortalecer suas perspectivas de desenvolvimento de novas curas para várias doenças e moléstias; a United Airlines, a American Airlines, a Continental, a Delta e a Northwest criaram uma aliança para formar o Orbitz, um *site* de viagens na internet que lhes permitiu competir em iguais condições com a Expedia e a Travelocity, além de dar acesso mais econômico aos viajantes e turistas que procuram passagens *on-line*, aluguel de carros, alojamento, cruzeiros e pacotes de viagem. A Johnson & Johnson e a Merck fizeram uma aliança para comercializar o Pepcid AC; a Merck desenvolveu o medicamento para problemas estomacais e a Johnson & Johnson executou as funções de marketing – a aliança tornou o Pepcid o remédio contra queimação e má digestão mais vendido nos Estados Unidos.

Alianças estratégicas e parcerias fracassadas

A maioria das alianças feitas com o objetivo de compartilhar tecnologia ou ter acesso ao mercado acaba sendo temporária, terminando após alguns anos, uma vez obtidos os benefícios do aprendizado mútuo. Embora alianças feitas por um longo prazo às vezes provem ser mutuamente benéficas, a maioria dos parceiros não hesita em encerrá-las e continuar por si quando já não as consideram mais compensadoras. É mais provável que as alianças durem quando (1) envolvem a colaboração com fornecedores ou aliados na distribuição ou (2) ambas as partes concluem que a colaboração contínua é de seu interesse mútuo, talvez por estarem sempre surgindo novas oportunidades para aprendizado.

Um número surpreendente de alianças nunca atende às expectativas. Em 2007, um artigo na *Harvard Business Review* relatou que, embora o número de alianças estratégicas aumente em 25% ao ano, cerca de 60 a 70% delas continuam a fracassar a cada ano.[3] O alto "índice de divórcio" entre as alianças estratégicas tem várias causas, sendo as mais comuns delas:[4]

- Objetivos e prioridades divergentes;
- incapacidade de trabalhar bem juntos;
- mudanças nas condições que fazem a aliança perder o sentido;
- aparecimento de rotas tecnológicas mais atraentes;
- rivalidade no mercado entre um ou mais aliados.

A experiência indica que *as alianças têm uma chance razoável de ajudar uma empresa a reduzir a desvantagem competitiva, mas muito raramente elas provam ser uma opção estratégica para obter uma vantagem competitiva durável sobre os concorrentes.*

---

[2] Jeffrey H. Dyer, Prashant Kale e Harbir Singh, "When to Ally and When to Acquire", *Harvard Business Review* 82, n. 78 (July-August 2004), p. 109.
[3] Jonathan Hughes e Jeff Weiss, "Simple Rules for Making Alliances Work", *Harvard Business Review* 85, n. 11 (November 2007), p. 122-131.
[4] Yves L. Doz e Gary Hamel, Alliance Advantage; The Art of Creating Value through Partnering (Boston: *Harvard Business School* Press, 1998), p. 16-18.

Perigos estratégicos de contar com alianças para obter recursos e competências essenciais

O calcanhar de Aquiles das alianças e estratégias cooperativas é tornar-se dependente de outras empresas que tenham competências e *expertise* essenciais. Para ser líder no mercado (e talvez até competir seriamente), uma empresa deve desenvolver seus próprios recursos e competências em áreas em que o controle estratégico interno é fundamental para proteger sua competitividade e construir vantagem competitiva. Além disso, algumas alianças têm um potencial limitado porque o parceiro guarda suas aptidões e *expertise* mais valiosas; nesses casos, a aquisição ou fusão com uma empresa que possua conhecimento e recursos desejados é uma solução melhor.

Estratégias de fusão e aquisição

As fusões e aquisições são especialmente adequadas a situações em que as alianças estratégicas ou parcerias não chegam a fornecer a uma empresa o acesso aos recursos e às capacidades de que ela precisa.[5] Vínculos de propriedade são mais permanentes do que os de parceria, permitindo que as operações dos participantes da fusão/aquisição sejam altamente integradas e criem mais controle interno e autonomia. Uma *fusão* é a combinação de duas ou mais empresas em uma única entidade, atribuindo-se um novo nome à empresa recém-criada. Uma *aquisição* é uma combinação em que uma empresa, a adquirente, compra e absorve as operações de outra, a adquirida. A diferença entre uma fusão e uma aquisição está mais relacionada aos detalhes da propriedade, ao controle gerencial e a arranjos financeiros do que à estratégia e vantagem competitiva. Os recursos e competências competitivas do empreendimento recém-criado acabam sendo os mesmos, quer a combinação seja resultante de aquisição ou de fusão.

> Combinar as operações de duas empresas por meio de fusão ou aquisição é uma opção estratégica atraente para se obter economias operacionais, fortalecer as competências e a competitividade e abrir novas oportunidades de mercado.

As estratégias de fusão e aquisição costumam visar ao cumprimento de um desses cinco objetivos:[6]

1. *Criar uma operação que alcance eficiência de custo a partir das empresas combinadas.* Quando uma empresa adquire outra no mesmo setor, geralmente há tanta sobreposição nas operações que certas fábricas ineficientes podem ser fechadas ou ter suas atividades de distribuição e vendas parcialmente combinadas e seu tamanho reduzido. As empresas combinadas podem ainda ser capazes de reduzir os custos da cadeia de suprimento em razão do grande volume das compras feitas de fornecedores comuns. Da mesma forma, em geral é viável forçar economias de custo nas atividades administrativas, novamente combinando e reduzindo o tamanho de atividades como finanças e contabilidade, tecnologia de informação, recursos humanos e assim por diante.
2. *Expandir a cobertura geográfica de uma empresa.* Uma das melhores formas, e mais rápidas, de expandir a cobertura geográfica de uma empresa é adquirir concorrentes

---

[5] Para uma discussão excelente dos prós e contras das alianças *versus* aquisições, ver Jeffrey H. Dyer, Preshant Kale e Harbir Singh, "When to Ally and When to Acquire", *Harvard Business Review* 82, n. (July-August 2004), p. 109-115.

[6] Para uma excelente revisão dos objetivos estratégicos de vários tipos de fusões e aquisições e os desafios gerenciais que diferentes tipos de fusões e aquisições apresentam, ver Joseph L. Bower, "Not All M&As Are Alike – and That Matters", *Harvard Business Review* 79, n. 3 (March 2001), p. 93-101.

com operações nos locais desejados. Empresas de produtos alimentícios como a Nestlé, Kraft, Unilever e Procter & Gamble fizeram das aquisições uma parte integral de suas estratégias de expansão no âmbito internacional.

3. *Estender os negócios da empresa para novas categorias de produto.* Muitas vezes uma empresa tem falhas em sua linha de produtos que precisam ser sanadas. A aquisição pode ser uma forma mais potente e rápida de ampliar a linha de produtos de uma empresa do que introduzir novos produtos da própria empresa para suprir uma falha. A divisão Frito-Lay da PepsiCo adquiriu a Flat Earth, uma fabricante de *crisps* de frutas e vegetais, para ampliar seu sortimento de salgadinhos que atraem consumidores preocupados com a saúde. A Coca-Cola ampliou sua linha de bebidas saudáveis com a aquisição da Glacéau em 2007, por US$ 4,1 bilhões. A Glacéau VitaminWater foi a marca líder de água aromatizada nos Estados Unidos.

4. *Ganhar rápido acesso a novas tecnologias ou a outros recursos e competências competitivas.* Fazer aquisições para reforçar o conhecimento tecnológico ou para expandir aptidões e capacidades permite a uma empresa evitar a perda de tempo e talvez iniciativas internas dispendiosas para construir novos recursos desejáveis. De 2000 até abril de 2009, a Cisco Systems comprou 85 empresas para ganhar mais alcance tecnológico e amplitude de produtos, firmando dessa forma sua posição como a maior provedora de *hardware*, *software* e serviços do mundo para desenvolver e operar redes na internet.

5. *Conduzir a convergência de setores cujos limites estão sendo apagados com a mudança de tecnologias e novas oportunidades de mercado.* Tais aquisições são o resultado da aposta feita por uma empresa de que dois ou mais setores distintos estão convergindo para se tornar um só e de sua decisão de estabelecer uma posição forte na consolidação de mercados, ao juntar os recursos e produtos de várias empresas. A Microsoft fez uma série de aquisições que lhe permitiram lançar computadores Microsoft TV Internet Protocol (IPTV). A Microsoft TV permite a usuários de banda larga usarem seus computadores ou consoles de jogos Xbox 360 para assistirem a programas ao vivo e a filmes pagos, ver fotos e ouvir músicas.

O Quadro "Conceitos e conexões 6.1" descreve como a Clear Channel Communications usou aquisições para construir uma posição de liderança global em anúncios em *outdoor* e na transmissão por rádio.

Por que as fusões e aquisições às vezes não produzem os resultados esperados

Com muita frequência, as fusões e aquisições não produzem os resultados esperados.[7] As economias de custo podem provar ser menores do que a expectativa. Ganhos nas competências competitivas podem demorar bem mais para ser realizados, ou pior, podem nunca se concretizar. Tentativas de mesclar culturas corporativas podem fracassar em razão da forte resistência dos integrantes da empresa. Gestores e colaboradores na empresa adquirida podem defender avidamente a continuidade de certos procedimentos que costumavam seguir antes da aquisição. E colaboradores com papel-chave na empresa adquirida podem ficar desanimados rapidamente e sair.

---

[7] Para uma discussão mais abrangente, ver Dyer, Kale e Singh, "When to Ally and When to Acquire", p. 109-110.

6.1 Conceitos e conexões

CLEAR CHANNEL COMMUNICATIONS – USANDO FUSÕES E AQUISIÇÕES PARA SE TORNAR LÍDER NO MERCADO GLOBAL

Em 2009, a Clear Channel Communications estava entre as líderes mundiais em anúncios em estações de rádio e *outdoors*. Possuía e operava mais de mil estações de rádio nos Estados Unidos e cerca de 900 mil *displays* de anúncio em *outdoors* no mundo todo. A empresa, fundada em 1972 por Lowry Mays e Billy Joe McCombs, começou adquirindo uma estação de rádio de música *country* em San Antonio, Texas, que não dava lucro. Nos dez anos seguintes, Mays aprendeu a dirigir estações de rádio e, devagar, foi comprando outras em vários estados.

Quando, no final da década de 1980, a Federal Communications Commission afrouxou as regras a respeito da capacidade de uma empresa ter tanto estações de rádio quanto de TV, a Clear Channel ampliou sua estratégia e começou a adquirir pequenas estações de TV que passavam por dificuldades. Em 1998, a empresa usou as aquisições para construir uma posição de liderança em estações de rádio e TV. Domesticamente, ela possuía, programava e vendia horário no ar para 69 estações de rádio AM, 135 estações FM e 18 estações de TV em 48 mercados locais, em 24 estados.

Em 1997, a Clear Channel usou as aquisições para estabelecer uma posição importante em propaganda em *outdoors*. Sua primeira aquisição foi a Eller Media Company, em Phoenix, uma empresa de propaganda em *outdoors* com mais de 100 mil painéis para anúncios. Logo em seguida fez outras aquisições de empresas de anúncio em *outdoors*, sendo a mais importante delas a ABC Outdoor, em Milwaukee, Wisconsin; a Paxton Communications (com operações em Tampa e Orlando, na Flórida); a Universal Outdoor e o More Group, com operações em *outdoor* e 90 mil *displays* em 24 países.

Então, em outubro de 1999 a Clear Channel deu um passo importante, adquirindo a AM-FM Inc. e mudando seu nome para Clear Channel Communications. A aquisição da AM-FM deu à Clear Channel operações em 32 países, inclusive 830 estações de rádio, 19 estações de TV e mais de 425 mil *displays* em *outdoor*. Em 2000, a Clear Channel ampliou sua estratégia de mídia adquirindo a SFX Entertainment, uma das maiores promotoras, produtoras e apresentadoras de eventos de entretenimento ao vivo.

Em 2006, a gerência da Clear Channel reconheceu que os negócios de propaganda de *outdoor* e de rádio eram, de longe, os mais lucrativos da empresa e começou a procurar compradores para os negócios que não apresentavam bom desempenho. A empresa se desfez de seu negócio de entretenimento ao vivo em 2006 e vendeu suas 56 estações de TV em 2008. Em 2009, operava 1.166 estações de rádio, além de mais de 230 mil painéis eletrônicos nos Estados Unidos e 670 mil *outdoors* em 36 outros países.

Fontes: www.clearchannel.com, acesso em maio de 2008, e *BusinessWeek*, 19 de outubro de 1999, p. 56.

Várias fusões/aquisições aplaudidas antes de serem efetuadas ainda não atenderam às expectativas – exemplos de destaque incluem a fusão da Sprint e da Nextel e a aquisição da Kinkos pela FedEx. A fusão da Daimler Benz (Mercedes) e da Chrysler foi um fracasso, como também a aquisição da Jaguar Motors pela Ford por US$ 2,5 bilhões e sua aquisição da Land Rover por US$ 2,5 bilhões (ambas vendidas para a Tata Motors da Índia, em 2008, por US$ 2,3 bilhões). A aquisição da Skype (uma empresa de serviços de telefonia pela internet) pela eBay por US$ 2,6 bilhões, em 2005, também provou ser um fracasso – a e-Bay depreciou seu investimento de US$ 900 milhões na Skype em 2007 e anunciou que iria vendê-la em 2010.

Integração vertical: operação por meio de mais segmentos da cadeia de valor do setor

A **integração vertical** estende o escopo operacional competitivo de uma empresa no mesmo setor. Envolve expandir para trás a gama de atividades da cadeia de valor de uma empresa em fontes de suprimento e/ou para a frente, em direção aos usuários finais. Assim, se um fabricante investe em instalações para produzir certas peças componentes que antes comprava de fornecedores externos ou se abrir sua própria cadeia de lojas de varejo para comercializar seus produtos aos consumidores, a empresa permanecerá essencialmente no mesmo setor que antes. A única mudança é que ela tem operações em dois estágios da cadeia de valor do setor. Por exemplo: a Sherwin-Williams, fabricante de tintas, permanece no ramo de tintas embora tenha feito uma integração para a frente, entrando no varejo e dirigindo mais de 3.300 lojas que comercializam seus produtos para pintura diretamente aos consumidores.

> Uma estratégia de integração vertical só é atraente se fortalecer significativamente a posição competitiva de uma empresa e/ou se estimular sua lucratividade.

As estratégias de integração vertical podem visar à *integração completa* (participar em todas as etapas da cadeia de valor do setor) ou *integração parcial* (construir posições em determinadas etapas da cadeia de valor total do setor). Uma empresa pode perseguir a integração vertical começando suas próprias interações em outras etapas na atividade do setor ou adquirindo uma empresa que já esteja desempenhando as atividades.

As vantagens de uma estratégia de integração vertical

As duas melhores razões para investir os recursos da empresa na integração vertical são fortalecer a posição competitiva da empresa e/ou estimular sua lucratividade.[8] A integração vertical não tem compensação real se não produzir economias de custo suficientes para justificar o investimento extra, acrescentar significativamente às forças tecnológica e competitiva da empresa e/ou ajudar a diferenciar a oferta de produto da empresa.

INTEGRAÇÃO PARA TRÁS, PARA ATINGIR MAIOR COMPETITIVIDADE É mais difícil do que se poderia pensar gerar economias de custo ou aumentar a lucratividade por meio da integração para trás em atividades como a fabricação de peças e componentes. Para que a integração para trás seja uma estratégia viável e lucrativa, uma empresa deve conseguir (1) atingir as mesmas economias de escala que os fornecedores externos; e (2) ter eficiência de produção igual ou superior à dos fornecedores, sem queda na qualidade. Nenhum dos resultados é atingido facilmente. Para começar, as necessidades internas de uma empresa são, com frequência, pequenas demais para atingir o tamanho ideal que lhe permitirá operar com custos baixos – por exemplo, necessita-se de no mínimo 1 milhão de unidades para atingir as economias de escala e as necessidades internas de uma empresa são de apenas 250 mil unidades, então nem de longe ela será capaz de ter custos equiparáveis aos de fornecedores externos (que podem encontrar prontamente compradores para sua produção de 1 milhão de unidades ou mais.)

Dito isso, porém, ainda há ocasiões em que uma empresa pode aprimorar sua posição de custo e competitividade, desempenhando uma gama mais ampla de atividades da cadeia de valor internamente, em vez de tê-las desempenhadas por fornecedores externos. O melhor potencial para conseguir reduzir custos por meio de uma estratégia de integração para trás existe em situações em que os fornecedores têm margens de lucro muito grandes, o item que está sendo fornecido é um componente importante de custo e as aptidões tecnológicas requisitadas são facilmente dominadas ou adquiridas. A integração vertical para trás pode produzir uma vantagem competitiva baseada na diferenciação quando o desempenho das atividades internamente contribui para um bem ou serviço de melhor qualidade, aprimora o nível do atendimento ao cliente ou contribui de outras formas para

---

[8] Ver Kathryn R. Harrigan, "Matching Vertical Integration Strategies to Competitive Conditions", *Strategic Management Journal* 7, n. 6 (November-December 1986), p. 535-556; para uma discussão mais abrangente das vantagens e desvantagens da integração vertical, ver John Stuckey e David White, "When and When Not to Vertically Integrate", *Sloan Management Review* (Spring 1993), p. 71-83.

o melhor desempenho de um produto final. Outras vantagens potenciais da integração para trás incluem poupar, a uma empresa, a incerteza de depender de fornecedores para ter componentes fundamentais ou serviços de suporte e atenuar sua vulnerabilidade em relação a fornecedores poderosos inclinados a aumentar os preços sempre que têm oportunidade. A Panera Bread tem sido bem-sucedida com uma estratégia de integração vertical que envolve a produção interna da massa usada por cafés, as lanchonetes e padarias franqueadas e os proprietários individuais para fazer *baguettes*, bolos, biscoitos e outros tipos de pão – a empresa tem lucros substanciais produzindo esses itens internamente em vez de comprá-los de fornecedores externos. Além disso, a estratégia de integração vertical da Panera Bread fez sentido porque isso não só ajudou a empresa a reduzir os custos operacionais da loja, mas também assegurou a qualidade consistente do produto nos 1.185 estabelecimentos da empresa nos Estados Unidos.

INTEGRAÇÃO PARA FRENTE PARA AUMENTAR A COMPETITIVIDADE   A integração vertical para as etapas seguintes da cadeia de valor do setor permite aos fabricantes ganhar mais acesso aos usuários finais, aprimorar a visibilidade no mercado e incluir a experiência de compra do usuário final como um aspecto diferenciado. Em muitos setores, agentes de vendas independentes, atacadistas e varejistas lidam com marcas competitivas do mesmo produto e não têm fidelidade a qualquer marca – eles tendem a ir na direção que lhes oferece mais lucro. Uma seguradora independente, por exemplo, representa várias empresas de seguro e tenta encontrar a combinação mais adequada dos requisitos de um determinado cliente com o que é oferecido nas apólices de várias seguradoras. Dessa forma, é possível a um agente desenvolver preferência pela política de uma empresa ou por suas práticas na emissão de apólices e negligenciar outras empresas seguradoras. Portanto, uma empresa de seguros pode concluir que é melhor fazer a integração para frente e estabelecer seus escritórios locais. A seguradora também tem a capacidade de promover uma interação diferenciada dos consumidores com agentes locais e o pessoal do escritório. Da mesma forma, vários fabricantes de roupas, como Ralph Lauren e Nike, têm feito integração para a frente, entrando no varejo e dirigindo suas lojas, lojas de descontos e *sites* de varejo pela internet.

INTEGRAÇÃO VERTICAL PARA FRENTE E O VAREJO PELA INTERNET   Evitar canais de varejo/atacado em favor de vendas diretas e do varejo pela internet pode ser atraente se reduzir os custos de distribuição, produzir uma vantagem de custo relativa sobre certos concorrentes, oferecer margens mais altas ou resultar em preços de venda mais baixos aos usuários finais. Além disso, os vendedores são compelidos a incluir a internet como um canal de varejo quando um número suficientemente grande de compradores em um setor preferir fazer compras *on-line*. Uma empresa que esteja oferecendo vendas *on-line* aos consumidores ao mesmo tempo em que também promove vendas por meio de sua rede de atacadistas e varejistas está, contudo, *competindo diretamente com seus aliados de distribuição*. Tais ações constituem *conflitos de canal* e criam uma maneira ardilosa de negociar. Uma empresa que esteja tentando ativamente aumentar suas vendas *on-line* aos consumidores está sinalizando um *compromisso estratégico fraco com seus revendedores* e uma *disposição para canibalizar as vendas e o crescimento potencial dos revendedores*. O resultado provável são revendedores irritados e a perda da boa vontade do revendedor. É bem mais possível que uma empresa fique em uma situação em que perderá mais vendas por se indispor com seus revendedores do que ganhar com sua iniciativa de vendas *on-line*. Em consequência, em setores em que o forte suporte e a boa vontade das redes de revendedores são essenciais, os dirigentes das empresas podem concluir que é importante evitar o conflito de canais e que *seu site deve ser concebido de modo a fazer parceria com os revendedores, em vez de competir com eles.*

As desvantagens de uma estratégia de integração vertical

A integração vertical tem algumas desvantagens importantes além do potencial para conflito de canal.[9] As mais sérias incluem:

- A integração vertical *aumenta o investimento de capital de uma empresa* no setor.
- Integrar em mais segmentos da cadeia de valor *aumenta o risco do negócio* se o crescimento e a lucratividade do setor azedarem.
- Empresas integradas verticalmente com frequência *demoram a adotar avanços tecnológicos* ou métodos de produção mais eficientes quando estão presas a tecnologia ou instalações mais antigas.
- A integração para trás resulta potencialmente em menos flexibilidade em acomodar mudanças nas preferências do comprador quando um novo *design* de produto não inclui peças e componentes que a empresa fabrica internamente.
- A integração vertical impõe todos os tipos de *problemas de adequação à capacidade*. Na produção de veículos motorizados, por exemplo, a escala mais eficiente de operação para fabricar eixos é diferente do volume mais econômico para radiadores, e diferente ainda tanto para motores quanto para transmissões. Em consequência, a integração entre várias etapas da produção de maneira a atingir os custos mais baixos possíveis pode ser um desafio monumental.
- A integração para a frente ou para trás muitas vezes exige o *desenvolvimento de novas aptidões e competências empresariais*. A fabricação de peças e componentes, operações de montagem, distribuição no atacado e varejo e vendas diretas pela internet são negócios diferentes com diferentes fatores de sucesso.

> No mundo de hoje, de relacionamentos próximos com os fornecedores e com a gestão eficiente da cadeia de suprimento, pouquíssimas empresas podem defender a integração para trás, absorvendo o negócio de seus fornecedores.

Estratégias de terceirização: estreitando os limites do negócio

Se a integração para frente ou para trás, nas etapas da cadeia de valor de um setor, não tiver a capacidade de fortalecer a posição competitiva de uma empresa nem de aumentar sua lucratividade, não é provável que ela seja uma boa opção estratégica. A terceirização precede as tentativas de executar as atividades da cadeia de valor internamente e, em vez disso, estas são encaminhadas para especialistas externos e aliados estratégicos. A terceirização faz sentido, estrategicamente, sempre que:

- *Uma atividade puder ser desempenhada melhor ou de forma mais barata por especialistas externos.* A Nikon, ao terceirizar a distribuição de câmeras digitais para a UPS, adquiriu a capacidade de entregar suas câmeras a varejistas nos Estados Unidos, América Latina e Caribe apenas dois dias após ser feito um pedido, embora suas fábricas estejam localizadas no Japão, Coreia e Indonésia.
- *A atividade não for crucial para que a empresa obtenha vantagem competitiva sustentável e não esvazie suas capacidades, competências essenciais ou conhecimento técnico.* A terceiriza-

---

[9] A resiliência das estratégias de integração vertical apesar das desvantagens é discutida em Thomas Osegowitsch e Anoop Madhok, "Vertical Integration Is Dead, or Is it?" *Business Horizons* 46, n. 2 (March-April 2003), p. 25-35.

ção das atividades de suporte, como serviços de manutenção, processamento e armazenamento de dados, gerenciamento de benefícios extras e operações do *site*, tornou-se prática comum. A Colgate-Palmolive, por exemplo, tem sido capaz de reduzir seus custos operacionais com tecnologia da informação em mais de 10% ao ano, por meio de um acordo de terceirização com a IBM.

- *Aprimora a capacidade de inovar de uma empresa.* Parcerias colaborativas com fornecedores de classe mundial que têm capital intelectual de ponta e são os primeiros a adotar tecnologias mais recentes dão a uma empresa acesso a componentes e peças cada vez melhores.

- *Permite a uma empresa concentrar-se em seu negócio central, alavancar seus recursos principais e competências essenciais e fazer ainda melhor o que já faz com excelência.* Uma empresa é mais capaz de construir e desenvolver suas próprias capacidades e competências competitivamente valiosas quando concentra todos seus recursos e energias no desempenho daquelas atividades. A Coach, por exemplo, dedica-se ao desenho de novos estilos de bolsas e acessórios de couro femininos, optando por terceirizar a produção de bolsas para 40 fabricantes contratados em 15 países.

> Geralmente, é recomendável que uma empresa não desempenhe qualquer atividade da cadeia de valor internamente que pudesse ser desempenhada com mais eficiência ou de modo mais eficaz fora dela; a principal exceção é quando uma determinada atividade é crucial, do ponto de vista estratégico.

O GRANDE RISCO DE UMA ESTRATÉGIA DE TERCEIRIZAÇÃO O maior perigo da terceirização é quando uma empresa repassa as atividades erradas e, dessa forma, esvazia suas próprias capacidades.[10] Nesses casos, a empresa perde contato com as atividades e *expertise* que, em longo prazo, são determinantes para seu sucesso. A maioria das empresas, porém, está alerta a esse perigo e age de modo a se proteger para não se tornar refém dos fornecedores externos. A Cisco Systems procura não perder o controle e proteger sua *expertise* na produção, concebendo os métodos de produção que seus fabricantes contratados devem usar. A Cisco mantém a propriedade intelectual do código fonte de seus projetos terceirizados, controlando, dessa forma, a iniciação de todos os aprimoramentos e impedindo a imitação de suas inovações. Além disso, a Cisco usa a internet para monitorar ininterruptamente as operações de produção dos fabricantes contratados e pode, portanto, saber imediatamente quando surgem problemas e decidir se deve ou não se envolver.

Opções estratégicas para aprimorar a posição de mercado de uma empresa – o uso de ofensivas estratégicas

Além das opções estratégicas para expandir o escopo de negócio de uma empresa, aumentar seus recursos e competências, aprimorar a eficiência, ganhar economias de escala e acessar novos mercados, os gestores devem considerar opções estratégicas para aprimorar a posição de mercado de uma empresa. Há ocasiões em que uma empresa *deveria ser agressiva e lançar uma ofensiva*. As ofensivas estratégicas são necessárias quando uma empresa identifica oportunidades de ganhar uma participação lucrativa de mercado à custa de concorrentes ou quando não tem opção senão tentar minar gradualmente a forte vantagem competitiva de um concorrente. Empresas como Walmart, Toyota, Microsoft e Google jogam duro, perseguindo agressi-

---

[10] Para uma boa discussão de problemas que podem surgir com a terceirização, ver Jérôme Barthélemy, "The Seven Deadly Sins of Outsourcing," *Academy of Management Executive* 17, n. 2 (May 2003), p. 87-100.

vamente a vantagem competitiva e tentando colher os benefícios que uma vantagem competitiva oferece – uma participação de mercado importante, excelentes margens de lucro e crescimento rápido.[11]

Escolha da base para o ataque competitivo

Como regra geral, as ofensivas estratégicas deveriam ser fundadas nos ativos competitivos e nos pontos fortes de uma empresa, além de explorar os pontos fracos do concorrente.[12] Ignorar a necessidade de vincular uma ofensiva estratégica às forças competitivas de uma empresa e ao que ela faz melhor é como ir para a guerra com uma arma de brinquedo – as perspectivas de sucesso são sombrias. Por exemplo, é tolice uma empresa com custos relativamente altos empregar uma ofensiva de corte de preços. Da mesma forma, não é aconselhável perseguir uma ofensiva de inovação de produto sem ter *expertise* comprovada em P&D, sem desenvolver novos produtos e sem saber como acelerar a colocação de produtos novos ou aprimorados no mercado.

> As melhores ofensivas usam os melhores recursos de uma empresa para atacar os concorrentes nas áreas competitivas em que eles são fracos.

As principais opções de ofensivas estratégicas incluem:

1. *Atacar as fraquezas competitivas dos concorrentes.* Por exemplo, uma empresa com capacidades extremamente boas de atendimento ao cliente pode promover suas vendas aos clientes dos concorrentes que oferecem um atendimento pior. As empresas com nome de marca reconhecido e fortes aptidões em marketing podem lançar esforços para tirar clientes dos concorrentes que possuem fraco reconhecimento da marca.
2. *Oferecer um produto igualmente bom ou melhor a um preço mais baixo.* Preços mais baixos podem produzir ganhos na participação de mercado se os concorrentes que estão oferecendo produtos com desempenho semelhante não reagirem com cortes de preço. Ofensivas com cortes de preço são adequadas quando iniciadas pelas empresas que foram *as primeiras a atingir vantagem de custo*.[13]
3. *Perseguir a inovação contínua de produto para tirar vendas e participação de mercado de concorrentes menos inovadores.* Introduções contínuas de produtos novos/aprimorados podem colocar os concorrentes sob uma tremenda pressão competitiva, principalmente quando as capacidades dos concorrentes para desenvolver novos produtos são fracas.
4. *Passar à frente dos concorrentes, sendo o primeiro a chegar no mercado com a tecnologia ou produtos mais modernos.* A Microsoft levou sua geração Xbox 360 para o mercado 12 meses antes do PlayStation 3 da Sony e do Wii da Nintendo, ajudando a convencer os jogadores de *videogames* a comprar um Xbox 360 em vez de esperar até que os novos PlayStation 3 e Wii chegassem ao mercado.

---

[11] Para uma excelente discussão de estratégias ofensivas agressivas, ver George Stalk, Jr. e Rob Lachenauer, "Hardball: Five Killer Strategies for Trouncing the Competition", *Harvard Business Review* 82, n. 4 (April, 2004), p. 62-71. Uma discussão de estratégias ofensivas bastante adequadas para os líderes do setor é apresentada em Richard D'Aveni, "The Empire Strikes Back: Counterrrevolutionary Strategies for Industry Leaders", *Harvard Business Review* 80, n. 11 (November 2002), p. 66-74.
[12] Para uma excelente discussão de como lançar ofensivas contra concorrentes fortes, ver David B. Yoffie e Mary Kwark, "Mastering Balance: How to Meet and Beat a Stronger Opponent", *California Management Review* 44, n. 2 (Winter 2002), p. 8-24.
[13] Ian C. MacMillan, Alexander B. van Putten e Rita Gunther McGrath, "Global Gamesmanship", *Harvard Business Review* 81, n. 5 (May 2003), p. 66-67; ver também Askay R. Rao, Mark E. Bergen e Scott Davis, "How to Fight a Price War", *Harvard Business Review* 78, n. 2 (March-April 2000), p. 107-116.

5. *Adotar e aprimorar as boas ideias de outras empresas (concorrentes ou outras).*[14] A ideia de um armazém que funcionasse como centro de aprimoramento do lar não se originou com os cofundadores da Home Depot, Arthur Blank e Bernie Marcus; eles tiraram o conceito da "grande caixa" de seu ex-empregador, a Handy Dan Home Improvement, mas aperfeiçoaram rapidamente o modelo de negócio e a estratégia da Handy Dan e elevaram a Home Depot a um outro patamar, em termos de amplitude da linha de produto e do atendimento ao cliente.

6. *Atacar deliberadamente aqueles segmentos de mercado em que um concorrente-chave tem altos lucros.*[15] A Toyota lançou um forte ataque à General Motors, Ford e Chrysler no mercado estadunidense para caminhonetes e SUVs, exatamente na arena de mercado em que os fabricantes de Detroit costumam ganhar altos lucros (aproximadamente US$ 10 mil a US$ 15 mil por veículo). As picapes e as SUVs da Toyota enfraqueceram as três grandes fabricantes de veículos dos Estados Unidos, tirando delas as vendas e a participação de mercado de que tanto precisavam.

7. *Manobrar os concorrentes para captar território de mercado menos disputado ou desocupado.* Exemplos incluem lançar iniciativas para construir fortes posições em áreas geográficas ou categorias de produto em que os concorrentes próximos têm pouca ou nenhuma presença de mercado.

8. *Usar táticas de guerrilha ou de "ataque e fuga" para roubar vendas e participação de mercado de concorrentes distraídos ou complacentes.* Opções por ofensivas de guerrilha incluem reduzir preços ocasionalmente (para ganhar um grande pedido ou "roubar" uma conta importante de um concorrente) ou surpreender concorrentes importantes com surtos esporádicos, mas intensos de atividade promocional (oferecer desconto de 20% durante uma semana para tirar clientes de marcas concorrentes).[16] As ofensivas de guerrilha são extremamente adequadas a pequenos desafiadores que não têm recursos nem visibilidade no mercado para efetuar um ataque bem planejado aos líderes do setor.

9. *Antecipar uma compra para captar uma rara oportunidade ou assegurar os recursos limitados de um setor.*[17] O que torna uma ação antecipada é sua natureza singular – quem atacar primeiro irá adquirir ativos competitivos que os concorrentes não conseguirão. Exemplos de ações antecipadas incluem (1) garantir os melhores distribuidores em uma dada região geográfica ou país; (2) agir de modo a obter o local mais favorável em uma nova intersecção de rodovias, em um novo *shopping center* e assim por diante; e (3) ligar-se aos fornecedores mais confiáveis e que oferecem a mais alta qualidade por meio de parcerias exclusivas, contratos de longo prazo ou até aquisição. Para ter sucesso, uma ação antecipada não precisa impedir totalmente os concorrentes de seguirem ou imitarem a empresa – ela só precisa dar a uma empresa uma posição destacada que não seja facilmente contornada.

---

[14] Stalk e Lachenauer, "Hardball: Five Killer Strategies for Trouncing the Competition", p. 64.

[15] Ibid., p. 67.

[16] Para um estudo interessante de como pequenas empresas podem empregar com sucesso táticas de guerrilha, ver Ming-Jer Chen e Donald C. Hambrick, "Speed, Stealth, and Selective Attack: How Small Firms Differ from Large Firms in Competitive Behavior", *Academy of Management Journal* 38, n. 2 (April 1995), p. 453-482. Outras discussões sobre ofensivas de guerrilha podem ser encontradas em Ian McMillan, "How Business Strategies Can Use Guerrilla Warfare Tactics", *Journal of Business Strategy* 1, n. 2 (Fall 1980), p. 63-65; William E. Rothschild, "Surprise and the Competitive Advantage", *Journal of Business Strategy* 4, n. 3 (Winter 1984), p. 10-18; Kathryn Harrigan, *Strategic Flexibility* (Lexington, MA: Lexington Books, 1985), p. 30-45; e Liam Fahey, "Guerrilla Strategy: The Hit-and-run Attack", in *The Strategic Management Planning Reader*, ed. Liam Fahey (Englewood Cliffs, NJ: Prentice Hall, 1989), p. 194-197.

[17] O uso de ataques antecipados é tratado de forma abrangente em Ian MacMillan, "Preemptive Strategies", *Journal of Business Strategy* 14, n. 2 (Fall 1983), p. 16-26.

Escolher quais concorrentes atacar

As empresas ofensivas precisam analisar quais de seus concorrentes devem desafiar, bem como de que maneira lançarão seu desafio. A seguir estão os ataques ofensivos mais certeiros:[18]

- *Líderes de mercado que são vulneráveis.* Ataques ofensivos fazem sentido quando uma empresa que lidera em termos de tamanho e participação de mercado não é uma líder verdadeira em termos de atendimento ao mercado. Sinais de vulnerabilidade do líder incluem compradores descontentes, uma linha inferior de produto, uma estratégia competitiva fraca com relação à liderança por meio de baixo custo ou da diferenciação, uma preocupação com a diversificação em outros setores e a lucratividade fraca ou em queda.
- *Empresas que estejam em segundo lugar com pontos fracos em áreas em que a empresa desafiadora é forte.* Empresas em segunda posição são um alvo extremamente atraente quando os recursos e a competência competitiva da empresa desafiadora são adequados para explorar os pontos fracos delas.
- *Empreendimentos em situação difícil que estejam prestes a fechar.* Desafiar uma empresa concorrente que esteja sofrendo forte pressão, de maneira a debilitar ainda mais sua força financeira e posição competitiva, pode acelerar sua saída do mercado.
- *Pequenas empresas regionais e locais com capacidades limitadas.* Uma vez que as pequenas empresas costumam ter *expertise* e recursos limitados, a empresa que lança o desafio e possui capacidades mais amplas está em boa posição para atrair os maiores e melhores clientes dessas concorrentes.

Estratégia do oceano azul – um tipo especial de ofensiva

Uma **estratégia do oceano azul** busca obter uma vantagem competitiva acentuada e durável, e se caracteriza quando *uma empresa abandona os esforços para vencer os concorrentes nos mercados existentes e, em vez disso, inventa um novo setor ou segmento de mercado distintivo que torne os concorrentes existentes irrelevantes e lhe permita criar e captar demandas totalmente novas.*[19] Essa estratégia considera que o universo empresarial consiste de dois tipos distintos de espaço de mercado. Um deles está

> As **estratégias do oceano azul** oferecem o crescimento da receita e dos lucros, quando uma empresa descobre ou inventa novos segmentos setoriais que criam uma demanda totalmente nova.

onde os limites do setor são definidos e aceitos, as regras competitivas do jogo são bem entendidas por todos os integrantes do setor e as empresas tentam superar o desempenho dos concorrentes, captando uma participação maior da demanda existente; em tais mercados, a concorrência vívida restringe as perspectivas de uma empresa de ter um crescimento rápido e uma lucratividade maior, visto que os concorrentes agem com rapidez para imitar ou para se contrapor ao sucesso das outras empresas. O segundo tipo de espaço de mercado é um "oceano azul" em que o setor ainda não existe realmente, está intocado pela concorrência e oferece ampla oportunidade para lucro e rápido crescimento se uma empresa puder inventar uma oferta de produto e uma estratégia que lhe permita criar nova demanda em vez de lutar pela demanda existente. Um exemplo formidável de tal espaço de mercado aberto e que usou a estratégia do oceano azul é o setor de leilões *on-line* criado pela eBay e atualmente dominado por ela.

---

[18] Philip Kotler, *Marketing Management*, 5. ed. (Englewood Cliffs, NJ: Prentice Hall, 1984), p. 400.
[19] W. Chan Kim e Renée Mauborgne, "Blue Ocean Strategy", *Harvard Business Review* 82, n. 10 (October 2004), p. 76-84.

Outros exemplos de empresas que atingiram vantagens competitivas ao criarem espaços de mercado com o emprego da estratégia do oceano azul incluem a Starbucks no setor de cafés, a Dollar General no varejo com grandes descontos, a FedEx na entrega de pacotes da noite para o dia e o Cirque Du Soleil em entretenimento ao vivo. O Cirque Du Soleil "reinventou o circo" ao criar um espaço de mercado bastante diferente para seus artistas (clubes noturnos de Las Vegas e ambientes como salas de teatro), atraindo um grupo inteiramente novo de clientes – adultos e clientes corporativos – que estavam dispostos a pagar várias vezes mais do que o preço de um ingresso cobrado por um espetáculo convencional de circo para ter uma "experiência de entretenimento" com palhaços sofisticados e números de acrobacia de alta qualidade em uma atmosfera confortável. As empresas que criam espaços de mercado usando a estratégia do oceano azul geralmente podem sustentar sua vantagem competitiva conquistada no início sem se deparar com desafios competitivos importantes durante 10 a 15 anos, em razão das altas barreiras à imitação e à forte consciência do nome de marca que uma estratégia do oceano azul pode produzir.

Opções estratégicas para proteger a posição de mercado e a vantagem competitiva de uma empresa – o uso de estratégias defensivas

> Boas **estratégias defensivas** podem ajudar a proteger a vantagem competitiva, mas raramente são a base para criá-la.

Em um mercado competitivo, todas as empresas estão sujeitas a desafios ofensivos de concorrentes. A finalidade das **estratégias defensivas** é reduzir o risco de ser atacado, enfraquecer o impacto de qualquer ataque que possa ocorrer e influenciar os desafiadores a direcionar seus ataques a outros concorrentes. Embora as estratégias defensivas em geral não aumentem a vantagem competitiva de uma empresa, elas podem, sem dúvida, ajudar a fortalecer sua posição competitiva. As estratégias defensivas podem assumir duas formas: ações para bloquear as empresas desafiadoras e ações para sinalizar a probabilidade de uma forte retaliação.

Bloqueio das vias abertas a desafiadores

A abordagem mais frequentemente empregada para defender a atual posição de uma empresa envolve ações para restringir um ataque competitivo. Diversos são os obstáculos a serem colocados às empresas que podem vir a desafiar as demais.[20] Para se defender, uma empresa pode introduzir novas especificações, acrescentar novos modelos ou ampliar sua linha de produto, de modo a fechar nichos vagos àquelas empresas que estão buscando oportunidades. Ela pode frustrar os esforços de concorrentes de atacar com preços mais baixos, mantendo ela própria opções a preços econômicos. Pode tentar desencorajar os compradores de experimentar marcas dos concorrentes fazendo anúncios sobre novos produtos ou alterações de preços planejadas. Finalmente, uma empresa, para se defender, pode conceder descontos pelo volume de vendas ou condições melhores de financiamento aos revendedores e distribuidores, para desencorajá-los de experimentarem outros fornecedores.

---

[20] Michael E. Porter, *Competitive Advantage* (New York: Free Press, 1985), p. 489-494.

Alertando os desafiadores sobre uma possível retaliação

O objetivo de sinalizar às empresas que desejam disputar o mercado de que provavelmente haverá uma forte retaliação em caso de ataque é dissuadi-las de atacar ou desviá-las para opções que representem menos ameaça. Qualquer um dos objetivos pode ser atingido deixando-se as empresas que impõem desafios saberem que a luta custará mais do que vale a pena. Empresas que lançariam desafios podem ser sinalizadas por meio de:[21]

- Anúncios públicos do compromisso da direção de manter a atual participação de mercado da empresa.
- Um compromisso público da empresa com uma política de manter preços ou condições iguais aos dos concorrentes.
- Manutenção de recursos de caixa e títulos negociáveis, em caso de "guerra pelo mercado".
- Uma contra-resposta ocasional às manobras de concorrentes fracos para melhorar a imagem de resistência da empresa.

O momento certo de praticar manobras estratégicas

Determinar *quando* fazer uma manobra estratégica é, com frequência, tão fundamental quanto saber *qual* manobra deverá ser feita. O momento oportuno é extremamente importante quando existem *vantagens* ou *desvantagens para o primeiro a agir*[22]. Ser o primeiro a iniciar uma manobra estratégica pode ser altamente compensatório quando (1) o pioneirismo ajuda a construir a imagem e a reputação de uma empresa junto aos compradores; (2) o compromisso com novas tecnologias, componentes com estilo novo, novos canais de distribuição, e assim por diante, pode produzir uma vantagem de custo absoluta sobre os concorrentes; (3) aqueles que compram pela primeira vez mantêm uma forte fidelidade às empresas pioneiras, comprando sempre delas; e (4) ser o primeiro a agir constitui um ato preventivo, dificultando a imitação ou tornando-a improvável. Quanto maiores forem as vantagens da empresa que é a primeira a agir, mais atraente se torna dar o primeiro passo.[23]

> Em razão das vantagens e desvantagens de ser o primeiro a agir, a vantagem competitiva pode aparecer de acordo com *qual* manobra se escolhe e *quando* ela será empregada.

No entanto, às vezes, os mercados demoram a aceitar a oferta de um produto inovador de uma empresa, e nesse caso uma empresa que seja rápida seguidora com recursos substanciais e musculatura de marketing pode superar a empresa que deu o primeiro passo (como fez a Fox News contra a CNN para se tornar a rede líder de notícias por TV a cabo). Às vezes, mudanças tecnológicas ou inovações de produto radicais tornam a empresa que é a primeira a agir vulnerável a tecnologias ou produtos da próxima geração que aparecem rapidamente – a Motorola, que liderou o mercado de celulares, acabou sendo vítima do lançamento de telefones com muito mais inovações, oferecidos

---

[21] Ibid., p. 495-497. A lista aqui é seletiva; Porter oferece um número maior de opções.
[22] Porter, *Competitive Advantage*, p. 232-233.
[23] Para evidências de pesquisa sobre os efeitos de ser pioneiro *versus* seguidor, ver Jeffrey G. Covin, Dennis P. Slevin e Michael B. Heeley, "Pioneers and Followers: Competitive Tactics, Environment, and Growth", *Journal of Business Venturing* 15, n. 2 (March 1999), p. 175-210; e Christopher A. Bartlett e Sumantra Ghoshal, "Going Global: Lessons from Late-Movers", *Harvard Business Review* 78, n. 2 (March-April 2000), p. 132-145.

pela Apple (iPhone) e pela Research in Motion (Blackberry). Por isso, não há garantias de que a empresa que age primeiro ganhará vantagem competitiva sustentável.[24]

Para sustentar qualquer vantagem que possa ganhar inicialmente, uma empresa pioneira deve ser rápida no aprendizado e continuar a agir agressivamente de modo a capitalizar qualquer vantagem pioneira inicial. Se as aptidões, conhecimento e ações de uma empresa que é a primeira a agir forem facilmente copiadas ou até mesmo superadas, então os seguidores e até os últimos a agir poderão alcançar ou mesmo ultrapassá-la em um período relativamente curto. O que torna importante para uma empresa ser a primeira a agir não é ser a primeira a fazer algo, mas ser a primeira concorrente a reunir a combinação exata de especificações, valor ao cliente, e receita consistente de sua posição de custo/volume/lucro que lhe dá vantagem sobre os concorrentes na luta pela liderança de mercado.[25] Se o mercado absorve rapidamente a oferta de produto inovador de uma empresa pioneira, esta deve ter uma produção em grande escala, marketing e capacidade de distribuição a fim de afastar os seguidores rápidos que possuem recursos similares. Se a tecnologia está avançando a um ritmo alucinante, uma empresa pioneira não pode esperar sustentar sua liderança sem ter fortes capacidades em P&D, *design* e desenvolvimento de novos produtos, e também força financeira para custear essas atividades. "Conceitos e conexões 6.2" descreve como a Amazon.com atingiu uma vantagem ao ser pioneira no varejo *on-line*.

O potencial para vantagens de quem é retardatário ou desvantagens de quem dá o primeiro passo

Existem casos em que há realmente *vantagens* em ser um seguidor, em vez de ser o primeiro a agir. As vantagens de quem demora a agir (ou as *desvantagens de quem dá o primeiro passo*) surgem em quatro situações:

- Quando a liderança pioneira é mais onerosa do que imitar e o líder só adquire experiência e benefícios de aprendizagem desprezíveis – uma condição que permite a um seguidor acabar com custos inferiores àqueles de quem deu o primeiro passo.
- Quando os produtos de um inovador são um tanto primitivos ou não atingem as expectativas do comprador, o que permite a um seguidor inteligente conquistar compradores desapontados com a empresa líder, ao oferecer produtos com um desempenho melhor.
- Quando o lado da demanda do mercado é cético quanto aos benefícios de uma nova tecnologia ou produto que está sendo lançado por uma empresa pioneira.
- Quando a rápida evolução de mercado (em razão de mudanças aceleradas em tecnologia ou nas necessidades e expectativas do comprador) dá aos seguidores rápidos e talvez até mesmo aos seguidores lentos, abertura para superar os produtos da empresa pioneira com versões de produtos mais atraentes.

A decisão de ser o primeiro ou o retardatário

Ao ponderar os prós e contras de ser o primeiro *versus* um seguidor rápido *versus* um seguidor lento, é importante considerar se a disputa pela liderança no mercado em um

---

[24] Para uma discussão mais extensa desse ponto, ver Fernando Suarez e Gianvito Lanzolla, "The Half-truth of First-Mover Advantage", *Harvard Business Review* 83 n. 4 (April 2005), p. 121-127.
[25] Gary Hamel, "Smart Mover, Dumb Mover", *Fortune*, September 03, 2001, p. 195.

Conceitos e conexões 6.2

AMAZON.COM – A VANTAGEM DE SER O PRIMEIRO NO VAREJO ON-LINE

A trajetória da Amazon.com para se tornar a maior varejista on-line do mundo começou em 1994, quando Jeff Bezos, na época um analista de fundos hedge em Manhattan, notou que o número de usuários da internet estava crescendo 2.300% ao ano. Bezos viu o tremendo crescimento como uma oportunidade de vender produtos on-line que seriam pedidos por vários usuários da internet e que poderiam ser despachados facilmente. Lançou a Amazon.com, uma vendedora de livros on-line, em 1995. As receitas da nova empresa dispararam para US$ 148 milhões em 1997, US$ 610 milhões em 1998 e US$ 1,6 bilhão em 1999. O plano de negócio de Bezos foi concebido em 1994, enquanto ele estava em uma viagem pelo país com sua esposa, e fez dele o ganhador do prêmio de Personalidade do Ano em 1999, concedido pela revista Time.

A entrada precoce da Amazon.com no varejo on-line lhe dera uma vantagem pioneira, mas entre 2000 e 2009 Bezos empreendeu uma série de iniciativas estratégicas adicionais para consolidar a classificação da empresa como a número um no setor. Bezos empreendeu um programa intensivo no final da década de 1990 que acrescentou cinco novos depósitos e centros de abastecimento, totalizando US$ 300 milhões. O espaço adicional para armazenagem foi adicionado anos antes de ser necessário, mas Bezos queria garantir que, conforme a demanda crescesse, a empresa pudesse continuar a oferecer a seus clientes a melhor seleção, os preços mais baixos e a entrega mais barata e mais conveniente. A empresa também expandiu sua linha de produtos para incluir artigos esportivos, ferramentas, brinquedos, produtos alimentícios, eletrônicos e downloads de música digital. As receitas da Amazon.com, que somavam US$ 19,2 bilhões em 2008, fizeram dela a maior varejista da internet, e as ações de Jeff Bezos na Amazon.com o levaram a ocupar o 110º lugar na classificação dos homens mais ricos do mundo, com um patrimônio líquido estimado de US$ 8,2 bilhões.

Nem todas as iniciativas de Bezos para manter uma vantagem como pioneiro no varejo on-line tiveram êxito. Bezos comentou em um artigo na Fortune, de 2008, sobre a empresa: "Investíamos em toda empresa falida e empresa que iniciava o comércio eletrônico, na década de 1999. Pets.com, living.com, kozmo.com. Investimos em muitos negócios atraentes que não deram em nada". E prosseguiu, explicando que embora as iniciativas fossem um "desperdício de dinheiro", não "nos desviaram de nossa própria missão". Bezos também sugeriu que desenvolver vantagem como uma empresa pioneira é "dar um milhão de passos minúsculos – e aprender rapidamente com os passos em falso".

Fontes: Mark Brohan, "The Top 500 Guide", Internet Retailer, July 2009, (acessado em www.internetretailer.com em 17 de junho de 2009); Josh Quittner, "How Jeff Bezos Rules the Retail Space", Fortune, May 5, 2008, p. 126-134.

---

determinado setor é uma maratona ou uma corrida de cem metros. Em maratonas, o corredor lento não é indevidamente penalizado – as vantagens de quem ocupa a primeira posição podem ser fugazes, e há tempo de sobra para os seguidores rápidos e às vezes até para os últimos corredores alcançarem as primeiras posições.[26] Assim, a velocidade com que a inovação pioneira provavelmente será alcançada é muito importante, conforme as empresas lutarem para perseguir uma determinada oportunidade de mercado agressiva ou cautelosamente. Por exemplo, foram necessários 18 meses para 10 milhões de usuários serem assinantes do Hotmail, 5,5 anos para o uso de celulares no mundo todo crescer de 10 milhões para 100 milhões, e quase 10 anos para o número de assinantes de banda larga em residências crescer para 100 milhões no mundo todo. A lição aqui é que existe uma curva de penetração no mercado para cada oportunidade emergente; normalmente a curva tem um ponto de inflexão em que todas as peças do modelo de negócio se encaixam, a demanda do comprador explode e o mercado decola. O ponto de inflexão pode se situar no início, em uma curva com rápida ascendência

---

[26] Ibid., p. 192; e Costas Markides e Paul A. Geroski, "Racing to be 2nd: Conquering the Industries of the Future", Business Strategy Review 15, n. 4 (Winter 2004), p. 25-31.

(como o uso de *e-mails*), ou ocorrer em uma curva com ascendência lenta (como o uso de banda larga). Qualquer empresa que busque vantagem competitiva sendo a primeira a agir precisa fazer algumas perguntas difíceis:

- A decolagem no mercado depende do desenvolvimento de bens ou serviços complementares que não estão disponíveis atualmente?
- A nova infraestrutura é exigida antes de a demanda do comprador surgir?
- Os compradores precisam desenvolver novas aptidões ou adotar novas condutas? Os compradores se depararão com altos custos para mudar para esses novos produtos?
- Existem concorrentes influentes em posição de adiar ou desviar os esforços de uma empresa que seja a primeira a agir?

Quando as respostas a qualquer uma dessas perguntas são positivas, então uma empresa deve ter cuidado para não despejar recursos demais a fim de estar à frente da oportunidade de mercado – a disputa provavelmente se parecerá mais com uma maratona do que com uma corrida de cem metros rasos.

PONTOS-CHAVE

Uma vez que uma empresa selecionou quais das cinco estratégias competitivas básicas irá empregar em sua busca pela vantagem competitiva, então ela deve decidir se e como complementará a escolha de uma abordagem estratégica competitiva básica.

1. Muitas empresas estão usando alianças estratégicas e parcerias para ajudá-las na corrida para construir uma presença no mercado global ou ser a líder nos setores do futuro. Alianças estratégicas são um meio atraente, flexível e muitas vezes eficaz, em termos de custo, aos quais as empresas podem recorrer para terem acesso a tecnologias, *expertise* e competências empresariais que lhes faltam.

2. Fusões e aquisições são outra opção estratégica atraente para fortalecer a competitividade de uma empresa. Quando as operações de duas empresas são combinadas por meio de fusão ou aquisição, a competitividade da nova empresa pode melhorar de várias maneiras – custos mais baixos, aptidões tecnológicas mais fortes, mais ou melhores competências competitivas, um conjunto mais atraente de bens e serviços, cobertura geográfica mais ampla e/ou maiores recursos financeiros com os quais ela pode investir em P&D, adicionar competência ou expandir para novas áreas.

3. A integração vertical para a frente ou para trás faz sentido estrategicamente, caso fortaleça a posição de uma empresa por meio da redução de custo ou da criação de uma vantagem baseada na diferenciação. Caso contrário, as desvantagens da integração vertical (maior investimento, maior risco de negócio, maior vulnerabilidade a mudanças tecnológicas e menos flexibilidade para efetuar mudanças nos produtos) provavelmente superarão qualquer vantagem.

4. Terceirizar partes da cadeia de valor antes desempenhadas internamente pode aumentar a competitividade de uma empresa sempre que (1) uma atividade puder ser desempenhada melhor ou de forma mais barata por especialistas externos; (2) a atividade não for fundamental para a capacidade de a empresa atingir vantagem competitiva sustentável e não esvaziar suas competências essenciais, capacidades ou conhecimento técnico; (3) ela aprimorar a capacidade que uma empresa tem de inovar; e/ou (4) permitir que uma empresa se concentre em seu negócio central e faça o que faz melhor.

5. As empresas possuem inúmeras opções de estratégias ofensivas para aprimorar suas posições de mercado e tentar assegurar uma vantagem competitiva: (1) atacar pontos fracos dos concorrentes; (2) oferecer um produto igual ou melhor a um preço mais baixo; (3) buscar a inovação de produto sustentada; (4) superar os concorrentes ao ser a primeira a adotar tecnologias da próxima geração ou a primeira empresa a introduzir produtos da próxima geração; (5) adotar e aprimorar as boas ideias de outras empresas; (6) atacar deliberadamente aqueles segmentos de mercado em que concorrentes-chave têm bons lucros; (7) ir atrás

de territórios de mercado menos disputados ou que ainda não foram ocupados; (8) usar táticas de ataque e fuga para roubar as vendas de concorrentes desavisados; e (9) iniciar ações antecipadas. A estratégia ofensiva do oceano azul busca obter uma vantagem competitiva acentuada e durável, abandonando esforços para vencer concorrentes em mercados existentes e, em vez disso, inventando um novo setor ou segmento de mercado distinto que se mostre irrelevante aos concorrentes existentes e permita a uma empresa criar e captar demandas totalmente novas.

6. As estratégias defensivas para proteger a posição de uma empresa em geral assumem a forma de manobras que colocam obstáculos na trajetória de empresas que seriam desafiadoras e fortalecem a atual posição da empresa, enquanto empreendem ações para dissuadir os concorrentes de tentar atacar (sinalizando que a batalha resultante será mais onerosa para o desafiador do que compensadora).

7. O momento certo para manobras estratégicas também tem relevância na busca pela vantagem competitiva. Os gestores de empresas são obrigados a considerar atentamente as vantagens e desvantagens ligadas a ser a primeira empresa a agir *versus* uma rápida seguidora *versus* uma empresa que espera para ver e age bem mais tarde.

EXERCÍCIOS DE REFORÇO DA APRENDIZAGEM

1. Usando sua assinatura da biblioteca da universidade com a Lexis-Nexis, EBSCO ou um banco de dados semelhante, faça uma busca sobre "estratégia de aquisição". Identifique pelo menos duas empresas em diferentes setores que estejam usando aquisições para fortalecer suas posições de mercado. Como essas aquisições aumentaram os recursos e as competências competitivas das empresas adquirentes?
MA2

2. Acesse www.bridgstone.com.jp/english/info e analise as informações sobre as operações de pneus e matérias-primas da Bridgestone Corporation nos *links* Corporate Information e Data Library. Em que medida a empresa fez integração vertical? Quais segmentos da cadeia de valor do setor a empresa escolheu desempenhar? Quais são os benefícios e os pontos negativos da estratégia de integração vertical da Bridgestone?
MA3

3. Acesse www.google.com e faça uma busca sobre "terceirização". Identifique pelo menos duas empresas em diferentes setores que tenham entrado em acordos de terceirização com empresas com serviços especializados. Além disso, descreva que atividades da cadeia de valor as empresas escolheram terceirizar. Qualquer um desses acordos de terceirização tem probabilidade de ameaçar qualquer uma das competências competitivas das empresas?
MA4

EXERCÍCIOS DE APLICAÇÃO PRÁTICA

1. Sua empresa tem a opção de efetuar fusão com outras empresas, ou de adquiri-las? Em caso afirmativo, quais são as empresas concorrentes que você gostaria de adquirir ou com as quais gostaria de efetuar uma fusão?
MA2
MA3

2. Sua empresa é integrada verticalmente? Explique.

3. Sua empresa consegue se engajar na terceirização? Caso a resposta seja afirmativa, em sua opinião, quais são os prós e contras da terceirização?
MA4
MA7

4. Quais opções sua empresa tem para ser a primeira a agir? Alguma dessas opções para ser a primeira a agir apresenta uma vantagem competitiva potencial?

capítulo 7

Estratégias para competir em mercados internacionais

METAS DE APRENDIZAGEM DO CAPÍTULO

MA1. Entender as principais razões que levam as empresas a optarem pela competição em mercados internacionais.

MA2. Aprender como e por que as diferentes condições de mercado nos países influem nas escolhas estratégicas de uma empresa, em mercados internacionais.

MA3. Conhecer as opções estratégicas para entrar e competir em mercados estrangeiros.

MA4. Entender como empresas multinacionais constroem vantagem competitiva em mercados estrangeiros.

MA5. Entender as características singulares da concorrência em mercados emergentes.

Qualquer empresa que aspire à liderança de seu setor no século XXI deve pensar na liderança de mercado em nível global, e não doméstico. A economia mundial está se globalizando em um ritmo acelerado devido a diversos fatores: países antes fechados a empresas estrangeiras estão abrindo seus mercados; países que antes tinham economias planejadas abraçam economias de mercado ou mistas e, por sua vez, a tecnologia de informação reduz a importância da distância geográfica e empresas ambiciosas, que visam ao crescimento, correm para firmar posições competitivas em mercados de um número cada vez maior de países.

Este capítulo concentra-se nas opções de estratégias de uma empresa para expandir além das fronteiras domésticas e competir em mercados de poucos ou muitos países. Ao explorarmos opções para competir internacionalmente, introduziremos conceitos como concorrência entre vários países, concorrência global, santuários de lucro e diferenças culturais nas condições de mercado, culturais e demográficas entre vários países. Este capítulo também inclui seções sobre opções estratégicas para entrar e competir em mercados estrangeiros, a importância de localizar operações nos países mais vantajosos e as circunstâncias especiais de competir em mercados emergentes como China, Índia, Brasil, Rússia e Leste Europeu.

A razão da expansão de empresas em mercados internacionais

Uma empresa pode optar pela expansão fora de seu mercado doméstico por quatro razões:

1. *Ganhar acesso a novos clientes.* A expansão para mercados estrangeiros oferece potencial para o aumento do faturamento, dos lucros e para o crescimento em longo prazo, além de se tornar uma opção extremamente atraente quando os mercados no país de origem da empresa estão maduros.
2. *Atingir custos mais baixos e aumentar a competitividade da empresa.* Muitas empresas voltam-se para a venda em mais de um país porque o volume de vendas domésticas não é suficiente para que elas obtenham economias de escala na produção ou os efeitos na curva de aprendizagem. O tamanho relativamente pequeno de mercados nacionais na Europa explica por que empresas como a Michelin, BMW e Nestlé começaram, muito tempo atrás, a vender seus produtos por toda a Europa e depois entraram em mercados na América do Norte e América Latina.
3. *Capitalizar sobre suas competências essenciais.* Uma empresa pode conseguir alavancar suas competências e capacidades para uma posição de vantagem competitiva em mercados estrangeiros e também domésticos. A Walmart está tirando proveito de sua *expertise* considerável no varejo de descontos para expandir no Reino Unido, Japão, China e América Latina. Os executivos da Walmart estão extremamente empolgados com as oportunidades de crescimento da empresa na China.
4. *Distribuir seu risco de negócio por uma base mais ampla de mercado.* Uma empresa distribui o risco de negócio ao operar em diferentes países em vez de depender totalmente das operações em seu mercado doméstico. Assim, se as economias de países da América do Norte entram em recessão por um período, uma empresa com operações em grande parte do mundo pode ser sustentada pelas vendas flutuantes na América Latina, Ásia ou Europa.

Em poucos casos, as empresas em setores que utilizam recursos naturais (por exemplo, petróleo e gás, minerais, borracha e madeira), muitas vezes acham necessário operar na arena internacional porque suprimentos atraentes de matéria-prima estão localizados em países estrangeiros.

Fatores que definem as escolhas estratégicas em mercados internacionais

Quatro fatores importantes definem a abordagem estratégica da empresa para competir em mercados estrangeiros: (1) a observação de importantes diferenças existentes entre países, nas condições de mercado, demográficas e culturais; (2) verificar se existem oportunidades para obter uma vantagem competitiva baseada no local onde essa empresa atuará; (3) os riscos de mudanças adversas nas taxas cambiais; e (4) como as políticas públicas afetam o ambiente empresarial.

Diferenças entre países, nas condições culturais, demográficas e de mercado

Independentemente da motivação de uma empresa para ir além de seus mercados domésticos, as estratégias por ela usadas para competir em mercados estrangeiros devem ser dirigidas pela situação. As condições de mercado, demográfica e cultural variam significativamente entre os países do mundo.[1]

Culturas e estilos de vida são as áreas mais óbvias em que os países diferem; a *demografia de mercado* e os *níveis de renda* vêm logo em seguida. Para muitas categorias de produto, os consumidores na Espanha não têm as mesmas preferências e os hábitos de compra que na Noruega; os compradores diferem ainda na Grécia, Chile, Nova Zelândia e Taiwan. Menos de 20% das populações do Brasil, Índia e China têm poder aquisitivo anual equivalente a US$ 25 mil. Os consumidores da classe média representam uma parte muito menor da população nesses e em outros países emergentes do que na América do Norte, Japão e em grande parte do Ocidente europeu – a classe média na China tem em torno de 125 milhões de habitantes, de uma população de 1,3 bilhão.[2] Às vezes, o *design* de produto é adequado em um país e inadequado em outro – por exemplo, nos Estados Unidos, aparelhos elétricos funcionam com sistemas elétricos de 110 volts, mas em alguns países europeus o padrão é um sistema elétrico de 220-240 volts, o que requer o uso de diferentes *designs* e componentes elétricos. Em partes da Ásia, os refrigeradores são um símbolo de *status* e podem ser colocados na sala, gerando preferências por estilo e cores – na Índia, azul-claro e vermelho são cores procuradas. Em outros países asiáticos, o espaço da casa é restrito e muitos refrigeradores têm apenas 1,20 m de altura, para que se possam armazenar alimentos sobre eles.

Da mesma forma, o *crescimento de mercado* varia de um país para outro. Em mercados emergentes como a Índia, China, Brasil e Malásia, o potencial para crescimento de mercado é bem maior do que nas economias mais maduras da Grã-Bretanha, Dinamarca, Canadá e Japão. No ramo automobilístico, por exemplo, o potencial para crescimento de mercado é explosivo na China, onde as vendas de novos veículos em 2008 resultaram em mais de 9,3 milhões, em um país com 1,3 bilhão de pessoas. O crescimento de mercado pode ser limitado pela falta de infraestrutura ou de redes estabelecidas de distribuição e varejo em mercados emergentes. Na Índia, há canais de varejo desenvolvidos para a distribuição de bens aos 3 milhões de varejistas da nação, ao passo que na China a distribuição é basicamente local. Também, a rivalidade competitiva em alguns mercados é moderada, ao passo que outros são caracterizados pela concorrência forte ou agressiva.

Uma das maiores preocupações das empresas que estão competindo em mercados estrangeiros é se é melhor customizar suas ofertas em cada mercado nacional diferente a fim de atender às preferências e gostos dos compradores locais ou se é melhor oferecer um produto padronizado no mundo todo. Embora fazer produtos adequados aos gostos locais os torne mais atraentes aos compradores locais, customizar os produtos de uma empresa para cada país pode causar a elevação dos custos de produção e distribuição e complicações na gestão do estoque adicional e na logística de distribuição. *A tensão entre as pressões de mercado para "localizar" as ofertas de produto de uma empresa país por país e as pressões*

---

[1] Para uma discussão esclarecedora sobre como esses tipos de diferenças demográficas e de mercado são significativos, ver C. K. Prahalad e Kenneth Lieberthal, "The End of Corporate Imperialism", *Harvard Business Review* 76, n. 4 (July-August 1998), p. 68-79; e Marcus Alexander e Harry Korine, "When You Shouldn't Go Global", *Harvard Business Review* 86, n. 12 (December 2008), p. 70-77.

[2] Joseph Caron, "The Business of Doing Business with China: An Ambassador Reflects", *Ivey Business Journal* 69, n. 5 (May-June 2005), p. 2.

competitivas para abaixar os custos são algumas das grandes questões estratégicas que os participantes nos mercados estrangeiros precisam resolver.

Deixando de lado as diferenças básicas, culturais e de mercado entre os países, uma empresa também precisa prestar atenção às vantagens da adaptação aos diversos locais em que opera provenientes das variações de um país para outro nos custos de fabricação e distribuição, nos riscos de mudanças adversas nas taxas cambiais e nas demandas econômicas e políticas de governos anfitriões.

Obter vantagem competitiva baseada na "localização"

Diferenças em salários, na produtividade do trabalhador, nas taxas de inflação, nos custos de energia, nos impostos cobrados, nas normatizações do governo e outras criam variações consideráveis de um país para outro no que se refere aos custos de fabricação. Em alguns países, as fábricas têm importantes vantagens no custo de produção em razão de custos mais baixos de insumos (principalmente mão de obra), regulamentações mais brandas do governo, proximidade dos fornecedores ou existência de recursos naturais. Em tais casos, os países com custos baixos se tornam os principais locais de produção, e a maior parte da produção é exportada para mercados em outras partes do mundo. As empresas que constroem instalações de produção em países com custos baixos (ou que terceirizam seus produtos para fabricantes contratados nesses países) têm uma vantagem competitiva sobre concorrentes com fábricas em países onde os custos são mais altos. O papel dos custos baixos de fabricação em termos de concorrência é mais evidente em países onde os salários são baixos, como na China, Índia, Paquistão, México, Brasil e vários países na África que se tornaram paraísos da produção de bens manufaturados, com abundância de mão de obra (principalmente têxteis e roupas). Os custos de remuneração por hora para os operários na China eram, em média, de US$ 0,80 em 2007 *versus* cerca de US$ 3 no México, US$ 6 no Brasil, US$ 8 na Hungria, US$ 19 na Nova Zelândia, US$ 24,50 nos Estados Unidos, US$ 29 no Canadá, US$ 38 na Alemanha e US$ 48,50 na Noruega.[3]* A China está se tornando rapidamente a capital mundial na produção – praticamente todas as principais fábricas têm instalações naquele país. Da mesma forma, preocupações com a entrega rápida e com baixos custos de expedição favorecem o estabelecimento de centros de distribuição em determinados países.

A qualidade do ambiente de negócios de um país também oferece vantagens quanto à localização – os governos de alguns países estão ansiosos por atrair investimentos estrangeiros e fazem de tudo para criar um clima empresarial que seja visto como favorável pelos empresários estrangeiros. Um bom exemplo é a Irlanda, que tem um dos ambientes mais favoráveis do mundo para manter uma empresa. O país oferece às empresas impostos corporativos muito baixos, tem um governo que responde às necessidades do setor e recruta agressivamente empresas multinacionais que empreguem alta tecnologia em sua produção. A política econômica da Irlanda foi um fator importante para a decisão de Boston Scientific de instalar três centros de pesquisa e produção de aparelhos médicos, que empregam mais de 4 mil colaboradores. Outra vantagem da localização é o aglomerado de fornecedores de componentes e equipamento de capital, fornecedores de infraestrutura (universidades, provedores de treinamento vocacional, empreendimentos de pesquisa) e fabricantes de produtos complementares instalados

---

* N. de R.T.: Deve ser observado que os preços relativos dos itens entre os países se alteram ao longo do tempo, seja por oscilações nas moedas, seja por mudanças nas condições econômicas internas.
[3] "International Comparisons of Hourly Compensation Costs in Manufacturing, for 2007", *U.S. Department of Labor Bureau of Labor Statistics Newsletter*, March 26, 2009.

bem próximo a operações importantes de uma empresa – tal aglomerado geográfico não só facilita a íntima colaboração, mas em muitos casos também ajuda a gerar economias de custo significativas.

Os riscos de mudanças cambiais adversas

A volatilidade das taxas cambiais complica imensamente a questão das vantagens de custo geográficas. As taxas cambiais muitas vezes sobem e descem de 20 a 40% ao ano. Mudanças dessa magnitude podem arrasar uma vantagem de custo baixo de um país ou transformar uma localização que antes exigia altos custos em um local com custos competitivos. A força crescente do euro em relação ao dólar estadunidense tem estimulado vários fabricantes europeus como a Volkswagen, Fiat e Airbus a mudar a produção feita nas fábricas europeias para novas instalações nos Estados Unidos. O enfraquecimento do dólar também fez a Chrysler descontinuar seu acordo de fabricação com uma empresa australiana para a montagem de minivans e Jeeps vendidos na Europa. No início de 2008, os veículos da Chrysler vendidos na Europa eram exportados de suas fábricas em Illinois e Missouri. O dólar fraco também foi um fator na recente decisão da Ford e da GM de começar a exportar veículos feitos nos Estados Unidos para a China e América Latina. *A lição que se pode tirar dos países com taxas cambiais flutuantes é que as empresas que exportam bens para países estrangeiros sempre ganham em competitividade quando a moeda do país onde os bens são fabricados está fraca. Os exportadores ficam em desvantagem quando se fortalece a moeda do país onde os bens são produzidos.*

O impacto de políticas do governo anfitrião no clima de negócios local

Governos nacionais promulgam todo tipo de medidas que afetam as condições comerciais e as operações de empresas estrangeiras em seus mercados. Exemplos de políticas de governos anfitriões que afetam empresas com sede no estrangeiro incluem:

- Requisitos de conteúdo local a bens produzidos dentro de suas fronteiras por empresas com sede no estrangeiro.
- Políticas que protegem empresas locais da concorrência estrangeira.
- Restrições às exportações em razão de preocupações com a segurança nacional.
- Regulação de preços de bens importados e produzidos localmente.
- Procedimentos deliberadamente complicados e as exigências de aprovação de bens importados pela inspeção alfandegária.
- Tarifas ou cotas sobre a importação de certos bens.
- Subsídios e empréstimos a juros baixos para empresas domésticas que estejam competindo contra concorrentes estrangeiros.

Até 2001, quando passou a ser integrante da Organização Mundial de Comércio (OMC), a China impunha uma tarifa de 100% sobre importações de veículos motorizados. A União Europeia impõe cotas sobre importações de têxteis e roupas da China como medida de proteção aos fabricantes no sul da Europa. A Índia tem uma longa história de utilizar impostos de até 50% sobre produtos recém-comprados para proteger seus produtores domésticos. Essas taxas, entretanto, tiveram redução de 8 a 14% em 2008, para ajudar a estimular a demanda de consumo e acelerar a taxa de crescimento econômico da Índia.

Outros governos, ansiosos para obter novas fábricas e empregos, oferecem a empresas estrangeiras uma ajuda na forma de subsídios, acesso privilegiado ao mercado e assistência técnica. Todas essas possibilidades explicam por que os gestores de empresas que optam por competir em mercados estrangeiros precisam examinar de perto as políticas de um país, e suas políticas econômicas para as empresas em geral e para as empresas estrangeiras em particular, ao decidirem de quais mercados nacionais devem participar e quais deles devem evitar.

Opções estratégicas para entrar e competir em mercados estrangeiros

Há várias opções estratégicas gerais para uma empresa que decide expandir para além do mercado doméstico e competir em âmbito internacional ou global:

1. *Manter uma base de produção nacional (de um país) e exportar bens para mercados estrangeiros*, usando canais de distribuição da própria empresa ou controlados no estrangeiro.
2. *Licenciar empresas estrangeiras a usar a tecnologia da empresa ou a produzir e distribuir seus produtos.*
3. *Empregar uma estratégia de franquia.*
4. *Seguir uma estratégia multinacional,* variando a abordagem estratégica da empresa (talvez um pouco, talvez muito), de um país para outro, de acordo com as condições locais e os diferentes gostos e preferências do comprador.
5. *Seguir uma estratégia global,* usando essencialmente a mesma estratégia competitiva em todos os mercados do país onde a empresa tem presença.
6. *Usar alianças estratégicas ou* joint ventures *com empresas estrangeiras como o veículo básico para entrar em mercados estrangeiros* e talvez também usá-los como um arranjo estratégico permanente destinado a manter ou fortalecer a competitividade da empresa.

As seções a seguir discutem as seis opções gerais mais detalhadamente.

Estratégias de exportação

Usar fábricas domésticas como base de produção para exportar bens para mercados estrangeiros é uma excelente estratégia inicial para efetuar vendas internacionais. É uma forma conservadora de testar as águas internacionais. O montante de capital necessário para iniciar as exportações muitas vezes é mínimo e a capacidade de produção existente pode ser suficiente para fabricar produtos para exportação. Com uma estratégia de exportação, um fabricante pode limitar seu envolvimento em mercados estrangeiros, contratando atacadistas estrangeiros com experiência em importação para assumir toda a função de distribuição e marketing em seus países ou regiões. Se for mais vantajoso manter controle sobre essas funções, no entanto, um fabricante pode estabelecer suas próprias organizações de distribuição e vendas em alguns ou todos os mercados estrangeiros que desejar. Qualquer que seja o caminho tomado, uma estratégia de produção e exportação com sede no país de origem ajuda a empresa a minimizar seus investimentos diretos em países estrangeiros.

Uma estratégia de exportação é vulnerável quando (1) os custos de fabricação no país de origem forem substancialmente mais altos do que nos países estrangeiros onde os concorrentes têm fábricas; (2) os custos de expedir os produtos para mercados estrangeiros distantes são relativamente altos;* ou (3) mudanças adversas ocorrem nas taxas cambiais. Se um exportador não puder manter custos competitivos de produção e expedição e não tiver meios de se proteger contra mudanças desfavoráveis nas taxas cambiais, seu sucesso será limitado.

Estratégias de licenciamento

O licenciamento faz sentido quando uma empresa com conhecimento técnico valioso ou um único produto patenteado não tem nem competência organizacional interna nem os recursos para entrar em mercados estrangeiros. O licenciamento também tem a vantagem de evitar os riscos de comprometer recursos em mercados nacionais que sejam desconhecidos, politicamente voláteis, economicamente instáveis ou apresentem algum tipo de risco. Ao licenciar a tecnologia ou os direitos de produção a empresas com sede no estrangeiro, a empresa não precisa arcar com os custos e riscos de entrar em mercados estrangeiros, embora seja capaz de gerar renda de *royalties*. A grande desvantagem do licenciamento é o risco de oferecer conhecimento tecnológico valioso a empresas estrangeiras e, dessa forma, perder certo grau de controle sobre seu uso. Também, em algumas circunstâncias pode ser bem difícil acompanhar os licenciados e salvaguardar o conhecimento do proprietário da empresa. Se, contudo, o *royalty* potencial for considerável e as empresas às quais os licenciamentos estão sendo concedidos tiverem boa reputação e forem confiáveis, então esta poderá ser uma opção muito atraente. Muitas empresas farmacêuticas e de *softwares* usam estratégias de licenciamento.

Estratégias de franquia

Embora o licenciamento funcione bem para fabricantes e empresas que tenham tecnologia própria, a franquia muitas vezes é mais adequada quando se deseja expandir globalmente, com empreendimentos de atendimento e varejo. Marcas como o McDonald's, Yum! (controladora da A&W, Pizza Hut, KFC, Long John Silver's e Taco Bell), a UPS Store, 7-Eleven e Hilton Hotels usaram *franchising* para construir presença em mercados internacionais. A franquia tem as mesmas vantagens que o licenciamento. O franqueado arca com a maior parte dos custos e riscos de se estabelecer no estrangeiro, cabendo ao franqueador apenas arcar com os recursos para recrutar, treinar, dar suporte e fazer o controle de qualidade. O grande problema que um franqueador enfrenta é manter o compromisso com a consistência e a padronização – principalmente quando a cultura local não prioriza o mesmo tipo de preocupação com a qualidade. Outro problema pode envolver a decisão de permitir que os franqueados estrangeiros façam modificações à oferta de produto do franqueador para satisfazer melhor aos gostos e expectativas de compradores locais. O McDonald's deve permitir que as unidades franqueadas no Japão modifiquem ligeiramente os Big Macs para agradar mais ao paladar dos japoneses? As unidades franqueadas do KFC na China podem substituir temperos para atrair os consumidores chineses? Ou deve-se oferecer rigorosamente o mesmo menu nas franquias em todo o mundo e não se permitir nenhuma variação?

---

* N. de R.T.: Esses custos podem incluir tarifas de importação e outras que podem tornar a comercialização do produto inviável no país-destino.

Estabelecimento de operações internacionais: a escolha entre estratégias locais, diferindo em cada país, e uma estratégia global

A exportação, o licenciamento e a franquia contam com as competências e capacidades de aliados nos mercados internacionais para oferecer bens e serviços aos compradores, ao passo que as empresas que buscam expansão internacional podem optar por assumir a responsabilidade pelo desempenho de todas as atividades essenciais da cadeia de valor nos mercados estrangeiros. Uma vez que uma empresa opta por estabelecer operações em mercados internacionais, sua decisão sobre o quanto deverá variar sua abordagem competitiva de modo a corresponder às condições específicas de mercado e às preferências do comprador em cada país anfitrião talvez seja a questão estratégica mais importante que ela deve tratar. A Figura 7.1 mostra as opções de uma empresa para resolver essa questão.

ABORDAGENS DE PENSAMENTO LOCAL E AÇÃO LOCAL À ELABORAÇÃO DA ESTRATÉGIA

Uma abordagem à elaboração de estratégia dirigida para a ação e o pensamento locais é fundamental quando há diferenças significativas de um país para outro nas preferências e nos hábitos de compra do cliente, quando as diferenças entre os países nos canais de

FIGURA 7.1 Opções estratégicas de uma empresa para lidar com variações entre países nas preferências do comprador e nas condições de mercado

Opções de postura estratégica	Maneiras de lidar com variações multiculturais nas preferências do comprador e nas condições de mercado
Pensamento local, Ação local	**Empregar estratégias "localizadas" – uma para cada mercado nacional** • Elaborar a abordagem competitiva e a oferta de produto da empresa de modo a corresponder a condições específicas de mercado e às preferências do comprador em cada país anfitrião. • Delegar a elaboração de estratégia aos gestores locais que obtêm conhecimento diretamente das condições locais.
Pensamento global, Ação global	**Empregar as mesmas estratégias no mundo todo** • Perseguir o mesmo tema da estratégia competitiva básica (custo baixo, diferenciação, o melhor custo ou direcionado) em todos os mercados nacionais – uma estratégia global. • Oferecer os mesmos produtos em todo o país, com pequenas alterações de um país para outro, quando as condições do mercado local exigirem. • Utilizar as mesmas capacitações, canais de distribuição e abordagens de marketing no mundo todo. • Coordenar ações estratégicas a partir da sede central.
Pensamento global, Ação local	**Empregar uma estratégia que combine global-local** • Empregar essencialmente o mesmo tema da estratégia competitiva básica (baixo custo, diferenciação, o melhor custo ou direcionada) em todos os mercados nacionais. • Desenvolver a competência para customizar as ofertas de produto e vender diferentes versões de produto em diferentes países (talvez até mesmo com nomes de marca diferentes). • Dar aos gestores locais a liberdade para adaptar a abordagem global conforme necessário, a fim de acomodar as preferências do comprador local e reagir às condições competitivas e do mercado local.

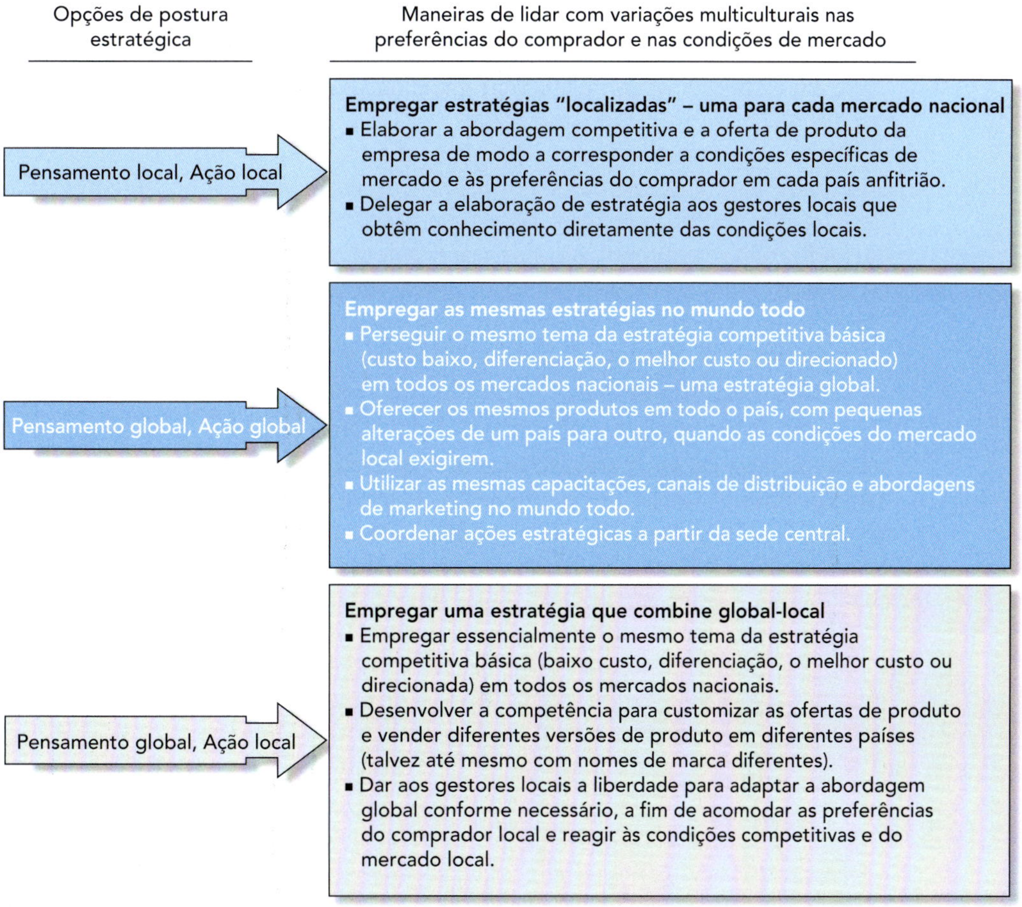

> **Estratégias "localizadas" ou multinacionais** são necessárias quando há diferenças significativas entre países nas preferências do cliente, nos hábitos de compra, nos canais de distribuição ou nos métodos de marketing. As abordagens de elaboração de estratégias com **pensamento local e ação local** também são fundamentais quando as normas governamentais ou as políticas comerciais impedem uma abordagem uniforme e coordenada ao mercado mundial.

distribuição e nos métodos de marketing são significativas e quando governos anfitriões promulgam normatizações exigindo que os produtos vendidos atendam a especificações restritas de fabricação ou de padrões de desempenho, e quando as restrições comerciais de governos anfitriões são tão diversas e complicadas que impedem uma abordagem ao mercado uniforme, coordenada, no mundo todo. Com estratégias "localizadas", uma empresa muitas vezes tem diferentes versões de produto para diferentes países e às vezes vende os produtos sob diferentes nomes de marca. Os requisitos do governo para aditivos à gasolina que ajudam a reduzir o monóxido de carbono, a fumaça e outras emissões quase nunca são os mesmos nos países. A BP utiliza estratégias "localizadas" em seu segmento de postos de gasolina e de serviços em razão dessas diferenças na fórmula entre os países e da familiaridade do cliente com os nomes das marcas locais. Por exemplo, a empresa comercializa gasolina nos Estados Unidos sob suas marcas BP e Arco, mas comercializa gasolina na Alemanha, Bélgica, Polônia, Hungria e República Checa sob a marca Aral. No setor de produtos alimentícios, é comum as empresas variarem os ingredientes em seus produtos e venderem as versões localizadas com os nomes das marcas locais, a fim de atender a preferências de paladar e alimentação.

A força de se empregar um conjunto de **estratégias "localizadas" ou multinacionais** é que as ações e abordagens empresariais de uma empresa são elaboradas deliberadamente, de modo a agradar e atender às expectativas dos compradores em cada país e estabelecer as posições de mercado mais atraentes, em relação aos concorrentes locais.[4]

As estratégias de **pensamento local e ação local** têm, entretanto, duas grandes desvantagens: (1) elas adiam a transferência das competências e os recursos de uma empresa entre países porque as estratégias em diferentes países anfitriões podem ser fundadas em competências e capacidades variáveis; e (2) elas não promovem a construção de uma vantagem competitiva única – principalmente baseada no custo baixo. As empresas que empregam estratégias altamente localizadas ou multinacionais enfrentam grandes barreiras para atingir a liderança por meio de custos baixos *a não ser* que encontrem meios de customizarem seus produtos e ainda se mantenham em posição de captar economias de escala e os efeitos da curva de aprendizagem. A capacidade singular da Toyota – a produção customizada de massa – tem sido a chave para sua habilidade em adaptar de modo eficaz as ofertas de produto às preferências do comprador local, enquanto mantém a liderança em custos baixos.

ABORDAGENS DE PENSAMENTO GLOBAL E AÇÃO GLOBAL À ELABORAÇÃO DE ESTRATÉGIA Embora estratégias multinacionais ou localizadas sejam as mais adequadas para setores em que um grau bastante alto de reação local é importante, as estratégias globais são mais adequadas para setores padronizados globalmente. Uma **estratégia global** é aquela em que a abordagem da empresa é predominantemente a mesma em todos os países – ela vende os mesmos produtos com os mesmos nomes de marca em toda parte, utiliza muitos dos mesmos canais de distribuição em todos os países e compete com base nas mesmas capacidades e abordagens de marketing no mundo todo. Embora a estratégia empresarial ou a oferta de produto possa sofrer pequenas adaptações de modo a acomodar situações específicas

> **Estratégias globais** são mais adequadas a setores que são padronizados globalmente em termos de preferências do cliente, dos hábitos de compra, dos canais de distribuição ou dos métodos de marketing.

---
[4] Para mais detalhes sobre os méritos e oportunidades da transferência entre fronteiras de experiências estratégicas de sucesso, ver C. A. Bartlett e S. Ghoshal, *Managing Across Borders: The Transnational Solution*, 2. ed. (Boston: Harvard Business School Press, 1998), p. 79-80 e Capítulo 9.

em alguns países anfitriões, a abordagem competitiva fundamental da empresa (custo baixo, diferenciação ou direcionada) permanece intacta no mundo todo e os gestores locais seguem rigorosamente a estratégia global. Um tema estratégico de **pensamento global e ação global** leva os gestores da empresa a integrarem e coordenarem manobras estratégicas da empresa no mundo todo e a expandir para quase todas ou todas as nações onde há demanda significativa do comprador. Coloca ênfase estratégica considerável na construção de um nome de marca global e na busca agressiva de oportunidades de transferir ideias, novos produtos e competências de um país para outro.

A estratégia de *design* global da Ford é um movimento em direção à estratégia de pensamento global, ação global, e envolve o desenvolvimento e a produção dos modelos padronizados com modificações específicas, limitadas basicamente ao que é exigido para atender à emissão e a padrões de segurança do país local. O Ford Fiesta 2010 e o Ford Focus 2011 terão o primeiro modelo com *design* global da empresa, e serão comercializados na Europa, América do Norte, Ásia e Austrália. Sempre que as diferenças de um país para outro forem pequenas o suficiente para serem acomodadas dentro de uma estratégia global, isso será preferível às estratégias "localizadas" porque uma empresa poderá unificar mais prontamente suas operações e se concentrar no estabelecimento de uma imagem e reputação de marca que seja uniforme de um país para outro. Além disso, com uma estratégia global uma empresa é mais capaz de direcionar todos os seus recursos para assegurar uma vantagem competitiva baseada no custo baixo ou na diferenciação sobre concorrentes, tantos os domésticos quanto os globais.

ABORDAGENS DE PENSAMENTO GLOBAL E AÇÃO LOCAL À ELABORAÇÃO DE ESTRATÉGIA

Com frequência, uma empresa pode acomodar variações de um país para outro no gosto do comprador, costumes locais e condições de mercado com uma abordagem de **pensamento global e ação local** ao desenvolvimento da estratégia. Essa abordagem "meio de campo" envolve utilizar o mesmo tema competitivo básico (baixo custo, diferenciação ou direcionada) em cada país, mas dá aos gestores locais a liberdade para (1) incorporar as variações nos atributos de produto que são necessárias para satisfazer os compradores locais e (2) efetuar os ajustes na produção, distribuição e marketing que forem necessários para responder às condições do mercado local e competir com sucesso contra os concorrentes locais. Versões de produto ligeiramente diferentes, vendidas com o mesmo nome de marca, podem bastar para satisfazer aos gostos locais, e pode ser viável acomodar essas versões de uma forma econômica no decorrer do projeto e fabricação das ofertas de produto da empresa. A Philip Morris International comercializa suas marcas Marlboro, Chesterfield, Parliament e Virginia Slims no mundo todo. A empresa, entretanto, também fabrica versões diferentes de cigarros Marlboro disponíveis em diferentes partes do mundo a fim de atender melhor a preferências e hábitos ligeiramente diferentes de fumantes em cada mercado. O Marlboro Mix 9 da empresa é um cigarro com alto teor de nicotina, infundido com cravo, vendido na Indonésia, onde os fumantes preferem cigarros fortes, com cheiro adocicado. Seu Marlboro Intense foi formulado para o mercado turco, ao passo que o Marlboro Filter Plus, mais suave, atende a fumantes na Coreia do Sul, Rússia, Cazaquistão e Ucrânia.

> As abordagens de **pensamento global e ação local** à elaboração de estratégias envolvem o emprego do mesmo tema estratégico (custo baixo, diferenciação direcionada, o melhor custo) em todos os mercados do país, enquanto permitem certa customização de um país para outro, para que haja uma adequação às condições do mercado local.

Como regra, a maioria das empresas multinacionais se esforça para empregar uma estratégia global, mas que contemplem as necessidades do cliente e as condições de mercado. A Electronic Arts tem dois estúdios principais de *design* – um em Vancouver, British Columbia, e um em Los Angeles – e estúdios menores de *design* em São Francisco, Orlando, Londres e Tóquio. Essa dispersão de estúdios de *design* ajuda a EA a desenhar jogos que sejam específicos a diferentes culturas – por exemplo, o estúdio de Londres assumiu a incumbência de desenhar o popular jogo de futebol FIFA para atender ao gosto europeu e para replicar os estádios, sinalização e os jogadores da equipe; o estúdio nos Estados Unidos foi incumbido de desenhar jogos envolvendo futebol americano (NFL), basquetebol (NBA) e corrida de carros (Nascar).

Emprego de alianças estratégicas internacionais e *joint ventures* para construir força competitiva em mercados estrangeiros

As alianças estratégicas, *joint ventures* e outros acordos de cooperação com empresas estrangeiras são um meio favorito e promissor de entrar em um mercado estrangeiro ou fortalecer a competitividade de uma empresa nos mercados mundiais.[5] Historicamente, empresas em nações industrializadas que pensam em exportar buscaram alianças com empresas em países menos desenvolvidos para importar e comercializar seus produtos localmente – tais arranjos foram necessários muitas vezes para ganhar a aprovação para entrada por parte do governo do país anfitrião. Tanto empresas japonesas quanto americanas estão formando ativamente alianças com empresas europeias para fortalecer sua capacidade de competir na União Europeia, com suas 27 nações (e os 3 países que são candidatos a se tornar integrantes da União Europeia), e para capitalizar a abertura dos mercados do Leste Europeu. Muitas empresas europeias e norte-americanas estão fazendo aliança com empresas asiáticas no esforço de entrar em mercados na China, Índia, Malásia, Tailândia e outros países asiáticos. Muitas empresas estrangeiras, evidentemente, estão particularmente interessadas em parcerias estratégicas que fortalecerão sua capacidade de se firmar no mercado estadunidense.

Contudo, arranjos cooperativos entre empresas domésticas e estrangeiras têm apelo estratégico, por razões que vão além de ganhar mais acesso aos mercados nacionais atraentes.[6] Um segundo grande apelo das alianças internacionais é captar economias de escala na produção e/ou marketing. Ao unir forças para produzir componentes, montar modelos e fazer o marketing de seus produtos, as empresas podem obter economias de custo não atingíveis com seus próprios volumes menores. Uma terceira motivação para fazer uma aliança internacional é preencher as falhas em *expertise* técnica e/ou conhecimento dos mercados locais (hábitos de compra e preferências de produtos pelos consumidores, costumes locais e assim por diante). Os aliados aprendem muito uns com os outros ao desempenharem pesquisas conjuntas, compartilharem conhecimento tecnológico, estudarem os métodos de produção uns dos outros e entenderem como adaptar as abordagens de vendas e marketing para se adequar a culturas e tradições locais. De fato, um dos benefícios que geram ganhos para as partes de uma aliança é aprender com as aptidões, conhecimento tecnológico e competências dos parceiros da aliança e implantar o conhecimento desses parceiros a todos os colaboradores da empresa.

Uma quarta motivação para alianças internacionais é compartilhar instalações de distribuição e redes de revendedores e fortalecer mutuamente o acesso de cada parceiro aos compradores. Um quinto benefício é a possibilidade que os aliados internacionais

---

[5] Para dois estudos extremamente esclarecedores de experiências de empresas com alianças internacionais, ver Joel Bleeke e David Ernst, "The Way to Win in Cross-Border Alliances", *Harvard Business Review* 69, n. 6 (November-December 1991), p. 127-135; e Gary Hamel, Yves L. Doz e C. K. Prahalad, "Collaborate with Your Competitors – and Win", *Harvard Business Review* 67, n. 1 (January-February 1989), p. 133-139.

[6] Ver Yves L. Doz and Gary Hamel. Alliance Advantage (Boston, MA: Harvard Business School Press, 1998), principalmente os Capítulos 2-4; Bleeke e Ernst, "The Way in Cross-Border Alliances", p. 127-133; Hamel, Doz, e Prahalad, "Collaborate with Your Competitors – and Win", p. 134-135; e Porter, *The Competitive Advantage of Nations* (New York: Free Press, 1990), p. 66.

têm de dirigir suas energias competitivas para concorrentes comuns e menos um para o outro; formar uma equipe pode ajudá-los a diminuir a distância com as empresas líderes. Um sexto fator que impulsiona as alianças internacionais é considerado quando as empresas que querem entrar em um novo mercado estrangeiro concluem que as alianças com empresas locais são uma forma eficaz de estabelecer relações de trabalho com autoridades importantes do governo do país anfitrião.[7] E, finalmente, as alianças podem ser uma forma particularmente útil de as empresas no mundo todo chegarem a um acordo quanto a importantes padrões técnicos – elas têm sido usadas para chegar a padrões para vários dispositivos de computadores, tecnologias relacionadas à internet, televisores de alta definição e celulares.

O que torna as alianças internacionais um meio estratégico atraente para ganhar os tipos de benefício acima mencionados (em comparação à aquisição ou fusão com empresas com sede no estrangeiro) é que ao fazer alianças e parcerias estratégicas uma empresa pode preservar sua independência e evitar o uso talvez escasso de recursos financeiros para bancar aquisições. Além disso, uma aliança oferece a flexibilidade para a dissolução imediata, uma vez que sua finalidade foi alcançada ou os possíveis benefícios provaram-se enganosos, ao passo que uma aquisição é um tipo de arranjo mais permanente.[8] "Conceitos e conexões 7.1" fornece exemplos de alianças estratégias internacionais.

OS RISCOS DE ALIANÇAS ESTRATÉGICAS COM PARCEIROS ESTRANGEIROS

Alianças e *joint ventures* com parceiros estrangeiros apresentam suas ciladas. As alianças internacionais costumam ter que superar barreiras linguísticas e culturais e imaginar como lidar com diversas práticas operacionais (ou talvez conflitantes). Os custos com a comunicação, a confiança e a coordenação são altos em termos de tempo gerencial.[9] É comum os parceiros descobrirem que têm objetivos e estratégias conflitantes, profundas diferenças de opinião sobre como proceder, ou diferenças importantes em valores corporativos e padrões éticos. As tensões se intensificam, as relações de trabalho esfriam e os benefícios esperados nunca se concretizam. A receita para alianças de sucesso requer muitas reuniões de várias pessoas que trabalhem de boa-fé durante um certo período de tempo para chegarem a um acordo quanto ao que deve ser partilhado, o que deve continuar sendo exclusivo a cada empresa e como funcionarão os arranjos cooperativos.[10]

Mesmo que a aliança se torne uma proposição em que ambas as partes saiam ganhando, há o perigo de se tornar excessivamente dependente de parceiros estrangeiros para se ter a *expertise* e as competências competitivas essenciais. Se uma empresa visa à liderança no mercado global e precisa desenvolver competências próprias, então, em algum momento, a fusão ou aquisição internacional pode ter que ser substituída por alianças e *joint ventures* internacionais. Uma das lições sobre alianças internacionais é que elas são mais eficazes em ajudar uma empresa a estabelecer uma gama de novas oportunidades em mercados mundiais do que capacitá-la a alcançar e sustentar a liderança no mercado global.

---

[7] H. Kurt Christensen, "Corporate Strategy: Managing a Set of Businesses", em Liam Fahey e Robert M. Randall (orgs.), *The Portable MBA in Strategy*, (New York: Wiley, 2001), p. 43.
[8] Para uma excelente apresentação sobre os prós e contras das alianças *versus* aquisições, ver Jeffrey H. Dyer, Prashant Kale e Harbir Singh, "When to Ally and When to Acquire", *Harvard Business Review* 82, n. 7/8 (July-August 2004), p. 109-115.
[9] Para uma discussão adicional das experiências da empresa com alianças e parcerias, ver Doz e Hamel, *Alliance Advantage*, Capítulos 2-7; e Rosabeth Moss Kanter, "Collaborative Advantage: The Art of the Alliance", *Harvard Business Review* 72, n. 4 (July-August 1994), p. 96-108.
[10] Jeremy Main, "Making Global Alliances Work", *Fortune*, December 19, 1990, p. 125.

7.1 Conceitos e conexões

EXEMPLOS DE ALIANÇAS ESTRATÉGICAS INTERNACIONAIS

1. A Verio, uma subsidiária da NTT Communications com sede no Japão e uma das maiores provedoras globais de serviços de hospedagem de *sites* e transporte de dados IP, desenvolveu um modelo de negócios voltado para alianças que combina as competências essenciais da empresa com as habilidades e produtos de parceiros que detêm a melhor tecnologia. Os parceiros estratégicos da Verio incluem a Arsenal Digital Solutions (provedora de serviços de proteção, recuperação e armazenamento de dados), a Internet Security Systems (provedora de sistemas de detecção de invasão e *firewall*), e a Mercantec (que desenvolve *software* para fachada e *sites* de compras). A direção da Verio acredita que sua carteira de alianças estratégicas lhe permite usar tecnologias inovadoras da melhor categoria, ao fornecer a seus clientes o transporte de dados preciso, eficiente e rápido e um conjunto completo de serviços de hospedagem de *sites*. Um painel independente de 12 juízes selecionou recentemente a Verio como a vencedora do Best Technology Foresight Award por seu pioneirismo em novas tecnologias.

2. Uma aliança estratégica de 2003 entre a BP, produtora inglesa de petróleo, e a Alfa, Access, Renova (AAR), produtora de gás e petróleo, gerou a terceira maior produtora de óleo cru da Rússia. A aliança estratégica forneceu à BP acesso às vastas reservas de petróleo e permitiu à AAR o acesso aos ativos da BP na Rússia, inclusive a rede postos de gasolina da BP. Acrescentar a *expertise* de exploração de petróleo da BP aumentou a produção em campo em 250% entre 2003 e 2007. A exploração da BP e as capacidades de perfuração também contribuíram para o desenvolvimento de novos projetos que deverão estar *on-line* em 2009.

3. A Toyota e a First Automotive Works, a maior fabricante automotiva da China, iniciaram aliança em 2002 para fabricar sedãs de luxo, veículos esportivos e utilitários, e miniveículos para o mercado chinês. A intenção era fabricar 400 mil veículos por ano por volta de 2010, uma quantidade igual ao número que a Volkswagen, a empresa com maior participação do mercado chinês, estava fabricando em 2002. A aliança vislumbrava um investimento conjunto de cerca de US$ 1,2 bilhão. Na data em que a aliança foi anunciada, a Toyota estava atrás da Honda, General Motors e Volkswagen no estabelecimento de instalações de produção na China. Captar uma participação maior do mercado chinês era visto como fundamental para o sucesso da Toyota no cumprimento de seus objetivos estratégicos de ter uma participação de 15% do mercado automotivo mundial por volta de 2010.

4. A European Aeronautic Defense and Space Company (EADS) foi formada por uma aliança de empresas aeroespaciais da Inglaterra, Espanha, Alemanha e França que incluiu a British Aerospace, a Daimler-Benz Aerospace e a Aerospatiale. O objetivo da aliança era criar uma fabricante de aeronaves europeia capaz de concorrer com a Boeing Corp., sediada nos Estados Unidos. A aliança provou ser um grande sucesso, inspirando sua divisão de voos comerciais, Airbus, com o conhecimento e recursos para competir em iguais condições com a Boeing pela liderança mundial de grandes aeronaves comerciais (para mais de cem passageiros). A empresa também estabeleceu uma aliança com a fabricante estadunidense de aeronaves militares Northrop Grumman para desenvolver um petroleiro altamente sofisticado de reabastecimento de combustível para o avião A330.

Fonte: *Sites* das empresas e *press releases*.

Uso de operações internacionais para aprimorar a competitividade geral

Existem três maneiras importantes de uma empresa obter vantagem competitiva, ao expandir seu mercado para fora do país.[11] Uma delas consiste em usar o novo local de suas operações para reduzir custos ou ajudar a atingir maior diferenciação do produto. A segunda maneira é que ela pode usar a coordenação internacional de uma forma que um concorrente que aja apenas localmente não consegue. E a terceira, ela pode usar lucros de outras operações para se engajar em uma ofensiva estratégica.

---

[11] Porter, *The Competitive Advantage of Nations*, p. 53-55.

Uso da localização para construir uma vantagem estratégica

Para usar o local para construir vantagem competitiva, uma empresa deve considerar duas questões: (1) se é melhor concentrar cada processo interno em alguns países ou dispersar a execução de cada processo por várias nações; e (2) em que países ela deve estabelecer determinadas atividades.[12]

QUANDO CONCENTRAR PROCESSOS INTERNOS EM ALGUNS LOCAIS As empresas tendem a concentrar suas atividades em um número limitado de locais nas seguintes circunstâncias:

- *Quando os custos de fabricação ou de outras atividades são significativamente menores em alguns locais geográficos que em outros.* Por exemplo, muitos dos tênis do mundo são fabricados na Ásia (China e Coreia) em razão do baixo custo da mão de obra; muito da produção de placas para computadores se localiza em Taiwan por causa do baixo custo e elevado nível de qualificação técnica da força de trabalho taiwanesa.

- *Quando há economias de escala significativas.* A presença de economias de escala significativas na produção de componentes ou na montagem final indica que uma empresa pode ganhar importantes economias de custo com um número pequeno de fábricas de extrema eficiência em oposição a um conjunto de pequenas fábricas espalhadas pelo mundo. Os fabricantes de câmeras digitais e de televisores LCD localizados no Japão, Coreia do Sul e Taiwan têm usado suas economias de escala para estabelecer uma vantagem de baixo custo.

- *Quando existe uma curva de aprendizagem acentuada, associada ao desempenho de uma atividade.* Em alguns setores os efeitos da curva de aprendizagem na fabricação ou montagem de peças são tão acentuados que uma empresa estabelece uma ou duas fábricas grandes com capacidade para atender ao mercado mundial. O fator fundamental para aproveitar ao máximo a curva de aprendizagem é concentrar a produção em algumas localidades a fim de aumentar o volume acumulado de uma fábrica (e também a experiência da força de trabalho de uma fábrica) com a maior rapidez possível.

- *Quando certas localidades têm recursos superiores, permitem a melhor coordenação de atividades relacionadas, ou oferecem outras vantagens valiosas.* Uma unidade de pesquisa ou uma instalação de produção sofisticada pode estar situada em uma determinada nação por causa de seu pessoal tecnicamente treinado. A Samsung se tornou líder em tecnologia de *chip* de memória estabelecendo uma importante unidade de P&D em Silicon Valley e transferindo o conhecimento que obtivera, de volta para a sede e para suas fábricas na Coreia do Sul.

> Empresas que participam da concorrência multinacional podem buscar vantagem competitiva em mercados mundiais localizando suas atividades da cadeia de valor nas nações que provarem ser mais vantajosas.

QUANDO DISPERSAR PROCESSOS INTERNOS POR VÁRIOS LOCAIS Vários são os casos em que dispersar um processo é mais vantajoso do que concentrá-lo em um único local. Em geral, atividades relacionadas ao comprador – como a distribuição aos revendedores, vendas e propaganda e o serviço pós-venda – devem ser efetuadas próximo aos clientes. Isso torna necessário situar fisicamente a capacidade de desempenhar tais atividades em cada mercado nacional em que uma empresa global tem seus principais

---
[12] Ibid., p. 55-58.

clientes. Por exemplo, as quatro maiores empresas estadunidenses de contabilidade pública têm inúmeros escritórios internacionais para atender a operações de seus clientes corporativos multinacionais feitas no estrangeiro. Dispersar as atividades por várias localidades também é importante do ponto de vista competitivo, quando altos custos de transportes, deseconomias decorrentes do grande tamanho da empresa e barreiras comerciais tornam oneroso demais operar em um local central. Além disso, é estrategicamente vantajoso dispersar atividades para se proteger contra os riscos de flutuação das taxas cambiais e acontecimentos políticos adversos.

Uso da coordenação internacional para construir vantagem competitiva

Concorrentes multinacionais e globais são capazes de coordenar atividades em países diferentes para construir vantagem competitiva.[13] Se uma empresa aprende a montar seu produto com mais eficiência, digamos, na sua fábrica brasileira, a *expertise* e o conhecimento acumulados podem ser compartilhados com fábricas montadoras em outros locais do mundo. Também o conhecimento adquirido em marketing de produto de uma empresa na Grã-Bretanha, por exemplo, pode ser trocado prontamente com pessoal da empresa na Nova Zelândia ou na Austrália. Outros exemplos de coordenação internacional incluem mudar a produção de uma fábrica em um país para uma fábrica em outro, a fim de tirar vantagem das flutuações cambiais e reagir a alterações salariais, nos custos de energia ou, ainda, nas tarifas e cotas.

A produtividade também pode ser alcançada transferindo-se uma pesada carga de trabalho, que sobrecarrega uma determinada unidade, para locais em que o pessoal é subutilizado. Os esforços da Whirlpool de ligar suas operações de P&D e de fabricação na América do Norte, América Latina, Europa e Ásia permitiram que ela acelerasse a criação de novidades em eletrodomésticos, coordenasse a introdução dessas inovações nos produtos comercializados em diferentes países e criasse uma cadeia de suprimento mundial com eficiência de custo. Os esforços conscientes da Whirlpool de integrar e coordenar suas várias operações no mundo ajudaram-na a se tornar uma produtora de custo baixo e também a acelerar as inovações de produto até que ele chegasse ao mercado, dando à empresa, assim, uma vantagem sobre os concorrentes no mundo todo.

Uso de santuários de lucro para se engajar em ofensiva estratégica

Os **santuários de lucro** são mercados nacionais (ou regionais) nos quais uma empresa obtém lucros substanciais por ter uma posição de mercado forte ou protegida. A Nike, que comercializa seus produtos em 160 países, tem dois grandes santuários de lucro: os Estados Unidos (onde ganhou 35,5% de seu lucro bruto em 2008) e Europa, Oriente Médio e África (onde ganhou 32,2% do lucro bruto em 2008). O Carrefour, a segunda maior rede varejista do mundo, com mais de 15 mil lojas na Europa, Ásia e Américas, também tem dois santuários de lucro principais: o maior deles é na França (que em 2008 respondeu por 41,9% do lucro bruto) e o segundo está na Europa, fora da França (que em 2008 respondeu por 35,9% do lucro bruto). O Japão é o principal santuário de lucro para a maioria das empresas japonesas, pois as barreiras erguidas pelo governo japonês bloqueiam de modo eficaz as empresas estrangeiras que desejam competir por

---

[13] C. K. Prahalad e Yves L. Doz, *The Multinational Mission* (New York: Free Press, 1987), p. 58-60.

uma grande participação das vendas naquele país. Protegidas da ameaça da concorrência estrangeira em seu mercado doméstico, as empresas japonesas podem cobrar seguramente preços mais altos de seus clientes japoneses e assim obter lucros atraentes nas vendas feitas no Japão. Na maioria dos casos, o maior santuário de lucro de uma empresa, e o mais importante estrategicamente, está em seu mercado doméstico, mas as empresas internacionais e globais podem gozar também de um *status* de santuário de lucro em outras nações onde têm uma forte posição competitiva, grande volume de vendas e margens de lucro atraentes.

Os santuários de lucro são ativos competitivos valiosos, fornecendo a força financeira para apoiar ofensivas estratégicas em mercados nacionais selecionados e estimular a corrida de uma empresa pela liderança no mercado global. A capacidade financeira adicional oferecida por vários santuários de lucro dá a uma empresa global ou multinacional a força financeira para se engajar em uma ofensiva de mercado contra um concorrente doméstico. A empresa global tem a flexibilidade de praticar preços baixos ou lançar campanhas de marketing de alto custo no mercado doméstico e captar a participação de mercado à custa da empresa doméstica. Margens de lucro mínimas ou mesmo perdas nesses mercados podem ser subsidiadas com os lucros abundantes ganhos em seus santuários de lucro. Se a empresa doméstica retalia com cortes de preço comparáveis ou aumentando as despesas com marketing, seu lucro pode ser substancialmente reduzido e sua força competitiva, abalada, mesmo que ela seja a líder no mercado doméstico.

Quando levados ao extremo, os ataques por meio de reduções de preços feitos por concorrentes multinacionais podem gerar acusações de *dumping**, uma prática indevida. Considera-se que uma empresa está praticando *dumping* quando vende seus bens em mercados estrangeiros a preços que estão (1) bem abaixo daqueles com que normalmente vende em seu mercado doméstico ou (2) bem abaixo de seus custos por unidade. Em geral, as empresas que praticam o *dumping* mantêm seus preços de venda suficientemente altos para cobrir os custos variáveis por unidade, dessa forma limitando suas perdas em cada unidade a uma porcentagem dos custos fixos por unidade.

O *dumping* pode ser uma estratégia ofensiva tentadora em dois casos. O primeiro deles pode ser justificado como uma prática competitiva legítima, embora em geral seja vista como predatória. Uma alegação de *dumping* indevido é defendida mais facilmente quando uma empresa com uma capacidade de produção não usada descobre que é mais barato continuar produzindo (contanto que os preços de venda cubram os custos médios variáveis por unidade) do que incorrer em custos associados à capacidade ociosa da fábrica. Ao manter suas fábricas operando com capacidade plena ou próximo a ela, uma empresa que pratica *dumping* não só pode conseguir cobrir os custos variáveis e ganhar uma contribuição para os custos fixos, como também pode conseguir usar seus preços abaixo de mercado para tirar clientes sensíveis a preço dos concorrentes estrangeiros. É sensato, para empresas que busquem essa abordagem, cortejar esses novos clientes e continuar fazendo negócio com eles regularmente quando posteriormente os preços começarem a sofrer aumentos graduais, até atingir os níveis normais de mercado.

Uma empresa pode usar o *dumping* para abaixar o preço até um ponto em que as empresas domésticas sejam rapidamente colocadas em uma situação financeira desesperadora ou corram o perigo de terem que fechar. Contudo, usar preços abaixo do mercado dessa forma é correr um alto risco de retaliação por parte do governo anfitrião, em nome das empresas domésticas afetadas adversamente. De fato, à medida que o comércio entre as nações floresceu nos últimos dez anos, a maioria dos governos afiliou-se

---

* N. de R.T. *Dumping* é o termo técnico utilizado para indicar a situação em que um concorrente diminui agressivamente seus preços, a ponto de serem menores que os custos, para conquistar mercados. Esta prática pode ser utilizada no nível local, regional ou global.

à OMC, que promove práticas comerciais justas entre as nações e fiscaliza ativamente o *dumping*. A maioria dos governos que integram a OMC promulgou leis *antidumping* e toma ações imediatas contra o *dumping* sempre que os concorrentes domésticos sofrem danos materiais. Empresas com sede na França e na China recentemente foram acusadas de praticar o *dumping*, cobrando preços injustificadamente baixos por pisos laminados no Canadá, em detrimento dos produtores canadenses.[14] Pode-se esperar que quase todos os governos retaliem o *dumping* impondo tarifas especiais sobre bens que estejam sendo importados dos países das empresas consideradas culpadas. As empresas consideradas culpadas de *dumping* frequentemente sofrem pressão de seu governo para parar e desistir, principalmente se as tarifas afetarem adversamente empresas inocentes com sede no mesmo país ou se o advento de tarifas especiais tornar mais séria a ameaça de uma guerra comercial.

Estratégias para competir nos mercados de países emergentes

As empresas na corrida pela liderança global precisam pensar em competir em mercados emergentes como China, Índia, Brasil, Indonésia, Tailândia, Polônia, Rússia e México – países onde os riscos de negócio são consideráveis, mas com oportunidades de crescimento enormes, principalmente à medida que suas economias se desenvolvem e os padrões de vida sobem a níveis comparáveis aos do mundo industrializado.[15] Por exemplo, em 2008 a China foi a segunda maior economia do mundo (atrás dos Estados Unidos) com base no poder de compra. Sua população de 1,3 bilhão de pessoas consumiu quase 33% da produção mundial anual de algodão, 51% da carne suína do mundo, assim como 35% dos cigarros, 23% dos televisores, 20% dos celulares e 18% das máquinas de lavar produzidas no mundo em 2003. A China também é a maior consumidora do mundo de muitas *commodities* – respondendo pela metade da demanda de cimento –, um terço de todo o aço produzido, 31% da produção mundial de carvão e mais de 25% das compras de alumínio do mundo. O crescimento da China na demanda por bens de consumo colocou-a a caminho de se tornar o segundo maior mercado para veículos motorizados por volta de 2010 e o maior mercado de bens de luxo por volta de 2014.[16] "Conceitos e conexões 7.2" descreve a estratégia das marcas Yum! para aumentar suas vendas e participação de mercado na China.

Entretanto, adaptar produtos para se adequarem a condições em um mercado nacional emergente como a China, muitas vezes envolve mais do que fazer pequenas mudanças no produto e se familiarizar mais com as culturas locais.[17] O McDonald's teve que oferecer sanduíches de vegetais em partes da Ásia e repensar seus preços, que com frequência são altos pelos padrões locais e acessíveis apenas aos ricos. A Kellogg lutou para introduzir seus cereais com sucesso porque os consumidores em muitos países menos desenvolvidos

---

[14] Canadian International Trade Tribunal, dados publicados em 16 de junho de 2005, e postados em www.citt.tcce.gc.ca (acessado em 28 de setembro de 2005).

[15] Este ponto é discutido mais longamente em Prahalad e Lieberthal, "The End of Corporate Imperialism", p. 68-79; ver também David J. Arnold e John A. Quelch, "New Strategies in Emerging Markets", *Sloan Management Review* 40, n. 1 (Fall 1998), p. 7-20. Para uma discussão mais extensa de estratégia em mercados emergentes, ver C. K. Prahalad, *The Fortune at the Bottom of the Pyramid: Eradicating Poverty through Profits* (Upper Saddle river, NJ: Wharton, 2005), principalmente os Capítulos 1-3.

[16] Brenda Cherry, "What China Eats (and Drinks and...)", *Fortune*, October 4, 2004, p. 152-153; "A Ravenous Dragon", *The Economist* 386, n. 8571 (March 15, 2008), edição *on-line*; e "China: Just the Facts", *Journal of Commerce*, June 2, 2008, p. 24.

[17] Prahalad e Lieberthal, "The End of Corporate Imperialism", p. 72-73.

Conceitos e conexões 7.2

A ESTRATÉGIA DAS MARCAS YUM! PARA SE TORNAR A MARCA LÍDER NO SETOR DE ALIMENTAÇÃO NA CHINA

Em 2009, as marcas Yum! operaram mais de 36 mil restaurantes em mais de 110 países. Suas marcas mais conhecidas foram KFC, Taco Bell, Pizza Hut e Long John Silver's. Seu crescimento mais rápido de vendas em 2008 veio de seus 3.100 restaurantes na China, que registraram lucros operacionais de US$ 469 milhões durante o ano. A KFC foi a maior rede de atendimento rápido na China, com 2.600 unidades em 2009, ao passo que a Pizza Hut foi a maior cadeia de refeição informal, com mais de 500 unidades. A Yum! planejou abrir pelo menos 425 novos restaurantes por ano na China, inclusive novas unidades Pizza Hut (delivery) e East Dawning, que tinham um cardápio com pratos chineses tradicionais. Todos os itens do cardápio das marcas Yum! para a China foram desenvolvidos em suas instalações de P&D em Shanghai.

Além de adequar seu cardápio para o gosto local e acrescentar novas unidades com rapidez, as marcas Yum! também adaptaram a ambientação e decoração do restaurante para atrair a preferência e comportamento do consumidor local.

A empresa mudou seus formatos KFC para fornecer *displays* educacionais que apoiavam as prioridades dos pais para seus filhos e para tornar a loja um lugar divertido para as crianças. Um estabelecimento típico do KFC na China tinha em média duas festas de aniversário por dia.

Em 2009, as marcas Yum! operavam 60 restaurantes KFC, Taco Bell, Pizza Hut, A&W e Long John Silver's para cada milhão de americanos. As 3.100 unidades da empresa na China representavam apenas dois restaurantes por 1 milhão de pessoas na China. A direção das marcas Yum! acredita que sua estratégia, vinculada à contínua expansão no número de unidades na China e a ajustes adicionais no cardápio, permitirá que os lucros operacionais dos restaurantes localizados na China respondam por 40% dos lucros operacionais em todo o sistema, em 2017.

Fontes: Yum! Brands 2007 10-k; informação postada em www.yum.com.

---

não comem cereal no café da manhã – mudar os hábitos é difícil e caro. Embalagens para uso individual de detergentes, xampus, picles, xarope para tosse e óleo para cozinhar são muito comuns na Índia porque permitem aos compradores economizar dinheiro, comprando apenas o que precisam imediatamente. Assim, muitas empresas acham que tentar empregar uma estratégia parecida com a usada nos mercados de países desenvolvidos é perigoso.[18] Geralmente, tentar algumas – talvez muitas – alterações é necessário para encontrar uma combinação estratégica que funcione.

Opções estratégicas para mercados nacionais emergentes

Há muitas opções estratégicas que podem adaptar a estratégia de uma empresa a circunstâncias às vezes incomuns ou desafiadoras apresentadas em mercados nacionais emergentes. São as seguintes:

- *Prepare-se para competir com base em preços baixos*. Os consumidores em mercados emergentes com frequência dão muita importância aos preços, o que pode dar uma vantagem aos concorrentes locais com custo baixo, a não ser que uma empresa possa achar maneiras de atrair compradores com preços negociáveis e também com produtos melhores.[19]

---

[18] Tarun Khanna, Krishna G. Palepu e Hayant Sinha, "Strategies That Fit Emerging Markets", *Harvard Business Review* 83, n. 6 (June 2005), p. 63; e Arindam K. Bhattacharya e David C. Michael, "How Local Companies Keep Multinationals at Bay", *Harvard Business Review* 86, n. 3 (March 2008), p. 94-95.
[19] Prahalad e Lieberthal, "The End of Corporate Imperialism", p. 72.

Por exemplo, quando a Unilever entrou no mercado de detergentes para lavagem de roupas na Índia, desenvolveu um detergente com baixo custo (chamado Wheel) que não deixava a roupa áspera, construiu novas instalações de produção supereficientes, distribuiu o produto para comerciantes locais com carrinhos de mão e elaborou uma campanha de marketing econômica que incluía placas pintadas em edifícios e demonstrações perto das lojas – a nova marca captou rapidamente US$ 100 milhões em vendas e foi a marca número um de detergente na Índia em 2008 com base nas vendas em dólar. A Unilever mais tarde replicou a estratégia com xampus e desodorantes com preços baixos, na Índia, e na América do Sul, com o detergente de marca Ala.

- *Prepare-se para modificar aspectos do modelo de negócio ou estratégia empresarial de modo a acomodar circunstâncias locais (mas não tanto que a empresa perca a vantagem da escala global e do branding local).*[20] Por exemplo, quando a Dell entrou na China, descobriu que indivíduos e empresas não estavam acostumados a fazer pedidos pela internet (nos Estados Unidos, mais de 50% das vendas da Dell em 2002-2008 foram feitas *on-line*). Para se adaptar, a Dell modificou seu modelo de vendas diretas priorizando os pedidos por telefone e fax, e decidiu ser paciente até que os clientes chineses passassem a fazer pedidos pela internet. Além disso, como inúmeros departamentos de governo e empreendimentos dirigidos pelo governo chinês insistiram para que os fornecedores de *hardware* fizessem suas ofertas por meio de distribuidores e integradores de sistemas (em oposição a lidar diretamente com vendedores da Dell como fizeram grandes empreendimentos em outros países), a Dell optou por terceirizar o marketing de seus produtos para esse segmento de compradores (embora, sempre que possível, vendesse por meio de sua própria força de vendas). No entanto, a empresa teve o cuidado de não abandonar aquelas partes de seu modelo de negócio que lhe davam uma vantagem competitiva sobre os concorrentes.

- *Tentar mudar o mercado local para se adequar melhor à maneira como a empresa faz negócios em outros lugares.*[21] Uma empresa multinacional muitas vezes tem força de mercado suficiente para empreender mudanças importantes na forma como o mercado local de um país opera. Em 1981, quando a japonesa Suzuki entrou na Índia, desencadeou uma revolução pela qualidade entre fabricantes de autopeças indianos. Fornecedores locais de peças e componentes se juntaram aos fornecedores da Suzuki no Japão e trabalharam com especialistas japoneses para fabricar produtos de melhor qualidade. Nas duas décadas seguintes, as empresas indianas se tornaram muito capazes em produzir excelentes peças e componentes para veículos, ganharam mais prêmios pela qualidade que as empresas de qualquer outro país, com exceção do Japão, e invadiram o mercado global como fornecedoras para vários fabricantes de automóveis na Ásia e em outras partes do mundo. A Mahindra and Mahindra, uma das melhores fabricantes de automóveis da Índia, tem sido reconhecida por várias organizações pela qualidade de seu produto. Entre seus prêmios mais notórios destaca-se sua classificação como a primeira do *ranking* pela J. D. Power Asia Pacific em 2007, pela qualidade geral de seu novo veículo.

- *Ficar distante dos mercados emergentes nos quais é impraticável ou não econômico modificar o modelo de negócio da empresa de modo a se acomodar a circunstâncias locais.*[22] A Home Depot expandiu suas operações no México em 2001 e na China em 2006, mas evitou entrar em outros países emergentes porque sua proposição de valor de boa qualidade, preços baixos e atenção ao cliente depende de (1) boas estradas e sistemas de logística

---

[20] Khanna, Palepu e Sinha, "Strategies That Fit Emerging Markets", p. 73-74.
[21] Ibid., p. 74.
[22] Ibid., p. 76.

para minimizar os custos de estoque nas lojas; (2) entrega de ações da empresa aos colaboradores para ajudar a motivar o pessoal das lojas a oferecer um bom atendimento ao cliente; e (3) altos custos da mão de obra para a construção de residências, reformas e consertos em casa, que encorajam os proprietários de imóveis a realizarem seus próprios projetos. Contar com esses fatores nos mercados estadunidense e canadense funcionou espetacularmente bem para a Home Depot, mas a empresa descobriu que não pode contar com esses fatores na América Latina.

As experiências da empresa que entra em mercados em desenvolvimento, como China, Índia, Rússia e Brasil, indicam que a lucratividade raramente chega com rapidez e facilidade. Construir um mercado para os produtos da empresa pode, com frequência, se transformar em um processo de longo prazo que envolve propaganda e promoção para alterar gostos e hábitos de compra e aperfeiçoamentos da infraestrutura local (a base de fornecedores, sistemas de transportes, canais de distribuição, a disponibilidade de mão de obra e mercados de capitais). Nesses casos, uma empresa deve ter paciência, trabalhar dentro do sistema para aprimorar a infraestrutura e estabelecer as bases para gerar receitas e lucros consideráveis, uma vez que haja boas condições para decolar no mercado.

> A lucratividade em mercados emergentes raramente chega rápida ou facilmente – novos entrantes precisam adaptar seus modelos e estratégias de negócio às condições locais e esperar pacientemente para obter lucros.

PONTOS-CHAVE

1. Competir em mercados internacionais permite a empresas multinacionais (1) ganhar acesso a novos clientes e (2) atingir custos mais baixos e aumentar a competitividade da empresa, captando mais facilmente economias de escala ou efeitos da curva de aprendizagem.

2. As empresas que optam pela expansão em mercados internacionais devem considerar as diferenças culturais e demográficas e as condições de mercado entre países, bem como os fatores locais que ditam os custos, as taxas cambiais adversas e as políticas governamentais para recebê-las, ao avaliarem suas opções estratégicas.

3. Ao se posicionar de modo a competir em mercados estrangeiros, uma empresa tem três opções básicas: (1) uma abordagem de pensamento e ação locais à elaboração de uma estratégia; (2) uma abordagem de pensamento e ação globais à elaboração de uma estratégia; e (3) uma combinação de pensamento global e ação local. Uma estratégia multinacional ou de "pensamento e ação locais" é adequada para setores ou empresas que devem variar suas ofertas de produto e abordagens competitivas de um país para outro a fim de acomodar preferências do comprador e condições de mercado. Uma abordagem de "pensamento e ação globais" (ou estratégia global) funciona melhor em mercados que apoiam o emprego da mesma abordagem competitiva básica (baixo custo, diferenciação, direcionada) em todos os mercados nacionais e fazem o marketing dos mesmos produtos, essencialmente com os mesmos nomes de marca em todos os países onde a empresa opera. Uma abordagem de "pensamento global e ação local" pode ser usada quando é viável para uma empresa empregar essencialmente a mesma estratégia competitiva básica em todos os mercados, mas ainda assim customizar sua oferta de produto e alguns aspectos de suas operações para se adaptar às circunstâncias do mercado local.

4. Outras opções estratégicas para competir nos mercados mundiais incluem manter uma base de produção nacional (um país) e exportar bens para mercados estrangeiros, licenciar empresas estrangeiras para usar a tecnologia da empresa ou produzir e distribuir produtos da empresa, empregar uma estratégia de franquia e usar alianças estratégicas ou outras parcerias para entrar em um mercado estrangeiro ou fortalecer a competitividade de uma empresa em mercados mundiais.

5. Alianças estratégicas com parceiros estrangeiros têm apelo de vários ângulos: ganhar acesso mais amplo a mercados atraentes do país, permitir economias de escala na produção e/ou no marketing, preencher falhas na *expertise* técnica e/ou conhecimento de mercados locais, economizar nos custos compartilhando instalações de distribuição e redes de revendedores, desenvolver relações com autoridades do país anfitrião, ajudar a ganhar acordo sobre importantes padrões técnicos e combater um concorrente comum.

6. Há três maneiras (as mais gerais) de uma empresa obter vantagem competitiva (ou compensar desvantagens domésticas) em mercados globais. Uma delas envolve localizar várias atividades da cadeia de valor entre nações de modo a reduzir os custos ou atingir uma maior diferenciação do produto. Uma segunda forma apela para a capacidade de um concorrente global ou multinacional de aprofundar ou ampliar seus recursos e competências e de coordenar suas atividades dispersas de tal maneira que um concorrente doméstico não conseguirá fazê-lo. A terceira envolve utilizar santuários de lucro em mercados protegidos para lançar ofensivas estratégicas em vários mercados internacionais. Os santuários de lucro são mercados nacionais que derivam lucros subtanciais para uma empresa em razão de sua posição de mercado forte ou protegida. São ativos competitivos valiosos. Uma empresa com vários santuários de lucro tem a força financeira para apoiar ofensivas competitivas em um mercado, desviando recursos e lucros de suas operações obtidos em outros mercados. A capacidade que as empresas com vários santuários de lucro têm de empregar subsídios provenientes de um local em outro que esteja em dificuldades lhes dá uma arma ofensiva e uma vantagem competitiva poderosa sobre empresas com um único santuário.

7. As empresas que estão correndo pela liderança global precisam considerar competir em mercados emergentes, como China, Índia, Brasil, Indonésia e México – países onde os riscos de negócio são consideráveis mas as oportunidades de crescimento são enormes. Para ter sucesso nesses mercados, as empresas frequentemente precisam: (1) competir com base em preços baixos; (2) estar preparadas para modificar aspectos do modelo de negócios da empresa ou estratégia para acomodar as circunstâncias locais (mas não tanto que a empresa perca a vantagem da escala global e o *branding* local); e/ou (3) tentar mudar o mercado local para se adequar melhor à maneira como a empresa faz negócios em outros lugares. É improvável que a lucratividade venha rápida e facilmente nos mercados emergentes, em razão dos investimentos necessários para alterar os hábitos de compra e preferências e/ou a necessidade de melhorias na infraestrutura. E pode haver momentos em que uma empresa deveria simplesmente se distanciar de certos mercados emergentes até que as condições para a entrada sejam melhores a seu modelo e estratégia de negócios.

EXERCÍCIOS DE REFORÇO DA APRENDIZAGEM

1. A Harley-Davidson escolheu concorrer em vários mercados nacionais na Europa e Ásia usando uma estratégia de exportação. Leia as seções de seu relatório anual mais recente em www.harley-davidson.com relacionado à suas operações internacionais. Por que parece que a empresa evitou instalações de produção fora dos Estados Unidos?

2. Suponha que você seja encarregado de desenvolver a estratégia para uma empresa multinacional que esteja vendendo produtos em cerca de 50 países diferentes. Uma das questões que você precisa decidir é se deve empregar uma estratégia multinacional ou global.

   a. Se sua empresa produz celulares, você acha que faria mais sentido, do ponto de vista estratégico, empregar uma estratégia multinacional ou uma estratégia global?

   b. Se sua empresa produz misturas para sopas prontas e sopas enlatadas, uma estratégia multinacional pareceria ser mais aconselhável do que uma estratégia global?

   c. Se sua empresa produz grandes eletrodomésticos, como lavadoras, fogões e refrigeradores, parece fazer mais sentido perseguir uma estratégia multinacional ou uma estratégia global? Por quê?

   d. Se sua empresa produz roupas e calçados, uma estratégia multinacional ou uma estratégia global pareceria ter mais apelo? Por quê?

3. O The Hero Group está entre as dez maiores corporações na Índia, com vinte segmentos de negócio e receitas anuais de US$ 3,2 bilhões no ano fiscal de 2006. Muitas das unidades de negócio da corporação têm utilizado alianças estratégicas com parceiros estrangeiros para competir em novos mercados geográficos e de produtos. Analise as demonstrações dos resultados da empresa a respeito de suas alianças e operações de negócios internacionais em www.herogroup.com/alliance.htm e prepare um relatório de duas páginas que descreva o uso bem-sucedido de alianças estratégicas internacionais pelo grupo.

EXERCÍCIOS DE APLICAÇÃO PRÁTICA

As perguntas a seguir são para os estudantes cujas empresas operam em uma arena de mercado global ou internacional. Se sua empresa compete em um único país, então deixe de lado as questões nesta seção.

1. A arena de mercado internacional em que sua empresa compete é caracterizada pela concorrência multinacional ou pela concorrência global? Explique por quê.
`MA2` `MA3` `MA4`

2. Qual das estratégias para competir em mercados estrangeiros sua empresa está empregando?

3. Qual das seguintes alternativas descreve melhor a abordagem estratégica que sua empresa está adotando ao tentar competir com sucesso?

- Pensamento local e ação local
- Pensamento global e ação local
- Pensamento global e ação global

Explique sua resposta.

4. Em que medida (se houver mesmo tal adaptação) você e seus colegas da gerência adaptaram a estratégia de sua empresa de modo a levar em conta as mudanças nas taxas cambiais? Em outras palavras, vocês tomaram medidas para tentar minimizar o impacto de mudanças adversas nas taxas cambiais?

5. Em que medida (novamente, se houver mesmo tal adaptação) você e seus colegas da gerência adaptaram a estratégia de sua empresa para levar em conta as diferenças geográficas nas tarifas de importação e nos impostos sobre importações?

capítulo 8

Estratégias para corporações com vários negócios

METAS DE APRENDIZAGEM DO CAPÍTULO

MA1.	Entender quando e como diversificar em vários negócios pode aumentar o valor ao acionista.
MA2.	Ganhar entendimento de como estratégias de diversificação relacionadas podem produzir ações estratégicas combinadas entre os negócios, capazes de gerar vantagem competitiva.
MA3.	Ganhar ciência dos méritos e riscos de estratégias corporativas vinculadas à diversificação não relacionada.
MA4.	Adquirir o domínio das ferramentas analíticas para avaliar a estratégia de diversificação de uma empresa.
MA5.	Familiarizar-se com as principais opções estratégicas corporativas após sua diversificação.

Neste capítulo, passaremos a um nível superior na hierarquia da elaboração de estratégias: da elaboração de estratégia em um empreendimento com um único negócio para um empreendimento diversificado. Uma vez que uma empresa diversificada consiste em um conjunto de negócios, a tarefa de elaborar estratégias é mais complicada. Em uma empresa que dirige um único negócio, os gestores têm que chegar a um plano para competir com sucesso apenas em um ambiente setorial – o resultado é o que chamamos, no Capítulo 2, de *estratégia empresarial* (ou *estratégia no nível empresarial*). Uma empresa diversificada, porém, enfrenta o desafio de analisar vários ambientes setoriais e desenvolver um *conjunto* de estratégias de negócio, uma para cada arena setorial em que opera. E o alto escalão de uma empresa diversificada deve dar mais um passo à frente e conceber uma estratégia corporativa para toda a empresa, a fim de aumentar sua atratividade e o desempenho da linha geral de negócios e para transformar seu conjunto de negócios diversificados em um todo que faça sentido.

Na maioria das empresas diversificadas, os executivos de nível corporativo delegam considerável autoridade aos chefes de cada negócio para que elaborem estratégias, em geral dando-lhes liberdade para elaborar uma estratégia empresarial adequada a seu setor e às circunstâncias competitivas específicas, e responsabilizando-os pela produção de bons resultados. Cabe aos dirigentes do nível corporativo, porém, a tarefa de elaborar uma estratégia corporativa geral de uma empresa diversificada, envolvendo quatro facetas diferentes:

1. *Escolher novos setores para entrar e decidir quanto aos meios de entrada.* A decisão de diversificar os negócios requer que os dirigentes determinem quais são os novos setores que oferecem as melhores perspectivas de crescimento e se a empresa deve realmente entrar neles, iniciando um novo negócio do zero, adquirindo uma empresa que já opere no setor-alvo ou formando uma *joint venture* ou aliança estratégica com outra empresa.
2. *Buscar oportunidades de alavancar as relações da cadeia de valor entre negócios à vantagem competitiva.* As empresas que diversificam em negócios cujas estratégias se complementam pelas cadeias de valor de suas unidades de negócio têm uma chance bem maior de ganhar um efeito 1 + 1 = 3 do que as empresas com vários negócios e cujas estratégias não combinam.
3. *Dirigir os recursos corporativos para as unidades de negócios mais atraentes.* Em geral, as unidades de negócio de uma empresa diversificada não são igualmente atraentes, e cabe à administração corporativa canalizar os recursos para áreas em que os ganhos potenciais sejam mais altos.
4. *Iniciar ações para estimular o desempenho combinado do conjunto de negócios da corporação.* Os estrategistas corporativos devem planejar ações para aprimorar o desempenho geral da linha de negócios da corporação e sustentar aumentos no valor ao acionista. Opções estratégicas para corporações diversificadas incluem (1) manter-se próximo à linha de negócios existentes e buscar as oportunidades apresentadas por esses negócios; (2) ampliar o escopo de diversificação, entrando em setores adicionais; (3) recuar para um escopo mais limitado de diversificação, desfazendo-se de negócios com fraco desempenho; e (4) reestruturar amplamente a linha de negócios, efetuando vários desinvestimentos e/ou aquisições.

Na primeira parte deste capítulo descreveremos os vários meios que uma empresa pode usar para diversificar e explorar os prós e contras de estratégias relacionadas à diversificação *versus* as estratégias não relacionadas à diversificação. A segunda parte deste capítulo examinará como avaliar a atratividade da linha de negócios de uma empresa diversificada, decidir se ela tem uma boa estratégia de diversificação e identificar maneiras de aprimorar seu futuro desempenho.

Quando a diversificação de negócios deve ser considerada

Enquanto uma empresa com um único negócio puder ter oportunidades lucrativas de crescimento no setor em que atua, não há urgência para buscar a diversificação. Evidentemente, o grande risco de uma empresa com um único negócio é manter todos seus recursos em um único setor. Se a demanda pelo produto do setor cair ou se o setor perder seu poder de atração do ponto de vista competitivo, ou deixar de gerar lucros, então as perspectivas de uma empresa poderão se tornar rapidamente sombrias. Considere, por exemplo, o que o crescente uso de cartões de débito e do pagamento de contas *on-line* causou ao ramo de impressão de cheques; o que os iPods, outras marcas de aparelhos digitais e a venda de músicas *on-line* têm causado às lojas que vendem CDs de música; e o que as empresas de celulares e aquelas que comercializam o VoIP (Voice over Internet Protocol) têm acarretado às receitas de provedores de longa distância como At&T, British Telecommunications e a japonesa NTT.

Assim, *uma empresa com um único negócio deve considerar a diversificação em novos setores sempre que se deparar com a redução de oportunidades de mercado e com a iminente estagnação das vendas em seu negócio principal.* Também há quatro outros casos em que uma empresa se torna uma excelente candidata à diversificação:[1]

1. Quando ela identificar oportunidades para expandir em setores cujas tecnologias e produtos complementam seu negócio atual.
2. Quando ela alavancar as competências e capacidades existentes, expandindo-se para setores em que esses mesmos recursos são ativos competitivos valiosos.
3. Quando diversificar para negócios fortemente relacionados abre novos meios para reduzir custos.
4. Quando ela tiver um nome de marca forte e conhecido que poderá ser transferido para os produtos de outras empresas.

A decisão de diversificar apresenta uma ampla gama de possibilidades. Uma empresa pode diversificar em negócios fortemente relacionados ou sem relação nenhuma. Pode distribuir seu faturamento e base de lucros atuais em menor ou maior extensão (de tal modo que os novos negócios produzam 30% ou mais do faturamento e lucros). Ela pode entrar em um ou dois grandes negócios ou em um número maior de pequenos negócios. Pode atingir a diversificação adquirindo uma empresa existente, começando uma nova subsidiária do zero ou formando uma *joint venture* com uma ou mais empresas para entrar em novos ramos.

Construção do valor ao acionista: a justificativa mais importante para a diversificação dos negócios

A diversificação deve fazer mais por uma empresa do que simplesmente distribuir seu risco de negócio entre vários setores. Em princípio, a diversificação não pode ser considerada um sucesso se não resultar em *valor agregado ao acionista* – valor que os acionistas não possam captar por si sós ao diversificarem seus investimentos entre as ações de empresas em diversos setores.

A diversificação de negócios tem pouca chance de agregar valor ao acionista se não passar pelos três testes a seguir:[2]

1. *O teste de atratividade do setor.* O setor no qual se quer entrar por meio da diversificação deve oferecer uma oportunidade de lucros e retorno sobre o investimento que seja igual ou superior aos do(s) atual(is) negócio(s) da empresa.

---

[1] Para uma discussão mais detalhada sobre o momento em que a diversificação faz sentido do ponto de vista estratégico, ver Constantinos C. Markides, "To Diversify or Not to Diversify", *Harvard Business Review* 75, n. 6 (November-December 1997), p. 93-99.

[2] Michael E. Porter, "From Competitive Advantage to Corporate Strategy", *Harvard Business Review* 45, n. 3 (May-June 1987), p. 46-49.

2. *O teste do custo da entrada.* O custo para entrar no setor almejado não deve ser tão alto a ponto de prejudicar o potencial lucrativo. Aqui temos, no entanto, um impasse. Quanto mais atraentes forem as perspectivas de crescimento de um setor e de boa lucratividade em longo prazo, mais oneroso será para ela entrar nele. É comum as aquisições de empresas em setores altamente atraentes não passarem pelo teste do custo de entrada.
3. *O teste da melhor condição.* Diversificar em um novo negócio deve oferecer, tanto para os negócios já existentes quanto para o novo negócio da empresa, o potencial para que tenham um melhor desempenho juntos, sob uma única cobertura corporativa, do que teriam se operassem de forma independente. Por exemplo, digamos que a empresa A se diversifique comprando a empresa B em outro setor. Se os lucros consolidados das empresas A e B nos anos subsequentes não provarem ser mais altos do que aquele que seria obtido individualmente, então a diversificação de A não ofereceria um valor agregado aos acionistas. Os acionistas da empresa A poderiam alcançar o mesmo resultado 1 + 1 = 2 meramente comprando ações da empresa B. Não se cria o valor para o acionista por meio da diversificação se esta não produzir um efeito 1 + 1 = 3.

> Criar valor agregado aos acionistas por meio da diversificação requer a construção de uma empresa com vários negócios em que o todo seja maior que a soma de suas partes.

As iniciativas de diversificação que satisfazem a todos os três testes têm o maior potencial de agregar valor ao acionista em longo prazo. As iniciativas de diversificação que passarem apenas em um ou dois testes são suspeitas.

Abordagens para diversificar o conjunto de negócios

Pode-se entrar em novos setores e negócios por meio de uma dessas três formas: aquisição, novas iniciativas internas ou *joint ventures* com outras empresas.

Diversificação pela aquisição de um negócio

A aquisição é o meio mais comum de diversificar em outro setor. Não só é mais rápido do que tentar lançar uma nova operação da marca, mas também oferece uma maneira eficaz de impor barreiras de entrada, como adquirir conhecimento tecnológico, estabelecer relações com os fornecedores, atingir economias de escala, construir a consciência da marca e assegurar uma distribuição adequada. Comprar uma operação em funcionamento permite ao adquirente concentrar-se diretamente na tarefa de construir uma forte posição de mercado no setor almejado em vez de se envolver nos aspectos detalhados de lançar um novo negócio.

O grande dilema enfrentado por uma empresa que esteja pensando em aquisição é se ela deve pagar um preço alto por uma empresa bem-sucedida ou comprar uma empresa em situação difícil por um preço modesto.[3] Se a empresa adquirente tem pouco conhecimento do setor, mas amplo capital, com frequência é melhor adquirir uma empresa capaz, fortemente posicionada – a não ser que o preço de tal aquisição seja proibitivo e não passe no teste do custo de entrada. Contudo, quando a adquirente vê que

---

[3] Michael E. Porter, *Competitive Strategy: Techniques for Analyzing Industries and Competitors* (New York: Free Press, 1980), p. 354-355.

pode ser promissor tomar uma empresa fraca e fortalecê-la, uma empresa em situação difícil pode ser o melhor investimento no longo prazo.

Entrar em uma nova linha de negócios por meio de um novo negócio interno

Atingir a diversificação por meio de *novos negócios gerados internamente* envolve a construção de uma nova subsidiária. Em geral, formar uma subsidiária a partir do zero para entrar em um novo negócio é conveniente apenas quando (1) a empresa-mãe já possui a maior parte ou todas as aptidões e recursos internos, necessários para competir de modo eficaz; (2) há tempo para iniciar o negócio; (3) a entrada com um novo negócio interno tem custos mais baixos do que a entrada via aquisição; (4) o setor almejado está repleto de muitas empresas relativamente pequenas, de tal forma que a nova iniciativa não precisará competir contra concorrentes grandes e poderosos; (5) adicionar nova capacidade de produção não terá impacto adverso no equilíbrio oferta-demanda no setor; e (6) as empresas incumbentes provavelmente demorarão a reagir ou não reagirão de modo eficaz aos esforços do novo entrante que tenta penetrar no mercado.[4]

Usar *joint ventures* para conquistar a diversificação

Uma *joint venture* para entrar em um novo ramo pode ser útil em pelo menos dois tipos de situações.[5] Primeiro, uma *joint venture* é um bom veículo para aproveitar uma oportunidade que seja complexa, não econômica ou arriscada demais para uma empresa perseguir sozinha. Em segundo lugar, *joint ventures* fazem sentido quando as oportunidades em um novo setor exigem uma gama mais ampla de competências e conhecimento do que uma empresa que pense em expansão seja capaz de dominar. Muitas das oportunidades em biotecnologia exigem o desenvolvimento coordenado de inovações complementares e a condução de uma rede intrincada de fatores técnicos, políticos e regulatórios simultaneamente. Em tais casos, reunir os recursos e competências de duas ou mais empresas é a maneira mais sensata e menos arriscada de proceder.

Contudo, conforme discutido nos Capítulos 6 e 7, fazer parceria com outra empresa – seja na forma de *joint venture* ou de aliança colaborativa – traz desvantagens significativas em razão do potencial de objetivos conflitantes, desacordos sobre a melhor forma de operar a iniciativa de risco, conflitos entre culturas e assim por diante. *Joint ventures*, em geral, são as opções menos duráveis de entrada em um setor – e costumam durar somente até o momento em que os parceiros decidem seguir seus próprios caminhos.

Definição da estratégia corporativa: diversificar em negócios relacionados ou não relacionados?

Ao decidir diversificar, a primeira decisão importante sobre a estratégia corporativa é se a empresa deve diversificar em **negócios relacionados** ou **não relacionados**, ou fazer alguma combinação de ambos (veja a Figura 8.1). *Diz-se que os negócios estão relacionados quando suas cadeias de valor estabelecem relações valiosas entre os negócios, sob o ponto de*

---

[4] Ibid., p. 344-345.
[5] Yves, L. Doz e Gary Hamel, *Alliance Advantage: The Art of Creating Value through Partnering* (Boston: Harvard Business School Press, 1998), Capítulos 1 e 2.

FIGURA 8.1 Temas estratégicos de corporações com vários negócios

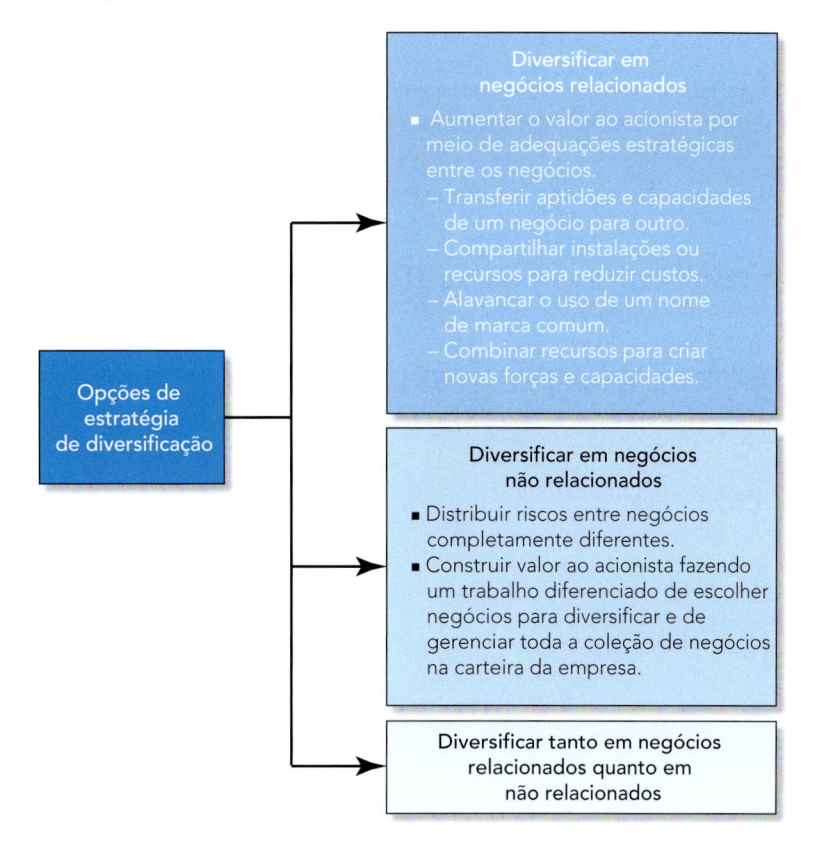

Opções de estratégia de diversificação

- **Diversificar em negócios relacionados**
  - Aumentar o valor ao acionista por meio de adequações estratégicas entre os negócios.
    - Transferir aptidões e capacidades de um negócio para outro.
    - Compartilhar instalações ou recursos para reduzir custos.
    - Alavancar o uso de um nome de marca comum.
    - Combinar recursos para criar novas forças e capacidades.

- **Diversificar em negócios não relacionados**
  - Distribuir riscos entre negócios completamente diferentes.
  - Construir valor ao acionista fazendo um trabalho diferenciado de escolher negócios para diversificar e de gerenciar toda a coleção de negócios na carteira da empresa.

- **Diversificar tanto em negócios relacionados quanto em não relacionados**

vista da competitividade. Essas adequações da cadeia de valor apresentam oportunidades para que os negócios tenham um desempenho melhor sob a mesma cobertura corporativa do que poderiam ter se operassem separadamente. As empresas são chamadas de não relacionadas quando as atividades que abrangem suas respectivas cadeias de valor são tão diferentes que não se estabelecem relações valiosas entre os negócios do ponto de vista da competitividade.

As duas seções a seguir exploram os pontos positivos e negativos da diversificação relacionada e não relacionada.

A atração da diversificação relacionada

Uma estratégia de diversificação relacionada envolve a construção da empresa em torno de negócios cujas cadeias de valor possuem adequações estratégicas valiosas do ponto de vista competitivo, como é mostrado na Figura 8.2. A adequação estratégica existe sempre que uma ou mais atividades que abrangem a cadeia de valor de diferentes negócios forem suficientemente similares para apresentar oportunidades para:[6]

---

[6] Michael E. Porter, *Competitive Advantage* (New York: Free Press, 1985), p. 318-319 e p. 337-353; e Porter, "From Competitive Advantage to Corporate Strategy", p. 53-57. Para um estudo empírico que confirma que as adequações estratégicas são capazes de contribuir para o desempenho (desde que os recursos resultantes sejam valiosos do ponto de vista competitivo e difíceis de serem imitados pelos concorrentes), ver Constantinos C. Markides e Peter J. Williamson, "Corporate Diversification and Organization Structure: A Resource-Based View", *Academy of Management Journal* 39, n. 2 (April 1996), p. 340-367.

FIGURA 8.2 A diversificação relacionada é construída com base em adequações estratégicas das atividades da cadeia de valor, que contribuem para a competitividade da empresa

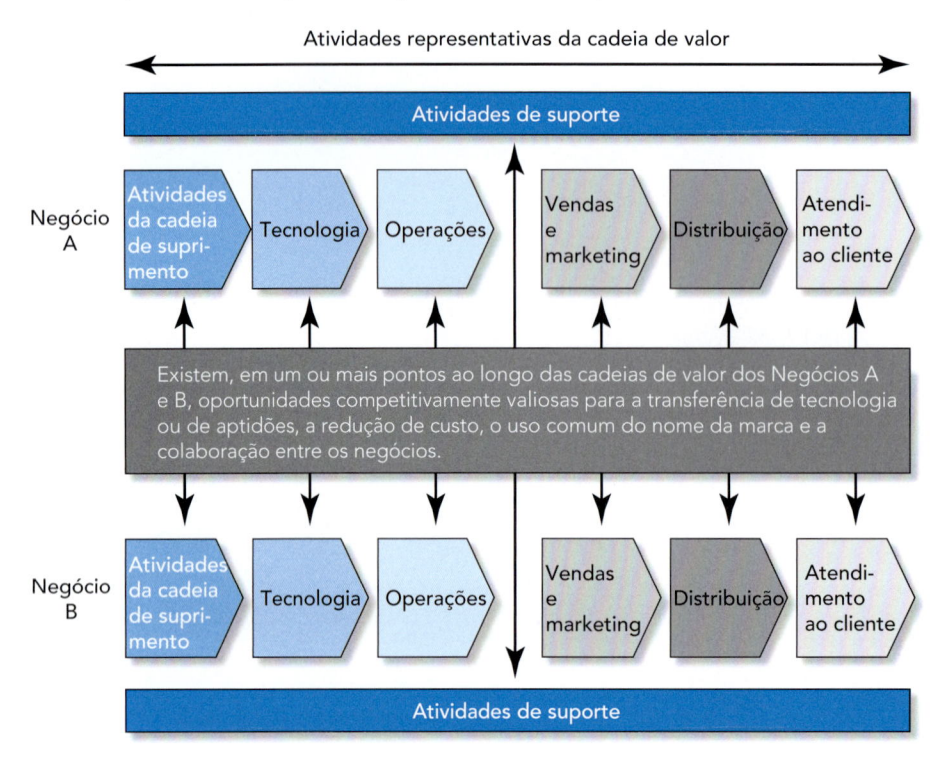

Atividades representativas da cadeia de valor

Negócio A: Atividades da cadeia de suprimento → Tecnologia → Operações → Vendas e marketing → Distribuição → Atendimento ao cliente

Atividades de suporte

Existem, em um ou mais pontos ao longo das cadeias de valor dos Negócios A e B, oportunidades competitivamente valiosas para a transferência de tecnologia ou de aptidões, a redução de custo, o uso comum do nome da marca e a colaboração entre os negócios.

Negócio B: Atividades da cadeia de suprimento → Tecnologia → Operações → Vendas e marketing → Distribuição → Atendimento ao cliente

Atividades de suporte

A **adequação estratégica** existe quando as cadeias de valor de diferentes negócios apresentam oportunidades para transferência de aptidões, a divisão de custos ou o compartilhamento da marca entre as empresas.

- A *transferência de aptidões* envolvendo *expertise* competitivamente valiosa, conhecimento tecnológico ou outras capacidades de um negócio para outro. O conhecimento tecnológico do Google e suas capacidades de inovação no mecanismo de busca na internet têm ajudado consideravelmente no desenvolvimento de seu sistema operacional móvel Android e no sistema operacional Chrome para computadores.

- A *divisão de custo* entre negócios separados, em que as atividades da cadeia de valor podem ser combinadas. Por exemplo, quando a Conair Corporation adquiriu o negócio de malas de viagem e acessórios da Allegro Manufacturing em 2007, foi capaz de consolidar seus próprios centros de distribuição para secadores de cabelo e escovas para fazer cachos com os da Allegro, gerando assim economias de custo para ambas as empresas.

- O *uso compartilhado da marca* entre unidades de negócio que tenham clientes em comum ou que utilizem as mesmas competências essenciais. Por exemplo, o nome Yamaha em motocicletas deu a empresas credibilidade e reconhecimento instantâneos quando entrou no ramo de embarcações personalizadas, permitindo à empresa alcançar uma participação de mercado significativa sem gastar grandes somas em propaganda para estabelecer uma identidade de marca para a WaveRunner. A reputação da Apple por produzir computadores fáceis de operar foi um ativo competitivo que facilitou a diversificação da empresa em tocadores de músicas digital.

Adequações estratégicas entre negócios podem existir em qualquer parte, ao longo da cadeia de valor – em atividades de P&D e tecnologia, em atividades da cadeia de suprimento, em manufatura, em vendas e marketing ou em atividades de distribuição. Da mesma forma, negócios diferentes podem usar, com frequência, a mesma infraestrutura administrativa e de atendimento ao cliente. Por exemplo, um operador a cabo que se diversifique como um provedor de banda larga pode usar os mesmos sistemas contábeis e de cobrança e a mesma infraestrutura de atendimento ao cliente para dar suporte a todos os seus bens e serviços.[7]

ADEQUAÇÃO ESTRATÉGICA E ECONOMIAS DE ESCOPO A adequação estratégica nas atividades da cadeia de valor de diferentes negócios de uma corporação diversificada abre oportunidades para economias de *escopo* – um conceito distinto de *economias de escala*. As economias de escala são economias de custo que resultam diretamente de uma operação maior; por exemplo, os custos unitários podem ser mais baixos em uma fábrica grande do que em uma pequena. As economias de *escopo*, no entanto, vêm diretamente de adequações estratégicas de economias de custo ao longo das cadeias de valor de negócios relacionados. Tais economias estão abertas somente para uma corporação com vários negócios e são o resultado de uma estratégia de diversificação relacionada que permite a negócios irmãos compartilharem tecnologia, desempenhar P&D juntos, usar instalações comuns de manufatura e distribuição, ter força de vendas ou rede de distribuidores/revendedores comuns e/ou compartilhar a mesma infraestrutura administrativa. *Quanto maiores forem as economias entre os negócios, associadas a adequações estratégicas que economizam custos, mais uma estratégia de diversificação relacionada poderá render uma vantagem competitiva baseada em custos mais baixos do que os dos concorrentes.*

A COMPETÊNCIA DE A DIVERSIFICAÇÃO RELACIONADA OFERECER VANTAGEM COMPETITIVA E AUMENTAR O VALOR AO ACIONISTA As economias de escopo e outros benefícios estratégicos fornecem uma base sólida para gerar lucros e retornos maiores do que aqueles que poderiam ser gerados pelos negócios de uma empresa diversificada agindo como um empreendimento independente. Converter a vantagem competitiva potencial em mais lucratividade é o que alimenta ganhos 1 + 1 = 3 no valor ao acionista – o resultado necessário para satisfazer ao *teste de uma condição melhor*. Três aspectos devem ser lembrados: (1) captar adequações estratégicas entre negócios por meio da diversificação relacionada constrói um valor para os acionistas que eles não poderiam alcançar se tivessem uma carteira diversificada de ações; (2) obter os benefícios da adequação estratégica entre negócios só é possível por meio da diversificação relacionada; e (3) os benefícios de adequações estratégicas entre negócios não são percebidos automaticamente – *os benefícios se materializam somente depois que a administração realizou com sucesso ações internas para captá-los*.[8]

---

[7] Para uma discussão do significado estratégico da coordenação das atividades da cadeia de valor entre negócios e esclarecimentos sobre como o processo funciona, ver Jeanne M. Liedtka, "Collaboration across Lines of Business for Competitive Advantage", *Academy of Management Executive* 10, n. 2 (May 1996), p. 20-34.

[8] Para uma discussão do que está envolvido na captação de benefícios da adequação estratégica, ver Kathleen M. Eisenhardt e D. Charles Galunic, "Coevolving: At Last, a Way to Make Synergies Work", *Harvard Business Review* 78, n. 1 (January-February 2000), p. 91-101. A habilidade para alcançar a adequação estratégica entre negócios certamente impacta o desempenho; ver Constantinos C. Markides e Peter J. Williamson, "Related Diversification, Core Competencies and Corporate Performance", *Strategic Management Journal* 15 (Summer 1994), p. 149-165.

Diversificação em negócios não relacionados

Uma estratégia de diversificação não relacionada atenua a importância do *teste da melhor condição* e visa entrar em setores *atraentes* nos quais o *custo de entrada* permite retornos aceitáveis sobre o investimento. *A premissa básica da diversificação não relacionada é que qualquer empresa ou negócio que possa ser adquirido em boas condições financeiras e que tenha crescimento e ganhos potenciais satisfatórios representa uma boa oportunidade estratégica de negócio.* Uma estratégia corporativa com base na diversificação não relacionada não exige esforço deliberado para aproveitar oportunidades de adequação estratégica entre as cadeias de valor dos vários negócios da empresa.

Assim, com uma estratégia de diversificação não relacionada, os gestores da empresa gastam muito tempo e esforço selecionando candidatos à aquisição e avaliando os prós e contras de manter ou render os negócios existentes, usando critérios que avaliam:

- Se o negócio pode atender a metas corporativas de lucratividade e de retorno sobre o investimento.
- Se o negócio está em um setor com potencial de crescimento atraente.
- Se o negócio é grande o suficiente para contribuir *significativamente* para o resultado financeiro da empresa-mãe.
- Se o negócio exige capital elevado.
- Se o setor é vulnerável à recessão, inflação, altas taxas de juros, rigorosa regulamentação do governo relativa à segurança do produto ou do ambiente, e a outros fatores potencialmente negativos.

As empresas que buscam a diversificação não relacionada quase sempre entram em novos negócios adquirindo uma empresa estabelecida em vez de formarem uma nova. A premissa das corporações que têm a intenção de fazer aquisição é a tendência para o crescimento da receita corporativa e de lucro, e um preço das ações que, *em média*, tenha um aumento anual suficiente para elevar a recompensa e agradar os acionistas. Em geral, três tipos de candidatos à aquisição interessam mais: (1) empresas que tenham perspectivas de crescimento brilhantes, mas não tenham capital para investimento; (2) empresas desvalorizadas que possam ser adquiridas a um preço de barganha; e (3) empresas em condição difícil cujas operações possam ser aprimoradas com a ajuda dos recursos financeiros e de conhecimento gerencial da empresa controladora.

DIVERSIFICAÇÃO NÃO RELACIONADA, CRESCIMENTO DO FATURAMENTO E DE LUCROS E REDUÇÃO DE RISCO Uma estratégia de diversificação não relacionada apresenta a possibilidade de oferecer crescimento e risco reduzido em razão dos seguintes fatores:

1. O risco do negócio é disseminado por um conjunto de setores realmente *diversos*. Em comparação à diversificação relacionada, a diversificação não relacionada se aproxima mais da diversificação *pura* do risco financeiro e de negócio porque os investimentos da empresa estão distribuídos entre negócios cujas tecnologias e atividades da cadeia de valor não têm relação próxima e cujos mercados são amplamente desconectados.[9]

---

[9] Embora o argumento de que a diversificação não relacionada seja uma forma superior de variar o risco financeiro tem apelo lógico; as pesquisas mostram que a diversificação relacionada é menos arriscada de uma perspectiva financeira do que a diversificação não relacionada; ver Michael Lubatkin e Sayan Chatterjee, "Extending Modern Portfolio Theory into the Domain of Corporate Diversification: Does It Apply?" *Academy of Management Journal* 37, n. 1 (February 1994), p. 109-136.

2. Os recursos financeiros da empresa podem ser empregados com vantagem máxima, investindo em *quaisquer setores* que ofereçam as melhores perspectivas de lucro (em oposição a considerar apenas oportunidades em setores com atividades da cadeia de valor relacionadas).
3. Na medida em que os gestores corporativos têm uma excepcional astúcia para identificar empresas a preços de barganha com grande potencial de elevação de lucros, a riqueza do acionista pode aumentar com a compra de empresas em má situação a um preço baixo, se a adquirente der uma rápida guinada em suas operações e obtiver um alto retorno sobre o investimento efetuado nos negócios recém-adquiridos.
4. A lucratividade da empresa pode provar ser menos volátil em períodos de altas e baixas econômicas porque as condições de mercado não melhoram ou pioram simultaneamente em todos os setores. Em uma empresa amplamente diversificada, há chance de que a tendência de baixa de mercado em alguns negócios da empresa seja parcialmente compensada por altas cíclicas em seus outros negócios. (Na prática, no entanto, não há evidência convincente de que os lucros consolidados das empresas com estratégias de diversificação não relacionadas sejam mais estáveis em períodos de recessão e tensão econômica do que os lucros de empresas com estratégias de diversificação relacionadas.)

A diversificação não relacionada certamente merece ser considerada quando uma empresa está presa a um setor ameaçado ou não atraente, ou quando depende demais dele. A diversificação em setores com cadeias de valor intimamente relacionadas pode intensificar o efeito de estagnação iminente do setor sobre o valor ao acionista.

CONSTRUIR VALOR AO ACIONISTA POR MEIO DA DIVERSIFICAÇÃO NÃO RELACIONADA

Dada a ausência de adequações estratégicas entre negócios que poderiam gerar vantagem competitiva, a tarefa de construir valor ao acionista por meio da diversificação não relacionada depende, em última instância, do talento empresarial dos executivos que dirigem a empresa. Para ter sucesso com uma estratégia corporativa vinculada à diversificação não relacionada, os executivos corporativos devem:

- Fazer um trabalho superior quando identificar e adquirir novos negócios que possam produzir lucros e retornos sobre o investimento consistentemente bons (satisfazendo, portanto, ao teste da atratividade).
- Realizar um excelente trabalho ao negociar preços favoráveis de aquisição (satisfazendo assim aos testes do custo de entrada).
- Ser perspicazes para que consigam identificar qual o momento certo para retirar recursos dos negócios com perspectivas sombrias de lucro e empregá-los em negócios com perspectivas de crescimento e lucratividade acima da média.
- Saber discernir quando um negócio precisa ser vendido (por estar prestes a confrontar condições competitivas ou setoriais adversas e prováveis quedas na lucratividade em longo prazo) e também encontrando compradores que pagarão um preço mais alto que o valor líquido investido pela empresa.

Pode-se afirmar que o valor ao acionista aumentará realmente se os executivos forem capazes de elaborar e executar uma estratégia de diversificação não relacionada que produza uma parte suficiente dos resultados acima mencionados para gerar um resultado maior do que 1 + 1 = 2.

AS ARMADILHAS DA DIVERSIFICAÇÃO NÃO RELACIONADA
As estratégias de diversificação não relacionada têm dois aspectos negativos importantes que afetam os positivos: elevadas aptidões gerenciais e potencial limitado para a vantagem competitiva.

Elevadas aptidões gerenciais Gerenciar com sucesso um conjunto de negócios fundamentalmente diferentes que operam em setores e ambientes competitivos também extremamente diversos é uma proposição extremamente difícil para o gestor de nível corporativo. Quanto maior for o número de negócios em que uma empresa está envolvida e quanto mais diversos forem, mais difícil será para o gestor corporativo:

1. Ficar inteirado do que está acontecendo em cada setor e cada subsidiária.
2. Escolher chefes de unidades de negócio que tenham a combinação exigida de habilidades e conhecimento gerenciais para gerar ganhos no desempenho.
3. Ser capaz de diferenciar entre propostas estratégicas dos gestores de unidades de negócio que são prudentes e aquelas que são arriscadas ou que não têm chances de sucesso.
4. Saber o que fazer se uma unidade estratégica de negócio fracassa e seus resultados despencam de repente.[10]

Em uma empresa amplamente diversificada como a General Electric, os executivos corporativos se veem constantemente desafiados a ficar por dentro dos desenvolvimentos do setor e do progresso estratégico em cada subsidiária, muitas vezes dependendo de relatórios financeiros e *briefings* de gestores das unidades de negócio para os detalhes. Como regra, quanto menos relacionados forem os negócios em que uma empresa se diversificou, mais os executivos da corporação serão forçados a "gerenciar pelos números" – ou seja, deverão acompanhar os resultados financeiros e operacionais de cada subsidiária e supor que os chefes das várias subsidiárias estejam mantendo quase tudo sob controle, uma vez que os principais dados financeiros e operacionais mais recentes parecerem bons. Gerenciar pelos números funciona bem se os chefes das várias unidades de negócio são capazes e atingem suas metas consistentemente. O problema aparece, todavia, quando a situação começa a ficar estranha e a direção corporativa precisa se envolver profundamente para reerguer um negócio do qual não tem muito conhecimento. Como aconselhou o ex-*chairman* de uma das empresas listadas entre as 500 melhores pela revista *Fortune*: "Nunca adquira um negócio que você não sabe como dirigir".

> A diversificação não relacionada requer que os executivos corporativos contem com as habilidades e *expertise* de gestores de negócio para construir vantagem competitiva e estimular o desempenho de negócios individuais.

A supervisão competente de um conjunto de negócios amplamente diversos pode ser mais difícil do que parece. Na prática, comparativamente poucas empresas provaram ter competências gerenciais à altura dessa tarefa. Existe um número bem maior de empresas cujos executivos corporativos falharam no alcance consistente de bons resultados financeiros com uma estratégia de diversificação não relacionada do que empresas com executivos corporativos que foram bem-sucedidos.[11] As chances são de que o resultado da diversificação não relacionada seja 1 + 1 = 2 ou menos.

Potencial limitado para a vantagem competitiva O segundo aspecto negativo importante associado à diversificação não relacionada está no fato de que tal estratégia

---

[10] Para uma revisão das experiências das empresas que perseguiram a diversificação não relacionada e tiveram êxito, ver Patricia L. Anslinger e Thomas E. Copeland, "Growth through Acquisitions: A Fresh Look", *Harvard Business Review* 74, n. 1 (January-February 1996), p. 126-135.

[11] Para evidências de pesquisa do fracasso da ampla diferenciação e da tendência que as empresas estão tendo de limitar seus esforços de diversificação, ver Lawrence G. Franko, "The Death of Diversification? The Focusing of the World's Industrial Firms, 1980-2000", *Business Horizons* 47, n. 4 (July-August 2004), p. 41-50).

não oferece potencial para a vantagem competitiva além daquele que cada negócio consegue gerar individualmente. Ao contrário de uma estratégia de diversificação relacionada, não há adequações estratégicas entre os negócios para que se consiga reduzir custos, transferir habilidades e tecnologia ou alavancar o uso de um forte nome de marca, a fim de aumentar a vantagem competitiva obtida pelos negócios individuais. *Sem o potencial das adequações estratégicas para a vantagem competitiva, o desempenho consolidado de um grupo de negócios não relacionados não é melhor do que a soma que poderia ser obtida pelas unidades de negócio consideradas isoladamente.*

Estratégias corporativas combinando a diversificação relacionada e a não relacionada

Não há nada que impeça uma empresa de diversificar negócios relacionados e não relacionados. De fato, a composição de negócios das empresas diversificadas varia consideravelmente. Algumas empresas diversificadas são, na verdade, empreendimentos com um *negócio dominante* – um negócio importante "central" responde por 50 a 80% das receitas totais e um conjunto de negócios pequenos e não relacionados responde pelo restante. Algumas empresas diversificadas são *estreitamente diversificadas* em torno de alguns (de dois a cinco) negócios relacionados e não relacionados. Outras são *amplamente diversificadas* em torno de um amplo conjunto de negócios relacionados, não relacionados e uma combinação de ambos. E inúmeros empreendimentos com vários negócios têm se diversificado em *vários grupos não relacionados de negócios relacionados*. Há muito espaço para as empresas customizarem suas estratégias de diversificação de forma a incorporar elementos tanto da diversificação relacionada quanto da diversificação não relacionada.

Avaliando a estratégia corporativa de uma empresa diversificada

A análise estratégica de empresas diversificadas é feita empregando-se a metodologia usada para empresas com um único negócio, mas utiliza ferramentas que agilizam o processo geral. O procedimento para avaliar os pontos positivos e negativos da estratégia diversificada de uma empresa e para decidir quais ações devem ser tomadas para aprimorar o desempenho da empresa envolve seis etapas:

1. Avaliar a atratividade dos setores em que a empresa se diversificou;
2. avaliar a força competitiva das unidades de negócio da empresa;
3. avaliar a extensão das adequações estratégicas entre negócios ao longo da cadeia de valor das várias unidades de negócio da empresa;
4. verificar se os recursos da empresa são adequados aos requisitos de seu atual conjunto de negócios;
5. classificar as perspectivas de desempenho dos negócios da melhor para a pior e determinar uma prioridade para alocar recursos;
6. elaborar novas manobras estratégicas para aprimorar o desempenho corporativo geral.

Os conceitos e as técnicas analíticas principais envolvidos em cada uma dessas etapas são discutidos mais profundamente nesta seção do capítulo.

Etapa 1: avaliar a atratividade do setor

Uma consideração importante na avaliação do nível da estratégia de uma empresa diversificada é a atratividade dos setores em que ela tem operações do negócio. Quanto mais atraentes forem os setores (tanto individualmente quanto como um grupo) em que uma empresa diversificada está, melhores serão as perspectivas para o bom desempenho de longo prazo. Uma ferramenta analítica simples e confiável para avaliar a atratividade do setor envolve um cálculo quantitativo, atribuindo pontos com base nas medidas apresentadas a seguir.

- *Tamanho de mercado e taxa de crescimento projetado*. Grandes setores são mais atraentes do que os pequenos, e setores com rápido crescimento tendem a ser mais atraentes que aqueles com crescimento lento (considerando-se iguais os demais fatores).
- *A intensidade da concorrência*. Setores em que as pressões competitivas são relativamente fracas são mais atraentes do que aqueles com fortes pressões competitivas.
- *Oportunidades e ameaças emergentes*. Setores com oportunidades promissoras e ameaças mínimas no horizonte próximo são mais atraentes do que aqueles com oportunidades modestas e sérias ameaças.
- *A presença de adequações estratégicas entre setores*. Quanto mais a cadeia de valor e os requisitos de recursos do setor combinam com as atividades de outros setores em que a empresa opera, mais atraente o setor será para uma empresa que esteja perseguindo diversificação relacionada. No entanto, as adequações estratégicas entre setores podem não ter relevância para uma empresa comprometida com uma estratégia de diversificação não relacionada.
- *Recursos exigidos*. Setores que exigem recursos ao alcance da empresa são mais atraentes do que aqueles cujos requisitos de capital e de outros recursos poderiam afetar os recursos financeiros e as capacidades organizacionais da corporação.
- *Fatores cíclicos e sazonais*. Setores em que a demanda do comprador é relativamente contínua o ano todo e não é excessivamente vulnerável a altos e baixos na economia tendem a ser mais atraentes do que aqueles com amplas oscilações sazonais ou cíclicas na demanda do comprador.
- *Fatores sociais, políticos, reguladores e ambientais*. Setores com problemas significativos em áreas como saúde do consumidor, segurança ou poluição ambiental, ou que estejam sujeitos a intensa regulação, são menos atraentes do que aqueles nos quais tais problemas não são questões prementes.
- *Lucratividade do setor*. Setores com margens de lucro saudáveis geralmente são mais atraentes do que aqueles em que os lucros têm sido historicamente baixos ou instáveis.
- *Incerteza do setor e risco do negócio*. Setores com um horizonte menos incerto e um risco geral mais baixo de negócio são mais atraentes do que aqueles cujas perspectivas, por uma ou outra razão, são bastante incertas.

Deve-se atribuir um peso a cada medida da atratividade, para refletir sua importância relativa na determinação da atratividade de um setor – supor que as várias medidas de atratividade sejam igualmente importantes é uma metodologia fraca. A intensidade da concorrência em um setor quase sempre deveria carregar um peso alto (digamos, 0,20 a 0,30). Considerações sobre a adequação estratégica devem ter um peso alto no caso das empresas que empregam estratégias de diversificação relacionada; porém, para aquelas com uma estratégia de diversificação não relacionada, as adequações estratégicas com outros setores podem receber um peso baixo ou até mesmo podem ser retiradas da lista de medidas de atratividade. Geralmente, os fatores sazonais e cíclicos têm um peso baixo (ou talvez sejam até eliminados da análise), a não ser que tenha se diversificado em setores fortemente caracterizados pela demanda sazonal e/ou pela forte vulnerabilidade a oscilações cíclicas para cima e para baixo. A atribuição de pesos deve totalizar 1,0.

Em seguida, cada setor recebe uma pontuação em cada uma das medidas de atratividade do setor escolhidas, usando-se uma escala de classificação de 1 a 10 (com 10 significando alta atratividade e 1, baixa atratividade). A pontuação ponderada da atratividade é calculada multiplicando-se a classificação do setor em cada medida pelo peso correspondente. Por exemplo, uma classificação de 8 vezes um peso de 0,25 dá uma pontuação ponderada da atratividade de 2. A soma da pontuação ponderada para todas as medidas de atratividade fornece a pontuação geral do setor. Esse procedimento é ilustrado na Tabela 8.1.

CÁLCULO DA PONTUAÇÃO DA ATRATIVIDADE DO SETOR Há duas condições necessárias para produzir uma pontuação da atratividade do setor usando esse método. Uma delas é decidir quanto aos pesos adequados para as medidas de atratividade do setor. Nem sempre esta é uma tarefa fácil, porque diferentes analistas têm diferentes visões sobre quais pesos são mais apropriados. Igualmente, diferentes ponderações podem ser apropriadas para diferentes empresas – com base em suas estratégias, metas de desempenho e circunstâncias financeiras. Por exemplo, atribuir um peso baixo aos recursos exigidos por um setor pode ser justificável para uma empresa com muito caixa, ao passo que um peso alto pode ser mais apropriado para uma empresa em dificuldades financeiras.

O segundo requisito para se chegar a uma pontuação que represente a atratividade é ter conhecimento suficiente para classificar o setor em cada medida de atratividade. Em geral é bem fácil encontrar dados estatísticos necessários para comparar setores quanto

Tabela 8.1 Cálculo ponderado da pontuação da atratividade do setor

Medida da atratividade do setor	Peso atribuído pela Importância	Pontuação/ classificação do Setor A	Pontuação/ classificação do Setor B	Pontuação/ classificação do Setor C	Pontuação/ classificação do Setor D
Tamanho de mercado e taxa de crescimento projetada	0,10	8/0,80	5/0,50	2/0,20	3/0,30
Intensidade da concorrência	0,25	8/2,00	7/1,75	3/0,75	2/0,50
Oportunidades e ameaças emergentes	0,10	2/0,20	9/0,90	4/0,40	5/0,50
Adequações estratégicas entre setores	0,20	8/1,60	4/0,80	8/1,60	2/0,40
Requisitos de recursos	0,10	9/0,90	7/0,70	5/0,50	5/0,50
Influências sazonais e cíclicas	0,05	9/0,45	8/0,40	10/0,50	5/0,25
Fatores ambientais sociais, políticos e reguladores	0,05	10/0,50	7/0,35	7/0,35	3/0,15
Lucratividade do setor	0,10	5/0,50	10/1,00	3/0,30	3/0,30
Incerteza do setor e risco de negócio	0,05	5/0,25	7/0,35	10/0,50	1/0,05
Soma dos pesos atribuídos	1,00				
Pontuação geral ponderada da atratividade do setor		7,20	6,75	5,10	2,95

[Escala classificatória: 1= Nada atraente para a empresa; 10 = Muito atraente para a empresa]

ao tamanho do mercado, taxa de crescimento, influências cíclicas e sazonais e lucratividade do setor. Adequações entre setores e os recursos exigidos também são bastante fáceis de julgar. Porém, medida de atratividade mais difícil de se obter é a intensidade da concorrência. Nem sempre é fácil concluir se a concorrência em um setor é mais forte ou mais fraca do que em outro. Caso as informações disponíveis sejam inadequadas para se atribuir com confiança um valor classificatório a um setor, em uma dada medida de atratividade, então é melhor usar uma pontuação 5, o que evita o viés da pontuação geral da atratividade para mais ou para menos.

Apesar das dificuldades, calcular a pontuação da atratividade do setor é um método sistemático e razoavelmente confiável para classificar a atratividade dos setores diversificados de uma empresa em ordem decrescente.

Etapa 2: avaliar a força competitiva da unidade estratégica de negócio

A segunda etapa na avaliação de uma empresa diversificada é determinar a força do posicionamento de cada uma de suas unidades de negócio em seus respectivos setores. Fazer uma avaliação da força e da posição competitiva de cada unidade estratégica de negócio em seu setor não só revela suas chances de sucesso no setor como também fornece uma base para classificar as unidades da mais forte competitivamente para a mais fraca. Medidas quantitativas da força competitiva de cada unidade estratégica de negócio podem ser calculadas usando-se um procedimento similar àquele usado para medir a atratividade do setor. Os seguintes fatores podem ser usados para quantificar as forças competitivas das subsidiárias de negócio de uma empresa diversificada:

- *Participação de mercado relativa.* A participação de mercado relativa de uma unidade estratégica de negócio é definida como a relação de sua participação de mercado com a participação de mercado de sua maior empresa concorrente no setor, sendo a participação de mercado medida em volume unitário, e não em dólares. Por exemplo, se o negócio A lidera com uma participação de 40% e seu maior concorrente tem 30%, a participação de mercado relativa é 1,33. Se o negócio B tem uma participação de mercado de 15% e o maior concorrente de B tem 30%, a participação de mercado relativa é 0,5.

- *Custos relativos aos custos do concorrente.* Faz sentido esperar que as unidades de negócio com participações de mercado relativas mais altas tenham custos unitários menores do que os concorrentes com participações de mercado relativas menores, pois há a possibilidade das economias de escala e dos efeitos da curva de aprendizagem e experiência. Outro indicador de custo baixo refere-se às competências de gerenciar a cadeia de suprimento de uma unidade estratégica de negócio.

- *Bens ou serviços que satisfazem às expectativas do comprador.* A competitividade de uma empresa depende em parte de poder oferecer aos compradores especificações, desempenho, confiabilidade e atributos de serviço atraentes.

- *Capacidade de se beneficiar da adequação estratégica com negócios irmãos.* As adequações estratégicas com outros negócios dentro da empresa aumentam a força competitiva de uma unidade estratégica de negócio e podem criar vantagem competitiva.

- *Número e nível das alianças estratégicas e parcerias.* Alianças e parcerias que funcionam bem podem ser a fonte potencial da vantagem competitiva e, assim, aumentar a força competitiva de um negócio.

- *Imagem e reputação da marca.* Um nome de marca forte é um valioso ativo competitivo na maioria dos setores.
- *Competências competitivamente valiosas.* Todos os setores contêm uma variedade de competências competitivas importantes relacionadas à inovação de produto, capacidades de produção, capacidades de distribuição ou façanha de marketing.
- *Lucratividade relativa aos concorrentes.* Retornos sobre o investimento acima da média e grandes margens de lucro relativas aos concorrentes em geral são indicadores exatos de vantagem competitiva.

Depois de chegar a um conjunto de medidas sobre a força competitiva que sejam adequadas às circunstâncias de várias unidades de negócio, é preciso atribuir pesos para indicar a importância de cada medida. Como acontece com a atribuição de pesos às medidas de atratividade do setor, os pesos de acordo com a importância devem totalizar 1,0. Cada unidade estratégica de negócio é, então, classificada de acordo com cada uma das medidas de força escolhidas, usando uma escala classificatória de 1 a 10 (em que 10 significa *força* competitiva e 1, *fraqueza* competitiva). Caso as informações disponíveis sejam insuficientes para se atribuir com confiança um valor classificatório a uma unidade estratégica de negócio relativo a uma determinada medida de força, então é melhor usar uma pontuação de 5. As classificações ponderadas da força competitiva são calculadas multiplicando-se a classificação das unidades de negócio em cada medida de força pelo peso atribuído. Por exemplo, uma pontuação de força de 6 vezes um peso de 0,15 dá uma classificação de força ponderada de 0,90. A soma das classificações ponderadas em todas as medidas de força fornece uma medida quantitativa da força de mercado geral e da posição competitiva de uma unidade estratégica de negócio. A Tabela 8.2 apresenta cálculos ilustrativos das classificações de força competitiva para quatro negócios.

USO DE UMA MATRIZ DE NOVE CÉLULAS PARA AVALIAR A FORÇA DE UM CONJUNTO DE NEGÓCIOS DE UMA EMPRESA DIVERSIFICADA

A atratividade do setor e as pontuações da força do negócio podem ser usadas para retratar as posições estratégicas de cada negócio em uma empresa diversificada. A atratividade do setor é situada no eixo vertical e a força competitiva, no eixo horizontal. Uma grade de nove células surge quando se divide o eixo vertical em três regiões (atratividade alta, média, e baixa) e o eixo horizontal, em três regiões (força competitiva forte, média e fraca). Como é mostrado na Figura 8.3, a alta atratividade está associada às pontuações de 6,7 ou mais, numa escala de 1 a 10; a atratividade média está associada a pontuações de 3,3 a 6,7; e a baixa atratividade, a pontuações abaixo de 3,3. Da mesma forma, a alta força competitiva é definida como uma pontuação maior que 6,7, a força média como pontuações de 3,3 a 6,7 e a força baixa como pontuações abaixo de 3,3. *Cada unidade estratégica de negócio é situada na matriz de nove células de acordo com sua atratividade geral e as pontuações de força, e então mostrada como uma "bolha".* O tamanho de cada bolha corresponde à porcentagem do faturamento que o negócio gera relativo ao faturamento total corporativo. As bolhas na Figura 8.3 foram localizadas na grade usando-se as quatro pontuações de atratividade do setor, apresentadas na Tabela 8.1, e as pontuações de força para as quatro unidades de negócio, dadas na Tabela 8.2.

A posição das unidades de negócio na matriz atratividade-força fornece uma orientação valiosa para o emprego dos recursos corporativos. Em geral, *as melhores perspectivas do bom desempenho geral de uma empresa diversificada envolvem a concentração de recursos nas unidades de negócio que têm a maior força competitiva e atratividade do setor.* Os negócios plotados nas três células na parte superior esquerda da matriz de atratividade-

Tabela 8.2 Cálculo ponderado das pontuações da força competitiva para as unidades de negócio de uma empresa diversificada

Medida da força competitiva	Peso de acordo com a importância	Negócio A no Setor A Classificação/Pontuação	Negócio B no Setor B Classificação/Pontuação	Negócio C no Setor C Classificação/Pontuação	Negócio D no Setor D Classificação/Pontuação
Participação relativa de mercado	0,15	10/1,50	1/0,15	6/0,90	2/0,30
Custos relativos aos custos dos concorrentes	0,20	7/1,40	2/0,40	5/1,00	3/0,60
Capacidade de se equiparar aos concorrentes ou superá-los em atributos-chave do produto	0,05	9/0,45	4/0,20	8/0,40	4/0,20
Capacidade de se beneficiar com adequações estratégicas com negócios irmãos	0,20	8/1,60	4/0,80	4/0,80	2/0,60
Alavancagem de barganha com fornecedores/compradores; grau das alianças	0,05	9/0,45	3/0,15	6/0,30	2/0,10
Imagem e reputação da marca	0,10	9/0,90	2/0,20	7/0,70	5/0,50
Competências competitivamente valiosas	0,15	7/1,05	2/0,30	5/0,75	3/0,45
Lucratividade relativa aos concorrentes	0,10	5/0,50	1/0,10	4/0,40	4/0,40
Soma dos pesos atribuídos	1,00				
Pontuações gerais ponderadas da força competitiva		**7,85**	**2,30**	**5,25**	**3,15**

[Escala classificatória: 1 = Muito fraca; 10 = Muito forte]

-força têm tanto atratividade do setor quanto força competitiva favoráveis e devem receber uma alta prioridade de investimento. As unidades de negócio plotadas nessas três células (como o Negócio A na Figura 8.3) são referidas como negócios de "crescimento e construção" por sua capacidade de impulsionar futuros aumentos no valor ao acionista.

Os próximos, em grau de prioridade, são os negócios situados nas três células diagonais que vão do extremo esquerdo inferior até o direito superior (os Negócios B e C na Figura 8.3). Tais negócios em geral merecem prioridade média ou intermediária na classificação da alocação de recursos das empresas *holding*. Contudo, algumas empresas nas células diagonais com prioridade média podem ter perspectivas mais animadoras ou mais sombrias que as outras. Por exemplo, um negócio pequeno na célula superior à direita da matriz (como o Negócio B), apesar de estar em um setor muito atraente, pode ocupar uma posição competitiva fraca demais em seu setor para justificar o investimento e os recursos necessários para transformá-lo em um concorrente mais forte de mercado. No entanto, se um negócio na célula superior à direita tiver oportunidades atraentes de crescimento rápido e um bom potencial para ganhar uma posição de mercado muito mais forte com o tempo, a direção pode designar isso como um negócio de crescimento e construção – um objetivo estratégico aqui seria mover o negócio para a esquerda, na matriz de atratividade-força ao longo do tempo.

Os negócios nas três células no extremo inferior direito da matriz (como o Negócio D, na Figura 8.3) apresentam um desempenho fraco e têm o menor direito sobre os recursos

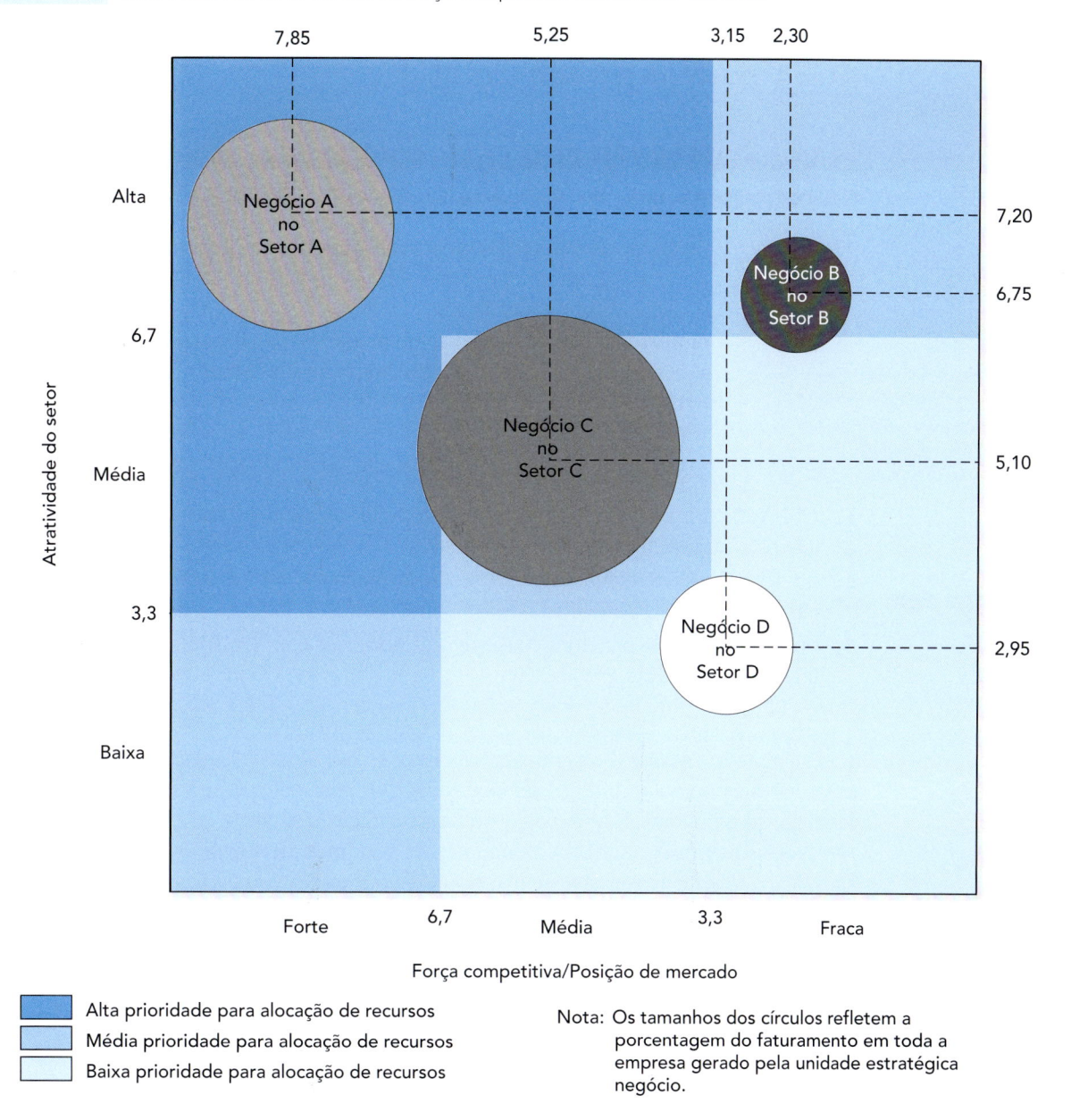

FIGURA 8.3 Uma matriz de nove células da força competitiva/atratividade do setor

[Matriz de nove células mostrando Atratividade do setor (Alta, Média, Baixa) no eixo vertical e Força competitiva/Posição de mercado (Forte, Média, Fraca) no eixo horizontal. Valores nos eixos: 7,85 / 5,25 / 3,15 / 2,30 (horizontal superior) e 7,20 / 6,75 / 5,10 / 2,95 (vertical direita); 6,7 e 3,3 nos eixos principais. Círculos representam: Negócio A no Setor A (alta atratividade, forte posição, círculo grande); Negócio B no Setor B (alta atratividade, posição fraca, círculo pequeno); Negócio C no Setor C (média atratividade, posição média, círculo muito grande); Negócio D no Setor D (baixa atratividade, posição fraca, círculo pequeno).]

■ Alta prioridade para alocação de recursos
■ Média prioridade para alocação de recursos
□ Baixa prioridade para alocação de recursos

Nota: Os tamanhos dos círculos refletem a porcentagem do faturamento em toda a empresa gerado pela unidade estratégica negócio.

corporativos. Tais negócios são bons candidatos para o desinvestimento ou para serem gerenciados de modo calculado, a fim de render o máximo de fluxo de caixa de suas operações. Assim, os fluxos de caixa de negócios com baixo desempenho/baixo potencial podem ser direcionados para a expansão financeira de unidades de negócio com maiores oportunidades de mercado. Nos casos excepcionais em que, apesar de estar localizado nas três células inferiores à direita, um negócio é bastante lucrativo ou tem o potencial para bom lucro e retorno sobre investimento, a melhor opção é manter esse negócio, devendo ser alocados recursos suficientes para que alcance um desempenho melhor.

A matriz da atratividade-força composta de nove células fornece uma razão clara e decisiva para a necessidade de uma empresa diversificada considerar tanto a atratividade do setor quanto a força do negócio na alocação de recursos e no capital para investimento em seus diferentes negócios. Pode-se defender a concentração de recursos naqueles negócios que gozam de graus mais altos de atratividade e força competitiva, sendo seletivo nos negócios com posições intermediárias na grade que receberão investimento, e retirando recursos de negócios com pouca atratividade e força, a não ser que ofereçam potencial excepcional de fluxo de caixa e lucro.

Etapa 3: determinar o valor competitivo das adequações estratégicas em empresas com vários negócios

> Quanto maior for o valor das adequações estratégicas entre negócios para aumentar o desempenho de uma empresa no mercado ou seu resultado financeiro, mais poderosa será sua estratégia de diversificação relacionada.

O potencial para adequações estratégicas competitivamente importantes é central para se concluir sobre a efetividade da estratégia de diversificação relacionada de uma empresa. Essa etapa pode ser pulada por empresas diversificadas cujos negócios são não relacionados (porque, por natureza, não existem adequações estratégicas). Verificar o potencial para vantagem competitiva resultante das adequações estratégicas entre negócios envolve avaliar o benefício que uma empresa diversificada pode ganhar com combinações de cadeia de valor que apresentem:

1. Oportunidades de combinar o desempenho de certas atividades, reduzindo assim os custos e captando economias de escopo;
2. oportunidades de transferir aptidões, tecnologia ou capital intelectual de um negócio para outro;
3. oportunidades de partilhar o uso de um nome de marca respeitado entre várias categorias de produto e/ou serviço.

É necessário, contudo, mais do que a simples identificação da adequação estratégica. O verdadeiro teste é o valor competitivo que pode ser gerado dessas adequações. Em que medida as economias de custo podem ser realizadas? Quanto valor competitivo virá da transferência de habilidades, tecnologia ou capital intelectual entre os negócios? A transferência de um nome de marca potencial aos produtos de negócios irmãos aumentará significativamente as vendas? Se não houver adequações estratégicas significativas e esforços da empresa para captar os benefícios, é preciso ser cético quanto ao potencial que os negócios de uma empresa diversificada possuem para apresentar um desempenho melhor juntos do que separados.

Etapa 4: avaliar a suficiência de recursos corporativos em empresas diversificadas

O conjunto de negócios de uma empresa diversificada precisa mostrar recursos compatíveis. A adequação de recursos existe quando (1) os negócios, individualmente, aumentam as forças de recursos coletivos de uma empresa e (2) uma empresa tem recursos suficientes para apoiar todo seu grupo de negócios sem ameaçar sua solidez financeira. Uma dimensão importante da adequação de recursos diz respeito à competência que uma empresa diversificada tem para gerar os fluxos de caixa internos suficientes para oferecer os requisitos de capital de seus negócios, pagar seus dividendos, cobrir suas dívidas e permanecer financeiramente saudável.

ADEQUAÇÃO DE RECURSOS FINANCEIROS: PROVEDOR DE RECURSOS *VERSUS* SORVEDOR DE FUNDOS Negócios diferentes têm fluxos de caixa e características de investimento diferentes. Por exemplo, as unidades de negócio em setores com rápido crescimento são, com frequência, **sorvedoras de fundos** – assim chamadas porque os fluxos de caixa que são capazes de gerar com suas operações internas não são grandes o suficiente para oferecer recursos para sua expansão. Como os recursos financeiros de uma sorvedora de fundos devem ser providos pela empresa-*holding*, os gestores corporativos precisam decidir se financeira e estrategicamente faz sentido continuar despejando dinheiro em um negócio sorvedor de fundos.

> Uma empresa **sorvedora de fundos** gera fluxos de caixa operacionais pequenos demais para oferecer plenamente os recursos e o crescimento de suas operações; uma sorvedora de fundos deve receber infusões de caixa de fora para cobrir seu capital de giro e requisitos de investimento.

Em contrapartida, as unidades de negócio com posições de liderança no mercado em setores maduros podem ser **provedoras de fundos** – negócios que geram excedentes de caixa substanciais sobre o que é necessário para oferecer fundos adequados às suas operações. Os líderes de mercado em setores com lento crescimento costumam gerar fluxos de caixa consideráveis *acima e além do que é necessário para seu crescimento e reinvestimento* uma vez que a natureza de crescimento lento de seu setor envolve requisitos anuais de investimento relativamente modestos. As provedoras de fundos, embora nem sempre sejam atraentes do ponto de vista do crescimento, são negócios valiosos sob uma perspectiva de recursos financeiros. Os fluxos de caixa excedentes que elas geram podem ser usados para pagar dividendos corporativos, financiar aquisições e oferecer sentido financeiro e estratégico nos negócios sorvedores promissores da empresa. Faz sentido financeiro e estratégico para as empresas diversificadas manterem os negócios provedores de fundos em condição saudável, fortalecendo e defendendo sua posição de mercado para preservar sua capacidade de gerar caixa em longo prazo e, dessa forma, ter uma fonte permanente de recursos financeiros para empregar em outra parte.

Uma empresa diversificada dispõe de recursos financeiros adequados quando o excesso de caixa gerado por seus negócios provedores de fundos é suficiente para oferecer recursos e investir em promissores negócios sorvedores de fundos. Em termos ideais, investir em sorvedores de fundos que a longo prazo são promissores resulta em seu crescimento, transformando-os em *negócios estrela* autossustentáveis e que têm posições competitivas fortes ou de liderança em mercados atraentes, de alto crescimento e altos níveis de lucratividade. Os negócios estrela muitas vezes são os provedores de fundos do futuro – quando os mercados de negócios estrela começam a amadurecer e seu crescimento torna-se mais lento, sua força competitiva deve produzir fluxos de caixa gerados por ela mesma e mais do que suficientes para cobrir suas necessidades de investimento. A "sequência de sucesso" é, dessa forma, de sorvedores de fundos para jovem estrela (mas que talvez ainda seja uma sorvedora de fundos) para estrela autossustentável, para provedora de fundos.

> Uma **provedora de fundos** gera fluxos de caixa operacionais acima e além de suas necessidades internas, provendo assim recursos financeiros que possam ser usados para investir em sorvedoras de fundos, financiar novas aquisições, oferecer recursos a programas de recompra de ações ou pagar dividendos.

No entanto, se uma sorvedora de fundos tem um futuro questionável (seja em razão da baixa atratividade do setor ou de uma posição competitiva fraca), então ela se torna uma candidata lógica para desinvestimento. Investir agressivamente em uma sorvedora de fundos que apresente um futuro incerto raramente faz sentido porque ela requer que a empresa-*holding* continue injetando mais capital nos negócios com uma esperança muito pequena de transformar um sorvedor de fundos em uma futura estrela. Esses negócios drenam as finanças e não passam pelo teste de adequação de recursos porque afetam a capacidade da empresa-*holding* de oferecer recursos adequados para seus outros negócios. Desfazer-se de uma sorvedora de fundos menos atraente em geral é a melhor alternativa, a não ser que (1) ela tenha adequações estratégicas altamente valiosas com outras unidades de negócio ou (2) as infusões de capital necessárias da empresa-*holding* sejam modestas, relativamente aos recursos disponíveis e (3) haja uma chance razoável de fazer o negócio crescer e se transformar em um sólido contribuinte de resultados financeiros.

Deixando de lado as considerações de fluxo de caixa, há dois outros fatores a examinar, ao se avaliar a adequação de recursos financeiros para os negócios da carteira de uma empresa diversificada:

- *Os negócios individuais contribuem adequadamente para atingir metas de desempenho da empresa?* Um negócio exibe fraca adequação financeira se absorve uma parte desproporcional dos recursos financeiros da empresa e se sua contribuição para o resultado financeiro está abaixo do esperado ou é insignificante. Um número grande demais de negócios com desempenho medíocre reduz o desempenho geral da empresa e acaba limitando o crescimento do valor ao acionista.
- *A corporação tem força financeira adequada para oferecer recursos a seus diferentes negócios e manter uma classificação de crédito saudável?* A estratégia de uma empresa diversificada fracassa no teste de adequação de recursos quando as necessidades de recursos de sua carteira afetam indevidamente a saúde financeira da empresa e ameaçam rebaixar sua classificação de crédito. A General Motors, a Time Warner e a Royal Ahold, por exemplo, se viram tão fracas financeiramente que tiveram que vender algumas de suas unidades de negócio para levantar recursos e pagar dívidas pesadas a fim de continuar a oferecer recursos para despesas de capital essenciais para os negócios remanescentes.

EXAME DA ADEQUAÇÃO DE RECURSOS NÃO FINANCEIROS DE UMA EMPRESA DIVERSIFICADA
As empresas diversificadas devem assegurar também que as necessidades de recursos não financeiros de sua carteira de negócios sejam atendidas por suas capacidades corporativas. Assim como uma empresa diversificada deve evitar permitir que um número excessivo de negócios carentes de caixa afete sua estabilidade financeira, ela também deve evitar ampliar seu conjunto de negócios para que não sobrecarregue seus recursos não financeiros como talento gerencial, sistemas de tecnologia e informação e suporte de marketing.

- *A empresa tem ou pode desenvolver os recursos específicos que a tornem forte e as competências competitivas necessárias para ter sucesso em cada um de seus negócios?*[12] Às vezes, os recursos que uma empresa acumulou em seu negócio central provam ser inadequados para alcançar as competências competitivas necessárias que lhe trarão sucesso nos negócios em que ela se diversificou. Por exemplo, a LVMH, uma empresa com vários negócios na França, descobriu que os recursos e as habilidades gerenciais da empresa eram bastante adequados para que ela tivesse controle dos negócios que produziam artigos de luxo, entre os quais estavam Louis Vuitton, Christian Dior, Givenchy, Fendi, Dom Perignon, Moët & Chandon e Hennessy, mas eram inadequados para leilões de arte e estações de rádio; como consequência, a LVMH decidiu se desfazer de seus negócios de leilão de arte e radiotransmissão depois que eles tiveram perdas significativas e provaram estar esvaziando as reservas corporativas. Assim, a inadequação entre os pontos fortes da empresa e os fatores críticos para o sucesso dela em determinado negócio pode ser suficientemente séria para merecer o desinvestimento de um negócio existente ou a não aquisição de um novo negócio. Em contrapartida, quando os recursos e as competências existentes combinam bem com os fatores para o sucesso de setores em que ela não está presente, faz sentido considerar a ideia de adquirir empresas nesses setores.

> A **adequação de recursos** vai além dos recursos financeiros, para incluir uma boa combinação dos recursos e competências da empresa com os fatores críticos para o sucesso em cada setor no qual ela se diversificou.

---

[12] Para uma discussão excelente sobre o que procurar ao avaliar essas adequações, ver Andrew Campbell, Michael Gould e Marcus Alexander, "Corporate Strategy: The Quest for Parenting Advantage", *Harvard Business Review* 73, n. 2 (March-April 1995), p. 120-132.

- *Os negócios adquiridos recentemente estão agindo para fortalecer a base de recursos e as competências competitivas de uma empresa ou estão provocando a fragilidade de seus recursos gerenciais e competitivos?* Uma empresa diversificada deve se policiar para não esgotar seus recursos, uma condição que pode surgir quando (1) ela entra em um período de intensa aquisição e a direção precisa assimilar e supervisionar muitos negócios novos com rapidez; ou (2) quando ela não dispõe de recursos suficientes para realizar um trabalho digno de crédito ao transferir habilidades e competências de um de seus negócios para outro.

Etapa 5: classificar as unidades de negócio e atribuir prioridades para a alocação de recursos

Uma vez que a estratégia de uma empresa diversificada foi avaliada da perspectiva da atratividade do setor, da força competitiva, da adequação estratégica e da adequação dos recursos, a próxima etapa é classificar as perspectivas de desempenho dos negócios da melhor para a pior. Uma vez estabelecida essa classificação, a gerência estará em condições de decidir quais negócios merecem alta prioridade para ter suporte de recursos e receber novos investimentos de capital da empresa-*holding*. A consideração mais importante quando se tomam decisões sobre a alocação de recursos é o desempenho que as unidades de negócio tiveram em termos de crescimento das vendas, lucro, contribuição para os ganhos da empresa, características do fluxo de caixa e retorno sobre o capital investido no negócio. Embora o desempenho passado não seja necessariamente um bom previsor do desempenho futuro, ele sinaliza se um negócio já tem um desempenho de bom a excelente ou se apresenta problemas a serem superados.

Além disso, as avaliações da atratividade do setor/força do negócio provêm de uma base sólida para julgar as perspectivas futuras de um negócio. Normalmente, unidades de negócio fortes em setores atraentes têm perspectivas significativamente melhores de se transformarem em resultados excelentes do que negócios fracos alocados em setores não atraentes. Além disso, a previsão de receita e lucros para negócios em setores com rápido crescimento é, em geral, melhor do que em negócios em setores com crescimento lento. Uma exceção importante é quando um negócio forte em um setor que cresce lentamente continua a tirar vendas e participação de mercado de seus concorrentes e, dessa forma, alcança um crescimento mais rápido do que o setor como um todo. Como regra, as análises anteriores, tomadas em conjunto, sinalizam quais unidades de negócio provavelmente terão forte desempenho pela frente e quais provavelmente ficarão para trás. A tarefa aqui é decidir quais unidades de negócio devem ter alta prioridade para ganhar suporte de recursos da corporação e novos investimentos de capital e quais devem ter menos prioridade. *Geralmente, as unidades de negócio com as maiores perspectivas de lucro e crescimento e sólida adequação estratégica e de recursos devem ficar entre as primeiras da lista para receber suporte de recursos.*

Etapa 6: elaborar novas manobras estratégicas para aprimorar o desempenho geral corporativo

As conclusões que fluem das cinco etapas analíticas precedentes determinam a agenda para a elaboração de ações estratégicas que aprimorem o desempenho geral de uma empresa diversificada. As opções estratégicas resumem-se em quatro categorias amplas de ações:

1. Manter os negócios existentes e aproveitar as oportunidades que eles apresentam.
2. Ampliar o escopo de negócios da empresa, fazendo aquisições em novos setores.
3. Vender alguns negócios e recuar, limitando a base de operações empresariais.
4. Reestruturar o conjunto de negócios da empresa e efetuar uma renovação total de seus negócios, de modo a lhe dar uma nova identidade.

MANTER O CONJUNTO DE NEGÓCIOS DA EMPRESA A opção de manter os negócios existentes faz sentido quando o atual negócio da empresa oferece oportunidades atraentes de crescimento e pode gerar bons lucros e fluxos de caixa. Contanto que o conjunto de negócios existentes coloque a empresa em boa posição para o futuro e esses negócios tenham boa adequação estratégica e/ou de recursos, efetuar grandes mudanças na composição de negócios da empresa geralmente é algo desnecessário. Os executivos da corporação podem concentrar sua atenção para conseguir que cada um dos negócios tenha o melhor desempenho, dirigindo os recursos corporativos para aquelas áreas de maior potencial e lucratividade. No entanto, caso os executivos corporativos não fiquem totalmente satisfeitos com as oportunidades que veem no atual conjunto de negócios da empresa, eles podem optar por qualquer uma das três alternativas estratégicas apresentadas nas seções a seguir.

AMPLIAR A BASE DE DIVERSIFICAÇÃO Empresas diversificadas às vezes acham desejável ampliar a base de diversificação por alguma das mesmas razões que uma empresa com um único negócio poderia buscar a diversificação inicial. O crescimento lento no faturamento ou no lucro, a vulnerabilidade a oscilações sazonais ou à recessão, o potencial para transferir recursos e competências para outros negócios relacionados, ou forças propulsoras desfavoráveis que estejam afetando os negócios essenciais são razões para a direção de uma empresa diversificada optar por ampliar a diversificação. Um fator motivador adicional e muitas vezes importante para a aquisição de novos negócios é complementar e fortalecer a posição de mercado e as competências competitivas de um ou mais dos negócios atuais. A aquisição da Gillette em 2005 pela Procter & Gamble fortaleceu e estendeu o alcance da P&G em produtos de cuidados pessoais e de limpeza – os negócios da Gillette incluíam as escovas de dentes Oral-B, aparelhos e lâminas para barbear Gillette, baterias Duracell, barbeadores e pequenos aparelhos Braun (cafeteiras, *mixers*, secadores de cabelo e escovas dentais elétricas), e artigos de toalete (Right Guard, Foamy, Soft & Dry, White Rain e Dry Idea).

VENDER ALGUNS NEGÓCIOS E RECUAR PARA UMA BASE MAIS LIMITADA DE DIVERSIFICAÇÃO Inúmeras empresas diversificadas têm tido dificuldade para administrar um grupo diverso de negócios e prefere se desfazer de alguns deles. Recuar para uma base de diversificação mais limitada geralmente é algo que ocorre quando a direção conclui que sua estratégia de diversificação foi longe demais e que a empresa pode aprimorar o desempenho em longo prazo, concentrando-se em construir posições mais fortes em um número menor de negócios e setores centrais. A Hewlett-Packard transferiu seus negócios de testes e medidas para uma empresa separada chamada Agilent Technologies, de modo a se concentrar mais em seu computador, nas suas estações de trabalho, nos seus servidores, impressoras, periféricos, e produtos eletrônicos.

Mas existem outras razões importantes para se desfazer de um ou mais negócios da empresa. Às vezes o desinvestimento precisa ser considerado porque as condições de mercado em um setor que já fora atraen-

> Concentrar os recursos corporativos em poucos negócios centrais e mais relacionados evita o erro de diversificar em excesso e acabar diluindo os recursos e a atenção dos gestores.

te se deterioram extremamente. Um negócio pode se tornar um candidato à alienação por lhe faltar a devida adequação de recursos ou estratégica, por ser um sorvedor de fundos com potencial questionável no longo prazo ou ainda porque está mal posicionado em seu setor, com poucas perspectivas de obter um retorno razoável sobre o investimento. Às vezes uma empresa adquire negócios que, mais adiante, simplesmente não funcionam como esperado, embora a direção tenha tentado todas as possibilidades imagináveis para torná-los rentáveis. Outras unidades de negócio, apesar de terem um desempenho financeiro adequado, podem não combinar tão bem com os demais negócios da empresa como se pensou.

A fusão da Time Warner com a AOL em 2000 provou ser um fracasso total – sua convergência planejada de filmes, música, conteúdo de revista e programação a cabo com a plataforma de internet da AOL e as capacidades de banda larga da Time Warner Cable nunca se concretizaram, as culturas das três divisões impediram a obtenção de benefícios das adequações estratégicas e o valor para o acionista caiu em quase 80%. Depois de lutar durante mais de sete anos para tornar sua diversificação um sucesso, a direção da Time Warner desmembrou as operações da Time Warner Cable em um negócio independente e começou a avaliar ofertas de compradores interessados em comprar a AOL.

Há evidências indicando que a remoção de negócios e a limitação da base de diversificação de uma empresa aprimora o desempenho corporativo.[13] Empresas controladoras acabam, muitas vezes vendendo negócios tarde demais ou a um preço muito baixo, sacrificando o valor ao acionista.[14] Um guia útil para determinar se ou quando vender[15] uma subsidiária é perguntar: "Se não estivéssemos nesse ramo hoje, gostaríamos de entrar nele?" Quando a resposta é *não* ou *provavelmente não*, o desinvestimento deve ser considerado. Outro sinal de que um negócio deveria se tornar um candidato ao desinvestimento é se ele vale mais para outra empresa do que para a atual controladora; em tais casos, os interesses dos acionistas seriam mais bem atendidos se a empresa vendesse o negócio e recebesse um preço excelente do comprador a quem o negócio representa uma adequação valiosa.[16]

Opções para alienar um negócio: vender ou transformá-lo em empresa independente? Vender um negócio para outra empresa é de longe a opção mais usada para alienar um negócio. No entanto, encontrar um comprador pode ser difícil ou fácil, dependendo do negócio. Como regra, uma empresa que esteja vendendo um negócio em dificuldade não deveria perguntar: "Como podemos passar este negócio para terceiros e o que podemos conseguir por ele?"[17] Em vez disso, é mais sensato perguntar: "Para que tipo de empresa este negócio seria mais adequado, e sob que condições ele seria visto como um bom negócio?"[18] Mas às vezes um negócio selecionado para alienação tem recursos amplos para competir com sucesso de forma independente. Nesses casos, uma controladora pode preferir desmembrar o negócio indesejado em uma empresa

---

[13] Ver, por exemplo, Constantinos C. Markides, "Diversification, Restructuring and Economic Performance", *Strategic Management Journal* 16 (February 1995), p. 101-118.
[14] Para uma discussão da razão pela qual o desinvestimento precisa ser uma parte padrão da estratégia de diversificação de qualquer empresa, ver Lee Dranikoff, Tim Koller e Antoon Schneider, "Divestiture: Strategy's Missing Link", *Harvard Business Review* 80, n. 5 (May 2002), p. 74-83.
[15] Peter F. Drucker, *Management: Tasks, Responsibilities, Practices*, p. 719.
[16] Ver David J. Collins e Cynthia A. Montgomery, "Creating Corporate Advantage", *Harvard Business Review* 76, n. 3 (May-June 1998), p. 72-80.
[17] Drucker, *Management: Tasks, Responsibilities, Practices*, p. 719.
[18] Abordagens para identificar compradores para negócios candidatos à alienação e maximizar preços obtidos pelos negócios alienados são discutidas em Michael C. Mankins, David Harding e Rolf-Magnus Weddigen, "How the Best Divest", *Harvard Business Review* 86, n. 10 (October 2008), p. 92-99.

independente financeira e administrativamente, seja por meio da venda de ações via uma oferta pública inicial ou distribuindo ações da nova empresa para os acionistas da empresa controladora.

A IAC/InterActive, que operava um conjunto de empresas do mundo virtual como a Ask.com e a Match.com, alienou vários negócios em 2008 em razão do desempenho débil e das condições desafiadoras do setor. A empresa se desfez da Landing Tree, a sua até então unidade de serviços de empréstimo hipotecário, e também se desfez da Ticketmaster, um negócio de venda de ingressos, e da Home Shopping Network, o que lhe rendeu US$ 1,3 bilhão, os quais a direção planejou usar para apoiar os investimentos nos negócios remanescentes e oferecer recursos para um plano de recompra de ações destinado a ajudar a estimular a acentuada queda no preço de suas ações.

Quando uma controladora decide alienar um de seus negócios e torná-lo uma empresa separada, existe a questão de se reter ou não a participação patrimonial. Reter uma participação patrimonial faz sentido quando o negócio a ser alienado tem um produto procurado ou capacidades tecnológicas excelentes que lhe dão boas perspectivas de lucro. Quando o Bank of America optou por alienar a unidade estratégica de negócio CTC Consulting, que fazia recomendações independentes de investimento a clientes com extrema riqueza, preferiu reter participação acionária nos negócios de modo a oferecer aos acionistas do Bank of America uma forma de participarem do sucesso de mercado que a CTC poderia ter no futuro. O Bank of America também reteve 6% de participação no China Construction Bank depois de ser forçado a se desfazer de uma participação acionária bem maior na segunda maior agência de empréstimos chinesa em 2009, a fim de atender aos requisitos de capital especificados pelo U.S. Federal Reserve. Evidentemente, se o negócio não consegue se sustentar como uma empresa independente e não se encontra um comprador disposto a pagar um preço aceitável por ele, então a empresa deve decidir entre manter o negócio até que apareça um comprador ou simplesmente fechá-lo e liquidar os ativos remanescentes. Obviamente, a liquidação é um último recurso.

REESTRUTURAR AMPLAMENTE O CONJUNTO DE NEGÓCIOS POR MEIO DE UM *MIX* DE ALIENAÇÕES E NOVAS AQUISIÇÕES As estratégias de reestruturação envolvem alienar alguns negócios e adquirir outros, de modo a dar um perfil totalmente novo ao conjunto de negócios da empresa. Realizar uma cirurgia radical no grupo de negócios de uma empresa é uma estratégia corporativa atraente quando seu desempenho financeiro é afetado ou decai, devido a:

- Um número excessivo de negócios com lento crescimento, em queda, com baixa margem de lucro ou em setores não atraentes.
- Um número excessivo de negócios fracos do ponto de vista competitivo.
- Uma carga excessiva de endividamento com custos de juros que devoram a lucratividade.
- Aquisições mal escolhidas que não atendem às expectativas.

> A reestruturação envolve alterar radicalmente o conjunto de negócios, alienando negócios que não tenham adequação estratégica ou que tenham fraco desempenho e adquirindo novos negócios que prometam aumentar o valor ao acionista.

Candidatos à alienação em razão de um esforço corporativo reestruturador costumam incluir não só aqueles negócios com desempenho fraco ou instável, ou aqueles em setores não atraentes, mas também unidades de negócio que não tenham adequação estratégica com os negócios a serem retidos, negócios que são sorvedores de fundos ou que não têm outros tipos de adequação de recursos, e negócios incompatíveis com a estratégia de diversificação revisada da empresa (embora possam ser lucrativos ou estar em um setor atraente). À medida que os negócios são alienados, a reestruturação corporativa em geral envolve alinhar as unidades de negócio remanescentes em grupos com as melhores adequações estratégicas e então reempregar os fluxos de caixa de negócios alienados para saldar uma dívida ou fazer novas aquisições.[19] Em um estudo sobre o desempenho das 200 maiores corporações dos Estados Unidos de 1990 a 2000, a McKinsey & Company descobriu que aquelas empresas que administraram ativamente suas carteiras de negócio por meio de aquisições e alienações criaram um valor ao acionista mais substancial do que aquelas que mantiveram um conjunto fixo de negócios.[20]

Na última década, a reestruturação corporativa se tornou uma estratégia comum em várias empresas diversificadas, principalmente naquelas que se diversificaram amplamente em vários setores e linhas de negócio diferentes. Por exemplo, entre 1994 e 2005 a Ingersoll Rand reestruturou radicalmente seu conjunto de negócios diversificando seus componentes automotivos e componentes para mineradoras, unidades de negócios que respondiam por 56% de seu faturamento total. Durante o mesmo período, a Ingersoll Rand fez aquisições de novos negócios que acabaram respondendo por 52% de seu faturamento total de 2005. Em 2007, a empresa vendeu por US$ 6,2 bilhões a Bobcat, uma empresa de construção de estradas, e negócios de equipamentos para serviços de utilidade pública e efetuou diversas pequenas aquisições. Sua reestruturação corporativa continuou em 2008, com sua aquisição da Trane, uma fabricante de aquecedores e aparelhos de ar condicionado, por US$ 9,5 bilhões. A Trane tinha acabado de passar por sua própria reestruturação um ano antes, quando a American Standard vendeu seu ultrapassado negócio de tubulação, transformou sua unidade de breques de automóveis em um negócio independente e mudou seu nome para Trane, para refletir seu novo foco em aquecedores e ar condicionado. "Conceitos e conexões 8.1" discute como os acionistas da VF Corporation se beneficiaram por meio do programa de reestruturação de larga escala da empresa.

Conceitos e conexões 8.1

ESTRATÉGIA CORPORATIVA REESTRUTURADORA DA VF TORNOU A EMPRESA A ESTRELA DO SETOR DE VESTUÁRIO

A reestruturação corporativa da VF Corporation incluiu um mix de alienações e aquisições que ofereceu a seus acionistas retornos mais do que cinco vezes maiores do que os retornos ao acionista oferecidos por fabricantes de roupas concorrentes. De fato, a VF ofereceu um retorno total ao acionista de 80% entre 1999 e 2009, e seu faturamento de 2008 de US$ 7,6 bilhões a tornou a empresa número 332 da lista divulgada pela revista Fortune das 500 maiores empresas dos Estados Unidos. A reestruturação corporativa da empresa começou em 2000 quando ela alienou seus negócios de lento crescimento, entre eles sua marca de lingerie e pijamas Vanity Fair. A aquisição da North Face por US$ 136 milhões pela empresa em 2000 foi a primeira em uma série de muitas aquisições de "marcas voltadas para o estilo de vida", ligadas ao modo como as pessoas viviam, trabalhavam e se divertiam. Desde a aquisição e a guinada da North Face, a VF gastou US$ 2,8 bilhões para adquirir 18 negócios adicionais. Novas marcas de roupas adquiridas pela VF Corporation incluem os tênis para skate Vans, Nautica, John Varvatos e roupas esportivas 7 For All Mankind, as roupas de surfe Reef e as roupas para

---
[19] Evidências de que as estratégias de reestruturação tendem a resultar em níveis mais altos de desempenho podem ser encontradas em Markides, "Diversification, Restructuring and Economic Performance", p. 101-118.
[20] Dranikoff, Koller e Schneider, "Divestiture: Strategy's Missing Link", p. 76.

atletismo Lucy. A empresa também adquiriu uma variedade de empresas de roupas especializadas em segmentos como uniformes para times profissionais de beisebol e futebol americano e também para policiais.

As aquisições vieram depois que a VF Corporation pesquisou cada empresa durante anos e desenvolveu uma relação com os gestores chefes de um negócio candidato à aquisição antes de fechar o negócio. A empresa costumava deixar a gerência das empresas adquiridas no lugar, enquanto introduzia novos gestores somente quando talentos e aptidões que faltavam eram necessários. Além disso, as empresas adquiridas pela VF podiam manter as tradições antigas que definiam a cultura e estimulavam a criatividade. Por exemplo, a sede da Vans, em Cypress, Califórnia, manteve seu piso e rampa de concreto para que seus colaboradores pudessem usar *skates* para ir a reuniões e voltar delas.

Em 2008, a VF Corporation foi a empresa que mais lucrou no setor, com lucro líquido de US$ 603 milhões. A empresa esperava novas aquisições que pudessem impulsionar o faturamento da empresa para US$ 11 bilhões em 2012.

Fontes: Suzanne Kapner, "How a 100-Year-Old Apparel Firm Changed Course", *Fortune*, April 9, 2008, edição *on-line*; e www.vf.com, acessado em 12 de julho, 2009.

✓ PONTOS-CHAVE

1. A finalidade da diversificação consiste em agregar valor para o acionista. A diversificação aumenta valor para o acionista quando um grupo diversificado de negócios consegue um desempenho melhor com o apoio de uma única controladora do que aquele que conseguiria na condição de empresas independentes e autossuficientes – a meta não é obter apenas um resultado 1 + 1= 2, mas benefícios de desempenho importantes que gerem 1 + 1 = 3. A possibilidade de uma determinada empresa entrar em um novo negócio para aumentar o valor para o acionista dependerá da sua capacidade em passar nos testes de atratividade, custo de entrada e melhor situação.

2. A entrada em novos negócios pode assumir qualquer uma das três formas: aquisição, nova unidade interna ou *joint venture*/parceria estratégica. Cada uma possui seus prós e contras, porém a aquisição é a mais frequentemente adotada; a criação interna de uma nova unidade é a que leva mais tempo para produzir resultados excelentes e a *joint venture*/parceria estratégica, embora seja a segunda mais frequentemente utilizada, é a menos duradoura.

3. Existem duas abordagens fundamentais da diversificação – em negócios relacionados e não relacionados. A justificativa para a diversificação *relacionada* é *estratégica*: diversificar em negócios com adequações estratégicas ao longo de suas respectivas cadeias de valor, capitalizar relações de adequação estratégica para obter vantagem competitiva e então usá-la para conseguir o impacto desejado 1 + 1 = 3 no valor para o acionista.

4. A premissa básica da diversificação *não relacionada* é que toda empresa com boas perspectivas de lucro e que possa ser adquirida mediante boas condições financeiras representa um bom negócio de diversificação. As estratégias de diversificação não relacionada abrem mão do potencial de vantagem competitiva obtida por meio da adequação estratégica em troca de vantagens como (1) diluir o risco empresarial por uma variedade de setores, e (2) proporcionar oportunidades de ganho financeiro (se as empresas candidatas à aquisição possuírem ativos subavaliados, tiverem um preço de ocasião ou precisarem do apoio de uma controladora em situação financeira sólida para aproveitar as oportunidades atrativas). Entretanto, maior o número de negócios em que uma empresa se diversificou e quanto mais diferentes eles forem, quanto mais difícil se torna para os executivos corporativos selecionarem gestores capazes para administrar cada negócio, saberem quando as principais propostas estratégicas das unidades de negócios são consistentes ou decidirem por um caminho de recuperação adequado quando uma unidade empresarial der um passo em falso.

5. Analisar o grau de excelência da estratégia de diversificação de uma empresa é um processo de seis etapas:
    - Etapa 1: *Avaliação da atratividade no longo prazo dos setores nos quais a empresa se diversificou*. Determinar a atratividade do setor envolve a elaboração de uma série de medidas, e cada uma delas pode ter um peso diferente, de acordo com sua importância.
    - Etapa 2: *Avaliação dos pontos fortes competitivos relativos de cada uma das unidades de negócios da empresa*. A finalidade da avaliação dos pontos fortes competitivos de cada empresa consiste em obter uma compreensão clara de quais negócios são participantes fortes em seus setores, quais

são os participantes fracos e as razões para seus pontos fortes ou fracos. As conclusões a respeito da atratividade do setor podem ser somadas às conclusões sobre os pontos fortes competitivos, elaborando-se uma matriz de atratividade-força competitiva do setor que ajuda a identificar as perspectivas de cada negócio e o grau de prioridade que deve ser atribuído a cada negócio para a alocação dos recursos corporativos e do capital de investimento.

- Etapa 3: *Verificar as adequações estratégicas entre negócios*. Um negócio é mais atrativo estrategicamente quando possui relacionamentos de cadeia de valor com suas unidades de negócios coligadas que oferecem potencial para: (1) obter economias de escopo ou eficiência na economia de custos; (2) transferir tecnologia, aptidões, conhecimento ou outras capacidades de um negócio para outro; e/ou (3) alavancar o uso de uma marca bem conhecida e confiável. As adequações estratégicas entre negócios representam possibilidade significativa para gerar vantagem competitiva além do que um negócio isolado pode conseguir.
- Etapa 4: *Verificar se os pontos fortes da empresa são adequados às exigências de seu atual conjunto de negócios*. A adequação de recursos existe quando (1) os negócios aumentam os pontos fortes de uma empresa, seja financeira ou estrategicamente, (2) uma empresa possui os recursos para apoiar adequadamente as necessidades de seus negócios, sem ter que se dividir excessivamente entre suas atividades a ponto de ficar fragilizada. Um teste importante de adequação de recursos financeiros envolve determinar se uma empresa possui muitos negócios provedores de fundos e poucos sorvedores de fundos.
- Etapa 5: *Classificar as perspectivas de desempenho dos negócios da melhor para a pior – e determinar qual deveria ser a prioridade da controladora, ao alocar recursos a seus vários negócios*. As considerações mais importantes ao se avaliar o desempenho de uma unidade estratégica de negócios são o crescimento das vendas e do lucro, a contribuição para o lucro da empresa e o retorno do capital investido. Em geral, unidades de negócios fortes em setores atraentes devem ser colocados nos primeiros lugares da lista, para receber suporte de recursos corporativos.
- Etapa 6: *Criar novas iniciativas estratégicas para melhorar o desempenho corporativo geral*. Essa etapa acarreta a utilização dos resultados da análise precedente como base para selecionar uma das quatro ações estratégicas para aprimorar o desempenho de uma empresa diversificada: (1) manter o conjunto de negócios existentes e buscar as oportunidades apresentadas por esses negócios; (2) ampliar o escopo da diversificação entrando em setores adicionais; (3) recuar para um escopo mais limitado de diversificação, vendendo negócios com fraco desempenho; e (4) reestruturar amplamente o conjunto de negócios com várias alienações e/ou aquisições.

EXERCÍCIOS DE REFORÇO DA APRENDIZAGEM

1. Veja se você consegue identificar as relações da cadeia de valor que fazem com que os negócios das seguintes empresas se relacionem entre si de uma forma relevante do ponto de vista competitivo. Particularmente, você deve considerar se há oportunidades entre negócios para (1) transferir aptidões/tecnologia, (2) combinar as atividades de cadeia de valor relacionadas a fim de atingir custos mais baixos, e/ou (3) alavancar o uso de um nome de marca respeitado.

Outback Steakhouse
- Outback Steakhouse
- Carrabba's Italian Grill
- Roy's Restaurant (cozinha havaiana e contemporânea)
- Bonefish Grill (pratos refinados com peixes e mariscos frescos)
- Fleming's Prime Steakhouse & Wine Bar
- Lee Roy Selmon's (comida típica do sul dos Estados Unidos)
- Cheeseburger in Paradise
- Blue Coral Seafood & Spirits (frutos do mar requintados)

L'Oréal
- Cosméticos Maybelline, Lancôme, Helena Rubenstein, Kiehl's, Garner e Shu Uemura
- L'Oréal e produtos para cabelos Soft Sheen/Carson
- Produtos de uso profissional para cabelos e para a pele: Redken, Matrix, L'Oréal Professional e Kerastase Paris

- Fragrâncias Ralph Lauren e Giorgio Armani
- Produtos para cuidados da pele BioTherm
- Dermocosméticos La Roche-Posay e Vichy Laboratories

Johnson & Johnson
- Produtos para bebê (talco, xampu, óleo, loção)
- Band-Aids e outros produtos de primeiros socorros
- Produtos de cuidados pessoais e da saúde da mulher (Stayfree, Carefree, Sure & Natural)
- Produtos para os cuidados da pele (Neutrogena e Aveeno)
- Medicamentos sem prescrição (Tylenol, Motrin, Pepcid AC, Mylanta, Monistat)
- Medicamentos com prescrição
- Protéticos e outros aparelhos médicos
- Produtos cirúrgicos e hospitalares
- Lentes de contato Accuvue

2. A característica definidora da diversificação não relacionada são relações entre negócios pouco valiosas do ponto de vista competitivo. Dê uma olhada nas listas de grupos de negócio para a Lancaster Colony mostrados a seguir e veja se você consegue definir por que ela está buscando uma estratégia de diversificação não relacionada.

Grupo de negócios da Lancaster Colony
- Produtos alimentícios especiais: molhos para salada Cardini, Marzetti, Girard's e Pheiffer; *croutons* T. Marzzetti e Chatham Village; mostardas Jack Daniels; talharim Inn Maid; pães de alho New York e Mamma Bella; talharim com ovos Reames; pães Sister Schubert; e caviar Romanoff
- Velas da marca Candle-lite comercializadas para redes de varejo e de clientes de marcas próprias
- Artigos de vidro, plástico, cafeteiras e produtos para forração de pisos comercializados para o setor de alimentos e hoteleiro

Se for necessário, visite o *site* da empresa (www.lancastercolony.com) para obter informação adicional sobre seu conjunto de negócios e estratégia.

3. A General Electric organizou recentemente seu conjunto amplamente diversificado de bens e serviços nos seguintes grupos de negócio:
- Financiamento de capital: financiamento comercial e ao consumidor (empréstimos, *leasing*, programas de financiamento e serviços financeiros fornecidos a corporações, varejistas e consumidores em 35 países) – faturamento de US$ 6,7 bilhões em 2008.
- Infraestrutura tecnológica: motores a jato para aeronaves militares e civis, locomotivas para frete e passageiros, tecnologias de informação e de imagem para aparelhos médicos, diagnósticos médicos, sistemas de monitoração de pacientes, pesquisas de doenças, descoberta de medicamentos e biofarmacêutica – faturamento de US$ 46,3 bilhões em 2008.
- Consumo e Industrial: aparelhos eletrodomésticos e equipamento elétrico; *hardware* e *software* de automação industrial, controles, sensores e sistemas de segurança – faturamentos de US$ 11,7 bilhões em 2008.
- Infraestrutura de energia: turbinas a gás para aplicações industriais e marinhas, equipamento de geração de força elétrica, transformadores, disjuntores de alta voltagem, transformadores e disjuntores de distribuição, capacitores, relés, reguladores, equipamento de subestação, produtos de medição – faturamento de US$ 38,6 bilhões em 2008.
- NBC Universal: possui e opera a rede de televisão NBC, uma rede em língua espanhola (Telemundo), várias redes de notícias e entretenimento (CNBC, MSNBC, Bravo, Sci-Fi Channel, Sleuth, USA Network), Universal Pictures, Universal Studios Home Entertainment, várias operações de produção de televisão, vários *sites* especiais da internet, um grupo de estações de televisão e parques temáticos – faturamento de US$ 17 bilhões em 2008.

a. O conjunto de negócios diversificados da GE é mais bem caracterizado como diversificação não relacionada ou como combinação de diversificação relacionada e não relacionada?

b. A GE é classificada mais exatamente como um empreendimento dominante ou como um conglomerado amplamente diversificado – ou ainda de alguma outra forma?

c. Você vê qualquer oportunidade de adequação estratégica no conjunto de negócios da GE? Essas eventuais oportunidades para adequação estratégica estariam dentro de cada um dos cinco agrupamentos de negócio ou elas (também) perpassam os cinco agrupamentos de negócio? Explique.

EXERCÍCIOS DE APLICAÇÃO PRÁTICA

MA1
MA2
MA3
MA4

1. Se sua empresa pode se diversificar em vários negócios/produtos, as oportunidades de diversificação são caracterizadas mais apropriadamente como relacionadas ou não relacionadas? Explique. Se as oportunidades de diversificação forem relacionadas, quais são exatamente as relações de adequação estratégica que estão disponíveis?

2. Sem considerar se sua empresa tem a opção de diversificar em outros produtos/negócios, quais recursos específicos ela tem que tornariam atraente a diversificação em negócios relacionados? Faça uma lista do número de recursos que você acredita serem transferíveis para outros negócios e indique também os tipos de benefícios de adequação estratégica que poderiam ser captados com esses recursos.

3. Supondo que sua empresa tem a opção de diversificar em outros produtos ou negócios de sua escolha, você prefere perseguir uma estratégia de diversificação relacionada ou não relacionada? Por quê?

capítulo 9

Estratégias de ética empresarial, responsabilidade social corporativa e sustentabilidade ambiental

METAS DE APRENDIZAGEM DO CAPÍTULO

MA1. Entender por que os padrões de comportamento ético nos negócios não são diferentes dos padrões e normas éticos da sociedade e da cultura nos quais a empresa opera.

MA2. Reconhecer condições que dão origem a estratégias empresariais e a condutas antiéticas.

MA3. Entender os custos das falhas éticas empresariais.

MA4. Familiarizar-se com a forma pela qual as empresas que funcionam em países com diferentes culturas e normas éticas asseguram um compromisso consistente com a ética empresarial.

MA5. Adquirir entendimento dos conceitos de responsabilidade social corporativa, de cidadania da pessoa jurídica e de sustentabilidade corporativa, além de como as empresas equilibram esses deveres com responsabilidades econômicas para com os acionistas.

Sem dúvida, a obtenção de lucro e o crescimento são responsabilidades de uma empresa, assim como é evidente que uma empresa e seu pessoal também têm o dever de obedecer às leis e respeitar as regras da concorrência leal. Contudo, a empresa tem o dever de ir além dos requisitos legais e operar de acordo com as normas éticas das sociedades nas quais ela está inserida? Ela tem o dever de contribuir para a melhoria da sociedade, independentemente das necessidades e preferências dos clientes a quem ela atende? Uma empresa deve demonstrar consciência social e dedicar parte de seus recursos para melhorar a sociedade? Suas iniciativas estratégicas deveriam ser examinadas para detectar possíveis efeitos negativos nas futuras gerações da população mundial?

O foco deste capítulo é examinar o vínculo, se houver, entre os esforços de uma empresa para criar e executar uma estratégia de sucesso e seus deveres de (1) realizar suas atividades de forma ética; (2) demonstrar comportamento socialmente responsável, sendo uma pessoa jurídica comprometida; e (3) limitar suas iniciativas estratégicas àquelas que atendam às necessidades dos consumidores sem esgotar os recursos necessários às futuras gerações.

Ética empresarial e as tarefas de elaborar e executar estratégias

Ética empresarial é a aplicação de princípios e padrões éticos à conduta empresarial.[1] Os princípios éticos nos negócios não são diferentes daqueles em geral porque as ações nas empresas precisam ser julgadas no contexto do que é certo e errado segundo os padrões sociais. Não existe um conjunto especial de regras que os executivos consigam aplicar a sua própria conduta. Se a desonestidade é considerada antiética e imoral, então o comportamento desonesto nos negócios – quer esteja relacionado aos clientes, fornecedores, colaboradores ou acionistas – se qualifica como igualmente antiético e imoral. Se ser ético envolve aderir a normas aceitas sobre a conduta certa e errada, então os gestores devem considerar essas normas ao elaborar e executar estratégias.

A ética empresarial envolve a aplicação de padrões e princípios éticos às atividades, à conduta e às decisões empresariais.

Embora a maioria dos gestores procure garantir que a estratégia de uma empresa esteja dentro dos limites do que é legal, as evidências indicam que eles nem sempre têm o cuidado de assegurar que suas estratégias estejam dentro dos limites do que é considerado ético. Nos anos recentes, a imprensa tem revelado deslizes de muitos gestores de empresas como a Enron, Tyco International, Health-South, Adelphia, Royal Dutch/Shell, Parmalat (uma empresa de produtos alimentícios com sede na Itália), Rite Aid, a Pemex, (gigante mexicana do petróleo), a AIG, Citigroup, várias corretoras importantes, empresas de fundos mútuos e bancos de investimento e uma série de agências de empréstimos hipotecários que ignoraram deliberadamente as normas éticas da sociedade. A Alstom AS, uma empresa de engenharia gigante com sede na França e fabricante de turbinas para usinas, trens e vagões de metrô de alta velocidade, foi acusada por promotores franceses e suíços de usar um fundo suíço ilegal no pagamento de US$ 500 milhões em propinas a autoridades estrangeiras para ganhar contratos no exterior durante 2001-2008; executivos na Siemens AG da Alemanha, um dos concorrentes da Alstom, foram acusados pelas autoridades alemãs de pagar cerca de US$ 2 bilhões em propinas para ganhar grandes contratos em 12 países estrangeiros durante 2000-2006.

Muito da crise habitacional nos Estados Unidos em 2007-2008 veio de estratégias conscientemente antiéticas de certos bancos e agências de empréstimos hipotecários que visavam aumentar seus rendimentos com as taxas cobradas sobre hipotecas, abaixando deliberadamente os padrões de concessão de empréstimos para a compra de casa própria a pessoas cujas rendas eram insuficientes para efetuar os pagamentos mensais devidos. Uma vez que esses bancos e agências hipotecárias ganhavam taxas sobre os chamados empréstimos com juros mais baixos concedidos aos solicitantes de financiamento, embora esses não tivessem condições de crédito para tanto, eles asseguravam o auxílio de bancos de investimento para agregar esses e outros financiamentos para a compra de imóveis em obrigações de dívida com garantia e títulos lastreados por hipotecas, encontravam meios de fazer esses títulos de alto risco obterem classificações de títulos AAA e os leiloavam a investidores crédulos, que mais tarde sofreram enormes perdas quando os solicitantes de empréstimos começaram a deixar de cumprir com o pagamento destes. As consequências

---

[1] James E. Post, Anne T. Lawrence e Jamer Weber, *Business and Society: Corporate Strategy, Public Policy, Ethics*, 10. ed. (Burr Ridge, IL: McGraw-Hill Irwin, 2002), p. 103.

de se elaborar estratégias que não sobreviveriam a um exame moral são manifestadas nas quedas acentuadas no preço das ações, o que custa bilhões de dólares aos acionistas, e resultam em golpes devastadores às relações públicas, multas consideráveis, acusações criminais e a condenação de executivos da empresa.

Propulsores de estratégias e conduta empresariais antiéticas

Deixando de lado o pensamento de que "o negócio das empresas é fazer negócio, e não ética", presente em recentes escândalos de empresas de alto nível, três outros propulsores principais da conduta empresarial antiética também se destacam:[2]

- A visão geral equivocada da alta gerência e do conselho administrativo, que permite, implicitamente, a busca gananciosa de ganho pessoal, da riqueza e de outros interesses próprios.
- Fortes pressões sobre os gestores da empresa para atender às metas de desempenho ou superá-las.
- Uma cultura da empresa que coloque a lucratividade e o bom desempenho do negócio à frente da conduta ética.

BUSCA GANANCIOSA DE GANHO PESSOAL, RIQUEZA E INTERESSES PRÓPRIOS As pessoas que são obcecadas pelo acúmulo de riquezas, ganância, poder, *status* e outros interesses próprios muitas vezes deixam os princípios éticos de lado, na busca pelo ganho pessoal. Impulsionadas por suas ambições, demonstram pouco remorso em contornar as regras, ou em fazer o que for necessário para atingir seus objetivos. Um desrespeito geral pela ética empresarial pode propiciar todo tipo de manobras estratégicas e comportamentos antiéticos nas empresas. De acordo com uma reclamação civil feita pela Securities and Exchange Commission*, o diretor da Tyco International, uma conhecida empresa de bens e serviços avaliada em US$ 35,6 bilhões, conspirou com o diretor financeiro para roubar US$ 170 milhões da empresa, para dar uma festa de aniversário para a esposa do diretor na Sardenha, uma ilha da costa italiana (festa que custou US$ 2 milhões), e para presenteá-la com um apartamento de US$ 7 milhões na Park Avenue, além de efetuar empréstimos secretos sem juros ou com juros baixíssimos para oferecer fundos a empresas e investimentos privados e para a compra de obras de arte, iates, propriedades luxuosas e casas de férias em New Hampshire, Connecticut, Nantucket e Park City, Utah (regiões luxuosas dos Estados Unidos). O diretor e o diretor financeiro da Tyco foram acusados também de conspirar para obter mais de US$ 430 milhões com a venda de ações, usando dados contábeis questionáveis para esconder suas ações, e se engajando em práticas contábeis enganosas para distorcer a condição financeira da empresa de 1995 a 2002. Ambos os executivos da Tyco foram condenados por vários saques à empresa em 2005. "Conceitos e conexões 9.1" discute como o empenho no ganho pessoal, riqueza e nos interesses próprios desempenhou um papel nos esquemas fraudulentos na Bernard L. Madoff Investment Securities e nos alegados esquemas no Stanford Financial Group.

---

* N. de R.T.: Órgão de supervisão do mercado de capitais dos Estados Unidos com funções equivalentes à Comissão de Valores Mobiliários (CVM), no Brasil.

[2] Para dados de pesquisa sobre as razões alegadas pelos gestores para aderir a um comportamento antiético, ver John F. Veiga, Timothy D. Golden e Kathleen Dechant, "Why Managers Bend Company Rules", *Academy of Management Executive* 18, n. 2 (May 2004), p. 84-89.

Conceitos e conexões 9.1

FRAUDE DE INVESTIMENTO NA BERNARD L. MADOFF INVESTMENT SECURITIES E NO STANFORD FINANCIAL GROUP

Bernard Madoff arquitetou o maior golpe de investimento da história para acumular um valor líquido de mais de US$ 800 milhões e construir uma reputação como um dos mais inteligentes investidores da Wall Street – ele foi indicado a participar de vários painéis da Securities and Exchange Commission, convidado a depor no Congresso sobre questões de investimento, tornou-se presidente da Nasdaq e fez amizade com algumas das pessoas mais influentes do mundo. Madoff enganou Wall Street e os investidores com um esquema Ponzi simples que prometia a eles retornos superiores aos obtidos pelos demais administradores de fortunas. Os fundos *hedge*, bancos e indivíduos ricos que enviavam para a Bernard L. Madoff Investment Securities bilhões para investir ficavam muito satisfeitos quando suas demonstrações chegavam, indicando retornos anuais altos, de até 45%. Mas, na verdade, os ganhos de carteira mostrados nessas demonstrações eram fictícios. Os fundos colocados na Bernard Madoff, ao que parece, raramente eram investidos, se é que o eram, em qualquer tipo de título – o dinheiro era usado para cobrir perdas em seus negócios de vendas de ações legítimas, para retiradas periódicas de fundos dos investidores e para sustentar o estilo de vida de Madoff (que incluía casas de férias em Montauk, Nova York, Palm Beach, Flórida, Cap d'Antibes, França; um condomínio em Manhattan de US$ 7 milhões; iates e carros de luxo).

Durante décadas o esquema Ponzi nunca correu o risco de desmoronar porque os investidores da Madoff ficavam tão impressionados com os retornos divulgados que raramente faziam retiradas de suas contas, e quando retiravam fundos a empresa usava o dinheiro que estava sendo depositado por novos investidores para cobrir os pagamentos. A Madoff interrompeu esse esquema enganoso quando no final de 2008 houve uma queda acentuada no preço das ações no mundo inteiro, o que levou muitos investidores da empresa a solicitar retiradas de fundos, até chegar ao ponto em que não havia entrada suficiente de dinheiro para cobrir a quantia que estava sendo retirada. Como acontece com qualquer esquema Ponzi*, os primeiros a solicitar o pagamento à Madoff receberam, mas aqueles que fizeram o pedido mais tarde ficaram de mãos vazias. No total, mais de 1.300 investidores perderam cerca de US$ 65 bilhões quando Madoff admitiu o golpe em dezembro de 2008. Ele foi sentenciado a 150 anos de prisão por seus crimes. Em junho de 2009, os investigadores tinham alocado ativos de apenas US$ 1 bilhão para devolver àqueles que tinham contas na Madoff.

A supervisão mais rigorosa pela Securities and Exchange Commission, depois da confissão de Madoff em dezembro de 2008, levou à acusação, em junho de 2009, de R. Allen Stanford e de cinco outros que foram acusados de realizar um esquema de investimento parecido àquele perpetrado por Bernard Madoff. Stanford alegou ter defraudado mais de 30 mil clientes do Stanford Financial Group que lhe renderam US$ 7 bilhões por meio da venda de certificados de depósito espúrios. Os Certificados de Depósitos Bancários vendidos pelo Stanford Financial Group eram emitidos pela subsidiária da empresa em Antígua, o Stanford International Bank, e suas taxas eram de até três a quatro vezes mais altas do que aquelas de certificados de depósitos oferecidos por outras instituições financeiras. Stanford alegou que o Stanford International Bank era capaz de oferecer um rendimento excepcional em razão de seu investimento em uma carteira de ações, títulos, *commodities* e investimentos alternativos diversificada globalmente, e por causa das vantagens fiscais oferecidas pela localização do banco, em Antígua. Todos os investimentos feitos pelo Stanford Investment Bank eram tidos como instrumentos financeiros seguros, com liquidez, monitorados por mais de 20 analistas e auditados pelas autoridades fiscalizadoras de Antígua. De fato, os depósitos eram investidos em colocações muito mais arriscadas de capital acionário e investimentos em imóveis, e estavam sujeitos a severas flutuações em valor. As demonstrações fornecidas aos portadores de certificados de depósito eram tidas pelos procuradores do Ministério Público como baseadas em desempenho fabricado e em demonstrações financeiras falsas.

Os procuradores federais também alegaram que os depósitos de pelo menos US$ 1,6 bilhão eram desviados para empréstimos pessoais não divulgados para Allen Stanford. Na época da condenação de Stanford, ele estava em 605º lugar na lista das pessoas mais ricas do mundo, divulgada pela revista *Forbes*, com uma fortuna estimada de US$ 2,2 bilhões. Stanford foi um entusiasta notável dos esportes e um filantropo – ele apoiou uma liga de críquete em Antígua e torneios de golfe profissionais nos Estados Unidos, e contribuiu com milhões para o St. Jude Children's Research Hospital e para museus em Houston e Miami. Stanford também penhorou US$ 100 milhões para financiar programas destinados a diminuir o ritmo do aquecimento global. Stanford e Madoff contribuíram para campanhas de candidatos a cargos políticos, sendo a maior contribuição de Madoff para o senador Charles Schumer de Nova York e para o senador Frank Lautenberg, de New Jersey. As maiores doações de Stanford foram para os candidatos presidenciais Barack Obama e John McCain, para o senador da Flórida Bill Nelson e para o representante do Texas, Pete Sessions. Stanford foi ainda um importante contribuinte político em Antígua, onde tinha dupla cidadania e foi agraciado com o título de cavaleiro. Em maio de 2009, o Stanford Investment Bank revelou que tinha US$ 7,2 bilhões de cerca de 28 mil portadores. Seus ativos totais na época eram de US$ 1 bilhão, inclusive US$ 46 milhões em caixa.

Fontes: James Bandlier, Nicholas Varchaver e Doris Burke, "How Bernie Did It", *Fortune* Online, April 30, 2009 (acessado em 7 de julho de 2009); Duncan Greenberg, "Billionaire Responds to SEC Probe", *Forbes Online*, February 13, 2009 (acessado em 9 de julho de 2009); Katie Benner, "Stanford Scandal Sets Antigua on Edge", *Fortune Online*, February 25, 2009 (acessado em 9 de julho de 2009); Kathryn Glass, "Stanford Bank Assets Insufficient to Repay Depositors", Fos Business.com, May 15, 2009 (acessado em 9 de julho de 2009); e Bill McQuillen, Justin Blum, and Laurel Brubaker Calkins, "Allen Stanford Indicted by U.S. em US$ 7 Billion Scam", Bloomberg.com, june 19, 2009 (acessado em 9 de julho de 2009).

---

* N. de R.T.: Esquema de Ponzi é o nome dado, genericamente, a uma operação fraudulenta no mercado financeiro, caracterizada pela promessa de pagamento de rendimentos acima da média aos investidores. No Brasil, o esquema Ponzi é conhecido como "pirâmide". Em tal esquema, o pagamento aos investidores tem origem na captação de recursos de novos aplicadores. O esquema se mantém até que um grande número de investidores tente sacar recursos simultaneamente e novos investidores não existam em número e ou com volume de recursos para compensar estes saques.

FORTES PRESSÕES AOS GESTORES DA EMPRESA PARA ATENDER OU SUPERAR AS METAS DE LUCRO As expectativas de desempenho de analistas e investidores da Wall Street podem criar enorme pressão aos dirigentes, que se veem forçados a fazer o que for necessário a fim de sustentarem a reputação da empresa, que deve sempre oferecer um bom desempenho finaceiro. Os executivos em empresas com alto desempenho sabem que os investidores verão o mínimo sinal de desaceleração no crescimento do lucro como um alerta, o que poderia iniciar a venda maciça das ações da empresa. Além disso, um crescimento mais lento ou a queda nos lucros poderiam levar a um rebaixamento na classificação de crédito da empresa se ela gerou muitas dívidas para financiar seu crescimento. A pressão para ficarem atentos ao placar e "nunca perder um trimestre" – para não desapontarem as expectativas dos analistas de Wall Street, dos investidores no mercado de ações e dos credores – leva gestores com visão limitada a cortar custos que criam mais valor ao cliente, a conseguir vendas extras à força e a se engajar em outras manobras de curto prazo para atingir os números previstos. Quando a pressão aumenta para "atender ou superar os números", o pessoal da empresa começa a "interpretar" as regras cada vez mais agressivamente, até que os limites da conduta ética acabam deixando de ser observados.[3]

Vários altos executivos da WorldCom foram condenados por um esquema contábil fraudulento, que rendeu US$ 11 bilhões, para esconder custos e inflar receitas e lucro durante vários anos; o esquema ajudou a empresa a manter o preço de suas ações alto o suficiente para fazer aquisições adicionais, apoiar seus quase US$ 30 bilhões em débitos e permitir que os executivos ganhassem com suas opções de compra de ações lucrativas. Os gestores financeiros da HealthSouth foram condenados por aumentar os ganhos da empresa em suas demonstrações, em US$ 4,1 bilhões, entre 1996 e 2002, na tentativa de esconder de investidores da empresa o seu lento crescimento. Uma investigação interna de 2007 na Dell Computer revelou que os executivos tinham se engajado em um esquema para manipular os dados contábeis da empresa a fim de atender às expectativas de lucros trimestrais dos investidores. Práticas contábeis fraudulentas inflaram os lucros da empresa em US$ 150 milhões entre 2002 e 2006. Os executivos foram demitidos pela Dell Computer em 2007.

O problema fundamental com a síndrome "faça os números e vá em frente" é que uma empresa não cria realmente valor agregado para os clientes nem aprimora sua competitividade no mercado, que são os propulsores mais confiáveis do aumento dos lucros e do valor agregado ao acionista. Ignorar a conduta ética ou inclinar-se a ações claramente ilegais em nome do lucro acima de tudo acarreta um alto risco para os acionistas – uma queda acentuada no preço das ações e uma imagem de marca maculada que diminui ainda mais o valor de uma empresa.

CULTURAS DA EMPRESA QUE COLOCAM O RESULTADO FINANCEIRO À FRENTE DA CONDUTA ÉTICA Quando a cultura de uma empresa produz um clima de trabalho eticamente corrupto ou amoral, as pessoas têm a aprovação da empresa para ignorar "o que é certo" e se engajam praticamente em qualquer comportamento, em que acreditam na possibilidade de se dar bem.[4] Em tais empresas, pessoas eticamente imorais ou amorais podem agir livremente, e pessoas que seriam honradas podem sucumbir às várias oportunidades à volta delas para se engajar em práticas antiéticas. Um exemplo de uma cultura de empresa que não respeita a ética é a Enron.[5] O

---

[3] Para mais detalhes, ver Ronald R. Sims e Johannes Brinkmann, "Enron Ethics (Ou: Culture Matters More than Codes)", *Journal of Business Ethics* 45, n. 3 (July 2003), p. 244-246.

[4] Veiga, Golden, e Dechant, "Why Managers Bend Company Rules", p. 85.

[5] A conta a seguir se baseia amplamente na discussão e análise em Sims e Brinkmann, "Enron Ethics", p. 245-252. Talvez o melhor relato sobre a cultura corrupta da Enron, que por sua extensão cabe em um livro, pode ser visto em Kurt Eichenwald, *Conspiracy of Fools: A True Story* (New York: Broadway Books, 2005).

processo anual de avaliação de desempenho da Enron, chamado "os melhores e os piores", em que os 15 a 20% colaboradores com pior classificação saíam ou eram incentivados a procurar outro emprego, deixava claro que os resultados financeiros eram o que mais importava. A sobrevivência na Enron dependia, em certa medida, de se conceber maneiras inteligentes de estimular as receitas e lucros – mesmo que às vezes isso significasse operar fora de políticas estabelecidas e sem o conhecimento de superiores.

Os fundamentos da cultura da Enron que encorajavam o comportamento antiético também estavam ligados ao seu sistema de recompensa. Os colaboradores que produziam os melhores resultados financeiros recebiam incentivos e bonificações extremamente grandes (chegando a US$ 1 milhão para *traders* e ainda mais para executivos seniores). No Dia do Carro na Enron, carros esportivos de luxo ficavam expostos para premiar os colaboradores mais destacados. É compreensível a razão pela qual os colaboradores queriam ser vistos como parte da equipe de astros da Enron e dividir os benefícios concedidos aos melhores e mais inteligentes colaboradores da empresa. As altas recompensas monetárias, as pessoas ambiciosas e determinadas que a empresa contratava e promovia, e a cultura competitiva, voltada para resultados, eram combinadas para dar à Enron uma reputação segundo a qual não só superava os concorrentes sempre que podia, mas também agia de forma cruel internamente. A agressividade excessiva da empresa e a mentalidade de vencer a qualquer custo alimentaram uma cultura que de forma gradual e com crescente rapidez estimulou a erosão dos padrões éticos, acabando por desconsiderar os valores de integridade e respeito estabelecidos pela empresa. Quando se tornou evidente no outono de 2001 que a Enron era uma empresa instável, apoiada por uma contabilidade enganosa e uma miríade de práticas repugnantes, a empresa implodiu em questão de semanas.

Justificativa para estratégias éticas e práticas operacionais éticas

Existem sólidas razões para as empresas adotarem estratégias éticas, mesmo que os gestores da empresa, em sua maioria, não tenham um caráter moral forte nem estejam comprometidos com altos padrões éticos. Buscar estratégias antiéticas não só afeta a reputação de uma empresa como também pode ter consequências onerosas muito variáveis. Alguns dos custos são imediatamente visíveis; outros são escondidos e difíceis de acompanhar – como é mostrado na Figura 9.1. Os custos de multas e penalidades e qualquer queda no preço das ações são bem fáceis de calcular. Os custos de "limpeza" administrativa (ou Nível 2) em geral são embutidos nos custos gerais de fazer negócio e pode ser difícil atribuí-los a qualquer contravenção ética. Os custos de Nível 3 podem ser bem difíceis de quantificar mas às vezes podem ser os mais devastadores – a falência da Enron deixou a reputação da Arthur Andersen em frangalhos e levou a empresa de auditoria, antes reverenciada, a fechar. Resta ainda ver se a Merck, que já foi uma das empresas farmacêuticas mais respeitadas do mundo, será capaz de sobreviver à revelação de que a direção da empresa escondeu deliberadamente que o analgésico Vioxx, retirado de mercado em setembro de 2004, estava vinculado a um alto risco de ataque cardíaco e AVC.[6]

---

[6] Anna Wilde Mathews e Barbara Martines, "E-Mails Suggest Merck Knew Vioox's Dangers at Early Stage", *The Wall Street Journal*, November 1, 2004, p. A1 e A10.

FIGURA 9.1 Os custos de falhas na ética para os negócios

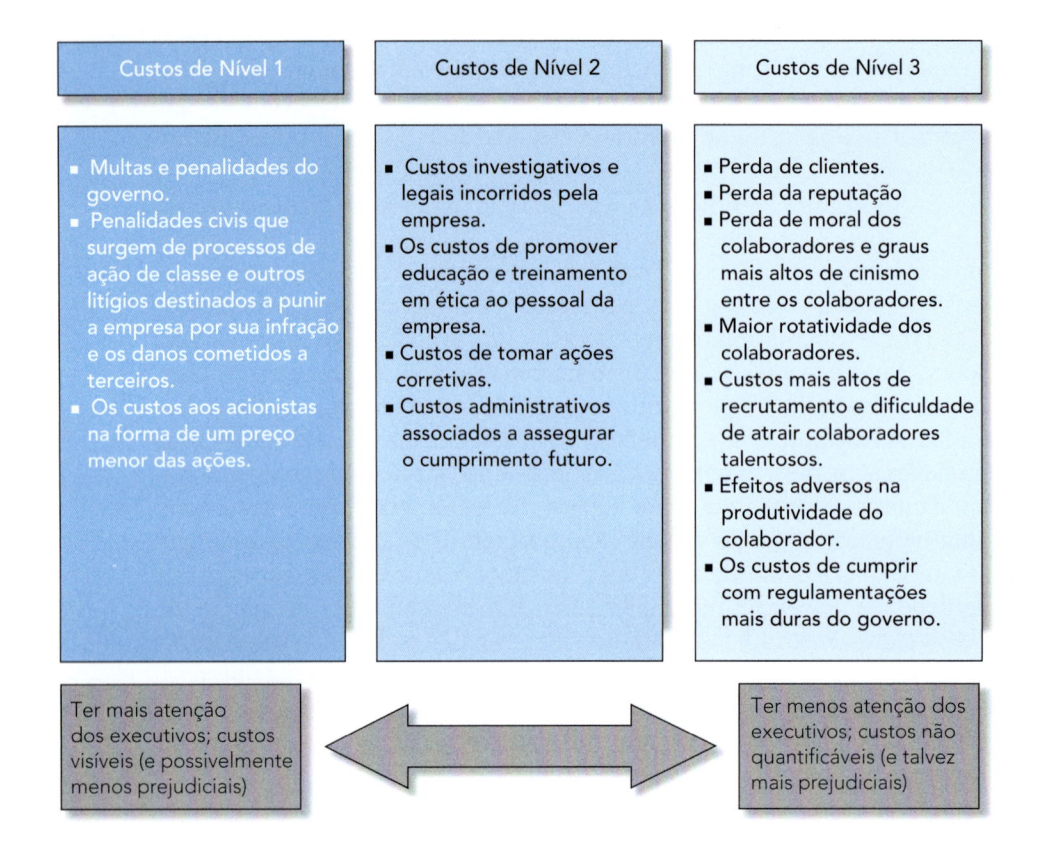

Custos de Nível 1
- Multas e penalidades do governo.
- Penalidades civis que surgem de processos de ação de classe e outros litígios destinados a punir a empresa por sua infração e os danos cometidos a terceiros.
- Os custos aos acionistas na forma de um preço menor das ações.

Custos de Nível 2
- Custos investigativos e legais incorridos pela empresa.
- Os custos de promover educação e treinamento em ética ao pessoal da empresa.
- Custos de tomar ações corretivas.
- Custos administrativos associados a assegurar o cumprimento futuro.

Custos de Nível 3
- Perda de clientes.
- Perda da reputação
- Perda de moral dos colaboradores e graus mais altos de cinismo entre os colaboradores.
- Maior rotatividade dos colaboradores.
- Custos mais altos de recrutamento e dificuldade de atrair colaboradores talentosos.
- Efeitos adversos na produtividade do colaborador.
- Os custos de cumprir com regulamentações mais duras do governo.

Ter mais atenção dos executivos; custos visíveis (e possivelmente menos prejudiciais) ⟷ Ter menos atenção dos executivos; custos não quantificáveis (e talvez mais prejudiciais)

Fonte: Adaptado de Terry Thomas, John R. Schermerhorn e John W. Dienhart, "Strategic Leadership of Ethical Behavior", *Academy of Management Executive* 18, n. 2 (May 2004), p. 58.

Assegurando um forte compromisso com a ética empresarial em empresas com operações internacionais

Noções do que é certo e errado, justo e injusto, moral e imoral, ético e antiético estão presentes em todas as sociedades, organizações e indivíduos. Mas existem três escolas de pensamento que pesquisam como os padrões éticos viajam pelas culturas e se empresas multinacionais podem aplicar o mesmo conjunto de padrões éticos em todos os lugares onde operam.

A ESCOLA DO UNIVERSALISMO ÉTICO De acordo com a escola do **universalismo ético**, alguns conceitos de certo e errado são *universais* e transcendem todas as culturas, sociedades e religiões.[7] Por exemplo, dizer a verdade é considerado certo pelas pessoas de todas as nações. As normas éticas consideradas universais por muitos estudiosos de ética incluem honestidade, ser digno de confiança, respeitar os direitos dos outros, praticar as regras da boa conduta e evitar danos desnecessários a trabalhadores ou a usuários dos

---

[7] Para pesquisa sobre quais são os valores morais universais (seis são identificados – confiabilidade, respeito, responsabilidade, justiça, cuidado e cidadania), ver Mark S. Schwartz, "Universal Moral Values for Corporate Codes of Ethics", *Journal of Business Ethics* 59, n. 1 (June 2005), p. 27-44.

bens ou serviços da empresa.⁸ *Na medida em que existe um acordo moral comum sobre ações certas e erradas e comportamentos entre várias culturas e países, existe também um conjunto de padrões éticos universais de acordo com os quais todas as sociedades, empresas e indivíduos podem ser responsabilizados.* A força do universalismo ético é que ele conta com visões coletivas de várias sociedades e culturas para colocar alguns limites claros sobre o que constitui o comportamento empresarial ético, não importa em que mercado seu pessoal esteja operando. Isto significa que naqueles casos em que os padrões morais básicos realmente não variam tanto de acordo com as crenças culturais locais, tradições ou convicções religiosas, uma empresa multinacional poderá desenvolver um código de ética que se aplique mais ou menos igualmente por suas operações no mundo todo.⁹

> De acordo com a escola do **universalismo ético**, os mesmos padrões do que é ético e antiético repercutem entre pessoas da mesma sociedade, independentemente de tradições locais e normas culturais; assim, padrões éticos comuns podem ser usados para julgar a conduta do pessoal de empresas que operam em uma variedade de mercados e circunstâncias culturais.

A ESCOLA DO RELATIVISMO ÉTICO Além dos princípios éticos amplamente aceitos, muitos padrões éticos provavelmente variam de um país para outro devido a crenças religiosas divergentes, costumes sociais e doutrinas políticas e econômicas prevalecentes (quer um país tenha tendências para uma economia de mercado capitalista, quer seja mais dominado por princípios socialistas ou comunistas). A escola do **relativismo ético** sustenta que, quando há diferenças entre países ou culturas no que diz respeito àquilo que é considerado ético ou antiético nas situações de negócios, parece apropriado que os padrões morais locais tenham precedência sobre os padrões éticos no mercado doméstico de uma empresa. A tese é que, independentemente do que uma cultura considere certo ou errado, isso será certo ou errado para aquela cultura.¹⁰

> De acordo com a escola do **relativismo ético**, diferentes culturas e costumes sociais criam padrões divergentes do que é certo e errado – assim, o que é considerado ético ou antiético deve ser julgado à luz dos usos e costumes locais e de normas sociais, podendo variar de uma cultura ou nação para outra.

Uma empresa que adote o princípio de relativismo ético e faça seu pessoal seguir os padrões éticos locais, supõe necessariamente que o que prevalecer como moralidade local é um guia adequado para a conduta ética. Isto pode ser perigoso eticamente – leva à conclusão de que se a cultura de um país em geral aceita propina ou a degradação ambiental, ou expõe trabalhadores a condições perigosas, então os gestores que trabalham naquele país estão livres para se engajar em tais atividades. Adotar tal posição coloca uma empresa em posição perigosa, caso ela tenha que defender essas atividades para seus *stakeholders* em países com expectativas éticas mais elevadas. Além disso, da perspectiva dos mercados globais, o relativismo ético resulta em um labirinto de padrões éticos conflitantes para as empresas multinacionais. Imagine, por exemplo, que uma empresa multinacional, em nome do relativismo ético, assuma a posição de que não há problema em pagar propinas e comissões em países onde tais pagamentos geralmente são habituais, ao mesmo tempo que proíbe ao seu pessoal esses pagamentos naqueles países onde as propinas e comissões são consideradas antiéticas ou ilegais. Assim, tendo adotado padrões éticos conflitantes para operar em países diferentes, os gestores de empresa têm pouca base moral para fazer cumprir os padrões éticos em toda a empresa – em vez disso, a mensagem clara para os colaboradores seria que a empresa não tem padrões ou princípios éticos próprios, preferindo deixar que suas práticas sejam governadas pelos países onde ela opera. O Quadro 9.1

> Códigos de conduta baseados no relativismo ético podem ser **eticamente perigosos**, criando-se um labirinto de padrões éticos conflitantes para as empresas multinacionais.

---

⁸ Ver, por exemplo, Mark S. Schwartz, "A Code of Ethics for Corporate Codes of Ethics", *Journal of Business Ethics* 41, n. 1-2 (November-December 2002), p. 27-43.
⁹ Para mais discussão desse ponto, ver Schwartz, "A Code of Ethics for Corporate Codes of Ethics", p. 29-30.
¹⁰ T. L. Beauchamp e N. E. Bowie, *Ethical Theory e Business* (Upper Saddle River, NJ: Prentice Hall, 2001), p. 8.

apresenta resultados do *2008 Global Corruption Report*, que mostra ser impraticável para uma empresa definir padrões éticos de acordo com as expectativas locais.

TEORIA DOS CONTRATOS SOCIAIS DE INTEGRAÇÃO A teoria do contrato social oferece uma posição intermediária entre as visões opostas do universalismo e do relativismo.[11] De acordo com a **teoria dos contratos sociais de integração**, os padrões éticos que uma empresa deve manter são governados (1) por um número limitado de princípios éticos universais amplamente reconhecidos por impor limites éticos legítimos para ações e condutas em *todas* as situações e (2) pelas circunstâncias das culturas locais, tradições e valores compartilhados que prescrevem aquilo que constitui ou não uma conduta eticamente permissível. Este contrato social pelo qual os gestores em todas as situações têm o dever de se orientar reza que *as normas éticas universais têm precedência sobre as normas éticas locais em circunstâncias em que as normas éticas locais são mais permissivas.* A teoria dos contratos sociais de integração oferece aos gestores em empresas multinacionais uma clara orientação para resolverem diferenças éticas entre países: aquelas partes do código de ética da empresa que envolvem normas éticas universais devem ser seguidas no mundo todo, mas dentro desses limites há espaço para diversidade ética e oportunidade para as culturas dos países anfitriões exercerem certa influência no estabelecimento de seus próprios padrões morais e éticos.

> De acordo com a **teoria dos contratos sociais de integração**, os princípios universais baseados em visões coletivas de várias culturas são combinados para formar um "contrato social" que todos os colaboradores em todos os mercados do país têm o dever de respeitar. Dentro dos limites desse contrato social, há espaço para as culturas do país anfitrião exercerem certa influência no estabelecimento de seus próprios padrões morais e éticos. Entretanto, as normas éticas universais sempre têm precedência em circunstâncias onde as normas éticas locais são mais permissivas.

Um bom exemplo da aplicação da teoria dos contratos sociais de integração envolve o pagamento de propinas e comissões. Sim, as propinas e comissões parecem ser comuns em alguns países, mas isto justifica pagá-las? Só porque a propina floresce em um país não significa que ela seja uma norma ética autêntica ou legítima. Praticamente todas as principais religiões do mundo (Budismo, Cristianismo, Confucionismo, Hinduísmo, Islamismo, Judaísmo, Sikhismo e Taoismo) e todas as escolas morais de pensamento condenam a propina e a corrupção.[12] Portanto, uma empresa multinacional pode concluir, justificadamente, que o padrão ético certo é não desculpar propinas e comissões por parte de seu pessoal, não importa quais sejam as normas locais e quais sejam as consequências nas vendas. Um exemplo da aplicação da teoria dos contratos sociais de integração que permite que costumes locais estabeleçam limites éticos envolve as práticas de seleção e recrutamento de colaboradores. Uma empresa que tenha adotado uma norma universal fundamental, de iguais oportunidades no local de trabalho pode permitir que os candidatos incluam fotos com currículos em países onde esta é a norma. Os gestores nos Estados Unidos são proibidos por lei de aceitar formulários de solicitação de emprego que incluam fotografias, mas os gestores na Europa achariam muito incomum uma solicitação de emprego que não viesse acompanhada por uma fotografia do candidato. Uma política que proibisse os gestores de aceitar solicitações de emprego contendo uma foto do candidato resultaria na rejeição de quase todas as solicitações. Contudo, mesmo

---

[11] Dois dos tratamentos inquestionáveis da teoria dos contratos sociais de integração, aplicados à ética, estão em Thomas Donaldson e Thomas W. Dunfee, "Towards a Unified Conception of Business Ethics: Integrative Social Contracts Theory", *Academy of Management Review* 19, n. 2 (April 1994), p. 252-284; e em Thomas Donaldson e Thomas W. Dunfee, *Ties That Bind: A Social Contracts Approach to Business Ethics* (Boston: Harvard Business School Press, 1999) – principalmente os Capítulos 3, 4 e 6. Ver também Andrew Spicer, Thomas W. Dunfee, e Wendy J. Bailey, "Does National Context Matter in Ethical Decision Making? An Empirical Test of Integrative Social Contracts Theory", *Academy of Management Journal* 47, n. 4 (August 2004), p. 610.

[12] P. M. Nichols, "Outlawing Transnational Bribery through the World Trade Organization", *Law and Policy in International Business* 28, n. 2 (1997), p. 321-322.

Quadro 9.1 Índice de percepção da corrupção (IPC), países selecionados, 2008

País	Pontuação IPC 2008*	País	Pontuação IPC 2008*
Dinamarca	9,3	Taiwan	5,7
Nova Zelândia	9,3	Malásia	5,1
Suécia	9,3	África do Sul	4,9
Cingapura	9,2	Itália	4,8
Finlândia	9,0	Turquia	4,6
Suíça	9,0	Cuba	4,3
Islândia	8,9	Romênia	3,8
Países Baixos	8,9	China	3,6
Austrália	8,7	México	3,6
Canadá	8,7	Brasil	3,5
Luxemburgo	8,3	Arábia Saudita	3,5
Áustria	8,1	Tailândia	3,5
Hong Kong	8,1	Índia	3,4
Alemanha	7,9	Argentina	2,9
Japão	7,3	Vietnã	2,7
Estados Unidos	7,3	Paquistão	2,5
França	6,9	Rússia	2,1
Chile	6,9	Venezuela	1,9
Espanha	6,5	Haiti	1,4
Israel	6,0	Mianmar	1,3
Emirados Árabes Unidos	5,9	Somália	1,0

* Nota: As pontuações de IPC variam entre 10 (altamente honesto) e 0 (altamente corrupto); dados tirados de informações de 13 pesquisas de opinião diferentes de 11 instituições independentes. A pontuação de IPC representa as percepções do grau de corrupção conforme visto pelos empresários, acadêmicos e analistas de risco. As pontuações de IPC foram relatadas para 180 países.
Fonte: Reimpresso do 2008 International Annual Report Copyright © 2008 Transparency International: the global condition against corruption. Usado com permissão. Para mais informações, visite http://www.transparency.org.

com a orientação fornecida pela teoria de contratos sociais de integração, há muitos casos em que diferenças entre países nas normas éticas criam "áreas obscuras" onde é difícil traçar uma linha entre decisões, ações e práticas empresariais certas e erradas.

Responsabilidade social e cidadania de pessoa jurídica

A ideia de que as empresas têm a obrigação de estimular a melhoria social, um tópico muito debatido nos últimos 40 anos, apareceu no século XIX quando empresas progressistas, após a revolução industrial, começaram a oferecer moradias e outras vantagens aos trabalhadores. A noção de que os executivos corporativos deveriam equilibrar os interesses de todas as partes – acionistas, colaboradores, clientes, fornecedores, as comunidades onde suas empresas operavam e a sociedade em geral – começou a florescer na

> A **responsabilidade social corporativa** exige que as empresas lutem pelo equilíbrio entre (1) a responsabilidade econômica para recompensar os acionistas com lucros; (2) a responsabilidade legal de cumprir com as leis de países onde ela opera; (3) a responsabilidade ética de acatar as normas da sociedade sobre aquilo que é moral e justo; e (4) a responsabilidade filantrópica discricionária de contribuir com as necessidades não econômicas da sociedade.

década de 1960. A essência da teoria da **responsabilidade social corporativa** está na ideia de que uma empresa deveria lutar pelo equilíbrio entre (1) sua *responsabilidade econômica* para recompensar os acionistas com lucros; (2) sua *responsabilidade legal* para cumprir as leis dos países onde opera; (3) a *responsabilidade ética* para acatar o que é justo e moral, segundo as normas da sociedade; e (4) uma *responsabilidade filantrópica* de contribuir com as necessidades não econômicas da sociedade.[13]

Existe um acordo unânime entre os gestores das empresas mais notáveis do mundo de que as responsabilidades econômica, legal e ética são um *dever* da direção e não estão sujeitas a questionamento. Além disso, embora tais atividades sejam discricionárias, a maioria dos gestores concorda que as corporações têm o dever de se engajar em atividades filantrópicas. Agir de maneira socialmente responsável envolve, assim, empreender ações que ganhem a confiança e o respeito de todos os *stakeholders* – trabalhando de uma forma honrada e ética, lutando para tornar a empresa um excelente lugar para se trabalhar, demonstrando respeito sincero pelo ambiente e tentando contribuir para melhorar a sociedade. Programas de responsabilidade social corporativa envolvem:

- *Ações para proteger o ambiente e, em particular, minimizar ou eliminar qualquer impacto adverso no ambiente oriundo das atividades da própria empresa.* A responsabilidade social, aplicada à proteção ambiental, significa fazer mais do que o que é exigido por lei. Da perspectiva da responsabilidade social, as empresas têm a obrigação de zelar pelo ambiente.

- *Ações para criar um ambiente de trabalho que melhore a qualidade de vida dos colaboradores.* Inúmeras empresas fazem esforços extras para melhorar a qualidade de vida de seus colaboradores, tanto no trabalho quanto em casa. Isso pode incluir creche no local de trabalho, horários flexíveis para pais solteiros, instalações para a prática de exercícios, licenças para sair e cuidar de familiares doentes, oportunidade de trabalhar em casa, equidade de pagamento entre homens e mulheres e outras benesses.

- *Ações para construir uma força de trabalho que seja diversa com respeito ao gênero, raça, nacionalidade e talvez em outros aspectos que pessoas diferentes tragam para o local de trabalho.* A maioria das grandes empresas nos Estados Unidos estabeleceu programas de diversidade, e algumas fazem um esforço extra para garantir que seus locais de trabalho sejam atraentes às minorias étnicas e incluam todos os grupos e perspectivas. Buscar a diversidade da força de trabalho pode ser um bom negócio. Na Coca-Cola, em que o sucesso estratégico depende de conseguir que pessoas do mundo todo se tornem consumidores fiéis das bebidas da empresa, os esforços para construir uma *persona* pública que inclua pessoas de todas as raças, religiões, nacionalidades, interesses e talentos têm um valor estratégico considerável.

> A **cidadania de pessoa jurídica** exige um compromisso corporativo que vá além das estratégias éticas e da conduta empresarial esperadas pela sociedade, para demonstrar boa cidadania, tratando de necessidades não econômicas da sociedade.

Algumas empresas usam os termos responsabilidade social corporativa e **cidadania de pessoa jurídica** sem distinção, mas existe um corpo de pensamento de que só as empresas que buscam as atividades discricionárias para melhorar a sociedade podem ser descritas como boas cidadãs corporativas. Aqueles que aderem às teorias da cidadania

---
[13] Archie B. Carroll, "A Three-Dimensional Conceptual Model of Corporate Performance", *Academy of Management Review* 4, n. 4 (1979), p. 497-505.

de pessoa jurídica sugerem que as corporações, como cidadãs das comunidades onde operam, têm a obrigação de contribuir com a sociedade nas áreas em que o governo escolheu não concentrar seus esforços ou nas áreas em que esses esforços estão aquém do necessário.[14] Por exemplo, o McDonald's patrocina o programa Ronald McDonald House Charities, que oferece às famílias de crianças com doenças graves moradias mais próximas aos hospitais nos quais elas passam por tratamento. A British Telecom doa 1% de seus lucros diretamente para comunidades, em grande parte para a educação – treinamento de professores, *workshops* nas escolas e tecnologia digital. A GlaxoSmithKline, fabricante líder de medicamentos vendidos com prescrição médica e outras empresas farmacêuticas praticam a cidadania de pessoa jurídica doando ou vendendo medicamentos com grandes descontos para que sejam distribuídos nas nações menos desenvolvidas. As empresas muitas vezes reforçam suas iniciativas filantrópicas encorajando os colaboradores a apoiar causas de caridade e participar de eventos comunitários, com frequência por meio de programas para os quais eles possam contribuir, de acordo com sua formação e atividades exercidas profissionalmente.

Sustentabilidade corporativa e o ambiente

Existe um conjunto em rápido crescimento de empresas multinacionais que estão ampliando o que entendem por responsabilidades sociais, para incluir o impacto de suas estratégias e operações nas futuras gerações. As estratégias de **sustentabilidade corporativa** visam atender às atuais necessidades dos clientes, fornecedores, acionistas, colaboradores e outras partes com interesses na empresa, de modo a proteger os recursos que as futuras gerações precisarão tornando-os sustentáveis durante séculos. As iniciativas de sustentabilidade empreendidas por empresas são dirigidas para aprimorar o resultado financeiro tríplice (RFT) da empresa – seu desempenho segundo medidas econômicas, ambientais e sociais.[15] A Unilever, fabricante de produtos alimentícios, produtos para cuidados pessoais e de limpeza, está entre as corporações mais comprometidas na busca de práticas empresariais sustentáveis. A empresa acompanha 11 indicadores agrícolas de sustentabilidade em seus negócios de alimentos processados e lançou diversos programas para aprimorar o desempenho ambiental de seus fornecedores. Exemplos desses programas incluem o financiamento especial com juros baixos para fornecedores de tomates que prefiram mudar para sistemas de irrigação que economizem água e programas de treinamento na Índia que permitiram aos produtores de pepino a redução do uso de pesticida em 90%, enquanto aprimoraram o rendimento em 78%.

> **Sustentabilidade corporativa** envolve esforços estratégicos para atender às atuais necessidades dos clientes, fornecedores, acionistas, colaboradores e outras partes com interesses na empresa de modo a proteger o ambiente e fornecer a longevidade dos recursos necessários para as futuras gerações.

A Unilever também fez a reengenharia de muitos processos internos para aprimorar o desempenho geral da empresa em medidas de sustentabilidade. Por exemplo, as fábricas da empresa reduziram o uso de água em 50% e o desperdício na fabricação em 14%, por meio da implementação de iniciativas de sustentabilidade. A Unilever também redesenhou a embalagem para muitos de seus produtos, a fim de conservar recursos naturais e reduzir o volume de desperdício do consumidor. Nos Estados Unidos, os frascos de xampu Suave da empresa foram remodelados para economizar quase 150 toneladas de

---

[14] Dirk Matten e Andrew Crane, "Corporate Citizenship: Toward an Extended Thoretical Conceptualization", *Academy of Management Review* 30, n. 1 (2005), p. 166-179.
[15] Gerald I. J., M. Zetsloot e Marcel N. A. van Marrewijk, "From Quality to Sustainability", *Journal of Business Ethics* 55 (2004), p. 79-82; e Elkington, John B. *Cannibals with Forks: The Triple Bottom Line of 21st Century Business*, (Oxford: Capstone Publishing, 1997).

resina plástica por ano, o que equivale a 15 milhões a menos de frascos vazios que vão anualmente para aterros sanitários. Além disso, a espessura das embalagens cartonadas de sopa Lipton da Unilever foi reduzida para economizar 154 toneladas de papelão por ano. Uma vez que 40% das vendas da Unilever são feitas a consumidores em países em desenvolvimento, a empresa também está comprometida em atender a necessidades sociais dos consumidores naqueles países. Exemplos do desempenho social da empresa incluem lavanderias gratuitas em lugares pobres de países em desenvolvimento, assistência para mulheres que desejam iniciar microempresas na Índia e o fornecimento gratuito de água potável para vilas em Gana.

Às vezes, as economias de custo e a maior lucratividade são propulsores de estratégias de sustentabilidade corporativa. As iniciativas de sustentabilidade da DuPont a respeito de uso de energia resultaram em economias de energia superiores a US$ 2 bilhões entre 1990 e 2005. O sistema de limpeza Swiffer, da Procter & Gamble, um dos novos produtos mais vendidos da empresa, foi desenvolvido como um produto sustentável; além de ter um *design* que respeita o ambiente, o sistema Swiffer tem um desempenho superior aos sistemas alternativos, menos ecológicos. Embora muitos consumidores provavelmente não saibam que a vassoura Swiffer reduz as demandas de recursos hídricos públicos, economiza eletricidade que seria necessária para aquecer a água e não exige uma quantidade maior de detergente, produto que escoa para as vias hídricas e para as estações de lixo, os consumidores compram as vassouras Swiffer porque preferem seus panos de limpeza descartáveis, enchendo um balde e torcendo a vassoura molhada até que o chão esteja limpo.

Muitas empresas conhecidas discutem suas estratégias de sustentabilidade e resultados em *press releases* e relatórios especiais de sustentabilidade disponíveis para a análise dos consumidores e investidores. Assim como as agências de investimento criaram fundos mútuos compostos de empresas que estão acima de um dado limiar de responsabilidade social, vários fundos de sustentabilidade têm sido criados em anos recentes, para os investidores preocupados com o ambiente e a sociedade. O Índice Dow Jones de Sustentabilidade Mundial é feito tendo como referência a porcentagem de 10% das melhores empresas (entre as 2.500 listadas no Índice Dow Jones) em termos de desempenho econômico, ambiental e social. O Quadro 9.2 mostra empresas com compromissos excepcionais com a sustentabilidade (julgadas de acordo com a designação recebida como líderes mundiais de supersetor dentro do Índice Dow Jones de Sustentabilidade Mundial para 2008-2009). Contudo, obter uma classificação proeminente em índices de sustentabilidade não é garantia de que uma empresa ultrapassará seus concorrentes no setor quando se trata de responsabilidade social. Por exemplo, o investimento de US$ 8 bilhões da BP em fontes de energia alternativa e seu forte envolvimento com a comunidade e grupos ambientalistas permitiu que ela se classificasse consistentemente nos primeiros lugares pelos índices de sustentabilidade, mas entre 2005 e 2007 a empresa recebeu uma multa por violações de segurança na refinaria de Ohio, foi investigada pelo Departamento de Justiça dos Estados Unidos por suspeita de manipulação dos preços do petróleo, foi responsável por um grave vazamento em sua tubulação de petróleo no Alasca e sofreu uma explosão em uma refinaria no Texas que tirou a vida de 15 colaboradores.[16]

---

[16] O registro ambiental da BP é discutido em "Beyond the Green Corporation", *BusinessWeek*, January 29, 2007, p. 50.

Quadro 9.2 Empresas com compromissos excepcionais com a sustentabilidade

Nome	Setor de mercado	País
BMW	Automóveis e peças automotivas	Alemanha
Australia & New Zealand Banking Group	Bancos	Austrália
Xstrata	Recursos básicos	Reino Unido
BASF	Químicos	Alemanha
Holcim	Construção e materiais	Suíça
Itausa-Investimentos Itaú	Serviços financeiros	Brasil
Unilever	Alimentos e bebidas	Países Baixos
Novartis	Cuidados com a saúde	Suíça
TNT N.V.	Bens e serviços industriais	Países Baixos
Swiss Re	Seguros	Suíça
Pearson	Mídia	Reino Unido
ENI	Petróleo e gás	Itália
Adidas	Tênis, roupas e equipamentos esportivos	Alemanha
Land Securities Group	Imóveis	Reino Unido
Kingfisher	Varejo	Reino Unido
Intel	Tecnologia	Estados Unidos
BT Group	Telecomunicações	Reino Unido
Air France-KLM	Viagem e lazer	França
Grupo Iberdrola	Utilidades públicas	Espanha

Fontes: Dow Jones Indexes, STOXX Limited e SAM Group. Acessado em http://www.sustainability-indexes.com/07_htmle/indexes/djsiworld_supersectotleaders.html, em 8 de julho de 2009.

Elaboração de estratégias de responsabilidade social e sustentabilidade

Enquanto procuram ser socialmente responsáveis e se engajar em práticas empresariais sustentáveis, as empresas (todas elas) dispõem de muitas oportunidades para definir suas contribuições de caridade; os tipos de projetos de serviço comunitário que serão por elas enfatizados; as ações ambientais que serão apoiadas; a maneira como se tornarão melhores lugares para trabalhar; onde e como a diversidade da força de trabalho se encaixará e o que mais será feito para que as causas e projetos que beneficiem a sociedade tenham maior apoio de sua parte. Uma empresa pode escolher concentrar sua estratégia de responsabilidade social em questões sociais gerais, mas as estratégias de responsabilidade social vinculadas a pontos de interseção entre a empresa e a sociedade podem contribuir também para sua vantagem competitiva.[17] Quase todas as atividades

---

[17] Para uma importante discussão sobre a elaboração de estratégias corporativas de responsabilidade social capazes de contribuir para a vantagem competitiva de uma empresa, ver Michael E. Porter e Mark R. Kramer, "Strategy & Society: The Link between Competitive Advantage and Corporate Social Responsibility", *Harvard Business Review* 84, n. 12 (December 2006), p. 78-92.

desempenhadas por uma empresa (como práticas de contratação, emissão de poluentes e descarte de lixo) afetam positiva ou negativamente uma sociedade. Além disso, a sociedade afeta o ambiente competitivo no qual as empresas operam – a sociedade fornece a uma empresa infraestrutura de transporte e mão de obra, estabelece as regras que governam a concorrência, determina a demanda pelo bem ou serviços de uma empresa e define a disponibilidade dos setores de apoio.

> As estratégias de responsabilidade social que têm como efeitos benefícios sociais valiosos e ao mesmo tempo um melhor atendimento ao cliente podem gerar vantagem competitiva.
> As agendas sociais corporativas que tratam de questões sociais gerais podem contribuir para a reputação de uma empresa, mas é improvável que aprimorem sua força competitiva no mercado.

As estratégias de responsabilidade social que se concentram nesses pontos de interseção entre a sociedade e a capacidade de a empresa executar várias atividades da cadeia de valor ou atender melhor às necessidades do cliente oferecem benefícios sociais e constroem vantagem competitiva. Por exemplo, embora as emissões de gás carbônico possam ser uma questão social geral para uma instituição financeira como a Wells Fargo, a estratégia de responsabilidade social da Toyota destinada a reduzir emissões de carbono produziu tanto vantagem competitiva quanto benefícios ambientais. Seu automóvel híbrido movido a gasolina/eletricidade não só está entre os veículos que menos poluem, mas também é o carro híbrido mais vendido nos Estados Unidos e ganhou a fidelidade de compradores preocupados com o uso de petróleo, além de dar à Toyota uma imagem de empresa consciente da necessidade de preservação do ambiente.

O compromisso da Green Mountain Coffee Roasters de proteger o bem-estar de produtores de café e suas famílias (principalmente assegurar que recebam um preço justo) também se cruza com as atividades da cadeia de valor da empresa, importantes competitivamente. Ao lidar com fornecedores em pequenas cooperativas de produtores no Peru, México e na ilha de Sumatra, o Green Mountain paga preços "justos" de comercialização pelos grãos de café (em 2008, os preços justos de comercialização eram de no mínimo US$ 1,39 por meio quilo para o café convencional, comparados aos preços de mercado de US$ 1,10 por meio quilo). A Green Mountain também compra cerca de 25% de seu café direto de produtores para evitar intermediários e garantir que os produtores recebam um preço mais alto por sua atividade – o café é a segunda *commodity* mais comercializada do mundo depois do petróleo, e exige a mão de obra de cerca de 20 milhões de pessoas, a maioria das quais vive na pobreza.[18] Na Marriott, a agenda social da empresa inclui fornecer 180 horas de aulas pagas e treinamento no emprego para desempregados crônicos. Das pessoas que concluem o programa de treinamento para emprego, 90% são contratadas na Marriott e cerca de dois terços dos contratados permanecem na Marriott por mais de um ano. A Patagonia estimula os clientes a processarem peças de roupas usadas de algodão, lã e náilon, de modo que as fibras possam ser recicladas em tecidos para novas peças de vestuário.

A estratégia de responsabilidade social do Whole Foods Market é evidente em quase todos os segmentos da cadeia de valor da empresa, e é uma parte importante de sua estratégia de diferenciação. As políticas de compra da empresa encorajam as lojas a adquirir frutas, verduras e legumes frescos de produtores locais e selecionar itens de alimentos processados de mais de cem ingredientes comuns que a empresa considera não saudáveis ou ambientalmente prejudiciais. Itens alimentares estragados são en-

---

[18] World Business Council for Sustainable Development, "Corporate Social Responsibility: Making Good Business Sense", January 2000, p. 7, acessado em 10 de outubro de 2003 em www.wbscd.ch. Para uma discussão de como as empresas estão incorporando iniciativas sociais a seus valores essenciais, ver David Hess, Nikolai Rogovsky e Thomas W Dunfee, "The Next Wave of Corporate Community Involvement: Corporate Social Initiatives", *California Management Review* 44, n. 2 (Winter 2002), p. 110-125; Susan Ariel Aaronson, "Corporate Responsibility in the Global Village: The British Role Model and the American Laggard", *Business and Society Review* 108, n. 3 (September 2003), p. 323.

viados para centros de compostagem regionais em vez de serem levados para aterros sanitários e todos os produtos de limpeza usados nas lojas da empresa são biodegradáveis. A empresa também criou a Animal Compassion Foundation para desenvolver maneiras naturais e humanas de criar animais em fazenda e modificou todos os seus veículos para que funcionassem com biocombustíveis.

Contudo, nem todas as empresas escolhem ligar suas agendas sociais corporativas a seu próprio negócio ou setor. A Chick-Fil-A, uma rede de *fast-food* com sede em Atlanta e mais de 1.200 estabelecimentos em 38 estados, tem uma fundação de caridade que apoia 14 lares adotivos e um acampamento de verão para cerca de 1.800 campistas de 22 estados e vários países estrangeiros.[19] A Levi Strauss & Company fez da prevenção e conscientização do HIV/Aids um importante componente de sua agenda social durante vários anos. Alguns dos programas financiados pela empresa e pela Levi Strauss Foundation que têm pouco a ver com suas atividades empresariais incluem o apoio financeiro da Syringe Access Fund, que disponibiliza seringas estéreis para usuários de drogas nos Estados Unidos e financia *cartoons* dirigidos para crianças entre 8 e 10 anos que discutem a melhor forma de prevenir a transmissão do vírus da Aids. Os *cartoons* Preventoons foram distribuídos a mais de 20 mil professores na Argentina e Uruguai para serem usados em salas de aula.

É comum empresas engajadas na extração de recursos naturais, produção de energia elétrica, reflorestamento e produtos de papel, veículos motorizados e produção de químicos colocarem mais ênfase nas questões ambientais do que, digamos, as empresas de *software* e eletrônicos ou fabricantes de roupas. As empresas que dependem fortemente do alto moral dos colaboradores ou de atrair e reter os melhores e mais brilhantes colaboradores são mais inclinadas a ressaltar o bem-estar de seus colaboradores para que possam obter sucesso nos negócios e estimular um ambiente de trabalho cheio de energia que traz à tona a dedicação e o compromisso entusiasmado dos colaboradores, colocando, assim, sentido real por trás da afirmação "Nosso pessoal é nosso maior ativo". A Ernst & Young, uma das quatro maiores empresas globais de contabilidade, ressalta sua estratégia de diversidade da força de trabalho chamada "Primeiro as Pessoas", que consiste em respeitar as diferenças, estimular a individualidade e promover a inclusão de modo que seus 105 mil colaboradores em 140 países ao redor do mundo possam se sentir valorizados, engajados e capazes de desenvolver maneiras criativas de atender aos clientes da empresa. Assim, embora as estratégias e ações de todas as empresas socialmente responsáveis tenham uma semelhança no sentido de fazer contribuições discricionárias a necessidades sociais não econômicas, a maneira como cada empresa considera o que é ser socialmente responsável é singular.

O argumento para a conduta socialmente responsável

Quaisquer que forem os argumentos morais para a conduta empresarial socialmente responsável, há muito se reconhece que é do interesse das próprias empresas compor-

---

[19] World Business Council for Sustainable Development, "Corporate Social Responsibility: Making Good Business Sense", January 2000, p. 7, acessado em 10 de outubro de 2003 em www.wbscde.ch. Para uma discussão de como as empresas estão ligando iniciativas sociais a seus valores essenciais, ver David Hess, Nikolai Rogovsky e Thomas W Dunfee, "The Next Wave of Corporate Community Involvement: Corporate Social Initiatives", *California Management Review* 44, n. 2 (Winter 2002), p. 110-125; Susan Ariel Aaronson, "Corporate Responsibility in the Global Village: The British Role Model and the American Laggard", *Business and Society Review* 108, n. 3 (September 2003), p. 323.

tarem-se como boas cidadãs e dedicarem parte de suas energias e recursos para oferecer melhores condições aos colaboradores, às comunidades onde elas operam e à sociedade em geral. Em suma, existem várias razões para que o exercício da responsabilidade social corporativa e a cidadania de pessoa jurídica seja um bom negócio:

- *Ela gera benefícios internos (particularmente quanto ao recrutamento de colaboradores, à retenção da força de trabalho e aos custos de treinamento).* As empresas que contam com boas reputações por contribuir com tempo e dinheiro para a melhoria da sociedade são mais capazes de atrair e reter colaboradores comparadas àquelas com reputações dúbias. Alguns colaboradores sentem-se melhor trabalhando para uma empresa comprometida em aprimorar a sociedade.[20] Isso pode contribuir para reduzir a rotatividade e melhorar a produtividade do trabalhador. Outros benefícios econômicos diretos e indiretos incluem custos mais baixos para o recrutamento e treinamento de colaboradores. A Starbucks, por exemplo, é conhecida pela suas baixas taxas de rotatividade de colaboradores, pois oferece um completo pacote de benefícios tanto para seus colaboradores que trabalham em horário integral como para aqueles que trabalham meio-período, além dos esforços gerenciais para se tornar um íntimo local para trabalhar e das práticas socialmente responsáveis.

- *Ela reduz o risco de incidentes que abalam a reputação e pode ocasionar uma preferência maior do comprador.* As empresas podem ser penalizadas por aquelas ações que não são consideradas socialmente responsáveis, por meio dos colaboradores, consumidores e acionistas. Grupos ativistas de direitos humanos, dos direitos do consumidor e ambientalistas criticam as empresas cuja conduta consideram estar em desacordo, e divulgam suas opiniões na mídia e na internet. A pressão dos grupos pode gerar ampla publicidade adversa, promover boicotes e influenciar compradores que pensem da mesma maneira ou que tomem uma atitude solidária e evitem os produtos de uma empresa transgressora. As pesquisas têm mostrado que os anúncios de boicotes de produto estão associados à queda no preço das ações da empresa.[21] Em contrapartida, na medida em que a conduta socialmente responsável de uma determinada empresa é aplaudida pelos consumidores e fortalece sua reputação, isso pode fazer com que ela ganhe mais clientes. Alguns observadores e executivos estão convencidos de que uma estratégia de responsabilidade social forte, visível, dá à empresa uma posição vantajosa para se diferenciar dos concorrentes e atrair aqueles consumidores que preferem fazer negócio com empresas que são cidadãs corporativas confiáveis. As empresas Whole Foods Market, Patagonia, Chick-Fil-A, Starbucks e Green Mountain Coffee Roasters expandiram definitivamente sua base de clientes por fazerem uma boa divulgação de suas atividades como empresas socialmente conscientes. No entanto, as evidências de que os consumidores não medem esforços para preferir empresas socialmente responsáveis, se isto significar pagar um preço mais alto ou comprar um produto inferior, são limitadas.[22]

- *É do interesse dos acionistas.* Estratégias de responsabilidade social bem concebidas ajudam a evitar ou impedir ações legais e reguladoras, que podem se provar bem onerosas e complicadas. Os preços das ações das empresas que adotam condutas corretas e se destacam segundo os critérios de desempenho ambiental e social têm

---

[20] N. Craig Smith, "Corporate Social Responsibility: Whether and How", *California Management Review* 45, n. 4 (Summer 2003), p. 63; ver também World Economic Forum, "Findings of a Survey on Global Corporate Leadership", acessado em www.weforum.org/corporatecitizenship, 11 de outubro de 2003.
[21] Wallace N. Davidson, Abuzar El-Jelly e Dan L. Worrell, "Influencing Managers to Change Unpopular Corporate Behavior through Boycotts and Divestitures: A Stock Market Test", *Business and Society* 34, n. 2 (1995), p. 171-196.
[22] Smith, "Corporate Social Responsibility", p. 62.

sido de 35 a 45% melhores do que a média das 2.500 empresas listadas no Índice Dow Jones Global.[23] Quase cem estudos examinaram a relação entre cidadania da pessoa jurídica e o desempenho financeiro corporativo nos últimos 30 anos; a maioria aponta para uma relação positiva. Dos 80 estudos que examinaram se o desempenho social de uma empresa é um bom previsor de seu desempenho financeiro, 42 concluíram que sim, 4 concluíram que não e o restante relatou achados confusos ou inconclusivos".[24]

Em resumo, as empresas que levam a responsabilidade social a sério podem aprimorar sua reputação empresarial e eficiência operacional enquanto também reduzem a exposição ao risco e encorajam a fidelidade e a inovação. De modo geral, as empresas que se esforçam para proteger o ambiente (vão além do que é exigido por lei), são ativas nos negócios comunitários e apoiam generosamente causas e projetos de caridade que beneficiam a sociedade têm mais probabilidade de serem vistas como bons investimentos e boas empresas para se trabalhar ou para se fazer negócios. É provável que os acionistas reconheçam a força do argumento para responsabilidade social, embora certamente eles tenham o direito de ficar preocupados em determinar se o tempo e o dinheiro que sua empresa gasta para pôr em prática sua estratégia de responsabilidade social é maior que os benefícios obtidos e acarreta uma redução injustificada do resultado financeiro.

PONTOS-CHAVE

A ética envolve conceitos de certo e errado, justo e injusto, moral e imoral. O que se considera ético ou antiético serve como uma orientação moral para guiar as ações e condutas de indivíduos e organizações. Os princípios éticos nos negócios não são materialmente diferentes dos princípios éticos em geral.

1. Os três principais propulsores da conduta empresarial antiética também se destacam:

- Busca obsessiva e incessante de ganho pessoal, riqueza e outros interesses egoístas.
- Fortes pressões sobre os gestores da empresa para que atendam ou superem metas de lucro.
- Uma cultura empresarial que coloca a lucratividade e o bom desempenho nos negócios à frente da conduta ética.

2. Fracassos na ética empresarial podem resultar nos custos de Nível 1 (multas, penalidades, penalidades civis que resultam de processos, queda no preço das ações), custos da "revisão" administrativa (ou Nível 2), e custos de Nível 3 (perda de clientes, perda da reputação, maior rotatividade, regulamentações mais duras do governo).

3. Existem três escolas de pensamento sobre os padrões éticos nas empresas com operações internacionais:

- De acordo com a *escola do universalismo ético*, os mesmos padrões do que é ético e antiético têm ressonância entre pessoas da maioria das sociedades, independentemente das tradições locais e das normas culturais; daí, os padrões éticos comuns podem ser usados para julgar a conduta de pessoas nas empresas que operam em diversos mercados internacionais e circunstâncias culturais.

---

[23] Ver James C. Collins e Jerry I. Porras, *Built to Last: Successful Habits of Visionary Companies*, 3. ed. (London: HarperBusiness, 2002); Sarah Roberts, Justin Keeble, e David Brown, "The Business Case for Corporate Citizenship", um estudo para o Fórum Econômico Mundial, www.weforum.org/corporatecitizenship, 14 de outubro de 2003, p. 4; e Smith, "Corporate Social Responsibility", p. 63.

[24] Smith, "Corporate Social Responsibility", p. 65; Lee E. Preston e Douglas P. O'Bannon, "The Corporate Social-Financial Performance Relationship", *Business e Society* 36, n. 4 (December 1997), p. 419-429; Ronald M. Roman, Sefa Hayibor e Bradley R. Agle, "The Relationship between Social e Financial Performance: Repainting a Portrait", *Business and Society*, 38, n. 1 (March 1999), p. 109-125; e Joshua D. Margolise e James P. Walsh, *People e Profits* (Mahawah, NJ: Lawrence Erlbaum, 2001).

- De acordo com a *escola do relativismo ético*, diferentes culturas e costumes sociais divergem nos valores e padrões do que é certo e errado – assim, o que é ético ou antiético deve ser julgado à luz de costumes locais e usos sociais, podendo variar de uma cultura ou nação para outra.

- De acordo com *contratos sociais de integração*, os princípios éticos universais ou normas baseadas nas visões coletivas de várias culturas e sociedades se combinam para formar um "contrato social" que todos os indivíduos em todas as situações têm o dever de observar. Dentro dos limites desse contrato social, as culturas locais podem especificar outras ações não permitidas; no entanto, as normas éticas universais sempre têm precedência sobre as normas locais.

4. O conceito de responsabilidade social corporativa exige que as empresas encontrem uma posição equilibrada entre (1) suas *responsabilidades econômicas* para recompensar os acionistas com lucros, (2) *responsabilidades legais* de cumprir com as leis dos países onde elas operam (3) *responsabilidades éticas* de seguir as normas da sociedade sobre aquilo que é moral e justo e (4) *responsabilidades filantrópicas* de contribuir com as necessidades não econômicas da sociedade.

5. Algumas empresas usam as expressões *responsabilidade social corporativa e cidadania da pessoa jurídica* indistintamente, mas em geral, de acordo com as expectativas da cidadania da pessoa jurídica as empresas devem ir além da demonstração consistente de estratégias e conduta empresarial éticas, tratando de necessidades não econômicas da sociedade.

6. A *sustentabilidade corporativa* envolve esforços estratégicos para atender às necessidades dos atuais clientes, fornecedores, acionistas, colaboradores e outros *stakeholders* de uma forma que proteja o ambiente, propicie a longevidade de recursos naturais e mantenha sistemas de apoio ecológicos para as futuras gerações.

7. A justificativa para a responsabilidade social corporativa é apoiada pelos seguintes benefícios.

- *Gera benefícios internos (principalmente no que diz respeito a recrutamento de colaboradores, retenção da força de trabalho e custos de treinamento)* – Empresas com boa reputação por contribuírem com tempo e dinheiro para a melhoria da sociedade são mais capazes de atrair e reter colaboradores em comparação àquelas com reputações manchadas. Outros benefícios econômicos diretos e indiretos incluem custos mais baixos para o recrutamento e treinamento de colaboradores.

- *Reduz o risco de incidentes que prejudicam a reputação e pode aumentar a preferência do comprador* – Empresas podem ser penalizadas por colaboradores, consumidores e acionistas, por ações que não são consideradas socialmente responsáveis. Os grupos de ativistas de direitos humanos, direitos do consumidor e ambientais criticam empresas cuja conduta considerem estar em desacordo, e divulgam suas opiniões na mídia e na internet. Os grupos que pressionam podem gerar ampla publicidade adversa, promover boicotes e influenciar compradores solidários ou que pensem da mesma forma a evitar os produtos da empresa que cometeu violações.

- *Atende ao interesse dos acionistas* – Estratégias de responsabilidade social bem concebidas ajudam a evitar ou impedir ações legais e reguladoras, que podem se provar bem onerosas e complicadas. Seguir o caminho correto tem permitido que os preços das ações de companhias com altas classificações segundo critérios de desempenho ambiental e social tenham um desempenho de 35 a 45% melhor que a média das 2.500 empresas listadas no Índice Dow Jones Global.[25]

---

[25] Ver Collins e Porras, *Built to Last: Successful Habits of Visionary Companies*; Roberts, Keeble e Brown, "The Business Case for Corporate Citizenship", p. 4; e Smith, "Corporate Social Responsibility", p. 63.

EXERCÍCIOS DE REFORÇO DA APRENDIZAGEM

1. Suponha que você seja gestor de vendas de uma fabricante europeia de roupas para dormir infantis. O pessoal da empresa descobre que os químicos usados na linha de pijamas infantis da empresa podem causar câncer se absorvidos pela pele. Depois dessa constatação, é proibida a venda dos pijamas na União Europeia e Estados Unidos, mas os executivos seniores de sua empresa descobrem que os pijamas infantis em estoque e o tecido remanescente, à prova de fogo, podem ser vendidos para distribuidores de roupas para dormir em certos países do Leste Europeu onde não há restrições contra o uso do material.

Seus superiores o instruem a fazer os arranjos necessários para vender os estoques de pijamas proibidos e de tecidos à prova de fogo para os distribuidores do Leste Europeu. Você seguiria as instruções se sentisse que seu emprego estaria ameaçado caso não agisse dessa forma?

2. Revise as demonstrações da Microsoft sobre seus programas de cidadania de pessoa jurídica em www.microsoft.com/about/corporatecitizenship. Como o compromisso da empresa com a cidadania global fornece benefícios positivos a seus *stakeholders*? Como a Microsoft planeja melhorar a competência social e econômica no desenvolvimento de países por meio de seu programa Unlimited Potencial (Potencial Ilimitado)? Por que isso é importante para os acionistas da Microsoft?

3. Acesse www.nestle.com e leia o mais recente relatório de sustentabilidade da empresa. Quais são as principais políticas ambientais sustentáveis da Nestlé? Como a empresa está tratando do desenvolvimento social sustentável? Como essas iniciativas se relacionam aos princípios, valores e à cultura da empresa, e a sua abordagem para competir no setor alimentício?

EXERCÍCIOS DE APLICAÇÃO PRÁTICA

1. A estratégia de sua empresa é ética? Por quê? Existe alguma coisa que sua empresa esteja fazendo que poderia ser considerada "desonesta" pelos concorrentes?

2. Por quais meios sua empresa está exercendo responsabilidade social e boa cidadania corporativa? A lista de coisas que sua empresa está fazendo poderia (deveria) ser mais longa? Em caso afirmativo, indique que ações adicionais você acha que sua empresa deveria pensar em realizar.

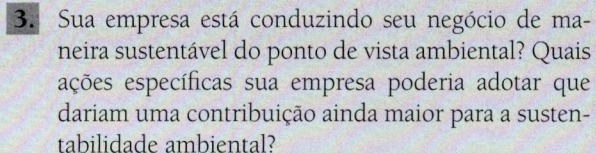

3. Sua empresa está conduzindo seu negócio de maneira sustentável do ponto de vista ambiental? Quais ações específicas sua empresa poderia adotar que dariam uma contribuição ainda maior para a sustentabilidade ambiental?

capítulo 10

Execução superior da estratégia – Outra trajetória para a vantagem competitiva

METAS DE APRENDIZAGEM DO CAPÍTULO

MA1.	Adquirir domínio do que os gestores devem fazer para construir uma empresa capaz de uma boa execução estratégica.
MA2.	Aprender por que a alocação de recursos sempre deve se basear em prioridades estratégicas.
MA3.	Entender por que as políticas e procedimentos devem ter como objetivo facilitar a boa execução estratégica.
MA4.	Entender por que e como as ferramentas para o aprimoramento contínuo do desempenho das atividades da cadeia de valor ajudam uma empresa a atingir a excelência operacional.
MA5.	Reconhecer o papel dos sistemas de informação e operacional para permitir que o pessoal da empresa execute seus papéis estratégicos com perfeição.
MA6.	Aprender como e por que o uso de incentivos e recompensas bem planejados pode ser a ferramenta mais potente da direção da empresa para promover a excelência operacional.
MA7.	Ganhar entendimento de como e por que a cultura de uma empresa pode ajudar na execução perfeita de uma estratégia e em sua excelência operacional.
MA8.	Entender o que constitui uma liderança gerencial eficaz, necessária para se atingir a execução estratégica superior.

Uma vez que os gestores decidiram quanto a uma estratégia, a ênfase passa a ser em convertê-la em ações e bons resultados. Colocar a estratégia em prática e fazer a empresa executá-la bem exige várias habilidades gerenciais. Embora a elaboração da estratégia seja em grande parte uma atividade orientada para o mercado, implementar e executar a estratégia é basicamente uma tarefa orientada para a ação, que faz as coisas acontecerem, que põe à prova a capacidade que um gestor tem de dirigir a mudança organizacional, atingir o contínuo aprimoramento nas operações e processos empresariais, criar e cultivar uma cultura que apoie a estratégia e atingir ou superar consistentemente as metas de desempenho. Embora o diretor de uma empresa e os chefes de importantes unidades (divisões de negócios, departamentos funcionais e as principais unidades operacionais) sejam os responsáveis por assegurar que a execução da estratégia seja bem-sucedida, o processo costuma afetar todas as partes da empresa, da maior unidade operacional ao menor grupo de trabalho da linha de frente. São os gestores de níveis inferior e médio que devem assegurar que os grupos de trabalho e colaboradores do atendimento façam um bom trabalho no desempenho de atividades cruciais da estratégia e produzam os resultados operacionais que permitem que as metas de desempenho de toda a empresa sejam atingidas. *Portanto, a execução da estratégia requer que todo gestor pense na resposta à pergunta: "O que minha área precisa fazer para implementar sua parte do plano estratégico, e o que eu deveria fazer para que essas ações sejam realizadas de modo eficaz e de maneira eficiente?"*

Os principais componentes gerenciais do processo de execução estratégica

Executar a estratégia envolve imaginar as técnicas, ações e condutas específicas necessárias para uma operação tranquila de apoio à estratégia e, então, efetuar o acompanhamento para que a execução seja realizada e se obtenham bons resultados. Os itens exatos que precisam ser colocados na agenda de ação dos dirigentes devem estar sempre adequados a particularidades da situação de uma empresa. As melhores práticas para se executar com sucesso uma estratégia provedora de custo baixo são diferentes daquelas usadas na execução de uma estratégia de diferenciação sofisticada. Implementar e executar uma nova estratégia para uma empresa que está lutando em meio a uma crise financeira é uma tarefa diferente de aprimorar a execução da estratégia em uma empresa onde a execução já é boa. Embora não exista uma receita certa para o sucesso na execução de uma estratégia que possa ser usada em todas as situações em que uma empresa se encontre e para todos os tipos de estratégias, certas bases gerenciais precisam ser observadas, independentemente das circunstâncias. Oito tarefas gerenciais surgem repetidamente nos esforços empresariais para a execução de estratégias (veja a Figura 10.1).

1. Construir uma empresa capaz de executar a estratégia com sucesso.
2. Alocar amplos recursos para as atividades cruciais à estratégia.
3. Assegurar que as políticas e procedimentos facilitem em vez de impedir a execução eficaz da estratégia.
4. Buscar a melhoria contínua na forma como as atividades da cadeia de valor são desempenhadas.
5. Instalar sistemas operacionais e de informação que permitam ao pessoal da empresa desempenhar suas atividades essenciais.

FIGURA 10.1 Os oito componentes da execução da estratégia

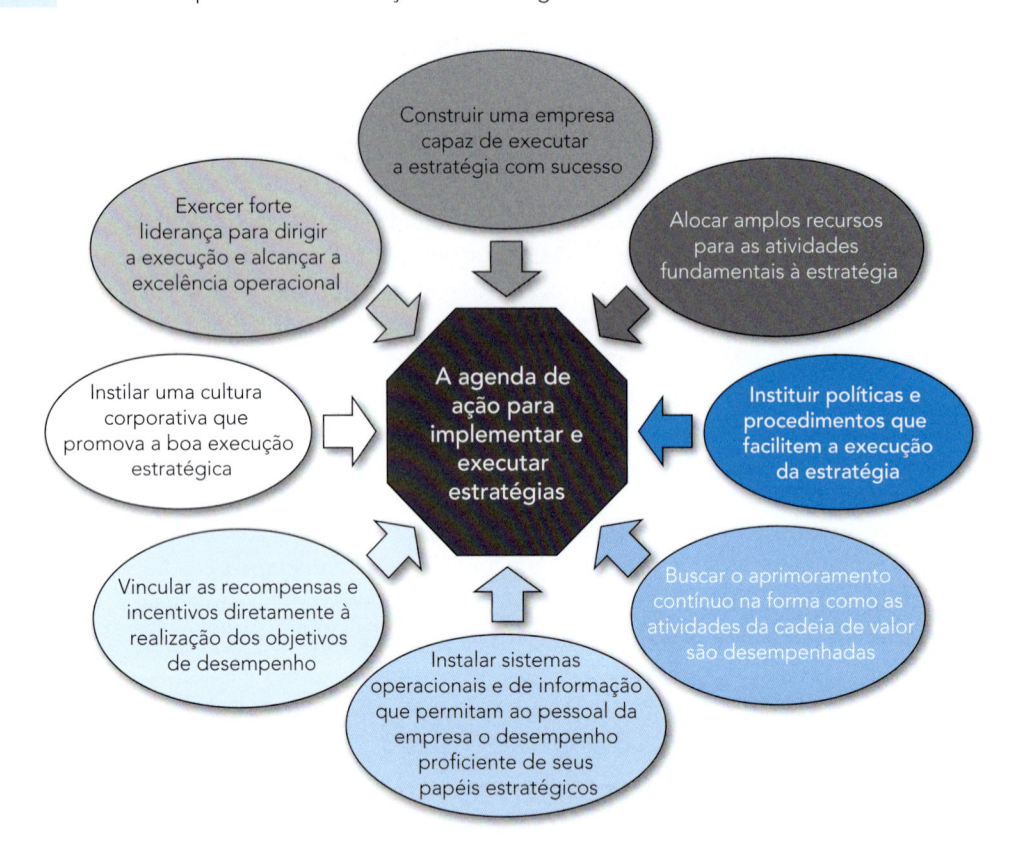

- Construir uma empresa capaz de executar a estratégia com sucesso
- Exercer forte liderança para dirigir a execução e alcançar a excelência operacional
- Alocar amplos recursos para as atividades fundamentais à estratégia
- Instilar uma cultura corporativa que promova a boa execução estratégica
- Instituir políticas e procedimentos que facilitem a execução da estratégia
- Vincular as recompensas e incentivos diretamente à realização dos objetivos de desempenho
- Instalar sistemas operacionais e de informação que permitam ao pessoal da empresa o desempenho proficiente de seus papéis estratégicos
- Buscar o aprimoramento contínuo na forma como as atividades da cadeia de valor são desempenhadas

→ A agenda de ação para implementar e executar estratégias

6. Vincular as recompensas diretamente à realização dos objetivos de desempenho.
7. Estimular uma cultura corporativa que promova a boa execução estratégica.
8. Exercer a liderança interna necessária para que a implementação seja feita por todos os níveis organizacionais.

A eficiência na execução dessas oito tarefas por parte dos gestores tem um impacto decisivo no resultado, que pode vir a ser um sucesso espetacular, um fracasso colossal ou ficar entre esses extremos. No restante do capítulo, discutiremos o que está envolvido no desempenho das oito tarefas gerenciais que definem o processo de implementação e execução de estratégias.

A construção de uma empresa capaz de uma boa execução de estratégias

A execução competente da estratégia depende em grande parte de pessoal competente, de competências competitivas mais do que adequadas e de uma eficaz empresa interna. Construir uma empresa capaz é, portanto, sempre uma alta prioridade na execução da estratégia. Três tipos de ações para construir uma empresa capaz são fundamentais.

1. *Preenchimento de cargos da empresa*. Reunir um time gerencial forte e recrutar e reter colaboradores com a experiência, aptidões técnicas e capital intelectual necessários.

2. *Construção de capacidades e competências essenciais dinâmicas.* Desenvolver as competências no desempenho das atividades da cadeia de valor que são cruciais para o desempenho da estratégia e atualizá-las de modo a corresponderem às condições de mercado e às constantes mudanças nas expectativas dos clientes.
3. *Estruturação da empresa e do trabalho.* Organizar as atividades da cadeia de valor e os processos empresariais, estabelecer linhas de autoridade e relações de subordinação e decidir o grau de autoridade na tomada de decisões que será concedido aos gestores menos graduados e aos colaboradores do atendimento.

Preenchimento de cargos da empresa

Nenhuma empresa pode esperar desempenhar as atividades exigidas para a boa execução da estratégia sem atrair e reter gestores talentosos e colaboradores com as aptidões e o capital intelectual adequados.

CONSTRUÇÃO DE TALENTO GERENCIAL Montar uma equipe gerencial capaz é um ponto fundamental da tarefa de construção da empresa.[1] Embora as circunstâncias da empresa às vezes exijam diferentes composições de formações, experiências, estilos gerenciais e *conhecimento, o que deve ser considerado em primeiro lugar é preencher postos gerenciais importantes com pessoas que saibam determinar o que precisa ser feito e que tenham aptidões para "fazer isso acontecer" e gerar bons resultados.*[2] A tarefa de implementar e executar iniciativas estratégicas desafiadoras deve ser atribuída a executivos que tenham as aptidões e talentos para transformar suas decisões em resultados que atendam ou superem as metas de desempenho estabelecidas. Sem uma equipe gerencial inteligente, capaz, voltada para resultados, o processo de implementação-execução acaba sendo prejudicado pela perda de prazos, pelos esforços mal direcionados ou desperdiçados e/ou pela inaptidão gerencial.[3] Os executivos fracos são sérios impedimentos para a obtenção de resultados excelentes porque são incapazes de diferenciar ideias que têm mérito daquelas que são equivocadas.[4] Em contrapartida, os gestores com fortes competências para implementar estratégias têm um talento especial para fazer perguntas duras, incisivas. Eles sabem detalhes suficientes sobre o negócio para serem capazes de questionar e assegurar que as pessoas a sua volta adotem procedimentos seguros, e são capazes de discernir se os recursos que as pessoas estão pedindo fazem sentido do ponto de vista estratégico. São capazes de comandar as ações feitas por meio dos outros, costumando confirmar se têm as pessoas certas sob seu comando e se essas pessoas estão nos cargos certos.[5] Eles acompanham consistentemente todas as questões e não deixam que detalhes importantes passem despercebidos.

Às vezes a equipe gerencial de uma empresa é adequada; outras vezes ela pode precisar ser reforçada ou ampliada por meio da promoção de pessoas qualificadas que trabalham na empresa ou de contratação de pessoal externo. O objetivo principal na construção de uma equipe gerencial deve ser reunir uma *massa crítica* de

---

[1] Para uma discussão esclarecedora acerca do quanto é importante ter as pessoas certas em uma empresa, ver Christopher A, Bartlett e Sumantra Ghoshal, "Building Competitive Advantage through People", *MIT Sloan Management Review* 43, n. 2 (Winter 2002), p. 34-41.
[2] A importância de montar uma equipe executiva com competências excepcionais para definir o que precisa ser feito e um talento instintivo para determinar como fazer isso é discutida em Justin Menkes, "Hiring for Smarts", *Harvard Business Review* 83, n. 11 (November 2005), p. 100-109; e Justin Menkes, *Executive Intelligence* (New York: Harper Collins, 2005), principalmente os Capítulos 1-4.
[3] Ver Larry Bossidy e Ram Charan, *Execution: The Discipline of Getting things Done* (New York: Crown Business, 2002), Capítulo 1.
[4] Menkes, *Executive Intelligence*, p. 68, 76.
[5] Bossidy e Charan, *Execution: The Discipline of Getting Things Done*, Capítulo 5.

gestores talentosos capazes de atuar como agentes de mudança e contribuir para a execução perfeita da estratégia.[6] Quando um gestor altamente qualificado sente prazer em ajudar e apoiar os outros gestores de alto nível, é possível criar um trabalho gerencial integrado que seja maior do que a soma das iniciativas individuais – gestores talentosos que trabalham bem em equipe podem produzir resultados organizacionais acentuadamente melhores do que se poderia conseguir com um ou dois excelentes gestores agindo individualmente.[7]

RECRUTAMENTO E RETENÇÃO DE UMA FORÇA DE TRABALHO QUALIFICADA Montar uma equipe gerencial qualificada não basta. Para contratar as pessoas certas, deve-se ir muito além das tarefas gerenciais, a fim de conseguir que as atividades da cadeia de valor sejam desempenhadas com competência. *A qualidade das pessoas de uma empresa é sempre um fator essencial para a execução bem-sucedida da estratégia – colaboradores preparados, engajados são a melhor fonte de ideias criativas para os aprimoramentos operacionais básicos que levam à excelência operacional.* Empresas como a Microsoft e a Southwest Airlines fazem um esforço conjunto para recrutar os melhores colaboradores, os mais brilhantes e que conseguem encontrar, e então procuram mantê-los com excelentes pacotes de remuneração, oportunidades de avanço rápido e crescimento profissional e atribuições desafiadoras e interessantes. Ter um grupo de "jogadores do primeiro time" com fortes aptidões e capacidade intelectual é essencial para seus negócios. A Microsoft faz questão de contratar os programadores mais brilhantes e talentosos que consegue encontrar e motivá-los com bons incentivos monetários e o desafio de trabalharem em projetos de *design* de *software* de ponta. Os melhores escritórios globais de contabilidade selecionam candidatos não só com base em sua experiência na área, mas também verificam se eles possuem as aptidões necessárias para se relacionar bem com clientes e colegas. A Southwest Airlines não mede esforços para contratar pessoas que possam se divertir e serem também divertidas no local de trabalho; a empresa usa métodos especiais de entrevista e seleção para avaliar se os candidatos a cargos que envolvem o contato com clientes têm traços de personalidade extrovertida que sejam adequados a sua estratégia de criar um clima animado e prazeroso para os passageiros durante o voo. A Southwest Airlines é tão seletiva que apenas cerca de 3% das pessoas que se candidatam são contratadas.

As táticas listadas a seguir são comuns entre empresas dedicadas a preencher cargos com os melhores profissionais que encontram:

1. Empregar esforço considerável na seleção e avaliação dos candidatos – selecionar apenas aqueles com habilidades, energia, iniciativa, critérios e aptidões adequados para aprender e que apresentem facilidade de adaptação à cultura da empresa.
2. Investir em programas de treinamento que tenham continuidade durante toda a carreira dos colaboradores.
3. Fornecer aos colaboradores promissores atribuições desafiadoras, interessantes e que requeiram o máximo de suas habilidades.
4. Fazer um rodízio das pessoas por cargos que estendam os limites geográficos e funcionais.
5. Lutar para reter colaboradores talentosos, com alto desempenho, por meio de promoções, aumentos de salário, bonificações de desempenho, opções de compra de ações e participação nos lucros, pacotes de benefícios e outras regalias.

---
[6] Menkes, *Executive Intelligence*, p. 65-71.
[7] Jim Collins, *Good to Great* (New York: Harper Business, 2001), p. 44.

6. Treinar os colaboradores com desempenho mediano para que suas aptidões e competências sejam aprimoradas e, ao mesmo tempo, eliminar aqueles com baixo desempenho e aqueles que ficam "esquentando o banco".

A construção de capacidades dinâmicas e competências essenciais

Entre as principais prioridades de uma empresa no processo de execução/implementação da estratégia está a necessidade de construir e fortalecer capacidades e competências essenciais valiosas do ponto de vista competitivo. Embora os gestores identifiquem as capacidades e competências desejadas enquanto estão elaborando a estratégia, a boa execução da estratégia requer colocar as capacidades e competências desejadas no lugar, aperfeiçoando-as conforme necessário, e modificando-as à medida que as condições de mercado evoluem.[8] Às vezes uma empresa já tem as capacidades e competências necessárias, e nesse caso os gestores podem se concentrar em fortalecê-las e cultivá-las para promover a melhor execução da estratégia. No entanto, os gestores da empresa precisam ampliar significativamente ou aprofundar certas capacidades com mais frequência, ou mesmo acrescentar competências totalmente novas a fim de pôr em prática as iniciativas estratégicas e executá-las com perfeição.

As competências e capacidades que ficam estagnadas podem prejudicar a competitividade se não forem atualizadas, modificadas ou mesmo abandonadas e substituídas em resposta a mudanças do mercado e alterações na estratégia empresarial. De fato, o acúmulo de conhecimento e experiência ao longo do tempo, juntamente com a necessidade de manter capacidades adequadas à estratégia usada e às mudanças de mercado, tornam apropriado considerar a empresa como uma série de capacidades e competências em evolução. O desafio de construção da empresa por parte dos dirigentes consiste em decidir quando e como reajustar as competências e capacidades existentes, e quando e como desenvolver novas.

> Construir capacidades e competências essenciais dinâmicas é um processo que envolve várias etapas e ocorre durante meses e anos, e não algo que é realizado da noite para o dia.

A Toyota, em seu processo de ultrapassar a General Motors como a líder global em veículos motorizados, atualizou agressivamente suas capacidades em tecnologia de motores híbridos com uso eficiente de combustível e aperfeiçoou constantemente seu famoso Sistema de Produção Toyota para melhorar suas capacidades já destacadas na fabricação de veículos da melhor qualidade, a custos relativamente baixos. Da mesma forma, a Honda, que tem uma competência essencial na tecnologia de motor a gasolina e *design* de pequenos motores, acelerou recentemente seus esforços para ampliar sua experiência e capacidades em motores híbridos de modo a ficar logo atrás da Toyota. A Microsoft renovou totalmente a maneira de seus programadores efetuarem a tarefa de escrever códigos para seus sistemas operacionais Vista para computadores e servidores.

Combinando a estrutura organizacional à estratégia

Construir uma empresa capaz de uma boa execução estratégica também depende de uma estrutura organizacional que estabeleça linhas de autoridade e relações de subordinação para que suas principais iniciativas estratégicas sejam apoiadas. A melhor

---

[8] A importância de desenvolver capacidades dinâmicas para lidar com as mudanças externas é discutida em David J. Teece, Gary Pisano e Amy Shuen, "Dynamic Capabilities and Strategic Management", *Strategic Management Journal* 18, n. 7 (1997), p. 509-533; e Constance E. Helfat e Margaret A. Peteraf, "The Dynamic Resource-Based View: Capability Lifecycles", *Strategic Management Journal* 24, n. 10 (2003), p. 997-1010.

abordagem para estabelecer uma estrutura organizacional é considerar primeiro as atividades-chave da cadeia de valor que oferecem valor ao cliente. Em qualquer negócio, algumas atividades na cadeia de valor são sempre mais importantes que outras. Por exemplo, hotéis e motéis precisam efetuar com rapidez o *check-in* e o *check-out*, a limpeza, o serviço de cozinha e a criação de um ambiente agradável. Em produtos químicos especiais, as atividades estratégicas fundamentais incluem P&D, inovação de produto, o rápido lançamento de novos produtos para o mercado, marketing eficaz e *expertise* no atendimento aos clientes. É importante para a gerência construir sua estrutura organizacional em torno do desempenho competente dessas atividades, tornando-as as peças centrais ou os principais blocos construtores do organograma.

As atividades cruciais para a estratégia são os principais blocos construtores na estruturação de um negócio por uma razão contundente: a fim de que essas atividades para o sucesso estratégico tenham os recursos, a influência na tomada de decisões e o impacto organizacional necessários, elas precisam ser as peças centrais no esquema organizacional. Além disso, uma estratégia nova ou mudada provavelmente envolve atividades ou competências essenciais novas ou diferentes; portanto, exigirá uma estrutura organizacional nova ou diferente.[9] Tentar executar uma nova estratégia com uma estrutura organizacional velha é geralmente considerado insensato.

TIPOS DE ESTRUTURAS ORGANIZACIONAIS É comum as empresas engajadas em uma única linha de negócio utilizarem uma **estrutura organizacional departamental** que organize atividades cruciais à estratégia em distintos *grupos funcionais, de produto, geográfico, de processo ou de clientes*. Por exemplo, um fabricante de instrumentos técnicos pode ser organizado em torno das áreas de pesquisa e desenvolvimento, engenharia, gestão da cadeia de suprimento, montagem, controle de qualidade, serviços técnicos de marketing e administração corporativa. Uma empresa com operações espalhadas por uma extensa área geográfica ou por muitos países pode organizar atividades e relações de submissão de acordo com a localização. Muitas empresas diversificadas utilizam uma **estrutura organizacional divisional**, adequada para uma empresa diversificada de materiais de construção que faz projetos, produz e comercializa armários, materiais para encanamento, janelas, tintas e corantes. A estrutura divisional organiza todas as atividades da cadeia de valor que contribuem para tornar cada tipo de produto para a construção disponível a construtores e àqueles que fazem o próprio trabalho em uma divisão comum, e torna cada divisão um centro de lucro independente. As **estruturas organizacionais matriciais** permitem que as empresas especifiquem as relações de subordinação duais para vários blocos construtores de criação de valor. Por exemplo, na empresa diversificada de materiais de construção que acabamos de mencionar, uma estrutura matricial exige que o departamento de marketing para a divisão de serviços de encanamento se reporte tanto ao departamento de marketing corporativo quanto ao gestor chefe da divisão de equipamento para encanamento.

---

[9] A importância de adequar o *design* e a estrutura da empresa às necessidades particulares da estratégia foi destacada pela primeira vez em um estudo fundamental de setenta grandes corporações, conduzido pelo professor Alfred Chandler, da Universidade de Harvard. A pesquisa de Chandler revelou que mudanças na estratégia de uma empresa trazem novos problemas administrativos, que, por sua vez, exigem uma estrutura nova ou reformulada para que a nova estratégia seja implementada com sucesso. Ele constatou que a estrutura tende a seguir a estratégia de crescimento da empresa – mas com frequência, não até que a ineficiência e os problemas operacionais internos provoquem um ajuste estrutural. As experiências dessas empresas seguiram um padrão sequencial consistente: criação de nova estratégia, aparecimento de novos problemas administrativos, queda na lucratividade e no desempenho, uma mudança para uma estrutura organizacional mais adequada e por fim a recuperação para níveis mais lucrativos e a execução aprimorada da estratégia. Ver Alfred Chandler, *Strategy and Structure* (Cambridge, MA: MIT Press, 1962).

ESTRUTURA ORGANIZACIONAL E AUTORIDADE NA TOMADA DE DECISÃO A responsabilidade pelos resultados das decisões tomadas em toda a empresa é dos gestores que estão no comando da empresa, mas, na prática, os demais gestores podem possuir bastante autoridade para a tomada de decisões. As empresas variam no grau de autoridade delegada aos gestores de cada unidade organizacional e no grau de liberdade para tomar decisões de forma individual que é concedido aos colaboradores no desempenho de suas funções. Os dois extremos são *centralizar a tomada de decisão* na diretoria (o diretor e alguns assistentes próximos) ou *descentralizar a tomada de decisão*, dando aos gestores e colaboradores considerável liberdade para tomarem decisões em suas áreas de responsabilidade. As duas abordagens se baseiam em princípios e crenças bastante diferentes, e cada umas delas apresenta seus prós e contras. *Em uma empresa altamente descentralizada, a autoridade para tomar decisões é levada até o nível organizacional mais baixo, capaz de tomar decisões competentes, informadas e oportunas.* O objetivo é colocar a autoridade de tomada de decisão adequada nas mãos das pessoas mais próximas e familiarizadas com a situação e treiná-las a ponderar todos os fatores de forma criteriosa. A tomada de decisão descentralizada significa que aos gestores de cada unidade organizacional é delegada responsabilidade para decidir a melhor forma de executar a estratégia.

O argumento em defesa da delegação de poder para que os gestores e colaboradores de todos os níveis possam tomar decisões relacionadas às operações e à execução da estratégia se baseia na crença de que uma empresa que conta com o capital intelectual de todos os seus colaboradores pode ter um desempenho superior ao de uma empresa que exerce o comando e o controle.[10] A tomada de decisão descentralizada significa, por exemplo, que os colaboradores que têm contato com o cliente podem fazer o que for necessário para agradá-lo. Na Starbucks, por exemplo, os colaboradores são encorajados a tomar iniciativas a fim de deixar o cliente satisfeito – há uma história de um colaborador que, durante a queda do sistema computadorizado dos caixas, simpaticamente oferecia um café aos clientes que aguardavam.

Dar autoridade para que colaboradores de toda a estrutura organizacional tomem decisões e delegar poder aos colaboradores apresenta seu próprio desafio: *como exercer controle adequado sobre as ações de colaboradores que tenham autoridade, e fazer com que o negócio não seja colocado em risco ao mesmo tempo que os benefícios da autoridade são obtidos.* Em geral, manter controle organizacional adequado sobre colaboradores que têm autoridade para tomar decisões é algo obtido quando se colocam limites à autoridade que eles podem exercer, fazendo com que sejam responsáveis por suas decisões, instituindo incentivos que os recompensem por fazerem seu trabalho de maneira a contribuir para o bom desempenho da empresa e criando uma cultura corporativa em que há uma forte pressão dos colegas sobre os indivíduos, para que estes ajam com responsabilidade.

> O principal objetivo da tomada de decisão descentralizada é colocar a autoridade para a tomada de decisão nas mãos daquelas pessoas ou equipes que estão mais próximas da situação, e que mais têm condições de entendê-la.

Em uma estrutura organizacional altamente centralizada, os altos executivos retêm autoridade na maioria das decisões estratégicas e operacionais e controlam firmemente os chefes das unidades de negócios, chefes de departamento e os gestores das principais unidades operacionais; comparativamente, pouca autoridade discricionária é concedida a supervisores da linha de frente e aos trabalhadores. O paradigma do comando e controle de estruturas centralizadas se baseia no pressuposto de que o pessoal da linha de frente não tem nem

---

[10] A importância de delegar poder aos trabalhadores na execução de estratégias e o valor de criar um excelente ambiente de trabalho são discutidos em Stanle E. Fawcett, Gary K. Rhoads e Phillip Burnah, "People as the Bridge to Competitiveness: Benchmarking the 'ABCs' of an Empowered Workforce", *Benchmarking: An International Journal* 11, n. 4 (2004), p. 346-360.

tempo nem a inclinação para dirigir e controlar adequadamente o trabalho que está realizando, e que não tem conhecimento nem critérios para tomar decisões sensatas sobre a melhor forma de fazer isso.

A grande vantagem de uma estrutura autoritária é que é fácil saber quem é responsável quando as coisas não vão bem. Contudo, existem algumas desvantagens sérias. As estruturas de comando e controle fazem a empresa responder lentamente às condições em mudança em razão do tempo que o processo de análise/aprovação leva para percorrer todos os níveis da burocracia gerencial. Há também o fato de que a tomada de decisão centralizada com frequência não é prática – quanto maior for a empresa e mais espalhadas forem suas operações, mais essa autoridade para tomar decisões precisa ser delegada aos gestores mais próximos da cena de ação.

Alocação de recursos às atividades cruciais para a estratégia

No início do processo de implementação e execução de uma estratégia nova e diferente, a alta gerência deve determinar que recursos são necessários para executar as novas iniciativas estratégicas, para estimular os processos de criação de valor e para fortalecer as capacidades e competências da empresa. Isso inclui a seleção cuidadosa de solicitações de mais pessoal e novas instalações e equipamentos, a aprovação daqueles que prometem dar uma contribuição à execução da estratégia e a recusa daqueles que não são promissores. Se os fluxos de caixa internos provarem ser insuficientes para as iniciativas estratégicas planejadas, a direção deve levantar fundos adicionais por meio de empréstimo ou da venda de ações adicionais aos investidores interessados.

A capacidade que uma empresa tem de arranjar os recursos necessários para apoiar as novas iniciativas estratégicas tem um impacto importante no processo de execução da estratégia. Ter muito pouco recurso atrasa o progresso e impede que os esforços de unidades organizacionais executem seu plano estratégico com competência. Dispor de recursos demais leva ao desperdício dos recursos organizacionais e reduz o desempenho financeiro. Ambos os resultados justificam a necessidade de os gestores se envolverem profundamente na análise das propostas orçamentárias e na condução das quantias adequadas de recursos para as unidades da empresa que forem cruciais para a estratégia.

Uma mudança na estratégia quase sempre exige realocações orçamentárias e transferências de recursos. Unidades que antes eram importantes e que passaram a ter um papel menor na nova estratégia podem precisar ter sua estrutura reduzida (*downsizing*). As unidades que passam a ter um papel estratégico maior podem precisar de mais pessoas, novos equipamentos, instalações adicionais e aumentos acima da média de seus orçamentos operacionais. Os responsáveis pela implementação da estratégia precisam exercer seu poder para aplicar recursos suficientes nas novas iniciativas, a fim de fazerem as coisas acontecerem, e precisam tomar duras decisões de eliminar projetos e atividades que não se justificam mais. O forte apoio das atividades de P&D da Honda permitiu que a unidade desenvolvesse o primeiro motor externo para embarcações, que têm quatro tempos é pouco poluente, e uma ampla gama de carros com emissão ultrabaixa de poluentes, assim como o primeiro carro híbrido (Honda Insight) no mercado estadunidense e o primeiro carro movido a célula de hidrogênio (Honda Clarity). Os gestores da Honda, porém, não tiveram problemas em parar a produção do Insight em 2006 quando suas vendas não decolaram e transferiram os recursos para o desenvolvimento

> As prioridades estratégicas de uma empresa devem ditar como as alocações de capital serão feitas e o montante dos orçamentos operacionais de cada unidade.

e produção de outros modelos híbridos promissores, entre eles um *insight* totalmente redesenhado que foi lançado nos Estados Unidos em 2009.

Instituição de políticas e procedimentos de apoio à estratégia

As políticas e os procedimentos de uma empresa podem ajudar ou podem se tornar uma barreira à boa execução da estratégia. Sempre que uma empresa faz mudanças para sua estratégia de negócio, os gestores são aconselhados a analisar atentamente as políticas e os procedimentos existentes e analisar ou descartar aqueles que estão fora de sincronia. Políticas e procedimentos operacionais bem concebidos agem de modo a facilitar a mudança organizacional e a boa execução da estratégia de três maneiras:

1. *Instituir políticas e procedimentos provê orientação de cima para baixo a respeito de como certas coisas devem ser feitas a parir de um dado momento.* Pedir às pessoas para que alterem hábitos e procedimentos estabelecidos, evidentemente, sempre atrapalha a ordem interna das coisas. É normal que apareçam bolsões de resistência e que as pessoas exibam certo grau de estresse e ansiedade em relação ao modo como serão afetadas pelas mudanças. As políticas da empresa são uma maneira extremamente útil de combater as tendências de algumas pessoas a resistirem à mudança – a maioria das pessoas se contém para não violar a política da empresa ou para não ir contra as práticas e procedimentos recomendados sem primeiro ter autorização ou uma justificativa forte.

> As políticas e procedimentos bem concebidos ajudam na execução da estratégia; quando estão fora de sincronia, são barreiras à implementação eficaz.

2. *As políticas e procedimentos ajudam a manter a coerência necessária no desempenho de determinadas atividades cruciais, relacionadas à estratégia.* A padronização e a conformidade estrita às vezes são componentes desejáveis da boa execução estratégica. Eliminar diferenças significativas nas práticas operacionais de várias fábricas, regiões de vendas ou centros de atendimento ao cliente ajuda uma empresa a oferecer consistentemente bens e serviços de qualidade aos clientes.

3. *As políticas e os procedimentos bem concebidos promovem um clima de trabalho que facilita a boa execução da estratégia.* Os gestores podem usar o processo de mudança da política como uma poderosa alavanca para mudar a cultura corporativa de maneira a produzir uma adequação mais forte com a nova estratégia.

O manual da política do McDonald's dita procedimentos detalhados que o pessoal em cada unidade deve observar para garantir uma qualidade consistente entre suas 31 mil unidades. Por exemplo: "Os cozinheiros devem virar o hambúrguer, nunca lançá-lo para o alto. Se não forem comprados, os Big Macs devem ser descartados 10 minutos após serem fritos e as batatas fritas, 7 minutos depois disso". Para que o pessoal se dedique a um atendimento excelente ao cliente, a Nordstrom tem uma política de promover apenas aqueles colaboradores cujos registros contêm evidências de "atos heroicos" para agradar os clientes – principalmente clientes que possam ter feito "solicitações não razoáveis" e que exigiam esforços especiais.

Uma das grandes questões na elaboração da política de uma empresa diz respeito a quais atividades precisam ser prescritas rigidamente e quais dão espaço para ações independentes por parte do pessoal que está autorizado. Poucas empresas precisam de manuais grossos com a política da empresa para prescrever exatamente como as operações diárias devem ser conduzidas. Políticas em demasia podem ser confusas e erguer obstáculos para a boa implementação estratégica. Um meio-termo tem algo de sensato: *prescrever políticas suficientes para colocar limites às ações dos colaboradores e então, dar autonomia a eles para que ajam dentro desses limites da maneira que acharem sensata*. Permitir que os colaboradores ajam com autonomia, desde que seja dentro dos limites estabelecidos, é bastante adequado quando a criatividade e a iniciativa individuais são mais essenciais para a boa execução da estratégia do que a padronização e a conformidade estrita.

A luta pelo aprimoramento contínuo de processos internos

Os gestores de empresa podem avançar significativamente na causa da melhor execução da estratégia, pressionando as unidades organizacionais e os colaboradores a lutarem pelo aprimoramento contínuo do desempenho das atividades da cadeia de valor. Uma das ferramentas mais efetivas e usadas para melhorar o desempenho de processos internos envolve o *benchmarking* das empresas que têm o melhor desempenho do mundo, e daquelas que são as melhores do setor.[11] Também pode ser útil examinar aquelas unidades cujas atividades se destacam como a "melhor da empresa", caso a empresa tenha inúmeras unidades organizacionais que realizam a mesma função em diferentes locais. Identificar, analisar e entender como as melhores empresas e indivíduos desempenham as *melhores práticas* em determinados processos fornece medidas úteis para se julgar a efetividade e a eficiência de operações internas e estabelecer padrões de desempenho para as unidades organizacionais atenderem ou superarem.

Na luta pela excelência operacional, muitas empresas também contam com três outras ferramentas gerenciais potentes: a reengenharia dos processos empresariais, programas de Gestão da Qualidade Total (TQM) e as técnicas Seis Sigma de controle da qualidade. *A reengenharia do processo empresarial* envolve extrair atividades fundamentais à estratégia de diferentes departamentos e unificar seu desempenho em um único grupo departamental ou multifuncional.[12] Quando feita adequadamente, a reengenharia do processo empresarial pode produzir benefícios operacionais evidentes. Na seção de processamento de pedidos da divisão de interruptores de circuitos da General Electric, o tempo decorrido desde que o pedido é recebido até sua entrega foi reduzido de três semanas para três dias, e isso foi alcançado consolidando seis unidades de produção em uma, reduzindo diversas etapas de embalagem e estoque, automatizando o sistema de *design* para substituir um processo humano de *design* customizado e cortando de três para um os níveis organizacionais entre gestores e trabalhadores. A produtividade cresceu 20% em um ano, e os custos de fabricação por unidade caíram 30%.[13]

A Gestão da Qualidade Total (TQM) é uma filosofia que consiste em gerenciar um conjunto de práticas de negócio que enfatiza o aprimoramento contínuo em todas as

---

[11] Para uma discussão do valor do *benchmarking* na implementação da estratégia, ver Christopher E. B Mogan e Michael J. English, *Benchmarking for Best Practices: Winning through Innovative Adaptation* (New York: McGraw-Hill, 1994), Capítulos 2 e 6; Mustafa Ungan, "Factors Affecting the Adoption of Manufacturing Best Practices", *Benchmarking: An International Journal* 11, n. 5 (2004), p. 504-520; Paul Hyland e Ron Beckett, "Learning to Compete: The Value of Internal Benchmarking", *Benchmarking: An International Journal* 9, n. 3 (2002), p. 293-304; Yoshinobu Ohinata, "Benchmarking: The Japanese Experience", *Long-Range Planning* 27, n. 4 (August 1994), p. 48-53.

[12] Michael Hammer and James Champy, *Reengineering the Corporation* (New York: Harper Business, 1993) p. 26-27.

[13] Gene Hall, Jim Rosenthal e Judy Wade, "How to Make Reengineering Really Work", *Harvard Business Review* 71, n. 6 (November-December 1993), p. 119-131.

fases de operações, um nível de 100% de precisão no desempenho das tarefas, envolvimento e transferência de autoridade aos colaboradores de todos os níveis, *design* de trabalho baseado em equipe, *benchmarking* e a satisfação total do cliente.[14] Embora a TQM se concentre na produção de bens de qualidade e em satisfazer plenamente as expectativas do cliente, seu maior sucesso ocorre quando ela é estendida aos esforços dos colaboradores em *todos os departamentos* – recursos humanos, cobrança, P&D, engenharia, contabilidade e registros e sistemas de informação. Envolve reformar a cultura corporativa e mudar para uma filosofia de aprimoramento contínuo do negócio/qualidade total que permeie todas as facetas da empresa.[15] A doutrina da TQM reza que não existe nada "suficientemente bom" e que todos têm a responsabilidade de participar do aprimoramento contínuo. A TQM é, portanto, uma corrida sem fim. O sucesso vem ao se dar pequenos passos para a frente a cada dia, um processo que os japoneses chamam de *kaizen*.

O *controle de qualidade Seis Sigma* consiste em um sistema disciplinado, baseado em dados estatísticos, que visa produzir não mais de 3,4 defeitos por milhão de iterações para qualquer processo de negócio – da fabricação às transações com clientes.[16] O processo Seis Sigma de definir, medir, analisar, aprimorar e controlar (DMAIC, do inglês **d**efine, **m**easure, **a**nalyze, **i**mprove e **c**ontrol; pronuncia-se "Dimeique"), é um sistema de aprimoramento para processos existentes que não estejam atendendo às especificações. A metodologia DMADV do Seis Sigma (do inglês **d**efine, **m**easure, **a**nalyze, **d**esign e **v**erify) é usada para desenvolver novos processos ou produtos nos níveis de qualidade Seis Sigma.[17] O DMADV às vezes é referido como *Design for Six Sigma* (DFSS). O pensamento estatístico subjacente ao Seis Sigma se baseia nos três princípios seguintes: todo trabalho é um processo, todos os processos têm variabilidade e todos os processos criam dados que explicam a variabilidade.[18] Para ilustrar como esses três princípios funcionam, considere o caso de um hospital de Milwaukee que usou o Seis Sigma para mapear o processo de preenchimento de prescrições. As prescrições feitas por escrito no hospital originavam-se com a receita do médico, eram preenchidas pela farmácia do hospital e então os medicamentos eram administrados pelos enfermeiros. A análise DMAIC revelou que a maior parte dos erros vinha da leitura errada da letra do médico.[19] O hospital implementou um programa exigindo que os médicos digitassem a receita em computador, o que reduziu acentuadamente o número de erros.

---

[14] Para algumas das discussões seminais a respeito do que é a TQM e como funciona, ver M. Walton, *The Deming Management Method* (New York: Pedigree, 1986); J. Juran, *Juran on Quality by Design* (New York: Free Press, 1992); Philip Crosby, *Quality Is Free: The Act of Making Quality Certain* (New York: McGraw-Hill, 1979); e S. George, *The Baldrige Quality System* (New York: Wiley, 1992). Para uma crítica da TQM, ver Mark J. Zbaracki, "The Rhetoric and Reality of Total Quality Management", *Administrative Science Quarterly* 43, n. 3 (September 1998), p. 602-636.

[15] Para uma discussão da mudança no ambiente e na cultura de trabalho que envolva a TQM, ver Robert T. Amsden, Thomas W. Ferratt, e Davida M. Amsden, "TQM: Core Paradigm Changes", *Business Horizons* 39, n. 6 (November-December 1996), p. 6-14.

[16] Para que seja mais fácil entender o que é o Seis Sigma, ver Peter S. Pande e Larry Holpp, *What Is Six Sigma?* (New York: McGraw-Hill, 2002); Jiju Antony, "Some Pros and Cons of Six Sigma: An Academic Perspective", *The TQM Magazine* 16, n. 4 (2004), p. 303-306; Peter S. Pande, Robert P. Neuman, e Roland R. Cavanagh, The Seis Sigma Way: How GE, Motorola e Other Top Companies Are Honing Their Performance (New York: McGraw-Hill, 2000); e Joseph Gordon e M. Joseph Gordon, Jr., *Six Sigma Quality for Business and Manufacture* (New York: Elsevier, 2002). Para saber como o Seis Sigma pode ser usado em empresas menores, ver Godecke Wessel e Peter Burcher, "Six Sigma for Small and Medium-sized Enterprises", *The TQM Magazine* 16, n. 4 (2004), p. 264-272.

[17] Baseado em informações postadas em www.sixsigma.com, November 4, 2002.

[18] Kennedy Smith, "Six Sigma for the Service Sector", *Quality Digest Magazine*, May 2003, www.qualitydigest.com, acessado em 28 de setembro de 2003.

[19] Del Jones, "Taking the Six Sigma Approach", *USA Today*, October 31, 2002, p. 5B.

Embora os programas Seis Sigma aprimorem com frequência a eficiência de muitas atividades e processos operacionais, há evidências de que a inovação possa ser dificultada por esses programas. A essência do Seis Sigma é reduzir a variabilidade nos processos, mas os processos criativos, por natureza, incluem muita variabilidade. Em muitos casos, grandes inovações só ocorrem depois que milhares de ideias foram abandonadas e ideias promissoras passaram por várias iterações e por um extenso processo de elaboração de protótipos. Eric Schmidt, diretor do Google, comentou que o processo de inovação é "anti-Seis Sigma" e que aplicar os princípios do Seis Sigma a esse trabalho criativo no Google sufocaria a inovação na empresa.[20]

James McNerney, um executivo da GE e proponente do Seis Sigma, tornou-se diretor na 3M Corporation e foi incapaz de estabelecer um registro de acompanhamento de inovações de longo prazo, logo em seguida à instituição dos princípios na 3M baseados no Seis Sigma. Os pesquisadores da empresa reclamaram que o processo de inovação não se prestava bem à extensa coleta de dados e análise exigidas pelo Seis Sigma e que estavam gastando tempo demais para completar relatórios que descreviam o potencial de mercado e possíveis preocupações com a manufatura para projetos em todas as fases de P&D. A rigidez do Seis Sigma e o congelamento do orçamento de P&D na 3M desde que McNerney assumiu como diretor até 2005 foram culpados pela queda da empresa, que foi do primeiro para o sétimo lugar na lista das Empresas Mais Inovadoras feita pelo Boston Consulting Group.[21]

Uma abordagem mista à implementação do Seis Sigma – que está ganhando popularidade – consiste em buscar aprimoramentos incrementais na eficiência operacional, ao passo que o P&D e os outros processos que permitem à empresa o desenvolvimento de novas formas de oferecer valor aos clientes ganham mais liberdade. Os gestores dessas *organizações ambidestras* defendem o emprego do aprimoramento contínuo nos processos operacionais, mas permitem que o P&D opere de acordo com uma série de regras que regulam o desenvolvimento de grandes inovações. A Ciba Vision, uma líder global em lentes de contato, reduziu acentuadamente as despesas operacionais por meio do uso de programas de aprimoramento contínuo, enquanto desenvolve, de uma forma harmoniosa, novas séries de produtos relacionados a lentes de contato que aumentaram suas receitas em 300% no período de 10 anos.[22]

Diferença entre a reengenharia dos processos de negócios e programas de aprimoramento contínuo como o Seis Sigma e a TQM

> A finalidade de usar o *benchmarking*, as melhores práticas, a reengenharia dos processos empresariais, TQM, Seis Sigma ou outros programas de aprimoramento operacional é melhorar o desempenho de atividades cruciais à estratégia e promover a execução primorosa da estratégia.

A reengenharia dos processos empresariais e esforços de aprimoramento contínuo como a TQM e o Seis Sigma visam à maior eficiência, à melhor qualidade do produto e à maior satisfação do cliente. A diferença essencial entre a reengenharia dos processos empresariais e programas de aprimoramento contínuo é que a reengenharia visa a *ganhos quantitativos* da ordem de 30 a 50% ou mais, ao passo que os programas de qualidade total ressaltam o *progresso incremental* – lutar por ganhos pequenos, contínuos, num fluxo infindável. As duas abordagens à melhoria do desempenho das atividades da cadeia de valor e a excelência operacional não são mutua-

---

[20] Citado em "A Dark Art No More", *The Economist* 385, n. 8550 (October 13, 2007), p. 10.
[21] Brian Hindo, "At 3M, a Struggle between Efficiency and Creativity", *BusinessWeek*, June 11, 2007, p. 8-16.
[22] Para uma discussão de abordagens que busquem inovações radicais ou perturbadoras e ganhos incrementais na eficiência, ver Charles A. O'Reilly e Michael L. Tushman, "The Ambidextrous Organization", *Harvard Business Review* 82, n. 4 (April 2004), p. 74-81.

mente exclusivas; faz sentido usá-las conjuntamente. A reengenharia pode ser usada em primeiro lugar, para produzir um bom desenho básico que renda aprimoramentos rápidos, acentuados no desempenho de um processo empresarial. Já os programas de qualidade total podem ser usados como um *follow-up* para oferecer aprimoramentos contínuos.

Instalação de sistemas operacionais e de informação

As estratégias da empresa e os processos internos de criação de valor não podem ser bem executados sem vários sistemas operacionais internos. A FedEx tem sistemas de comunicação internos que lhe permitem coordenar seus 80 mil veículos na condução de 7,5 milhões de pacotes por dia, em média. Seus avançados sistemas de operação de voo permitem que um único controlador supervisione até 200 das 650 aeronaves da FedEx simultaneamente, substituindo seus planos de voo se houver mudanças nas condições climáticas ou se ocorrer qualquer outra emergência. Além disso, a FedEx criou uma série de ferramentas de empresas virtuais para os clientes que lhe permitem enviar e acompanhar pacotes *on-line*, revisar o histórico do envio, gerar relatórios ao cliente, simplificar a cobrança do cliente, reduzir custos com armazenamento interno e gerenciamento de estoques e comprar bens e serviços dos fornecedores. Todos os sistemas FedEx apoiam a estratégia empresarial de fornecer diversos serviços de entrega de pacotes a indivíduos e empresas (desde a entrega no dia seguinte, mais cara, até entregas econômicas, feitas em cinco dias) e estimular sua competitividade contra a United Parcel Service, a DHL e o Serviço Postal dos Estados Unidos.

As companhias telefônicas têm sistemas de informação elaborados para medir a qualidade do sinal, tempos de conexão, interrupções, ligações erradas, erros de cobrança e outras medidas de confiabilidade que afetam o serviço e a satisfação do cliente. A British Petroleum (BP) possui vagões ferroviários equipados que transportam materiais perigosos com sensores e sistemas de posicionamento global (GPS) de modo que possa acompanhar a posição, localização e outras informações sobre esses pacotes via satélite e transferir os dados para sua intranet corporativa. Na e-Bay há sistemas em tempo real para monitorar novas ofertas, lances, tráfego no portal e páginas vistas.

Os sistemas de informação precisam abranger cinco áreas amplas: (1) dados do cliente; (2) dados operacionais; (3) dados do colaborador; (4) dados de alianças colaborativas, parceiros, fornecedores; e (5) dados de desempenho financeiro. Todos os indicadores de desempenho estratégico precisam ser acompanhados e relatados com a maior frequência possível. As longas demonstrações dos resultados, e resumos estatísticos mensais estão sendo substituídas rapidamente por atualizações estatísticas diárias e até mesmo pelo acompanhamento do desempenho em tempo real. Muitas empresas do varejo têm sistemas *on-line* automatizados que geram relatórios de vendas diariamente para cada loja e mantêm registros de vendas e do estoque de cada item atualizados em tempo real. As fábricas costumam gerar relatórios diários de produção e acompanhar a produtividade dos operários em cada turno. Muitas lojas de varejo e fabricantes possuem sistemas de dados *on-line* ligados a seus fornecedores que acompanham a posição dos estoques, a expedição e entrega de mercadorias, e medem os índices de defeitos. Independentemente do setor, sistemas de informação em tempo real permitem aos gestores ficarem no controle de iniciativas de implementação e das operações diárias, além de intervir se as coisas parecerem estar saindo do rumo.

> Ter bons sistemas de informação e dados operacionais é fundamental para a execução competente da estratégia e a excelência operacional.

Uso de recompensas e incentivos para promover uma execução estratégica melhor

Para criar um sistema de recompensas e incentivos que apoie a estratégia, uma empresa deve enfatizar a recompensa aos colaboradores que alcançarem resultados relacionados à criação de valor aos clientes, e não àqueles que realizam suas tarefas por mera obrigação. Dirigir a atenção e a energia de um colaborador para o que ele deve *atingir*, em oposição ao que deve *fazer*, faz com que o ambiente seja orientado para resultados. Vincular incentivos e recompensas ao desempenho satisfatório dos deveres e atividades em vez dos resultados desejados e das realizações da empresa é uma falha gerencial.[23] Em qualquer emprego, desempenhar as tarefas atribuídas não equivale a atingir os resultados desejados. O simples fato de comparecer animado ao trabalho e aceitar a incumbência não garante resultados. Como qualquer estudante sabe, o fato de um instrutor ensinar e os estudantes assistirem às aulas não significa necessariamente que os estudantes estejam aprendendo.

> Uma estrutura de recompensas planejada adequadamente é a ferramenta mais poderosa da alta gerência para ganhar o compromisso dos colaboradores com a execução primorosa da estratégia e com excelentes resultados operacionais.

Sistemas de motivação e recompensa

É importante que as unidades organizacionais e indivíduos estejam alinhados com as prioridades estratégicas e fortemente comprometidos com a execução da estratégia. *Para ter o forte compromisso sustentado dos colaboradores, a direção precisa ser engenhosa ao planejar e usar incentivos motivacionais – tanto monetários quanto não monetários.* Quanto mais um gestor entender o que motiva os subordinados e for capaz de usar incentivos motivacionais adequados, maior será o compromisso contínuo dos colaboradores com a boa execução da estratégia e o cumprimento das metas de desempenho.[24]

Diretrizes para conceber sistemas de incentivo monetário

As diretrizes para criar sistemas de compensação de incentivo que ligam a conduta do colaborador a objetivos organizacionais incluem:

1. *Tornar a compensação pelo desempenho uma parte importante do pacote de remuneração total.* A compensação para indivíduos e equipes com alto desempenho deve ser significativamente maior do que a compensação para aqueles com desempenho médio, e a compensação para aqueles com desempenho médio deve ser significativamente maior do que aqueles que têm desempenho abaixo da média.

2. *Ter incentivos que se estendam a todos os gestores e todos os trabalhadores, e não apenas à alta gerência.* Gestores e colaboradores com nível inferior têm a mesma probabili-

---

[23] Ver Steven Kerr, "On the Folly of Rewarding A while Hoping for B", *Academy of Management Executive* 9, n. 1 (February 1995), p. 7-14; Steven Kerr, "Risky Business: The New Pay Game", *Fortune*, July 22, 1996, p. 93-96; e Doran Twer, "Linking Pay to Business Objectives", *Journal of Business Strategy* 15, n. 4 (July-August 1994), p. 15-18.

[24] A importância de motivar e dar autoridade aos trabalhadores para criar um ambiente de trabalho que seja altamente canalizado para a boa execução da estratégia é discutida em Fawcett, Rhoads e Burnah, "People as the Bridge to Competitiveness: Benchmarking the 'ABCs' an of Empowered Workforce".

dade que os executivos seniores de ficarem motivados pela possibilidade de recompensas lucrativas.

3. *Administrar o sistema de recompensa com objetividade e justiça escrupulosa.* Se são estabelecidos padrões de desempenho irrealisticamente altos ou se as avaliações de desempenho individuais/de grupo não são exatas e bem documentadas, a insatisfação com o sistema irá superar qualquer benefício positivo.

4. *Vincular incentivos a resultados de desempenho diretamente ligados à boa execução estratégica e ao desempenho financeiro.* Os incentivos nunca devem ser pagos só porque se acredita que as pessoas estão fazendo "um bom trabalho" ou porque elas "trabalham muito". Pode-se argumentar que as exceções deveriam ser feitas, dando-se recompensas às pessoas que não tiveram um bom desempenho em razão de circunstâncias que ficaram além de seu controle. O problema em se fazer exceção por causa de circunstâncias incontroláveis, imprevisíveis, desconhecidas, é que, uma vez que boas desculpas começam a ser dadas para justificar as recompensas por resultados abaixo do esperado, abre-se a prerrogativa para todo tipo de razões pelas quais o desempenho real deixou de corresponder ao desempenho almejado.

5. *Certificar-se de que as metas de desempenho que cada indivíduo ou equipe deve atingir envolvem resultados que o indivíduo ou equipe podem afetar pessoalmente.* O papel de incentivos é aumentar o compromisso individual e canalizar o comportamento em direções benéficas.

6. *Manter o intervalo entre a realização do desempenho-alvo e o pagamento da recompensa o mais curto possível.* Empresas como a Nucor e a Continental Airlines descobriram que pagamentos semanais ou mensais pelo bom desempenho funcionam muito melhor que pagamentos anuais. A Nucor paga bonificações semanais com base nos níveis de produção anteriores à semana; a Continental concede um bônus mensal aos colaboradores para cada mês que a pontualidade atinge ou ultrapassa uma porcentagem especificada pela empresa. Divisões de bônus anuais funcionam melhor para os gestores mais graduados e para situações onde os resultados almejados se relacionam à lucratividade geral da empresa ou ao desempenho do preço das ações.

Uma vez que os incentivos são estabelecidos, eles precisam ser comunicados e explicados. Todos precisam entender como sua compensação de incentivos é calculada e como metas de desempenho individuais/de grupo contribuem para as metas de desempenho organizacional.

Recompensas não monetárias

Em geral, incentivos financeiros encabeçam a lista de ferramentas motivadoras para tentar ganhar o compromisso sincero do colaborador com a boa execução da estratégia e a excelência operacional. Contudo, a maioria das empresas de sucesso também usa incentivos não monetários. Algumas das abordagens não monetárias mais importantes, usadas para estimular a motivação, são relacionadas a seguir:[25]

---

[25] Jeffrey Pfeffer e John F. Veiga, "Putting People First for Organizational Success", *Academy of Management Executive* 13, n. 2 (May 1999), p. 37-45; Linda K. Stroh e Paula M. Caliguiri, "Increasing Global Competitiveness through Effective People Management", *Journal of World Business* 33, n. 1 (Spring 1998), p. 1-16; e artigos na *Fortune* sobre as 100 melhores empresas para se trabalhar (várias edições).

- *Fornecer vantagens atraentes e benefícios extras.* As várias opções incluem a cobertura total de prêmios de seguros-saúde; reembolso das mensalidades pagas pelo curso universitário; férias remuneradas; creche no local de trabalho; academias de ginástica no trabalho; uso diário de roupas informais; trabalhar em casa e ficar conectado à empresa por meio de computador; e jornadas semanais de trabalho reduzidas (quatro dias de 10 horas em vez de cinco dias de 8 horas).

- *Adotar a promoção dentro da política da empresa.* Essa prática ajuda a ligar os colaboradores a seus empregadores e vice-versa; além disso, é um incentivo para o bom desempenho.

- *Agir considerando as sugestões dos colaboradores.* As pesquisas indicam que as iniciativas de muitas empresas para que os colaboradores menos graduados tenham autonomia para tomar decisões aumenta a motivação e a satisfação do colaborador bem como estimula a produtividade.

- *Criar uma atmosfera de trabalho em que há uma sinceridade genuína, atenção e respeito mútuo entre os trabalhadores, a direção e os colaboradores.* Um ambiente de trabalho "igual a uma família", em que as pessoas são chamadas pelo primeiro nome e há uma forte camaradagem, promove o trabalho de equipe e a colaboração entre as unidades.

- *Compartilhar informações com os colaboradores sobre o desempenho financeiro, estratégia, medidas operacionais, condições de mercado e ações dos concorrentes.* A ampla divulgação e a pronta comunicação enviam a mensagem de que os gestores confiam em seus trabalhadores.

- *Ter espaços e instalações de trabalho atraentes.* Em geral, um ambiente de trabalho com características e condições atraentes tem efeitos decididamente positivos no moral e na produtividade dos colaboradores.

"Conceitos e conexões 10.1" apresenta exemplos específicos das táticas motivacionais empregadas por várias empresas proeminentes que têm aparecido na lista "As 100 Melhores Empresas para se Trabalhar nos Estados Unidos", publicada pela revista *Fortune*.

Culturas corporativas e a execução superior da estratégia

Toda empresa tem sua própria cultura. O caráter da cultura ou o clima de trabalho de uma empresa é um produto das práticas de trabalho e condutas que definem "como fazemos as coisas por aqui", sua abordagem à gestão de pessoas e a "química" que permeia seu ambiente de trabalho. A mistura de valores centrais estabelecidos, crenças, princípios empresariais, estilo operacional, condutas e atitudes enraizadas e clima de trabalho define a **cultura corporativa** de uma empresa. A cultura corporativa de uma empresa é importante porque ela influencia as ações e abordagens da empresa na condução dos negócios – em um sentido muito real, a cultura é o DNA organizacional da empresa.[26]

A psique das culturas corporativas varia amplamente. Por exemplo, o fundamento da cultura da Walmart é a dedicação à satisfação do cliente, a busca incessante de baixos custos e práticas operacionais frugais,

> **Cultura corporativa** é o clima de trabalho interno de uma empresa e é definida por seus valores centrais, crenças, princípios de negócio, tradições, práticas de trabalho e estilo operacional.

---
[26] Joanne Reid e Victoria Hubbell, "Creating a Performance Culture", *Ivey Business Journal* 69, n. 4 (March-April 2005), p. 1.

Execução superior da estratégia | Capítulo 10 | 217

Conceitos e conexões 10.1

O QUE AS EMPRESAS FAZEM PARA MOTIVAR E RECOMPENSAR OS COLABORADORES

As empresas chegaram a uma variedade impressionante de práticas motivacionais e recompensas para ajudar a criar um ambiente de trabalho que motive os colaboradores e promova a melhor execução da estratégia. Aqui vai uma amostra do que as empresas estão fazendo:

- A Lincoln Electric, conhecida por seu esquema de pagamento por unidade produzida e pelo plano de bônus de incentivo, recompensa a produtividade individual pagando aos trabalhadores por peça produzida sem defeito. Os trabalhadores precisam corrigir problemas de qualidade durante seu horário de trabalho – é possível identificar o trabalhador que causou defeitos em produtos usados por clientes. O plano de unidade produzida da Lincoln motiva os trabalhadores a prestarem atenção tanto à qualidade quanto ao volume produzido. Além disso, a empresa reserva uma parte substancial de seus lucros acima de uma base especificada para bonificações ao trabalhador. Para determinar o tamanho do bônus, a Lincoln Electric classifica cada trabalhador em quatro medidas igualmente importantes: confiança, qualidade, produto e ideias e cooperação. Quanto mais alta for a classificação de mérito do trabalhador, mais alto será o bônus de incentivo; os colaboradores com classificações mais altas, em anos com bons níveis de lucro, recebem bonificações de até 110% de sua remuneração por unidade produzida.
- O supermercado Wegmans, uma empresa familiar que conta com 71 estabelecimentos na Costa Leste dos Estados Unidos, fornece aos colaboradores esquemas e benefícios flexíveis que incluem academias de ginástica no local de trabalho. A abordagem da empresa para gerenciar pessoas permite que ela ofereça um nível bem alto de atendimento ao cliente, não encontrado em nenhuma outra rede de mercados. Os colaboradores, de caixas e açougueiros a gestor de loja, são todos tratados igualmente e vistos como especialistas em suas funções. As aptidões dos colaboradores são melhoradas por meio de 50 horas de treinamento formal por ano e os colaboradores podem tomar as decisões que julgarem adequadas para suas funções. A rotatividade anual da empresa é de apenas 6%, menor que a metade da rotatividade média de 14% no setor de supermercados dos Estados Unidos.
- A Nordstrom, altamente reputada por sua experiência superior de atendimento ao cliente, costuma pagar mais a seus vendedores nas lojas por hora de trabalho que as taxas pagas por outras redes de lojas de departamento, além de pagar uma comissão sobre cada venda. Estimulados por uma cultura que encoraja os vendedores a fazerem o máximo para deixar os clientes satisfeitos e buscar e promover novas ideias de moda, os vendedores da Nordstrom costumam ganhar duas vezes a renda média dos colaboradores de vendas em lojas concorrentes. O pessoal de vendas típico da Nordstrom ganha quase US$ 38 mil por ano e os gestores do departamento de vendas ganham, em média, US$ 48.500 por ano. As regras da Nordstrom para os colaboradores são simples: "Regra nº1: Use seu bom julgamento em todas as situações. Não haverá regras adicionais".
- Na W. L. Gore (fabricante de Gore-Tex), os colaboradores escolhem em que projeto/equipe irão trabalhar e a remuneração de cada integrante da equipe se baseia nas classificações dadas pelos outros integrantes da equipe à contribuição dele ou dela ao empreendimento.
- Na Amgen, líder em biotecnologia, os colaboradores recebem 16 feriados pagos, um período generoso de férias, reembolsos universitários de até US$ 10 mil, massagens no local de trabalho, desconto no preço da lavagem de carros e a conveniência de fazer compras em mercados que vendem itens direto dos produtores.

Fontes: Listas da revista *Fortune* das 100 Melhores Empresas para se Trabalhar na América, 2002, 2004, 2005 e 2008; e Jefferson Graham, "The Search Engine That Could", *USA Today*, August 26, 2003, p. B3.

uma forte ética de trabalho, reuniões ritualísticas aos sábados de manhã, na sede, para a troca de ideias e análise de problemas e o compromisso dos executivos da empresa em visitar lojas, ouvir os clientes e solicitar sugestões dos colaboradores. A cultura da General Electric é fundada em uma atmosfera orientada para resultados, austera (em que todas as divisões de negócio da empresa estão presas a um padrão segundo o qual devem a número um ou dois em seus setores, bem como atingir bons resultados nos negócios); na extensa troca de ideias entre os negócios, nas melhores práticas e em resolver questões urgentes; um compromisso com a qualidade Seis Sigma e a globalização da empresa.

Culturas corporativas insalubres

A característica distintiva de uma cultura corporativa insalubre é a presença de traços culturais contraproducentes que influem adversamente no clima de trabalho e no desempenho da empresa.[27] Os quatro traços a seguir são extremamente insalubres:

1. Um ambiente interno altamente politizado, no qual muitas questões são resolvidas e as decisões são tomadas pelos indivíduos ou grupos que têm mais força política.
2. Hostilidade à mudança e uma desconfiança geral de pessoas que defendem novas maneiras de fazer as coisas.
3. Uma mentalidade insular de "não foi inventado aqui", que torna o pessoal da empresa avesso a procurar as melhores práticas, novas abordagens gerenciais e ideias inovadoras fora da empresa.
4. Desrespeito por altos padrões éticos e a busca incessante de riqueza e *status* por parte dos executivos-chave.

CULTURAS POLITIZADAS O que faz de um ambiente interno politizado algo tão insalubre são que os conflitos políticos internos que consomem muito da energia organizacional; com frequência, a agenda estratégica da empresa acaba sendo afetada pelas manobras políticas. Em empresas em que a política interna permeia o clima de trabalho, os gestores com mais autoridade perseguem suas próprias agendas e as posições que eles adotam quanto às questões em geral visam proteger ou expandir seus próprios interesses. O apoio ou a oposição de executivos politicamente influentes e/ou coalizões entre departamentos com interesse em um dado resultado costumam pesar fortemente na decisão sobre as ações que a empresa tomará. Toda essa manobra esgota os esforços para executar a estratégia com verdadeira competência e frustra o pessoal da empresa que é menos político e mais inclinado a fazer o que for do melhor interesse da empresa.

CULTURAS RESISTENTES A MUDANÇAS As culturas resistentes a mudanças encorajam inúmeros comportamentos indesejáveis ou insalubres – evitar riscos, hesitar em aproveitar as oportunidades que aparecem e a aversão generalizada ao aprimoramento contínuo no desempenho das atividades da cadeia de valor. As empresas resistentes à mudança têm pouca disposição para ser as primeiras a mudar ou a seguir rapidamente as mudanças, acreditando que estar à frente da mudança é arriscado demais e que agir com tanta rapidez aumenta a vulnerabilidade a erros onerosos. Elas estão mais inclinadas a adotar uma postura de esperar para ver, aprender com os erros das primeiras a mudar e então seguir cautelosamente com iniciativas seguras. A hostilidade à mudança é muitas vezes encontrada em empresas com burocracias gerenciais divididas em vários níveis, que tiveram considerável sucesso no mercado nos anos anteriores e que estão associadas à síndrome "fizemos isto desta forma durante anos".

A General Motors, a IBM, a Sears e a Eastman Kodak são exemplos clássicos de empresas cujas burocracias prejudicaram suas posições de mercado e o desempenho financeiro; apegadas ao que as tornou um sucesso, elas relutaram em alterar as práticas operacionais e modificar suas abordagens empresariais quando os primeiros sinais de mudança no mercado apareceram. Como as estratégias de mudança gradual venceram sobre a inovação corajosa, todas as quatro perderam participação de mercado para concorrentes que agiram rapidamente para instituir mudanças mais afinadas com a evolu-

---
[27] John P. Kotler e James L. Heskett, *Corporate Culture and Performance* (New York: Free Press, 1992), Capítulo 6.

ção nas condições de mercado e com as preferências do comprador. A IBM deu passos largos na construção de uma cultura necessária para o sucesso de mercado, ao passo que a Sears, a GM e a Kodak ainda estão lutando para recuperar o terreno perdido.

CULTURAS INSULARES, VOLTADAS PARA DENTRO Às vezes uma empresa reina como líder do setor ou goza de enorme sucesso no mercado por tanto tempo que seu pessoal começa a acreditar que tem todas as respostas ou pode desenvolvê-las por conta própria. Tamanha confiança gera arrogância – o pessoal da empresa diminui os méritos do que as demais empresas estão fazendo e do que pode ser aprendido estudando-se aquelas que têm o melhor desempenho. *Benchmarking* e busca pelas melhores práticas de outras empresas são vistos como algo pouco compensador. O grande risco da mentalidade de que tudo "precisa ser inventado aqui" e de um pensamento cultural insular está no fato de que a empresa pode subestimar as competências e realizações de empresas concorrentes e superestimar seu próprio progresso – o que resultará em perda da vantagem competitiva ao longo do tempo.

CULTURAS ANTIÉTICAS E DIRIGIDAS PELA GANÂNCIA Em empresas que têm pouca consideração pelos padrões éticos ou que são dirigidas por executivos levados pela ganância e pela gratificação do ego é só uma questão de tempo até que os escândalos venham à tona. O colapso da Enron em 2001 foi em grande parte produto de uma cultura corporativa eticamente disfuncional – a cultura da Enron abraçava os aspectos positivos da inovação de produto, de assumir riscos agressivos e de uma forte ambição para conduzir uma mudança global no setor de energia, ao passo que seus executivos exibiam aspectos negativos como arrogância, egocentrismo, ganância e a mentalidade de que "os fins justificam os meios" ao procurar esticar as metas de faturamento e lucratividade.[28] Inúmeros gestores da Enron estavam dispostos a aceitar uma conduta antiética, a transpor o limite da conduta ética (chegando a exibir uma conduta criminosa) e a dilatar deliberadamente os princípios contábeis geralmente aceitos de modo a fazer o desempenho financeiro da Enron parecer melhor do que realmente era. No final, a Enron perdeu a compostura porque alguns de seus principais executivos optaram por caminhos antiéticos e ilegais para atingir as metas de faturamento e lucratividade da empresa. As culturas antiéticas e a ganância dos executivos têm produzido escândalos na WorldCom, Quest, HealthSouth, Adelphia, Tyco, Cendant, Parmalat, KPMG, AIG, Marsh & McLennan, Countrywide Financial e Stanford Financial Group, com executivos indiciados e/ou condenados por conduta criminosa.

Culturas de alto desempenho

Algumas empresas têm as chamadas culturas de "alto desempenho", nas quais os traços culturais que se destacam são um espírito de "sou capaz de fazer", o orgulho em fazer as coisas corretamente, assumir responsabilidades sem desculpas e um clima geral de trabalho orientado para resultados, em que as pessoas não medem esforços para cumprir os objetivos ou superá-los. Em culturas com alto desempenho, existe uma forte noção de envolvimento por parte do pessoal da empresa e ênfase na iniciativa e criatividade individual. As expectativas de desempenho são declaradas claramente para a empresa como um todo, para cada unidade organizacional e para cada indivíduo. Questões e problemas são tratados imediatamente – existe um foco firme no que precisa ser feito. Uma cultura

---

[28] Ver Kurt Eichenwald, *Conspiracy of Fools: A True Story* (New York: Broadway Books, 2005).

de alto desempenho na qual existe pressão construtiva para atingir bons resultados é um contribuinte valioso para a boa execução da estratégia e para a excelência operacional. Culturas orientadas para resultados são permeadas por um espírito de realização e têm um bom histórico de cumprir ou superar metas de desempenho.[29]

O desafio na criação de uma cultura de alto desempenho é inspirar a alta fidelidade e dedicação por parte dos colaboradores, para que eles se sintam motivados a empregar todo seu esforço para realizar as atividades corretamente. Os gestores precisam reforçar a conduta construtiva, recompensar aqueles com alto desempenho e eliminar hábitos e condutas que possam atrapalhar os bons resultados. Devem trabalhar para conhecer os pontos fortes e fracos de seus subordinados, de modo a fazer os talentos corresponderem às tarefas. Em suma, é preciso haver uma abordagem disciplinada, direcionada para o desempenho, para que se possa dirigir a empresa.[30]

Culturas adaptativas

A marca registrada de culturas corporativas adaptativas é a disposição por parte dos integrantes da empresa de aceitar mudanças e enfrentar desafios para introduzir e executar novas estratégias.[31] Em contraste direto com culturas resistentes a mudanças, as **culturas adaptativas** apoiam fortemente os gestores e colaboradores em todos os níveis que proponham ou ajudem a iniciar mudanças úteis. O empreendedorismo interno por parte de indivíduos e grupos é estimulado e recompensado. Os executivos buscam, apoiam e promovem indivíduos que exercem iniciativas, identificam oportunidades de aprimoramento e exibem as aptidões para tirar vantagem delas. Como acontece com as culturas com alto desempenho, a empresa exibe uma abordagem proativa para identificar questões, avaliar as implicações e opções e ir rapidamente em frente, com soluções viáveis.

Empresas de tecnologia, de *software* e baseadas na internet são boas ilustrações de organizações com culturas adaptativas. Tais empresas prosperam com as mudanças – dirigindo-as, conduzindo-as e aproveitando-se delas (mas às vezes também sucumbem a mudanças quando dão o passo errado ou afundam em razão de melhores tecnologias ou de modelos de negócios superiores apresentados pelos concorrentes). Empresas como Google, Intel, Cisco Systems, eBay, Apple, Amazon.com e Dell cultivam a capacidade de agir e reagir rapidamente. São ávidas praticantes do empreendedorismo e de inovações, com uma disposição clara para assumir riscos a fim de criar produtos totalmente novos, novos negócios e setores. Para criar e cultivar uma cultura que possa se adaptar rapidamente a condições de negócios em mudança, elas preenchem os cargos de suas organizações com pessoas que são proativas, que enfrentam o desafio da mudança e têm aptidão para se adaptar.

> Culturas adaptativas são excepcionalmente adequadas a empresas que concorrem em ambientes de mercado que mudam rapidamente.

Em ambientes empresariais que mudam rapidamente, uma cultura corporativa que se disponha a alterar práticas e condutas organizacionais acaba sendo uma necessidade. As culturas adaptativas, no entanto, trabalham para a vantagem de todas as empresas,

---

[29] Para uma boa discussão de como a cultura de alto de desempenho que apoia a estratégia pode contribuir com a vantagem competitiva, ver Jay B. Barney e Delwyn N. Clark, *Resource-Based Theory: Creating and Sustaining Competitive Advantage* (New York: Oxford University Press, 2007), Capítulo 4.
[30] Reid e Hubell, "Creating a Performance Culture", p. 2 e 5.
[31] Esta seção se baseia fortemente na discussão de Kotter e Heskett, *Corporate Culture and Performance*, Capítulo 4.

e não apenas daquelas em ambientes em rápida mudança. Toda empresa opera em um mercado e clima empresarial que está mudando de uma forma ou outra. *À medida que a estratégia de uma empresa evolui, uma cultura adaptativa é um aliado definitivo nos processos de implementação e execução de estratégia, comparado a culturas que tenham que ser persuadidas e coagidas a mudar.*

Mudança de uma cultura-problema

Mudar uma cultura empresarial que impeça a execução competente da estratégia é uma das tarefas gerenciais mais difíceis. É natural o pessoal de uma empresa se apegar a práticas conhecidas e ficar receoso, senão hostil, a novas abordagens em relação a procedimentos a serem seguidos no trabalho. Em consequência, é necessária uma ação gerencial conjunta durante um período para eliminar certas condutas indesejadas e substituir uma cultura fora de sincronia por procedimentos que funcionem melhor. *O único fator mais visível que distingue os esforços bem-sucedidos para mudar a cultura das tentativas fracassadas é a liderança competente na direção da empresa.* É necessário um poder imenso para forçar uma mudança cultural importante e superar a resistência irredutível de culturas arraigadas – e esse poder imenso é possuído apenas pelos executivos que estão no comando, principalmente o diretor. Embora a direção deva estar à frente do esforço de mudança da cultura, instilar novas condutas culturais é, porém, função de toda a equipe gerencial. Gestores e supervisores da linha de frente desempenham um papel-chave na implementação das novas práticas de trabalho e abordagens operacionais, ajudando a ganhar a aceitação dos colaboradores menos graduados e o apoio para as mudanças, e instilando as normas de conduta desejadas.

Como mostra a Figura 10.2, o primeiro passo para se acertar uma cultura-problema consiste na identificação, por parte dos dirigentes, daquelas facetas da atual cultura que impõem obstáculos à execução de novas iniciativas estratégicas. Em segundo lugar, os gestores precisam definir claramente as novas condutas desejadas e as características da cultura que eles querem criar. Depois, os gestores precisam explicar ao pessoal da empresa por que a atual cultura impõe problemas e por que e como novas condutas e abordagens operacionais irão aprimorar o desempenho da empresa. Finalmente, todo o discurso sobre remodelar a atual cultura precisa ser seguido rapidamente por ações visíveis, persuasivas, por parte dos dirigentes, para promover as novas condutas e as práticas de trabalho desejadas.

FAZER UMA ARGUMENTAÇÃO CONTUNDENTE PARA A MUDANÇA DA CULTURA A melhor forma de os dirigentes iniciarem uma importante remodelação da cultura corporativa é convencer os colaboradores da empresa sobre a necessidade de novas condutas e práticas de trabalho. Isso significa fazer uma argumentação contundente sobre por que a nova direção estratégica da empresa e os esforços de remodelar sua cultura são do melhor interesse da empresa e por que o pessoal da empresa deve reunir sinceros esforços para realizar suas atividades de uma forma um pouco diferente. Isto pode ser feito:

- Citando-se as razões pelas quais a atual estratégia precisa ser modificada e por que novas iniciativas estratégicas estão sendo implementadas. As razões para alterar a antiga estratégia em geral precisam estar ligadas a suas falhas – por que as vendas estão crescendo lentamente, por que um número excessivo de clientes está optando pelo produto dos concorrentes, por que os custos são altos demais, e assim por diante. Pode ser aproveitável também promover momentos em que os gestores e

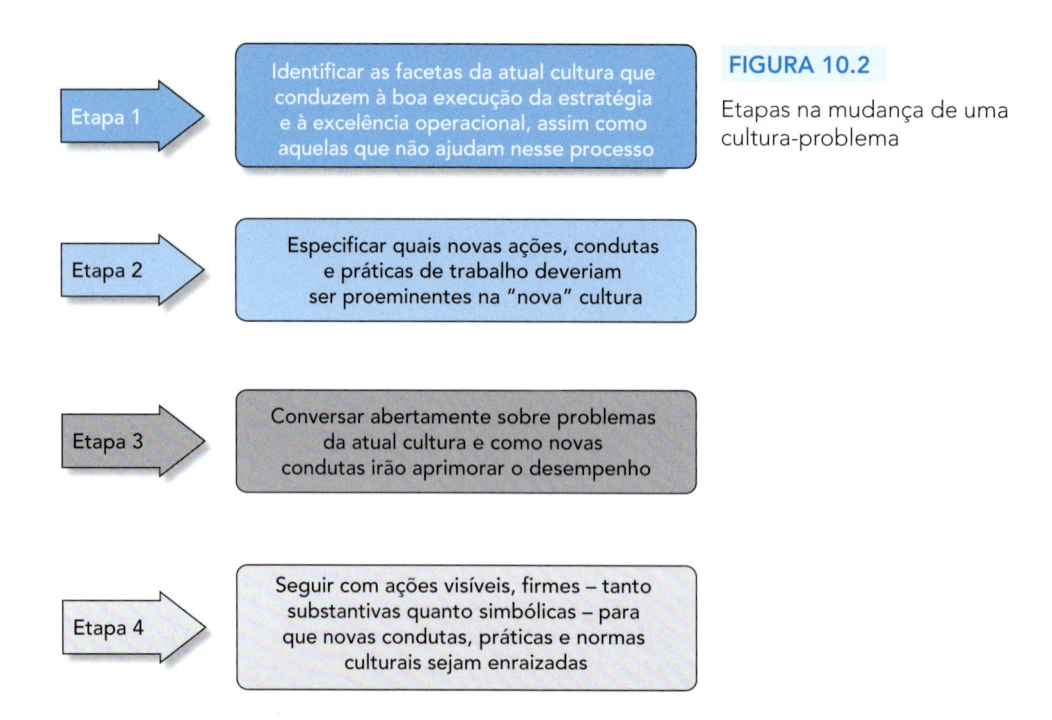

FIGURA 10.2

Etapas na mudança de uma cultura-problema

Etapa 1: Identificar as facetas da atual cultura que conduzem à boa execução da estratégia e à excelência operacional, assim como aquelas que não ajudam nesse processo

Etapa 2: Especificar quais novas ações, condutas e práticas de trabalho deveriam ser proeminentes na "nova" cultura

Etapa 3: Conversar abertamente sobre problemas da atual cultura e como novas condutas irão aprimorar o desempenho

Etapa 4: Seguir com ações visíveis, firmes – tanto substantivas quanto simbólicas – para que novas condutas, práticas e normas culturais sejam enraizadas

outros colaboradores-chave serão forçados a ouvir clientes insatisfeitos ou as reclamações de aliados estratégicos.

- Citando por que e como certas normas de conduta e práticas de trabalho na atual cultura impõem obstáculos para a boa execução de novas iniciativas estratégicas.
- Explicando por que novas condutas e práticas de trabalho têm papéis importantes na nova cultura e produzirão resultados melhores.

Os esforços dos dirigentes para apresentar argumentos persuasivos para mudar o que é considerado uma cultura-problema devem ser *seguidos rapidamente* por ações firmes, claras, em várias frentes. As ações para implantar a nova cultura devem ser tanto substantivas quanto simbólicas.

AÇÕES SUBSTANTIVAS DE MUDANÇA DA CULTURA Nenhum esforço de mudança cultural pode ir muito longe quando os líderes se limitam a conversar sobre a necessidade de diferentes ações, condutas e práticas de trabalho. Os executivos da empresa precisam mostrar certa garra no esforço de mudança da cultura, iniciando uma *série de ações* que o pessoal da empresa verá como um *apoio inconfundível* ao programa de mudança. Os sinais mais fortes de que os dirigentes estão realmente comprometidos a instilar uma nova cultura incluem:

1. Substituir executivos-chave que se recusem a cooperar com as mudanças organizacionais e culturais necessárias.
2. Promover indivíduos que defenderam a mudança para uma cultura diferente e que podem servir de exemplo para a conduta cultural desejada.
3. Indicar profissionais de fora com as qualidades culturais desejadas para assumir posições destacadas – trazer gestores de uma nova geração transmite uma mensagem clara de que está chegando uma nova era.

4. Selecionar todos os candidatos para novas posições cuidadosamente, contratando apenas aqueles que parecem se encaixar na nova cultura.
5. Obrigar a participação de todos os colaboradores em programas de treinamento da cultura para entenderem melhor as ações relacionadas à cultura e condutas esperadas.
6. Elaborar incentivos de remuneração que melhorem o pagamento de equipes e indivíduos que exibam as condutas culturais desejadas, enquanto se esvaziam os bolsos daqueles que resistem às mudanças.
7. Revisar políticas e procedimentos da empresa para ajudar a impulsionar a mudança cultural.

AÇÕES SIMBÓLICAS DE MUDANÇA DA CULTURA Existe também um lugar importante para ações gerenciais simbólicas alterarem uma cultura-problema e reforçarem a adequação entre estratégia e cultura. As ações mais simbólicas são aquelas que os altos executivos adotam para liderar pela sua própria *conduta exemplar*. Por exemplo, se a estratégia empresarial envolve um impulso para se tornar o produtor de baixo custo do setor, os getores seniores devem exibir a modéstia em suas próprias ações e decisões: decorações baratas nas salas de executivos, contas de despesas e concessões para entretenimento comedidas, um quadro de colaboradores enxuto no escritório corporativo, poucas regalias para os executivos e assim por diante. Na Walmart, todos os escritórios de executivos são decorados com simplicidade; os executivos costumam agir com moderação e controlam os custos e promovem a maior eficiência incansavelmente. Na Nucor, uma das maiores fabricantes de produtos de aço a baixo custo, os executivos viajam de classe econômica e usam táxis em aeroportos, em vez de limusines. Os altos executivos devem ficar alertas ao fato de que os colaboradores da empresa fiscalizarão suas ações e decisões para ver se eles estão sendo coerentes com o que falam.[32]

Outra categoria de ações simbólicas inclui fazer eventos cerimoniais para destacar e homenagear pessoas cujas ações e desempenho exemplificam o que é exigido na nova cultura. Comemorar o sucesso de cada mudança da cultura da empresa traz um benefício. Os executivos sensíveis ao seu papel em promover a adequação da estratégia-cultura habituam-se a comparecer nos eventos da empresa para elogiar indivíduos e grupos que seguem o programa. Eles aparecem em programas de treinamento dos colaboradores para ressaltar as prioridades estratégicas, valores, princípios éticos e normas culturais. Cada reunião de grupo é vista como uma oportunidade para colher e infundir valores, elogiar as boas realizações e citar exemplos de como as novas práticas de trabalho e abordagens operacionais levaram a resultados aprimorados.

Condução do processo de execução de estratégias

Conduzir o processo de execução da estratégia requer que os gestores seniores estejam em campo, vendo pessoalmente como as operações estão funcionando e avaliando o progresso que está sendo feito. É necessário que os gestores da empresa sejam persistentes e estejam dispostos a atacar questões e problemas, identifiquem os obstáculos na

---

[32] Judy D. Olian e Sara L. Rynes, "Making Total Quality Work: Aligning Organizational Processes, Performance Measures, and Stakeholders", *Human Resource Management* 30, n. 3 (Fall 1991), p. 324.

trajetória da excelência operacional para que assim possam liberar o caminho para o progresso – o objetivo deve ser a obtenção de melhores resultados com rapidez e produtividade. E é preciso pressionar construtiva e permanentemente as unidades organizacionais para (1) demonstrarem consistência crescente na execução da estratégia, e (2) atingirem metas de desempenho – afinal, tudo gira em torno da execução da estratégia e resultados financeiros excelentes.

Chega um momento em toda empresa em que os gestores precisam afinar ou reformular as abordagens à execução da estratégia e buscar resultados melhores. Claramente, quando o esforço de execução da estratégia empresarial não está oferecendo bons resultados nem alcançando um progresso mensurável em direção à excelência operacional, cabe ao líder tomar a iniciativa e buscar ações corretivas. O sucesso em iniciar essas ações em geral depende de uma análise completa da situação, do exercício do bom julgamento na decisão das ações a serem tomadas e da boa implementação das ações corretivas a serem iniciadas. Gestores bem-sucedidos conseguem colocar a empresa no rumo certo, com habilidade e rapidez. Os gestores que procuram mostrar um progresso razoável na geração de bons resultados e no aprimoramento do desempenho de atividades da cadeia de valor fundamentais à estratégia são mais propensos a serem substituídos.

Os desafios de liderar um esforço de execução da estratégia bem-sucedido são, sem dúvida, substanciais.[33] Essa tarefa é, contudo, factível. Uma vez que cada caso de execução de estratégia ocorre em circunstâncias organizacionais diferentes, a agenda dos dirigentes precisa sempre ser específica a uma situação – não existe procedimento genérico a seguir. E, como dissemos no início do capítulo, executar a estratégia é uma tarefa direcionada para a ação, para fazer as coisas certas acontecerem, e que desafia a competência de um gestor para liderar e dirigir a mudança organizacional, criar ou reinventar processos empresariais, gerenciar e motivar as pessoas e atingir metas de desempenho.

✓ PONTOS-CHAVE

Implementar e executar a estratégia é uma atividade direcionada para as operações que gira em torno do gerenciamento de pessoas e dos processos empresariais. A ênfase gerencial está na conversão dos planos estratégicos em ações e bons resultados. *A condução dos processos de implementação e execução da estratégia escolhida pelos dirigentes pode ser considerada um sucesso se e quando a empresa atingir o desempenho estratégico e financeiro almejado e mostrar bom progresso em seus esforços de transformar sua visão estratégica em realidade.*

Como acontece com a elaboração da estratégia, executá-la é uma tarefa de toda a equipe gerencial da empresa, e não apenas de alguns gestores que estão no comando. Os gestores do primeiro escalão precisam contar com o apoio ativo e a cooperação de gestores menos graduados para passar as mudanças na estratégia para as áreas funcionais e as unidades operacionais, a fim de que o funcionamento diário da empresa esteja realmente de acordo com a estratégia.

Oito tarefas gerenciais aparecem repetidamente nos esforços da empresa para executar a estratégia:

---

[33] Para uma boa discussão acerca dos desafios, ver Daniel Goleman, "What Makes a Leader", *Harvard Business Review* 76, n. 6 (November-December 1998), p. 92-102; Ronald A. Heifetz e Donald L. Laurie, "The Work of Leadership", *Harvard Business Review* 75, n. 1 (January-February 1997), p. 124-134; e Charles M. Farkas e Suzy Wetlaufer, "The Ways Chief Executive Officers Lead", *Harvard Business Review* 74, n. 3 (May-June 1996), p. 110-122. Ver também Michael E. Porter, Jay W. Lorsch, e Nitin Nohria, "Seven Surprises for New CEOs", *Harvard Business Review* 82, n. 10 (October 2004), p. 62-72.

1. *Construir uma empresa capaz de executar a estratégia com sucesso.* Construir uma empresa capaz de uma boa execução da estratégia envolve três tipos de ações: (1) *preencher os cargos da empresa* – montar uma equipe talentosa de gestores capazes, recrutar e reter colaboradores com a experiência, as aptidões técnicas e o capital intelectual necessários; (2) *construir capacidades dinâmicas e competências essenciais* que permitirão a boa execução da estratégia e atualizá-las à medida que as condições externas e a estratégia mudam; e (3) *estruturar a empresa e o esforço de trabalho* – organizar atividades da cadeia de valor e processos empresariais e decidir o grau de autoridade na tomada de decisões que será passado para os gestores menos graduados e para os colaboradores da linha de frente.

2. *Alocar amplos recursos às atividades cruciais à estratégia.* Os gestores que implementam e executam uma estratégia nova ou diferente devem identificar os requisitos de recursos de cada nova iniciativa estratégica e então considerar se o padrão atual de alocação de recursos e os orçamentos das várias subunidades são adequados.

3. *Assegurar que as políticas e procedimentos da empresa facilitem em vez de impedir a execução eficaz da estratégia.* Quando uma empresa altera sua estratégia, os gestores devem rever suas políticas e procedimentos, revisar ou descartar aqueles que estão fora de sincronia e formular novos, para facilitar a execução de novas iniciativas estratégicas.

4. *Buscar o aprimoramento contínuo na maneira como as atividades da cadeia de valor são desempenhadas.* Benchmarking, a descoberta e adoção das melhores práticas, a reengenharia dos processos centrais de negócio e iniciativas de aperfeiçoamento contínuo como os programas de gestão da qualidade total (TQM) ou Seis Sigma – todos visam ao aprimoramento da eficiência, à redução de custos, à melhor qualidade do produto e à maior satisfação do cliente.

5. *Instalar sistemas de informação e operacionais capazes de permitir ao pessoal da empresa o desempenho das atividades essenciais.* Sistemas de suporte bem concebidos, de ponta, não só facilitam a melhor execução da estratégia como também fortalecem suficientemente as capacidades organizacionais para que elas forneçam uma vantagem competitiva sobre os concorrentes.

6. *Vincular as recompensas diretamente ao cumprimento dos objetivos de desempenho.* Para um sistema de compensação de incentivos funcionar bem (1) a compensação monetária deve ser uma parte importante do pacote de compensações; (2) o uso de incentivos deve se estender a todos os gestores e colaboradores; (3) o sistema deve ser administrado com cuidado e justiça; (4) os incentivos devem estar ligados a metas de desempenho detalhadas no plano estratégico; (5) as metas de desempenho de cada indivíduo devem envolver resultados que a pessoa pode influenciar pessoalmente; (6) as recompensas devem seguir imediatamente ao reconhecimento do bom desempenho; e (7) as recompensas monetárias devem ser suplementadas com o uso liberal de recompensas não monetárias.

7. *Estimular uma cultura corporativa que promova a boa execução da estratégia.* A psique das culturas corporativas varia amplamente. Existem quatro tipos de culturas insalubres: (1) aquelas que são altamente políticas e caracterizadas pelo fortalecimento da autoridade; (2) aquelas que são resistentes à mudança; (3) aquelas que são insulares e focadas para dentro; e (4) aquelas que não têm princípios éticos e são dirigidas pela ganância. As culturas de alto desempenho e as culturas adaptativas têm aspectos positivos que conduzem à boa execução da estratégia.

8. *Exercer uma liderança interna necessária para impulsionar a implementação.* Conduzir o esforço para a boa execução da estratégia e a excelência operacional exige três ações por parte do gestor encarregado: (1) ficar no comando do que está acontecendo, monitorando de perto o progresso e identificando os obstáculos à boa execução; (2) fazer pressão construtiva na empresa, a fim de atingir bons resultados e operar a excelência; e (3) buscar ações corretivas para aprimorar a execução da estratégia e atingir os resultados almejados.

EXERCÍCIOS DE REFORÇO DA APRENDIZAGEM

1. Leia alguns artigos recentes sobre o Seis Sigma postados em isixsigma.com. Prepare um relatório de uma página ao seu instrutor detalhando como o Seis Sigma está sendo usado em várias empresas e quais os benefícios que essas empresas estão colhendo com a implementação desse programa.

2. Consulte a edição mais recente da *Fortune* contendo "As 100 Melhores Empresas para se Trabalhar" (em geral na última edição de janeiro ou primeira de fevereiro, ou acesse www.fortune.com para acessar a lista) e identifique pelo menos cinco incentivos de remuneração e práticas de trabalho que essas em-

presas usam para aumentar a motivação dos colaboradores e recompensá-los pelo bom desempenho estratégico e financeiro. Você deve identificar os métodos de compensação e práticas de trabalho que são diferentes daqueles citados em "Conceitos e conexões 10.1".

3. (MA7) Vá para a seção Jobs (Empregos) em www.intel.com e veja o que a empresa tem a dizer sobre sua cultura nos *links* para Careers, Diversity e The Workplace. Esse *site* parece ser apenas propaganda de recrutamento ou ele transmite o tipo de clima de trabalho que a direção está tentando criar? Explique sua resposta.

✓ EXERCÍCIOS DE APLICAÇÃO PRÁTICA

1. (MA1, MA2, MA6, MA7) Como você descreveria a equipe de dirigentes de sua empresa? Algumas decisões são descentralizadas e delegadas individualmente a gestores? Em caso afirmativo, explique como a descentralização funciona. Ou as decisões são tomadas mais por consenso, considerando as sugestões de todos os gestores? Em sua opinião, quais são as vantagens e desvantagens da abordagem da tomada de decisão que sua empresa está empregando?

2. Você e seus colegas gestores alocaram amplos recursos para áreas fundamentais à estratégia? Em caso afirmativo, explique como esses investimentos contribuíram para a boa execução da estratégia e o desempenho aprimorado da empresa.

3. Sua empresa tem oportunidades de usar as técnicas de compensação de incentivo? Em caso afirmativo, explique a abordagem de sua empresa à compensação de incentivo. Existem evidências que você possa citar indicando as técnicas de compensação de incentivo usadas por sua empresa que funcionaram? Por exemplo, os incentivos de compensação de sua empresa realmente estimularam a produtividade? Você consegue citar evidências indicando que os ganhos de produtividade resultaram em custos mais baixos com mão de obra? Se os ganhos de produtividade não se traduziram em custos mais baixos de mão de obra, então é justo dizer que a forma como sua empresa usou a compensação de incentivo fracassou?

4. Se você estivesse fazendo um discurso para o pessoal da empresa, o que diria a eles sobre o tipo de cultura corporativa que você gostaria de ter em sua empresa? Que traços culturais específicos você gostaria que sua empresa exibisse? Explique.

Apêndice

Principais índices financeiros para avaliar o desempenho financeiro de uma empresa		
Índice	Como calcular	O que indica
Índices de lucratividade		
1. Margem de lucro bruta	$\dfrac{\text{Vendas} - \text{Custo das mercadorias}}{\text{Vendas}}$	Indica a porcentagem das receitas disponíveis para cobrir as despesas operacionais e obter lucro. Quanto maior for a porcentagem, melhor, e a tendência deve ser crescente.
2. Margem de lucro operacional (ou retorno sobre as vendas)	$\dfrac{\text{Vendas} - \text{Despesas operacionais}}{\text{Vendas}}$ ou $\dfrac{\text{Receita operacional}}{\text{Vendas}}$	Indica a lucratividade das operações atuais sem levar em conta as despesas de juros e o imposto de renda. Quanto maior for o lucro, melhor, e a tendência deve ser crescente.
3. Margem de lucro líquido (ou retorno líquido sobre as vendas)	$\dfrac{\text{Lucro após o imposto de renda}}{\text{Vendas}}$	Indica o lucro após o imposto de renda por dólar de venda. Quanto maior for o lucro, melhor, e a tendência deve ser crescente.
4. Retorno do ativo total	$\dfrac{\text{Lucro após o imposto de renda} + \text{Juros}}{\text{Ativo total}}$	Uma medida do retorno do investimento total na empresa. Os juros são acrescentados ao lucro após o imposto de renda para formar o numerador, pois o ativo total é financiado tanto pelos credores como pelos acionistas. Quanto maior for o retorno, melhor, e a tendência deve ser crescente.
5. Retorno do patrimônio líquido	$\dfrac{\text{Lucro após o imposto de renda}}{\text{Patrimônio líquido total}}$	Indica o retorno que os acionistas estão obtendo por seu investimento na empresa. Um retorno na faixa de 12 a 15% é médio, e a tendência deve ser crescente.
6. Lucro por ação	$\dfrac{\text{Lucro após o imposto de renda}}{\text{Número total de ações ordinárias}}$	Indica o lucro de cada ação ordinária emitida. A tendência deve ser crescente: quanto maior a porcentagem anual, melhor.
Índices de liquidez		
1. Índice de liquidez corrente	$\dfrac{\text{Ativo circulante}}{\text{Passivo circulante}}$	Indica se a empresa é capaz de pagar o passivo circulante sem depender da venda de seus estoques.
2. Índice de liquidez seca (ou teste ácido)	$\dfrac{\text{Ativo circulante} - \text{Estoques}}{\text{Passivo circulante}}$	Indica se a empresa é capaz de pagar o passivo circulante usando os ativos que podem ser convertidos em fundos de curto prazo. O índice deve ser obrigatoriamente maior que 1; um índice de 2 ou mais é melhor ainda.
3. Capital de giro	Ativo circulante − Passivo circulante	Quanto maior o valor melhor, porque a empresa possui fundos disponíveis para (1) pagar pontualmente seu passivo circulante, e (2) financiar o aumento do estoque, um maior volume de contas a receber e uma base mais ampla de operações sem recorrer a empréstimos ou obter mais capital acionário.

(continua)

Principais índices financeiros para avaliar o desempenho financeiro de uma empresa (continuação)		
Índice	Como calcular	O que indica
Índices de alavancagem		
1. Índice dívidas/ativo	$\dfrac{\text{Dívidas totais}}{\text{Ativo total}}$	Indica em qual grau os fundos emprestados foram empregados para financiar as operações da empresa. Índices baixos são melhores – os índices altos indicam um uso excessivo de empréstimos e um maior risco de falência.
2. Índice de endividamento sobre patrimônio líquido	$\dfrac{\text{Dívidas totais}}{\text{Patrimônio líquido total}}$	Geralmente deve ser menor que 1. Índices elevados (especialmente maiores que 1) sinalizam endividamento excessivo, menor classificação de crédito e um balanço patrimonial menos sólido.
3. Índice de endividamento sobre patrimônio líquido de longo prazo	$\dfrac{\text{Dívidas de longo prazo}}{\text{Patrimônio líquido total}}$	Indica o equilíbrio entre dívidas e patrimônio líquido na estrutura de capital de longo prazo da empresa. Índices baixos indicam maior probabilidade de tomar empréstimo adicional de fundos, se necessário.
4. Índice de cobertura dos juros	$\dfrac{\text{Lucro operacional}}{\text{Despesas de juros}}$	Indica a capacidade para pagar as despesas de juros anuais. Os financiadores geralmente insistem em um índice mínimo de 2, porém índices acima de 3 permitem uma melhor classificação de crédito.
Índice de atividade		
1. Prazo médio de estocagem	$\dfrac{\text{Estoque}}{\text{Custo das mercadorias vendidas} \div 365}$	Indica a eficiência do gerenciamento dos estoques. Períodos de estocagem menores geralmente são melhores.
2. Rotação de estoques	$\dfrac{\text{Custo das mercadorias vendidas}}{\text{Estoque}}$	Mede o número de vezes que o estoque gira por ano. Quanto maior, melhor.
3. Prazo médio de recebimento	$\dfrac{\text{Contas a receber}}{\text{Vendas totais} \div 365}$ ou $\dfrac{\text{Contas a receber}}{\text{Vendas diárias médias}}$	Indica o tempo médio que a empresa precisa esperar pelo pagamento após a realização de uma venda. Um período menor é melhor.
Outras medidas importantes de desempenho		
1. Retorno dos dividendos (*yield*) sobre as ações ordinárias	$\dfrac{\text{Dividendos anuais por ação}}{\text{Cotação atual da ação}}$	Uma medida do retorno que os acionistas recebem sob a forma de dividendos.
2. Índice preço/lucro	$\dfrac{\text{Cotação atual da ação}}{\text{Lucro por ação}}$	Índices P/L acima de 20 indicam uma grande confiança do investidor nas perspectivas e no crescimento dos lucros da empresa; empresas cujos lucros futuros são incertos ou tendem a crescer de modo lento normalmente possuem índices inferiores a 12.
3. Índice de distribuição de dividendos (*payout*)	$\dfrac{\text{Dividendos anuais por ação}}{\text{Lucro por ação}}$	Indica a porcentagem do lucro após o imposto de renda pago como dividendo.

(*continua*)

Apêndice

Principais índices financeiros para avaliar o desempenho financeiro de uma empresa (continuação)		
Índice	Como calcular	O que indica
4. Fluxo de caixa interno	Lucro após o imposto de renda + Depreciação	Uma estimativa rápida e aproximada dos fundos que os negócios das empresas estão gerando após o pagamento das despesas operacionais, dos juros e do imposto de renda. Tais recursos podem ser usados para o pagamento de dividendos ou para financiar o investimento em bens de capital.
5. Fluxo de caixa livre	Lucro após o imposto de renda + Depreciação – Dispêndios de Capital – Dividendos	Uma estimativa rápida e aproximada do caixa dos negócios que uma empresa está gerando após o pagamento das despesas operacionais, juros e impostos, dividendos e os reinvestimentos necessários no negócio. Tais quantias podem ser usadas como fundos de despesas de capital adicionais, aquisições, planos de recompra de ações, pagamentos de dividendos mais altos, ou novas iniciativas estratégicas.

Caso 1

Apple Inc. em 2009

Lou Marino
University of Alabama
John Hattaway
University of Alabama
Katy Beth Jackson
University of Alabama

A caminho do quarto trimestre de 2009, a alta gerência da Apple tinha muitos motivos para estar empolgada. Steve Jobs voltara para dirigir a empresa depois de receber um transplante de fígado no início do mesmo ano; a empresa alcançara recordes no faturamento e lucro em seu trimestre mais recente; o novo iPhone 3Gs vendera mais de 1 milhão de unidades três dias após seu lançamento em 19 de junho, e os consumidores baixaram mais de 1,5 bilhão de aplicativos para o iPhone perto do primeiro aniversário da abertura de sua loja, The App Store. A Apple, no entanto, também enfrentava desafios significativos ao entrar no último trimestre de 2009. Havia certa preocupação de que Steve Jobs não seria tão eficiente no comando da empresa quanto o fora no passado, pois trabalharia em tempo parcial por ainda estar se recuperando da cirurgia. Além disso, o papel de Tim Cook como ex-diretor e atual diretor operacional não ficara tão claro depois do retorno de Jobs.

Os analistas também temiam que a Apple pudesse ter dificuldade para sustentar seu crescimento no mercado de *smartphones* quando a Nokia, a Research in Motion (fabricante de *smartphones* Blackberry), a HTC, a LG e a Samsung começaram a copiar muitas das características do iPhone. O iPhone era fundamental para a Apple continuar aumentando seu faturamento e lucro líquido, visto que a empresa era a terceira maior vendedora de *smartphones* do mundo, com 12,9% de participação de mercado no ano encerrado em 2008. Os *smartphones*, que são celulares com várias funções, capazes de enviar e receber e-mails, navegar na internet, ver fotos e vídeos e ouvir música, eram o tipo de celular que estava crescendo mais rapidamente e sendo vendido pelos preços mais altos no setor de telefonia móvel.

Outra preocupação girava em torno do efeito que a recessão econômica nos Estados Unidos e em outros países desenvolvidos teria no faturamento e nos lucros da Apple. Dados econômicos divulgados pelo U.S. Department of Commerce em julho de 2009 indicavam que a recessão de 2008 e 2009, medida pelo Produto Interno Bruto (PIB) em queda, foi a mais longa e grave desde a Grande Depressão. O efeito da recessão no setor de tecnologia de consumo foi considerável, o faturamento geral em tecnologia de consumo teve queda de 4% em 2008 e o número de computadores despachados para o mundo todo caiu 5% durante os seis primeiros meses de 2009. A recessão provavelmente contribuiu para a queda anual de 7%, calculada no terceiro trimestre das vendas do iPod em 2009, e para o crescimento anual medíocre de 4% nas vendas de computadores Apple no terceiro trimestre de 2009. Não se sabia que efeito a economia estagnada teria nos filmes da Apple TV e nas locações de programação de TV ou nas músicas baixadas pela iTunes Store da Apple. Embora a gerência sênior possivelmente estivesse propensa comemorar os recentes sucessos da empresa, a convergência de desafios tão sérios enfrentados exigia uma avaliação de sua situação estratégica e de sua abordagem para manter a vantagem no setor de tecnologia de consumo.

A história da Apple Inc.

Steven Wozniak e Steven Jobs fundaram a Apple Computer em 1976, quando começaram a vender um computador pessoal com desenho grosseiro chamado Apple I para entusiastas do computador que trabalhavam no Vale do Silício. Dois anos depois, os sócios introduziram o primeiro computador pessoal produzido em massa, o Apple II, com o primeiro monitor em cores, que acabou vendendo mais de 10 mil unidades. Embora o Apple II fosse um relativo sucesso, a revisão seguinte da linha de produto, o Macintosh (Mac), provocaria uma mudança radical na compu-

---

Copyright © 2010 por Lou Marino. Todos os direitos reservados.

tação pessoal, por meio de sua interface gráfica de fácil uso (GUI) que permitia aos usuários interagirem com imagens na tela em vez de meramente digitar comandos de texto.

O Macintosh lançado em 1984 representou um avanço em computação pessoal, mas não tinha a velocidade, a potência ou a disponibilidade de *software* para competir com o computador introduzido pela IBM em 1981. Uma das razões para essa falta de *softwares* necessários ao Macintosh era a imposição de várias restrições por parte da Apple ao Apple Certified Developer Program, que dificultava aos desenvolvedores de *software* a aquisição de Macs com desconto e o recebimento de materiais informativos sobre o sistema operacional.

As fracas vendas do Mac levaram Steve Jobs a fazer duras críticas ao presidente e diretor da empresa, John Sculley, que fora contratado para o conselho administrativo em 1983. Finalmente, em 1985, quando Sculley se preparava para uma visita à China, Jobs arquitetou um golpe para substituí-lo. Sculley descobriu o plano e cancelou a viagem. Logo depois do voto unânime do conselho da Apple para manter Sculley no cargo, Jobs, que era mantido como *chairman* da empresa mas não tinha autoridade para tomar decisões, se demitiu. Durante o resto do ano de 1985, a Apple continuou a enfrentar problemas, demitiu um quinto de seus colaboradores e divulgou seu primeiro trimestre de perda. Além disso, Sculley entrou em litígio judicial com Bill Gates da Microsoft por causa da introdução do Windows 1.0, que usava tecnologia semelhante ao GUI do Mac. Gates acabou assinando um documento que, de fato, assegurava que a Microsoft não usaria a tecnologia Mac no Windows 1.0, mas não fez promessa nenhuma para qualquer versão posterior do Windows. Em síntese, a Apple perdera o direito de exclusividade de uso da interface gráfica.

Apesar desses contratempos, a Apple continuou levando produtos inovadores para o mercado, enquanto guardava segredos de sua tecnologia. Em 1987, lançou uma versão melhorada do Macintosh, que provou ser um sucesso considerável. Esse computador era fácil de usar, passando a ser o preferido nas escolas e no uso doméstico. Além disso, o segundo Macintosh tinha excelentes capacidades gráficas. Por volta de 1990, no entanto, os computadores com *software* Microsoft inundaram o mercado e a tecnologia Windows prevaleceu de longe sobre a tecnologia Mac, porque a Microsoft licenciou seu *software* para ser usado em computadores fabricados por diferentes empresas.

Em 1991, a Apple lançou sua primeira geração de computador *notebook*, o PowerBook, e em 1993 o conselho administrativo da Apple decidiu tirar Sculley da posição de diretor, e Michael Spindler foi escolhido para substituir o diretor operacional. Embora Spindler não fosse um líder acessível, bem apessoado, ele supervisionou o desenvolvimento de vários produtos importantes da Apple. Primeiro, em 1994, a Apple lançou a família PowerMac de computadores, os primeiros Macs a incorporar o *chip* PowerPC, um processador muito rápido desenvolvido em parceria com a Motorola e a IBM. Spindler também fez uma tentativa um tanto hesitante de licenciar o sistema operacional Macintosh (Mac OS) a outras empresas, mas muito poucas aceitaram por acharem os acordos de licenciamento restritivos demais.

Por volta de 1995, a Apple teve problemas maiores, incluindo US$ 1 bilhão em pedidos devolvidos e falta de peças para construir as máquinas. E pior: no final do verão de 1995, a Microsoft lançou o Windows 95, que tinha boas condições para competir com o Mac OS. Durante o inverno de 1995-96, a Apple cometeu alguns equívocos referentes a sua linha de produto e teve perda naquele trimestre. Em janeiro de 1996, a Apple pediu a Spindler para se demitir e escolheu Gil Amelio, ex-presidente da National Semiconductor, para assumir seu lugar.

Nos cem primeiros dias de gestão, Amelio anunciou muitas mudanças radicais para a empresa. Ele dividiu a Apple em sete partes distintas, cada uma responsável por seu próprio lucro ou perda, e tentou informar melhor os desenvolvedores e os consumidores sobre os produtos e projetos da Apple. Embora a empresa anunciasse uma perda no primeiro trimestre de US$ 740 milhões em 1996, diminuiu suas perdas para US$ 33 milhões no segundo trimestre, um feito que os especialistas financeiros não imaginaram que a Apple conseguisse realizar. No final de 1996, a empresa surpreendeu o setor ao anunciar que planejava adquirir a NeXT, fundada por Steve Jobs depois que ele saiu da Apple em 1985; Jobs seria recontratado pela Apple, como parte da aquisição. A finalidade da aquisição era controlar a NeXTstep, a base que a Apple planejava usar em seu sistema operacional da próxima geração, o Rhapsody. No verão de 1997, depois de anunciar perdas de vários milhões de dólares em mais um trimestre, a Apple chegou à conclusão que Gil Amelio fez vários aprimoramentos significativos nas operações da Apple, mas que seu papel na empresa havia se esgotado. Não foi anunciada uma substituição permanente, mas Fred Anderson, diretor financeiro, assumiu o comando das operações diárias; o papel de Jobs na empresa também foi ampliado.

O "papel ampliado" de Jobs logo se tornou mais claro em termos de suas responsabilidades – a Apple não tinha diretor, os preços das ações eram os mais baixos em cinco anos e era preciso tomar decisões importantes. Jobs era considerado "diretor interino", e 1997 provou ser um marco para sua empresa. O MacWorld Boston foi realizado em agosto, e Jobs foi o orador que mais se destacou. Ele usou o evento para fazer vários anúncios importantes que dariam uma guinada na Apple: a renovação quase total do conselho administrativo, uma campanha publicitária agressiva e uma aliança com a Microsoft. A Microsoft recebeu US$ 150 milhões em ações da Apple, que teria uma licença de patente cruzada por cinco anos; assim, a antiga disputa judicial entre as duas empresas finalmente foi resolvida. Como parte da solução da disputa judicial, a Microsoft pagou uma quantia não revelada para a Apple retirar a queixa de roubo de propriedade intelectual (a interface gráfica do Mac) e concordou em tornar o Windows 98 disponível para os usuários do Mac no final daquele mesmo ano. Jobs também encerrou definitivamente os acordos de licenciamento da Apple com outras empresas, comprando todas, menos uma, entendendo que aquela empresa serviria apenas ao mercado de baixa renda (computadores vendidos por menos de US$ 1 mil). Em uma conferência à imprensa no final de 1997, Jobs anunciou que a Apple começaria a vender direto aos consumidores, pela internet e por telefone. Em uma semana, a loja Apple era o terceiro *site* de *e-commerce* com mais vendas na internet.

Jobs continuou a fazer várias mudanças durante 1998, ano em que a Apple relatou lucro em todos os trimestres. O preço das ações da Apple estava em alta, e a empresa tinha lançado o iMac, dando um *design* totalmente novo para o Macintosh que serviria ao mercado de consumidores de baixa renda. O computador tinha capacidades de processamento superiores àquelas de que a maioria dos consumidores precisava e o preço era acessível. No outono daquele ano, o iMac era o computador mais vendido nos Estados Unidos. A Apple acompanhou aquele sucesso introduzindo o iBook em 1999, a contraparte móvel do iMac, um *laptop* com estilo, acessível e potente. Durante todo o ano de 1999, as ações da Apple continuaram a disparar, e no outono atingiram valores superiores a US$ 70.

No início de 2000, Jobs anunciou que agora seria o diretor permanente da Apple. O restante do ano seguiu um ritmo lento para a Apple e para as demais empresas do setor de informática. Como resultado, a Apple relatou sua primeira perda trimestral em três anos. No final de 2000, a empresa fez um corte geral nos preços; no início de 2001, lançou um novo conjunto de PowerMacs com *drives* ópticos, os quais permitiam que os consumidores ouvissem e gravassem CDs e também rodassem e gravassem arquivos para DVDs. Em maio de 2001, Jobs anunciou a abertura de várias lojas de varejo que venderiam produtos da Apple e de terceiros, inclusive MP3 *players*, câmeras digitais e câmeras de vídeo digitais.

Em outubro de 2001, a Apple lançou o iPod – um produto que revolucionou a empresa e o setor de leitores digitais de música. Em 2003, quando a empresa lançou o iTunes, a loja de varejo *on-line* na qual os consumidores podiam comprar músicas legalmente, a iniciativa de risco teve um sucesso enorme. No início, a tecnologia era disponível apenas para Macs, mas desde então passou a estar ao alcance também dos usuários de computadores. Em julho de 2004, 100 milhões de músicas tinham sido vendidas e o iTunes teve uma participação de mercado de 70% entre todos os serviços legais que permitiam baixar músicas *on-line*. O sucesso da Apple continuou a aumentar, em grande parte graças ao iPod e ao iTunes.

Em 2005, a liderança de Jobs tinha colocado a Apple na dianteira do setor de aparelhos de música digital e tinha colocado a empresa mais uma vez como participante no setor de computadores. Do momento em que Jobs voltou para a Apple, ele teve uma ideia atrás da outra para aprimorar a empresa e dar uma guinada em seu desempenho. Ele não só estimulava novas ideias e produtos inovadores, mas também implantava várias mudanças estruturais, tendo inclusive livrado a empresa de segmentos e divisões não lucrativos. Além disso, conseguiu mesclar seu estilo de liderança, que privilegiava o espírito e os padrões sobre os quais a Apple fora fundada, com a disciplina profissional que faltara ao Jobs mais novo. Jobs também atribuiu o sucesso da Apple a sua talentosa equipe gerencial, que incluía Tim Cook.

Timothy D. Cook era vice-presidente-executivo de vendas e operações da Apple. Cook se reportava ao diretor e gerenciava a cadeia de suprimento, as atividades de vendas e os serviços e suporte da

Apple em todos os mercados e países. A sua posição era responsável por manter a flexibilidade da Apple em atender aos consumidores mais exigentes. Cook tinha trabalhado para a IBM e depois para a Compaq, ganhando vasta experiência em setores tecnológicos. Jobs determinava a visão para a empresa, ao passo que Cook e os outros integrantes da equipe executiva e do conselho administrativo eram responsáveis por assegurar que todas as operações da Apple funcionassem de forma eficiente e harmoniosa. Juntos, eles trabalhavam para assegurar que a Apple continuasse a ser uma empresa inovadora, vital, em um ambiente muito competitivo. Cook assumiu o papel de diretor atuante depois que Steve Jobs ausentou-se da empresa para determinar a causa da piora de sua saúde, que se tornou evidente no outono de 2008.

A situação da Apple em 2009

Sob a liderança de Cook, as vendas de computadores, iPods, iPhones e *downloads* do iTunes permitiram que a Apple tivesse recordes de lucro e faturamento anual em 2008 – recordes que, tudo indicava, seriam batidos em 2009. A empresa divulgou seus melhores resultados trimestrais no terceiro trimestre do ano fiscal de 2009, com faturamento de US$ 8,34 bilhões comparado a US$ 7,46 bilhões para o mesmo trimestre do ano anterior e um lucro trimestral líquido de US$ 1,23 bilhão, comparado a US$ 1,07 bilhão no mesmo período de 2008. A Apple comercializou 2,6 milhões de unidades Macintosh (4% a mais em relação ao mesmo trimestre do ano anterior), 10,2 milhões de iPods (uma queda de 7% comparada ao mesmo trimestre do ano anterior) e 5,2 milhões de iPhones (um aumento de 626% comparado ao terceiro trimestre de 2008). Um resumo do desempenho financeiro da Apple para os anos fiscais de 2005-2008 é fornecido no Quadro 1.

De modo geral, a Apple realizava uma administração de seus negócios dividindo-os por área. Seus segmentos básicos incluíam as Américas (América do Norte e do Sul); Europa, África e Oriente Médio; e Japão. A empresa também tinha uma divisão de varejo que operava as lojas de sua propriedade nos Estados Unidos, Itália, Japão, Canadá e Reino Unido. As linhas de produtos básicos da empresa eram os produtos Macintosh (inclusive *desktops* e computadores portáteis), iPods, iPhones, iTunes (inclusive outros produtos e serviços relacionados a música); periféricos (inclusive outro *hardware*); e *software*, serviços e outras vendas. As vendas líquidas da empresa por segmento operacional e linhas de produto e as vendas unitárias por linha de produto para 2004 a 2008 são apresentadas no Quadro 2.

Setor de computadores pessoais

No segundo trimestre de 2009, o mercado mundial de computadores caiu 5% comparado ao segundo trimestre de 2008. No mercado norte-americano, o total de aparelhos expedidos teve uma leve queda de 1,2%. O setor de computadores estava relativamente consolidado, e o mercado norte-americano era dominado por cinco vendedores que controlavam coletivamente 81,4% do mercado (veja o Quadro 3). Internacionalmente, os cinco maiores fabricantes de computadores controlavam 60,1% do mercado, e a Apple respondia por apenas 2% das expedições internacionais de computadores. Antes do início da recessão que teve impacto na maioria dos países desenvolvidos, esperava-se um crescimento no setor da ordem de 5 a 6% para alcançar US$ 354 bilhões por volta de 2012. A recessão nos Estados Unidos foi, contudo, além das projeções dos economistas, o que levou a maioria dos analistas do setor a evitar previsões assertivas sobre a futura demanda.

Operações de computadores da Apple

Embora o faturamento da Apple viesse cada vez mais de produtos não relacionados a computadores, basicamente o iPod e o iPhone, a empresa ainda via os computadores como seu negócio essencial. O sistema operacional exclusivo da Apple e fortes capacidades para lidar com artes gráficas diferenciavam os Macs dos PCs, mas muitos consumidores e empresas que tinham PCs ficavam hesitantes em comprar um Mac por causa do preço mais alto do e da curva de aprendizagem envolvida no domínio de seu sistema operacional exclusivo. Muitos analistas ainda projetavam que a maior oportunidade de crescimento da Apple viria do efeito halo[*] projetado de iPods e iPhones e que alguns consumidores (mas provavelmente não as empresas) poderiam mudar para computadores Apple depois de comprar um iPod ou um iPhone.

---

[*] N. de R.T.: Efeito halo é a contaminação na avaliação de um quesito devido à opinião favorável ou desfavorável que o avaliador já tem.

Quadro 1
Resumo do desempenho financeiro da Apple, Inc., 2005-2008 (em milhões de dólares, exceto quantidade de ações, colaboradores e contratados)

	2008	2007	2006	2005
Vendas líquidas:				
Domésticas	$ 18.469	$ 14.128	$ 11.486	$ 8.334
Internacionais	14.010	9.878	7.829	5.597
Total das vendas líquidas	32.479	24.006	19.315	13.931
Custos e despesas:				
Custo das vendas	21.334	15.852	13.717	9.889
Pesquisa e desenvolvimento (P&D)	1.109	782	712	535
Venda geral e administrativa (VG&A)	3.761	2.963	2.433	1.864
Total das despesas operacionais	4.870	3.745	3.145	2.399
Receita operacional	6.275	4.409	2.453	1.643
Outras receitas e despesas	620	599	365	165
Receita antes da provisão para imposto de renda	6.895	5.008	2.818	1.808
Provisão para imposto de renda	2.061	1.512	829	480
Receita líquida	$ 4.834	$ 3.496	$ 1.989	$ 1.328
Lucro por ação ordinária – diluído	$ 5.36	$ 3.93	$ 2.27	$ 1.55
Ações usadas no cálculo do lucro por ação – diluído (em milhares)	902.139	889.292	877.526	856.878
Posição financeira em setembro do ano vigente				
Caixa, equivalentes de caixa e investimentos no curto prazo	$ 24.490	$ 15.386	$ 10.110	$ 8.261
Contas a receber, líquidas	2.422	1.637	1.252	895
Estoques	509	346	270	165
Propriedade, fábrica e equipamentos, líquido	2.455	1.832	1.281	817
Total dos ativos	39.572	25.347	17.205	11.516
Passivo circulante	14.092	9.299	6.443	3.487
Passivo não circulante	4.450	1.516	778	601
Patrimônio dos acionistas	$ 21.030	$ 14.532	$ 9.984	$ 7.428
Colaboradores contratados	32.010	21.550	17.787	14.806
Colaboradores temporários e serviços contratados	3.066	2.116	2.399	2.020
Venda líquida internacional como porcentagem da venda líquida total	43%	41%	41%	40%
Margem bruta como porcentagem da venda líquida total	34,3%	34,0%	29,0%	29,0%
P&D como porcentagem da venda líquida	3%	3%	4%	4%

Fonte: Apple Investor Relations, http://media.corporate-ir.net/media_files/irol/10/107357/AAPL_3YR_Q407.pdf (acessado em 13 de julho de 2008); http://media.corporate-ir.net/media_files/irol/10/107357/AAPL_3YR_Q407.pdf (acessado em 13 de julho de 2008); e http://library.corporate-ir.net/library/10/107/107357/items/314467/AAPL_3YR_Q4FY08.pdf (acessado em 30 de julho de 2009).

Quadro 2

Vendas líquidas da Apple, Inc., por segmento operacional, vendas líquidas por produto e vendas unitárias por produto, 2004-2008 (em milhões de dólares)

	2008	2007	2006	2005	2004
VENDAS LÍQUIDAS POR SEGMENTO OPERACIONAL					
Vendas líquidas na América	$ 14.573	$ 11.596	$ 9.415	$ 6.950	$ 4.019
Vendas líquidas na Europa	7.622	5.460	4.096	3.073	1.799
Vendas líquidas no Japão	1.509	1.082	1.211	920	677
Vendas líquidas no varejo	6.315	4.115	3.246	2.350	1.185
Vendas líquidas em outros segmentos[a]	2.460	1.753	1.347	998	599
Total das vendas líquidas	$ 32.479	$ 24.006	$ 19.315	$ 13.931	$ 8.279
VENDAS LÍQUIDAS POR PRODUTO					
Computadores de mesa[b]	$ 5.603	$ 4.020	$ 3.319	$ 3.436	$ 2.373
Portáteis[c]	8.673	6.294	4.056	2.839	2.550
Total de vendas líquidas do Macintosh	$ 14.276	$ 10.314	$ 7.375	$ 6.275	$ 4.923
iPod	9.153	8.305	7.375	4.540	1.306
Outros produtos e serviços relacionados à música[d]	3.340	2.496	1.885	899	278
iPhone e produtos e serviços relacionados[e]	1.844	123	—	—	—
Periféricos e outros *hardwares*[f]	1.659	1.260	1.100	1.126	951
Software, serviços e outras vendas[g]	2.207	1.508	1.279	1.091	821
Total das vendas líquidas	$ 32.479	$ 24.006	$ 19.315	$ 13.931	$ 8.279
VENDAS UNITÁRIAS POR PRODUTO					
Computadores de mesa[b]	3.712	2.714	2.434	2.520	1.625
Portáteis[c]	6.003	4.337	2.869	2.014	1.665
Total de vendas de unidades Macintosh	9.715	7.051	5.303	4.534	3.290
Vendas líquidas por unidade de Macintosh vendida[h]	$ 1.469	$ 1.463	$ 1.391	$ 1.384	$ 1.496
Vendas unitárias de iPod	54.828	51.630	39.409	22.497	4.416
Vendas líquidas por unidade vendida de iPod[i]	$ 167	$ 161	$ 195	$ 202	$ 296
Vendas por unidade de iPhone	11.627	1.389	—	—	—

[a] Outros segmentos incluem Pacífico Asiático e FileMaker.
[b] Inclui iMac, eMac, Mac mini, Power Mac e linhas de produto Xserve.
[c] Inclui MacBook, MacBook Pro, iBook e linhas de produto PowerBook.
[d] Vendas na iTunes Music Store, serviços de iPod e acessórios iPod de terceiros e da marca Apple.
[e] Derivadas das vendas de aparelhos portáteis, acordos com transportadora e acessórios para iPhone de terceiros e da marca Apple.
[f] Inclui vendas de monitores da marca Apple e de terceiros, conectividade sem fio e soluções para *networking* e outros acessórios de *hardware*.
[g] Inclui vendas do sistema operacional da marca Apple, *software* de aplicação, *software* de terceiros, serviços AppleCare e de internet.
[h] Derivadas da divisão das vendas líquidas totais de Macintosh pelas vendas unitárias de iPod.
[i] Derivadas da divisão das vendas líquidas totais de iPod pelo total de vendas de unidades de iPods.

Fonte: Apple Inc., relatório 10-K com a SEC em 15 de novembro de 2007.

Quadro 3

Participação no mercado de computadores nos Estados Unidos, segundo trimestre de 2007, segundo trimestre de 2008 e segundo trimestre de 2009

EMPRESA	Q2 2007	Q2 2008	Q2 2009
Dell Inc.	27,9%	31,6%	26,0%
Hewlett-Packard	25,8	25,1	25,7
Acer	10,6	8,0	14,2
Apple	6,4	8,4	8,7
Toshiba	5,6	5,5	6,8
Outros	23,7	21,3	18,6

Fonte: www.gartner.com, outubro de 2008; e "Gartner Says Worldwide PC Shipments Declined 5 Percent in Second Quarter of 2009", *Business Wire*, 15 de julho de 2009.

A linha de computadores da Apple consistia de vários modelos com diversas configurações. Suas linhas de computadores de mesa incluíam o Mac Pro (para usuários profissionais e empresas), o iMac (direcionado para uso comercial, educacional e doméstico) e o Mac mini (feito especificamente para uso doméstico). A Apple também tinha três linhas de produtos *notebook*: MacBook Pro (para uso avançado por profissionais e consumidores), MacBook (para uso educacional e doméstico) e MacBook Air (destinado para profissionais e consumidores). Em ambas as linhas de computadores de mesa e de *notebook*, os produtos "Power" eram para consumidores de alta renda e ofereciam mais potência a um preço diferenciado. Os outros modelos tinham preços mais acessíveis, mas ainda assim altos em relação às máquinas com Wintel (plataforma de computadores que usam uma versão do sistema operacional Windows).

O MacBook Air foi o lançamento mais recente da Apple, direcionado para usuários que valorizavam tanto a portabilidade quanto a potência. O *notebook* tinha tela de 13,3 polegadas, teclado grande, câmera de vídeo interna e conectividade sem fio de última geração. Esse *notebook* elegante tinha apenas 19,3 milímetros de altura máxima quando fechado e pesava somente 1,4 kg. Foi aclamado pela crítica por seu *design* e facilidade de uso, e foi um dos produtos que ajudaram a Apple a ganhar força na concorrência no setor. Todos os computadores da Apple tinham preços diferenciados, comparados aos *desktops* e *laptops* oferecidos pela Dell, HP e outros concorrentes. A empresa baixou os preços de todos os modelos em 10% ou mais em junho de 2009; o preço do Macbook Pro caiu para US$ 1.199 e o MacBook Air teve uma redução de US$ 300 no preço, caindo para US$ 1.499.

Concorrentes no mercado de computadores

DELL A Dell, líder em vendas do setor, registrou faturamento líquido de US$ 61,1 bilhões para o ano fiscal de 2009 (veja o Quadro 4). O faturamento da Dell para o ano de 2009 incluiu o efeito de uma queda de 48% nas vendas no quarto trimestre ano a ano que refletia o efeito da recessão nos Estados Unidos no setor de computadores. Desse faturamento, cerca de 29% vieram das vendas de computadores de mesa. Esses computadores variavam de máquinas vendidas a preços baixos até equipamentos sofisticados para jogos, com *hardware* e *software* de última geração. A concorrência no mercado de computadores de mesa, no entanto, estava baixando a lucratividade das vendas desses equipamentos. A Dell, empresa que tentava manter custos baixos por meio da cadeia de suprimento e da logística de distribuição, começava a ver uma mudança na demanda do consumidor para produtos com mobilidade (*laptops*, *notebooks*, computadores portáteis e *tablets*). Os *notebooks* da Dell,

Quadro 4

Faturamento da Dell por categoria de produto (% do faturamento total)

CATEGORIA DE PRODUTO	ANO FISCAL ENCERRADO EM		
	30/JAN./2009	1º/FEV./2008	2/FEV./2007
Produtos móveis (*notebooks* etc.)	31%	28%	27%
Computadores de mesa	29	32	34
Software e periféricos	17	16	16
Servidores e *networking hardware*	10	11	10
Consultoria profissional e suporte técnico	9	9	9
Produtos de armazenamento	4	4	4
Totais	100%	100%	100%

Fonte: relatórios 10-K de 2008 e 2009 da Dell Inc.

assim como seus computadores de mesa, variavam de modelos básicos, a preços baixos, até modelos com tecnologia de ponta a preços altos. Esse segmento mostrava um crescimento promissor no faturamento da Dell. A empresa também oferecia periféricos como impressoras, monitores, projetores e produtos WiFi, pois tentava assumir um papel como provedora de eletroeletrônicos além de fabricante de computadores.

HEWLETT-PACKARD O Hewlett-Packard Personal Systems Group (PSG) respondeu por cerca de 35,7% do faturamento da empresa de US$ 118 bilhões para 2008. Serviços de produção de imagem e outros responderam pela segunda maior porcentagem do faturamento da empresa: 24,8%. De 2007 a 2008, o PSG teve um crescimento de 16,2% no faturamento e um aumento de 22% no volume unitário. As vendas de computadores de mesa da empresa cresceram apenas 5% durante 2008, ao passo que o faturamento com *laptops* aumentou 28% entre 2007 e 2008. O crescimento mais forte da HP foi nos mercados emergentes. As vendas, no entanto, caíram 13% durante o primeiro trimestre de 2009, quando empresas e consumidores compraram menos computadores. O Quadro 5 fornece a contribuição da linha de produto PSG para o faturamento, de 2005 a 2008. Como a Dell, a HP oferecia computadores de mesa e *notebooks* com várias configurações, e os preços eram determinados pelas especificações oferecidas e o *hardware* contido nos sistemas. A HP também oferecia periféricos como televisores e dispositivos de mídia relacionados, e era conhecida nos mercados de produção de imagem e impressoras.

ACER A Acer, uma fabricante multinacional instalada em Taiwan, foi fundada em 1976 como Multitech, e contava com 11 colaboradores. Em 1979, a Acer projetou o primeiro computador produzido em massa para exportação; em 1985, fundou a primeira e a maior rede de fábricas de computadores franqueadas de Taiwan. A empresa ganhou o nome de Acer em 1987, e uma década depois comprou a divisão de computadores móveis da Texas Instruments. Por volta de 2008, a Acer se tornou a terceira maior fabricante de computadores do mundo. O faturamento consolidado da Acer para 2008 subiu aproximadamente 18% em relação ao ano anterior, alcançando US$ 16,6 bilhões, ao passo que a receita operacional aumentou 38%, alcançando US$ 428,8 milhões. Além disso, seu crescimento anual de 55% nas expedições globais durante 2008 fez com que se tornasse a fabricante de crescimento mais rápido do setor. O maior segmento geográfico da Acer era a Europa/Oriente Médio/África, que respondia por

Quadro 5

Hewlett-Packard Personal Systems Group, faturamento líquido (em milhões)

PRODUTO	2008	2007	2006	2005
Notebooks	$ 22.657	$ 17.650	$ 12.005	$ 9.763
Computadores de mesa	16.626	15.889	14.641	14.406
Estações de trabalho	1.902	1.721	1.368	1.195
Aparelhos portáteis	360	531	650	836
Outros	750	618	502	541
Total	$ 42.295	$ 36.409	$ 29.166	$ 26.741

Fonte: relatórios 10-K de 2007 e 2008 da Hewlett Packard.

54,3% das vendas de computadores, *desktops* e *notebooks* da empresa. A Acer tornou-se a empresa de crescimento mais rápido do setor nos Estados Unidos, em grande parte como resultado de sua estratégia multimarcas – a Acer, a Gateway, a eMachines e a Packard Bell vendiam computadores a preços distintos no mercado. A empresa baseava sua estratégia competitiva em seus quatro pilares de sucesso: um excelente modelo de negócio, produtos competitivos, uma estratégia de marketing inovadora e um modelo operacional eficiente. A oferta de computadores da empresa incluía *desktops* e computadores móveis, monitores LCD, servidores e armazenamento e TVs e projetores de alta definição. Perto de 2009, a empresa esperava conseguir continuar a aumentar o faturamento por meio de seu foco em *notebooks* com preços baixos vendidos em lojas populares de eletrônicos nos Estados Unidos.

Setor de *media player* portáteis

Mais de 100 empresas fabricavam *media players* portáteis em 2009, mas apenas quatro delas alegavam com legitimidade a verdadeira importância nesse mercado: Apple, Creative, SanDisk e Microsoft. O mercado de *media player* digital portátil era claramente dominado pela Apple, e sua maior concorrente, a SanDisk, capturava apenas 10% do mercado (veja o Quadro 6). As principais empresas no setor perceberam que seu sucesso continuado dependia não só de como elas podiam satisfazer seus atuais clientes, mas também de sua capacidade de atrair novos clientes. As pesquisas indicavam que a maioria dos compradores escolhia seu *player* com base na capacidade de música e multimídia, vida útil da bateria, tamanho e peso e facilidade de uso. O sucesso da Apple provou que muitos consumidores estavam dispostos a pagar mais por algum benefício percebido, fosse a qualidade, mais sofisticação tecnológica ou maior facilidade de uso. Os *players* baseados em *flash* estavam se tornando cada vez mais procurados pelos consumidores, por serem produtos à base de toque e pela conectividade com *bluetooth*. No entanto, à medida que o mercado amadurecia, o preço estava se tornando um fator cada vez mais importante nas decisões do consumidor.

iPod da Apple

Na maior parte da história de sucesso da Apple, ela se destacou por ser a primeira empresa a introduzir um conceito ou um produto, mas depois tinha dificuldades para manter o controle de sua participação de mercado naquela linha. Embora a Apple não tivesse introduzido o primeiro *music player* digital portátil (foi a EigerLabs, em 1998), o iPod, lançado em outubro de 2001, foi o primeiro a ganhar atenção e popularidade. Quando a Apple lançou seu iPod, muitos críticos não acreditavam muito em suas chances de êxito, dado seu preço razoavelmente alto de US$ 399. O sucesso do iPod, contudo, atingiu proporções tão fenomenais que um observador disse: "Agora ele é uma declaração de moda, e qualquer outro MP3 *player* é considerado a 'Marca X' para muitos consumidores".[1] Os especialistas no setor concordaram que o sucesso do iPod revolucionou o setor de música digital da mesma forma que o Walkman da Sony em 1980.

Quadro 6

Participação de mercado no setor de *music players* digitais (porcentagem baseada em unidades vendidas)

	Q1 2007	Q1 2008
Apple	72%	71%
SanDisk	10	11
Creative	4	2
Microsoft	3	4
Outros	11	12
Total	100%	100%

Fonte: NPD Group, 12 de maio, 2008.

Em junho de 2005, a Apple controlava bem mais de 70% do mercado de *music player* digital com disco rígido e mais de 40% do mercado de *player* com memória *flash*. Em julho de 2009, a Apple oferecia quatro estilos básicos na linha de produtos iPod e controlava 70% do mercado combinado de *players* de música digital com memória *flash* e *hard drive*. Os quatro modelos de iPod eram os seguintes:

- O iPod Shuffle, um *player* baseado em *flash* sem tela, rádio FM, ou gravador de voz. O modelo 4GB era capaz de armazenar mil músicas e sua bateria recarregável de íon de lítio fornecia até 10 horas de funcionamento.

- O *player* multimídia iPod Nano oferecido nos tamanhos 8GB (oito horas de vídeo ou 2 mil músicas) e 16GB (16 horas de vídeo ou 4 mil músicas), com uma interface *click wheel** para navegar os controles do *player*. Permitia aos usuários ver fotos e vídeos além de ouvir música (no formato AAC da Apple), e fornecia até 24 horas de reprodução de música e 4 horas de reprodução de vídeo com uma única carga.

- O iPod Classic, um *player* multimídia controlado por *click wheel*, oferecia um disco rígido de 120GB que, semelhante ao iPod Nano (menor), tocava música no formato AAC da Apple e podia exibir vídeos e fotos. O *player* 120GB guardava até 30 mil músicas ou 150 horas de vídeo e fornecia até 36 horas de reprodução de áudio ou 6 horas de reprodução de vídeo com uma única carga.

- O iPod Touch, um *player* multimídia e com memória *flash*, era controlado por meio de uma interface de toque (*multi-touch*) na tela, uma das especificações do iPhone. Oferecido em tamanhos de 8GB (1.750 músicas, 10 horas de vídeo), 16GB (3.500 músicas, 20 horas de vídeo) e 32GB (7 mil músicas, 40 horas de vídeo), fornecia até 22 horas de reprodução de música e 5 horas de reprodução de vídeo com uma única carga. Esse *player* multimídia tinha uma tela de 3,5 polegadas de largura e Wi-Fi interno, e assim os usuários podiam se conectar à internet e acessar *e-mail*, comprar música da loja iTunes e navegar na rede nos pontos que ofereciam conexão sem fio. Os usuários também tinham acesso (por toque) a mapas, temperatura, ações e ainda podiam fazer anotações por meio do aparelho. O Touch tinha

---

*N. de R.T.: *click wheel* é um painel circular de botões em que se pode navegar para cima, para baixo, para a direita e para a esquerda, comum em celulares e *players*.

um acelerômetro que detectava quando o aparelho mudava de posição, além de mudar automaticamente o *display* de retrato para paisagem.

Embora cada versão nova do iPod oferecesse tecnologia inovadora, as introduções de produtos apresentavam seus desafios. Os primeiros iPods foram criticados pela curta duração da bateria e acabaram levando a um processo de ação de classe contra a Apple, pois os usuários alegavam que a empresa havia feito propaganda enganosa sobre a vida útil da bateria recarregável usada no iPod. Embora a Apple negasse essa alegação, ofereceu um serviço de substituição de bateria por US$ 99 e propôs resolver o processo em junho de 2005, oferecendo aos compradores de iPods de primeira, segunda e terceira geração uma garantia estendida e um *voucher* de US$ 50. A Apple também teve problemas com o lançamento do Nano em 2005, pois os clientes reclamaram que o dispositivo travava e que o aparelho (principalmente a tela) facilmente ficava riscado ou parava de funcionar. A empresa ofereceu o conserto ou substituição desses dispositivos, mas esperava-se que a empresa enfrentasse novo processo como resultado desses problemas, a exemplo do movido por causa da vida útil da bateria.

Desconsiderando-se esses desafios, uma pesquisa com clientes feita pela *PC Magazine* em 2007 mostrou que os iPods da Apple tinha uma classificação significativamente mais alta do que outras marcas em termos de qualidade geral, qualidade do som, facilidade de uso e confiabilidade geral (veja o Quadro 7).

iTunes

Além da facilidade de uso do iPod, um dos principais fatores que contribuíram para a popularidade do iPod foi a combinação iPod/iTunes da Apple. De fato, apesar de afirmações exageradamente otimistas, muitos observadores do setor acreditavam que o iPod não teria atingido sua posição dominante sem o iTunes.

Primeiro a Apple lançou o *software* de gerenciamento de música digital do iTunes para computadores Macintosh, em 2001. Era inovador, mas só isso. Originalmente, o *software* pretendia permitir que os usuários armazenassem seu CD de música digital no disco rígido do computador e tornassem o conteúdo facilmente acessível. Assim que especificações como a capacidade de gravar CDs customizados foram acrescentadas ao *software*, o iTunes tornou-se cada vez mais útil para os consumidores.

Quando o iPod foi lançado em 2001, o iTunes foi adaptado rapidamente para permitir a sincronização entre o *software* de gerenciamento de músicas e o novo *music player*. Essa interface facilitou aos consumidores mover conteúdo de seu computador para o iPod, uma parte essencial do valor de produto. Embora o *software* iTunes fosse um componente-chave na estratégia da Apple, ele só teve um impacto significativo nas vendas do iPod na quarta edição do iTunes, lançada em abril de 2003.

Com o lançamento da quarta edição, Steve Jobs anunciou um acordo com os cinco maiores selos mu-

Quadro 7

Satisfação do cliente com MP3 *players* feita pela *PC Magazine* – pesquisas com os leitores

MP3 PLAYERS	GERAL	QUALIDADE DO SOM	FACILIDADE DE USO	CONFIABILIDADE
Apple	8,3	8,7	8,6	8,3
Microsoft	8,1	8,7	8,3	8,2
Creative	7,8	8,4	7,5	8,1
Archos	7,6	8,1	7,6	8,0
iRiver	7,6	8,4	7,2	8,1
Toshiba	7,6	8,5	8,1	8,0
SanDisk	7,5	8,0	7,5	7,9
Samsung	7,4	8,0	7,5	7,9
Sony	7,3	8,0	7,4	7,8
Média de satisfação dos clientes*	7,4	8,1	7,6	7,8

*Inclui também os escores da Dell, Rio, Panasonic, Philips e RCA.

Fonte: baseado em uma pesquisa de opinião feita pela *PC Magazine* em 31 de outubro de 2007, www.pcmag.com.

sicais para vender seu conteúdo em formato protegido de cópias da loja iTunes Music Store pela internet, e o mundo acompanhou isso. Foi a primeira vez que uma grande biblioteca de música popular ficou disponível em um único lugar por meio de um método simples. Jobs foi capaz de negociar o acordo com os selos por duas razões principais. Em primeiro lugar, os selos estavam ansiosos para oferecer uma fonte *on-line* legítima para sua música, visando reduzir o fluxo de música pirateada. Em segundo, as músicas fornecidas pela iTunes Music Store eram compactadas usando-se o Advanced Audio Coding (AAC) da própria empresa e protegidas com o sistema Fairplay Digital Rights Management da Apple, um dos mais fortes dos Estados Unidos.

Em outubro de 2003, uma versão do iTunes, inclusive a iTunes Music Store, foi lançada para usuários do Windows. Isso abriu imediatamente a loja de músicas da Apple para milhões de usuários antes sem acesso. Em outubro de 2005, a Apple introduziu uma nova versão do iTunes que vendia não só música, mas também vídeo. Essa versão foi lançada em conjunto com o iPod da Apple. Como no lançamento original do iTunes, a Apple formou parcerias com as principais redes, como ABC, NBC, ESPN e Disney, para tornar disponível, em formato seguro e codificado, conteúdos como programas de televisão, programas de esportes, noticiários e programas infantis.

Em 2009, o iTunes permitiu que os clientes não só comprassem música, vídeos, filmes e programas de televisão que pudessem ser vistos em qualquer iPod (com exceção do Shuffle e do iPhone) mas também alugassem filmes para iPods, iPhones ou televisores da Apple. A empresa anunciou que possuía um catálogo de mais de 10 milhões de músicas e mais de 5 bilhões delas foram baixadas da loja iTunes desde seu lançamento em 2001; foram a iTunes Store foi a varejista que mais vendeu músicas nos Estados Unidos. Além disso, a Apple anunciou que a iTunes era uma das lojas de filmes *on-line* mais procuradas – os clientes compravam e alugavam mais de 50 mil filmes por dia.

Concorrentes no setor de *media player* portátil

CREATIVE A Creative Labs tornou-se famosa primeiro por suas placas de som Sound Blaster, que estabeleceram o padrão no áudio de computadores em 1989. Desde então, a Creative foi líder no setor de tecnologia de áudio para computadores e construiu uma ampla base de usuários e um nome de marca forte nessa área. Alavancando essa posição, a Creative oferecia a maior e mais diversificada linha de produtos no setor:

- O Zen, um *player* multimídia baseado em *flash* do tamanho de um cartão de crédito, oferecido em cinco versões diferentes com discos rígidos variando de 2 a 32GB. Todas as versões Zen tinham tela de 2,5 polegadas e permitiam que os usuários ouvissem música tanto no formato AAC da Apple como nos formatos MP3 e WMA, além de permitir que rodassem vídeos, inclusive filmes alugados de serviços *on-line* e vissem fotos. Esse produto inovador foi classificado como um dos cem melhores produtos de 2008 pela *PC World*.

- O Zen Mozaic e o Zen V eram modelos com telas menores (1,8 polegada e 1,5 polegada, respectivamente) que tocavam música digital ou FM e permitiam que os usuários vissem fotos e vídeos.

- A linha Zen Stone, que incluía o Zen Stone, o Zen Stone com *speaker*, o Zen Stone Plus e o Zen Stone Plus com *speaker*. A linha Zen Stone incluía *players* baseados em *flash*, de 1 a 4GB, que estavam configurados para concorrer com o iPod Shuffle da Apple. O *player* mais básico, o Zen Stone, de 1GB, não tinha tela, mas era oferecido em seis cores e fornecia 10 horas de reprodução com uma única carga. O Zen Stone com *speaker* era oferecido em tamanhos de 1GB e 2GB e a bateria tinha vida útil superior àquela do Zen Stone, além de oferecer um *speaker* externo para que o aparelho pudesse ser usado sem fones de ouvido. O Zen Stone Plus, oferecido em 2GB e 4GB, tinha mais recursos, inclusive uma pequena tela, um rádio FM, um gravador de voz, relógio e cronômetro. A versão 2GB fornecia 9,5 horas de reprodução por carga, ao passo que a de 4GB oferecia 12 horas. O Zen Stone Plus com *speaker* era idêntico ao Zen Stone Plus, com a adição de um *speaker* externo e bateria com vida mais longa (de até 20 horas).

A Creative era reconhecida como uma das líderes em inovação no setor, e recebeu o prestigioso prêmio Best of CES da Consumer Electronics Show três anos consecutivos com seu Zen Portable Media Center em 2004, o Zen Microphoto em 2005 e com o Zen Vision: M em 2006. Em 2008, a Creative introduziu a tecnologia Zen X-FiXtreme Fidelity Audio para melhorar a qualidade do som. Esse *player* multimídia tinha *speaker* interno, *slot* para expansão de memória e um rádio FM, e gravador de voz; permitia também que os usuários vissem filmes e fotos e tocava música no formato AAC da Apple, em MP3 e no formato WMA Windows. Uma edição significativa da linha X-Fi foi o Zen X-Fi *wireless*, disponível tanto em 16GB quanto em 32GB, que permitia aos usuários enviar música e fotos como parte de uma *home network* e incluir o Yahoo! Messenger e o Windows Live Messenger para que os usuários ficassem em contato com seus amigos.

No ano fiscal da Creative findo em 30 junho de 2008, a empresa relatou perda operacional de US$ 61 milhões, mas uma receita líquida de US$ 28 milhões em razão de um pagamento de US$ 100 milhões da Apple pelo uso da patente Zen. E isso comparado a uma perda operacional de US$ 145 milhões no ano fiscal de 2006 e à perda na receita líquida de US$ 126 milhões. Em dificuldade, a empresa saiu voluntariamente da bolsa de valores Nasdaq em 2007, e em março de 2008 concordou em vender e fazer o *lease back* de sua sede por US$ 250 milhões, na tentativa de aumentar o fluxo de caixa. As perdas da empresa continuaram no ano fiscal de 2009, quando registrou faturamento de US$ 380 milhões e uma perda líquida de US$ 106 milhões durante o período de nove meses findo em 31 de março de 2009.

iRIVER   A iRiver Inc. era da Reign-com Ltd., com sede na Coreia do Sul. A empresa entrou no mercado de *players* de música digital relativamente cedo e oferecia ampla variedade de MP3 *players* no mundo todo. A marca era especialmente forte na Coreia, onde controlava mais de 50% do mercado de MP3 *players*. Em 2008, no entanto, a iRiver oferecia apenas quatro estilos de *players* no mercado norte-americano: o E100, o iRiver Clix, o T60 e o L Series.

Na liderança da linha de produtos da empresa estava o popular iRiver Clix, muito elogiado, que ganhou vários prêmios, como o Choice Award da *Editor* e um World Class Award da *PC World*, que o descreveu como um dos cem melhores produtos do ano, em 2006. A *Consumer Reports* (uma revista importante em defesa do consumidor que costumava avaliar e classificar produtos) classificou o Clix como seu melhor *flash player* em 1º de abril de 2007, colocando-o acima dos *players* da Apple e da SanDisk, entre outros fabricantes. Em 2008, o iRiver ofereceu a segunda geração do Clix em modelos de 2GB, 4GB e 8GB. O Clix GEN2 oferecia bateria com vida útil de 24 horas; reproduzia arquivos de música, vídeos e fotos; possibilitava o acesso a serviços de assinatura de música e contava com um sintonizador de FM digital embutido.

O iRiver T7 era um *player* baseado em *flash* relativamente básico oferecido com 2GB e 4GB. A série T7 tocava arquivos de música (inclusive MP3, WMA e OMG) e tinha uma tela pequena e um sintonizador de FM e gravador de música, além de um gravador de voz. O e100 *player* baseado em *flash* foi lançado em abril de 2008, nas versões de 4GB e 8GB. Esse *player* multimídia tinha um *design* sofisticado, elegante, reprodução de alta qualidade, rádio FM e gravador de voz, e oferecia até cinco horas de reprodução de vídeo e até 18 horas de áudio. O iRiver Spinn era um *player* de vídeo e áudio com estilo, do tamanho de um cartão de crédito, que tinha um *display* LCD de 3,3 polegadas. O Spinn estava disponível com memória *flash* de 4GB ou 8GB. O Clix e o Lplayer também eram *media players* do tamanho de um cartão de crédito com telas grandes. O Lplayer vinha equipado com 4GB ou 8GB de memória *flash*, ao passo que o Clix tinha memória *flash* de 2GB ou 4GB. O Spinn, o Clix e o Lplayer reproduziam áudio e arquivos de vídeo e proporcionavam uma imagem de alta qualidade, navegação de tela com toque, rádio FM e gravador de música, além de gravador de voz.

MICROSOFT   A Microsoft Corporation, uma das empresas mais conhecidas do mundo, entrou tarde no mercado de MP3 *players*, e só lançou sua marca Zune em novembro de 2006. Em 2009, os *players* Zune baseados em *flash* eram oferecidos nos tamanhos 4GB, 8GB e 16GB e os *players* Zune com disco rígido vinham em 80GB e 120GB. Os *players* Zune baseados em *flash* reproduziam arquivos de áudio e vídeo e tinham tela de vidro de 1,8 polegada, capacidade de sincronizar música sem fio com a rede doméstica do usuário, rádio FM interna e acesso ao Zune Marketplace, uma loja *on-line* que era a resposta da Microsoft à loja iTunes. O Zune também podia ser plugado em um Xbox 360 para customizar a trilha sonora de jogos que funcionavam no sistema. Os *players* nas versões de 80 e 120GB ofereciam todos os recursos do *player* baseado em *flash*, mas também tinham uma tela de 3,2 polegadas. O *player* maior de 120GB armazenava até 30 mil músicas, 25 mil fotos ou 375 horas de vídeo. Uma das características distintivas básicas do Zune era sua conectividade *wireless*, que permitia aos usuários compartilhar música e fotos com outros usuários em um raio de 10 metros.

Um usuário que recebia *"beamed songs"* (transferida para o *player* por outro usuário) podia ouvi-las três vezes antes de o *software* de gerenciamento dos direitos digitais (DRM, do inglês *digital rights management*) do Zune proibir o acesso à música. As fotos não tinham essa limitação. Para destacar a capacidade de compartilhar músicas do Zune, a Microsoft comercializava o produto com o *slogan* "Bem-vindo ao Social".

A empresa via o recurso de *networking* do Zune como um aspecto fundamental de sua estratégia para a marca Zune. De acordo com J. Allard, encarregado de supervisionar o desenvolvimento do Zune, a Microsoft pretendia colocar esse *player* e futuros produtos Zune no centro de um "ecossistema" que "ajuda a aproximar artistas do público e as pessoas a encontrar novas músicas e a desenvolver conexões sociais".[2] Para apoiar o ecossistema, a Microsoft tinha a cooperação de mais de cem parceiros que ajudaram no desenvolvimento do produto, além de oferecerem acessórios e conteúdo no Zune Marketplace. Os usuários podiam acessar o Zune Marketplace por meio do *software* incluído no Zune. No Zune Marketplace, eles podiam comprar acessórios para seu Zune ou selecionar de mais de 2 milhões de músicas, que podiam comprar direto ou acessar por meio de um serviço de assinatura *"all you can eat"* ("tudo o que você pode comer"), conhecido como Zune Pass. Por US$ 14,99 por mês, o Zune Pass permitia aos usuários baixar quantas músicas quisessem do Zune Marketplace; contudo, uma vez expirada a assinatura, os usuários não podiam mais acessar as músicas baixadas.

SANDISK Como a Microsoft, a SanDisk era relativamente novata no setor de MP3 *players*. A SanDisk foi fundada em 1988, com sede em Milpitas, Califórnia. A empresa era a maior fornecedora mundial de produtos inovadores de armazenagem de memória *flash* e conquistou essa posição no mercado quando fez a integração para a frente e despachou seus primeiros *players* baseados em *flash* em maio de 2005. Em junho de 2005, a empresa tinha captado 8,9% do mercado de *players* de música digital com memória *flash*.

Em julho de 2009, o portfólio de *players* de música digital da empresa tinha três modelos:

- O *Sansa View*, disponível em 8GB, 16GB e 32GB, foi introduzido em janeiro de 2007 e era considerado o principal produto da SanDisk. Os *players* Sansa View tinham tela de 2,4 polegadas, um rádio FM embutido, memória expansível e microfone para gravação. O *player* com 32GB oferecia até 35 horas de reprodução de áudio com uma única carga de bateria e podia guardar até 48 filmes de duas horas, 8 mil músicas MP3 ou 16 mil fotos.

- O *Sansa Fuze* era um *player* multimídia que reproduzia vídeos, música e *audiobooks*. Disponível em 2GB, 4GB e 8GB, tinha rádio FM digital, gravador de voz com microfone interno, memória expansível e até 24 horas de reprodução de áudio com uma única carga de bateria.

- O *Sansa Clip* era um *player* compacto baseado em *flash*, que podia ser preso na roupa e incluía uma pequena tela, oferecido com capacidades de 1GB, 2GB, 4GB e 8GB. Esse *player* relativamente básico tinha sintonizador de FM, gravador de voz com microfone interno e até 15 horas de funcionamento com uma única carga.

A SanDisk era considerada por muitos analistas como a segunda maior concorrente no setor de MP3 *players* e a mais forte no segmento de produtos baseados em sistema Windows. A SanDisk deu passos largos no mercado, oferecendo mais recursos a um preço mais baixo do que seus concorrentes. A Connect, por exemplo, estava em boa posição para competir diretamente com o iPod Nano, dadas as capacidades WiFi, tela maior, *slot* para expansão e preço mais baixo. A empresa também atribuía seu sucesso a campanhas de marketing agressivas e aos varejistas que estavam procurando melhorar as margens de lucro mínimas que a Apple permitia. No entanto, a empresa foi afetada significativamente pela concorrência cruel no setor de MP3 *players* e pelo mercado volátil de memória *flash*. Para reagir à queda nos lucros, tomou medidas visando reduzir os custos de produção e as despesas operacionais. Mesmo com esse contratempo temporário, muitos analistas viam a SanDisk como uma importante desafiante da Apple e a principal concorrente da Microsoft a tomar o mercado de MP3 *players* baseados em Windows, fortemente competitivo.

Apple iPhone

O iPhone, o celular multimídia da Apple pronto para o acesso à internet, foi considerado um produto-chave no futuro do portfólio de produtos da empresa. A primeira versão do iPhone foi lançada em 29 de junho de 2007. Tinha uma tela *multitouch* com teclado virtual e botões, mas uma quantidade mínima de *input* no disco rígido. As funções do iPhone incluíam aquelas de um telefone com câmera e *media player* portátil (equivalente ao iPod), além de mensagem de texto e *voice mail* com imagem. Também oferecia serviços da internet que incluíam *e-mail*, navegação na web (usando o acesso ao navegador Safari da Apple) e conectividade Wi-Fi local. O iPhone foi eleito a "Invenção do Ano" pela revista *Time*, em 2007.

O iPhone começou com a recomendação do diretor Steve Jobs indicando os engenheiros da Apple investigassem *touch screens*. A Apple criou o dispositivo durante uma colaboração secreta e sem precedentes com a AT&T Mobility (que era Cingular Wireless na época da concepção do telefone), a um custo estimado de desenvolvimento de US$ 150 milhões. Durante o desenvolvimento, o iPhone tinha o codinome de Purple 2. A empresa rejeitou um primeiro "projeto padronizado" feito com a Motorola, preferindo planejar um sistema operacional e interface personalizados e construir *hardware* personalizado. Mais de 270 mil iPhones da primeira geração foram vendidos durante as primeiras 30 horas de seu lançamento.

Em 5 de setembro de 2007, a produção do modelo de 4GB foi suspensa e o preço do modelo de 8GB reduzido para US$ 399. Aqueles que compraram um iPhone 14 dias antes de 5 de setembro de 2007 tinham direito a um desconto de US$ 200 como "proteção de preço" da Apple ou da AT&T. No entanto, foi amplamente divulgado que algumas pessoas que compraram o aparelho entre o lançamento de 29 de junho de 2007 e 22 de agosto de 2007, a data em que a proteção de preço entraria em vigor, reclamaram que essa redução era maior do que o normal para um período relativamente curto e acusaram a Apple de determinar um preço injusto. Em resposta à controvérsia, em 6 de setembro de 2007 o diretor Steve Jobs escreveu uma carta aberta declarando que os clientes que compraram o iPhone ao preço mais alto "e que não estão recebendo desconto ou outra consideração" receberiam um crédito de US$ 100 para comprar qualquer produto vendido nas lojas Apple *on-line* ou de varejo.

O iPhone 3G foi lançado em 70 países em 11 de julho de 2008, e estava disponível nos Estados Unidos exclusivamente na AT&T Mobility com um contrato de dois anos. O novo iPhone 3G da Apple combinava a funcionalidade de um telefone sem fio e um iPod e permitia aos usuários acessarem a internet sem fio a uma velocidade duas vezes mais rápida do que a versão anterior do iPhone. O novo telefone da Apple também tinha GPS interno e, na tentativa de aumentar a adoção pelos usuários corporativos, era compatível com o Microsoft Exchange.

Em 19 de junho de 2009 foi lançado o iPhone 3GS, que incluía todos os recursos do iPhone 3G, mas podia rodar aplicativos e carregar páginas da web duas vezes mais rápido que o iPhone 3G. O iPhone 3GS também tinha uma câmera com três megapixels, gravação de vídeo, controle de voz e até 32GB de memória *flash*. O iPhone 3GS 16GB custava US$ 199 em um contrato de dois anos com a AT&T, embora o preço do modelo de 32GB fosse US$ 299 em um contrato de dois anos com a AT&T. Os preços de *upgrade* sem renovação de contrato eram de US$ 399 e US$ 499 respectivamente, para os modelos de 16GB e 32GB.

Semelhante à parceria iTunes/iPod, a Apple lançou a Apple Store para o iPhone, que permitia aos desenvolvedores construir aplicativos para o iPhone e oferecê-los de graça ou cobrando uma taxa. No dia do lançamento, havia mais de 800 aplicativos disponíveis, dos quais 200 eram gratuitos e 90% custava menos de US$ 10. No final do fim de semana de lançamento, a Apple Store relatou mais de 10 milhões de *downloads*. Em julho de 2009, a Apple Store tinha mais de 65 mil aplicativos criados por 100 mil desenvolvedores e 1,5 bilhão de *downloads*. Para expandir mais a interconectividade entre suas ofertas de produto, inclusive o iPhone, a Apple lançou seu serviço MobileMe em 9 de junho de 2008. Como o Microsoft Exchange, esse serviço entregava *e-mails*, contatos e calendários para aplicativos no iPhone, iPod Touch, Macs e PCs.

Embora as vendas de celulares tivessem crescido apenas 5% em 2008 (e esperava-se que caíssem 4% em 2009), o segmento de *smartphones* cresceu 27% em 2008 e foi projetado para aumentar 9% em 2009.

Quadro 8

Participações de mercado para os principais vendedores de *smartphones*, 2006-primeiro trimestre de 2009

MARCA	2006	2007	2008	Q1 2009
Nokia	49%	49%	44%	41%
Research in Motion	7	10	17	20
Apple	—	3	8	11
Outras	44	38	31	28
Total	100%	100%	100%	100%

Fonte: Gartner (relatado em Jessi Hempel, "Smartphone Wars: Blackberry's Plan to Win", *Fortune*, 17 de agosto de 2009 (http://Money.cnn.com/2009/08/12/tecnology/blackberry_research_in_motionh.fortune/index.htm).

A Nokia foi a empresa que mais vendeu *smartphones* entre 2006 e o primeiro trimestre de 2009, embora sua participação de mercado tivesse decaído quando os *smartphones* Blackberry da Research in Motion e o iPhone da Apple passaram a ser muito procurados por empresas e consumidores. O Quadro 8 apresenta as participações de mercado para as principais marcas de *smartphone* entre 2006 e o primeiro trimestre de 2009.

O futuro

Ao avaliar o futuro da Apple, a maioria dos analistas concordou que, sem dúvida, a empresa continuaria sua tradição de introduzir eletrônicos inovadores e de alta qualidade para as massas. No entanto, muitos acreditavam que seria muito difícil para a Apple manter seu crescimento e margens de lucro operacional substanciais, dada a crescente concorrência em seus mercados centrais (*core markets*) e as pressões econômicas no setor de tecnologia de consumo.

Os analistas também estavam preocupados com a saúde de Steve Jobs[*] – sua batalha anterior com o câncer e o recente transplante de fígado levantaram questões sobre sua eficácia como diretor. Dado o estado de saúde de Steve Jobs, muitos analistas questionaram se a Apple deveria desenvolver um plano de sucessão formal que acabasse tornando o diretor operacional Tim Cook o diretor da Apple. Além disso, a queda na demanda no mercado de *media player* de uso pessoal e um número crescente de concorrentes do iPhone oferecidos pelas empresas Nokia e Research in Motion, que produziam *smartphones*, além do desenvolvimento de novos modelos pela Samsung e pela LG, levaram alguns analistas a questionarem se a estratégia da Apple poderia sustentar sua vantagem no setor.

Notas finais

[*] N. de R.T.: Desde agosto de 2011 Tim Cook é diretor da Apple Inc., cargo antes ocupado por Steve Jobs. Também é importante citar que este caso foi escrito antes da morte de Steve Jobs.

[1] Citado em Steve Smith, "iPod's Lessons", *Twice New York* 19, n. 15, 26 de julho de 2004, p. 12.

[2] Citado em Steven Levy, "Trying Apple's Tune", *Newsweek online*, 17 de setembro de 2006, www.msnbc.com/id/14866932/site/newsweek (acessado em 10 de abril de 2007).

Caso 2

A estratégia do Google em 2009

John E. Gamble
University of South Alabama

O número de pessoas no mundo todo que acessam a internet para ler as últimas notícias, conduzir pesquisa de biblioteca, fazer transações comerciais, usar aplicações de negócios por meio da web e executar outras tarefas *on-line* tem crescido em um ritmo astronômico desde a introdução, em 1994, do Netscape Navigator. O número de usuários da internet no mundo todo cresceu de cerca de 360 milhões em 2000 para quase 1,6 bilhão em 2009. A América do Norte teve a maior taxa mundial de penetração na internet: 74,4% da população tiveram acesso à rede. Cerca de 220 milhões dos 251 milhões de usuários da internet na América do Norte residiam nos Estados Unidos. Embora apenas 17,4% dos asiáticos tivessem acesso à rede em 2009, os 657 milhões de usuários fizeram dessa região geográfica a que teve o maior e o mais rápido crescimento do mundo na utilização da internet.

O crescimento no número de usuários da internet tem causado uma mudança na maneira como os anunciantes se comunicam com os consumidores e vem fazendo com que os anúncios na rede se tornem a segunda forma mais comum de propaganda usada nos Estados Unidos em 2007. Só o jornal, com faturamento em publicidade de US$ 48,6 bilhões no ano de 2007, controlava a maior parcela dos dólares empregados em publicidade nos Estados Unidos. A televisão a cabo, o rádio e a rede de emissoras de televisão respondiam, cada um, por cerca de US$ 20 bilhões das receitas geradas com propaganda durante 2007. As perspectivas para os anunciantes na internet pareciam fortes em 2009; esperava-se que a publicidade na internet crescesse de US$ 21 bilhões em 2007 para US$ 36,5 bilhões em 2011. Os anúncios baseados em busca responderam pela maior parte da publicidade na internet nos Estados Unidos durante o ano de 2007 – somando quase US$ 9 bilhões de faturamento no setor. As propagandas em vídeo mostradas no YouTube e outros *sites* responderam por apenas US$ 505 milhões em 2007, mas esperava-se que crescessem para um mercado de US$ 5,8 bilhões por volta de 2013. A busca por meio de dispositivos móveis foi outro formato de propaganda de mídia em rápido crescimento, projetado para aumentar de um faturamento mundial de US$ 813 milhões em 2007 para US$ 5 bilhões por volta de 2013.

Os anunciantes acreditavam que propagandas baseadas em busca funcionassem muito bem por serem altamente direcionadas àquilo que os usuários estavam buscando. Em 2009, o Google foi líder mundial na internet e em propaganda de busca móvel em razão da confiança dos consumidores no mecanismo de busca. Os usuários confiavam no Google porque seus resultados de busca pagos não eram intercalados com outros resultados de busca e eram claramente marcados como Sponsor Links (*link* patrocinador). Talvez o recurso mais importante do Google fosse sua capacidade de retornar resultados altamente relevantes para consultas de busca, o que era possível por suas técnicas inovadoras de associação de texto e pela tecnologia PageRank.

Quando um usuário da internet iniciava uma busca no Google.com, de uma barra Google ou *deskbar*, ou solicitava uma busca em um *site* que licenciava o mecanismo de busca do Google, esse mecanismo realizava o cálculo de uma equação que envolvia 500 milhões de variáveis e 2 bilhões de termos para gerar uma lista dos melhores resultados correspondentes. Os resultados eram gerados em uma fração de segundo e extraídos de um índice de 1 trilhão de *sites* que eram baixados constantemente nos computadores do Google e *server farms* (agrupamentos de servidores) localizados no mundo todo. A razão para muitos usuários da internet acharem os mecanismos de busca do Google mais relevantes que aqueles gerados pelos concorrentes se baseava nessa equação que avaliava o grau de correspondência entre os termos de busca e, o mais importante, em quantos outros *sites* apontavam para uma determinada página. Larry Page, cofundador da Google, sugeriu que a tecnologia do Google, que contava o número de "votos" para vários *sites* que poderiam corresponder às consultas

Copyright © 2010 por John E. Gamble. Todos os direitos reservados.

de busca era superior às outras tecnologias de busca porque "você está perguntando à rede inteira qual é o melhor *site* para pesquisar determinado assunto".[1] A preferência dos usuários da internet pelos resultados de busca do Google produziu um faturamento de quase US$ 21,8 bilhões e lucros superiores a US$ 4,2 bilhões em 2008. O modelo de negócio com alta capacidade de expansão acrescentou relativamente pouco custo fixo adicional com o aumento do volume, o que ajudou a aumentar o caixa da empresa, equivalentes de caixa e títulos negociáveis para US$ 15,8 bilhões no final de 2008.

Com o Google controlando o mercado para propaganda baseada em busca, grande parte da atenção da empresa era focada em novas iniciativas que pudessem sustentar seu crescimento extraordinário no faturamento, lucro e no caixa líquido obtidos com as operações da empresa. O Google lançou seu sistema operacional Android para telefonia móvel em 2008, o que permitiria aos fabricantes de celulares como LG, HTC e Nokia produzir fones capacitados para a internet com recursos similares aos disponíveis pelo iPhone da Apple. O uso disseminado de fones Android capacitados para a internet não só ajudaria o Google a consolidar sua participação de mercado de 63% na busca móvel em 2008, mas também permitiria que aumentasse sua participação nos anúncios em *banners* e vídeos exibidos em celulares. Talvez a iniciativa estratégica mais ambiciosa da empresa em 2009 tenha sido seu desejo de transferir o mercado de aplicativos empregados nas empresas, como processador de texto, planilhas e *software* de apresentação do *desktop* para a internet. O *software* "cloud computing" do Google Apps para empresas permitiria aos usuários de *software* corporativo acessar centros de dados do Google para ativar aplicativos de *software* e armazenar arquivos que pudessem ser necessários para outros usuários engajados em projetos colaborativos. Os analistas de tecnologia de informação acreditavam que o mercado para aplicativos de *cloud computing* cresceria para US$ 95 bilhões por volta de 2013. A empresa desenvolveu seu sistema operacional Chrome e o *chrome browser* especificamente para lidar com as demandas de ativar aplicativos *cloud*. Outras questões estratégicas que os gestores do alto escalão da empresa confrontaram em 2008 incluíam como capitalizar melhor aquisições recentes como seu *banner* DoubleClick, um programa de gerenciamento de propagandas, e o YouTube, rede de compartilhamento de vídeo, e também como aumentar sua participação de anúncios baseados em busca nos mercados emergentes. A recessão nos Estados Unidos e outros países desenvolvidos poderia, no entanto, provar ser o maior obstáculo para o futuro crescimento do Google. O faturamento da empresa durante o segundo trimestre de 2009 cresceu apenas 3% a mais que o do segundo trimestre de 2008, embora sua receita líquida aumentasse 18% em relação ao mesmo período de 2008, alcançando uma quantia expressiva de US$ 1,48 bilhão.

História da empresa

O desenvolvimento da tecnologia de busca do Google começou em janeiro de 1996, quando Larry Page e Sergey Brin, estudantes de pós-graduação em ciência da computação pela Stanford University, desenvolveram um novo mecanismo de busca que chamaram de Back-Rub. O nome se devia a sua capacidade de classificar *sites* por ordem de relevância, examinando o número de *back links* que apontam para o *site*. A abordagem para avaliar a relevância dos *sites* para uma determinada consulta de busca por outros *sites* se baseava, na época, no exame e contagem de metatags e palavras-chave incluídas em vários *sites*. Por volta de 1997, a exatidão da busca do Back-Rub permitiu que ele ganhasse seguidores leais entre os usuários da internet no Vale do Silício. David Filo, cofundador do Yahoo!, estava entre os convertidos, e em 1998 convenceu Sergey Brin e Larry Page a saírem da universidade para se concentrarem em tornar sua tecnologia de busca a espinha dorsal de uma nova empresa da internet.

O BackRub ganharia o nome de Google, que era um jogo com a palavra *googol* – termo matemático para um número representado pelo numeral 1 seguido por 100 zeros. A adoção do novo nome por parte de Brin e Page refletia sua missão de organizar uma quantidade aparentemente infinita de informações na internet. Em agosto de 1998, um professor de Stanford arranjou para que Sergey e Larry se encontrassem em sua casa com um investidor potencial para demonstrar o mecanismo de busca Google. O investidor, que fora fundador da Sun Microsystems, ficou impressionado com as capacidades de busca do Google, mas não tinha muito tempo para ouvi-los. O investidor interrompeu a apresentação deles e sugeriu: "Em vez de discutirmos todos os detalhes, por que não faço logo um cheque?".[2] Os dois parceiros guardaram o cheque de US$ 100 mil pagável em quinze dias à Google Inc., e nesse meio tempo lutaram para abrir uma empresa chamada Google Inc. e uma conta bancária como pessoa jurídica. Os dois representantes da empresa recém-incorporada foram em frente, para levantar um total de US$ 1 milhão em capital de risco da família, dos amigos e outros investidores até o final de setembro de 1998.

Mesmo com uma reserva de caixa de US$ 1 milhão, os dois sócios dirigiam a Google com um orçamento apertadíssimo, e seus principais servidores construídos por eles mesmos, a partir de componentes de computadores vendidos em promoções, e por seus quatro colaboradores, que trabalhavam em uma garagem de um amigo dos fundadores. No fim de 1998, a versão beta do Google estava lidando com dez mil consultas de busca por dia. A *PC Magazine* colocou a empresa em sua lista dos "100 Maiores *Sites* e Mecanismos de Busca de 1998".

A nova empresa registrou sucessos a um ritmo rápido, com o núcleo de busca respondendo a mais de 500 mil consultas por dia e a Red Hat concordando em se tornar o primeiro cliente de busca da empresa no início de 1999. A Google atraiu mais US$ 25 milhões em recursos de duas importantes empresas de capital de risco do Vale do Silício em meados do ano de 1999, para apoiar mais crescimento e aprimoramentos à tecnologia de busca do Google. As inovações da empresa em 2000 incluíam tecnologia de busca sem fio, capacidades de busca em dez línguas e um navegador na Barra de Ferramentas Google *plug-in* que permitia aos usuários do computador pesquisar na internet sem primeiro visitar um portal da Rede afiliado ao Google, ou a *homepage* do Google. Recursos adicionados durante o ano de 2004 incluíram o Google News, o Google Product Search, o Google Scholar e o Google Local. A empresa também expandiu seu índice de páginas eletrônicas para mais de 8 bilhões e aumentou seus domínios por país para mais de 150 em 2004. A Google ampliou mais ainda seus produtos para celulares com um serviço de mensagem curta (SMS) que permitia aos usuários enviarem uma solicitação de busca para o Google como uma mensagem de texto. Depois de submeter a solicitação de busca a 466453 (Google), os usuários de celulares recebiam uma mensagem de texto do Google com os resultados para sua solicitação.

A oferta pública inicial

A Oferta Pública Inicial (IPO – Initial Public Offering) de 29 de abril de 2004 da Google tornou-se a oferta planejada mais comentada envolvendo uma empresa da internet desde o surto de empresas virtuais (dot.com) em 2000. O registro anunciou a intenção da Google de levantar US$ 3,6 bilhões com a emissão de 25,7 milhões de ações por meio de um leilão holandês incomum. Entre os 10 princípios da filosofia da Google apresentados no Quadro 1, estava: "Você pode ganhar dinheiro sem fazer o mal".[3] A opção de um leilão holandês veio dessa filosofia, uma vez que os leilões holandeses permitiam que os investidores potenciais, independentemente do tamanho, dessem lances pelas ações. A opção de um leilão holandês também era favorável à Google, uma vez que envolvia investimento bancário e taxas de subscrição consideravelmente mais baixas e pouca ou nenhuma comissão para corretores.

Ao encerrar o primeiro dia de negociação, as ações da Google tinham valorizado 18%, fazendo Brin e Page terem, cada um, um valor aproximado de US$ 3,8 bilhões. Entre 900 e 1.000 colaboradores da Google tinham ações no valor de, pelo menos, US$ 1 milhão, e de 600 a 700 tinham pelo menos US$ 2 milhões em ações da empresa. Em média, cada um dos 2.292 integrantes da equipe da Google tinha aproximadamente US$ 1,7 milhão em ações da empresa, excluindo as participações dos cinco executivos principais. A Stanford University também ganhou uma soma inesperada de US$ 179,5 milhões em ações concedidas por seu investimento inicial no mecanismo de busca de Brin e Page.

Os primeiros contratados e consultores da Google também lucraram bastante ao abrirem mão de pagamentos e terem acesso à opção de compra de ações da empresa. Uma dessas contratadas foi Abbe Patterson, que aceitou opções de compra de 4 mil ações em vez de cobrar US$ 5 mil para preparar uma apresentação em PowerPoint e anotações para uma das primeiras apresentações de Brin e Page aos capitalistas de risco. Depois de dois *splits* e quatro dias de negociação, suas 16 mil ações passaram a valer US$ 1,7 milhão.[4] A empresa fez uma segunda oferta pública de 14.159.265 frações de ações ordinárias em setembro de 2005. O número de ações emitidas representava os primeiros oito dígitos à direita do ponto decimal para o valor *pi*. A emissão adicionou mais de US$ 4 bilhões aos ativos líquidos da Google. O Quadro 2 acompanha o desempenho das ações ordinárias da Google entre 19 de agosto de 2004 e novembro de 2008.

A estratégia do Google em 2009

Quadro 1
Os 10 princípios da filosofia corporativa da Google

1. **Foque no usuário, e o restante virá naturalmente.**

    Desde sua concepção, a Google Inc. empenhou-se em fornecer a melhor experiência possível ao usuário. Embora muitas empresas afirmem colocar o cliente em primeiro lugar, poucas são capazes de resistir à tentação de fazer pequenos sacrifícios para aumentar o valor ao acionista. A Google se recusa terminantemente a fazer qualquer mudança que não ofereça um benefício aos usuários que entram no *site*:

    - A interface é clara e simples.
    - As páginas são carregadas instantaneamente.
    - A colocação nos resultados de busca nunca é vendida a ninguém.
    - Os anúncios no *site* devem oferecer conteúdo relevante e não ser uma distração.

    Ao colocar sempre os interesses do usuário em primeiro lugar, o Google construiu o público mais leal da rede. E esse crescimento não veio por meio de campanhas publicitárias na TV, mas por comentários boca-a-boca de um usuário satisfeito para outros.

2. **É bem melhor fazer uma coisa muito, mas muito bem.**

    O Google faz buscas. Com um dos maiores grupos de pesquisa do mundo focados exclusivamente em resolver problemas de busca, sabemos o que fazemos bem e como poderíamos fazer melhor. Por meio da iteração contínua em problemas difíceis, nos provamos capazes de resolver questões complexas e fornecer aprimoramentos contínuos para um serviço que já é considerado o melhor em tornar a experiência de encontrar informações algo impecável para milhões de usuários da rede. Nossa dedicação para aperfeiçoar a busca também tem nos permitido aplicar o que aprendemos a novos produtos, inclusive Gmail, Google *Desktop* e Google Maps.

3. **Rápido é melhor do que lento.**

    A Google acredita na gratificação instantânea. Você quer respostas e as quer agora. Quem somos nós para discutir? A Google pode ser a única empresa do mundo cujo objetivo declarado é fazer com que os usuários saiam de seu *site* o mais rápido possível. Ao cortar fanática e obcecadamente todo o excesso de nossas páginas e aumentar a eficiência de nosso ambiente servidor, o Google bate seus próprios recordes de velocidade constantemente.

4. **A democracia na rede funciona.**

    O Google funciona porque conta com os milhões de *sites* de postagem para determinar quais outros *sites* oferecem conteúdo de valor. Em vez de contar com um grupo de editores ou apenas com a frequência de aparecimento de certos termos, o Google classifica cada página da rede e atribui um valor a elas, em parte com base nos *sites* ligados a elas. Ao analisar toda a estrutura da rede, o Google consegue determinar quais *sites* têm sido "votados" como as melhores fontes de informação por aqueles que estão mais interessados na informação que eles oferecem.

5. **Você não precisa estar em sua mesa para precisar de uma resposta.**

    O mundo está cada vez mais móvel e não quer ser restringido a um lugar fixo. Seja por meio de seus PDAs, seus celulares ou até em seus automóveis, as pessoas querem que a informação chegue até elas.

6. **Você pode ganhar dinheiro sem fazer o mal.**

    O Google é um negócio. O faturamento que a empresa gera deriva de oferecer sua tecnologia de busca a empresas e da venda de publicidade exibida no Google e em outros *sites* pela rede. Você pode, contudo, nunca ter visto uma propaganda no Google. É porque o Google não permite que propagandas sejam exibidas em nossas páginas de resultados a não ser que sejam relevantes para a página de resultados nas quais são mostradas. Logo, apenas certas buscas produzem *links* patrocinados acima ou à direita dos resultados. A Google acredita firmemente que os anúncios podem oferecer informações úteis se (e somente se) forem relevantes ao que você deseja encontrar.

    A propaganda no Google é sempre identificada claramente como um "*Link* Patrocinado". É um valor fundamental para a Google que a integridade de nossos resultados não seja comprometida. Nunca manipulamos as classificações para colocar nossos parceiros nas primeiras posições em nossos resultados de busca. Ninguém pode comprar melhor classificação de página (*PageRank*). Nossos usuários confiam na objetividade do Google e nenhum ganho em curto prazo justifica a violação dessa confiança.

(continua)

Quadro 1 (continuação)
Os 10 princípios da filosofia corporativa do Google

7. **Há sempre mais informação lá.**

   Uma vez que o Google indexou mais páginas HTML na internet do que qualquer outro serviço de busca, nossos engenheiros voltaram a atenção para informações que não sejam prontamente acessíveis. Às vezes era só uma questão de integrar novos bancos de dados, como adicionar um número de telefone e endereço e uma lista comercial. Outras medidas exigiram um pouco mais de criatividade, como adicionar a capacidade de buscar bilhões de imagens e uma forma de ver páginas que originalmente foram criadas como arquivos de PDF. A popularidade dos resultados em PDF nos levou a expandir a lista dos tipos de arquivo buscados para incluir documentos produzidos em dezenas de formatos como o Microsoft Word, Excel e PowerPoint. Para usuários *wireless*, o Google desenvolveu uma maneira original de traduzir os arquivos formatados em HTML em um formato que pudesse ser lido por dispositivos móveis. É improvável que a lista termine aí, na medida em que os pesquisadores do Google continuam procurando formas de levar toda a informação do mundo aos usuários que buscam respostas.

8. **A necessidade de informação atravessa fronteiras.**

   Embora a Google tenha sede na Califórnia, nossa missão é facilitar o acesso à informação para todo o mundo, por isso temos escritórios em todo o globo. Com essa finalidade mantemos dezenas de domínio da internet e servimos mais da metade de nossos resultados a usuários que moram fora dos Estados Unidos. Os resultados de busca do Google podem se restringir a páginas escritas em mais de 35 línguas de acordo com a preferência de um usuário. Também oferecemos uma ferramenta de tradução para tornar o conteúdo disponível aos usuários, independentemente de sua língua nativa; para aqueles que preferem não fazer buscas em inglês, a interface do Google pode ser customizada em mais de 100 línguas.

9. **Você pode ser sério sem usar terno.**

   Os fundadores da Google declaram com frequência que a empresa não é séria em nada, exceto na busca. Eles construíram uma empresa em torno da ideia de que o trabalho deve ser desafiador e o desafio deve ser divertido. Por isso, a cultura da Google é diferente daquela de qualquer empresa americana, e não é por causa das lâmpadas de lava e das grandes bolas de borracha (para exercícios), nem pelo fato de o cozinheiro da empresa ter cozinhado para a banda Grateful Dead. Da mesma forma que o Google coloca os usuários em primeiro lugar quando se trata de nosso serviço *on-line*, a Google Inc. coloca os colaboradores em primeiro lugar quando se trata da vida diária em nossa sede Googleplex. Há uma ênfase nas realizações de equipe e no orgulho por realizações individuais que contribuam para o sucesso geral da empresa. As ideias são compartilhadas, testadas e colocadas em prática com uma avidez que pode ser estonteante. As reuniões que levariam horas em outro lugar são frequentemente pouco mais que uma conversa na fila para o almoço, e poucas paredes separam aqueles que programam o código daqueles que preenchem os cheques. Esse ambiente altamente comunicativo estimula a produtividade e a camaradagem alimentada pela percepção de que milhões de pessoas confiam nos resultados Google. Dê as ferramentas adequadas a um grupo de pessoas que gostem de fazer a diferença e isso acontecerá.

10. **A excelência não basta.**

    Entregue sempre mais do que for esperado. A Google não aceita ser a melhor como um ponto final, mas sim como um ponto de partida. Por meio da inovação e da iteração, a Google pega algo que funciona bem e aprimora de maneiras inesperadas. O que distingue a Google, no entanto, é prever necessidades ainda não manifestas por nosso público global e atendê-las com bens e serviços que estabeleçam novos padrões. Essa insatisfação constante com a maneira como as coisas são é, em última instância, a força propulsora que move o melhor mecanismo de busca do mundo.

Fonte: Google.com.

Serviços adicionados entre 2005 e 2009

A Google usou suas vastas reservas de caixa para fazer aquisições estratégicas que poderiam levar ao desenvolvimento de novos aplicativos na internet, oferecendo oportunidades de propaganda. O Google Earth foi lançado em 2005 depois que a empresa adquiriu o Keyhole, uma empresa de mapeamento digital em 2004. O Google Earth e seu *software*, o Google Maps, permitiram aos usuários da internet buscar e ver imagens de satélite de qualquer localidade do mundo. O serviço pode dar aos usuários visões aéreas próximas da Torre Eiffel, do Taj Mahal, do Grand Canyon ou de sua própria residência. As imagens não são em tempo real, mas tiradas de satélites comerciais em anos recentes. O serviço foi aperfeiçoado com imagens das ruas que permitiam aos usuários visualizar imagens ligadas a qualquer local do mundo. Outros serviços de busca acrescentados ao Google entre 2005 e 2008

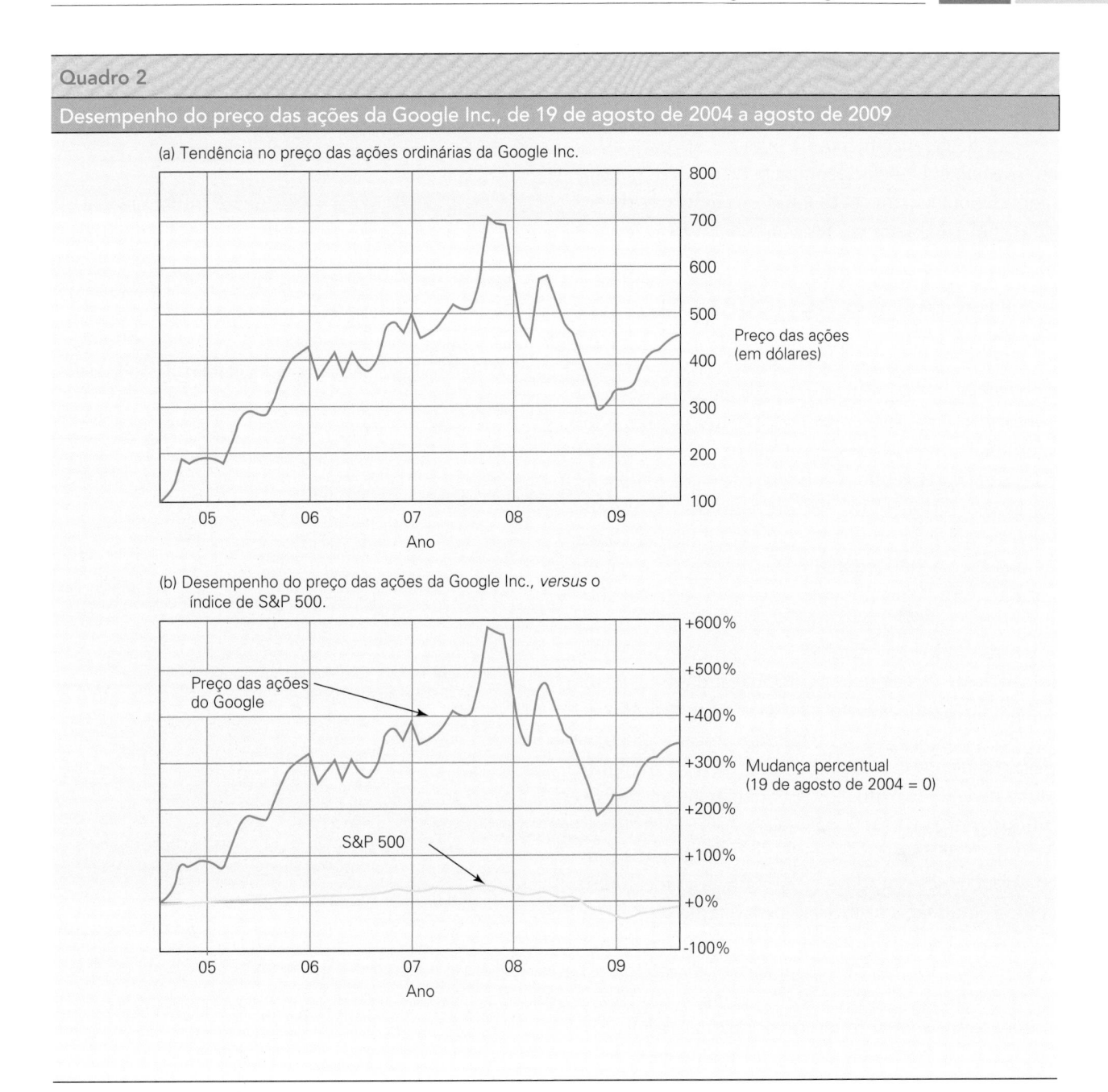

Quadro 2
Desempenho do preço das ações da Google Inc., de 19 de agosto de 2004 a agosto de 2009

(a) Tendência no preço das ações ordinárias da Google Inc.

(b) Desempenho do preço das ações da Google Inc., *versus* o índice de S&P 500.

que os usuários acharam extremamente úteis foram o Book Search e a expansão do Google News para incluir notícias arquivadas, datando de 1900.

Além disso, a Google expandiu os serviços do *site* além da funcionalidade de busca para incluir seu *software* de *e-mail*, o Gmail, um calendário *on-line,* aplicativos para documentos e planilhas *on-line,* álbuns de fotos Picasa Web e um tradutor de 28 línguas. O Google Talk foi o recurso lançado em 2005 que fornecia serviços de mensagem instantânea a seus usuários, com chamadas de voz gratuitas locais e de longa distância. A empresa também lançou serviços para uso em celulares como o Mobile Web Search, o Blogger Mobile, o Gmail, o Google News e Maps for Mobile.

A empresa utilizou alguns procedimentos de sua IPO para fazer aquisições que expandissem seu modelo de negócio. A aquisição em 2006 da dMarc permitiu aos anunciantes do Google dar lances para comerciais de rádio e anúncios baseados em busca. Os *softwares* de planilha e documentos *on-line* resultaram de sua aquisição da Writely em 2006. A Google foi capaz de atrair milhões de novos usuários por meio de sua aquisição do YouTube em 2006, e sua aquisição da DoubleClick permitiu que a empresa gerasse um faturamento com publicidade por meio de *banners* e serviços de gerenciamento de publicidade por vídeos em *streaming*. Uma lista completa de serviços e ferramentas Google para computadores e celulares disponíveis em 2009 é apresentada no Quadro 3.

O modelo de negócio da Google

O modelo de negócio da Google evoluiu desde a concepção da empresa para incluir um faturamento que fosse além das taxas de licenciamento cobradas das empresas que precisavam de capacidades de busca em intranets ou *sites* de empresa. O desenvolvimento de anúncios associados a palavras-chave de busca em 2000 expandiu seu modelo de negócio para incluir o faturamento com a colocação altamente direcionada de patrocinador, usando apenas texto, ao lado dos resultados de busca. O Google foi capaz de direcionar suas propagandas a usuários específicos com base no histórico de navegação do usuário. A adição de faturamento baseado em propaganda permitiu à Google aumentar o faturamento anual de US$ 220 mil em 1999 para mais de US$ 86 milhões em 2001.

Em 2005, o Google começou a cobrar taxas para os anunciantes que davam os melhores lances para colocar anúncios em revista, jornal, rádio e televisão em seus mais de 650 parceiros de mídia tradicional. A empresa, no entanto, abandonou seu modelo de leilão para comerciais em rádio no início de 2009 e vendeu seu sistema de leilão de anúncios impressos em agosto de 2009. A aquisição do YouTube em 2006 também permitiu que a companhia recebesse um faturamento com publicidade pelas propagandas exibidas durante vídeos na internet. O lançamento da empresa em 2008 do Google Checkout lhe permitiu receber uma taxa de 2% do total negociado em compras feitas pelos *sites* participantes de lojas virtuais. Um resumo do desempenho financeiro da Google Inc. entre 2001 e 2008 é apresentado no Quadro 4. Os balanços patrimoniais da empresa para 2007 e 2008 são apresentados no Quadro 5.

Quadro 3

Lista de serviços e ferramentas do Google em 2009
Padrões de busca

Alertas
Fazem atualizações de *e-mail* sobre os tópicos de sua escolha

Blog Search
Encontra *blogs* sobre seus tópicos preferidos

Book Search
Busca livros na íntegra

Checkout
Completa compras *on-line* com mais rapidez e segurança

Google Chrome
Um navegador construído para rapidez, estabilidade e segurança

Desktop
Busca e personaliza seu computador

Earth
Explora o mundo a partir de seu computador

Finance
Informações, notícias de negócio e quadros interativos

GOOG-411
Encontra e se conecta com empresas a partir de seu telefone, gratuitamente

Google Health
Organiza seus registros médicos *on-line*

iGoogle
Adiciona notícias, *games* e mais à *homepage* Google

Images
Busca imagens na Web

Maps
Exibe mapas e endereços

News – agora com *archive search*
Busca milhares de novas reportagens

Notebook
Recorta e coleta informação enquanto você navega na web

Patent Search
Busca o texto de patentes nos Estados Unidos na íntegra

(continua)

Quadro 3 (continuação)
Lista de serviços e ferramentas do Google em 2009

Product Search
Busca coisas para comprar

Scholar
Busca trabalhos acadêmicos

Special Searches
Busca dentro de tópicos específicos

Toolbar
Adiciona uma caixa de busca a seu *browser*

Video
Busca vídeos no Google video e YouTube

Web Search
Busca em mais de bilhões de páginas

Web Search Features
Encontra filmes, música, ações, livros e mais

Ferramentas e aplicativos na web

Blogger
Compartilha sua vida *on-line* com um *blog* – é rápido, fácil e gratuito

Calendar
Organiza sua agenda e compartilha eventos com os amigos

Docs
Cria e compartilha seus documentos, apresentações e planilhas *on-line*

Gmail
E-mail rápido e navegável, com menos spam

Groups
Cria listas de *mailing* e grupos de discussão

Knol
Compartilha o que você sabe

Orkut
Encontra novas pessoas e mantém contato com amigos

Picasa
Encontra, edita e compartilha suas fotos

Reader
Recebe todos os seus *blogs* e *feeds* de notícias com rapidez

(continua)

Quadro 3 (continuação)
Lista de serviços e ferramentas do Google em 2009

Sites
Cria *sites* e wikis de grupos seguros

SketchUp
Constrói modelos 3D com rapidez e facilidade

Talk
Interage com seus amigos por mensagens instantâneas de seu computador

Translate
Exibe páginas em outras línguas

YouTube
Exibe, carrega e compartilha vídeos

Aplicativos móveis do Google

Maps for mobile
Exibe mapas e obtém endereços em seu telefone

Mobile
Use o Google em seu celular

SMS
Use mensagem de texto para informação rápida

Search
Busca Google.com em seu celular

Fonte: Google.com

Google Search Appliance

A tecnologia de busca Google podia ser integrada em um *site* ou intranet de terceiros, se a funcionalidade da busca fosse importante para o cliente. O *site* de busca do Google oferecia o licenciamento do Google Search Appliance a empreendimentos (que poderiam ir de pequenos negócios a empresas públicas) por apenas US$ 100 ao ano. O Google Search Appliance foi concebido para uso em intranets corporativas, a fim de permitir que os colaboradores buscassem documentos da empresa. Incluía ainda diversos aspectos de segurança para garantir que somente os colaboradores com a devida autorização fossem capazes de ver documentos restritos. O Google Mini Search Appliance foi concebido para pequenas empresas com 50 mil a

Quadro 4

Resumo financeiro da Google Inc., 2001-2008 (em milhares de dólares, exceto os dados referentes a ações)

	2008	2007	2006	2005	2004	2003	2002	2001
Receita	$ 21.795,550	$ 16.593,986	$ 10.604,917	$ 6.138,560	$ 3.189,223	$ 1.465,934	$ 439.508	$ 86.426
Custos e despesas:								
Custo de receitas	8.621,506	6.649,085	4.225,027	2.577,088	1.457,653	625.854	131.510	14.228
Pesquisa e desenvolvimento	2.793,192	2.119,985	1.228,589	599.510	225.632	91.228	31.748	16.500
Vendas e marketing	1.946,244	1.461,266	849.518	468.152	246.300	120.328	43.849	20.076
Gerais e administrativas	1.802,639	1.279,250	75.787	386.532	188.151	286.060	45.935	24.658
Contribuição para a Google Foundation	—	—	—	90.000	—	—	—	—
Parte não recorrente do acordo de disputas com Yahoo!	—	—	—	—	201.000	—	—	—
Total de custos e despesas	15.163,581	11.509,586	7.054,921	4.121,282	2.549,031	1.123,470	253.042	75.462
Lucro (perda) operacional	6.631,969	5.084,400	3.549,996	2.017,278	640.192	342.464	186.466	10.964
Depreciação de investimentos de capital	(1.094,757)							
Juros (despesas) e outros, líquido	316.384	589.580	461.044	124.399	10.042	4.190	(1.551)	(896)
Renda (perda) antes dos impostos	5.853,596	5.673,980	4.011,040	2.141,677	650.234	346.654	184.915	10.068
Provisão para imposto de renda	1.626,738	1.470,260	933.594	676.280	251.115	241.006	85.259	3.083
Renda líquida (perda)	$ 4.226,858	$ 4.203,720	$ 3.077,446	$ 1.465,397	$ 399.119	$ 105.648	$ 99.656	$ 6.985
Renda líquida (perda) por ação:								
Básica	$ 13,46	$ 13,53	$ 10,21	$ 5,31	$ 2,07	$ 0,77	$ 0,86	$ 0,07
Diluída	$ 13,31	$ 13,29	$ 9,94	$ 5,02	$ 1,46	$ 0,41	$ 0,45	$ 0,04
Número de ações usadas em cálculos por ação								
Básico	314.031	310.806	301.403	275.844	193.176	137.697	115.242	94.523
Diluído	317.570	316.210	309.548	291.874	272.781	256.638	220.633	186.776
Caixa líquido fornecido por atividades operacionais	$ 7.852,857	$ 5.775,410	$ 3.580,508	$ 2.459,422	$ 997.044	$ 395.445	$ 155.265	n.d.
Proventos líquidos de ofertas públicas	—	—	2.063,549	4.287,229	1.161,466	—	—	—
Caixa, equivalentes de caixa e títulos negociáveis	15.845,771	14.218,613	11.243,914	8.034,247	2.132,297	334.718	146.331	n.d.
Total dos ativos	31.767,575	25.335,806	18.473,351	10.271,813	3.313,351	871.458	286.892	n.d.
Total do passivo no longo prazo	1.226,623	610.525	128.924	107.472	43.927	33.365	n.d.	n.d.
Total das ações dos acionistas	28.238,862	22.689,679	17.039,840	9.418,957	2.929,056	588.770	173.953	n.d.

Nota: n.d. = não disponível
Fonte: Google Inc. Formulário S-1 preenchido em 29 de abril de 2004; relatório 10-K da Google, Inc. 2008.

Quadro 5

Balanços patrimoniais da Google Inc., 2007-2008 (em milhares de dólares, exceto os dados referentes a ações)

31 DE DEZEMBRO	2008	2007
Ativos		
Ativos circulantes:		
Caixa e equivalentes	$ 8.656,672	$ 6.081,593
Títulos negociáveis	7.189,099	8.137,020
Contas a receber, líquido de provisão de US$ 16,914 e US$ 32,887	2.642,192	2.162,521
Imposto de renda diferido, líquido	286.105	68.538
Impostos de renda a receber	—	145.253
Parcela pré-paga da receita, despesas e outros ativos	1.404,114	694.213
Total dos ativos circulantes	20.178,182	17.289,138
Ações, despesas e outros ativos pré-pagos, não circulantes	433.846	168.530
Imposto de renda diferido, líquido, não circulante	—	33.219
Títulos não negociáveis	85.160	1.059,694
Propriedade e equipamentos, líquidos	5.233,843	4.039,261
Ativos intangíveis, líquidos	996.690	446.596
Fundo de comércio	4.839,854	2.299,368
Total dos ativos	$ 31.767,575	$ 25.335,806
Passivo e patrimônio dos acionistas		
Passivo circulante:		
Contas a pagar	$ 178.004	$ 282.106
Compensação e benefícios acumulados	811.643	588.390
Despesas e outros passivos circulantes acumulados	480.263	465.032
Participação nos lucros acumulados	532.547	522.001
Receita deferida	218.084	178.073
Impostos a pagar, líquido	81.549	—
Total do passivo circulante	2.302,090	2.035,602
Receita deferida, longo prazo	29.818	30.249
Imposto de renda a pagar, longo prazo	890.115	478.372
Imposto de renda diferido, não circulante	12.515	—
Outros passivos de longo prazo	294.175	101.904
Compromissos e contingências		
Patrimônio líquido:		
Ações preferenciais conversíveis, US$ 0,001 ao par, 100 mil ações autorizadas; sem emissão de ações e em circulação	—	—
Ações ordinárias Classe A e Classe B, valor nominal de US$ 0,001 valor ao par por ação: 9 milhões de ações autorizadas	315	313
Capital realizado adicional	14.450,338	13.241,221
Outras receitas abrangentes acumuladas	226.579	113.373
Lucros retidos	13.561,630	9.334,772
Total do patrimônio dos acionistas	28.238,862	22.689,679
Total do passivo e patrimônio dos acionistas	**$ 31.767,575**	**$ 25.335,806**

Fonte: relatório 10-K de 2008 da Google Inc.

300 mil documentos armazenados em computadores e servidores locais. O pacote de *hardware* e *software* do Google Mini podia ser licenciado *on-line* em www.google.com/enterprise/mini a preços que variavam de US$ 2.990 a US$ 9.900, dependendo da capacidade de contagem de documentos. O aparelho mais robusto de busca do Google tinha uma capacidade de até 30 milhões de documentos e era ideal para empresas de tamanho médio a empresas globais. As taxas de licenciamento do Google Search Appliance variavam de US$ 30 mil a US$ 600 mil, dependendo da capacidade de contagem de documentos.

AdWords

O Google AdWords permitia aos anunciantes criarem independentemente, por meio de ferramentas automatizadas do Google, ou com a assistência de equipes de marketing do Google, anúncios de texto que aparecessem ao longo dos resultados de busca. Os usuários de AdWords podiam avaliar, por meio dos relatórios de desempenho que acompanhavam a eficiência de cada anúncio, se seus gastos com propaganda compensavam. O Google também oferecia um programa que sugeria sinônimos para palavras-chave inseridas por anunciante, um programa que fazia uma estimativa do movimento, que ajudava o anunciante potencial a projetar as cobranças e várias opções de pagamento que incluíam cobranças em cartões de crédito, de débito e fatura mensal.

Aos anunciantes maiores eram oferecidos serviços adicionais para ajudar a realizar campanhas publicitárias dinâmicas. Essa assistência incluía a disponibilidade de especialistas com experiência em vários setores para oferecer sugestões de como definir os clientes-alvo potenciais e identificar palavras-chave relevantes. Os especialistas em publicidade do Google também ajudavam a desenvolver anúncios para os clientes que aumentariam as taxas de acesso e de compras. O Google ainda oferecia a seus grandes clientes anunciantes serviços de postagem para uma lista de endereços de clientes que ajudavam a lançar e gerenciar campanhas que incluíam anúncios usando centenas ou milhares de palavras-chave.

O preço dos anúncios do Google baseados em buscas era definido usando-se um sistema de leilão que permitia aos anunciantes darem lances em palavras-chave que descrevessem seu bem ou serviço. Os lances podiam ser dados de acordo com o custo por impressão (CPI, do inglês *cost-per-impression*, ou custo por clique, CPC). A maioria dos anunciantes dava lances com base na frequência de CPC em vez do número de vezes que um anúncio era exibido pelo Google. O modelo de precificação por leilão do Google atribuía uma pontuação de qualidade (Quality Score) a cada pessoa que fazia o lance, que era determinada pelo número de cliques da palavra-chave do anunciante e pela relevância do texto do anúncio. Os anunciantes com pontuações mais altas recebiam lances mínimos mais baixos do que aqueles com baixas pontuações de qualidade.

O Google permitia aos usuários pagar um CPC mais baixo que seu preço de lance se este fosse consideravelmente maior do que o próximo lance mais alto. Por exemplo, um anunciante que oferecesse US$ 0,75 por clique por uma determinada palavra-chave pagaria US$ 0,51 pelo clique se o próximo lance mais alto fosse de apenas US$ 0,50. O AdWords discounter assegurava que os anunciantes pagassem apenas 1 centavo a mais do que o próximo lance mais alto, independentemente da quantia real de seu lance.

AdSense

O programa AdSense do Google permitia que os editores web compartilhassem receitas de propaganda geradas pelos anúncios de texto do Google. O AdSense servia textos de anúncios com conteúdo relevante a páginas em *sites* da Google Network. Por exemplo, um usuário que lesse um artigo sobre a recessão econômica global de 2008 na Reuters.com veria anúncios de texto do Google feitos por revistas de investimento e empresas especializadas em oportunidades de negócios feitos em casa. Os integrantes da Google Network compartilhavam a receita de publicidade sempre que um *site* visitante clicasse em um anúncio do Google exibido em seus *sites*. Mais de meio milhão de integrantes da Google Network não pagavam para participar do programa e recebiam cerca de 60% dos dólares gerados dos anúncios. O programa AdSense do Google também permitia que operadoras de telefonia móvel compartilhassem receitas do Google se anúncios de texto e a imagem fossem exibidos nos aparelhos móveis. Além disso, os detentores de nomes de domínio e de serviços de *feed* de notícias inativos podiam participar do programa AdSense. A divisão das receitas do Google por fonte para o período entre 2003 e 2008, é apresentada no Quadro 6.

Os anúncios baseados em buscas do Google podiam ser veiculados aos usuários da internet em 41

A estratégia do Google em 2009 | Caso 2 | 257

Quadro 6
Receitas da Google Inc. por fonte, 2003-2008 (em milhares de dólares)

	2008	2007	2006	2005	2004	2003
Receitas de propaganda:						
Sites da Google	$ 14.413.826	$ 10.624.705	$ 6.332.797	$ 3.377.060	$ 1.589.032	$ 792.063
Sites da Google *network*	6.714.688	5.787.938	4.159.831	2.687.942	1.554.256	628.600
Total das receitas de propaganda	21.128.514	16.412.643	10.492.628	6.065.002	3.143.288	1.420.663
Licenciamento e outras receitas	667.036	181.343	112.289	73.558	45.935	45.271
Receitas líquidas	$ 21.795.550	$ 16.593.986	$ 10.604.917	$ 6.138.560	$ 3.189.223	$ 1.465.934

Fonte: Google Inc., Form S-1, preenchido em 29 de abril de 2004; relatório 10-K de 2008 do Google.

línguas diferentes. Em 2008, mais de 50% das receitas e do movimento da empresa foram gerados fora dos Estados Unidos. O crescimento no uso da internet em mercados rapidamente emergentes como Rússia, Índia e China permitiu que uma porcentagem maior das receitas do Google viesse de anunciantes de fora dos Estados Unidos. Entre 2006 e 2008, as receitas com publicidade do Google nos Estados Unidos cresceram perto de 33% anualmente, ao passo que as receitas com propaganda no Reino Unido cresceram aproximadamente 38% ao ano e, no resto do mundo, 65% ao ano. Uma divisão das receitas do Google e de ativos de longo prazo por região geográfica para 2006 até 2008 é apresentada no Quadro 7.

Estratégia e posição competitiva da Google Inc. em 2009

Estratégias da Google para dominar a publicidade na internet

As várias aquisições da Google Inc. desde sua IPO em 2004 e o foco de suas atividades de pesquisa e desenvolvimento foram direcionados para aumentar seu domínio na propaganda pela internet. A adição do Google Maps, de busca local, informações de viagem por empresas de aviação, tempo, Book Search, Gmail,

Quadro 7
Receitas e ativos de longo prazo da Google por região geográfica, 2006-2008 (em milhares de dólares)

	ANO ENCERRADO EM 31 DE DEZEMBRO		
	2008	2007	2006
Receitas:			
Estados Unidos	$ 10.635.553	$ 8.698.021	$ 6.030.140
Reino Unido	3.038.488	2.530.916	1.603.842
Resto do mundo	8.121.509	5.365.049	2.970.935
Total das receitas	$ 21.795.550	$ 16.593.986	$ 10.604.917
	DADOS EM 31 DE DEZEMBRO		
	2008	2007	2006
Ativos de longo prazo:			
Estados Unidos	$ 9.782.825	$ 7.334.877	$ 5.070.694
Resto do mundo	1.806.568	711.791	362.810
Total dos ativos de longo prazo	$ 11.589.393	$ 8.046.668	$ 5.433.504

Fonte: Google, Inc., relatório 10-K de 2008.

Blogger e outros serviços aumentou o movimento dos *sites* Google e deu à empresa mais oportunidades para veicular propaganda aos usuários da internet. Além disso, a aquisição da Double Click em 2008 permitiu ao Google diversificar sua propaganda na internet para além dos anúncios de busca e incluir anúncios em *banners*. Nem todas as aquisições e inovações da Google resultaram, contudo, em uma contribuição significativa para as receitas da empresa. Embora mais de 5 bilhões de vídeos fossem vistos pelo YouTube por mês, o *site* de vídeos *on-line* registrou receitas inferiores a US$ 200 milhões em 2007. Além disso, o Orkut, *site* de relacionamento social desenvolvido internamente na empresa, não teve sucesso comparável aos *sites* de relacionamento concorrentes, como o facebook.com ou o myspace.com.

A estratégia da Google para dominar a propaganda baseada em buscas nos dispositivos móveis foi bem-sucedida. Em 2008, o Google respondia por 63% das buscas realizadas em telefones habilitados para internet. Esperava-se que a introdução de seu sistema operacional Android para celulares permitisse que ela aumentasse sua participação de buscas móveis e expandisse o mercado para outros tipos de anúncios na internet veiculados em dispositivos móveis. O Android não era um telefone, mas um sistema operacional com capacidade para internet. Os aplicativos essenciais do Android incluíam capacidade para Wi-Fi, *e-mail*, um calendário *on-line*, mapas Google Earth, navegador e GPS. A T-Mobile foi a primeira provedora sem fio a comercializar um telefone Android. Seu G1 foi lançado em setembro de 2008 custando US$ 179, e incluía essencialmente os mesmos serviços encontrados no iPhone Apple, que era muito mais caro. Avaliações comparando o G1 ao iPhone constataram que a principal vantagem do G1 era que seu teclado QWERTY era preferido por muitos usuários, comparado ao teclado virtual do iPhone que exigia que os usuários digitassem em uma imagem de um teclado no vídeo. O grupo de analistas comentou que o *design* geral mais grosseiro do G1 poderia não ser tão atraente quanto o do iPhone para alguns usuários de celulares. A Nokia, a LG e a HTC planejaram lançar celulares Android em 2009.

Ofensiva estratégica do Google para controlar o *desktop*

Os gestores em postos mais altos da Google acreditavam que, no futuro muito próximo, a maioria dos programas de *software* para computador usados pelas empresas passaria de discos rígidos ou intranets locais para a internet. Muitos analistas de tecnologia de informação concordavam que o "*cloud computing*" se tornaria uma plataforma comum de *software* e cresceria para um mercado de US$ 95 bilhões por volta de 2013. Mover aplicativos de *software* para "as nuvens" oferecia muitos benefícios possíveis para os usuários corporativos, incluindo custos mais baixos de aquisição de *software*, custos mais baixos de suporte de informática e a maior facilidade de colaboração entre colaboradores em diferentes locais. A versão beta do Google Apps foi lançada em 2006 como um pacote de planilha e processador de texto pessoais, e foi relançada em 2008 como um produto concorrente do Microsoft Office. O Google Apps era hospedado em computadores nos centros de dados do Google e incluía o Gmail, um calendário, serviço de mensagem instantânea, processador de texto e de planilhas, *software* de apresentação e espaço para armazenamento de arquivo. O Google Apps podia ser licenciado pelos clientes corporativos a US$ 50 anuais por usuário. A taxa de licenciamento para o pacote com Microsoft Office e Outlook costumava custar US$ 350 anuais por usuário.

O navegador Chrome do Google, que foi lançado em setembro de 2008, e o sistema operacional Chrome (OS), lançado em julho de 2009, foram desenvolvidos especificamente para acomodar aplicativos de *cloud computing*. O navegador *bare-bones* Chrome foi construído com um *design* multiprocessador que permitia aos usuários operar planilhas, processador de texto, edição de vídeo e outros aplicativos em *tabs* separados que podiam funcionar simultaneamente. Cada *tab* operava independentemente, de modo que, se um parasse, outros aplicativos que estivessem operando com centros de dados do Google não eram afetados. O navegador Chrome também fornecia ao Google uma defesa contra iniciativas da Microsoft para dificultar ao Google a veiculação de anúncios relevantes baseados em buscas aos usuários da internet. O Internet Explorer 8 da Microsoft permitia aos usuários esconder seu endereço da internet e o histórico de acessos, o que impedia o Google de coletar informações específicas do usuário necessárias para direcionar o anúncio. O navegador Firefox do Mozilla empregava um recurso semelhante que impedia terceiros de acompanhar as visitas de um usuário. Em 2008, o Internet Explorer da Microsoft e o Mozilla Firefox tiveram participações de mercado de 72 e 20%, respectivamente. No final de 2008, as receitas do Google relacionadas à venda do Google Apps para clientes corporativos foram exatamente de US$ 4 milhões. O Chrome OS, com um funcionamento simples, era um sistema operacional de fonte aberta projetado especificamente como plataforma para aplicativos de *cloud computing*. As vendas do Office da Microsoft de aproximadamente US$ 17 bilhões no ano fiscal de 2008 deram à Microsoft uma participação de 98% no mercado de *software* para escritórios.

Concorrentes da internet do Google

A capacidade do Google de sustentar sua vantagem competitiva entre as empresas de busca deriva de sua capacidade de manter fortes relações com os usuários da internet, anunciantes e *sites*. Em 2009, os usuários da internet entravam no Google para buscar informações com mais frequência do que qualquer outro *site* com capacidades de busca. Os gestores da Google acreditavam que seus concorrentes principais fossem a Microsoft e a Yahoo!. Uma comparação da porcentagem de buscas da internet entre *sites* que oferecem o serviço de busca em julho de 2006 e junho de 2009 é mostrada no quadro seguinte:

Entidade de busca	Porcentagem de Buscas	
	Julho de 2006	Junho de 2009
Sites Google	43,7%	65,0%
Sites Yahoo!	28,8	19,6
Sites Microsoft	12,8	8,4
Ask.com	5,4	3,9
AOL	5,9	3,1
Outros	3,4	n.s.
Total	100,0%	100,0%

n.s. = não significativo
Fonte: ComScore.com.

YAHOO! O Yahoo! foi fundado em 1994 e era o segundo principal destino da internet no mundo em 2008, com 142 milhões de visitantes por mês. Praticamente qualquer informação disponível na internet podia ser acessada por meio do portal do Yahoo! Os visitantes podiam acessar conteúdo classificado pelo Yahoo ou abrir uma conta com o Yahoo! para manter um calendário pessoal e conta de *e-mail*, verificar as notícias mais recentes ou o clima local, obter mapas, checar a programação de TV, assistir a um *trailer* de filme, acompanhar uma carteira de ações, manter um registro de *handicap* de golfe, manter um álbum de fotos *on-line* ou buscar anúncios pessoais ou classificados de emprego.

A empresa também abrigava *sites* para pequenas empresas e varejistas da internet, e fez parcerias estratégicas com 20 operadoras de celulares nos Estados Unidos e na Europa para fornecer busca móvel e exibir anúncios aos clientes. Em 2008, o Yahoo! respondia por 35% das buscas feitas em celulares. A ampla gama de serviços da Yahoo! lhe permitia gerar receita de várias fontes – o Yahoo! recebia taxas por anúncios em *banners* exibidos no Yahoo.com, Yahoo! Messenger, Yahoo! Mail, Flickr ou clientes de celulares; recebia pelos classificados de Yahoo! Autos, o Cars.com, e Yahoo! Real Estate; recebia receitas de resultados de busca pagos no Yahoo! Search; compartilhava as taxas de reserva de agências de viagens feitas pelo Yahoo! Travel e recebia taxas de subscrição de seus usuários registrados em Rivals.com, Yahoo! Games, Yahoo! Music e Yahoo! Personals. Em 2007, a Yahoo! fez uma aliança estratégica com a Intel e executou a aquisição da Right Media para expandir seu modelo de negócio para além da propaganda na internet e das taxas de assinatura cobradas pelos usuários da internet. Sua aliança com a Intel envolvia o desenvolvimento de uma caixa *set-top* que forneceria uma experiência interativa para os espectadores de programas de televisão. Sob as condições do acordo, a Intel desenvolveria o *hardware* do sistema, ao passo que a Yahoo! desenvolveria aplicativos *widget* que permitiriam aos espectadores de televisão se conectar com a internet para acompanhar informações como o placar de jogos esportivos, as últimas notícias ou ver um item listado em um leilão da eBay. Sua aquisição da Right Media permitiu aos anunciantes fazerem ofertas por anúncios oferecidos pelos jornais e revistas sócios da Yahoo!

A relação do Yahoo! com a Google data de 2000 e, desde essa época, oscilou entre a cooperação e a concorrência. O Yahoo! foi um dos primeiros clientes do mecanismo de busca Google, mas começou a se distanciar da Google Inc. em 2002 quando iniciou aquisições de empresas com tecnologias de busca desenvolvidas. O Yahoo! substituiu o Google com suas próprias capacidades de pesquisa em fevereiro de 2004. Mais tarde, o Yahoo! registrou uma acusação de infração de patente contra a Google Inc. e o resultado foi um acordo que deu ao Google propriedade dos direitos de tecnologia em troca de 2,7 milhões de suas ações. A Yahoo! tentou refazer seu relacionamento com a Google em 2008, esperando reverter uma queda na lucratividade e na liquidez iniciada em 2006. Após anunciar uma aquisição hostil pela Microsoft em junho de 2008, a Yahoo! chegou a um acordo com a Google que lhe permitiria hospedar os anúncios de busca do Google. Estima-se que a parceria forneceria à Yahoo! um faturamento anual de US$ 800 milhões, e a maior parte iria diretamente para seu lucro financeiro. No entanto, a Google desfez o acordo em novembro de 2008 depois de receber notificação judicial de que a aliança possivelmente violaria os estatutos antitruste. Logo depois de ser notificado de que a Google estava desfazendo o acordo, os altos gestores da Yahoo! declararam aos repórteres da área de negócios que a empresa estava "desapontada com a Google, por ter desfeito o acordo em vez de defendê-lo perante o tribunal".[5] Em julho de 2009, a Microsoft e a Yahoo! finalmente fecharam um acordo que uniria seus sistemas de busca e permitiria que o Bing! fosse explorado pela Microsoft por 10 anos. Um resumo do desempenho financeiro do Yahoo! entre 2003 e 2008 é apresentado no Quadro 8.

SERVIÇOS ON-LINE DA MICROSOFT A Microsoft Corporation registrou um faturamento recorde no ano fiscal de 2008 e receita líquida de aproximadamente US$ 60,4 bilhões e US$ 17,7 bilhões, respectivamente, por meio da venda de *software* de computador, serviços de consultoria, *hardware* de *videogame* e serviços *on-line*. O Windows Vista e o Microsoft Office 2007 respondiam por mais da metade do faturamento da empresa em 2008 e quase todo seu lucro operacional. Os serviços *on-line* da empresa registraram um recorde de vendas de US$ 3,2 bilhões e uma perda operacional de US$ 1,2 bilhão durante o ano fiscal de 2008. Os serviços *on-line* da Microsoft geraram um faturamento com anúncios em *banner* exibidos no portal MSN da empresa e em seus *sites* afiliados, anúncios baseados em busca exibidos com os resultados Live Search e taxas de assinatura do seu serviço MSN Dial-up. Um resumo financeiro para a Microsoft Corporation e sua Divisão de Serviços *On-line* é fornecido no Quadro 9.

O Live Search da Microsoft foi lançado em novembro de 2004 para competir diretamente com o Google e adiar qualquer intenção que este pudesse ter de ameaçar o sistema operacional fundamental da Microsoft e seu *software* de produtividade. A preocupação da Microsoft com as ameaças impostas pelo Google surgiram logo depois de seu IPO, quando Bill Gates notou que muitos dos anúncios de emprego postados no Google eram quase idênticos às especificações de emprego da Microsoft. Reconhecendo que a posição dos anúncios tinha mais a ver com o *design* do sistema operacional do que com a busca, Gates enviou um *e-mail* aos principais executivos da Microsoft advertindo: "Temos que ficar atentos a esses caras. Parece que eles estão construindo algo para

Quadro 8

Resumo financeiro para a Yahoo! Inc., 2003-2006 (em milhares de dólares)

	2008	2007	2006	2005	2004	2003
Faturamento	$ 7.208,502	$ 6.969,274	$ 6.425,679	$ 5.257,668	$ 3.574,517	$ 1.625,097
Receita operacional	12.963	695.413	940.966	1.107,725	688.581	295.666
Receita líquida	424.298	660.000	751.391	1.896,230	839.553	237.879
	2008	**2008**	**2006**	**2005**	**2004**	**2003**
Caixa e equivalentes	$ 2.292,296	$ 1.513,930	$ 1.569,871	$ 1.429,693	$ 823.723	$ 415.892
Títulos de dívida negociáveis	1.229,677	849.542	1.967,414	2.570,155	2.918,539	2.150,323
Capital de giro	3.040,483	937.274	2.276,148	2.245,481	2.909,768	1.013,913
Total dos ativos	13.689,848	12.229,741	11.513,608	10.831,834	9.178,201	5.931,654
Passivo no longo prazo	715.872	384.208	870.948	1.061,367	851.782	822.890
Total do patrimônio dos acionistas	11.250,942	9.532,831	9.160,610	8.566,415	7.101,446	4.363,490

Fonte: Yahoo Inc., relatório 10-K de 2008.

Quadro 9

Resumo financeiro para a Microsoft Corporation e para a unidade de serviços On-line da Microsoft, 2006-2008 (em milhões de dólares)

	RESUMO FINANCEIRO DA MICROSOFT CORPORATION		
ANO FISCAL ENCERRADO EM 30 DE JUNHO	2008	2007	2006
Faturamento	$ 60.420	$ 51.122	$ 44.282
Receita operacional	22.492	18.524	16.472
Receita líquida	17.681	14.065	12.599
Caixa, equivalentes e investimentos no curto prazo	$ 23.662	$ 23.411	$ 34.161
Total dos ativos	72.793	63.171	69.597
Obrigações no longo prazo	6.621	8.320	7.051
Patrimônio dos acionistas	36.286	31.097	40.104
	RESUMO FINANCEIRO DA UNIDADE DE SERVIÇOS ON-LINE DA MICROSOFT		
	2008	2007	2006
Faturamento	$ 3.214	$ 2.441	$ 2.296
Receitas (despesas) operacionais	(1.233)	(617)	5

Fonte: Relatório Anual da Microsoft Corporation, 2008.

competir conosco".[6] Mais tarde, Gates comentou que o Google era "mais parecido conosco que qualquer outro concorrente nosso".[7]

Gates especulou que a estratégia de longo prazo do Google envolvia o desenvolvimento de aplicativos de *software on-line* comparáveis ao Word, Excel, PowerPoint e outros produtos Microsoft. A estratégia da Microsoft para competir com o Google visava tornar o Live Search mais eficaz que o Google, fornecendo resultados de busca altamente relevantes. A Microsoft acreditava que qualquer conversão dos usuários do Google para o Live Search reduziria o número de usuários de computador que pudessem adotar os pacotes de processamento de texto, planilha e *software* de apresentação *on-line* do Google. Em 2008, a Microsoft pagou mais de US$ 100 milhões para adquirir a Powerset, que desenvolveu um mecanismo de busca semântico. A tecnologia de busca semântica oferecia a oportunidade de superar a relevância dos resultados de busca do Google uma vez que a busca semântica avaliava o sentido de uma palavra ou frase e considerava seu contexto ao retomar com os resultados da busca. Embora a busca semântica tivesse a capacidade de responder a perguntas enunciadas em linguagem comum, o processamento de busca semântica demorava vários segundos para retornar com os resultados. O tempo necessário para conduzir uma busca levou a Microsoft a limitar o índice de busca para alguns artigos listados na Wikipédia. Os desenvolvedores da Microsoft se concentraram em aumentar a velocidade de suas capacidades de busca semântica de modo que seu índice de busca pudesse ser expandido para um número maior de páginas da internet. Os programadores da empresa também incorporaram algumas das capacidades do Powerset na última geração do mecanismo de busca, o Bing, que foi lançado em junho de 2009.

O acordo de busca da Microsoft com o Yahoo! foi planejado de modo a permitir que a empresa aumentasse sua participação no mercado de busca pela internet e atingisse a escala publicitária necessária para tornar seus serviços *on-line* lucrativos. A adição dos 142 milhões de usuários novos por mês do Yahoo! deveria dobrar a exposição dos anúncios em *banners* da Microsoft para 240 milhões de usuários novos por mês. Anúncios em *banners* eram o grosso do faturamento da Microsoft com propaganda *on-line*, visto que seu mecanismo de busca respondia por menos de 15% das buscas *on-line* em 2008. A Microsoft também estabeleceu um acordo de US$ 500 milhões com a Viacom, em 2008, que colocaria seus anúncios em *banner* em *sites* da Viacom como MTV.com, Nickelodeon.com, BET.com, CMT.com, Rhapsody, e Paramount.com. Embora o mercado de US$ 7 bilhões para anúncios em *display* representasse apenas um terço do tamanho do mercado de anúncios por meio de busca em 2008, esperava-se que os gastos com propaganda em *banner* dobrassem em 2012 para atingir US$ 15 bilhões.

A Microsoft também estava prosseguindo com sua própria abordagem à *cloud computing*. O lançamento do Windows Live em 2008 permitiu aos usuários da internet armazenar arquivos *on-line* em seu *site* SkyDrive protegido com senha. O armazenamento de arquivos *on-line* do SkyDrive permitia aos usuários acessar e editar arquivos de vários locais, compartilhar arquivos com colegas que pudessem precisar de privilégios de edição ou tornar os arquivos disponíveis em uma pasta pública para ampla distribuição. A Azure foi a iniciativa de *cloud computing* mais ambiciosa da Microsoft em 2008, e pretendia permitir que as empresas reduzissem os custos com computação deixando que a Microsoft hospedasse seus programas operacionais e arquivos de dados. Além de reduzir as despesas de capital com atualizações de *software* e aumento da capacidade do servidor, o *offsite* de hospedagem Azure oferecia a segurança de dados em caso de desastres naturais como incêndios ou furacões.

Desempenho da Google em 2009

Durante seu segundo trimestre do ano fiscal de 2009, a Google foi capaz de alcançar um crescimento anual de 3% no faturamento, ao passo que a maioria das empresas em quase todos os setores teve queda de 25% ou mais nas vendas, à medida que a recessão atingiu níveis históricos nos Estados Unidos. Em julho de 2009, o Produto Interno Bruto dos Estados Unidos teve uma queda percentual maior e caiu em mais trimestres consecutivos do que em qualquer outra recessão econômica desde a Grande Depressão. Até então, parecia que o modelo de negócio e a estratégia da Google isolaram a empresa dos efeitos da recessão, mas as empresas que não se deram bem durante a recessão poderiam começar a considerar o corte de despesas discricionárias como propaganda. Embora os gestores de alto escalão do Google reconhecessem a contínua recessão macroeconômica, o diretor Eric Schmidt acreditava que a empresa estava pronta para crescer e "manteria seu foco em investimentos em inovação técnica para dirigir o crescimento em nossos negócios novos e centrais."[8]

As prioridades estratégicas da empresa eram focadas na expansão de seus aplicativos para usuários de celulares com o lançamento do Android, e em levar adiante o plano de se tornar o provedor dominante de soluções em *cloud computing*. Alguns analistas preferiam que a Google focasse em atividades relacionadas ao seu negócio fundamental (*core business*), como desenvolver capacidades de busca semântica para seu sistema de busca Google. Alguns analistas também ressaltaram a fraqueza da empresa na China, onde ficava em segundo lugar, muito atrás da Baidu, provedora de anúncios baseados em buscas. Em 2008, 63% das buscas na internet na China foram realizadas pelo Baidu, enquanto o Google deteve uma participação de 26% das buscas naquele país. Os quase 350 milhões de usuários da internet na China representavam um número superior ao de qualquer país e tornaram a China um dos mercados com crescimento mais rápido do mundo para a propaganda baseada em buscas em 2009.

Notas finais

[1] Citado em "High-Tech Search Engine Google Won't Talk about Business Plan", *The Wall Street Journal* Online, June 14, 1999.
[2] Citado em Google's Corporate Information, www.google.com/corporate/history.html.
[3] Relacionado em *Our Philosophy*, Google Corporate Information, www.google.com/corporate/tenthings.html.
[4] Relatado em "For Some Who Passed on Google Long Ago, Wishful Thing", *The Wall Street Journal* Online, August 23, 2004.
[5] Citado em "With Google Gone, Will Microsoft Come Back to Yahoo?" *Fortune*, November 5, 2008.
[6] Citado em "Gates VS. Google", *Fortune*, April 18, 2005.
[7] Ibid.
[8] Citado em "Google Announces Second Quarter 2009 Results", Google Inc. Press Release, July 16, 2009.

Caso 3

A estratégia de diversificação da PepsiCo em 2008

John E. Gamble
University of Alabama do Sul

A PepsiCo era uma das maiores empresas de salgadinhos e bebidas, com faturamento líquido aproximado de US$ 39,5 bilhões em 2007. Em 2008, seu portfólio de produtos incluía os salgadinhos FritoLay, as barras de granola Quaker Chewy, os refrigerantes Pepsi, o suco de laranja Tropicana, o chá Lipton Brisk, além de produtos como Gatorade, Propel, SoBe, Quaker Oatmeal, Cap'n Crunch, Aquafina, Rice-A-Roni, a mistura para panqueca Aunt Jemima, e muitos outros consumidos regularmente. Os produtos Gatorade, Propel, Aunt Jemioma e Quaker Oats foram adicionados ao arsenal de marcas da PepsiCo por meio da compra da Quaker Oats em 2001, por US$ 13,9 bilhões. A aquisição foi o componente final de uma importante iniciativa de reestruturação da carteira iniciada em 1997. Desde a reestruturação, a empresa aumentou o faturamento e a renda líquida a taxas anuais de 7% e 12%, respectivamente. Um resumo do desempenho financeiro da PepsiCo é mostrado no Quadro 1.

Durante 2007, a alta gerência da empresa se concentrou em sustentar o desempenho impressionante atingido desde sua reestruturação por meio de estratégias vinculadas a inovação de produto, relações próximas com aliados na distribuição, expansão internacional e aquisições estratégicas. Produtos recentes como o Gatorade G2, bebidas esportivas com a assinatura de Tiger Woods e o cereal multigrãos Simples Harvest para pratos quentes responderam por 15 a 20% do crescimento nos últimos anos. Inovações de produtos ligados à saúde e bem-estar do consumidor foram os que mais contribuíram para o crescimento da empresa, e em 2007, os produtos "melhor pra você e bom pra você" responderam por 16% das vendas de salgadinhos na América do Norte, assim como as vendas de bebidas representaram 70% do total e os produtos Quaker Oats corresponderam a mais de 50%. A empresa também aumentou a porcentagem de salgadinhos saudáveis em mercados fora da América do Norte, uma vez que os consumidores desejavam reduzir seu consumo de gorduras saturadas, colesterol, gordura trans e carboidratos simples.

A estratégia de aliança com os varejistas (Power of One) foi usada por mais de 10 anos e continuava estimulando o volume de vendas da PepsiCo e identificando novas formulações de produtos desejados pelos consumidores. Sob a estratégia Power of One, os profissionais de marketing da PepsiCo e os varejistas colaboraram nos pontos de vendas e durante encontros fora do local de trabalho a fim de conceber táticas para aumentar a possibilidade de que os consumidores comprem mais de um produto PepsiCo quando visitassem a uma loja. Além disso, alguns dos novos produtos da PepsiCo de maior sucesso eram recomendados pelos varejistas.

As vendas internacionais da PepsiCo cresceram 22% em 2007, mas a empresa tinha muitas oportunidades adicionais para aumentar as vendas em mercados fora da América do Norte. Ela detinha grandes participações em muitos mercados internacionais para bebidas e salgadinhos, mas não teve muito sucesso em tornar os produtos da marca Quaker disponíveis fora dos Estados Unidos. Em 2006, 75% das vendas internacionais da Quaker de US$ 500 milhões foram efetuadas em apenas seis países. Além disso, as operações internacionais da PepsiCo eram muito menos lucrativas que seus negócios na América do Norte. Enquanto as margens de lucro da divisão internacional da PepsiCo variaram de 13,4 a 15,6% entre 2004 e 2007, as margens de lucro operacional para suas fabricantes de bebidas na América do Norte e para a Frito-Lay variaram de 12,3 a 25% durante o mesmo período. As vendas da Quaker Foods de Cap'n Crunch, cereal Life, aveia Quaker, barras de granola Chewy, Aunt Jemima e Rice-A-Roni produziram as margens de lucro mais altas entre todas as marcas da PepsiCo, com lucros operacionais superiores a 30% a cada ano, entre 2004 e 2007.

A alta gerência da PepsiCo desenvolveu uma nova estrutura organizacional em 2008 para tratar

---

Copyright © 2008 por John E. Gamble. Todos os direitos reservados.

Quadro 1
Resumo financeiro para a PepsiCo, Inc., 1998-2007 (em milhões de dólares, exceto por quantidade de ações)

	2007	2006	2005	2004	2003	2002	2001	2000	1999	1998
Receita líquida	$ 39.474	$ 35.137	$ 32.562	$ 29.261	$ 26.971	$ 25.112	$ 23.512	$ 20.438	$ 20.367	$ 22.348
Renda líquida	5.599	5.065	4.078	4.212	3.568	3.000	2.400	2.183	2.050	1.993
Lucro por ação ordinária – básica, operações em andamento	$ 3,38	$ 3,00	$ 2,43	$ 2,45	$ 2,07	$ 1,69	$ 1,35	$ 1,51	$ 1,40	$ 1,35
Caixa dividendos declarado por ação ordinária	$ 1,42	$ 1,16	$ 1,01	$ 0,85	$ 0,63	$ 0,60	$ 0,58	$ 0,56	$ 0,54	$ 0,52
Total dos ativos	$ 34.628	$ 29.930	$ 31.727	$ 27.987	$ 25.327	$ 23.474	$ 21.695	$ 18.339	$ 17.551	$ 22.660
Dívida de longo prazo	4.203	2.550	2.313	2.397	1.702	2.187	2.651	2.346	2.812	4.028

Fonte: Relatórios 10-Ks da PepsiCo, vários anos.

da lucratividade relativamente baixa de suas operações internacionais e produzir um crescimento mais rápido nestes mercados. Esperava-se que a nova estrutura – que colocaria todas as marcas vendidas no Reino Unido, Europa, Ásia, Oriente Médio e África em uma divisão comum – ajudasse a empresa em sua capacidade de adequar estratégias entre suas várias marcas e produtos. Era bem possível que a gerência da PepsiCo precisasse considerar a reestruturação de seu conjunto de negócios de salgadinhos e bebidas para aprimorar a lucratividade geral e reverter a estagnação no preço de suas ações, iniciada em 2008. O Quadro 2 acompanha o desempenho de mercado da PepsiCo entre 1998 e outubro de 2008.

História da empresa

A PepsiCo Inc. iniciou suas operações em 1965 quando os acionistas da Pepsi-Cola e da Frito-Lay concordaram em fazer a fusão entre o ícone dos salgadinhos e a gigante dos refrigerantes. A nova empresa foi fundada com faturamentos anuais de US$ 510 milhões e marcas tão conhecidas como a Pepsi-Cola, Mountain Dew, Fritos, Lay's, Cheetos, Ruffles e Rold Gold. As origens da PepsiCo datam de 1898, quando Caleb Bradham, um farmacêutico de New Bern, Carolina do Norte, criou a fórmula para uma bebida gasosa à qual deu o nome de Pepsi-Cola. O negócio de salgadinhos da empresa começou em 1932, quando Elmer Doolin, de San Antonio, Texas, começou a fabricar e comercializar os *chips* de milho de sua marca Fritos, e Herman Lay iniciou um negócio de distribuição de batatas *chips* em Nashville, Tennessee. Em 1961, Doolin e Lay fundiram seus negócios para estabelecer a Frito-Lay Company.

Durante os cinco primeiros anos como empresa de salgadinhos e bebidas, a PepsiCo lançou novos produtos como Doritos e Funyuns; entrou em mercados no Japão e no Leste Europeu e abriu, em média, uma nova fábrica de salgadinhos por ano. Por volta de 1971, a PepsiCo mais do que dobrou seu faturamento, alcançando US$ 1 bilhão. A empresa começou a perseguir o crescimento por meio de aquisições fora do segmento de salgadinhos e bebidas já em 1968, mas a compra da Pizza Hut em 1977 definiu significativamente a direção estratégica da PepsiCo para os próximos 20 anos. As aquisições da Taco Bell em 1978 e da Kentucky Fried Chicken em 1986 criaram uma carteira de negócios descrita por Wayne Calloway (diretor da PepsiCo entre 1986 e 1996) como um banco de três pernas. Calloway acreditava que a combinação de salgadinhos, refrigerantes e *fast-food* oferecesse consideráveis oportunidades de transferência

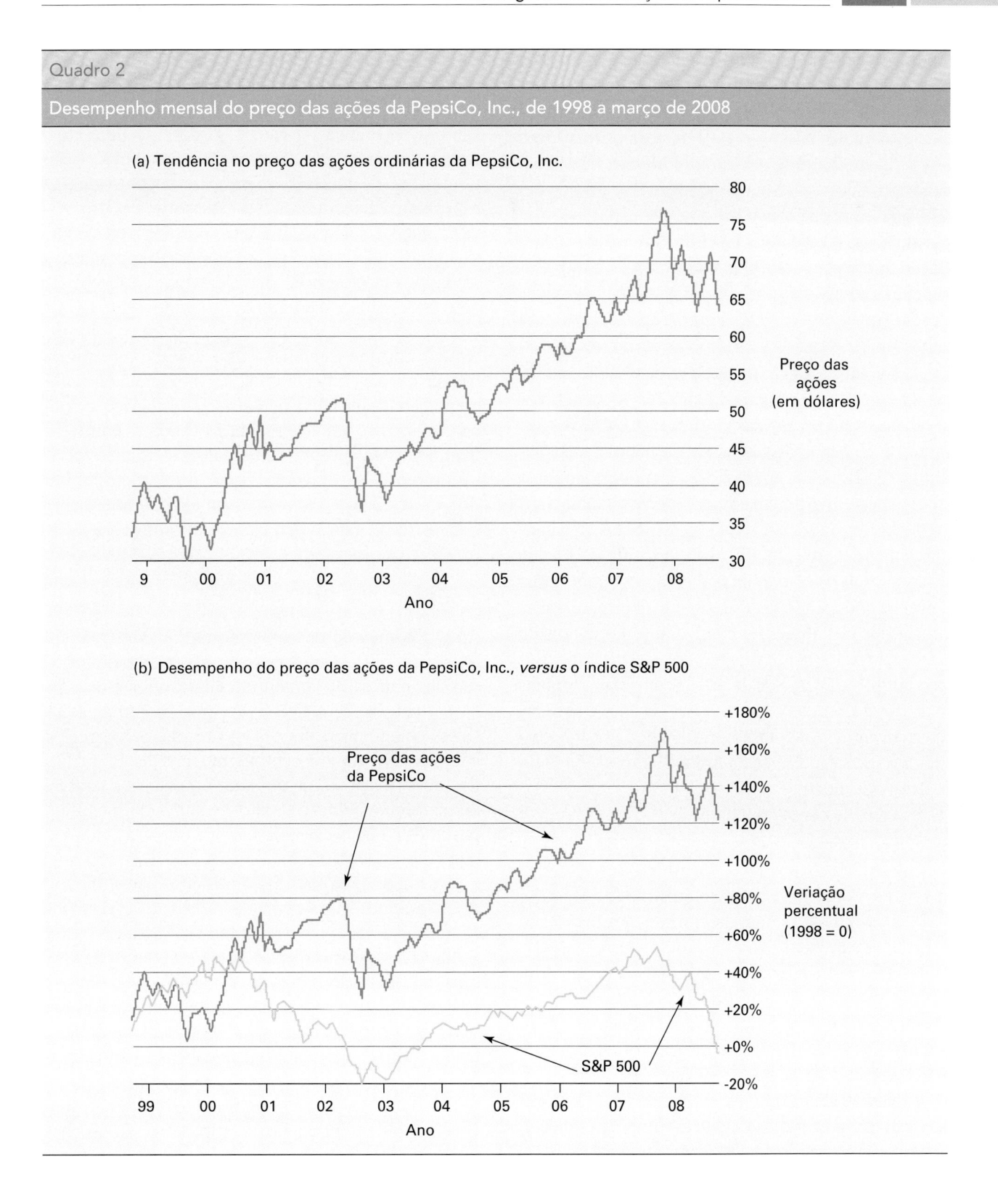

Quadro 2
Desempenho mensal do preço das ações da PepsiCo, Inc., de 1998 a março de 2008

(a) Tendência no preço das ações ordinárias da PepsiCo, Inc.

Preço das ações (em dólares)

(b) Desempenho do preço das ações da PepsiCo, Inc., *versus* o índice S&P 500

Variação percentual (1998 = 0)

de habilidades e divisão de custos, além do rodízio habitual dos gestores entre as três divisões da empresa como parte das iniciativas de desenvolvimento gerencial da empresa.

A PepsiCo também fortaleceu sua variedade de salgadinhos e bebidas durante os anos 1980 e 1990 adquirindo a cerveja Mug (7UP International), a pipoca pronta Smartfood, da Walker's Crisps (RU), a

Smith's Crisps (RU), a Gamesa (empresa mexicana de biscoitos) e a SunChips. Calloway também comprou a rede Hot-n-Now de restaurantes informais de atendimento rápido, em 1990, a California Pizza Kitchens em 1992, e a East Side Mario's, D'Angelo Sandwich Shops e a Chevy's Mexican Restaurants em 1993. A empresa expandiu para além das bebidas gaseificadas, quando em 1992 fez um acordo com a Ocean Spray para distribuir sucos prontos e introduziu chás prontos para beber em 1993, a água engarrafada Aquafina e os cafés Frapuccino prontos para beber em 1994.

Por volta de 1996, ficou claro para a alta gerência da PepsiCo que estava difícil obter os benefícios potenciais da combinação estratégica entre restaurantes e os negócios essenciais de bebidas e salgadinhos da PepsiCo. Além disso, qualquer benefício sinergístico atingido era equiparado pela concorrência feroz de preços do setor de *fast-food* e as baixas margens de lucro. Em 1997, o diretor Roger Enrico desmembrou os restaurantes da empresa como uma empresa independente, de capital aberto, para se concentrar nos alimentos e bebidas. Logo depois de concluído o desmembramento dos restaurantes, Enrico adquiriu a Cracker Jack, a Tropicana, a Smith's Snackfood Company na Austrália, os chás e bebidas alternativas SoBe, a Tasali Snack Foods (a líder no mercado de salgadinhos da Arábia Saudita), e a Quaker Oats Company.

A aquisição da Quaker Oats

A Quaker Oats foi a maior aquisição da PepsiCo (US$ 13,9 bilhões) e com isso tornou-se a marca número um de aveia nos Estados Unidos, com uma participação na categoria superior a 60%; a marca líder de "rice cakes" e barras de granola e outras marcas conhecidas como a Cap'n Crunch, Rice-A-Roni e Aunt Jemima. No entanto, o ativo mais valioso da Quaker em seu arsenal de marcas era o Gatorade.

O Gatorade foi desenvolvido por pesquisadores da University of Florida em 1965 mas só começou a ser comercializado quando a fórmula foi vendida para a Stokely-Van Camp em 1967. Quando a Quaker Oats adquiriu a marca de Stokely-Van Camp em 1983, o Gatorade um produto regional com vendas anuais de US$ 90 milhões tornou-se gradualmente em uma potência de US$ 2 bilhões. As vendas aumentaram em mais de 10% ao ano durante a década de 1990, sem a entrada de novas bebidas na categoria de isotônicos que impusessem séria ameaça ao domínio da marca. A PepsiCo, a Coca-Cola, o Grupo Danone da França e a Nestlé, gigante de alimentos, tinham interesse pela Gatorade por sua participação dominante de mercado e pelo crescimento que se esperava na categoria de bebidas isotônicas esportivas. A PepsiCo deu os lances vencedores para a aquisição da Quaker Oats e da Gatorade, com acordos fechados em dezembro de 2000, mas só recebeu a aprovação da U.S. Federal Trade Commission (FTC) em agosto de 2001. A preocupação básica do órgão regular era que a inclusão da Gatorade na carteira de salgadinhos e bebidas da PepsiCo poderia dar à empresa alavancagem demais nas negociações com lojas de conveniência e acabar forçando as empresas menores de salgadinhos e bebidas a sair desses pontos de venda. Ao aprovar a fusão, a FTC determinou que a Gatorade não fosse distribuída conjuntamente com os refrigerantes da PepsiCo durante 10 anos.

Aquisições após 2001

Após a conclusão da aquisição da Quaker Oats em agosto de 2001, a empresa se concentrou na integração das marcas de alimentos, salgadinhos e bebidas na carteira da PepsiCo. A empresa fez várias aquisições engolindo pequenas empresas de alimentos e bebidas com rápido crescimento nos Estados Unidos e internacionalmente, para ampliar sua carteira de marcas. As aquisições *tuck-in* em 2006 incluíram produtos como o pão sírio e o pita *chips* da Stacy, bebidas gaseificadas Izzed, nozes Duyvis (Países Baixos) e Star Foods (Polônia). As aquisições feitas durante 2007 foram os sucos de frutas Naked Juice, os sucos Sandora (Ucrânia), os salgadinhos Bluebird (Nova Zelândia), nozes e sementes Penelopa (Bulgária), e os salgadinhos Lucky (Brasil). A empresa também entrou em uma *joint venture* com o Strauss Group em 2007 para comercializar a Sabra, a marca de húmus mais vendida e de crescimento mais rápido nos Estados Unidos e Canadá.

As aquisições da PepsiCo em 2007 totalizaram US$ 1,3 bilhão, enquanto a empresa fez aquisições totalizando US$ 522 milhões em 2006 e US$ 1,1 bilhão em 2005. A combinação das aquisições e da força dos negócios principais (*core business*) de salgadinhos e bebidas da PepsiCo permitiu que o faturamento da empresa aumentasse de aproximadamente US$ 20 bilhões em 2000 para mais de US$ 39,5 bilhões em 2007. O Quadro 3 apresenta as demonstra-

Quadro 3
Demonstração de resultados consolidados da PepsiCo, 2005-2007 (em milhões de dólares, exceto por quantias referentes às ações)

	2007	2006	2005
Receita líquida	$ 39.474	$ 35.137	$ 32.562
Custo das vendas	18.038	15.762	14.176
Vendas, despesas gerais e administrativas	14.208	12.774	12.314
Amortização de ativos intangíveis	58	162	150
Lucro operacional	7.170	6.439	5.922
Equivalência patrimonial da engarrafadora	560	616	557
Despesa com juros	(224)	(239)	(256)
Receitas financeiras	125	173	159
Lucro antes dos impostos	7.631	6.989	6.382
Provisão para imposto de renda	1.973	1.347	2.304
Lucro líquido	$ 5.658	$ 5.642	$ 4.078
Lucro líquido por ação ordinária – básica	$ 3.48	$ 3.42	$ 2.43
Lucro líquido por ação ordinária – diluída	$ 3.41	$ 3.34	$ 2.39

Fonte: Relatório 10-K de 2007 da PepsiCo Inc.

ções dos resultados consolidados para 2005-2007. Os balanços patrimoniais da empresa para 2005-2007 estão no Quadro 4. O cálculo da empresa do fluxo de caixa operacional para 2004-2007 é mostrado no Quadro 5.

A construção do valor ao acionista em 2008

Três pessoas ocuparam a posição de diretor desde que a empresa começou a reestruturar sua carteira em 1997. Embora Roger Enrico fosse o arquiteto chefe do *lineup* de negócios da forma como se apresentava em 2007, seu sucessor, Steve Reinemund, e a diretora da empresa em 2007, Indra Nooyi, se envolveram profundamente na reestruturação. Nooyi entrou na PepsiCo em 1994 e ganhou a reputação de negociadora dura que planejou o desmembramento dos restaurantes da Pepsi em 1997, encabeçou a aquisição da Tropicana em 1998 e desempenhou um papel fundamental na oferta pública inicial das operações de engarrafamento da Pepsi em 1999. Depois de ser promovida a diretora financeira, Nooyi também se envolveu profundamente na aquisição da Quaker Oats em 2001 e foi escolhida para ser a diretora da empresa após a aposentadoria de Reinemund em outubro de 2006. Nooyi emigrou para os Estados Unidos em 1978, para frequentar a pós-graduação da Escola de Administração de Yale, e trabalhou no Boston Consulting Group, na Motorola e no Asea Brown Boveri antes de chegar na PepsiCo em 1994.

Em 2008, a estratégia corporativa da PepsiCo tinha diversificado seus produtos em salgadinhos e biscoitos, refrigerantes, suco de laranja, água engarrafada, chás e cafés prontos para beber, águas purificadas e funcionais, bebidas isotônicas, cereais para preparar mingau e cereais prontos para comer, produtos à base de grãos e condimentos para o café da manhã. A maioria das marcas da PepsiCo atingiu as duas primeiras posições em suas respectivas categorias de alimentos e bebidas por meio de estratégias vinculadas à inovação do produto, relacionamentos próximos com aliados de distribuição, expansão internacional e aquisições estratégicas. Um fator relativamente novo da estratégia corporativa da PepsiCo foram as reformulações para tornar os salgadinhos e bebidas mais saudáveis. A empresa acreditava que seus esforços para desenvolver produtos "bom para você" e "melhor pra você" criaria oportunidades de crescimento a partir da interseção dos negócios e dos interesses do público.

Quadro 4

Balanço patrimonial consolidado da PepsiCo, Inc., 2005-2007 (em milhões de dólares, exceto por quantias referentes às ações)

	29 DE DEZEMBRO DE 2007	30 DE DEZEMBRO DE 2006	30 DE DEZEMBRO DE 2005
Ativos			
Ativos circulantes			
Caixa e equivalentes	$ 910	$ 1.651	$ 1.716
Investimentos de curto prazo	1.571	1.171	3.166
Contas e notas a receber, líquido	4.389	3.725	3.261
Estoques	2.290	1.926	1.693
Despesas pagas antecipadamente e outros ativos circulantes	991	657	618
Total dos ativos circulantes	$ 10.151	$ 9.130	$ 10.454
Propriedade, fábrica e equipamentos, líquido	11.228	9.687	8.681
Ativos intangíveis amortizáveis, líquido	796	637	530
Fundo de comércio	5.169	4.594	4.088
Outros ativos intangíveis não amortizáveis	1.248	1.212	1.086
Ativos intangíveis não amortizáveis	6.417	5.806	5.174
Investimentos em afiliados não controlados	4.354	3.690	3.485
Outros ativos	1.682	980	3.403
Total dos ativos	$ 34.628	$ 29.930	$ 31.727
Passivo e patrimônio dos acionistas			
Passivo circulante			
Obrigações no curto prazo	—	$ 274	$ 2.889
Contas a pagar e outros passivos circulantes	7.602	6.496	5.971
Imposto de renda a pagar	151	90	546
Total do passivo circulante	7.753	6.860	9.406
Obrigações de longo prazo	4.203	2.550	2.313
Outros passivos	4.792	4.624	4.323
Imposto de renda diferido	646	528	1.434
Passivo total	$ 17.394	$ 14.562	$ 17.476
Compromissos e contingências			
Ações preferenciais, valor nominal	41	41	41
Ações preferenciais recompradas	(132)	(120)	(110)
Patrimônio líquido (somente ações ordinárias)			
Ações ordinárias, valor nominal 1 ⅔ por ação (1.782 ações emitidas)	30	30	30
Capital em excesso do valor nominal	450	584	614
Lucros retidos	28.184	24.837	21.116
Outras perdas acumuladas	(952)	(2.246)	(1.053)
	27.712	23.205	20.707
Menos: ações ordinárias recompradas, ao custo (144 e 126 ações, respectivamente)	(10.387)	(7.758)	(6.387)
Total do patrimônio líquido (ordinárias)	$ 17.325	$ 15.447	$ 14.320
Total do patrimônio líquido e passivo	$ 34.628	$ 29.930	$ 31.727

Fonte: Relatório 10-K da Pepsico Inc., 2007.

Quadro 5
Caixa líquido fornecido pelas atividades operacionais da PepsiCo, 2004-2007 (em milhões de dólares)

	2007	2006	2005	2004
Caixa líquido fornecido pelas atividades operacionais	$ 6.934	$ 6.084	$ 5.852	$ 5.054
Despesas de capital	(2.430)	(2.068)	(1.736)	(1.387)
Vendas de propriedade, fábrica e equipamentos	47	49	88	38
Fluxo de caixa operacional de administração	$ 4.551	$ 4.065	$ 4.204	$ 3.705

Fonte: Relatório 10-K da PepsiCo Inc. 2007.

A empresa estava organizada em quatro divisões de negócios, e todas seguiam a abordagem estratégica geral da corporação. A Frito-Lay North America fabricava, comercializava e distribuía salgadinhos como a batata *chips* Lay, a tortilha *chips* Doritos, o Cheetos sabor queijo, o *chip* de milho Fritos, a barra de granola Quaker Chewy, o *cookie* Grandma e a pipoca Smartfood. O negócio de bebidas PepsiCo Beverages North America fabricava, comercializava e vendia concentrados de bebida, xaropes e produtos prontos para consumo sob marcas como Pepsi, Gatorade, Tropicana, Lipton, Dole e SoBe. A PepsiCo International fabricava, comercializava e vendia salgadinhos e bebidas em aproximadamente 200 países fora dos Estados Unidos. A Quaker Foods North America fabricava e comercializava cereais, arroz, massas prontas e outros produtos alimentícios vendidos em supermercados. Uma lista completa de salgadinhos Frito-Lay, bebidas PepsiCo e produtos Quaker Oats é apresentada no Quadro 6. Informações financeiras selecionadas em quatro divisões da PepsiCo são apresentadas no Quadro 7.

Frito-Lay North America

Em 2007, as marcas Frito-Lay responderam por 29% do faturamento total da PepsiCo e 36% do lucro operacional da empresa. A Frito-Lay também respondia por mais de 70% do total de vendas do setor de salgadinhos nos Estados Unidos, que desde 2000 cresceu anualmente, partindo de taxas baixas, de um único dígito, para alcançar US$ 15,9 bilhões em 2008. Três tendências-chave que estavam definindo o setor eram a conveniência, uma consciência crescente do conteúdo nutricional dos salgadinhos e a própria degustação consciente do produto. Um gestor de produto de uma fabricante regional explicou: "Muitos consumidores querem se recompensar com sabores estilo *gourmet*... O processo de degustação consciente também engloba os temperos. No geral, as tendências de sabores influenciadas por restaurantes sofisticados estão surgindo para atender aos desejos dos consumidores de sair do padrão e provar salgadinhos de sabores mais ricos, muitas vezes globais".[1] A maioria dos fabricantes desenvolveu novos sabores de salgadinhos como a tortilha *chips* de jalapeno e *cheddar* e a batata *chips* condimentada para atrair o interesse daqueles que apreciam os salgadinhos mas se preocupam com a saúde. Os fabricantes também começaram a usar óleos mais saudáveis ao processar os *chips* e expandiram as linhas de salgadinhos assados e naturais para satisfazer às demandas de consumidores preocupados com a saúde. Os salgadinhos embalados em sacos menores também remetiam as preocupações com o consumo excessivo do produto e eram mais convenientes para levar ao sair de casa. Em 2008, a Frito-Lay tinha a marca mais vendida de *chips* em cada uma das categorias de salgadinhos nos Estados Unidos e uma diferença maior que dois para um sobre a segunda maior fabricante nos Estados Unidos. A tabela a seguir mostra as ações do mercado de alimentos de conveniência nos Estados Unidos em 2006, destacando as ações dos maiores fabricantes do setor. Os alimentos de conveniência incluíam tanto salgadinhos, quanto *chips*, *pretzels*, pipoca doce pronta, *crackers*, *dippas*, nozes e sementes, barras de chocolate e *cookies*.

O faturamento da Frito-Lay North America (FLNA) aumentou 7% durante 2007 como resultado do crescimento de dois dígitos nas vendas da Sun-Chips, dos Quaker *rice cakes* e de pacotes de outros produtos. Os salgadinhos "melhor pra você" e "bom pra você" também cresceram a taxas de dois dígitos durante 2007 e representaram 16% do faturamento total da divisão. Em 2008, aprimorar o desempenho das principais marcas de salgadinhos da divisão e desenvolver mais produtos saudáveis foram as iniciativas estratégicas chave. A empresa eliminou a gor-

Quadro 6
Marcas de salgadinhos, bebidas e produtos Quaker Oats da PepsiCo Inc., 2008

MARCAS FRITO-LAY	MARCAS DE BEBIDA PEPSICO	MARCAS QUAKER OATS
- Lay (batata *chips*) - Maui Style (batata *chips*) - Ruffles (batata *chips*) - Doritos (tortilha *chips*) - Tostitos (tortilha *chips*) - Santitas (tortilha *chips*) - Fritos (*chips* de milho) - Cheetos (salgadinhos sabor queijo) - Pretzels Rold Gold e *mix* de salgadinhos - Funyuns (anéis de cebola aromatizados) - Go *Snacks* - SunChips (salgados multigrãos) - Sabritones (salgadinhos de aveia) - Cracker Jack (pipoca doce) - Chester (pipoca) - *Cookies* Grandma - Munchos (*crisps* de batata) - Smartfood (pipoca) - Baken-ets (torresmo) - Oberto (salgadinho de carne) - Rustler (salgadinho de carne) - Churrumais (tiras de milho fritas) - Nozes Frito-Lay - *Dips* e molhos Frito-Lay, Ruffles, Fritos e Tostitos - *Crackers* Frito-Lay, Doritos e Cheetos - *Snack kits* Fritos, Tostitos, Ruffles e Doritos - Hickory Sticks - Hostess Potato - Stax (*crisps* de batata da Lay) - Miss Vickie (batata *chips*) - Munchies (*mix* de salgadinhos) - Stacy (pita *chips*) - Flat Earth (*chips* de vegetais e frutas) - Sabra (húmus) **Fora da América do Norte** - Bocabits (salgadinhos de aveia) - Crujitos (salgadinhos de milho) - Fandangos (salgadinhos de milho) - Hamka (salgadinhos) - Niknaks (salgadinhos de queijo) - Quavers (salgadinhos de batata) - Sabritas (batata *chips*) - Walkers (batata *chips*) - Gamesa (biscoitos) - Dippas Doritos - Sonric (biscoitos doces) - Wotsits (salgadinhos de milho) - Red Rock Deli - Kurkure - Smiths Sensations - Cheetos Shots - Quavers *Snacks*	- Pepsi-Cola - Mountain Dew - Mountain Dew AMP (bebida energética) - Mug (cerveja) - Sierra Mist - Slice - Lipton Brisk (parceria) - Lipton Iced Tea (parceria) - Dole (sucos e bebidas à base de suco – licença) - FruitWorks (suco de frutas) - Aquafina (água mineral purificada) - Frappuccino (café pronto para beber – parceria) - Starbucks DoubleShot (parceria) - Sucos, bebidas lácteas e chás SoBe - Bebidas energéticas SoBe (no Fear e Adrenaline Rush) - Gatorade - Propel - Tropicana - Tropicana Twister - Tropicana Smoothie - Refrigerantes Izze - Naked Juice **Fora da América do Norte** - Mirinda - 7UP - Pepsi - Kas - Teem - Manzanita Sol - Paso de los Toros - Fruko - Evervess - Yedigun - Shani - Fiesta - D&G (licenciado) - Mandarin (licenciado) - Radical Fruit - Tropicana Touche de Lait - Sucos de frutas e de vegetais e sopas frias Alvalle - Tropicana Season's Best (sucos e bebidas à base de frutas) - Loóza (sucos e néctares) - Copella (sucos) - Frui'Vita (sucos) - Sandora (sucos)	- Quaker Oatmeal - Cereais Cap'n Crunch - Cereal Life - Cereal Quaker 100% Natural - Cereal Quaker Squares - Cereal Quisp - Cereal King Vitaman - Cereal Quaker Oh's! - Cereal Mother - Grits Quaker - Quaker Oatmeal-to-Go - Aunt Jemimna (misturas e xaropes) - Quaker *rice cake* - Quaker *rice snacks* (Quakes) - Quaker Chewy (barras de granola) - Quaker Dipps (barras de granola) - Rice-A-Roni (pratos prontos) - Near East (pratos prontos) - Puffed Wheat - Cereal Harvest Crunch - Quaker Baking (misturas) - *Snacks* Spudz - Crisp'ums (*crisps* assados) - Quaker Fruit & Oatmeal (barra de cereais) - Quaker Fruit & Oatmeal *Bites* - Quaker Fruit & Oatmeal Toastables - Quaker Soy *Crisp* - Quaker Bakeries **Fora da América do Norte** - FrescAvena (pó para bebida) - Toddy (chocolate em pó) - Toddynho (achocolatado) - Coqueiro (peixe enlatado) - Cereal Sugar Puffs - Puffed Wheat - Cereal Cruesli - Cereal Hot Oat Crunch - Quaker Oatso Simple (cereal para mingau) - Porage Oats, Scott - So Easy Oats, Scott - Cereais ensacados Quaker - Quaker Mais Sabor - Quaker Oats - Farinha de aveia Quaker - Quaker Meu Mingau - Barra de Cereais Quaker - Quaker Oatbran - Salgadinhos tipo tortilha - Magico (achocolatado) - Quaker Vitaly *Cookies* - 3 Minutos Mixed Cereal - Quaker Mágica

(continua)

Quadro 6 (continuação)
Marcas de salgadinhos, bebidas e produtos Quaker Oats da PepsiCo Inc., 2008

MARCAS FRITO-LAY	MARCAS DE BEBIDA PEPSICO	MARCAS QUAKER OATS
▪ Bluebird *Snacks* ▪ Duyvis nozes ▪ Lucky *snacks* ▪ Penelopa (nozes e sementes)		▪ Quaker Mágica con Soja ▪ Quaker Pastas ▪ Quaker Frut

Fonte: Pepsico.com

Quadro 7
Dados financeiros selecionados para os segmentos de negócio da PepsiCo, 2004-2007 (em milhões de dólares)

	2007	2006	2005	2004
Receitas líquidas				
Frito-Lay North America	$ 11.586	$ 10.844	$ 10.322	$ 9.560
PepsiCo Beverages North America	10.230	9.565	9.146	8.313
Pepsi International	15.798	12.959	11.376	9.862
Quaker Foods North America	1.860	1.769	1.718	1.526
Divisão total	39.474	35.137	32.562	29.261
Corporativo	—	—	—	—
Total	$ 39.474	$ 35.137	$ 32.562	$ 29.261
Lucro operacional				
Frito-Lay North America	$ 2.845	$ 2.615	$ 2.529	$ 2.389
PepsiCo Beverages North America	2.188	2.055	2.037	1.911
Pepsi International	2.322	2.016	1.661	1.323
Quaker Foods North America	568	554	537	475
Divisão total	7.923	7.240	6.764	6.098
Corporativo	(753)	(738)	(780)	(689)
Total	$ 7.170	$ 6.502	$ 5.984	$ 5.409
Despesas de capital				
Frito-Lay North America	$ 624	$ 499	$ 512	$ 469
PepsiCo Beverages North America	430	492	320	265
Pepsi International	1.108	835	667	537
Quaker Foods North America	41	31	31	33
Divisão total	2.203	1.857	1.530	1.304
Corporativo	227	211	206	83
Total	$ 2.430	$ 2.068	$ 1.736	$ 1.387
Total dos ativos				
Frito-Lay North America	$ 6.270	$ 5.969	$ 5.948	$ 5.476
PepsiCo Beverages North America	7.130	6.567	6.316	6.048
Pepsi International	14.747	11.274	9.983	8.921
Quaker Foods North America	1.002	1.003	989	978
Divisão total	29.149	25.110	23.482	21.423
Corporativo	2.124	1.739	5.331	3.569
Investimentos em engarrafadoras associadas	3.355	3.378	3.160	2.995
Total	$ 34.628	$ 29.930	$ 31.727	$ 27.987
Depreciação e outras amortizações				
Frito-Lay North America	$ 437	$ 432	$ 419	$ 420
PepsiCo Beverages North America	302	282	264	258

(continua)

Quadro 7 (continuação)
Dados financeiros selecionados para os segmentos de negócio da PepsiCo, 2004-2007 (em milhões de dólares)

	2007	2006	2005	2004
Pepsi International	564	478	420	382
Quaker Foods North America	34	33	34	36
Divisão total	1.337	1.225	1.137	1.096
Corporativo	31	19	21	21
Total	$ 1.368	$ 1.244	$ 1.158	$ 1.117
Amortização de outros ativos intangíveis				
Frito-Lay North America	$ 9	$ 9	$ 3	$ 3
PepsiCo Beverages North America	11	77	76	75
Pepsi International	38	76	71	68
Quaker Foods North America	—	—	—	1
Divisão total	58	162	150	147
Corporativo	—	—	—	—
Total	$ 58	$ 162	$ 150	$ 147

Fonte: Relatório 10-K da PepsiCo Inc., 2007.

dura trans de todas as variedades Lay, Fritos, Ruffles, Cheetos, Tostitos e Doritos e estava procurando mais inovações para tornar seus salgadinhos ainda mais saudáveis. A empresa lançou a batata *chips* clássica da Lay preparada com óleo de girassol, mas manteve o seu sabor tradicional com 50% a menos de gordura saturada. A empresa também desenvolveu novas variedades de tortilhas multigrãos, mais saudáveis que os Tostitos tradicionais, para atrair os consumidores preocupados com a saúde. A marca Doritos também recebeu novos sabores, como Fiery Habanero e Blazin' Buffalo & Ranch. A FLNA também aumentou o número de sabores da marca SunChips para sustentar o crescimento de dois dígitos da marca, e assim foram lançados os sabores Garden Salsa e Cinnamon Crunh, que vinham em minipacotes de 100 calorias e em embalagens com 20 unidades.

Em 2006, a aquisição da Flat Earth (uma fabricante de salgadinhos feitos de vegetais e de frutas) pela PepsiCo ofereceu oportunidade para a empresa explorar os desejos dos consumidores por salgadinhos mais saudáveis e resolver uma deficiência na maioria das dietas. Nas pesquisas da época, os norte-americanos, em média, consumiam apenas cerca de 50% da dieta de frutas e vegetais recomendada pelo departamento norte-americano da agricultura. Os crisps de vegetais assados Flat Earth (Farmland Cheddar, Tangy Tomato Ranch, Garlic & Herv Field) e os *crisps* de frutas (Peach Mango Paradise, AppleCinnamon Grove e Wild Berry Patch) foram lançados em 2007. Outros salgadinhos "bom pra você" lançados foram os pita *chips* da Stacy, que também foi adquirida em 2006, e as barras de granola Quaker Chewy. Em 2008, os pita *chips* estavam disponíveis em 15 variedades, inclusive Multigrain, Soy Thin Sticky Bun, Cinnamon Sugar, Whole Wheat e Texarkana Hot. As barras de granola Quaker Chewy ficaram em segundo lugar no segmento, com uma participação de mercado de 25% em 2006. Parte do sucesso dos produtos de granola da Quaker Chewy estava relacionada a inovações de produto como as barras de aveia e passas com calorias reduzidas. A PepsiCo Beverages North America também distribuía o Quaker *rice cake*, que adicionou variações com cobertura de chocolate e multigrãos em 2007.

PepsiCo Beverages North America

A Pepsico foi a empresa que mais vendeu refrigerantes nos Estados Unidos, com participação de mercado de 26% em 2006. A Coca-Cola foi a segunda maior produtora de bebida não alcoólica, com participação de mercado de 23%. A Cadbury Schweppes e a Nestlé estavam em terceiro e quarto lugar em 2006, com participações de mercado de 10 e 8%, respectivamente. Como a Frito-Lay, o negócio de bebidas da PepsiCo contribuía imensamente para a lucratividade geral da corporação e para fluxos de caixa livres. Em 2007, a PepsiCo Beverages North America (PBNA) respondia por 28% do faturamento total da corporação e 31% de seus lucros. O faturamento da PBNA

Fabricante	Participação
PepsiCo	21%
Kraft Foods	12
Hershey	9
Kellogg	6
Master Foods	5
General Mills	2
Procter & Gamble	1
Marca própria	7
Outros	37
Total	100%

Nota: As informações acima excluem dados de certos varejistas como Walmart, que não reportam dados para a Information Resources Inc. e para a ACNielsen Corporation.
Fonte: Relatório 10-K da PepsiCo Inc., 2006.

aumentou 7% anualmente entre 2006 e 2007 conforme a empresa alargou sua linha de bebidas não gaseificadas como Gatorade, sucos de frutas Tropicana, chá pronto Lipton, Propel, Aquafina, bebidas de frutas Dole, cafés gelados Starbucks e bebidas SoBe. Os refrigerantes gaseificados eram o tipo mais consumido de bebida nos Estados Unidos, com participação de 46% do mercado total de bebidas, mas o volume de vendas de refrigerantes gaseificados caiu 2,6% em 2007, à medida que os consumidores começaram a procurar opções de bebidas mais saudáveis.

Em contrapartida, as vendas de água aromatizada e enriquecida cresceram 30,6%, as bebidas energéticas cresceram 24,7%, o chá pronto cresceu 15% e a água mineral cresceu 6,9% entre 2006 e 2007. A participação no tamanho e no volume do setor de bebidas nos Estados Unidos por categoria de bebida entre 2005 e 2007 é apresentada no Quadro 8.

O NEGÓCIO DE REFRIGERANTES DA PEPSICO Em meados dos anos 1990, parecia que a Coca-Cola dominaria o setor de refrigerantes, e que todas as marcas da Pepsi-Cola, exceto a Mountain Dew, perderiam participação de mercado para as marcas da Coca-Cola. O diretor da Coca-cola na época, Roberto Goizueta, declarou que a intenção estratégica da empresa era controlar 50% do mercado de refrigerantes tipo cola nos Estados Unidos por volta de 2000, e parecia convencido de que a PepsiCo poderia fazer muito pouco para deter a líder do setor. Goizueta resumiu a despreocupação com a Pepsi, por não considerá-la uma concorrente importante, em um artigo publicado na revista *Fortune* em 28 de outubro de 1996, intitulada "How Coke is kicking Pepsi's can" (Como a Coca-cola está chutando as latas da Pepsi), dizendo: "À medida que eles se tornam menos relevantes, não preciso mais olhar muito para eles".

A alta gerência da PepsiCo planejou uma volta no final dos anos 1990 e início de 2000, lançando novas marcas como a Sierra Mist e se direcionando

Quadro 8
Volume e participação do mercado de bebidas líquidas nos Estados Unidos por segmento, 2005-2007

CATEGORIA DA BEBIDA	VOLUME POR CATEGORIA DE BEBIDA (MILHÕES DE GALÕES**)			PARCELA DO VOLUME		
	2005	2006	2007	2005	2006	2007
Refrigerantes gaseificados	15.271,6	15.103,6	14.707,4	52,9%	50,1%	48,1%
Água engarrafada*	7.537,1	8.253,1	8.822,4	26,1	27,4	28,9
Sucos de frutas	4.119,0	4.020,1	3.899,5	14,3	13,3	12,8
Bebidas isotônicas esportivas	1.207,5	1.322,0	1.355,1	4,2	4,4	4,4
Chá pronto para beber	555,9	760,9	875,1	1,9	2,5	2,9
Água aromatizada e enriquecida	—	418,5	546,5	—	1,4	1,8
Bebidas energéticas	152,5	242,7	302,6	0,5	0,8	1,0
Café pronto para beber	38,9	44,5	45,1	0,1	0,1	0,1
Total	28.882,5	30.165,8	30.553,7	100,0%	100,0%	100,0%

* Exclui água aromatizada e enriquecida após 2005.
Fonte: Beverage Marketing Corporation.
** N. de R.T.: Um galão corresponde a cerca de 3,8 litros.

para estratégias que aprimorassem a distribuição local. Uma das estratégias de maior sucesso da Pepsi para construir volume e participação em refrigerantes foi a "Power of One", que tentava atingir os benefícios de sinergia da Pepsi-Cola e da Frito-Lay combinadas, idealizada pelos acionistas das duas empresas em 1965. A estratégia "Power of One" pedia aos supermercados para colocarem os produtos Pepsi e Frito-Lay lado a lado nas prateleiras. Em 2006, a PepsiCo adicionou a *Innovation Summits* (cúpulas de inovação) ao programa "Power of One", no qual os varejistas podiam compartilhar opiniões sobre hábitos de compras e de alimentação do consumidor. A PepsiCo usava as informações recolhidas nesses encontros para desenvolver novos produtos como a SoBe Life Water e a batata *chips* da Lay preparada com óleo de girassol. Os encontros para inovação, que continuaram em 2007, também ajudaram a identificar e a sanar as ineficiências da cadeia de suprimento da PepsiCo que afetavam os varejistas. Os gestores da empresa e os varejistas colaboraram durante um *Innovation Summit* para desenvolver novos procedimentos de expedição que reduzisse a falta de estoques nas lojas.

O foco básico da PepsiCo visava aprimorar as propriedades nutricionais dos refrigerantes. A empresa estava tentando desenvolver novos tipos de adoçantes que reduzissem o conteúdo calórico das bebidas não dietéticas. A empresa também esperava que os produtos da Izze, fabricante de bebidas de frutas levemente gaseificadas, adquirida em 2006, fossem populares junto aos consumidores preocupados com a saúde. O Tava era uma bebida gaseificada descafeinada e sem calorias, "melhor pra você", que a PBNA lançou nos Estados Unidos em 2007. Embora a PepsiCo fortalecesse sua posição no setor de refrigerantes gaseificados dos Estados Unidos, sua participação de mercado de 31% durante 2007 era consideravelmente menor que a participação de 41,6% da Coca-Cola.

MARCAS DE BEBIDAS NÃO GASEIFICADAS DA PEPSICO

Embora as bebidas gaseificadas compusessem a maior porcentagem do volume total de bebidas da PBNA, muito do crescimento da divisão era atribuído ao sucesso de suas bebidas não gaseificadas. Em 2007, a receita total da divisão aumentou 7%, resultado de um aumento de 5% nas bebidas não gaseificadas e da contribuição de novas aquisições. O volume de bebidas gaseificadas declinou 3% em 2007.

A Aquafina foi a marca número um de água engarrafada nos Estados Unidos e cresceu 6,9% entre 2006 e 2007. A água engarrafada era um segmento extremamente atraente para a PepsiCo, uma vez que seu consumo nos Estados Unidos aumentou de 17,48 bilhões de litros em 1999 para 31,68 bilhões de litros em 2007. O café Frappuccino da PepsiCo e o chá Lipton, ambos prontos para beber, tornaram a PepsiCo a empresa líder em bebidas prontas. A categoria de chás prontos cresceu 15% entre 2006 e 2007, enquanto os cafés prontos cresceram um pouco a mais que 1% durante 2007. As bebidas SoBe Essential Energy e SoBe Adrenaline Rush tiveram uma participação desprezível no mercado de bebidas energéticas, no qual a Red Bull respondia por 40% das vendas no setor em 2007. A Red Bull era produzida e comercializada pela Red Bull DmbH, da Áustria. A bebida energética Monster, da Hansen Natural Corporation e a Full Throttle da Coca-Cola responderam por aproximadamente 30% das vendas no setor, em 2007.

Em 2008, a Propel Fitness Water da PBNA foi a marca líder de água funcional. Em 2006, a empresa também introduziu a Life Water SoBe e as versões funcionais da Aquafina. As linhas de produto do negócio de águas aromatizadas e enriquecidas foram desenvolvidas em torno do tipo de cliente e de seu estilo de vida. A Propel era uma água aromatizada e enriquecida com vitaminas comercializada para consumidores que praticavam exercícios físicos, enquanto a Life Water era uma água enriquecida com vitaminas comercializada para consumidores preocupados com sua imagem. A empresa visava à maioria dos consumidores de água com a Aquafina não aromatizada, a Aquafina FlavorSplash (oferecida em quatro sabores) e a Aquafina Sparkling (uma água com aroma cítrico ou *berry* levemente gaseificada e sem calorias). A Aquafina Alive, lançada em 2007, incluía vitaminas e sucos de fruta naturais. A estratégia empresarial envolvia oferecer uma série de bebidas saudáveis, desde a Aquafina sem aromatizante até o Gatorade, rico em nutrientes. Em 2007, Gatorade, Propel e Aquafina foram os primeiros em suas categorias, com participações de mercado de 76%, 40% e aproximadamente 15%, respectivamente.

O volume de vendas de Gatorade cresceu 21% em 2005 e cerca de 12% em 2006 para atingir vendas superiores a US$ 3 bilhões. Seu crescimento impressionante deu-se por meio da introdução de novos sabores e formulações, como o G2 de baixa caloria e a submarca Gatorade com assinatura de Tiger Woods. O crescimento do volume também foi atribuído a novos tamanhos e *designs*, novas embalagens com várias unidades, propaganda mundial e mais pontos de distribuição. Os analistas acreditavam que o Gatorade pudesse atingir um desempenho ainda maior depois que a proibição dos contratos feitos com os varejistas para a distribuição conjunta de refrigerantes e do Gatorade, ordenada pela FTC, expirou após dez anos. O sistema de distribuição do Gatorade por prestadoras de serviços também permitia que o Tropicana e os chás Lipton prontos para beber dobrassem o volume de vendas entre a aquisição da Quaker Oats em 2001 e o final de 2006. A participação de mercado de 39,5% da PepsiCo em chás prontos para beber em 2007 foi quase quatro vezes maior do que aquela de 10,7% do chá pronto Nestea da Coca-Cola. O Tropicana foi a marca número um no setor de suco de laranja avaliado em US$ 3 bilhões, com uma participação aproximada de 30% em 2007. A marca de suco de laranja Minute Maid da Coca-Cola teve 25% de participação de mercado em 2007. As vendas combinadas das bebidas "boa pra você" e "melhor pra você" da PBNA totalizaram 70% do faturamento líquido da divisão tanto em 2006 quanto em 2007.

PepsiCo international

Todos os salgadinhos, bebidas e alimentos da PepsiCo vendidos fora da América do Norte estavam na divisão da PepsiCo International. O volume internacional de vendas de salgadinhos cresceu 9% em 2007, um crescimento de dois dígitos em mercados emergentes como Rússia, Oriente Médio e Turquia. O volume de bebidas em mercados internacionais aumentou 8% durante 2007, com o crescimento mais rápido ocorrendo no Oriente Médio, China e Paquistão. Os ganhos em volume e as aquisições na Europa, Oriente Médio, África, Nova Zelândia e Brasil permitiram que o faturamento e os lucros operacionais da divisão aumentassem em 22 e 15%, respectivamente, entre 2006 e 2007. Esperava-se que as aquisições da PepsiCo em 2007 nos mercados internacionais aumentassem as receitas em mais de US$ 1 bilhão.

VENDA DE BEBIDAS DA PEPSICO EM MERCADOS INTERNACIONAIS A PepsiCo também descobriu que poderia aumentar as vendas internacionais por meio de sua estratégia "Power of One". Um executivo da empresa explicou como o negócio de refrigerantes poderia ganhar espaço nas prateleiras por meio da força das marcas Frito-Lay: "Você vai ao Chile, onde a Frito-Lay tem mais de 90% do mercado, mas a Pepsi está mal posicionada. A Frito-Lay pode ajudar a Pepsi a mudar isso."[2] A participação de mercado da Pepsi-Co em refrigerantes gaseificados em seus mercados internacionais mais fortes durante 2006 é apresentada na tabela da página 247.

A gestão da PepsiCo International acreditava em maiores oportunidades em outros mercados internacionais. Em 2007, o consumo médio de refrigerantes gaseificados nos Estados Unidos era de 60 porções por mês; em outros países desenvolvidos, era de 23 porções por mês, e em países em desenvolvimento, era de seis porções por mês. A empresa também viu uma vasta oportunidade para o crescimento das vendas no mercado de US$ 70 bilhões para suas bebidas não gaseificadas em mercados internacionais. Em 2006, a PepsiCo International registrou menos de US$ 1 bilhão em vendas de bebidas não gaseificadas fora da América do Norte. A empresa passou rapidamente o Tropicana para os mercados internacionais e adquiriu duas marcas de suco internacionais para captar uma parcela maior dos US$ 37 bilhões dos mercados internacionais para sucos. A PepsiCo estava levando o Gatorade para mais mercados internacionais a fim de captar uma parcela dos US$ 5 bilhões do mercado de bebidas isotônicas fora dos Estados Unidos. As vendas de Gatorade na América Latina mais do que dobraram entre 2001 e 2006, dando à bebida para atletas uma participação de mercado de 72% em toda a região latino-americana em 2006. A PepsiCo International também estava mudando para novos mercados com o chá pronto Lipton, ganhando uma participação do mercado internacional de US$ 15 bilhões. Em 2007, o Gatorade estava disponível em 27 mercados nacionais fora da América do Norte, e o Lipton foi vendido em 27 mercados internacionais. O Tropicana foi a marca número um de suco na Europa e atingiu um aumento de 100% nas vendas na região entre 2001 e 2006. Por volta de 2012, a PepsiCo planeja lançar o Gatorade em 15 mercados adicionais, o Tropicana em 20 novos mercados e o Lipton em cinco novos mercados internacionais.

A PepsiCo entrou lentamente nos mercados internacionais de água engarrafada, com seu esforço mais notável ocorrendo no México. Em 2002, as operações de engarrafamento da PepsiCo adquiriram a maior engarrafadora de Pepsi do México, a Pepsi-Gemex SA de CV, por US$ 1,26 bilhões. A Gemex não só engarrafava e distribuía refrigerantes Pepsi no México, mas também era a produtora número um de água engarrafada no México. Depois da aquisição da Gemex, a PepsiCo mudou seus esforços de expansão internacional para levar a Aquafina para mercados emergentes selecionados do Leste

País/Região	Participante de Mercado de Refrigerantes Gaseificados da PepsiCo
Oriente Médio	75% +
Índia	49%
Tailândia	49%
Egito	47%
Venezuela	42%
Nigéria	38%
China	36%
Rússia	24%

Fonte: Apresentação da PepsiCo a investidores por Mike White, diretor da PepsiCo International, 2006.

Europeu, Oriente Médio e Ásia. Em 2006, a Aquafina era a marca número um de água engarrafada na Rússia e Vietnã, e a número dois no Kuwait.

VENDAS DE SALGADINHOS EM MERCADOS INTERNACIONAIS A Frito-Lay foi a maior empresa de salgadinhos do mundo, com vendas de aproximadamente US$ 7 bilhões fora dos Estados Unidos e uma participação superior a 40% no setor internacional de salgadinhos em 2006. Ela tinha participações dominantes no mercado de salgadinhos em muitos mercados nacionais. A tabela a seguir apresenta a participação de mercado de salgadinhos da PepsiCo em alguns países, em 2006:

País	Participação de Mercado de Salgadinhos da PepsiCo
México	75%
Holanda	59%
África do Sul	57%
Austrália	55%
Brasil	46%
Índia	46%
Reino Unido	44%
Rússia	43%
Espanha	41%
China	16%

Fonte: Apresentação da PepsiCo a investidores, por Mike White, diretor da PepsiCo International, 2006.

A gestão da PepsiCo acreditava que os mercados internacionais oferecessem a maior oportunidade da empresa para crescimento, uma vez que o consumo médio per capita de salgadinhos nos Estados Unidos era de 6,6 porções por mês, enquanto o consumo médio per capita em países em desenvolvimento era de 0,4 porções por mês. Os executivos da Pepsi esperavam que, por volta de 2010, a China e o Brasil seriam os dois maiores mercados internacionais para salgadinhos. Segundo as projeções, o Reino Unido deveria ser o terceiro maior mercado internacional para salgadinhos, enquanto os mercados em desenvolvimento do México e Rússia ocupariam a quarta e quinta posições no mercado internacional.

Desenvolver um entendimento das preferências de paladar do consumidor era fundamental para expandir nos mercados internacionais. As preferências por certos sabores de salgadinhos eram muito mais parecidas de um país para outro do que se fossem comparadas as preferências por outros tipos de alimentos, o que permitia à PepsiCo fazer apenas ligeiras modificações em seus salgadinhos na maioria dos países. Por exemplo, as variedades clássicas de Lay's, Doritos e Cheetos eram vendidas na América Latina. No entanto, a empresa complementou suas marcas globais com variedades, temperos a preferências locais, como fez na Tailândia, vendendo os *chips* Atesanas com sabor de algas, e na Rússia, com a batata *chips* Lay sabor cogumelo branco. Além disso, as características do consumidor nos Estados Unidos, que forçaram os fabricantes de alimentos a adotar salgadinhos mais saudáveis, se aplicavam à maioria dos demais países desenvolvidos. Em 2007, a PepsiCo estava eliminando as gorduras trans de seus salgadinhos e aumentando os valores nutricionais de seus salgadinhos vendidos na Europa, uma vez que a demanda por produtos saudáveis no continente estava crescendo de 10 a 13% por ano, enquanto a receita anual de salgadinhos na Europa crescia a uma taxa modesta de 4 a 6% ao ano. Entre os salgadinhos da PepsiCo que mais cresciam no Reino Unido estava a batata *chips* Walker, que tinha 70% a menos de gordura saturada e 25% a menos de sal que os *chips* comuns da mesma marca. As batatas *chips* assadas Walker's foram consideradas o melhor novo produto de 2007 da Grã-Bretanha pela revista *Marketing Week*.

VENDAS INTERNACIONAIS DOS PRODUTOS QUAKER OATS A PepsiCo International também fabricava e distribuía aveia e cereais da Quaker Oats nos mercados internacionais. Em 2006, registrou-se que 75% das vendas internacionais da Quaker Oats de US$ 500 milhões foram realizadas em apenas seis países. O Reino Unido era o maior mercado da Quaker fora dos Estados Unidos, com a aveia detendo uma participação de mercado superior a 50%. A empresa lançou novos produtos no Reino Unido, como a aveia orgânica, a aveia OatSo Simple para micro-ondas, barras de aveia e os cereais Oat Granola e Oat Muesli. A PepsiCo também adicionou novas variedades de produtos Quaker na América Latina para dobrar as vendas da marca na região. O Quadro 9 apresenta a divisão do faturamento líquido da PepsiCo e dos ativos de longo prazo por região geográfica.

Quaker Foods North America

A Quaker Oats produzia, comercializava e distribuía cereais prontos para comer e para serem usados em pratos quentes, misturas para panqueca e xaropes, assim como pratos de massa e arroz nos Estados Unidos e Canadá. A divisão registrou vendas de aproximadamente US$ 1,8 bilhão em 2007. O volume de vendas dos produtos Quaker Foods aumentou 2% em 2007, com volumes de Quaker Oatmeal, cereal Life e cereais Cap'n Crunch aumentando a taxas de um dígito (de 5 a 9%). As vendas do xarope e da mistura para panqueca Aunt Jemima declinaram ligeiramente, enquanto as vendas de Rice-A-Roni e PastaRoni declinaram a uma taxa de dois dígitos no mesmo período. A aveia Quaker foi o produto "estrela" da divisão, com participação de mercado de 58% na América do Norte em 2006. A Rice-A-Roni teve 33% de participação de mercado no segmento de pratos com arroz e massa do setor de alimentos. A Quaker Foods foi a terceira maior fabricante de cereais prontos, com participação de mercado de 14% em 2005. Em 2005, a Kellogg's detinha 30% de participação do mercado de cereais de US$ 6 bilhões, e a General Mills tinha uma participação de 26%. Grits Quaker e a mistura para panqueca e xarope Aunt Jemima competiam em categorias maduras, e todas gozavam de posições de liderança no mercado. Mais da metade do faturamento da Quaker Foods em 2007 era gerado pelos produtos das linhas saudáveis.

Alinhamento da cadeia de valor entre as marcas e os produtos PepsiCo

A equipe gerencial da PepsiCo dedicava-se a captar benefícios da combinação estratégica dentro da composição de negócios em toda a cadeia de valor. As atividades de compras da empresa eram coordenadas globalmente para atingir as maiores economias de escala possíveis, e as melhores práticas costumavam ser transferidas entre suas 230 fábricas, 3,6 mil

Quadro 9

Vendas da PepsiCo Inc. nos Estados Unidos e outros países e ativos de longo prazo, 2004-2007 (em milhões de dólares)

	2007	2006	2005	2004
Receita líquida				
Estados Unidos	$ 21.978	$ 20.788	$ 19.937	$ 18.329
México	3.498	3.228	3.095	2.724
Reino Unido	1.987	1.839	1.821	1.692
Canadá	1.961	1.702	1.509	1.309
Todos os demais países	10.050	7.580	6.200	5.207
Total	$ 39.474	$ 35.137	$ 32.562	$ 29.261
Ativos de longo prazo				
Estados Unidos	$ 12.498	$ 11.515	$ 10.723	$ 10.212
México	1.067	996	902	878
Reino Unido	2.090	1.995	1.715	1.896
Canadá	699	589	582	548
Todos os demais países	6.441	4.725	3.948	3.339
Total	$ 22.795	$ 19.820	$ 17.870	$ –16.873

Fonte: Relatório anual da PepsiCo Inc., 2006.

sistemas de distribuição e 120 mil rotas de serviço em todo o mundo. A PepsiCo também compartilhava informações de pesquisa de mercado para capacitar melhor cada divisão a desenvolver novos produtos com probabilidade de se tornarem sucessos entre os consumidores e coordenava as atividades da "Power of One" em todas as linhas de produto.

A gestão da PepsiCo tinha capacidade comprovada de captar adequações estratégicas entre as operações de novas aquisições e seus outros negócios. A integração da Quaker Oats produziu vários sucessos notáveis, inclusive US$ 160 milhões em economias de custo em toda a corporação resultantes da compra de ingredientes de produtos e materiais para embalagem e uma economia de custo estimada de US$ 40 milhões atribuída à distribuição conjunta de salgadinhos Quaker Oats e produtos Frito-Lay. Também estima-se que a combinação das operações da Gatorade e da Tropicana tenha economizado US$ 120 milhões anualmente por volta de 2005.

Realinhamento estratégico da PepsiCo em 2008

Na maior parte, as estratégias da PepsiCo em 2007 pareciam estar atirando para todos os lados. Os gestores da PepsiCo esperavam que o *lineup* da empresa de salgadinhos, bebidas e alimentos gerasse fluxos de caixa operacionais suficientes para reinvestir em seus negócios essenciais (*core businesses*), fornecesse dividendos de caixa aos acionistas, subsidiasse um plano de recompra de ações de US$ 8 bilhões e perseguisse aquisições que fornecessem retornos atraentes. No entanto, as baixas margens de lucro dos negócios internacionais da PepsiCo criaram a necessidade de uma nova estrutura organizacional que pudesse explorar melhor os ajustes estratégicos entre as operações internacionais da empresa.

A partir de 2008, a Frito-Lay North America, a Quaker Foods North America e todos os outros negócios de alimentos e salgadinhos na América Latina seriam combinados em uma divisão comum da PepsiCo Americas Foods. Os negócios de bebidas da América Latina seriam puxados da divisão da PepsiCo International e combinados com a PepsiCo Beverages North America para formar a divisão PepsiCo Americas Beverages. A PepsiCo International incluiria todos os negócios de salgadinhos e bebidas da empresa fora da América do Norte e da América Latina. A nova estrutura de três divisões incluiria seis segmentos de *reporting*: Frito-Lay North America, Quaker Foods North America, Latin American Foods, PepsiCo Americas Beverages, Reino Unido e Europa e Oriente Médio, África & Ásia. Alguns analistas do setor de alimentos e bebidas especularam que as mudanças na estratégia corporativa poderiam também ser exigidas para aprimorar a lucratividade das operações internacionais da PepsiCo e ajudar a recuperar a valorização do preço das ações. Possíveis ações poderiam estabelecer novas prioridades aos usos internos de caixa, novas aquisições, mais esforços para captar adequações estratégicas existentes entre os vários negócios da empresa, ou o afastamento de negócios com fracas perspectivas de crescimento futuro e combinação estratégica mínima com os outros negócios da PepsiCo.

Notas finais

[1] Citado em "Snack Attack", *Private Label Buyer*, agosto de 2006, p. 26.
[2] "PepsiCo's New Formula", *BusinessWeek Online*, 10 de abril de 2000.

Caso 4

Walmart Stores Inc. em 2008: iniciativas da administração para transformar e amenizar os ataques à empresa

Arthur A. Thompson
University of Alabama

Em junho de 2008, o diretor do Walmart, H. Lee Scott, apresentou um relatório brilhante para cerca de 16 mil pessoas que participaram da reunião anual dos acionistas da empresa, realizada na arena Bud Walton, com capacidade para 19 mil pessoas, no *campus* da University of Arkansas, localizado a poucos quilômetros da sede do Walmart em Bentonville, Arkansas. Na tradição das primeiras reuniões anuais dos acionistas do Walmart, a reunião de 2008 foi um evento extenso que durou quase o dia todo; incluiu não só uma série de apresentações feitas pelos executivos da empresa, mas também *shows* de entretenimento, com as participações de Tim McGraw, David Cook (que havia conquistado o primeiro lugar no concurso American Idol de 2008 algumas semanas antes), a cantora inglesa Joss Stone, e a ganhadora do Oscar e finalista do American Idol Jennifer Hudson. Scott disse que estava muito satisfeito com os resultados do processo de transformação que a alta diretoria iniciou em 2006 para oferecer aos clientes uma experiência de compra mais satisfatória, além de contribuir para o cumprimento da nova missão da empresa e pelo bom trabalho de conseguir que os 2,1 milhões de colaboradores do Walmart em todo o mundo entendessem e praticassem os valores culturais e os princípios de negócio adotados pelo estimado fundador da empresa, Sam Walton.

Scott explicou aos acionistas por que a transformação se tornou essencial para o crescimento contínuo e o sucesso da empresa, embora o modelo de negócio tradicional do Walmart (que incluía tirar os custos de sua cadeia de suprimento, implementar constantemente maneiras de operar com maior eficiência de custo, oferecer aos clientes do mundo todo uma ampla gama de mercadorias por meio de preços baixos e abrir lojas em mais lugares para atender uma base de clientes cada vez maior) tivesse servido bem à empresa em 2006:

> Seria fácil nos acomodarmos com o sucesso que temos tido nos negócios... Se você sabe que uma coisa funciona, por que não simplesmente replicar isso, infinitamente? Bem, já fizemos isso antes. Durante vários anos, fizemos o que sabíamos que funcionava. E fizemos muito bem. Crescemos além das expectativas. O preço de nossas ações subiu. E nós nos sentimos bem com isso. E tínhamos todo o direito de nos sentirmos orgulhosos.
>
> Mas o mundo mudou. As pessoas esperam que nós – e as corporações em geral – mudemos. E nos vimos brincando de pega-pega. Nunca poderemos deixar isso acontecer outra vez. Não é uma questão de apenas não ficar para trás... mas devemos sempre nos esforçar para ficar à frente dos outros.
>
> Devemos continuar a fazer perguntas fundamentais que alteram nossa visão e, no final, nosso comportamento. Perguntas como: De que modo você convence alguém em uma empresa bem-sucedida de que a mudança é necessária e pode ser alcançada de forma que isso se harmonize com suas crenças? Como você faz uma equipe líder voltar atrás e perguntar qual o significado do sucesso, não só no seu negócio, mas no contexto amplo da empresa como um todo? Como você pega as tendências do futuro

---

Copyright © 2008 por Arthur A. Thompson. Todos os direitos reservados.

e as aplica ao negócio, de modo que a empresa seja relevante para os consumidores de hoje e esteja bem posicionada para os consumidores de amanhã?

Não existem perguntas fáceis de responder. Mas temos que continuar fazendo essas perguntas. E quando necessário, devemos tomar decisões difíceis.

O seu Walmart tem uma oportunidade de ser líder no setor de varejo por utilizar recursos de uma forma mais ética e não agressiva ao meio ambiente. Seu Walmart pode ter um papel na redução da dependência mundial de petróleo e outras fontes de energia oriundas do carbono. Seu Walmart pode oferecer maior valor aos clientes que precisam e merecem poupar nas necessidades diárias.

E existem as coisas que precisamos fazer dentro da empresa – como tornar seu Walmart mais diversificado e criar um ambiente mais inclusivo. Tenho certeza de que se colocarmos a diversidade e a inclusão em nosso negócio e realmente assumirmos um compromisso com elas, faremos progresso. Estou certo de que o Walmart fará isso. É essencial atrair e manter os melhores colaboradores possíveis e manter a relevância junto a nossos clientes. [Em 2008, enquanto Scott fazia seus comentários, o Walmart já era um empregador diversificado. Sua força de trabalho incluía mais de 154 mil hispânicos, 237 mil afro-americanos; 41 mil sino-americanos; 15 mil norte-americanos nativos; 826 mil mulheres e 256 mil pessoas com 55 anos ou mais.]

Mas eu também lhes peço para pensar no que podemos fazer – e no que o mundo vai esperar de nós no futuro. Existem tendências muito claras que o setor de varejo e o mundo terão que confrontar, como o envelhecimento da população global, um equilíbrio multipolar do poder, a desigualdade da renda, o poder destrutivo da tecnologia e a maior demanda de energia, para citar algumas.

Pensem nessas tendências, nas forças de seu Walmart e em nosso modelo de "economizar dinheiro" e "viver melhor". Temos a melhor marca global no que diz respeito ao atendimento de milhões de pessoas em todo o mundo que desejam ascender para a classe média. Nossa liderança em sustentabilidade dará aos clientes e fornecedores de toda parte a competência para serem mais eficientes em termos de energia e, portanto, mais independentes dela. Uma população global mais velha precisará de nossa ajuda para economizar seu dinheiro e manter sua qualidade de vida, vivendo de renda fixa. Este é o resultado de nosso negócio e o papel maior que podemos desempenhar... Seu Walmart tem uma posição única para ter sucesso não apenas nesta economia, mas em nosso tempo. E entre os varejistas, temos a empresa em melhor condição para liderar no mundo de amanhã.

Logo, como podemos continuar a transformar nossa forte posição em liderança para o futuro? Eu quero repetir uma citação de Sam [Walton] que dividi nessa etapa dois anos atrás: "você não pode apenas fazer o que funciona uma vez. Tudo à sua volta está mudando sempre. Para ter sucesso, fique à frente da mudança".

O mundo se tornou complexo demais e muda muito rápido para que uma empresa de nosso tamanho apenas se replique. Não estou dizendo que temos que nos reinventar constantemente. Não temos. E nem deveríamos. Temos uma cultura, uma missão, e valores essenciais que são atemporais e universais. Mas precisamos examinar constantemente como aplicar essas coisas ao mundo à nossa volta, que está em constante mudança. O desafio pela frente é que devemos continuar a nos desafiar.

Tenho certeza de que seu Walmart continuará a se transformar. E estou certo de que nós continuaremos a ter sucesso.[1]

A liderança de Scott no processo de transformação que estava ocorrendo no Walmart incluía várias iniciativas:

- *Reelaborar a missão da empresa para "Vender por menos para as pessoas viverem melhor".** "Vender por menos" sempre foi um componente fundamental da essência do Walmart – durante décadas, a fachada de toda loja Walmart tinha uma placa reforçando essa missão, dizendo "Vendemos mais barato", e seus preços baixos, praticados diariamente, eram incomparáveis. Mas essa parte nova da missão do Walmart ("viver melhor") era, na opinião de Scott, uma maneira de "destravar

---

* N. de R.T.: No Brasil o *slogan* ficou: "É pagar menos. É viver melhor" e a missão é "Vender por menos para as pessoas viverem melhor". Ver mais em: <http://walmartbrasil.com.br/institucional/noticias_interna.aspx?id=925>. Acessado em 31 nov. 2011.

o potencial do Walmart" e "fortalecer nossa competência não só de ter êxito como negócio... mas também de fazer o bem para o mundo."[2]

- *Revisar o logotipo do Walmart* para espelhar melhor a mudança de ênfase da empresa de: "preços baixos sempre" e "vendemos mais barato" para ampliar a missão de "vender por menos para as pessoas viverem melhor".
- *Fazer um esforço especial para convencer os 2,1 milhões de associados do Walmart de que a nova missão da empresa não era uma declaração vazia mas um reflexo da nova campanha de marketing da empresa vinculada ao tema* "Economize. Viva Melhor". Scott e outros executivos veteranos do Walmart acreditavam que a nova missão não teria o efeito desejado se não levasse a práticas operacionais melhores e a uma energia cultural que realmente oferecesse valor agregado aos clientes e tocasse as comunidades onde o Walmart operava.
- *Ampliar o apelo do Walmart a clientes existentes e atrair novos clientes para comprar no Walmart, atualizando as ofertas, instituindo procedimentos de pagamento mais rápido nos caixas e revisando o layout e a decoração das lojas a fim de melhorar o ambiente e apresentar as ofertas de uma forma calculada a estimular mais vendas*. A área de vestuário da empresa foi melhorada para atrair os compradores que procuravam roupas um pouco mais sofisticadas. As lojas receberam nova decoração, os corredores foram alargados, os tetos ganharam claraboias para melhorar a iluminação, as mercadorias foram distribuídas de forma a evitar a desordem, a limpeza melhorou e o estoque nas prateleiras, que ficava fora do alcance dos compradores, foi eliminado. Os gestores de loja e os gestores regionais tinham mais autoridade para estocar suas lojas com mercadorias que fossem particularmente atraentes para a população local – o objetivo era que as ofertas de cada loja fossem "corretas em termos locais e regionais". Para isso, a maioria das lojas Walmart passou a estocar roupas esportivas e mercadorias de equipes populares em sua área, junto dos produtos de fabricação e aceitação local. Vários *supercenters**

Walmart começaram a estocar produtos cultivados nas proximidades. De acordo com Scott, que junto com outros executivos do Walmart visitava as lojas todas as semanas, em 2008 as 6.800 lojas da empresa "tinham uma aparência melhor... pareciam melhores e mais agradáveis também."

- *Implantar um preço fixo de US$ 4 para versões genéricas de cerca de 200 medicamentos de prescrição comum*. Em 2008, esse programa foi estendido para implementar uma oferta de 90 dias de certos medicamentos que passariam a custar US$ 10. O Walmart estimava que seu programa de medicamentos prescritos vendidos a US$ 4 significaria uma economia para os clientes da ordem de US$ 1,1 bilhão nos 20 primeiros meses de sua implantação. A empresa também abaixou os preços de cerca de mil medicamentos vendidos no balcão, sem receita.
- *Aumentar as ofertas de mercadorias "verdes" e promover seu uso*. Tal esforço envolvia ajudar os clientes a viver melhor, promovendo o uso de lâmpadas de luz fluorescentes, compactas, supereficientes. Quando o programa foi iniciado em novembro de 2006, o Walmart anunciou a meta de vender 100 milhões de lâmpadas; no início de 2008, tinha vendido 192 milhões, com economia estimada para os clientes de US$ 6 bilhões em energia elétrica, o que também eliminou a necessidade de construir o equivalente a três usinas elétricas (o que por sua vez promoveu um ambiente mais limpo e reduziu as emissões de dióxido de carbono que contribuem para o aquecimento global). Outro esforço envolveu o estoque de uma seleção mais ampla de alimentos orgânicos, cultivados com métodos agrícolas sustentáveis que não incluíam o uso de pesticidas e de fertilizantes químicos. O Walmart fez um acompanhamento das decisões de compra dos clientes referentes a cinco produtos ecológicos, o que mostrou que as vendas desses produtos aumentaram 66% entre abril de 2007 e abril de 2008.[3] Estas e outras iniciativas "verdes" do Walmart foram consequências do compromisso público de Scott, em outubro de 2005, de que o Walmart dessa data em diante assumiria uma posição de liderança na promoção da sustentabilidade ambiental por meio de esforços de operar todos os aspectos de seu negócio com a intenção de promover a sustentabilidade e tornar o planeta um lugar melhor. Para tornar o compromisso com a sustentabilidade uma realidade, Scott nomeou novos altos executivos para encabeçar a campanha do Walmart de preservação do meio ambiente.

---

* N. de R.T.: *Supercenter* é um formato de loja que além de suas amplas proporções, comercializa a linha completa de produtos alimentícios e não alimentícios, como, por exemplo, brinquedos, ferramentas, pneus, eletroeletrônicos, plantas, móveis, roupas de todos os tipos etc. No Brasil é conhecido como hipermercado, contudo aqui este costuma ter um foco maior na comercialização de produtos alimentícios e dimensões nem sempre tão amplas quanto um *supercenter* nos Estados Unidos.

- *Lançar uma campanha multifacetada, a "Desperdício Zero".* Por meio de seu Kids Recycling Challenge, o Walmart trabalhou com escolas do ensino fundamental em 12 estados norte-americanos para reciclar sacos plásticos – cada escola recebia US$ 5 por 60 galões de plástico recolhidos que os estudantes levavam para a loja local. Em outubro de 2007, o Walmart passou a usar sacolas de compras reutilizáveis com a inscrição "paper ou plastic? neither" ("papel ou plástico? Nenhum dos dois", referência à opção do cliente em usar sacolas plásticas ou sacos de papel para carregar suas compras), a partir da estimativa de que as sacolas reutilizáveis poderiam eliminar o uso de 100 sacolas descartáveis e, em maio de 2008, o Walmart vendeu o suficiente de sacolas reutilizáveis para eliminar a necessidade de utilização de 400 milhões de sacolas plásticas. Em abril de 2008, como parte do Mês da Terra, o Walmart distribuiu 1 milhão de sacolas reutilizáveis. O Walmart fez parceria com seus fornecedores de sabão para lavar roupas para introduzir lava-roupas líquidos concentrados em recipientes menores e, dessa forma, economizar na embalagem; em maio de 2008, o Walmart anunciou que havia atingido sua meta de vender apenas lava-roupas líquidos concentrados nas lojas dos Estados Unidos e Canadá, estimando que suas ações durante um período de mais de três anos economizaria mais de 200 milhões de galões de água, mais de 47 milhões de litros de resina plástica e mais de 63 milhões de quilos de papelão – o Walmart vendia aproximadamente 25% de todo o detergente líquido para lavar roupas nos Estados Unidos. O Walmart se engajou tanto em esforços internos quanto no setor de transportes para dobrar a eficiência de combustível de sua frota de 7.200 caminhões, que rodavam cerca de 850 milhões de milhas por ano – desde 2005, a eficiência aumentou 20%.

- *Práticas para que as lojas Walmart sejam mais eficientes no uso da energia e para que também passem a utilizar 100% de energia renovável.* O Walmart trabalhou com arquitetos, engenheiros, empreiteiros e paisagistas para iniciar um esforço de longo prazo na construção de novas lojas que reduzissem o uso de energia e a poluição, e que também conservassem recursos naturais. Duas lojas experimentais foram construídas para servir de laboratório vivo para testar novas tecnologias e produtos – em 2008, a iluminação tipo LED estava em processo de ser incorporada nas lojas Walmart em todos os Estados Unidos. Em 2007, o Walmart abriu três lojas de alta eficiência que usavam 20% a menos de energia do que um *supercenter* típico. Elas foram construídas com material reciclado e tinham iluminação LED com sensor de movimento, privadas com fluxo de água reduzido nos banheiros, tetos brancos que refletiam a luz e um sistema de aquecimento, resfriamento de água e refrigeração 100% integrado. Em janeiro de 2008, a primeira das quatro lojas altamente eficientes, com economia adicional de energia e construção sustentável foi aberta. Os projetos pilotos para lojas com energia solar foram implantados em 22 lojas na Califórnia e no Havaí. Em março de 2008, o Walmart anunciou que começaria a construir uma série de lojas protótipos ainda mais eficientes, que foram projetadas para climas específicos e que podiam usar inovações para economizar energia. O Walmart estava aberto na compartilhar seu aprendizado e experiência com suas novas lojas de modo a ajudar na incorporação das inovações para economizar energia em projetos de construção no mundo todo.

- *Tornar o Walmart um lugar ainda melhor para se trabalhar.* Os esforços aqui incluíam dar ao colaborador da empresa (seja em tempo integral ou parcial) e a seus filhos o acesso a várias opções de seguro-saúde (que abrangiam tanto o pagamento de prêmios mensais quanto o pagamento proporcional das mensalidades), e revisar a cobertura do seguro-saúde para incluir um seguro para despesas médicas catastróficas. Entrando em 2008, cerca de 92,7% dos associados do Walmart tinham algum tipo de seguro-saúde, comparado a 90,4% em 2006. A administração sênior reconhecia a importância de fornecer bons empregos com pagamento e benefícios competitivos. A remuneração média por hora para os associados em tempo integral era de US$ 10,83 no início de 2008; as médias por hora estavam na faixa de US$ 11 a US$ 12 nas áreas urbanas e em estados como a Califórnia. Uma fração considerável dos empregos no Walmart, principalmente em suas lojas de varejo, era considerada como "empregos de ingresso", que exigiam habilidades e níveis de instrução mínimos. Embora a maioria dos associados do Walmart trabalhassem em tempo integral (carga horária de 34-40 horas semanais), muitos eram estudantes que queriam trabalhar e idosos que procuravam empregos em período parcial para complementar a renda da aposentadoria. Em janeiro de 2006, cerca de 25 mil pessoas se candidataram para 325 empregos disponíveis em uma nova loja na área de Chicago; em março de 2007, mais de 11 mil se candidataram para 300 vagas de emprego em uma nova loja em Maryland; e em março de 2008, houve mais de 12 mil candidatos para 450 empregos em uma nova loja em Decatur, Georgia. Durante décadas, o Walmart ofereceu boas oportunidades aos colaboradores para progredirem, devido ao fluxo contínuo de novas lojas e a uma política de promoção interna – mais de 75% do pessoal que ocupava cargos de gestão nas lojas Walmart entrou na empresa como colaborador, ganhando por hora.

- *Dirigir o crescimento das operações internacionais da empresa por meio de aquisições de varejistas estrangeiros (cujas operações podiam ser convertidas mais tarde para lojas Walmart) e da abertura de lojas recém-construídas.* Esse impulso estratégico visava a transformar o Walmart em um varejista cada vez mais global, com um número crescente de lojas em um número cada vez maior de países.

- *Dar uma contribuição positiva para a qualidade de vida em todas as comunidades em que a empresa conduzir negócios.* Após o furacão Katrina, a empresa estabeleceu nove centros de distribuição em localidades estratégicas dos Estados Unidos que foram abastecidos com suprimentos de emergência necessários para ajudar as comunidades a se recuperarem, caso algum tipo de desastre ocorresse. Clínicas de saúde para tratar moléstias comuns foram abertas em várias lojas Walmart para oferecer assistência médica a preços acessíveis a pessoas de baixa renda – entre 30 e 40 % dos pacientes nessas clínicas não tinham seguro-saúde. O Walmart esperava ter 400 clínicas com essas características por volta de 2010; todas alugadas e dirigidas por profissionais da área de saúde formados em escolas locais, e não por colaboradores do Walmart. A empresa foi a maior doadora nos Estados Unidos, dando cerca de US$ 296 milhões para 4 mil comunidades em 2007. Anualmente, a empresa doou 1 milhão ou mais para organizações de caridade como a National Fish and Wildlife Foundation, a Special Olympics, Boys & Girls Clubs of America, United Negro College Fund e Muscular Dystrophy Association.

O recente ataque ao Walmart: a razão para as iniciativas de transformação de Scott

O esforço tremendo de H. Lee Scott para transformar o Walmart foi, em grande parte, uma resposta planejada e cuidadosamente arquitetada a um coro de críticos da empresa e a uma série de incidentes constrangedores. Durante o período entre 2003 a 2005, vários jornalistas, líderes sindicais, ativistas comunitários e os chamados progressistas culturais se uniram em uma campanha para atacar o Walmart em várias frentes e para voltar a opinião pública contra a empresa e seu modelo de negócio aparentemente virtuoso por obter incansavelmente eficiências de custo em sua cadeia de suprimento e fornecer aos clientes preços baixos todo dia. No centro da cruzada para construir uma imagem negativa do Walmart estavam o *Walmart Watch* e o *Wake up Walmart*.[4] O *Walmart Watch* (Vigilantes do Walmart) foi fundado por Andrew Stern, presidente do Service Employees International Union (SEIU). O *Wake up Walmart* era um projeto do United Food and Commercial Workers International Union (UFCW). Um *e-mail* veiculado pela *Walmart Watch* continha *links* para histórias anti-Walmart. O e-mail tinha o cabeçalho: "Achei que você poderia gostar desta história do Walmart Watch, um grupo que está começando a expor o Walmart por sua mão de obra de baixo padrão, corrupção política e atitude geral de má cidadã [pública]. A imprensa está dando muita atenção. Dê uma olhada."[5] A SEIU e a UFCW, junto a muitos outros sindicatos, por décadas manifestou desprazer com a conduta do Walmart em uma variedade de aspectos.

A maior reclamação dos críticos era de que a perseguição incansável do Walmart por baixos custos resultou em salários abaixo do padrão e em benefícios médicos insuficientes para os seus colaboradores. Outros reclamavam que o Walmart comprava grande parte de suas mercadorias de fornecedores chineses, o que poderia significar menos emprego para os trabalhadores norte-americanos e aceleração do declínio do setor de manufatura dos Estados Unidos. Alguns diziam que a "Beast of Bentonville" ("A Besta de Bentonville", alusão depreciativa à sede do Walmart em Bentonville, Arkansas) era grande e poderosa demais. Ativistas comunitários na Califórnia, Nova York, Vermont, Massachussetts e várias outras áreas se opunham às tentativas da empresa de abrir grandes lojas em sua região, alegando que as lojas eram uma visão desagradável e que depreciavam a atmosfera do pequeno comércio local que eles queriam preservar. Os baixos preços do Walmart tendiam a atrair os clientes, afastando-os das lojas locais como farmácias, lojas de artigos esportivos, calçados, roupas, material para construção, supermercados e lojas de conveniência. Era comum que vários negócios locais que vendiam mercadorias semelhantes às linhas do Walmart fechassem um ou dois anos depois da chegada do Walmart – esse fenômeno, conhecido como o "efeito Walmart", era tão potente que por vezes estimulava uma forte resistência local à entrada de uma nova loja por parte dos comerciantes locais e dos residentes da área que desejavam preservar a vitalidade econômica de suas áreas centrais.

Os líderes sindicais da UFCW, que representavam trabalhadores de muitas redes de supermercado, se opunham terminantemente à abertura de *supercenters* Walmart que tivessem um supermercado além da seleção usual de mercadorias. O UFCW e sua empresa *Wake up Walmart* exercia todo tipo de pressão para forçar o Walmart a aumentar os salários e benefícios de seus associados para níveis comparáveis aos salários e benefícios de colaboradores em cadeias de supermercado sindicalizadas. Um porta-voz do UFCW declarou:

> A produtividade deles está se tornando um modelo para tirar vantagem dos colaboradores e nossa sociedade está condenada se pensarmos que a resposta é abaixar nossos padrões ao nível do Walmart. O que precisamos fazer é elevar o Walmart ao padrão que estabelecemos, usando o setor de supermercados como exemplo de modo que o Walmart não destrua nossa sociedade, de comunidade para comunidade.[6]

Os custos do Walmart com seus colaboradores eram 20% menores do que os dos supermercados sindicalizados.[7] Em Dallas, vinte supermercados fecharam depois que o Walmart saturou a área com seus *supercenters*. De acordo com uma fonte, para cada *supercenter* Walmart que poderiam abrir nos cinco anos seguintes, dois supermercados seriam forçados a fechar.[8] Uma publicação comercial estimava que se o Walmart abrisse mais de mil *supercenters* nos Estados Unidos no período de 2004-2008, aumentaria suas receitas de mercearia e outras áreas relacionadas de US$ 82 bilhões para US$ 162 bilhões, ampliando, assim, sua participação no mercado de mercearia de 19 para 35% e sua participação nas vendas de produtos de farmácia e drogaria de 15 para 25%.[9]

A imagem pública do Walmart levou um golpe no final de 2003 quando agentes federais prenderam quase 250 imigrantes ilegais que trabalhavam para empresas que tinham contratos para limpar cerca de 61 lojas Walmart em 21 estados. Agentes procuraram o escritório de um gestor na sede da empresa em Bentonville e apreenderam 18 caixas de documentos relacionados aos contratantes de limpeza datando de março de 2000.[10] As autoridades federais teriam gravações mostrando que a administração do Walmart sabia que as empresas de limpeza contratadas estavam usando imigrantes em situação ilegal. A gestão do Walmart, contudo, ficou indignada com as acusações, dizendo que seus gestores tinham cooperado com as autoridades federais nas investigações durante quase três anos, ajudando os agentes a gravar conversas entre alguns de seus gestores de loja e colaboradores das empresas de limpeza contratadas suspeitas de usar imigrantes ilegais, e revisou seus contratos de limpeza em 2002 para incluir que as empresas de limpeza contratadas deveriam cumprir com todas as leis empregatícias federais, estaduais e locais (em razão das informações obtidas em 2001), e começaram a realizar o trabalho de limpeza internamente porque a terceirização era mais cara – na época das prisões, menos de 700 lojas Walmart usavam empresas de limpeza de fora, correspondendo quase à metade disso em 2000. Em março de 2005, o Walmart fez um acordo, pondo fim aos processos judiciais.

Mas o Walmart também estava lutando contra uma ação de discriminação aberta em 2003 por seis mulheres, alegando que a administração discriminava mulheres sistematicamente, tanto no pagamento como em promoções, treinamento e atribuições de cargo em suas lojas nos Estados Unidos. De acordo com dados de várias fontes, embora dois terços dos colaboradores da empresa fossem mulheres, menos de 15% das posições gerenciais eram ocupadas por elas. Havia ainda indicações de diferenças de 5-6% no salário de homens e mulheres que faziam tarefas semelhantes e com níveis de experiência comparáveis; dizia-se que essa diferença aumentava entre os gestores. Alegavam que as *trainees* para gerência ganhavam em média US$ 22.371 por ano, e os *trainees* ganhavam US$ 23.175. Uma segunda ação alegava que alguns gestores de loja forçavam os colaboradores a trabalhar além de seus turnos e sem remuneração sempre que não conseguiam completar as tarefas atribuídas.

Além disso, houve diversos outros incidentes que resultaram em publicidade nada lisonjeira e afetaram a persona pública do Walmart.

- Em dezembro de 2005, o Walmart tornou-se sujeito a investigação criminal em Los Angeles, pela forma como transportava a mercadoria classificada como resíduos perigosos. O Walmart aparentemente levava os resíduos de lojas na Califórnia por meio de um centro de retorno em Las Vegas antes de despejá-los em um aterro sanitário. Mas os promotores federais disseram que isso violava a U.S. Resource Conservation and Recovery Act (lei americana de conservação e recuperação de recursos). Em vez de parar no centro de retorno em Vegas, eles deveriam ir direto para o aterro sanitário.

- O Walmart foi obrigado a indenizar vários ex-colaboradores no Canadá depois que foi comprovado que a gigante do varejo fechou uma loja como represália contra tentativas de sindicalização. No Colorado, o UFCW acusou o Walmart de constranger os trabalhadores para impedi-los de se filiarem ao sindicato local em Denver e em outras localidades; o número de reclamações dessa natureza cresceu recentemente.

- Um integrante da diretoria do Walmart, executivo de alto nível, e dois associados da empresa foram demitidos após uma investigação interna que revelou despesas inadequadas, pagamento indevido de faturas de terceiros e uso inadequado de cartões de presentes (alguns dos quais, de acordo com críticos, envolviam tentativas de financiar atividades antissindicais e derrotar os esforços de sindicalização em várias lojas).

- O Walmart teve de parar temporariamente de vender armas em suas 118 lojas em toda a Califórnia depois que o procurador geral do Estado declarou que a rede violava centenas de leis estaduais. As investigações revelaram que seis lojas Walmart liberavam armas antes do período exigido de 10 dias, não verificavam adequadamente a identidade dos compradores, fizeram venda ilegal a criminosos e permitiram outras violações. O Walmart colaborou com as autoridades do governo e concordou em suspender imediatamente as vendas de armas de fogo até que uma ação corretiva pudesse ser tomada e os associados fossem treinados adequadamente a seguir as leis relativas ao produto.

- No estado de Nova York, o Walmart desconsiderou uma lei de 1998 referente a armas de brinquedo. As armas de brinquedo vendidas na loja tinham um revestimento laranja na ponta do cano, único detalhe diferente de uma arma verdadeira, violando as leis de Nova York que proibiam armas de brinquedo com cores iguais às verdadeiras, como preto ou alumínio, e não atendendo ao requisito de que as armas de brinquedo tivessem tiras não removíveis na cor laranja no cano.

Os investigadores da promotoria geral do estado visitaram dez lojas no estado de Nova York, de Buffalo a Long Island e compraram armas de brinquedo que violavam a lei em cada uma delas. O Walmart vendeu mais de 42 mil armas de brinquedo na região.

- Os críticos censuraram a empresa por se recusar a vender CDs ou DVDs com selos de advertência (principalmente de música *hip-hop* com linguagem agressiva) e por retirar das prateleiras certas revistas masculinas (*Maxim*, *Stuff* e *FHM*) ou mesmo cobrir suas capas. Eles alegaram que o Walmart não se esforçava em fazer pesquisas de opinião com os compradores sobre o que achavam daqueles produtos, mas que, em vez disso, respondia especificamente a reclamações feitas por um número relativamente pequeno de clientes e de grupos conservadores.[11] O Walmart também foi a única de uma rede de 10 drogarias a se recusar a vender o Preven, um contraconceptivo do dia seguinte lançado em 1999, porque os executivos da empresa não queriam que seus farmacêuticos tivessem de lidar com o dilema moral do aborto. Além disso, a alta visibilidade da empresa a tornava vulnerável a ações judiciais, inclusive uma de que a empresa fazia discriminação contra funcionárias e outra que acusava o Walmart.

- Um documentário de 98 minutos intitulado *Walmart: the high cost of low price* (Walmart: o alto custo dos preços baixos) estreou em novembro de 2005 e acusou a empresa de destruir cidades (que antes eram prósperas), por meio de práticas como tirar os comerciantes locais do negócio, pagar salários minguados, vender produtos fabricados no terceiro mundo e outros erros corporativos. O filme incluía testemunhos de ex-colaboradores descrevendo práticas gananciosas e também vídeos e fotos de indivíduos, famílias e comunidades que lutaram para combater a empresa em várias questões. Os sindicatos canadenses incentivaram seus 340 mil filiados a verem o documentário e, onde fosse possível, arranjar telas para passar o filme em reuniões locais e outros eventos sindicais. Os jornalistas que trabalhavam contra a empresa elogiaram o documentário. O *San Francisco Bay Guardian* publicou que o filme "o fará temer e amaldiçoá-la ainda mais. A megavarejista inescrupulosa é exposta de todos os ângulos: seu efeito devastador em pequenas empresas e comunidades; seus planos de saúde inadequados; sua posição radicalmente contrária aos sindicatos; seu desrespeito gritante por questões ambientais; suas práticas de importar quase todos os produtos (feitos com trabalho escravo, em oficinas da empresa em países como a China, Bangladesh e Honduras); e – talvez o mais ofensivo – seus anúncios de televisão falsamente caseiros, que retratam uma corporação brilhante, maravilhosa, quando ela claramente não se importa com os seres humanos, mas com o dinheiro, de maneira fria e calculista."[12]

No início, H. Lee Scott e outros executivos do Walmart não ligaram para a má publicidade e as críticas e se concentraram em dirigir os negócios e expandir as operações da empresa em mais países e comunidades. nas palavras de Scott: "Nós montaríamos as trincheiras e tiraríamos as armas."[13] Mas em 2004-2005, Scott começou a ver que todo o ataque contra o Walmart estava afetando o crescimento das vendas da empresa e bloqueando seus planos de expansão. Ele iniciou uma análise profunda das angústias das relações jurídicas e públicas da empresa e concluiu que o Walmart deveria encarar suas críticas, ver se as preocupações dos reclamantes tinham mérito e considerar seriamente se o Walmart deveria alterar algumas de suas práticas sem abandonar ações que eram fundamentais para o seu sucesso.[14] Nos meses que se seguiram, ele se reuniu com vários ambientalistas e críticos da empresa para entender suas opiniões, saber como as empresas poderiam promover a sustentabilidade ambiental e solicitar sugestões sobre como a empresa poderia melhorar. O programa extenso de transformação iniciado por Scott em 2005-2006 foi sua resposta.

Antecedentes da empresa

A jornada do Walmart, de seu início humilde na década de 1960 como varejista de descontos popular na região campestre do Arkansas para uma empresa global em 2008, foi sem precedentes entre as empresas de todo o mundo:

Esperava-se que as vendas excedessem US$ 400 bilhões no ano fiscal de 2009. O Walmart era o maior varejista dos Estados Unidos, Canadá e México, bem como de todo o mundo. Em 2007, a receita de vendas do Walmart era maior que as receitas combinadas da The Home Depot, Kroger, Costco, Target e Sears, e cerca de 2,7 vezes as receitas do segundo maior varejista do mundo, o Carrefour, com sede na França. No ano de 2006-2007, as vendas do Walmart cresceram

Ano Fiscal	Vendas (dólares)	Lucros (dólares)	Lojas
1962	$ 1,4 milhões	$ 112.000	9
1970	$ 31 milhões	$ 1,2 milhão	32
1980	$ 1,2 bilhões	$ 41 milhão	276
1990	$ 26 bilhões	$ 1 bilhão	1.528
2000	$ 153 bilhões	$ 5,3 bilhões	3.884
2008	$ 375 bilhões	$ 12,7 bilhões	7.262

mais do que o total de vendas da Target em 2007. Um relatório de 2003 feito pelo proeminente Boston Consulting Group concluiu que "o mundo jamais conheceu uma empresa com tamanha ambição, competência e *momentum*".

Também sem precedentes foi o impacto do Walmart no varejo de mercadorias em geral e na atração que suas lojas exercem nos compradores. Em 2008, quase 180 milhões de pessoas compravam nas lojas Walmart por semana, em 14 países; nos Estados Unidos, a média era de 127 milhões de pessoas por semana. Desde o início de 1990, a empresa que começou engatinhando nas vendas de supermercado passou a ser a primeira nesse ramo, no mundo todo. Nos Estados Unidos, o Walmart era o maior empregador em 21 estados. Em junho de 2008, a empresa empregava cerca de 2,1 milhões de pessoas no mundo todo e estava expandindo sua força de trabalho em cerca de 120 mil integrantes ao ano.[15]

O desempenho do Walmart e a proeminência no setor de varejo resultaram em inúmeros prêmios. A rede foi chamada de "a varejista do século" pela *Discount Store News*, entrou nas listas da *Fortune* das "empresas mais admiradas da América" (classificou-se em primeiro lugar em 2003 e 2004, e em quarto em 2005) e das "100 melhores empresas para se trabalhar na América", e foi incluída na lista "as mais respeitadas do mundo" feita pela *Financial Times*. Em 2005, o Walmart ficou em segundo lugar da lista da *Fortune* com as "empresas globais mais admiradas". O Walmart foi o número 1 tanto na lista das 500 maiores empresas dos Estados Unidos quanto na lista das 500 Globais, de 2002 a 2007. A empresa recebeu o Ron Brown Award, a mais honrosa condecoração presidencial que reconhecia uma realização destacada nas relações com os colaboradores e iniciativas comunitárias. Em 2003, a American Veterans Awards deu ao Walmart seu Corporate Patriotism Award. Três executivas do Walmart foram incluídas na lista das "50 mulheres mais poderosas nos negócios".

O Quadro 1 fornece um resumo do desempenho financeiro e operacional do Walmart nos anos fiscais de 2000-2008. O sucesso do Walmart tornou a família Walton (os herdeiros e parentes de Sam Walton) excepcionalmente ricos – em 2008, vários integrantes da família controlavam mais de 1,7 bilhão de ações do Walmart cujo valor superava os US$ 100 bilhões. Aumentos no valor das ações do Walmart ao longo dos anos tornaram centenas de colaboradores, aposentados e acionistas da empresa

Quadro 1

Resumo operacional e financeiro das lojas Walmart, anos fiscais 2000-2008 (em bilhões de dólares, exceto os dados de lucro por ação e quantidades de lojas)

	ANOS FISCAIS ENCERRADOS EM 31 DE JANEIRO					
	2008	2007	2006	2004	2002	2000
Dados financeiros e operacionais						
Vendas líquidas	374,5	345,0	308,9	252,8	202,2	156,2
Aumento nas vendas líquidas	8,6%	11,7%	9,8%	11,6%	13,0%	18,7%
Variações nas vendas conceito "mesmas lojas" nos Estados Unidos*	2%	2%	3%	4%	6%	8%
Custo das vendas	286,5	264,2	237,6	195,9	156,8	119,5
Despesas operacionais, vendas, gerais e administrativas	70,3	64,0	55,7	43,9	34,3	25,2
Despesa financeira líquida	1,8	1,5	1,2	0,8	1,2	0,8
Lucro líquido	12,7	11,3	11,2	9,1	6,6	5,3
Lucro por ação de ações ordinárias (diluídas)	$ 3,13	$ 2,71	$ 2,68	$ 2,07	$ 1,47	$ 1,19
Dados do balanço patrimonial						
Ativo circulante	$ 47,6	$ 47,0	$ 43,8	$ 34,2	$ 25,9	$ 23,0
Propriedade, fábrica, equipamentos e arrendamento líquido	97,0	88,4	77,9	55,2	44,2	34,6
Total dos ativos	163,5	151,6	136,2	104,9	79,3	67,3
Passivo circulante	58,5	52,1	49,0	37,4	26,3	25,1
Passivo de longo prazo	29,8	27,2	26,4	17,5	15,6	13,7
Obrigações de longo prazo sob arrendamento	3,6	3,5	3,7	3,0	3,0	2,9
Patrimônio líquido	64,6	61,6	53,2	43,6	35,2	25,9
Índices financeiros						
Liquidez corrente	0,8	0,9	0,9	0,9	1,0	0,9
Retorno sobre os ativos	8,4%	8,8%	9,3%	9,7%	9,0%	10,1%
Retorno sobre o patrimônio líquido	21,1%	22,0%	22,9%	22,4%	20,7%	24,5%
Outros dados do final do ano						
Número de lojas de descontos Walmart nos Estados Unidos	971	1.075	1.209	1.478	1.647	1.801
Número de *supercenters* Walmart nos Estados Unidos	2.447	2.256	1.980	1.471	10.66	721
Número de Sam's Clubs nos Estados Unidos	591	579	567	538	500	463
Número de mercados nos Estados Unidos	132	112	100	64	31	7
Número de lojas fora dos Estados Unidos	3.121	2.757	2.181	1.248	1.050	892

*Baseado em vendas nas lojas abertas por no mínimo um ano inteiro que não foram ampliadas nem mudaram de local nos últimos 12 meses.
Fonte: Relatório anual do Walmart para 2008.

milionários ou multimilionários. Desde 1970, quando as ações do Walmart foram emitidas ao público, as ações da empresa tiveram desdobramentos (*split*) 11 vezes. Um investimento de cem ações do Walmart em 1970 ao preço de oferta inicial de US$ 16,50 era igual a 204.800 ações no valor de US$ 12,1 milhões em junho de 2008.

Sam Walton, fundador do Walmart

Sam Walton formou-se pela Missouri University em 1940 com diploma em economia e foi contratado como *trainee* de gestor na J. C. Penney Co. Sua carreira na Penney acabou com uma convocação para servir na Segunda Guerra Mundial. Terminada a guerra, Walton decidiu comprar uma franquia e abrir uma loja de varejo de variedades, a Ben Franklin, em Newport, Arkansas, em vez de voltar ao antigo emprego. Cinco anos depois, quando o contrato de aluguel do prédio em Newport terminou, Walton decidiu mudar seu negócio para Bentonville, Arkansas, onde comprou um prédio e abriu a Walton's 5&10 como loja filiada da Ben Franklin. Por volta de 1960, a Walton era a maior franquia da Ben Franklin, com nove lojas. Mas Walton estava ficando preocupado com a grande ameaça competitiva a lojas de variedades imposta pelos supermercados e gigantescas lojas de descontos, que ganhavam popularidade. Piloto ávido, ele pilotou seu avião em uma visita pelo país, para estudar as mudanças nas lojas e as tendências do varejo, para então fazer o plano de uma loja de descontos própria, porque acreditava profundamente no conceito de que o varejo deveria oferecer descontos significativos para aumentar as vendas e o lucro geral. Walton foi para Chicago tentar atrair o interesse dos executivos da Ben Franklin para o varejo de descontos. Sua proposta não foi aceita e ele decidiu ir em frente sozinho.

A primeira Walmart Discount City foi aberta em 2 de julho de 1962, em Rogers, Arkansas. A loja foi um sucesso, e Walton começou a procurar oportunidades para abrir lojas em outras cidades pequenas e para atrair pessoas talentosas com experiência no varejo para ajudá-lo a aumentar os negócios. Embora tivesse começado a loja baseado apenas em seus instintos e esforços, Walton aprendia rápido com os sucessos e fracassos de outros varejistas e gostava de reunir ideias para aprimorar com os colaboradores e experimentá-las imediatamente. Sam Walton incorporou seu negócio como Walmart Stores em 1969, com sede na obscura Bentonville, Arkansas – que, no entanto, em 2005, já tinha movimento de entrada e saída suficiente para apoiar voos diretos vindos de Nova York e Chicago. Quando a empresa abriu seu capital ao público, em 1970, tinha 38 lojas e somava vendas de US$ 44,2 milhões. Em 1979, com 276 lojas, 21 mil colaboradores e operações em 11 estados, o Walmart se tornou a primeira empresa a alcançar US$ 1 bilhão em vendas em um espaço tão curto de tempo.

Com o crescimento da empresa, Sam Walton provou ser um líder eficaz e visionário. Seu jeito popular e seu talento para motivar as pessoas combinados com um estilo gerencial de se envolver diretamente nas atividades e um óbvio talento para o varejo de descontos produziu uma cultura e um conjunto de valores e crenças que manteve o Walmart em uma trilha de inovação contínua e em rápida expansão. Além disso, o sucesso do Walmart e do estilo pessoal de liderança de Walton gerou inúmeras histórias na mídia que deram à empresa e a seu fundador uma imagem positiva. À medida que a empresa se tornou a primeira loja de descontos nos Estados Unidos na década de 1980, uma parcela muito grande do público norte-americano acabou sabendo quem era Sam Walton e o associou ao Walmart. Considerado por muitos como "o empreendedor do século", e "um herói norte-americano genuíno", ele gozava da reputação de ser um homem voltado para a comunidade, um pai de família dedicado que mostrava preocupação por seus colaboradores e demonstrava as virtudes do trabalho duro, representando para o imaginário popular o verdadeiro "sonho americano". As pessoas dentro e fora da empresa tinham grande estima por ele.

Quando morreu, em 1992, sua ambição era a de que o Walmart se tornasse uma empresa de US$ 125 bilhões por volta de 2000. Mas seu sucessor, David D. Glass, bateu essa meta praticamente em dois anos. Sob a liderança de Glass (1988-2000), as vendas da empresa cresceram em uma média anual composta de 19%, empurrando as receitas para cima, de US$ 20,6 bilhões para US$ 157 bilhões. Quando Glass se aposentou, em janeiro de 2000, H. Lee Scott foi escolhido como o terceiro presidente e diretor do Walmart. Nos oito anos que Scott foi diretor, as vendas do Walmart cresceram US$ 218 bilhões mais do que o dobro da receita que a empresa atingiu nos seus 30 primeiros anos.

A estratégia do Walmart

A marca registrada da estratégia do Walmart era a dedicação profunda às operações de eficiência de custo, preços baixos, vários formatos de loja, ampla seleção, composição de mercadorias de marca e de marca própria, ambiente acolhedor, *merchandising* inteligente, propaganda limitada, satisfação do cliente, expansão disciplinada em novos mercados geográficos e o uso de aquisições para entrar em mercados estrangeiros. Vários desses aspectos merecem ser mais discutidos.

As operações de eficiência de custo e preços baixos todo dia

Desde o início, os altos executivos do Walmart perseguiram de forma vigorosa e bem-sucedida uma estratégia de liderança em custos baixos. Nenhum dos maiores varejistas do mundo conseguia se comparar à persistência e à competência em obter economia de custos e encontrar maneiras novas e melhores de operá-los com eficiência. A ênfase do Walmart em atingir custo baixo estendia-se a cada atividade da cadeia de valor – desde todas as atividades relacionadas à obtenção da mercadoria desejada dos fornecedores até as atividades de distribuição e logística associadas ao gerenciamento de níveis de estoque e do estoque das lojas de varejo, passando por todas as atividades envolvendo a construção e a operação de suas lojas, mantendo um forte controle dos custos com as despesas relacionadas às vendas, com as despesas gerais e com as despesas administrativas. As competências e as capacidades da empresa em manter seus custos baixos lhe permitiram vender sua mercadoria aos preços mais baixos.

Embora o Walmart não tenha inventado o conceito de preço baixo todo dia, ele fez isso melhor do que qualquer outra loja de descontos. A empresa era vista pelos consumidores como a varejista de mercadorias gerais com os preços mais baixos, e sua estratégia de precificação se alastrou, fazendo com que outras lojas de desconto mantivessem os preços mais baixos do que normalmente praticavam para que pudessem competir com uma loja Walmart nas proximidades. Um estudo independente mostrou que comprar no Walmart representava a uma família norte-americana média mais de US$ 2.500 por ano, respondendo tanto pelo efeito direto nas compras feitas pelos compradores do Walmart quanto pelo efeito indireto vindo de preços mais baixos por parte de varejistas próximos, que desejavam competir com o Walmart.[16] Um segundo estudo independente mostrou que os preços de itens de supermercado nos *supercenters* eram 5 a 48% abaixo das cadeias de supermercados concorrentes como a Kroger (que usava a marca City Market nos estados a oeste do Mississippi), o Safeway e o Albertson's, após fazer concessões para cartões especiais e de fidelidade.[17] Em média, o Walmart oferecia muitos alimentos idênticos a preços de 15 a 25% mais baixos do que os supermercados tradicionais. Warren Buffet disse: "você soma tudo e eles contribuíram para o bem-estar financeiro do público norte-americano mais do que qualquer outra instituição que eu possa imaginar."[18]

Vários formatos de loja

Em 2008, o Walmart empregava quatro conceitos diferentes de loja de varejo nos Estados Unidos e no Canadá para atrair e satisfazer as necessidades dos clientes: lojas de descontos Walmart, *supercenters*, Neighbourhood Markets e Sam's Clubs:

- *Lojas de descontos*. Essas lojas variavam de 30 mil a 224 mil pés quadrados (a média era de 108 mil pés quadrados), empregavam uma média de 150 pessoas e ofereciam cerca de 80 mil itens diferentes, incluindo roupas para a família, produtos para automóveis, artigos para saúde e beleza, móveis, eletrônicos, ferramentas e materiais para construção, brinquedos, artigos esportivos, artigos para grama e jardim, suprimentos para animais de estimação e produtos embalados de supermercado. As vendas anuais numa loja de descontos Walmart ficavam normalmente na faixa de US$ 40 a US$ 60 milhões. O Walmart estava diminuindo o número de lojas de descontos; desde 2000, a empresa vinha expandindo ou mudando e convertendo anualmente cerca de 100 a 170 lojas de descontos para o formato de *supercenters*.

- *Supercenters*. Os *supercenters*, que começaram a ser abertos em 1988 para atender à demanda de compras da família, reuniam o conceito de uma loja de descontos com mercadorias gerais com aquele de um supermercado com a linha completa de produtos. Eles variavam de 98 mil a 246 mil pés quadrados (a média era de 187 mil pés quadrados), empregavam entre 200 e 500 associados, tinham cerca de 36 departamentos de mercadorias gerais e ofereciam mais de 150 mil itens diferentes, dos quais 30 mil eram de supermercado. Além das mercadorias a preços convidativos oferecidos nas lojas de descontos e de uma grande seção de supermercado com mais de 30 mil itens, os *supercenters* continham lojas de especialidades como óticas, centros de vendas de pneus e lubrificação, restaurantes *fast-food*, estúdios de retratos, um quiosque de revelação de fotos em uma hora, salão de cabeleireiros, serviços bancários e agência de emprego. Os *supercenters* típicos tinham vendas anuais de US$ 70 milhões a US$ 100 milhões.

- *Sam's Clubs*. Formato de loja que o Walmart lançou em 1983, o Sam's era um depósito para associados com cerca de 4 mil itens vendidos a granel, a maioria de marca, juntamente com mercadorias caras. O *mix* de produtos incluía produtos frescos, enlatados e congelados; doces e biscoitos; suprimentos para escritório; produtos de limpeza e para a casa, produtos de papelaria; roupas; CDs e DVDs e uma variedade de itens caros (TVs, pneus, aparelhos grandes e pequenos, relógios, joias, computadores, câmeras filmadoras e outros equipamentos eletrônicos). As lojas variavam de 71 mil a 190 mil pés quadrados (a média era de 132 mil pés quadrados), com a maioria dos artigos exibidos nas caixas originais de papelão dispostas em prateleiras de madeira ou em *pallets*. Muitos itens eram vendidos a granel (recipientes com mais de 18 litros, pacotes com uma dúzia de produtos ou mais e caixas econômicas). Os preços tendiam a ser de 10 a 15% abaixo dos preços das lojas de descontos e dos *supercenters* da empresa, uma vez que os custos de *merchandising* e de operação das lojas eram mais baixos. A finalidade do Sam's era atender a pequenas empresas, igrejas e organizações religiosas, salões de beleza e barbearias, famílias e indivíduos que procuravam por excelentes preços em itens caros ou comprados em grandes quantidades. As taxas anuais para os associados eram de US$ 35 para empresas e US$ 40 para indivíduos – havia mais de 45 milhões de associados em 2008. As lojas Sam's empregavam cerca de 125 pessoas e tinham uma média de vendas anuais de US$ 75 milhões. Várias lojas Sam's ficavam próximas a um *supercenter* ou loja de descontos.

- *Mercados de vizinhança*. O formato de loja mais recente da empresa. Esses mercados, lançados em 1998, foram concebidos para atrair clientes que precisavam apenas de alimentos, produtos farmacêuticos e mercadorias gerais. Eles eram localizados sempre em áreas com *supercenters* Walmart para serem acessíveis à rede de distribuição de alimentos. Os mercados de vizinhança variavam entre 37 mil a 56 mil pés quadrados (a média era de 42 mil pés quadrados), empregavam de 80 a 120 pessoas e tinham uma linha completa de itens de supermercado e um sortimento limitado de mercadorias gerais.

Os clientes dos Estados Unidos e do Canadá também podiam comprar um amplo sortimento de mercadorias e serviços *on-line* em www.walmart.com.

Ao longo de 2008 e 2009, o Walmart esperava abrir cerca de 310 novos *supercenters*, 50 novos mercados de vizinhança e 50 novos Sam's Club nos Estados Unidos. No âmbito internacional, o Walmart planejava gastar mais de US$ 10 bilhões e acrescentar cerca de 50 milhões de pés quadrados de espaço de varejo em 2008 e 2009. Uma importante iniciativa para entrar no mercado de varejo na Índia estava em andamento. O Walmart esperava que seu crescimento internacional ultrapassasse seu crescimento doméstico nos anos seguintes.

O Quadro 2 mostra o número de lojas Walmart por país em 31 de janeiro de 2008. Vários locais nos Estados Unidos eram mal servidos pelas lojas Walmart. Áreas do interior dos Estados Unidos não tinham lojas Walmart de nenhum tipo porque não havia disponibilidade de amplo espaço com muito estacionamento a preços razoáveis. O primeiro *supercenter* do Walmart em toda a Califórnia abriu em março de 2004, e todo o estado tinha apenas 31 *supercenters* no início de 2008. Havia apenas seis *supercenters* em Massachusetts, um em Nova Jersey e cinco em Connecticut (havia 289 no Texas, 152 na Flórida, 119 na Geórgia, 99 no Tennessee, 87 no Alabama e 86 em Missouri).

Ampla seleção de produto e um *mix* de mercadorias próprias e mercadorias de outras marcas

Um elemento central da estratégia do Walmart era fornecer aos clientes tamanho sortimento de produtos que eles poderiam obter muito do que precisavam a preços acessíveis em um lugar conveniente. Os *supercenters*, que tinham uma ampla frente de mercadorias gerais e uma seleção completa de itens

Quadro 2
Número de lojas Walmart, 21 de janeiro de 2008

PAÍS	LOJAS DE DESCONTOS	SUPERCENTERS	SAM'S CLUBS	MERCADOS DE VIZINHANÇA
Estados Unidos	971 (todos os Estados exceto Nebraska, Dakota do Sul e Wyoming)	2.447 (todos os Estados exceto Havaí e Vermont)	591 (todos os Estados exceto Oregon e Vermont)	132 (em 15 Estados)

PAÍS	NÚMERO DE LOJAS	FORMATOS DE LOJA E NOMES DE MARCA
Argentina	21	20 supercenters e 1 loja de descontos combinada com mercado (Changomas)
Brasil	333	29 supercenters; 21 Sam's Clubs; 70 hipermercados (Hiper Bompreço, Big); 158 supermercados (Bompreço, Mercadorama, Nacional) 13 lojas Cash and Carry (Maxxi Alacado); 21 lojas de descontos combinadas com mercado (Todo Dia); e 1 loja de mercadorias gerais (Magazine)
Canadá	305	31 supercenters, 268 lojas de descontos, 6 Sam's Clubs
China	202	96 supercenters, 2 mercados de vizinhança, 3 Sam's Clubs, 101 hipermercados (Trust-Mart)
Costa Rica	154	6 hipermercados (Trust-Mart) 9 lojas de depósitos (maxi Bodega) e 111 lojas de descontos (Despensa Familiar)
El Salvador	70	2 hipermercados (Hiper Piaz), 32 supermercados (La Despensa de Don Juan), e 36 lojas de descontos (Despensa Familiar)
Guatemala	145	6 hipermercados (Hiper Piaz), 28 supermercados (Piaz), 12 lojas de depósitos (Maxi Bodega), 2 clubes de associados (Club Co) e 97 lojas de descontos (Despensa Familiar)
Honduras	47	1 hipermercado (Hiper Piaz), 7 supermercados (Piaz), 7 lojas de depósitos (Maxi Bodega) e 32 lojas de descontos (Despensa Familiar)
Japão	394	114 hipermercados (Livin, Seiyu), 276 supermercados (Seiyum Sunny) e 4 lojas de mercadorias gerais (Seiyu)
México	1.023	136 supercenters; 83 Sam's Clubs; 129 supermercados (Superama, Mi Bodega); 246 lojas de descontos combinadas a mercados (Bodega); 76 lojas de departamento (Suburbia); 349 restaurantes e 4 lojas de descontos (Mi Bodega Express)
Nicarágua	46	6 supermercados (La Unión) e 40 lojas de descontos (Pali)
Porto Rico	54	6 supercenters, 8 lojas de descontos, 9 Sam's Clubs e 31 supermercados (Amigo)
Reino Unido	352	29 supercenters (ASDA); 298 supermercados (Asda, Asda Small Town); 13 lojas de mercadorias gerais (Asda Living); e 12 lojas de roupas (George) – as lojas de roupas estavam programadas para fechar em 2008

Fonte: Relatório anual do Walmart para 2008, p. 51.

de supermercado, eram um lugar onde os clientes podiam comprar tudo.

Uma parte significativa das mercadorias que o Walmart estocava consistia de produtos de marcas anunciadas no país inteiro. Mas ela também comercializava cerca de 20 marcas próprias e, além disso, marcas licenciadas como General Electric, Disney, McDonald's e Better Homes and Gardens.

Ambiente de loja agradável

Em todas as lojas Walmart, procurava-se apresentar as mercadorias em prateleiras e *displays* fáceis de acessar. O piso da seção de roupas era acarpetado para que o departamento parecesse mais caseiro e passasse uma sensação de conforto ao cliente. A iluminação era projetada para criar um ambiente aconchegante. As placas indicando a localização de vários departamentos eram bem visíveis. Os *layouts* da loja eram analisados constantemente para aprimorar a conveniência das compras e para que os clientes encontrassem o que queriam com mais facilidade. Os associados da loja usavam aventais azuis com os dizeres "how may I help you?" ("em que posso ajudá-lo?") nas costas, para facilitar a sua identificação a distância. Porém, nada na decoração entrava em conflito com a imagem de preços baixos do Walmart. Os consultores de varejo consideravam o Walmart perito em criar um clima enviando sinais aos clientes relacionados aos preços baixos, mercadoria de qualidade e um lugar de compras agradável. A direção da empresa acreditava que a atenção aos detalhes, que tornavam as lojas mais agradáveis e convidativas, levava os compradores a verem o Walmart de uma forma mais positiva.

Merchandising inteligente

O Walmart mantinha a atividade incomum de testar e experimentar novas técnicas de *merchandising*. Desde o início, Sam Walton imitava boas ideias e práticas de *merchandising* empregadas por outros varejistas. De acordo com o fundador do Kmart, Sam Walton "não só copiava nossos conceitos; ele os fortalecia. Sam pegava a bola e corria com ela".[19] O Walmart se orgulhava de sua "baixa resistência à mudança", e muito do tempo de seus administradores era ocupado em conversas com fornecedores, colaboradores e clientes, para terem ideias de como o Walmart poderia se aprimorar. Pedia-se constantemente aos colaboradores para darem sugestões. Qualquer ideia razoável era testada; se funcionasse bem nos testes, era então rapidamente implementada em outras lojas. Experiências no *layout* das lojas, *displays* de mercadorias, esquemas de cores, seleção de mercadorias (que definia, por exemplo, se linhas mais sofisticadas deveriam ser acrescentadas ou se um *mix* diferente de itens deveria ser oferecido), e técnicas de promoção de vendas estavam sempre sendo empregados. O Walmart era considerado o líder do setor nos testes, adaptações e aplicação de uma ampla variedade de abordagens de *merchandising* de ponta. Ao longo de 2005 e 2006, o Walmart começou a aperfeiçoar a qualidade das mercadorias de certos departamentos para competir melhor com a Target, sua maior concorrente no varejo de descontos.

Pouca propaganda

O Walmart contava menos com a propaganda do que a maioria das redes de lojas de descontos. A empresa distribuía apenas uma ou duas circulares por mês e veiculava anúncios ocasionais na TV, contando basicamente com sua reputação amplamente conhecida e com o boca a boca para gerar movimento nas lojas. As despesas com publicidade do Walmart representavam cerca de 0,3 % das receitas de vendas, *versus* cerca de 1,5% para o Kmart e 2,3 % para a Target. Os gastos do Walmart com anúncios de rádio e TV eram tão baixos que a rede não era registrada nas escalas de classificação nacionais. A maioria dos anúncios veiculados pelo Walmart aparecia em canais de TV locais e a cabo. A empresa permitia frequentemente que obras beneficentes usassem seus estacionamentos para atividades destinadas a levantar fundos. O Walmart fazia pouca ou nenhuma propaganda de suas lojas Sam's Club; mas, em 2008, colocou nos jornais locais um encarte de quatro páginas, em cores, que incluía um convite impresso que dava a qualquer pessoa (inclusive não associados) a possibilidade de comprar no Sam's Club local durante a comemoração do 25° aniversário do Sam's, entre 18 e 20 de abril do mesmo ano.

Expansão disciplinada em novos mercados geográficos

Um dos aspectos diferenciados da estratégia doméstica do Walmart em seus primeiros anos foi a maneira como a empresa expandiu para novas áreas geográficas. Enquanto muitas redes varejistas atingiram cobertura regional e nacional rapidamente, entrando nos maiores centros metropolitanos antes de tentar penetrar em mercados menos populosos, o Walmart sempre expandiu para áreas geográficas adjacentes, saturando cada área com lojas antes de mudar-se para outros territórios. As lojas novas em geral se aglomeravam em áreas num raio de 320 quilômetros dos centros de distribuição para que as entregas pudessem ser feitas com eficiência de custo diariamente; novos centros de distribuição eram acrescentados quando necessário para apoiar a expansão das lojas em áreas adicionais. Nos Estados Unidos, o aspecto realmente original da estratégia geográfica do Walmart envolvia abrir lojas em pequenas cidades em torno de uma área metropolitana antes que a própria loja se mudasse para essa área metropolitana – uma abordagem que Sam Walton denominou de "expansão para trás". A alta gestão da empresa acreditava que qualquer cidade com uma população de 15 mil pessoas ou mais na área de compras era grande o suficiente para comportar uma loja de descontos Walmart, e que as cidades de 25 mil habitantes podiam comportar um *supercenter*. Uma vez que as lojas eram abertas em cidades localizadas em torno da cidade mais populosa, o Walmart abria uma ou mais lojas na área metropolitana e começava uma grande campanha para o mercado. Ao aglomerar novas lojas em uma área geográfica relativamente pequena, as despesas com propaganda para a entrada em um novo mercado podiam ser divididas entre todas as lojas da área, uma tática que o Walmart usava para manter seus custos com propaganda inferiores a 1% das vendas.

O uso de aquisições para expandir em mercados estrangeiros

Hoje em dia o Walmart tem se esforçado bastante para expandir sua base geográfica de lojas fora dos Estados Unidos, em grande parte por meio de aquisições e em parte por meio da construção de novas lojas. A entrada do Walmart no Canadá, México, Brasil, Japão, Porto Rico, China, Alemanha, Coreia do Sul e Grã-Bretanha se deu por meio da aquisição de redes existentes de supermercados ou de mercadorias gerais. Muitas das lojas adquiridas ainda funcionavam com seus nomes anteriores (veja o Quadro 2), e na maior parte dos países a empresa foi cuidadosa em renomeá-las Walmart. Em agosto de 2007, o Walmart e a Bharti Enterprises, com sede na Índia, anunciaram uma *joint venture* para conduzir as operações de gerenciamento da rede de atacadistas e back-end supply na Índia, o segundo país mais populoso do mundo; a primeira instalação atacadista foi programada para abrir no final de 2008. A estratégia internacional do Walmart era "permanecer local" quanto aos produtos comercializados, usando fornecedores locais onde fosse viável, e de muitas maneiras isso funcionou. A alta gestão lutou para adaptar as práticas gerenciais da empresa e considerar as comunidades e culturas locais, suas necessidades e preferências de consumo e fornecedores locais. A maioria dos gestores de loja e gestores seniores eram nativos daqueles países, e muitos começaram suas carreiras como colaboradores. O Walmart, no entanto, tinha um programa onde as lojas em diferentes países trocavam as melhores práticas.

A divisão internacional do Walmart vendeu US$ 90,6 bilhões no ano fiscal de 2008 (mais de 17,5% em relação ao ano fiscal de 2007) e os lucros operacionais foram de US$ 4,8 bilhões (mais de 21,7%). As vendas internacionais responderam por 24,2% do total das vendas, subindo continuamente desde 2000 – e esperava-se que continuasse a subir nos próximos anos. As vendas nas lojas internacionais do Walmart foram de US$ 29 milhões por loja em média, no ano fiscal de 2008; o Walmart tinha mais de 620 mil colaboradores em suas operações internacionais.

Concorrentes do Walmart

As lojas de descontos eram um negócio altamente competitivo. A concorrência entre os varejistas centrava-se no preço, na localização, tamanho e variações no formato da loja, *mix* de mercadorias, atmosfera e a imagem junto aos compradores. Os principais concorrentes do Walmart eram o Kmart e a Target. Como o Walmart, o Kmart e a Target tinham lojas que estocavam apenas mercadorias gerais e as superlojas (Super Target e Super Kmart), que incluíam um supermercado com linhas completas de produtos. O Walmart também competia com varejistas como a Best Buy e a Circuit City em eletrônicos; a Toy"R"US em brinquedos; a Kohl's e a Goody's em roupas e a Bed, Bath and Beyond em artigos para a casa.

A rápida ascensão do Walmart para se tornar a maior rede varejista de supermercados por meio de seus *supercenters* intensificou a concorrência no setor de supermercado nos Estados Unidos e Canadá. Praticamente todos os supermercados localizados em comunidades com um *supercenter* estavam lutando para cortar custos, diminuir a diferença de seus preços com os do Walmart e se diferenciar para reter sua base de clientes e aumentar as receitas. Os aumentos contínuos no número de *supercenters* do Walmart significavam que a maioria dos supermercados concorrentes nos Estados Unidos estaria num raio de 16 quilômetros de um *supercenter* por volta de 2010. O Walmart concluiu recentemente que precisa de menos residentes em uma área para apoiar um *supercenter* – os dados de vendas indicam que os *supercenters* em áreas urbanas grandes podiam estar apenas a 6,4 quilômetros de distância um do outro e ainda atrair um movimento de loja suficiente.

Os dois maiores concorrentes no segmento de clube atacadista eram o Costco Wholesale e o Sam's Club; o BJ's Wholesale Club, uma rede menor da Costa Leste, era o único grande participante desse segmento nos Estados Unidos. Em 2007, a Costco vendeu US$ 63,1 bilhões em 499 lojas *versus* US$ 44,4 bilhões em 591 lojas do Sam's. A loja da Costco gerava em média receitas anuais de US$ 126 milhões, cerca de 68% a mais do que a média de US$ 75 milhões no Sam's. A Costco, que tinha 52,6 milhões de sócios em maio de 2008, atraía famílias abastadas com gostos refinados e a maioria de suas lojas era localizada em áreas urbanas. A Costco era a maior varejista de vinhos finos (com vendas de US$ 500 milhões por ano) e de frango assado (vendia 100 mil unidades por dia) dos Estados Unidos. Embora sua linha de produtos incluísse alimentos e artigos para a casa, artigos esportivos, vitaminas e várias outras mercadorias, sua principal atração eram os itens de luxo, mais caros (diamantes e televisores de tela grande) e as mais recentes bugigangas a preços baixos (a Costco limitava seus *markups* a 14%). A Costco bateu o Sam's ao ser a primeira a vender carne, frutas e verduras frescos (1986 *versus* 1989), a introduzir itens de marca própria (1995 *versus* 1998), e a vender gasolina (1995 *versus* 1997).[20] A empresa oferecia a seus colaboradores bons salários e benefícios: os trabalhadores em tempo integral ganhavam US$ 40 mil por ano, após quatro anos.

No âmbito internacional, o maior concorrente do Walmart era o Carrefour, um varejista com sede na França cujas vendas correspondiam a 92,2 milhões de euros em 2007 e que tinha quase 15 mil lojas de formatos e tamanhos variáveis em grande parte da Europa e em mercados emergentes como Argentina, Brasil, Colômbia, China, Indonésia, Coreia do Sul e Taiwan. Tanto o Walmart quanto o Carrefour estavam se expandindo agressivamente no Brasil e na China, em condições de igualdade e em um número cada vez maior de locais. Entrando em 2008, o Carrefour tinha 1.615 lojas (das quais 500 eram hipermercados) na Ásia e na América Latina, com vendas de aproximadamente 15,8 milhões de euros.

Abordagens do Walmart à execução da estratégia

Para executar a estratégia de preços baixos todos os dias com lucro, o Walmart se dedica a negociar com os fornecedores para conseguir preços mais baixos, forjando novas relações de trabalho com fornecedores-chave a fim de conseguir custos mais baixos (com ganhos para ambas as partes) em toda a sua cadeia de suprimentos, mantendo suas operações internas enxutas e eficientes, prestando atenção aos mínimos detalhes dos *layouts* das lojas e do *merchandising*, fazendo uso eficiente de tecnologia de ponta e alimentando uma cultura de dedicação ao trabalho e aprimoramento constante, repassando os resultados das negociações de preços com os fornecedores para o consumidor final.

Relações com os fornecedores

O Walmart era de longe o maior cliente de praticamente todos os seus 66 mil fornecedores. A escala de operações da empresa (veja o Quadro 3) lhe permitia negociar duro e obter preços mais baixos. Em 2005, sua demanda por computadores pessoais para o fim de ano era tão grande que três das dez fábricas da Hewlett-Packard trabalharam exclusivamente para entregar produtos para o Walmart. A empresa procurava fornecedores líderes em sua categoria (fornecendo, assim, forte reconhecimento do nome da marca) para que pudessem crescer com a empresa, e esses deveriam oferecer linhas completas de produtos (para que os compradores do Walmart pudessem escolher o melhor e obter algum tipo de exclusividade limitada dos produtos escolhidos), estabelecer um compromisso duradouro com P&D para trazer produtos novos e melhores para as prateleiras no varejo, além de serem competentes na produção e entrega do produto. Mas a rede também lidava com milhares de pequenos fornecedores (negócios de família) que podiam fornecer determinados itens para lojas em certas áreas geográficas. Muitas lojas Walmart tinham uma seção "loja da comunidade", que exibia produtos de produtores locais; além disso, o Walmart montou um escritório de exportação nos Estados Unidos para ajudar empresas de pequeno e médio porte a exportar seus produtos (principalmente para lojas do Walmart em países estrangeiros).

Os compradores do Walmart literalmente pesquisavam no mundo todo para encontrar mercadorias adequadas para as lojas – a empresa comprava de 61 mil fornecedores dos Estados Unidos e cerca de 5 mil fornecedores estrangeiros em 40 países em 2007; as compras de fornecedores norte-americanos totalizaram US$ 200 bilhões em 2005 e apoiavam mais de 3 milhões de empregos. O pessoal de compras passava muito tempo em reuniões com os fornecedores para entender suas estruturas de custo. Ao tornar o processo de negociação transparente, os compradores do Walmart logo aprenderam a identificar se um fornecedor estava fazendo tudo o que podia para cortar seus custos e cotar um preço atraentemente baixo. Os agentes de compras do Walmart se dedicavam a obter os preços mais baixos que podiam, e eles não

Quadro 3

Relação das compras do Walmart de fornecedores selecionados e suas participações de mercado em categorias de produto selecionadas, em 2002 e 2003.

FORNECEDOR	PERCENTUAL DAS VENDAS TOTAIS PARA O WALMART	CATEGORIA DE PRODUTO	PARTICIPAÇÃO DE MERCADO DO WALMART NOS ESTADOS UNIDOS
Tandy Brands Accessories	39%	Ração para cães	36%
Dial	28%	Fraldas descartáveis	32%
Del Monte Foods	24%	Filme fotográfico	30%
Clorox	23%	Xampu	30%
Revlon	20–23%	Toalhas de papel	30%
RJR Tobacco	20%	Pasta de dentes	26%
Procter & Gamble	17%	Analgésicos	21%
		CDs, DVDs e vídeos	15–20%
		Vendas de revistas por cópia	15%
Embora as porcentagens de vendas não estivessem disponíveis, o Walmart também era o maior cliente da Disney, da Campbell Soup, da Kraft e da Gillette.		Embora as participações de mercado não estivessem disponíveis, o Walmart também era o maior vendedor de brinquedos, armas, detergentes, *videogames*, meias e roupas de cama.	

*Baseado em vendas de alimentos, drogas e mercadorias de massa.
Fontes: Jerry Useem, "One Nation Under Walmart", Fortune, March 3, 2003, p. 66, e Anthony Bianco e Wendy Zellner, "Is Walmart Too Powerfull?" *BusinessWeek*, 6 de out. de 2003, p. 102.

aceitavam convites dos fornecedores para tomar vinho ou para jantar. O vice-presidente de marketing de um importante fornecedor disse à revista *Fortune*:

> Eles são muito, muito determinados, e usam seu poder de compras com mais força do que qualquer outra empresa nos Estados Unidos. Todos os rituais normais de acasalamento são proibidos. Sua maior prioridade é assegurar que todos, a qualquer momento e em todos os casos saibam quem é que manda, e é o Walmart. Eles falam com delicadeza, mas têm coração de piranha, e se você não estiver totalmente preparado quando entrar lá, será aniquilado.[21]

Espera-se que todos os fornecedores ofereçam os melhores preços sem exceção; um consultor que ajudava os fabricantes a vender para os varejistas da rede observou: "Ninguém ousaria chegar aqui com um preço mal calculado".[22]

Embora o Walmart fosse duro ao negociar por preços arrasadoramente baixos, as cotações de preços que recebia ainda eram altas o suficiente para permitir que os fornecedores tivessem lucro. Geralmente, ser fornecedor do Walmart significava ter uma base de vendas estável, confiável, que permitia ao fornecedor operar sua produção com custos eficientes. Além disso, uma vez que a empresa decidisse comprar de um fornecedor, trabalhava de perto com ele para descobrir maneiras mutuamente benéficas de diminuir os custos da cadeia de suprimento. Cada aspecto das operações do fornecedor era analisado – como os produtos eram desenvolvidos, de qual material eram feitos, como os custos poderiam ser reduzidos, que dados o Walmart poderia suprir que poderiam ser úteis, como o compartilhamento de dados poderia ser benéfico e assim por diante. Quase sempre, ao passarem por esse processo com o pessoal do Walmart, os fornecedores viam formas de cortar custos ou melhorar as operações de modo a aumentar as margens de lucro.

Em 1989, o Walmart foi o primeiro grande varejista a lançar um programa que insistia para que os fornecedores desenvolvessem produtos e embalagens que não afetassem o meio ambiente. Além disso, o Walmart esperava que seus fornecedores contribuíssem com ideias para que suas lojas fossem mais divertidas no que dizia respeito aos seus produtos. Os fornecedores que eram selecionados como "gestores de categoria" por agrupamentos de produtos como *lingerie*, comida para cães e gatos, e material escolar deviam dar instruções à loja sobre tudo o que estava acontecendo em sua categoria de produto.

Cerca de 200 fornecedores abriram escritórios em Bentonville para trabalhar junto com o Walmart, em base contínua – a maioria ficava em uma área conhecida como "Vendorville" (vila dos fornecedores). Os fornecedores eram incentivados a expor qualquer problema de relacionamento que tivessem com o Walmart e a se envolver nos futuros planos da empresa. Projetos de alta prioridade variavam desde usar uma embalagem reciclável a trabalhar com o Walmart em *displays* de mercadorias e *mix* de produto, melhorar o atendimento de pedidos *just-in-time* e o sistema de entregas, instituir arranjos automáticos de renovação de pedidos e desenvolver novos produtos que atraíssem os clientes. Mais recentemente, uma das prioridades do Walmart era trabalhar com fornecedores para imaginar como dispor os itens em determinadas lojas para acomodar os gostos e preferências variáveis dos compradores em diferentes áreas onde o Walmart tinha lojas. A maioria dos fornecedores instalados em Bentonville passava um tempo considerável para determinar quais itens em suas linhas de produto eram os melhores para o Walmart, em que lugar das lojas deveriam ser colocados, qual a melhor forma de exposição deles, quais novos produtos deveriam ser introduzidos e quais deveriam ser eliminados.

Uma pesquisa de opinião de 2007 conduzida pela Cannondale Associates constatou que os fabricantes acreditavam ser o Walmart a melhor rede varejista para se trabalhar – esse foi o nono ano consecutivo em que o Walmart ficou em primeiro lugar.[23] A Target classificou-se em segundo, e o Costco em terceiro. Os critérios para classificação incluíam fatores como a estratégia mais honesta, *branding* de loja, as melhores equipes de compra, o marketing/*merchandising* mais inovador de consumo, as melhores práticas de gestão da cadeia de suprimento, os fundamentos gerais de negócio e as melhores práticas gerenciais de categorias individuais de produto. Um consultor de varejo disse: "Acho que a maioria [dos fornecedores] diria que o Walmart é sua conta mais lucrativa."[24] Embora isso possa ser surpreendente tendo em vista o enorme poder de negociação do Walmart, a lucratividade potencialmente maior obtida em se vender para o Walmart vinha das práticas da maioria dos outros varejistas, exigindo que os fornecedores pagassem taxas de *slotting* (por vezes altas) para ganhar espaço na prateleira e insistindo frequentemente em cobrar do fornecedor por "extras" como *displays* na loja, concessão para danos, condução de cargas, multas por atraso nas entregas, descontos de algum tipo, concessões para propaganda e concessões especiais em mercadorias de movimento lento que eram esgotadas pelos altos descontos de preços. Além disso, a maioria dos principais varejistas esperava ser cortejada com ingressos para o Super Bowl, viagens para a turnê Masters Golf, jantares sofisticados em feiras comerciais e convenções ou outras regalias em troca de seus negócios. Todos esses extras representavam custos que os fornecedores tinham que embutir no preço. No Walmart, tudo se resumia em um preço, e nenhum dinheiro extra entrava no negócio.[25]

A maioria dos fornecedores via o preço baixo do Walmart e a coordenação conjunta como uma proposta que traria ganhos a todos, não só por causa dos benefícios de cortar todos os custos com comissões e consolidar seu relacionamento com um cliente importante mas também porque o que eles aprendiam com os esforços colaborativos e com a troca mútua de dados muita vezes trazia benefícios consideráveis no restante de suas operações. Muitos fornecedores, inclusive a Procter & Gamble, gostavam tanto do modelo de negócio da cadeia de suprimento do Walmart que insistiram para que seus outros clientes adotassem práticas similares.[26]

Padrões para os fornecedores do Walmart

Em 1992, o Walmart começou a estabelecer padrões para seus fornecedores, com ênfase especial àqueles localizados em países estrangeiros que tinham um histórico de salários e condições de trabalho problemáticos. A alta gestão acreditava que a maneira como os fornecedores conduziam seus negócios no que dizia respeito a fatores como a carga horária diária e semanal imposta aos seus colaboradores, o uso de trabalho infantil, a discriminação com base na raça ou religião ou em outros fatores e a segurança no local de trabalho e, além da maneira como os fornecedores seguiam (ou não) as leis e normas locais, podiam ser atribuídas à empresa e afetar sua reputação entre os clientes e acionistas. Para minimizar esse potencial, o Walmart determinou um conjunto de padrões e montou um grupo interno para verificar se os fornecedores estavam trabalhando de acordo com os padrões éticos e práticas de negócios estabelecidos. O padrão exigido dos fornecedores da empresa passou por várias mudanças conforme as preocupações da alta gestão da empresa evoluíram ao longo do tempo.

Em fevereiro de 2003, o Walmart assumiu o controle direto para auditar as fábricas externas; as equipes de certificação com sede na China, Cingapura, Índia, Emirádos Árabes Unidos e Honduras tinham mais de 200 colaboradores dedicados a monitorar o cumprimento desses padrões. Sessões de treinamento e de verificação foram feitas regularmente junto aos fornecedores internacionais. Todos os fornecedores deviam assinar um documento que certificava o cumprimento dos padrões; além disso, eram obrigados a exibir uma versão dessas regras em cada instalação de produção, em inglês e em língua local. Em 2006, o Walmart conduziu 16.700 auditorias em 8.873 fábricas de fornecedores; 26% delas sem anúncio prévio. O Walmart trabalhava junto com os fornecedores para corrigir qualquer violação; os que não conseguiam se corrigir ficavam proibidos de fornecer para a empresa (0,2% das fábricas estrangeiras não tiveram suas operações aprovadas pela auditoria tanto em 2005 quanto em 2006, e foram eliminadas permanentemente; do total de fornecedores, 0,1% em 2005 e 2,1% em 2006 foram proibidos de fornecer por um ano depois que novas auditorias constataram progresso insuficiente na correção das violações da auditoria anterior consideradas significativas.

O uso de tecnologia de ponta pelo Walmart

A abordagem do Walmart à tecnologia costumava ser ofensiva; os mais avançados equipamentos, técnicas de varejo, programas de computador e inovações tecnológicas deveriam ser sondados, testados e então empregados para que a produção fosse ampliada e os custos reduzidos. O Walmart foi a primeira entre as redes de lojas de varejo a aperfeiçoar e aprimorar suas capacidades à medida que novas tecnologias fossem introduzidas. O objetivo tecnológico da empresa era fornecer aos colaboradores as ferramentas para trabalhar com mais eficiência e tomar decisões melhores.

Em 1974, o Walmart começou a usar computadores para manter a gestão de estoque dos itens em centros de distribuição e em suas lojas. Em 1981, começou a testar *scanners* em pontos de venda, e em 1983 todo o sistema passou a usar máquinas leitoras de códigos de barras – uma iniciativa que acelerou a passagem de clientes pelo caixa em 25 a 30%. Em 1984, o Walmart desenvolveu um sistema de *merchandising* informatizado que permitia que o *mix* de produtos em cada loja fosse ajustado às próprias circunstâncias de mercado e padrões de venda. Entre 1985 e 1987, a empresa instalou a maior rede particular de comunicações por satélite, o que permitiu a transmissão de dados e a comunicação por voz entre as sedes, os centros de distribuição e as lojas e uma transmissão de vídeo *on-way* do escritório corporativo de Bentonville para os centros de distribuição e para as lojas; o sistema era mais barato que a rede de telefonia usada anteriormente. O sistema de vídeo era usado regularmente pelas autoridades da empresa, para transmitir mensagens diretamente a todos os colaboradores.

Em 1989, o Walmart criou *links* diretos via satélite com cerca de 1.700 fornecedores que forneciam cerca de 80% dos artigos vendidos pela empresa; esse *link-up* permitiu o uso de pedidos eletrônicos de compra e a troca instantânea de dados. O Walmart também usou esse sistema para desenvolver um procedimento de autorização de cartão de crédito que levava cinco segundos, em média, para autorizar uma compra, acelerando o pagamento a crédito em 25% comparado ao sistema manual anterior. No início dos anos 1990, por meio da colaboração pioneira com a Procter & Gamble, instituiu um sistema de renovação de pedidos automatizado que avisava os fornecedores à medida que seus itens passavam pelo *checkout*; isto permitia aos fornecedores acompanhar as vendas e os estoques de seus produtos, planejar a produção e programar as entregas.

Por volta de 2003, a empresa desenvolveu sistemas de informação (TI) sofisticados e capacidade *on-line* que não só dava acesso em tempo real a dados detalhados de praticamente qualquer aspecto de suas operações mas também a tornava líder na gestão da cadeia de suprimento de uma forma eficiente relativa aos custos. Ela podia acompanhar o movimento dos itens por meio de toda a sua cadeia de valor – desde a venda de itens no caixa até o estoque nas prateleiras da loja, na reserva da loja, no centro de distribuição e a expedição. Além disso, os fornecedores eram incentivados, com a colaboração da empresa, a desenvolver capacidades de compartilhamento de dados a fim de agilizar o suprimento das lojas, evitar a falta e o excesso de estoque, identificar itens que demoravam a vender e que poderiam precisar ser repostos e conceber maneiras de espremer os custos da cadeia de suprimento. O sistema Retail Link da empresa permitia que os 30 mil fornecedores acompanhassem seus artigos pela cadeia de valor do Walmart, obtivessem dados de vendas de cada item a cada hora e monitorassem as margens brutas sobre cada um de seus produtos (o preço de venda real do Walmart menos o que a rede pagou ao fornecedor).

Em meados de 2003, em outra de suas iniciativas que estabeleceria novas tendências, o Walmart informou seus fornecedores que eles precisavam aderir à tecnologia do código de produto eletrônico (EPC) baseada em sistemas de identificação de rádio frequência (RFID). O processo para identificar os produtos com esse código envolvia inserir em todo item que saísse da linha de produção uma etiqueta eletrônica contendo um número exclusivo. As etiquetas EPC podiam ser lidas por rádio frequência quando passadas pelas leitoras, fornecendo assim a capacidade de localizar e acompanhar itens em toda a cadeia de suprimento em tempo real. Com o EPC e a capacidade de RFID, toda lata de sopa, DVD ou chave de fenda, na rede da cadeia de suprimentos ou nas prateleiras das lojas Walmart, podia ser identificado, sabendo-se quando foi fabricado, onde e quando foi vendido ou ainda se estava faltando. Além disso, os códigos EPC, ligados a um banco de dados *on-line*, eram uma maneira segura de compartilhar informações de produtos específicos com os parceiros da cadeia de suprimentos. A alta gestão do Walmart acreditava que a tecnologia EPC, em conjunto com a expansão da produção de impressoras/codificadoras capazes de RFID, tinha o potencial de revolucionar a cadeia de suprimentos, fornecendo informações mais exatas sobre o movimento do produto, o giro de estoque e os níveis de estoque; ele também era visto como uma ferramenta importante para evitar roubos e lidar com *recalls* de produto. Um estudo da IBM identificou que as etiquetas EPC reduziriam a falta de estoque em 33%, e um estudo da Accenture mostrou que a tecnologia EPC/RFID podia estimular a produtividade do trabalhador em 5% e encolher os requisitos de capital circulante e capital fixo de 5 a 30%. Em 2005, a implementação da tecnologia EPC/RFID estava em processo para os 200 principais fornecedores do Walmart; cerca de 20 mil fornecedores seriam envolvidos de alguma forma até o final de 2006 e praticamente todos os fornecedores teriam capacidades de RFID por volta de 2010.

Em 2008, o centro de dados do Walmart estava acompanhando mais de 700 milhões de unidades em estoques (SKUs) por semana. A empresa tinha mais de 88 mil associados engajados em atividades de logística e sistemas de informação. A atenção que a gestão do Walmart colocou no uso de tecnologia de ponta e a inteligência com a qual empregou essa tecnologia ao longo de sua cadeia de valor para aumentar as operações de loja e abaixar continuamente os custos ao longo dos anos levou-a a ser considerada como a empresa mais eficaz em termos de custos e a mais rica em sistemas de TI para armazenamento de dados do que qualquer varejista do mundo. Ela gastava menos de 1% das receitas em TI (bem menos que outras varejistas) e tinha capacidades mais sólidas. De acordo com Linda Dillman, chefe de informação do Walmart, "A força desta divisão é que somos realizadores e fazemos as coisas com mais rapidez que qualquer um poderia fazer com terceiros. Dirigimos todo o mundo de nossas dependências nesta área [Bentonville] a um custo que ninguém pode igualar. Seríamos malucos se terceirizássemos."[27] O Walmart raramente usava *software* comercial, preferindo desenvolver seus próprios sistemas de TI. A influência do Walmart tornou-se tão forte na eficiência da cadeia de suprimento no varejo que seus concorrentes (e muitos outros varejistas) consideraram essencial seguir a liderança do Walmart e perseguir a "walmartificação" de suas cadeias de suprimento no varejo.[28]

Operações do centro de distribuição

Em 2008, o Walmart tinha 112 centros de distribuição. Um centro de distribuição atendia entre 75 e 100 lojas (em geral dentro de um raio de 400 quilômetros) e empregava cerca de 500 a mil associados. Os centros de distribuição tinham 8 quilômetros de esteiras e a capacidade de mover milhares de caixas diariamente.

Nas últimas três décadas, o Walmart procurou uma série de ações para aumentar a eficiência de seus centros de distribuição. Foi líder global em adotar as tecnologias mais recentes para automatizar a maior parte de suas tarefas que usavam mão de obra intensiva em seus centros de distribuição, criando gradualmente um sistema cada vez mais sofisticado e com custos eficientes, códigos de barra, computadores portáteis e outros dispositivos com capacidade para selecionar rapidamente os produtos nas quantidades necessárias específicas a cada loja e encaminhá-los para os caminhões que aguardavam para levá-los às lojas para repor os estoques. Antes da automação, caixas a granel recebidas dos fabricantes tinham que ser abertas pelos colaboradores do centro de distribuição e às vezes tinham que ser armazenadas em latas, e então separadas e embaladas novamente já nas quantidades necessárias para determinadas lojas. Depois disso, eram carregadas para os caminhões que fariam a entrega nas lojas Walmart – um processo manual sujeito a erro e às vezes muito demorado. Com frequência, os artigos que chegavam dos fabricantes eram descarregados em uma seção do depósito e imediatamente divididos em quantidades específicas para cada loja e levados diretamente aos caminhões que iriam para aquelas lojas – em média, grande parte do estoque que chegava ficava em um centro de distribuição do Walmart por 12 horas. Os colaboradores do centro de distribuição tinham acesso em tempo real às informações sobre os níveis de estoque de todos os itens no centro e usavam os diferentes códigos de barra para *pallets*, latas e prateleiras, para pegar os itens e atender aos pedidos das lojas. Os computadores portáteis também permitiam que o departamento de embalagem recebesse informações precisas sobre quais itens deveriam ser embalados para quais lojas e para qual doca de carregamento os pacotes deveriam ser enviados. O uso pioneiro de tecnologias de ponta no varejo e sua liderança nas melhores práticas em atividades de logística deu ao Walmart vantagens operacionais e elevou os níveis de exigência não só para seus concorrentes mas também para outros varejistas.

As atividades mais recentes da empresa para melhorar a eficiência da distribuição e da logística eram (1) atingir a implementação completa dos sistemas RFID, desde os fornecedores até os sistemas de distribuição e operações de loja e (2) dobrar a economia de combustível de sua frota de caminhões. No início de 2008, cerca de 15 mil fornecedores estavam demorando muito para implementar o RFID; por isso o Walmart anunciou que começaria a cobrar de seus fornecedores do Sam's Club uma taxa de US$ 2 por *pallet* entregue sem etiqueta RFID e que após um período essa taxa também seria aplicada em outros centros de distribuição; o Walmart também declarou que a taxa de US$ 2 aumentaria gradualmente para US$ 3 e que a etiqueta de RFID começaria nos próximos meses a ser aplicada a cada caixa e pacote que ficasse sobre os *pallets*.

OPERAÇÕES DA FROTA DE CAMINHÕES O Walmart tinha uma frota de mais de 7.200 caminhões e uma equipe de mais de 8 mil motoristas que transportavam os bens de seus 112 centros de distribuição para suas lojas. A empresa contratava apenas motoristas experientes que tivessem dirigido mais de 480 mil quilômetros sem acidentes e sem ter cometido infrações graves de trânsito. Os centros de distribuição tinham instalações onde eles podiam tomar banho, dormir e comer enquanto esperavam que o caminhão fosse carregado. Um coordenador de despacho de caminhões programava a saída de todos os veículos com base no tempo disponível dos motoristas e no tempo de viagem estimado entre o centro de distribuição e a loja. Esperava-se que os motoristas levassem o caminhão até a doca da loja no tempo programado (em geral no fim da tarde ou no início da noite), mesmo que chegasse cedo; os caminhões eram descarregados pelos colaboradores da loja no período noturno, com um intervalo de duas horas entre cada caminhão de entrega (se mais de um fosse programado para a mesma noite).

Em certos casos, os caminhões eram enviados diretamente para as instalações do fabricante, onde as mercadorias eram separadas para uma ou mais lojas e entregues diretamente, sem passar pelo centro de distribuição. Os fabricantes que forneciam alto volume de certos itens ou inúmeros itens diferente às vezes faziam a entrega diretamente para as lojas do Walmart.

Construção e manutenção de lojas

A alta gestão do Walmart esforçava-se para aproveitar melhor o capital investido em novas lojas, reformas ou instalações. Os fornecedores eram incentivados a dar ideias e sugestões a respeito do *layout*, largura dos corredores, *design* das instalações e do espaço necessário para *displays* eficientes. Os projetos de loja do Walmart tinham escritórios a céu aberto para os gestores, que podiam ser mobiliados com economia e tinham um espaço máximo para *displays* que podiam mudar de lugar e ser renovados facilmente. Como o Walmart insistia que suas novas lojas fossem uniformes, a empresa de arquitetura responsável usava técnicas de computador para definir as especificações de 12 ou mais novas lojas por semana. Além disso, as lojas eram desenhadas para que sua construção fosse rápida e barata, além de proporcionar alta eficiência no uso de energia e um baixo custo de manutenção e renovação. Todas as lojas eram reformadas e redecoradas pelo menos uma vez a cada sete anos. Se a localização de uma dada loja se tornasse obsoleta em razão da construção de novas rodovias, vias expressas ou da abertura de novos locais de compras, então a loja antiga era abandonada para que uma nova fosse construída em um local mais desejável.

Os centros de distribuição e os escritórios corporativos do Walmart também eram construídos com economia e decorados com mobília simples. Os escritórios dos altos executivos eram modestos e despretensiosos. Os controles de iluminação, aquecimento e ar-condicionado em todas as lojas eram conectados por computador à sede em Bentonville, permitindo que práticas gerenciais de energia para a economia de custo fossem implementadas centralmente e livrassem os gestores de loja do tempo gasto e da preocupação em tentar conter os custos com energia elétrica. O Walmart produzia em massa muito de seus *displays* internos, economizando não só dinheiro mas também tempo para desenvolver um novo conceito de *display*, cuja produção levava apenas 30 dias. O Walmart também tinha um grupo que descartava o mobiliário e equipamentos usados que não podiam ser usados em outras lojas por meio de leilões nos *sites* das lojas onde existissem excedentes – um calendário dos próximos leilões era postado no *site* da empresa.

A importância do atendimento ao cliente e da criação de uma experiência de compras agradável no Walmart

O Walmart tentava empregar sua força organizacional na promessa de "satisfação garantida" e fazer o possível para proporcionar aos clientes uma experiência de compra agradável. Os gestores de loja desafiavam os colaboradores a praticarem o que Sam Walton chamava de "hospitalidade agressiva". Um "receptor" ficava na entrada da loja para dar boas-vindas aos clientes com um sorriso, agradecer-lhes por comprar no Walmart, ajudá-los a pegar o carrinho de compras e responder às perguntas sobre a localização de itens. Os colaboradores do atendimento e dos caixas eram treinados a serem gentis e ajudar os clientes, além de exibirem uma "atitude amigável, informal". Os associados das lojas deviam aderir à "regra dos 30 cm": "Prometo que quando estiver a 30 cm de distância de um cliente, olharei nos olhos dele, o cumprimentarei e perguntarei se posso ajudá-lo". Os gestores do Walmart acreditavam que colaboradores amigáveis e prestativos contribuíssem imensamente para que os clientes comprassem com frequência na loja.

Ao mesmo tempo, o Walmart trabalhava continuamente para aprimorar a experiência de compras do cliente. O programa de transformação de H. Lee Scott concebeu uma iniciativa importante para tornar as compras nas lojas Walmart mais atraentes. Em 2005, Scott indicou Eduardo Castro-Wright, diretor do Walmart no México, como novo diretor da divisão de lojas nos Estados Unidos e encarregou-o de aperfeiçoar a experiência do cliente. Castro-Wright imediatamente arquitetou um plano de três anos para aprimorar a atmosfera da loja e tornar as compras no Walmart mais atraentes. Ele se preocupou particularmente com a lentidão das filas no caixa e com o que ele via como táticas de *merchandising*. Entre suas orientações estava a recomendação de eliminar prateleiras altas para que assim fosse possível ter uma visão de toda a loja, além de recomendações para ampliar os corredores, melhorar as placas de orientação para que os compradores pudessem encontrar as coisas com mais facilidade, aumentar os esforços em manter o ambiente da loja limpo e atraente (o que incluía uma decoração de loja mais sofisticada) e investir em tecnologia que acelerasse o processo de pagamento nos caixas. Em colaboração com os compradores do Walmart, Castro-Wright também mudou a concepção da empresa a respeito das escolhas do cliente, concluindo que uma boa escolha ia além de fornecer bons preços e uma ampla seleção; o novo tema era dar mais atenção à seleção cuidadosa de produtos e marcas, o que os compradores achavam importante. Três das maiores mudanças no *mix* de *merchandising* e escolha de produtos envolviam estocar mais itens em categorias que estavam crescendo rapidamente (como eletrônicos), incluir mais dos maiores e melhores nomes de marca em determinadas categorias de produto (para atrair mais clientes com maior poder aquisitivo) e selecionar os produtos de acordo com o local, de modo a acomodar melhor as variações nos gostos e nas preferências do comprador de uma área para outra.

A cultura do Walmart em 2008

A cultura do Walmart em 2008 continuava profundamente arraigada no conceito de negócio e no estilo de liderança de Sam Walton. Mr. Sam, como era chamado (título do qual era orgulhoso), foi não só o fundador e o patriarca do Walmart, mas seu líder espiritual – e ainda o era, em muitos aspectos. Quatro valores essenciais e princípios de negócio marcavam a abordagem de Sam Walton ao gerenciamento:[29]

- Tratar os colaboradores como sócios, dividindo tanto as coisas boas quanto as más sobre a empresa, para que eles lutassem pela excelência e participassem das recompensas. (O Walmart estimulava o conceito de parceria chamando a todos os colaboradores de "associados", um termo que Sam Walton insistiu em usar desde o início da empresa porque denotava um relacionamento de parceiros.)
- Construir para o futuro, em vez de visar ganhos imediatos, continuando a estudar os conceitos de mudança que são a marca do setor de varejo e preparar-se para testar e experimentar novas ideias.
- Reconhecer que a via para o sucesso inclui o fracasso, o qual faz parte do processo de aprendizagem em vez de ser um defeito ou falha corporativa. Sempre questionar o óbvio.
- Envolver associados de todos os níveis no processo de tomada de decisão.

Walton praticava esses princípios com persistência em suas próprias ações e insistia que outros gestores do Walmart fizessem o mesmo. Até sua saúde decair em 1991, ele passava vários dias por semana visitando as lojas, avaliando o humor dos clientes, ouvindo os colaboradores discutir o que pensavam, identificando o que estava ou não estava vendendo, reunindo ideias sobre como fazer melhor as coisas, cumprimentando os trabalhadores por seus esforços e desafiando-os a terem boas ideias.

Os valores, crenças e práticas que Sam Walton instilava na cultura do Walmart e que ainda vigoravam em 2008 se refletiam em declarações feitas em sua autobiografia:

> Toda vez que o Walmart gasta um dólar tolamente, ele sai direto do bolso de nossos clientes. Toda vez que economizamos um dólar, ficamos um passo à frente da concorrência – e é aí que sempre planejamos estar.
>
> Uma única pessoa que esteja buscando a glória não realiza muito; no Walmart, tudo o que fazemos tem sido resultado da reunião das pessoas para um objetivo comum...
>
> Eu sempre fui levado a me opor ao sistema, a inovar, a levar as coisas além de onde estão.
>
> Não prestamos atenção nenhuma à maneira como as coisas deveriam ser feitas, você sabe, a maneira como as regras do varejo ditavam como ele deveria ser feito.
>
> ... Sou mais um gestor que gerencia caminhando pelas lojas, ou voando de loja em loja, e no processo me envolvo em tudo que posso para ver como está indo... Minha apreciação por números me manteve perto de nossas demonstrações operacionais, e a todas as outras informações que despejamos nelas de tantos lugares diferentes...
>
> ... Quando mais você divide os lucros com seus associados – seja em salários ou incentivos ou bônus ou descontos em estoques – mais lucros sua empresa acumulará. Por quê? Porque a maneira como a alta gestão trata os associados é exatamente como os associados tratarão os clientes. E se os associados tratam bem os clientes, eles voltarão sempre...
>
> ...Não há uma maneira melhor de conseguir que alguém faça as coisas corretamente do que deixando que ele saiba o quanto você aprecia o desempenho dele.
>
> Quanto maior nossa empresa fica, mais importante se torna transferir responsabilidade e autoridade para as linhas de frente, para aquele gestor de departamento que está enchendo as prateleiras e conversando com o cliente.
>
> Damos aos nossos chefes de departamento a oportunidade para se tornarem verdadeiros comerciantes desde o início do jogo (...) Fazemos de nossos chefes de departamentos os gestores de seus próprios negócios (...) Compartilhamos tudo com eles: os custos de seus produtos, os custos de frete, as margens de lucro. Deixamos que eles vejam como suas lojas se classificam com as outras da empresa em base constante, e damos a eles incentivos para querer vencer.
>
> Sempre procuramos maneiras novas de encorajar nossos associados a saírem das lojas para tentar defender suas ideias em todo o sistema... Ideias geniais vêm de toda parte se você simplesmente ouvir e procurá-las. Você nunca sabe quem terá uma excelente ideia.
>
> ...Muito da burocracia é realmente o produto do ego de um construtor de impérios... Não precisamos de nada disso no Walmart. Se

você não estiver atendendo aos clientes, nem dando apoio ao pessoal que faz isso, não precisamos de você.

Você não pode simplesmente continuar fazendo o que funcionou uma vez porque tudo a sua volta está sempre mudando. Para ter sucesso, você precisa se destacar à frente daquela mudança. [30]

O sucesso de Walton fluiu de seu estilo gerencial animado, sua competência de instilar os princípios e os conceitos gerenciais que ele pregava na cultura do Walmart, na observância atenta dos custos, em sua insistência incansável no aprimoramento contínuo, e em seu hábito de ficar em contato com os consumidores e os associados. Era prática comum de Walton conduzir gritos de guerra quando participava de reuniões anuais dos acionistas, visitava lojas, participava de reuniões de gestores e de eventos da empresa. Seu favorito era o grito de guerra do Walmart:

Me dá um W!
Me dá um A!
Me dá um L!
Me dá um rebolado! [Aqui todos jogavam o corpo para o lado.]
Me dá um M!
Me dá um A!
Me dá um R!
Me dá um T!
O que formamos?
Walmart!
De quem é o Walmart?
Meu Walmart!
Quem é o número um?
O cliente! Sempre!

Em 2008, o grito de guerra do Walmart ainda era uma parte essencial de sua cultura e era usada em toda a empresa em reuniões entre colaboradores, gestores de lojas, e nas reuniões corporativas em Bentonville para "criar uma atmosfera vibrante enquanto se trabalha", descontrair, injetar diversão e entusiasmo e iniciar as sessões de forma estimulante. Embora a saudação parecesse batida aos que vinham de fora, quando eles estavam presentes percebiam sua força e significado cultural. E muito do legado cultural de Sam Walton permanecia intato em 2008, especialmente entre aqueles que tomavam as principais decisões da empresa e os gestores antigos. Como um articulista da *Fortune* expressou:

Passe tempo suficiente dentro da empresa – onde nada sustenta uma opinião melhor do que uma citação da escritura de Sam Walton – e é fácil ter a impressão de que o fundador está orquestrando sua criação do além.[31]

AS TRÊS CRENÇAS BÁSICAS ESSENCIAIS À CULTURA DO WALMART EM 2008   A alta gestão do Walmart enfatizava três crenças básicas que Sam Walton pregava desde 1962:[32]

1. *Respeito pelo indivíduo*. Os gestores repetiam constantemente que pessoas dedicadas, trabalhadoras e comuns que formassem uma equipe e se tratassem com respeito e dignidade podiam realizar coisas extraordinárias. Em toda a literatura da empresa, encontra-se comentários referentes à "preocupação (da empresa) com o indivíduo". Expressões como "nosso pessoal faz a diferença", "nós nos importamos com as pessoas" e "pessoas ajudando pessoas" eram usadas repetidamente pelos executivos e pelos gestores de loja do Walmart para criar e cultivar uma atmosfera orientada para a família entre os associados.

2. *Atender aos nossos clientes*. A alta gestão sempre enfatizou que a empresa não era nada sem os clientes. Para satisfazer os clientes e fazê-los retornar sempre à loja, a alta gestão enfatizava que a empresa tinha de oferecer mercadoria de qualidade aos preços mais baixos e que fizesse isso oferecendo o melhor atendimento possível ao cliente. Os clientes precisavam confiar no conceito do Walmart e tinham sempre de encontrar os preços mais baixos com o melhor atendimento possível. Um dos mantras padrão que o Walmart pregava a todos os associados dizia que o cliente era o número 1 e que o cliente mandava. Os associados em lojas eram incentivados a observar a "regra dos 30 cm".

3. *Lutar pela excelência*. O conceito de lutar pela excelência vinha da convicção de Sam Walton de que os preços raramente eram tão baixos quanto eles precisariam que fossem e que a qualidade do produto raramente era tão alta quanto os clientes mereciam e esperavam. A tese no Walmart era que novas ideias e metas ambiciosas faziam a empresa ir além e tentar mais – o processo de encontrar maneiras novas e inovadoras de ampliar os limites e aprimorar-se constantemente fazia a empresa melhorar no que fazia e contribuía para a maior satisfação do cliente. Os gestores de todos os níveis do Walmart dedicavam muito tem-

po e esforço para motivar os associados a oferecer ideias de aprimoramento e para atuarem como parceiros. Era reiterado que todo custo era importante e que todo trabalhador tinha a responsabilidade de se envolver.

A cultura do Walmart tinha raízes profundas em suas instalações em Bentonville e espelhava as dez regras de Sam Walton para construir um negócio – veja o Quadro 4. Os vários jornalistas e executivos que estiveram em Bentonville e passaram muito tempo nos escritórios corporativos do Walmart relataram ter ficado impressionados com a amplitude, a profundidade e o poder penetrante da cultura da empresa. Jack Welch, ex-diretor da General Electric e um forte construtor de cultura, notou que "o lugar vibrava" com energia cultural. Havia pouca evidência de que a cultura em Bentonville estivesse mais fraca em 2008 do que fora 17 anos antes, quando Sam Walton liderou pessoalmente a construção da cultura da empresa, esforçando-se por cultivar a cultura e infundindo a dedicação incomparável à simplicidade, tirando cada centavo dos custos e passando a economia para os clientes na forma de preços baixos. Não só havia esforços incansáveis para atingir economia de custo no *design* do produto, em material, na embalagem, na mão de obra, nos transportes, na construção da loja e em suas operações, mas os associados do Walmart, inclusive os executivos, também voavam de classe econômica, dividiam quartos de hotel e esvaziavam seu próprio lixo. O conceito era expresso dessa forma: "Se podemos nos privar de algo para economizar, fazemos isso. É fundamental em nossa cultura repassar nossa economia. Todo centavo que economizamos é um centavo nos bolsos de nossos clientes."[33] Mas em 2008, um novo traço cultural era evidente na sede em Bentonville: o elemento "Viver Melhor" da nova declaração da missão da empresa estava se tornando um valor essencial e uma parte integral de sua cultura e das práticas operacionais. Embora economizar dinheiro ainda fosse o valor dominante e um traço cultural generalizado, muito da energia e esforço na sede estava sendo dedicado à modificação das prioridades do Walmart e na condução dos negócios da empresa de uma maneira que produzisse resultados para o lema "Viver Melhor".

Mas os executivos da empresa estavam sempre enfrentando o desafio de instilar uma cultura vibrante, vigorosa e dedicada como a de Bentonville nos centros de distribuição e na maioria das lojas de especialidades. As taxas de rotatividade dos colaboradores nas lojas Walmart subiram, chegando a 40% de 2002 a 2008, e atingiram 70% em 1999, quando a economia estava crescendo e o mercado de trabalho estava firme. Essas taxas de rotatividade em uma força de trabalho que tinha 2,1 milhões de colaboradores em 2008, somada a aumentos líquidos na força de trabalho de cerca de 120 mil associados por ano, tornou a tarefa de manter uma cultura profundamente engrenada, direcionada para valores, algo monumental – de fato, nenhuma outra empresa em toda a história empresarial se confrontou com o fato de ter que doutrinar culturalmente tantos novos colaboradores em tantos locais em um espaço de tempo relativamente tão curto. Embora os centros de distribuição do Walmart tivessem rotatividade mais baixa e menos colaboradores novos anualmente para serem treinados e absorverem a cultura da empresa, em comparação às lojas de varejo, a cultura do Walmart era muito menos arraigada em seus centros de distribuição do que em Bentonville. E os traços culturais tão evidentes em Bentonville eram partilhados por relativamente poucos associados nas lojas de varejo do Walmart, em parte ou até principalmente porque muitos associados de loja preferiam não fazer carreira na empresa.

Solicitar ideias aos associados

Os associados de todos os níveis devem ser parte integrante do processo de aprimoramento da empresa. Geralmente, os gestores das lojas Walmart passavam parte do dia visitando a loja, verificando como as coisas estavam indo em cada departamento, ouvindo os associados, pedindo sugestões e discutindo como os aprimoramentos poderiam ser feitos, e elogiando os associados que faziam um bom trabalho. Com frequência perguntavam aos associados o que era preciso melhorar em seus departamentos e o que poderia ser mudado para melhorar as operações da loja. Os associados que acreditavam que uma política ou procedimento desvirtuava as operações eram encorajados a questioná-la e mudá-la. Forças-tarefa para avaliar ideias e planejar futuras ações para implementá-las eram comuns, e não era raro que a pessoa que teve a ideia fosse apontada como líder do grupo.

Ouvir os colaboradores era uma parte muito importante da função de cada gestor. Todos os altos executivos do Walmart acreditavam no "gestão in loco" (*management by walking around*, MBWA); eles visitavam as lojas, centros de distribuição e instalações de

Quadro 4

Regras de Sam Walton para criar um negócio

Regra 1: Comprometa-se com seu negócio. Acredite nele mais do que qualquer pessoa. Superei cada uma das minhas deficiências com a paixão que sempre investi no meu trabalho. Não sei se essa paixão é algo inato ou possível de aprender, só sei que é preciso ter essa paixão. Se você gosta do seu trabalho, você estará lá todos os dias e dará o melhor de si. Logo, todos ao seu redor ficarão contagiados com seu entusiasmo.

Regra 2: Compartilhe seus lucros com todos os seus associados e trate-os como parceiros. Assim, eles também o tratarão como parceiro e, juntos, se empenharão além das expectativas. Continue como uma corporação e mantenha o controle se quiser, mas comporte-se como um líder servil em uma parceria. Incentive os associados a ter participação na empresa. Ofereça ações a preços mais baixos, e conceda a eles ações para sua aposentadoria. Esta foi a melhor coisa que já fizemos.

Regra 3: Motive seus parceiros. Dinheiro e participação societária sozinhos não são suficientes. Pense constantemente, pense em maneiras novas e mais interessantes de motivar e desafiar seus parceiros. Estabeleça metas altas, estimule a competição e conte os pontos. Faça apostas com recompensas escandalosamente altas. Se as coisas ficarem insípidas, faça a polinização cruzada; faça os gestores mudarem de função com outros para se manterem desafiados. Mantenha todos na expectativa de qual será o próximo truque. Não seja muito previsível.

Regra 4: Comunique tudo o que puder aos seus parceiros. Quanto mais souberem, mais compreenderão, e quanto mais entenderem, mais se importarão. Quanto mais eles se importarem, nada os deterá. Se você não confia nos seus associados, eles saberão que você não os considera realmente parceiros. A informação é poder, e o ganho que você tem ao transferir poder a seus associados mais do que compensa o risco de informar seus concorrentes.

Regra 5: Reconheça o que os associados fizerem pelo seu negócio. Um cheque até compra um certo tipo de lealdade, mas todos gostamos de ouvir o quanto alguém reconhece o que fazemos. Gostamos de ouvir isso com frequência, principalmente quando fizemos algo que nos deixou realmente orgulhosos. Nada substitui algumas palavras escolhidas, oportunas e sinceras. São gratuitas – mas valem uma fortuna.

Regra 6: Comemore seus sucessos. Divirta-se com seus fracassos. Não se leve tão a sério. Relaxe e todos a sua volta relaxarão. Divirta-se. Mostre entusiasmo – sempre. Quando tudo falhar, coloque uma roupa diferente e cante uma música boba. Então faça todos cantarem com você. Não dance a *hula* em Wall Street. Isto já foi feito. Invente sua própria performance. Tudo isso é mais importante e divertido do que você imagina e realmente enganará a concorrência. "Por que deveríamos levar aqueles bobos do Walmart tão a sério?"

Regra 7: Ouça a todos com atenção. Descubra maneiras de fazê-los falar. As pessoas na linha de frente – que realmente interagem com o cliente – são as únicas que sabem o que se passa lá fora. É melhor descobrir o que elas sabem. É isso que é qualidade total. Para atribuir responsabilidades em todos os níveis da empresa e conseguir que as boas ideias aflorem, você precisa ouvir o que seus associados estão tentando lhe dizer.

Regra 8: Exceda as expectativas dos seus clientes. Se você o fizer, eles sempre voltarão. Dê a eles o que querem – e mais um pouco. Faça-os saber que são importantes para você. Corrija todos os seus erros, não arranje pretextos – peça desculpas. Assuma tudo o que você fez. As duas palavras mais importantes que já escrevi estão naquele cartaz do Walmart: "satisfação garantida". Elas ainda estão lá e fizeram toda a diferença.

Regra 9: Controle suas despesas melhor do que a concorrência. É aí que você sempre pode achar uma vantagem competitiva. Por 25 anos – muito antes de o Walmart ser conhecido como a maior rede varejista da nação – fomos os primeiros em nosso setor pela relação mais baixa de despesas sobre vendas. Você pode cometer uma porção de erros e ainda recuperar-se se gerenciar de um modo eficiente. Ou você pode ser brilhante e ainda assim falir se for ineficiente.

Regra 10: Nade contra a correnteza. Nade para o lado contrário. Ignore o convencional. Se todos estiverem fazendo de um jeito, há uma boa chance de você conseguir encontrar seu nicho na direção oposta. Mas esteja preparado para ouvir todos te dizendo que está na direção errada. Acho que durante todos esses anos o que ouvi com mais frequência foi: uma cidade de menos de 50 mil habitantes não pode suportar uma loja de descontos por muito tempo.

Fonte: www.walmartstores.com (acessado em 19 de dezembro de 2005).

apoio regularmente, para ficarem inteirados do que estava acontecendo e para ouvir o que os colaboradores tinham a dizer sobre como as coisas estavam indo. Os gestores veteranos na sede do Walmart em Bentonville acreditavam que visitar as lojas e ouvir os associados era um tempo bem gasto porque várias das melhores ideias da empresa vieram de associados do Walmart – colocar pessoas na entrada da loja para cumprimentar as pessoas foi uma dessas ideias.

Remuneração e benefícios

Em 2007, a remuneração média por hora de associados regulares do Walmart trabalhando nos Estados Unidos em tempo integral era de US$ 10,83, mais do que os US$ 9,68 por hora em 2005 (o valor mínimo estabelecido por hora aumentou de US$ 5,15 para US$ 5,85 a partir de 24 de julho de 2007; a legislação existente exigia que o mínimo por hora aumentasse para US$ 6,55 a partir de 24 de julho de 2008 e para US$ 7,25 a partir de 24 de julho de 2009). O pagamento médio exercido pelo Walmart era mais alto em certas áreas urbanas; por exemplo, as remunerações médias por hora em Chicago eram de US$ 11,18; em Atlanta, US$ 11,27 e em Boston, US$ 11,98.[34] Em geral, os vendedores da loja eram os que ganhavam menos; os trabalhadores que descarregavam os caminhões e estocavam as prateleiras das lojas podiam ganhar entre US$ 25 mil e US$ 50 mil por ano. Os cargos em meio período no Walmart eram mais comuns entre os vendedores e os caixas nas lojas onde o movimento de clientes variava muito nos dias de semana e em meses do ano. Novos associados horistas nos Estados Unidos ganhavam entre US$ 1 e US$ 6 acima do valor mínimo por hora, dependendo do tipo de cargo, e podiam receber um aumento no primeiro ano, em uma ou ambas as avaliações semestrais. Normalmente, pelo menos um aumento era garantido no primeiro ano, se o Walmart planejasse manter o colaborador. O outro aumento dependia do bom trabalho do associado e de seu progresso durante o ano. Além disso, todo associado de loja tinha direito a receber bonificações com base no desempenho de sua loja, e todo associado horista com 20 anos ou mais de serviço ganhava uma semana extra de pagamento – no ano fiscal de 2008, o Walmart concedeu mais de US$ 636 milhões em bonificações por desempenho para seus colaboradores horistas nos Estados Unidos. Nas lojas, somente o gestor e o assistente eram assalariados; todos os outros associados, inclusive os gestores de departamento, eram considerados colaboradores horistas. Os gestores de loja em geral tinham rendas na casa de seis dígitos.

A maioria dos associados horistas do Walmart nos Estados Unidos trabalhava em tempo integral – na maioria dos varejistas dos Estados Unidos, a porcentagem de colaboradores que trabalhavam em tempo integral variava entre 20 e 40%.

APRIMORANDO OS BENEFÍCIOS COM ASSISTÊNCIA

Em 2005, cerca de 48% dos associados do Walmart nos Estados Unidos optaram pelo plano de assistência médica (comparado a uma média de 72% para todo o setor de varejo). Muitos associados não assinaram o plano de cobertura de saúde porque outro integrante da família já tinha um plano de assistência médica em seu emprego. Novos associados em tempo integral ou meio período tinham direito aos benefícios de assistência médica após seis meses de carência e um ano de exclusão para as doenças pre-existentes. Os prêmios dos trabalhadores para cobertura eram desde US$ 11 por mês para indivíduos e 30 centavos por dia para os filhos (não importa quantos filhos o associado tivesse). Havia vários planos que os trabalhadores podiam escolher; em geral, quanto mais baixo fosse o prêmio, maior a dedução anual. Não havia limite máximo de tempo de vida para a maioria das despesas (um benefício oferecido por menos de 50% dos empregadores). O pacote de benefícios de saúde cobria 100% da maioria das despesas médicas acima de US$ 1.750 que o colaborador tinha de pagar, e não envolvia limite de tempo de vida para cobertura de custos médicos (outro benefício oferecido por menos de 50% dos empregadores).[35] Os benefícios da empresa em 2005 também incluíam plano dentário, cobertura para incapacidade em curto e longo prazo, plano de proteção a doença e seguro contra acidentes de viagem. Mas para ajudar a controlar seus custos com saúde para os associados, o plano de saúde do Walmart não pagava por gripes, exames oftalmológicos, vacinas, serviços quiropráticos e certos tratamentos permitidos nos planos de muitas empresas. Além disso, não pagava qualquer custo de assistência médica para os aposentados.

No entanto, durante 2004 e 2006, críticos atacaram a oferta de assistência médica do Walmart alegando que a cobertura era mais escassa do que a oferecida por muitos empregadores e que um número muito pequeno de colaboradores do Walmart tinha direito à cobertura. Por exemplo, até 2005, o plano de saúde do Walmart não cobria custos de vacinas das crianças e os colaboradores contratados para trabalhar por meio período tinham de esperar dois anos para ter direito à cobertura (a cobertura da família não era oferecida para os colaboradores que trabalhavam meio período). De acordo com dados de 2005, cerca de 5% dos associados do Walmart eram atendidos no Medicaid, comparados com uma média de 4% entre os colaboradores de outros empregadores nacionais; além disso, 27% dos filhos dos associados estavam em tais programas, comparados a uma média nacional de 22%. No total, 46% dos filhos dos associados não tinham seguro ou eram atendidos pelo Medicaid.[36]

O Walmart reconheceu que seus críticos faziam observações válidas a respeito das falhas da oferta de seguro-saúde da empresa. A partir de janeiro de 2006, começou a oferecer seguro-saúde para mais de 1 milhão de seu 1,7 milhão de associados com até 18 planos diferentes. Em 2008, outros aprimoramentos foram feitos nos benefícios de assistência médica da empresa. Cada associado que trabalhava nos Estados Unidos podia ter direito a cobertura individual por US$ 5 por mês em algumas áreas e US$ 8 por mês em todo o país; os colaboradores em tempo integral tinham direito à cobertura após seis meses, e o período de carência de dois anos para os associados em meio período foi reduzido para um ano. Assim que um associado tinha direito aos benefícios, seu cônjuge e filhos também ganhavam o direito. Os associados tinham mais de 50 maneiras de customizar sua cobertura com saúde. No plano de US$ 5 por mês, o Walmart dava a cada colaborador ou família uma concessão de US$ 100 a US$ 500 para arcar com despesas com saúde, além de um plano de US$ 8 por mês que incluía um crédito de US$ 100 para assistência médica e uma quantia dedutível de US$ 2 mil antes da cobertura da despesa médica ser efetivada. Ainda em outro plano, um associado pagava prêmios de até US$ 79 por mês, recebia um crédito de assistência médica de US$ 100 e pagava uma quantia dedutível de US$ 500. Na maioria das opções, a empresa pagava 80% das despesas médicas elegíveis incorridas após o montante dedutível ser reembolsado; contudo, uma vez que as despesas médicas pagas pelo associado chegassem a US$ 5 mil, os planos pagavam 100% das despesas elegíveis. Cerca de 2.400 medicamentos genéricos eram disponibilizados por US$ 4; medicamentos de marcas custavam de US$ 30 a US$ 50. Não havia tempo máximo de vida útil para a maioria das despesas com saúde.

OUTROS BENEFÍCIOS O pacote de benefícios do Walmart para os colaboradores em tempo integral (e alguns colaboradores que trabalhavam meio-período) também incluía o seguinte:

- Férias e tempo livre.
- Feriados pagos.
- Licença paga em casos de convocação para se apresentar na Justiça.
- Falta por doença e luto.
- Convocação militar.
- Licença maternidade/paternidade.
- Serviços de aconselhamento para associados e seus familiares.
- Descontos em creche para associados com filhos (por meio de quatro provedores nacionais).
- Reembolso educacional/bolsas de estudo para associados e seus esposos.
- Descontos de 10% em mercadorias, frutas frescas, legumes, verduras e óculos comprados no Walmart Vision Center (os associados do Sam's Club recebiam um cartão de sócio gratuitamente. No ano fiscal de 2008, o Walmart contribuiu com US$ 420 milhões em mercadorias com descontos para associados que ganhavam por hora e familiares).

DIVISÃO DE LUCROS E PLANOS DE APOSENTADORIA

O Walmart mantinha um plano de divisão de lucro para os associados em tempo integral e parcial (nos Estados Unidos); os indivíduos tinham direito a isso após um ano na empresa e mil horas de serviço. As contribuições anuais ao plano eram vinculadas à lucratividade da empresa e eram feitas à discrição do gestor e do conselho administrativo. Os colaboradores podiam contribuir com até 15% de seus ganhos para suas contas 401(k). A contribuição do Walmart para as contas de divisão de lucro de cada associado podia ser resgatada à taxa de 20% por ano, a partir do terceiro ano de participação do plano. Depois de sete anos essa contribuição podia ser resgatada integralmente; no entanto, se o associado saísse da empresa antes desse período, as parcelas não resgatadas eram redistribuídas a todos os colaboradores remanescentes.

O plano era totalmente patrocinado pelo Walmart e a maioria das contribuições para a divisão de lucros era investida em ações ordinárias. Em anos recentes, a contribuição da empresa para a divisão de lucro e para o plano 401(k) foi em média de 4% de um pagamento elegível pelo associado nos Estados Unidos, e as contribuições totais somaram US$ 945 milhões no ano fiscal de 2008, US$ 890 milhões no ano fiscal de 2007, e US$ 827 milhões no ano fiscal de 2006. As contribuições do Walmart para os planos de divisão de lucros e aposentadoria de associados estrangeiros totalizaram US$ 267 milhões no ano fiscal de 2008, US$ 274 milhões no ano fiscal de 2007 e US$ 244 milhões no ano fiscal de 2006. Os associados podiam começar as retiradas de sua conta ao se aposentarem ou por incapacidade, e o saldo era pago aos familiares após a morte do associado.

COMPRA DE AÇÕES E PLANOS DE OPÇÃO DE COMPRA DE AÇÕES   Um plano de compra de ações foi adotado em 1972, para permitir que colaboradores elegíveis tivessem um meio de comprar ações ordinárias por meio de dedução em folha de pagamento ou com uma contribuição anual única. Antes de 1990, o máximo por ano nesse programa era US$ 1.500 por colaborador elegível; a partir de 1990, o máximo aumentou para US$ 1.800 ao ano. A empresa contribuía com uma quantia igual a 15% da contribuição de cada participante associado. Os colaboradores com mais tempo de empresa que começaram a participar nos primeiros anos do programa acumularam ações correspondentes a um valor acima de US$ 100 mil. Cerca de 25% dos colaboradores do Walmart participou do plano de compra de ações em 1993, mas essa porcentagem caiu desde então, e muitos colaboradores novos optaram por não participar. No ano fiscal de 2008, o Walmart contribuiu com US$ 50,1 milhões para a compra de ações de cerca de 764 mil associados.

Além das compras de ações regulares, certos colaboradores se qualificavam para participar em planos de opção de compra de ações; as opções expiravam dez anos após da data de concessão e podiam ser resgatadas em nove parcelas anuais. A compensação baseada em ações de executivos e associados totalizava US$ 276 milhões no ano fiscal de 2008 e US$ 271 milhões no ano fiscal de 2007.

CUSTOS DE BENEFÍCIOS GERAIS   No ano fiscal de 2005, o Walmart gastou US$ 4,2 bilhões em benefícios para seus associados (o que correspondeu a 1,9% das receitas), comparados aos US$ 2,8 bilhões gastos em 2002 (1,5% das receitas). As despesas com benefícios da empresa estavam crescendo 15% ao ano devido a uma combinação de fatores: o crescimento da força de trabalho, o aumento da idade e do tempo médio dos associados na empresa e as tendências de alta nos custos com benefícios, principalmente assistência médica. A direção e o conselho administrativo estavam procurando estratégias para conter a alta de custos do pacote de benefícios da empresa, ao mesmo tempo em que preservavam a satisfação do colaborador com o pacote e evitavam ataques dos críticos. Pesquisas recentes dos associados indicavam a satisfação geral com o atual pacote de benefícios (embora isso variasse por benefício e região onde o associado trabalhava), mas havia oposição aos montantes mais altos dedutíveis. É interessante notar que os colaboradores menos saudáveis e menos produtivos tendiam a ser os mais satisfeitos com seus benefícios e expressavam interesse em carreiras mais longas no Walmart.

Treinamento

A direção da empresa estava comprometida em fornecer a todos os associados recursos modernos de treinamento e desenvolvimento para ajudá-los a atingir suas metas de carreira. A empresa tinha várias ferramentas de treinamento, inclusive cursos em sala de aula, aprendizado por computador, aprendizado a distância, *sites* intranet corporativos, programas monitorados, transmissões por satélite e avaliações de habilidades. Em novembro de 1985, o Walton Institute of Retailing foi aberto, afiliado à University of Arkansas. Em um ano esperava-se que todos os gestores das lojas Walmart, as instalações de distribuição e o escritório geral participassem de programas especiais no Walton Institute para fortalecer e desenvolver as competências gerenciais da empresa.

TREINAMENTO GERENCIAL   Os gestores de loja eram contratados de três maneiras. Os associados que trabalhavam por hora podiam passar para gestor de departamento, depois gestor de caixas e finalmente gestor de loja – mais de 65% dos gestores do Walmart começaram como associados horistas. Uma segunda maneira era contratar pessoas que se destacavam por suas habilidades comerciais em outras empresas do varejo. A terceira forma era recrutar universitários recém-formados para entrar no programa de treinamento da empresa. Os *trainees* de gestor de loja passavam por um programa de treinamento intensivo de quase 20 semanas e então recebiam a responsabilidade por uma área da loja. Os *trainees* que progrediam satisfatoriamente e mostravam liderança e conhecimento do cargo eram promovidos a gestores assistentes, e recebiam mais treinamento em vários aspectos do varejo e operações de loja. Dado o contínuo crescimento das lojas, os *trainees* acima da média podiam ser promovidos a gestores de loja em cinco anos. Com as bonificações por aumentos nas vendas acima das quantias projetadas e com a opção de comprar ações da empresa, os gestores de loja com melhor desempenho tinham salários na casa de seis dígitos por ano.

TREINAMENTO DO ASSOCIADO O Walmart não fornecia um curso de treinamento especializado para seus associados horistas. Ao ser contratado, um associado era colocado imediatamente em uma posição para treinamento no emprego. De tempos em tempos, filmes de treinamento eram mostrados em reuniões de associados. Os gestores de loja e gestores de departamento deviam treinar e supervisionar os associados a eles subordinados de todas as formas necessárias. Como declarou um associado: "A maior parte você aprende fazendo. Eles explicam muito; mas você aprende todos os dias, trabalhando."

Programas especiais asseguravam que a empresa tivesse mulheres e minorias bem preparadas para posições gerenciais. Se os encarregados pelas contratações não alcançassem suas metas de diversidade individual, suas bonificações eram cortadas em 15%.

As reuniões no Walmart: o momento de tomar decisões rápidas

A empresa usava as reuniões tanto como mecanismo de comunicação quanto como um exercício de construção de sua cultura. Alguns gestores tinham várias reuniões programadas com associados de loja diariamente. Em Bentonville, havia reuniões às quintas-feiras à tarde para tratar das operações de loja, reuniões gerenciais às sextas de manhã, reuniões de *merchandising* às sextas à tarde e reuniões nas manhãs de sábado para tratar de vários assuntos. A maioria das reuniões começava e terminava com o grito de guerra do Walmart.

REUNIÕES DOS CENTROS DE DISTRIBUIÇÃO E DAS LOJAS Cada loja tinha reuniões de quinze minutos durante a troca de turno quando um novo grupo de caixas, estoquistas e supervisores chegava. Os gestores revisavam os números das vendas do dia anterior, fazendo questão de destacar (1) os *displays* que estavam funcionando e aqueles que precisavam de atenção e (2) produtos que estavam vendendo muito bem e aqueles cujas vendas estavam lentas.[37] Um gestor assistente de departamento que relatava grandes vendas de determinados itens recebia costumeiramente aplausos e saudações em reconhecimento. Os associados quase sempre pediam sugestões sobre como estimular as vendas e aprimorar a experiência de compra dos clientes. Eles percebiam rapidamente que uma chave para o progresso no Walmart era contribuir com ideias e sugestões nessas reuniões (e em conversas com seu gestor de departamento e quando os gestores de loja e seus assistentes estavam fazendo visitas pela loja). Boas ideias e sugestões eram colocadas imediatamente em prática e o associado responsável pela sugestão devia comandar a implementação quando esta envolvia algo que ele ou ela podia empreender. Quando adequado, os gestores de loja passavam as melhores ideias e sugestões para os vice-presidentes regionais (VPs) responsáveis por cerca de 100 lojas e que visitavam cada uma seis vezes ao ano. O gestor regional decidia quais ideias e sugestões originadas nas lojas deveriam levar para uma das reuniões semanais em Bentonville.

O mesmo tipo de ciclos de reuniões e solicitação de ideias dos associados ocorria nos mais de 100 centros de distribuição do Walmart, na divisão do Sam's Club e nas lojas Walmart nos países fora dos Estados Unidos.

AS REUNIÕES EM BENTONVILLE A reunião das operações de loja às quintas-feiras à tarde, com a presença de cerca de 70 pessoas, lidava com as práticas para operar bem as lojas. Os participantes permaneciam de pé – uma tática para impedir que a reunião se arrastasse, obrigando as pessoas a manifestarem seus pontos de vista com rapidez; os tópicos iam do gerenciamento de estoques a questões de contratação de colaboradores, passando pelo planejamento do imóvel de uma nova loja.[38] As reuniões semanais começavam às 7h00 da manhã na sexta e envolviam as 200 pessoas com mais responsabilidade na empresa; os de fora não podiam participar, uma vez que discussões acaloradas e debates envolviam questões competitivas e estratégicas delicadas.[39] Em ambas as reuniões, o compartilhamento de informações e as discussões que se seguiam levavam a decisões sobre as ações necessárias; muito raramente as questões eram deixadas em aberto para serem mais debatidas e resolvidas na próxima reunião.

A reunião semanal de *merchandising** às sextas-feiras era feita em uma sessão à tarde, de uma hora e meia, com cerca de 300 pessoas – os compradores, o pessoal de *merchandising* do Walmart que trabalhava em Bentonville e os vice-presidentes regionais que dirigiam as operações, visitavam as lojas da empresa e que com frequência faziam visitas às lojas de seus dois maiores concorrentes, o Kmart e o Target. A reunião de *merchandising* tinha duas finalidades: (1) dar aos compradores uma noção direta do que vendia e do que não vendia bem nas lojas e por que, e (2) dar aos VPs regionais uma forma de tomar as medidas imediatas para resolver questões de *merchandising* em suas lojas.[40] Dedicava-se um tempo considerável aos erros de *merchandising* – ter produtos demais (o que gerava remarcações) e não ter itens procurados para vender. Também era normal que os VPs regionais relatassem que alguns preços de determinados itens no Walmart estavam mais altos do que preços de itens equivalentes no Kmart ou no Target, assim como também relatavam quando o Walmart não tinha um produto que estava sendo muito procurado. Em uma ocasião, um VP regional relatou que uma loja do Kmart recém-visitada por ele estava vendendo uma toalha para revestir o tampo da mesa e um jogo de fichas para pôquer por US$ 9,99 que estava muito mais em conta do que um item comparável vendido pelo Walmart – ele então tirou o jogo da sacola do Kmart e mostrou-o para o grupo.[41] O gestor de divisão de *merchandising* do Walmart respondeu dizendo: "Temos um jogo para pôquer muito mais bonito em nossas lojas, mas eu vou verificar com nossas fontes e lhe darei um retorno". A discussão passou para outra VP regional reclamando de uma série de itens de cama e mesa em falta nas suas lojas. Então o gestor regional de *merchandising* relatou ao grupo que tinha encomendado os jogos para pôquer vendidos no Kmart e que eles estariam nos caminhões do Walmart para serem entregues nas lojas na semana seguinte – os participantes vibraram. David Glass, ex-diretor do Walmart, lembrou o que acontecia nessas reuniões, durante sua gestão:

> No varejo, havia sempre uma confrontação tradicional, direta, entre as operações e o *merchandising*. Você sabe, os caras das operações dizem: "Por que alguém compraria isto? É uma porcaria e eu nunca o venderei". Então o pessoal do *merchandising* dizia: "Não há nada de errado neste item. Se vocês forem espertos para expor o produto de maneira adequada e fizerem uma boa promoção, ele vai estourar." Então nos sentávamos toda sexta em volta da mesma mesa e começava tudo de novo.
>
> Nós nos envolvíamos nos "arranca-rabos" mais violentos que você já viu. Mas tínhamos uma regra. Nunca deixávamos um item pendente. Tomávamos uma decisão naquela reunião mesmo que estivesse errada, e às vezes estava. Mas quando as pessoas saíam daquela sala, seria muito difícil descobrir quem eram os defensores e quem eram os opositores de uma ideia. E uma vez tomada uma decisão na sexta, esperávamos que fosse cumprida em todas as lojas no sábado. O que procurávamos evitar era que as pessoas dissessem: "Vamos pensar". Tomávamos uma decisão. Então a cumpríamos.[42]

Logo depois de encerradas as reuniões de sexta, as "prioridades eram estabelecidas e os compradores e VPs regionais recebiam um *e-mail* descrevendo uma série de incumbências a serem completadas até o final do dia".[43]

As reuniões aos sábados de manhã, um ritual no Walmart desde 1961, eram realizadas 52 semanas por ano, às 7h00 da manhã em ponto. Os executivos no comando e até 600 outras pessoas (inclusive parentes do pessoal do Walmart que participavam da reunião e convidados VIP especiais que poderiam ser uma celebridade com um papel no programa) reuniam-se em um auditório sem palco, com 400 cadeiras e uma cafeteria, para uma sessão de duas horas e meia que era uma combinação de comício político, programa de entrevistas, relatório financeiro, fórum da prefeitura, sessão de pequenas reclamações, troca de ideias, atualização de negócios, lição de *merchandising*, reunião para tomada de decisões e palestra motivacional.[44] A pauta de cada semana era deliberadamente programada para ser interessante e importante o suficiente para fazer os participantes quererem estar lá apesar do horário. Normalmente, a reunião começava com o diretor H. Lee Scott ou os convidados de honra comandando o grito de guerra do Walmart, enquanto os participantes, de pé, batiam palmas e participavam com entusiasmo. A parte empresarial da reunião apresentava como as coisas estavam indo, o que podia incluir uma nova iniciativa da empresa, uma revisão das vendas da semana, ideias e sugestões que nasceram nas lojas e centros de distribuição, novos lançamentos de produtos e promoções especiais, construção e

---

* N. de R.T.: O termo *merchandising* neste caso pode ser traduzido por comercialização.

aberturas de lojas e centros de distribuição, transportes, atividades da cadeia de suprimento e outros. Os dirigentes descreviam a natureza e a finalidade das reuniões de sábado como segue:

> Criadas com um tom imprevisível e a intenção de entreter além de informar, as reuniões de sábado pela manhã informavam a todos o que o resto da empresa estava fazendo.
>
> A pauta mudava constantemente, para que cada reunião tivesse algo de espontâneo. Às vezes trazíamos associados do campo para Bentonville a fim de elogiá-los na frente de todos. Em algumas manhãs, um associado pode ser ovacionado de pé ao receber um prêmio pelos serviços prestados por 20 anos.
>
> Em um dado sábado, podemos trazer convidados especiais para promover lançamentos de produto ou apenas compartilhar ideias. Tivemos diretores de outras das 500 empresas listadas pela *Fortune*, músicos, atores, jornalistas, autores, atletas, políticos e personagens infantis... Esse tipo de imprevisibilidade mantém as coisas interessantes.
>
> Mas além de dar boas notícias, ter convidados especiais para se apresentarem e divertir os participantes, usamos esse tempo para avaliar nossos negócios. Analisamos o que poderia ser melhor e incentivamos sugestões sobre como corrigir essas fraquezas. Se a solução for óbvia, podemos pedir mudanças imediatas e executá-las durante o final de semana, enquanto quase todos no varejo estão de folga.
>
> A reunião é onde discutimos e debatemos o conceito e a estratégia gerencial. É o ponto focal de nossos esforços de comunicação, onde trocamos ideias. Vemos o que nossa concorrência está fazendo bem e procuramos maneiras de obter um sucesso maior que eles em nosso próprio negócio. Com frequência, é o lugar onde decidimos tentar coisas que parecem inatingíveis, e em vez de descartar essas ideias, tentamos imaginar como fazê-las funcionar.
>
> As reuniões aos sábados de manhã continuam sendo o coração de nossa cultura.

Como nas reuniões de *merchandising* às sextas, as decisões sobre as ações necessárias eram tomadas nas reuniões do sábado de manhã. De acordo com o ex-diretor David Glass, "A regra prática ditava que até perto de meio-dia todos queríamos as correções feitas nas lojas. Meio-dia daquele sábado".[45]

As reuniões de loja e as reuniões de quinta, sexta e sábado em Bentonville, com as visitas em campo de gestores do Walmart, criavam uma forte tendência para a ação. Um repórter da revista *Fortune* observou: "Os gestores sugam informações de segunda a quinta, trocam ideias na sexta e no sábado e implementam as decisões nas lojas na segunda-feira".[46]

Campanha da sustentabilidade ambiental da Walmart

Em 2008, o Walmart estava se destacando como a varejista mais "verde" do mundo e um modelo de como as empresas poderiam promover a sustentabilidade ambiental conduzindo seus negócios de maneira que respeitasse o ambiente. O compromisso com o ambiente no Walmart era um resultado dos esforços de H. Lee Scott para combater a imagem ruim que a imprensa estava formando da empresa em 2004-2005. Em junho de 2004, Scott teve uma reunião informal com duas autoridades da Conservação Internacional que ele conhecera recentemente, e com outro indivíduo ligado a questões ambientais; todos os três alegaram que o Walmart podia aprimorar sua imagem, motivar os colaboradores e economizar dinheiro se respeitasse o ambiente. Scott ficou intrigado. Logo depois, ele decidiu contratar a Conservação Internacional para medir o impacto ambiental do Walmart. Rapidamente, a Conservação Internacional apontou maneiras de o Walmart cortar resíduos, reduzir embalagens excessivas e aprimorar a eficiência da energia – e economizar dezenas de milhões de dólares no processo. Outra empresa de consultoria influente que defendia práticas de preservação ambiental foi consultada para estudar como o Walmart poderia obter mais eficiência de energia na sua frota de caminhões. Uma vez que essas medidas ambientais tinham a promessa de reduzir os custos operacionais – Scott e outros executivos começaram a puxar ideias que respeitassem o meio ambiente de várias fontes, inclusive de advogados ambientais, fornecedores, autoridades fiscalizadoras e outras empresas amigas do ambiente como a Starbucks, a Patagonia e a Whole Foods.[47] Em poucos meses, o Walmart reuniu-se com os fornecedores, grupos ambientais e autoridades fiscalizadoras para compartilhar ideias, estabelecer metas e monitorar o progresso. Al Gore foi convidado a falar na reunião de sábado de manhã, seguindo a exibição de seu filme *An inconvenient truth (Uma verdade inconveniente)*; segundo o pensamento de Gore, não precisava haver conflito entre o ambiente e a economia.[48]

Em um período de 12 a 24 meses, Scott chegou à conclusão de que o Walmart deveria ser um contribuinte engajado, que fizesse a diferença na sustentabilidade ambiental. Ele declarou a um repórter da *Fortune*:

> Para mim, não há nada de bom em colocar todos esses produtos químicos no ar. Não há nada de bom na fumaça que se vê nas cidades. Não há nada de bom nos produtos químicos depositados nos rios em países do Terceiro Mundo para que alguém possa comprar alguma coisa mais barata em um país desenvolvido. Essas coisas são erradas, seja você ambientalista ou não.
>
> Alguns dizem que essa ideia é estranha ao que Sam Walton acreditava... O que as pessoas esquecem é que não havia ninguém mais disposto a mudar. Sam Walton fez o que era certo para sua época. Sam adorava a natureza. E ele adorava a ideia de construir uma empresa que durasse. Acho que Sam Walton, de fato, apoiaria os esforços do Walmart de aprimorar a qualidade de vida de nossos clientes e nossos associados fazendo o que precisamos fazer em sustentabilidade.[49]

Em outubro de 2005, Scott deu uma palestra intitulada "Liderança no século XXI", em que se comprometia a fazer com que o Walmart alcançasse três objetivos no longo prazo:

1. Ser 100% abastecido por energia renovável.
2. Eliminar o desperdício.
3. Vender produtos que sustentem os recursos naturais e o ambiente.

Em uma palestra transmitida para todas as instalações do Walmart, em novembro de 2005, Scott anunciou que a empresa perseguiria três objetivos específicos no curto prazo:

- Aumentar a eficiência de sua frota de caminhões em 25% dentro de três anos e em 100% dentro de 10 anos.
- Reduzir 25% dos resíduos sólidos gerados nas lojas norte-americanas dentro de três anos.
- Reduzir 30% da energia utilizada nas lojas.

Scott também disse que a empresa investiria US$ 500 milhões em projetos de sustentabilidade. Um vice-presidente sênior de sustentabilidade foi indicado para comandar e supervisionar as estratégias de sustentabilidade ambiental do Walmart. Vários críticos – líderes sindicais, extremistas ambientais e elites ideológicas – ficaram impressionados. O Walmart Watch fundado pelo sindicato rotulou a iniciativa ambiental do Walmart como uma "campanha verde para lavar os preços altos".[50]

Mas a decisão de Scott era irrevogável. O que começou como uma estratégia defensiva logo se tornou uma cruzada. Perseguir maneiras de economizar era um ponto forte da empresa. E o Walmart era perito em conseguir que os fornecedores trabalhassem de modo a atender aos interesses da empresa no longo prazo. O pessoal da empresa recebeu rapidamente e com entusiasmo a ideia de defender o ambiente, e surgiram ideias de como o Walmart poderia fazer a causa da sustentabilidade ambiental florescer e se enraizar em toda a empresa. Os compradores do Walmart, que já estavam reagindo a um interesse crescente de comprar produtos orgânicos, começaram efetivamente a estabelecer contratos para comprar de produtores de alimentos orgânicos. Em muitos casos, o Walmart fazia questão de comprar produtos orgânicos cultivados na região, o que disponibilizava produtos mais frescos, reduzia os custos de transporte e fornecia aos produtores locais um mercado para suas colheitas. Em fevereiro de 2006, o Walmart anunciou que nos próximos três a cinco anos compraria todos os seus frutos do mar de peixarias que tivessem o certificado de sustentabilidade da Marine Stewardship Council, uma empresa independente sem fins lucrativos.

Depois que o comprador de roupas femininas do Sam's Club pediu 190 mil peças de roupa para ioga feitos de algodão orgânico, os quais foram rapidamente vendidos em dez semanas, os compradores visitaram fazendas produtoras de algodão orgânico, aprenderam os benefícios ambientais do algodão cultivado dessa forma e começaram a comprar uma série de produtos para o Walmart e o Sam's Club, apesar de seu custo mais alto.[51] No começo de 2007, o Walmart era o maior cliente do setor de algodão orgânico, usando mais de 8 milhões de toneladas métricas; a empresa se comprometeu verbalmente em comprar algodão orgânico por pelo menos cinco anos, dando aos produtores a segurança de um mercado para suas lavouras.

O Walmart começou a trabalhar com os fornecedores para explorar meios de cortar custos com embalagem, promover a reciclagem e estimular a eficiência de energia. H. Lee Scott falou pessoalmente com o diretor da General Electric sobre a supereficiente iluminação LED para as lojas Walmart e sobre uma campanha para promover lâmpadas fluorescentes compactas, assim como conversou com o diretor da Kimberly-Clark para comprimir papel higiênico e toalhas de papel em pacotes a fim de economizar embalagem e com o diretor da PepsiCo sobre um concurso para reciclar garrafas de plástico de Aquafina e outras bebidas da PepsiCo e com os diretores da Procter & Gamble e Unilever sobre como vender concentrado para lavar roupas em garrafas de plástico menores. Em todos esses casos, Scott indicou que o Walmart empregaria seus esforços para ganhar a aceitação cada vez maior do consumidor vendendo os produtos ecológicos. Os esforços de Scott compensaram. Em maio de 2008, todos os concentrados para lavar roupas vendidos no Walmart vinham em embalagens menores. Também em 2008, o Walmart estava vendendo pacotes de seis megarrolos de papel higiênico que continham a mesma quantidade que um pacote comum com 24 unidades – vender duas vezes mais pacotes de papel higiênico permitiu ao Walmart expedir duas vezes mais produtos em seus caminhões, eliminar 89,5 milhões de rolos de papelão, eliminar por volta de 1,5 tonelada de embalagem plástica e reduzir o consumo de diesel em cerca de 204 mil litros.

Em 2007 e 2008, a campanha de sustentabilidade ambiental do Walmart se tornou mais abrangente. Isto se refletiu em uma declaração do *site* da empresa: "Nossa meta é nos tornarmos uma empresa melhor examinando cada faceta de nossos negócios – desde produtos que oferecemos até a energia que usamos – com as lentes da sustentabilidade."[52] Dezoito iniciativas de sustentabilidade ambiental foram lançadas, incluindo aquelas relacionadas à redução de gases poluentes, combustíveis alternativos, a proteção do hábitat de animais selvagens, o uso intensivo de produtos químicos, agricultura e cultivo de frutos do mar sustentáveis, sacos reutilizáveis e roupas ecológicas. Em novembro de 2007, o Walmart emitiu um relatório abrangente detalhando suas iniciativas de sustentabilidade e os resultados atingidos.

O futuro do Walmart

Sam Walton planejou o desenvolvimento e a rápida ascensão do Walmart à frente do setor de varejo – as lojas de descontos e os Sam's Clubs foram iniciativas estratégicas dirigidas por ele. O executivo indicado como seu sucessor, David Glass, dirigiu a iniciativa muito bem-sucedida dos *supercenters* e mercados no varejo, e presidiu o crescimento da empresa, transformando-se no maior empreendimento de varejo do mundo; o formato de loja "Mercado de Vizinhança" também surgiu durante sua gestão como diretor. H.Lee Scott, o terceiro diretor do Walmart, enfrentou o desafio de sustentar o crescimento da empresa, globalizar suas operações, continuar o processo no longo prazo de saturar o mercado norte-americano com *supercenters*, supervisionar as operações comerciais cada vez maiores do Walmart e, mais recentemente, imaginar como combater os esforços dos críticos e adversários da empresa para retratar o Walmart como um vilão corporativo.

Em 2008, Scott tinha razão em acreditar que seu plano de transformação estava produzindo os resultados desejados. Sem dúvida, o moral da empresa estava melhor, em parte devido aos esforços do Walmart em adotar práticas de negócio melhores para o ambiente, o que motivou os colaboradores, desencadeou um surto de pensamentos inovadores e fez com que os associados se sentissem bem em suas funções e na empresa. Houve uma queda notável nos ataques ao Walmart em 2004-2006. O tempo diria se as iniciativas de transformação de Scott recuperariam o brilho da imagem da empresa, estimulariam suas receitas de vendas e reduziriam a resistência da comunidade à abertura de novos *supercenters*.

Mas o Walmart estava começando a lutar de novo. Contratou uma empresa de relações públicas que colocou um *staff* de sete profissionais em Bentonville para ajudar a equipe de relações públicas do Walmart a divulgar a história da empresa e responder em questão de horas a qualquer nova crítica.[53] Desde meados de 2004, Lee Scott fez nove entrevistas na TV, se reuniu com conselhos de jornais como o *The Wall Street Journal* e o *Washington Post*, foi entrevistado por inúmeros jornais e fez palestras para empresários e líderes comunitários em Chicago, Los Angeles, Istambul e Paris. A empresa estava lutando para construir relações com delegações do congresso, governadores, prefeitos, líderes comunitários e ativistas em locais-chave. Fez anúncios em mais de cem jornais, e criou um *site* (http://www.walmartfacts.com) para ajudar a registrar corretamente o que o Walmart fez e não fez.

O Walmart recebeu publicidade na mídia após o furacão Katrina, quando sua ajuda com alimentos, suprimentos e dinheiro foi elogiada por ser mais rápida do que os esforços do governo norte-americano; a empresa também doou US$ 15 milhões para ajudar nos trabalhos de recuperação após o desastre. Além disso, havia um interesse crescente por parte dos pesquisadores acadêmicos para saber se o Walmart tinha um efeito negativo ou positivo na economia. Um economista da New York University respondeu que uma loja Walmart que estava sendo aberta em Glendale, Arizona, recebeu 8 mil candidatos a 525 vagas de emprego. Um economista da University of Missouri, em um artigo publicado na prestigiosa *Review of Economics and Statistics*, constatou que a entrada de uma loja Walmart aumentava a oferta de trabalho no varejo de um país em 100 empregos no primeiro ano, e com o tempo levava à eliminação de 50 empregos em varejistas menos eficientes. Estudos também mostraram que novas empresas se instalavam rapidamente ao lado de lojas Walmart; as novas e antigas lojas ao longo das vias que levavam a um Walmart tendiam a prosperar devido ao intenso fluxo de carros

Mas a caminho de 2009, continuavam a aparecer histórias na mídia que criticavam as práticas operacionais do Walmart e da empresa em geral. Não estava claro se as iniciativas para transformar a empresa estavam dando os resultados desejados na opinião pública e se o crescimento e a lucratividade do Walmart seriam afetados adversamente por sua crítica e adversários.

No entanto, a estagnação econômica que começou em 2008 seguida pela crise financeira global e por uma recessão econômica que durou até o segundo trimestre de 2008, resultou em aumentos significativos no movimento e nas compras dos clientes nas lojas Walmart. Muitos consumidores – já sentindo o aperto das forças recessionárias ou preocupados com as perspectivas de serem demitidos – estavam fazendo compras no Walmart com mais frequência, e as vendas médias por cliente eram superiores aos níveis do ano anterior, em parte devido à queda acentuada nos preços da gasolina em setembro/novembro de 2008, o que tornou uma viagem até o Walmart mais barata e dava aos consumidores mais poder de compra. As vendas nas lojas Walmart abertas pelo menos um ano antes subiram 3,4% no período de 43 semanas encerrado em 28 de novembro de 2008 (*versus* apenas 1,4% para o mesmo período em 2007). Os executivos da empresa acreditavam que em tempos econômicos difíceis o Walmart era o melhor para se economizar.

Notas finais

[1] Apresentação aos participantes da reunião anual dos acionistas do Walmart em 6 de junho de 2008; os comentários de Scott foram postados na seção de notícias em <http://www.walmart.com> (acessado em 9 de junho de 2008).

[2] Comentários de H. Lee Scott na reunião dos acionistas em 2008.

[3] "Wal-Mart Live Better Index Shows Improvement in Acceptance of Green Products", Datamonitor NewsWire, 22 de abril de 2008, <http://www.walmart.com> (acessado em 10 de junho de 2008).

[4] Kevin Haslett, "Unions Wage Vicious, Misguided War on Wal-Mart", 19 de dezembro de 2005, <http://www.bloomberg.com> (acessado em 20 de dezembro de 2005).

[5] <http://www.walmart.com> (acessado em 20 de dezembro de 2005).

[6] Citado em Lorrie Grant, "Retail Giant Wal-Mart Faces Challenges on Many Fronts", USA Today, 11 de novembro de 2003, p. B2.

[7] Anthony Bianco e Wendy Zellner, "Is Wal-Mart Too Powerful?" BusinessWeek, 6 de outubro de 2003, p. 103.

[8] Ibid.

[9] Ibid, p. 108.

[10] Ann Zimmerman, "After Huge Raid on Illegals, Wal-Mart Fires back at U.S.", The Wall Street Journal, 19 de dezembro de 2003, p. A1, A10.

[11] Bianco e Zellner, "Is Wal-Mart Too Powerful?:" p. 104, 106.

[12] San Francisco Bay Guardian 40, n. 8 (23-29 de novembro de 2005), <http://www.sfbg.com> (acessado em 20 de dezembro de 2005).

[13] Citado em Marc Gunter, "The Green Machine", Fortune, 7 de agosto, 2006, p. 48.

[14] Citado em "Can Wal-Mart Fit into a White Hat?" BusinessWeek, 3 de outubro de 2005, p. 94.

[15] Jerry Useem, "One Nation Under Walmart", Fortune, March 3, 2003, p. 66.

[16] Business Planning Solutions, Global Insight Advisory Services Division, "The Price Impact of Wal-Mart: An Update Through 2006", 4 de setembro de 2007, <http://www.livebetterindex.com> (acessado em 11 de junho de 2008).

[17] Ver Jerry Hausman e Ephraim Leibtag, "Consumer Benefits from Increased Competition in Shopping Outlets: Measuring the Effect of Wal-Mart", trabalho apresentado em Economic Impact Research Conference: An In-Depht Look at Wal-Mart and Society, realizada em Washington, D.C. em 4 de novembro de 2005.

[18] Citado em Useem, "One Nation Under Wal-Mart", p. 68.

[19] Citado em Bill Saporito, "What Sam Walton Taught America", Fortune, May 4, 1992, p. 105.

[20] John Helyar, "The Only Company Wal-Mart Fears", Fortune, November 24, 2003, p. 158-166.

[21] Citado na revista Fortune, January 30, 1989, p. 53.

[22] Citado em Useem, "One Nation Under Wal-Mart", p. 68.

[23] Cannondale Associates, "2005 PowerRanking Results", press release, 2 de novembro de 2005, <http://www.cannondaleassoc.com> (acessado em 15 de dezembro de 2005).

[24] Citado em Useem, "One Nation Under Wal-Mart", p. 74.

[25] Ibid.

[26] Ibid.

[27] Citado em "Wal-Mart Way", Information Week, 27 de setembro de 2004.
[28] Paul Lightfoot, "Wal-Martification", Operations and Fulfillment, 1º de junho de 2003, <http://www.opsandfulfillment.com>.
[29] Sam Walton, com John Huey, Sam Walton: Made in America (New York: Doubleday, 1992), p. 12.
[30] Ibid., p. 10, 12, 47, 63, 115, 128, 135, 140, 213, 226-229, 233, 246, 249-254 e 256.
[31] Useem, "One Nation Under Wal-Mart", p. 72.
[32] Informação postada em <http://www.walmartstores.com> (acessado em 18 de junho de 2008).
[33] Citação tirada da seção sobre Walmart Culture, <http://www.walmart-stores.com> (acessado em 19 de dezembro de 2005).
[34] Informação postada em <http://www.walmartstores-com> (acessada em 10 de junho de 2008).
[35] Bernard Wysocki e Ann Zimmerman, "Wal-Mart Cost-Cutting Finds Big Target in Health Benefits", *The Wall Street Journal*, 30 de setembro de 2003, p. A1, A16.
[36] Baseado em memorando interno de Susan Chambers para o conselho administrativo do Walmart que vazou para os Walmart Watch e foi postada em <http://www.walmartwatch.com> (acessado em 20 de dezembro de 2005).
[37] Brent Schlender, "Wal-Mart's $288 Billion Meeting", *Fortune*, April 18, 2005, p. 102.
[38] Ibid.
[39] Ibid.
[40] Ibid.
[41] Ibid.
[42] Walton com Huey, *Sam Walton*, p. 225-26.
[43] Schlender, "Wal-Mart's $288 Billion Meeting", p. 102, 104.
[44] Ibid.
[45] Ibid.
[46] Saporito, "What Sam Walton Taught America", p. 105.
[47] Gunter, "The Green Machine", p. 48.
[48] Ibid., p. 44.
[49] Ibid.
[50] Ibid., p. 45.
[51] Ibid., p. 54.
[52] Informação postada em <http://www.walmart.com> (acessada em 18 de agosto de 2008).
[53] Robert Berner, "Can Wal-Mart Fit into a White Hat?" *Business Week*, 3 de outubro de 2005, p. 94.

Caso 5

Countrywide Financial Corporation e a polêmica da hipoteca *subprime*

Ronald W. Eastbun
Case Western Reserve University

Angelo Mozilo, fundador e presidente da Country Financial Corporation, foi a força propulsora da iniciativa da empresa de se tornar a maior geradora de hipotecas imobiliárias nos Estados Unidos e, de acordo com alguns, foi também a força propulsora do colapso da empresa. Em 1969, Mozilo e o sócio, David Loeb, fundaram a Countrywide em Nova York, com a intenção estratégica de criar uma financiadora de crédito hipotecário em todo o país. A empresa abriu uma agência na Califórnia em 1974 e, por volta de 1980, tinha 40 agências em oito Estados. Mozilo e Loeb lançaram uma subsidiária em 1981 especializada na venda de títulos lastreados por hipotecas (MBS, do inglês *Mortgage-Backed Securities*).[1] A produção anual de empréstimos da empresa passou de US$ 1 bilhão em 1985 e começou a crescer a taxas anuais acentuadas, aproveitando a bolha do mercado imobiliário nos Estados Unidos que começou em 1994 e terminou em 2006. O maior número de empréstimos concedidos pela empresa ocorreu quando Loeb faleceu, em 2003; houve mais de 2,5 milhões de hipotecas naquele ano. A Countrywide Financial Corporation originou mais de 2,2 milhões de empréstimos totalizando US$ 408 bilhões em 2006. Em 2007, a empresa tinha 66 agências em 48 estados e, em julho de 2008, foi adquirida pelo Bank of America (BofA) por US$ 4 bilhões em uma transação exclusiva de ações. O valor de mercado da empresa alcançou US$ 24 bilhões em 2006, mas caiu rapidamente em 2007 quando ficou evidente que muitas das hipotecas da Countrywide feitas durante o rápido crescimento habitacional apresentavam risco muito alto e provavelmente resultariam em inadimplência.

Os problemas com o portfólio de empréstimos da Countrywide e as práticas de concessão de empréstimos eram evidentes para a direção do BofA mesmo antes da aquisição ser realizada, e por isso o BofA investiu mais de US$ 2 bilhões na Countrywide, ganhando uma participação de 16% na empresa em agosto de 2007, a fim de estabilizar seu balanço patrimonial, pois a financiadora de crédito imobiliário estava em situação difícil. Logo depois da aquisição, a direção do BofA concordou em fazer um acordo de US$ 8,7 bilhões com um grupo de promotores do estado sobre as práticas predatórias de empréstimos da Countrywide Financial Corporation (CFC). O BofA permitiu que Mozilo deixasse a direção da empresa e, em junho de 2009, a Securities and Exchange Commission (SEC) acusou Mozilo e dois outros executivos no comando da CFC de representação fraudulenta de crédito e pelo risco inerente de mercado no portfólio de empréstimos da CFC.

A investigação das práticas de negócio da Countrywide revelou como o mercado imobiliário, apoiado pelas decisões legislativas federais e reguladoras, estimulava o ambiente que resultou no colapso da Fannie Mae, da Freddie Mac, de importantes instituições bancárias, de empresas de investimentos da Wall Street e de corretoras hipotecárias. A crise financeira de 2008 teve como base as hipotecas *subprime*, títulos lastreados por hipotecas e a atividade dos mercados de capitais, e como a maior financiadora de crédito hipotecário da nação, a CFC contribuiu significativamente para o fim desastroso das hipotecas *subprime*. Como a crise de crédito e financeira continuava em 2009, os executivos do BofA precisavam assegurar que as práticas de concessão de empréstimos de todas as suas subsidiárias promovessem a compra da casa própria de maneira a atender aos interesses dos mutuários, dos investidores no mercado hipotecário secundário e dos próprios interesses financeiros de longo prazo da empresa.

Copyright © 2010 por Ronald W. Eastburn. Todos os direitos reservados.

História da concessão de crédito hipotecário nos Estados Unidos

Antes da Grande Depressão, os instrumentos de hipoteca para financiar a casa própria nos Estados Unidos costumavam ser de curto prazo (3-10 anos), e representavam cerca de 60% do valor do imóvel financiado. Os empréstimos na época não eram amortizados e exigiam um pagamento final de quitação da dívida na data de vencimento da hipoteca. As hipotecas estavam disponíveis a uma base limitada de clientes, e 40% da população dos Estados Unidos tinha casa própria. Muitas dessas hipotecas de curto prazo resultaram em inadimplência durante a Grande Depressão, quando os mutuários não conseguiram fazer os pagamentos regulares ou não encontraram novo financiamento para efetuar os pagamentos finais de quitação devidos.

O governo dos Estados Unidos interveio no mercado imobiliário em 1932 com a criação do Federal Home Loan Bank (FHLB). O FHLB fornecia empréstimo de curto prazo para instituições financeiras (basicamente poupança e empréstimo) para criarem fundos adicionais para as hipotecas imobiliárias. O Congresso aprovou a National Housing Act (Lei Nacional de Habitação) de 1934 para promover a aquisição da casa própria, fornecendo um sistema de empréstimos assegurados que protegia os bancos empresadores contra o não pagamento dos mutuários. O programa de seguro hipotecário estabelecido pela National Housing Act e administrado pela Federal Housing Administration (FHA) reembolsava as financiadoras por perdas associadas à execução de uma hipoteca em até 80% do valor avaliado do imóvel. Com a redução do risco associado à inadimplência dos empréstimos hipotecários lastreados pela FHA, as financiadoras estenderam as condições de crédito hipotecário para 20 anos, com 80% do imóvel financiado.

Em 1938, a Federal National Mortgage Association (FNMA, Associação Hipotecária Federal Nacional) foi designada como o órgão governamental que facilitaria o mercado secundário para hipotecas emitidas segundo as diretrizes do programa da FHA. A FNMA permitia que os empresadores privados concedessem um número maior de empréstimos FHA uma vez que os empréstimos podiam ser vendidos no mercado secundário e não precisavam ser mantidos durante a sua vigência. Novos empréstimos podiam ser gerados cada vez que o empresador vendesse grandes lotes de empréstimos a investidores no mercado secundário. A FNMA também comprava hipotecas convencionais dos empresadores. Os empréstimos convencionais, ao contrário das hipotecas FHA, não eram garantidos nem assegurados pelo governo federal. Em 1968, a FNMA foi reconstituída como Fannie Mae e se tornou uma empresa patrocinada pelo governo, negociada publicamente. Essa iniciativa permitia que a atividade financeira da Fannie Mae fosse excluída do orçamento federal norte-americano e que esta transferisse seu portfólio de hipotecas FHA asseguradas para uma corporação totalmente estatal, a Government National Mortgage Association (Ginnie Mae). O portfólio de empréstimos convencionais da Fannie Mae foi mantido em seu balanço patrimonial.

Em 1970, a Federal Home Loan Mortgage Corporation (Freedie Mac, Sociedade Federal Hipotecária de Crédito Habitacional) foi constituída como empresa patrocinada pelo governo e operada de maneira semelhante à Fannie Mae (embora suas ações não fossem negociadas até 1989). A Freddie Mac reuniu os empréstimos convencionais e criou títulos lastreados por hipotecas (MBSs) que eram vendidos como ações do pool de empréstimos aos investidores. Os juros desses títulos ficavam entre as obrigações do tesouro dos Estados Unidos e as empresas AAA, refletindo seu baixo risco. O desenvolvimento de MBS expandiu muito o mercado secundário de empréstimos hipotecários uma vez que os investidores podiam comprar ações de um portfólio de empréstimos em vez de comprar todo um portfólio de empréstimos intactos.

O valor da Freddie Mac e da Fannie Mae para o mercado de capitais estava relacionado à garantia implícita do governo norte-americano de sua dívida e obrigações MBS. Seu documento de constituição federal exigia que elas apoiassem o mercado secundário para hipotecas residenciais, provessem recursos hipotecários para famílias de renda baixa a moderada e considerassem a distribuição geográfica dos recursos hipotecários, inclusive o financiamento hipotecário para setores geográficos pouco atendidos. Um benefício complementar do produto MBS exigia a padronização nacional de procedimentos de subscrição: avaliações, histórico de crédito do solicitante de empréstimo e diretrizes para determinar a competência financeira dos solicitantes para pagar as obrigações devidas. Isto fornecia a base para o crescimento real no mercado hipotecário. Este era estimulado também pelo programa de empréstimo VA, que oferecia entrada zero e taxas baixas de juros aos veteranos.

Os criadores do empréstimo hipotecário

Antes de 1980, a grande maioria de empréstimos hipotecários residenciais era feita por instituições de crédito e poupança (S&Ls). Essas instituições concediam, atendiam (recebiam pagamentos e gerenciavam contas de depósito para o pagamento de seguro e impostos sobre propriedades), e mantinham os empréstimos em seus próprios portfólios. As S&Ls usavam os juros ganhos de seus portfólios de hipotecas imobiliárias de 30 anos com taxas fixas para pagar os juros aos portadores de contas-poupança — o rendimento entre os juros ganhos sobre as hipotecas e os juros pagos sobre as poupanças permitiu que as S&Ls tivessem lucros consistentes durante décadas. O modelo de negócio usado pelas S&L falhou quando o Federal Reserve começou a aumentar as taxas no curto prazo no final da década de 1970 para combater as pressões inflacionárias, e os juros pagos sobre as contas poupança agora estavam sendo maiores que aqueles ganhos sobre as hipotecas com juros baixos concedidas nas décadas de 1960 e início de 1970. A curva invertida de rendimento gerou o fracasso das S&Ls em todo o país, o que levou o governo a emitir títulos sob os auspícios da Resolution Trust Corporation (RTC).

A crise das S&L também levou à separação do negócio hipotecário. A concessão de hipotecas e de empréstimos tornaram-se funções separadas, o que empurrou a maioria das novas concessões de crédito imobiliário para o mercado secundário como MBSs ou como obrigações de dívida com colateral (CDOs). A competência das instituições financiadoras em vender hipotecas registradas recentemente como MBS e manter seus balanços patrimoniais separados de grandes portfólios de empréstimos permitia que o número de concessões de hipotecas aumentasse de 7 mil em 1987 para quase 53 mil em 2006. Os maiores concedentes de empréstimos hipotecários e suas participações relativas em 2007 são apresentados no Quadro 1.

A expansão da posse de casa própria e o sonho americano

A partir dos anos 1970, grupos de ativistas sociais começaram a apontar para dados estatísticos que indicavam que as financiadoras e a FHA discriminavam sistematicamente consumidores de grupos minoritários que moravam em locais de baixa renda (uma prática chamada *redlining*). Esses ativistas mobilizaram o Congresso dos Estados Unidos e a Administração Carter para promulgar a Community Reinvestment Act (CRA, Lei de Reinvestimento Comunitário) e a Home Mortgage Disclosure Act (HMDA, Lei de Divulgação de Hipoteca Habitacional), para remediar injustiças sociais na habitação e em empréstimos. Em parte, essas leis exigiam que instituições financeiras fornecessem maior suporte para áreas de baixa renda e fossem mais transparentes a respeito das condições hipotecárias.

As financiadoras que discriminavam a população de baixa renda defenderam suas práticas apontando para o risco adicional ao conceder crédito para aqueles com rendas mais baixas, com históricos de instabilidade de emprego, alto índice de endividamento em relação à renda, ou recursos inadequados para saldar dívidas. Instituída em 1980, a Depository Institution Deregulation and Monetary Control Act (Lei de Controle Monetário e Desregulamentação da Instituição Depositária) tratou de tais preocupações eliminando taxas adicionais de juros e permitindo que as financiadoras cobrassem taxas mais altas ou taxas *subprime* dos tomadores de empréstimos que representassem maior risco. Já em 1981, a

Quadro 1

Concessões e participações de mercados para as maiores financiadoras de créditos hipotecários nos Estados Unidos, 2007 (quantias em bilhões de dólares)

CLASSIFICAÇÃO	CONCEDENTE	CONCESSÕES EM 2007	PARTICIPAÇÃO DE MERCADO
1	Countrywide	$ 408	15,5%
2	CitiMortgage	272	10,3
3	Wells Fargo Mortgage	210	7,9
4	Chase Mortgage	198	7,5
5	Bank of America	190	7,2
	Outros	1.278	48,6
	Total	$ 2.628	100%

Fonte: Como estimado pela Countrywide Financial Corporation em seu Relatório 10-K de 2007.

Housing and Community Development Act (Lei de Desenvolvimento Comunitário e Habitacional) criou metas para os emprestadores que atendiam aos solicitantes de baixa renda e permitiu que os tomadores de FHA com registros insatisfatórios de crédito obtivessem empréstimos hipotecários com LTVs de 90 a 95%. Em 1995, a Administração Clinton expandiu altos empréstimos *subprime* LTV sob a CRA para expandir a posse de casa própria aos americanos que não se qualificassem para empréstimos hipotecários, usando-se os critérios convencionais de subscrição.

O mercado da hipoteca residencial nos Estados Unidos nos anos 2000

Os efeitos dos 60 anos de legislação federal que promoveram a posse da casa própria permitiram que quase 70% dos norte-americanos tivessem casa até 2004. O valor das novas concessões de empréstimo, que correspondia a US$ 733 bilhões em 1994, teve uma alta sem precedentes, indo para US$ 3,12 trilhões em 2005, com grandes picos nos valores de concessão de empréstimo ocorrendo em 2001 e 2003, antes de caírem em 2004. As concessões de hipotecas caíram novamente em 2006 para US$ 2,98 trilhões. O Quadro 2 apresenta o valor das concessões totais de hipotecas nos Estados Unidos e a porcentagem de concessões hipotecárias à taxa *subprime* e *prime* para 1994-2006. Um gráfico representando a porcentagem de famílias americanas com casa própria para os anos de 1944 até 2007 é apresentado no Quadro 3.

O mercado hipotecário *subprime*

Em geral, uma hipoteca *subprime* era classificada como um empréstimo hipotecário a um tomador com uma baixa classificação de crédito, que podia dar uma entrada pequena, ou com um alto índice de endividamento. Em 1994 o mercado *subprime* nos Estados Unidos era de aproximadamente US$ 40 bilhões e representava cerca de 6% do total dos empréstimos hipotecários gerados. O mercado de hipotecas *subprime* cresceu rapidamente e por volta de 2005 atingiu 37,6% do total de hipotecas concedidas.

No cerne do crescimento do mercado *subprime* estavam os padrões mais relaxados de subscrição. À medida que o apetite por MBS cresceu em Wall Street, os corretores de hipotecas ampliaram suas vendas líquidas ao diminuir o rigor na documentação exigida e aceitando históricos de crédito limitado ou de ausência de crédito. Muitos empréstimos eram fornecidos como "empréstimos de renda declarada", pelos quais o tomador do empréstimo não precisava comprovar renda (tais empréstimos tornaram-se conhecidos entre os subscritores de hipotecas como "empréstimos mentirosos"). Os pro-

Quadro 2

Valor das concessões de hipotecas residenciais nos Estados Unidos e porcentagem das concessões de hipotecas à taxa *Subprime* e *Prime*, 1994-2006 (quantias em bilhões de dólares)

ANO	TOTAL DAS CONCESSÕES NOS ESTADOS UNIDOS	CONCESSÕES DE HIPOTECA PRIME (PERCENTUAL DO TOTAL)	CONCESSÕES DE HIPOTECA SUBPRIME (PERCENTUAL DO TOTAL)
1994	$ 773	94,0%	6,0%
1995	639	86,9	13,1
1996	785	83,2	16,8
1997	859	78,3	21,7
1998	1.450	84,0	15,0
1999	1.310	83,2	16,8
2000	1.048	81,5	18,5
2001	2.215	87,9	12,1
2002	2.885	88,4	11,6
2003	3.945	86,5	13,5
2004	2.920	68,1	31,9
2005	3.120	62,4	37,6
2006	2.980	63,7	36,3

Fonte: O relatório estatístico anual do mercado de hipotecas em 2007, *Inside Mortgage Finance*.

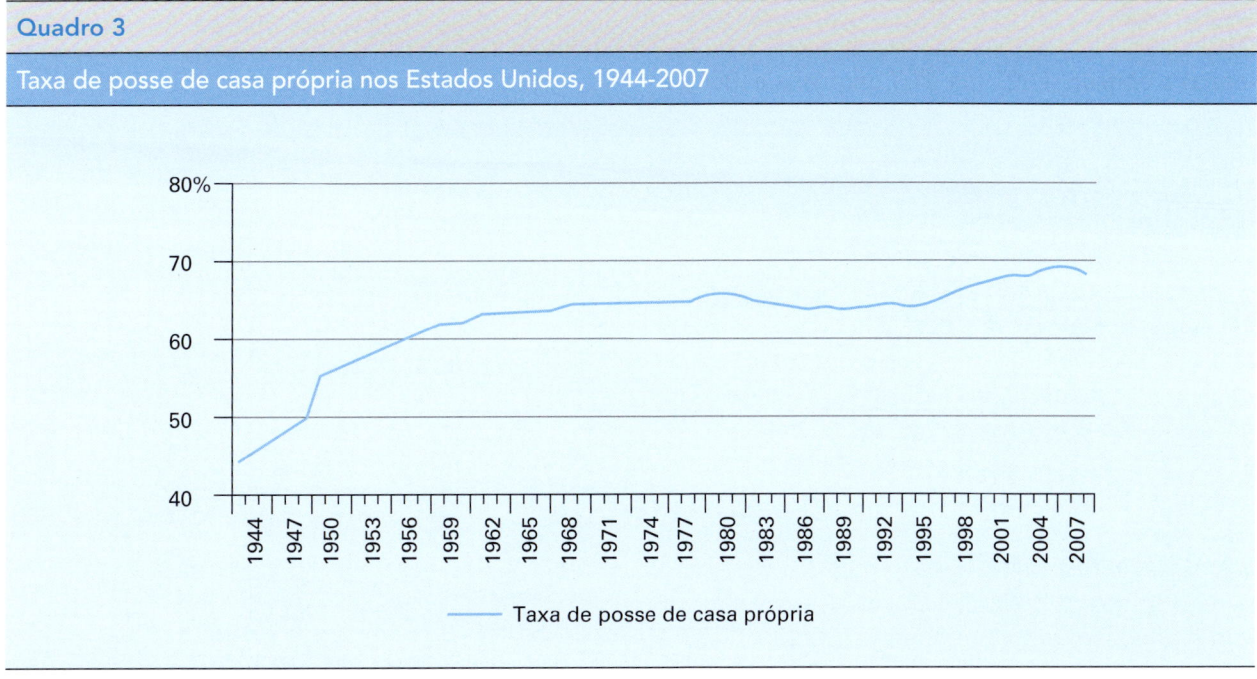

Quadro 3
Taxa de posse de casa própria nos Estados Unidos, 1944-2007

Fonte: Dados do U.S. Census, 2007.

dutos mais procurados pelos consumidores tendiam a ser ARMs – Adjustable Rate Montage (Taxas Flexíveis de Hipoteca), que com frequência incluíam taxas iniciais abaixo do mercado. Taxas "atraentes" abaixo do mercado permitiam um parcela mensal baixa nos primeiros anos de empréstimo, que eram ajustadas de acordo com as taxas de mercado. Alguns investidores imobiliários e proprietários aproveitaram essas taxas para entrar em uma casa e passar a propriedade para a frente antes do reajuste. Mesmo que os proprietários não comprassem uma casa com a intenção de vendê-la e ter lucro, a rápida valorização imobiliária durante o início e meados dos anos 2000 permitiu que proprietários vendessem suas casas com vantagens e se livrassem das altas parcelas hipotecárias sem grande dificuldade. No entanto, com a desaceleração do mercado habitacional, os excessos do mercado hipotecário *subprime* foram expostos com o consequente aumento nos atrasos de pagamento, inadimplências e execuções hipotecárias. De fato, em março de 2007, a Mortgage Bankers Association relatou que 13% dos tomadores de empréstimos à taxa *subprime* efetuavam seus pagamentos com 60 dias ou mais de atraso.

A bolha habitacional em meados de 2000

A expansão da posse da casa própria aumentou a demanda por casas novas já construídas e forçou a alta dos preços, criando uma bolha habitacional a partir de 1994, com pico em 2006. Neste ano, os valores habitacionais aumentaram em média 16% sobre o ano anterior. Além da oportunidade de lucrar rapidamente com a compra e venda de casas, a rápida valorização dos preços permitiu a muitos proprietários refinanciar ou obter empréstimos para fazer reformas ou aprimoramentos, comprar automóveis, ou fazer outras aquisições.

A bolha habitacional estourou em 2007 quando a economia norte-americana começou a enfraquecer e a queda na demanda pela habitação fez os preços das casas despencar. Com o fim da valorização dos imóveis, muitos consumidores viram suas propriedades submergirem (uma posição patrimonial negativa causada quando o saldo hipotecário é maior do que o valor justo de mercado da propriedade). Esses proprietários que perderam seus empregos ou renda durante a recessão ou que viram os pagamentos de suas hipotecas com taxas ajustáveis subir enfrentaram a execução hipotecária uma vez que não tinham esperança de vender sua casa a um preço suficientemente alto para saldar sua dívida hipotecária. Em 2007, estimava-se que de 10 a 14% de todos os imóveis residenciais com uma única família nos Estados Unidos, independentemente de quando foram comprados, tivessem valor patrimonial negativo, o que correspondia a uma entre sete casas habitadas por uma só família.[2] O Quadro 4 apresenta um gráfico dos acrés-

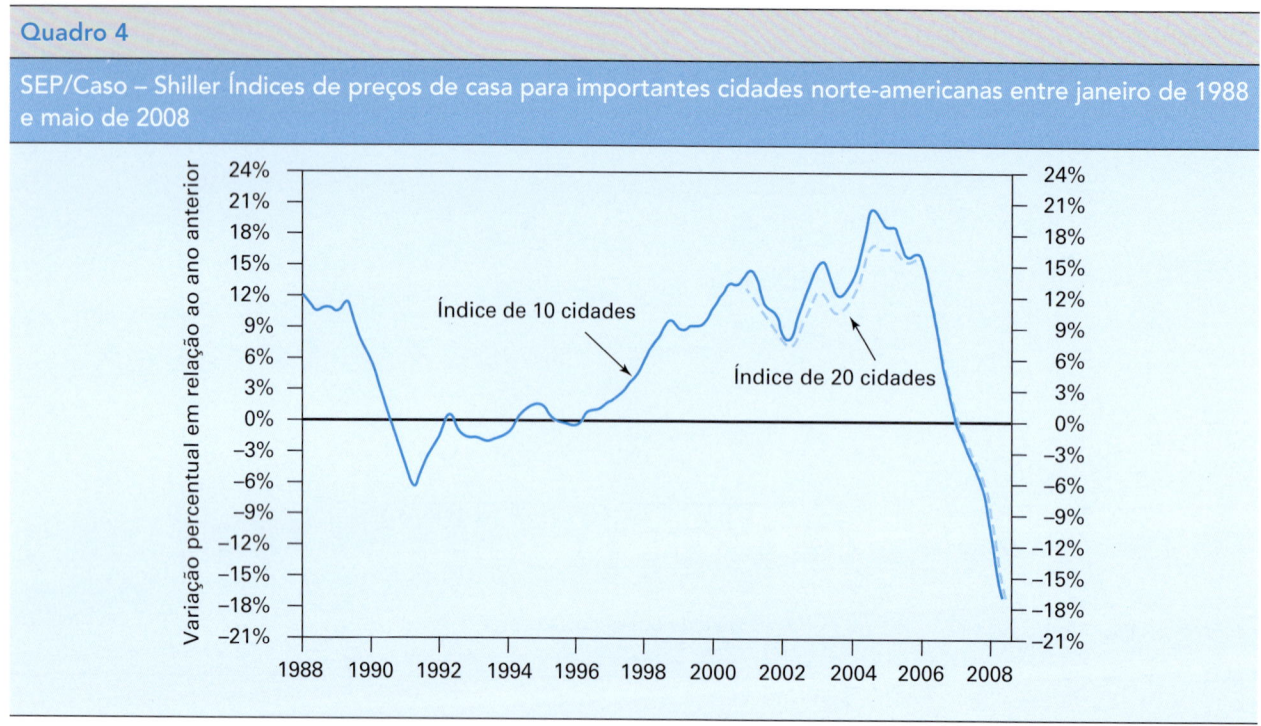

Quadro 4

SEP/Caso – Shiller Índices de preços de casa para importantes cidades norte-americanas entre janeiro de 1988 e maio de 2008

Fonte: Standard & Poor's e Fiserv.

cimos e decréscimos percentuais nos preços das casas medidos em importantes cidades norte-americanas de janeiro de 1988 a maio de 2008.

A crise financeira dos Estados Unidos em 2008

Com números recordes de hipotecas inadimplentes, uma crise de liquidez geral começou, levando à perda da confiança no sistema financeiro dos Estados Unidos. O sistema foi desvendado em 2008 quando perdas na Fannie Mae e na Freddie Mac começaram a se acumular e o American Insurance Group (AIG) anunciou que era incapaz de manter as garantias de seguro que tinha dado aos títulos com classificação de AAA a B atribuídos às MBS. As empresas de Wall Street vendiam empréstimos a investidores no mundo inteiro, mas passaram a ter somente títulos de pouco valor. À medida que as instituições financeiras foram forçadas a marcar seus ativos ao valor de mercado, muitas, inclusive a Bear Stearns, a Lehman Brothers, a Merrill Lynch, a Washington Mutual e a Wachovia, foram forçadas a declarar falência ou foram adquiridas por instituições mais fortes. Em setembro de 2008, o Tesouro dos Estados Unidos resgatou a AIG[3] e colocou a Freddie Mac e a Fannie Mae sob intervenção.

Countrywide Financial Corporation

A Countrywide Financial Corporation (CFC) foi fundada em 1969, e em 2 de julho de 2008 foi vendida ao Bank of America por US$ 4 bilhões em uma transação exclusiva em ações. O valor de mercado da Countrywide no final de 2006 era de US$ 24 bilhões, mas o acúmulo de hipotecas não pagas e rumores de falência iminente cortaram o valor de mercado da empresa quando foi negociada sua aquisição pelo BofA, em janeiro de 2008. Angelo Mozilo, fundador e presidente da Countrywide Financial, aposentou-se e recebeu um pacote substancial de acerto em torno de US$ 80 a US$ 115 milhões. Em junho de 2009, a Securities and Exchange (SEC) acusou Mozilo por fraude de crédito e risco de mercado inerente no portfólio de hipotecas da empresa. O Quadro 5 fornece os principais marcos e acontecimentos na história corporativa da Countrywide Financial.

Segmentos de negócio da Countrywide

A Countrywide foi uma provedora de serviços financeiros diversificados engajada na concessão de hipo-

Quadro 5

Principais marcos e acontecimentos na história da Countrywide Financial Corporation

1969	Angelo Mozilo e David Loeb inauguram a Countrywide Credit Industries em Nova York com o objetivo de fornecer empréstimos para a compra de imóveis. A Countrywide abre seu capital em setembro, negociando suas ações por menos de US$ 1. Mozilo e Loeb mudam a Countrywide para Los Angeles.
1974	A Countrywide abre sua primeira agência em Whittier, Califórnia.
1980	A Countrywide tem 40 agências em oito Estados.
1981	Mozilo e Loeb lançam a subsidiária Countrywide Securities Corp. para vender títulos lastreados por hipotecas.
1984	O valor dos empréstimos concedidos pela Countrywide atinge US$ 1 bilhão. A empresa começa a usar computadores para conceder empréstimos para a compra de imóveis.
1985	O símbolo da Countrywide, CCR, abre na Bolsa de Valores de Nova York em 7 de outubro. As ações fecham a US$ 2.
1986	A produção de empréstimos atinge US$ 1 bilhão.
1987	A produção de empréstimos dispara para US$ 3,1 bilhões. A Countrywide começa a atender empréstimos originados por financiadores de hipotecas.
1993	Os empréstimos hipotecários da Countrywide atingem crescimentos entre um rápido crescimento de refinanciamento hipotecário e habitação. Concessões aumentam em 265% desde 1992.
1996	A empresa lança unidades de negócio focadas em linhas de crédito *home equity* (HELOC) e empréstimos de imóveis para tomadores de empréstimos com fraco histórico de crédito (*subprime*).
1998	Mozilo é designado Principal Executivo em fevereiro.
1999	Mozilo é designado presidente em março.
2000-2005	A Countrywide se beneficia de outro crescimento habitacional e refinanciamento somado a taxas de juros historicamente baixas.
2001	A Countrywide adquire o Treasury Bank N. A. Torna-se o Countrywide Bank FSB.
2002	A empresa se torna Countrywide Financial Corp. em 13 de novembro, com novo símbolo de ações: CFC.
2006	Relatórios de lucros do quarto trimestre da CFC disparam e aumentam 73%, indo para US$ 638,9 milhões em 31 de janeiro, quando o lucro sobe 29%, chegando a US$ 2,59 bilhões.
31/01/2007	Os lucros do quarto trimestre da CFC caem 2,7% e a receita escorrega 6%. A empresa culpa a queda nos preços dos imóveis residenciais e o menor número de vendas de imóveis pela queda de novos empréstimos hipotecários.
26/04/2007	Os lucros da CFC no primeiro trimestre caem 37%; a receita encolhe 15%. A crescente inadimplência hipotecária força o CFC a aumentar a reserva de empréstimo em US$ 81 milhões e fazer uma amortização de US$ 119 milhões em virtude da queda no valor de alguns empréstimos em seus registros. Mozilo culpa a deterioração do crédito no mercado de hipotecas *subprime*.
24/07/2007	O lucro da CFC no segundo trimestre cai quase um terço e a receita abaixa 15%.
16/08/2007	Piora a crise de crédito, desencadeada pelo colapso do mercado de hipotecas *subprime* e por contínuas dificuldades de habitação, forçando a CFC a reduzir US$ 11,5 bilhões de suas linhas de crédito.
22/08/2007	A CFC obtém US$ 2 bilhões com a venda de uma participação de 16% do Bank of America.
9/09/2007	Sob pressão para reduzir custos, a CFC relata que cortará até 12 mil empregos. A direção toma medidas para mudar o financiamento por meio de seus serviços bancários e para de vender empréstimos *subprime*.

Fonte: Compilação feita pelos pesquisadores do *caso*, a partir de várias fontes.

(continua)

Quadro 5 (continuação)	
Principais marcos e acontecimentos na história da Countrywide Financial Corporation	
18/09/2007	Em uma conferência destinada a investidores, Mozilo declara que a empresa "sairá mais forte no longo prazo, assim como já fizemos tantas vezes".
23/10/2007	A Countrywide intensifica suas iniciativas para ajudar os tomadores de empréstimos em dificuldades a evitar a execução hipotecária.
26/10/2007	A Countrywide relata a perda de US$ 1,2 bilhão no terceiro trimestre, a primeira perda trimestral da empresa em 25 anos. Ainda assim, Mozilo diz que se sente "fortalecido" quanto às perspectivas da empresa no longo prazo e diz que espera ter lucros no quarto trimestre e em 2008.
20/11/2007	Aparecem rumores de que a CFC poderia buscar proteção contra falência. A CFC declara que tem amplo capital, acesso a caixa e que está bem posicionada para se beneficiar da atual turbulência financeira que está abalando o setor hipotecário.
11/01/2008	O BofA anuncia a aquisição da CFC, sujeita a aprovação dos acionistas e do governo, por US$ 4 bilhões em uma transação em ações.
02/07/2008	A Countrywide torna-se oficialmente uma subsidiária de propriedade integral do Bank of America.

Fonte: Countrywide Financial Corporation SEC Filings. Relatório Anual e *press releases*.

tecas e outros negócios relacionados ao financiamento de imóveis. Em 2006, no seu ápice, a Countrywide tinha US$ 2,6 bilhões de lucro líquido e um total de US$ 200 bilhões de ativos. O negócio era administrado por meio de cinco segmentos de negócios: concessão de hipotecas, serviços bancários, mercados de capital, seguro e operações globais.

- **Concessão de hipotecas**. Concessão, compra e venda de empréstimos de hipoteca não comercial em todo o país.
- **Serviços bancários**. Depósitos de varejo reunidos, usados para investir em empréstimos hipotecários e linhas de crédito imobiliário, com recursos basicamente por meio das operações de serviços de hipoteca bem como por meio de compras de não afiliados.
- **Mercados de capital**. O negócio de corretagem institucional especializado em negociar e subscrever títulos apoiados em hipoteca. A unidade estratégica de negócio também comercializava produtos derivados e títulos do Tesouro dos Estados Unidos, fornecia serviços de administração de ativos e concedia empréstimos garantidos por imóveis comerciais. Dentro desse segmento a CFC gerenciava a aquisição e a disposição de empréstimos hipotecários em nome do Segmento de Concessão de Hipotecas.
- **Seguro**. Fornece seguros de propriedades, de acidentes, de vida e por invalidez. A unidade estratégica de negócio também incluía a cobertura às seguradoras de hipotecas.
- **Operações globais**. Licenciava tecnologia própria para instituições financeiras que atuam em crédito imobiliário no Reino Unido e conduzia algumas das função administrativas e de empréstimos da empresa por meio de operações na Índia.

Os serviços de hipoteca foram o negócio central em toda a Countrywide, gerando 48% de seu lucro (sem as deduções dos impostos) em 2006. Um resumo da produção de empréstimo hipotecário da CFC entre 2003 e 2007 é apresentado no Quadro 6.

Concessões de empréstimos e participação de mercado da Countrywide

A CFC tinha a maior participação de mercado entre as financiadoras nos Estados Unidos em 2007, com 15,5% de todas as concessões, uma porcentagem consideravelmente alta, comparada a 2001, quando tinha 6,6% de participação. Como foi mostrado no Quadro 7, a CFC concedeu 35 mil empréstimos em 1990, os quais foram divididos mais ou menos igualmente en-

Quadro 6
Produção de empréstimos da Countrywide Financial Corporation por segmento e produto, 2003-2007 (em milhões de dólares)

	PRODUÇÃO DE EMPRÉSTIMO HIPOTECÁRIO				
	ANOS ENCERRADOS EM 31 DE DEZEMBRO				
	2007	2006	2005	2004	2003
Segmento:					
Serviços de hipoteca	$ 385.141	$ 421.084	$ 427.916	$ 317.811	$ 398.310
Operações bancárias	18.090	23.759	46.432	27.116	14.354
Mercados de Capital – aquisições canalizadas de não afiliados	5.003	17.658	21.028	18.079	22.200
Total dos empréstimos hipotecários Residenciais	408.234	462.501	495.376	363.006	434.864
Imóveis comerciais	7.400	5.671	3.925	358	—
Total dos empréstimos hipotecários	$ 415.634	$ 468.172	$ 499.301	$ 363.364	$ 434.864
Produto:					
Hipoteca *prime*	$ 356.842	$ 374.029	$ 405.889	$ 292.672	$ 396.934
Financiamento da casa própria *prime*	34.399	47.876	44.850	30.893	18.103
Hipoteca não *prime**	16.993	40.596	44.637	39.441	19.827
Imóveis comerciais	7.400	5.671	3.925	358	—
Total dos empréstimos hipotecários	$ 415.634	$ 468.172	$ 499.301	$ 363.364	$ 434.864

* A Countryside Financial não usava o termo "*subprime*". O termo "não *prime*" foi usado para classificar hipotecas *subprime* nos arquivos financeiros da empresa.
Fonte: Relatório 10-K da Countrywide Financial Corporation em 2007.

tre empréstimos convencionais e os FHA/VC (Federal Houring Administration/Veterans Affairs). Somente no período de 1995-1996 a CFC começou a subscrever empréstimos *subprime* e crédito imobiliário. As concessões de empréstimos da empresa tiveram um pico em 2003, com mais de 2,5 milhões de empréstimos realizados. Em 2005, aproximadamente 11% dos empréstimos concedidos pela Countrywide foram *subprime*, e a linha de crédito imobiliário para a aquisição de casa própria da CFC (HELOCs) atingiu o ápice em 2006. Muitos dos HELOCs da Countrywide eram parte dos chamados empréstimos de compra 80/20 que ofereciam aos tomadores de empréstimo 100% de financiamento. Os empréstimos sem entrada da Countrywide permitiam aos mutuários "piggyback" (isto é, revender) uma linha de crédito imobiliário de 20% do LTV sobre uma hipoteca convencional com valor de mercado (LTV) *nonconforming* de 80%. As concessões de empréstimos convencionais *nonconforming* da CFC começaram em 2002 e correspondiam à concessão de HELOCs da empresa. Uma parte significativa das concessões de empréstimo hipotecário da Countrywide era vendida em mercados secundários de hipotecas como MBSs.

Desempenho estratégico e financeiro da Countrywide

Entre 2002 e 2007, os ativos da Countrywide cresceram de US$ 58 milhões para US$ 211 milhões, e suas receitas subiram de US$ 4,3 bilhões para US$ 11,4 bilhões. O lucro operacional da financiadora hipotecária cresceu de US$ 1,3 milhão em 2002 para US$ 4,3

Quadro 7

Concessões de empréstimo da Countrywide Financial Corporation, 1990-2007 (em milhares)

ANO	CONVENCIONAL ADERENTE AOS PADRÕES	CONVENCIONAL NÃO ADERENTE AOS PADRÕES	FHA/VA	HELOC	SUBPRIME	TOTAL DAS CONCESSÕES DE EMPRÉSTIMO
1990	19		16			35
1991	23		17			40
1992	64		24			88
1993	192		42			234
1994	316		67			383
1995	176		72	2		250
1996	192		125	8	2	327
1997	190		144	20	9	363
1998	232		162	41	16	451
1999	529		191	54	25	799
2000	359		132	91	43	625
2001	327		119	119	52	617
2002	994	266	157	290	44	1751
2003	1510	493	196	292	95	2586
2004	822	430	102	392	219	1965
2005	767	712	80	493	254	2306
2006	709	649	90	581	227	2256
2007	1088	313	138	330	85	1954

Fonte: Relatórios 10-Ks da Countrywide Financial Corporation, vários anos.

Quadro 8

Dados financeiros selecionados consolidados para a Countrywide Financial Corporation, 2003-2007 (em milhares de dólares, exceto dados por ação)

	ANOS ENCERRADOS EM 31 DE DEZEMBRO				
	2007	2006	2005	2004	2003
Dados das Demonstrações das Operações:					
Receitas:					
Ganhos sobre a venda de empréstimos e títulos	$ 2.434,723	$ 5.681,847	$ 4.861,780	$ 4.842,082	$ 5.887,436
Renda líquida após a provisão para perdas sobre empréstimos	587.882	2.688,514	2.237,935	1.965,541	1.359,390
Taxas líquidas pelos empréstimos e outras rendas (perdas) de MSRs e juros retidos	909.749	1.300.655	1.493.167	465.650	(463.050)
Prêmios líquidos de seguros ganhos	1.523.534	1.171.433	953.647	782.685	732.816
Outros	605.549	574.679	470.179	510.669	462.050
Total das receitas	6.061,437	11.417,128	10.016,708	8.566,627	7.978,642

Fonte: Relatórios 10-Ks da Countrywide Financial Corporation, vários anos.

Quadro 8 (continuação)

	2007	2006	2005	2004	2003
Despesas:					
Compensação	4.165,023	4.373,985	3.615,483	3.137,045	2.590,936
Ocupação e outros escritórios	1.126,226	1.030,164	879.680	643.378	525.192
Títulos de seguro	525.045	449.138	441.584	390.203	360.046
Propaganda e promoções	321.766	260.652	229.183	171.585	103.902
Outros	1.233,651	969.054	703.012	628.543	552.794
Custo total	7.371,711	7.082,993	5.868,942	4.970,754	4.132,870
(Perda) ganhos antes do imposto de renda	(1.310,274)	4.334,135	4.147,766	3.595,873	3.845,772
(Benefício) provisão para imposto de renda	(606,736)	1.659,289	1.619,676	1.398,299	1.472,822
Líquido (perda) ganhos	$ (703.538)	$ 2.674,846	$ 2.528,090	$ 2.197,574	$ 2.372,950
Por quotas:					
(Perda) ganhos					
Básicos	$ (2,03)	$ 4,42	$ 4,28	$ 3,90	$ 4,44
Diluído	$ (2,03)	$ 4,30	$ 4,11	$ 3,63	$ 4,18
Dividendos declarados	$ 0,60	$ 0,60	$ 0,59	$ 0,37	$ 0,15
Valor das ações no final do período	$ 8,94	$ 42,45	$ 34,19	$ 37,01	$ 25,28
Índices Financeiros Selecionados:					
Retorno em ativos médios	(0,30%)	1,28%	1,46%	1,80%	2,65%
Retorno em participação	(4,57%)	18,81%	22,67%	23,53%	34,25%
Dividendos pagos	N/M	13,49%	13,81%	9,53%	3,39%
Dados de operação selecionados (em milhões):					
Empréstimos *servicing portfolio*(1)	$ 1.476,203	$ 1.298,394	$ 1.111,090	$ 838.322	$ 644.855
Quantidade de empréstimos concedidos	$ 415.634	$ 468.172	$ 499.301	$ 363.364	$ 434.864
Quantidade de hipotecas vendidas	$ 375.937	$ 403.035	$ 411.848	$ 326.313	$ 374.245

[1] Inclui empréstimo em carteira e empréstimo subcontratados

	31 DE DEZEMBRO				
	2007	2006	2005	2004	2003
Dados selecionados do balanço no final do período:					
Empréstimos:					
Para vendas	$ 11.681,274	$ 31.272,630	$ 36.808,185	$ 37.347,326	$ 24.103,625
Para investimentos	98.000,713	78.019,994	69.865,447	39.661,191	26.375,958
	109.681,987	109.292,624	106.673,632	77.008,517	50.479,583
Títulos comprados com acordos de revenda, títulos emprestados e fundos federais vendidos	9.640,879	27.269,897	23.317,361	13.456,448	10.448,102
Investimentos em outros instrumentos financeiros	28.173,281	12.769,451	11.260,725	9.834,214	12.647,213
Direitos sobre a concessão de empréstimos, por valor justo	18.958,180	16.172,064	—	—	—

(continua)

Quadro 8 (continuação)

	2007	2006	2005	2004	2003
Direitos sobre a concessão de empréstimos, líquido	—	—	12.610.839	8.729.929	6.863.625
Outros ativos	45.275.734	34.442.194	21.222.813	19.466.597	17.539.150
Total dos ativos	$ 211.730.061	$ 199.946.230	$ 175.085.370	$ 128.495.705	$ 97.977.673
Dívidas em depósito	$ 60.200.599	$ 55.578.682	$ 39.438.916	$ 20.013.208	$ 9.327.671
Títulos vendidos sob acordos de recompra	18.218.162	42.113.501	34.153.205	20.465.123	32.013.412
Contas a pagar	97.227.413	71.487.584	76.187.886	66.613.671	39.948.461
Outros passivos	21.428.016	16.448.617	12.489.503	11.093.627	8.603.413
Patrimônio líquido	14.655.871	14.317.846	12.815.860	10.310.076	8.084.716
Total do passivo e do patrimônio líquido	$ 211.730.061	$ 199.946.230	$ 175.085.370	$ 128.495.705	$ 97.977.673

As relações de capital de 2007 refletem a conversão do Countrywide Bank de um banco nacional para um banco federal de poupança. Assim, os índices de 2007 foram calculados para o Countrywide Bank usando-se diretrizes da OTS e os períodos anteriores foram calculados para a Countrywide Financial Corporation de acordo com as diretrizes do Board of Governors of the Federal Reserve Bank.
Fonte: Relatório 10-K da Countrywide Financial Corporation para 2007.

milhões em 2006. Depois de registrar resultados financeiros recordes durante cinco anos consecutivos, a CFC relatou sua primeira perda em 2007. A reversão radical no desempenho financeiro da CFC foi, em grande parte, resultado de sua estratégia atrelada à concessão de hipotecas *subprime* e a empréstimos sem entrada. O risco oculto de não pagamento, execuções hipotecárias e rebaixamento desses empréstimos de alto risco foi mascarado enquanto os valores imobiliários subiram durante 2006. O Quadro 8 apresenta dados financeiros selecionados referentes à Countrywide Financial Corporation, de 2003 até 2007.

Remuneração de incentivo na Countrywide Financial

As despesas com remuneração representavam aproximadamente 55-60% do total de despesas entre 2003 e 2007. A remuneração incluía o salário-base de colaboradores, as despesas com benefícios, os impostos na folha de pagamentos e o pagamento de incentivos. No sistema de remuneração da Countrywide, o pagamento de incentivos era baseado em concessões de empréstimos, e não se incluía o não pagamento de empréstimos como uma medida da remuneração pelo desempenho. Muitas instituições financiadoras viam com reservas os planos de incentivo ligados apenas às concessões de empréstimos, uma vez que era o desempenho do empréstimo que determinava, em última instância, a força de um portfólio de empréstimos. O Quadro 9 fornece um gráfico de pagamento de incentivo como porcentagem do pagamento de base para todos os colaboradores de CFC de 1992 até 2007.

Remuneração do executivo na Countrywide Financial Corporation

A remuneração de Mozilo entre 2006 e 2007 é mostrada no Quadro 10. Os dados não incluem as gratificações, que somavam aproximadamente US$ 108 mil por ano, e benefícios como carros, títulos de clubes de campo, o uso pessoal da aeronave da corporação, seguros e um programa da planejamento financeiro. Mozilo também exerceu opções de compra de ações no valor de US$ 121 milhões em 2007, e teria recebido um benefício de US$ 80 milhões a US$ 115 milhões sobre a venda de US$ 4 bilhões da empresa ao BofA, como parte de seu pacote de demissão. No entanto, ele disse que iria perder US$ 37,5 milhões vinculados ao acordo.

Acusações de práticas predatórias de empréstimo na Countrywide

Os empréstimos predatórios eram considerados como qualquer empréstimo que um tomador teria rejeitado com pleno conhecimento e entendimento das con-

Quadro 9

Pagamento de incentivo como porcentagem do pagamento base para todos os colaboradores da Countrywide Financial Corporation, 1992-2007

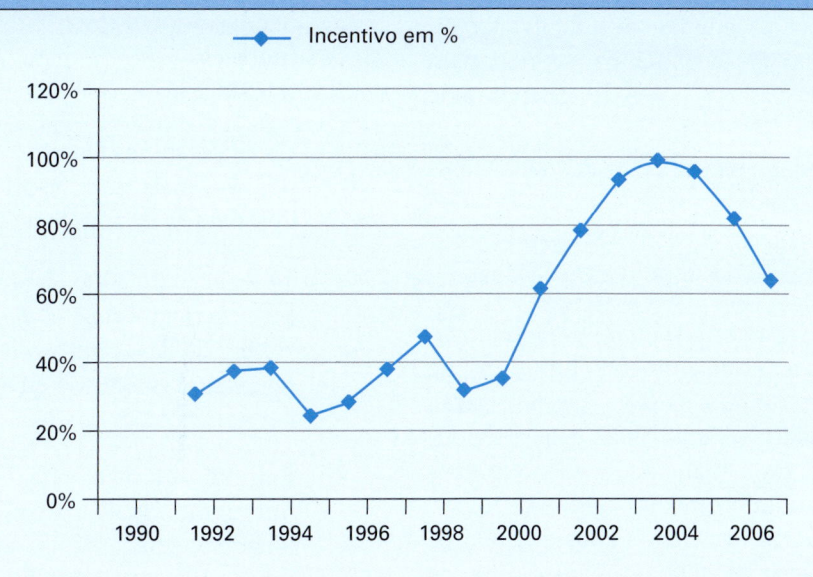

[Gráfico de linha mostrando "Incentivo em %" de 1990 a 2006, variando de aproximadamente 30% em 1992, caindo para 25% em 1994, subindo até cerca de 48% em 1997, descendo para 32% em 1998, e então subindo acentuadamente até aproximadamente 100% em 2004, caindo para cerca de 65% em 2006.]

Fonte: Relatórios 10-Ks da Countrywide Financial Corporation; vários anos.

dições do empréstimo e as condições de alternativas disponíveis a eles. Os emprestadores predatórios costumavam contar com uma série de práticas que incluíam enganar, fraudar e manipular para convencer os tomadores de empréstimos a concordar com condições antiéticas ou ilegais. A Countrywide Financial foi acusada de se engajar em práticas de empréstimo predatório no caso *Department of Legal Affairs (Florida) versus a Countrywide Financial Corp. et al.*, aberto em 30 de junho de 2008. Práticas ilegais específicas alegadas no caso incluíam:

1. A CFC não seguia seus próprios padrões de subscrição.
2. A CFC não seguia os padrões de subscrição do setor.
3. A CFC concedia aos solicitantes empréstimos que eles sabiam não ter condições de arcar.
4. A CFC não divulgava adequadamente as condições de empréstimo que incluíam.
   a) Não esclarecer a duração das "taxas atraentes".
   b) Não esclarecer que eram taxas ajustáveis, e não fixas.

Quadro 10

Remuneração de Angelo Mozilo na Countrywide Financial Corporation, 2006-2007 (em dólares)

COMPONENTES DA REMUNERAÇÃO	2006	2007	MUDANÇA (%)
Salário-base	$ 2.900,000	$ 1.900,000	(34%)
Incentivo anual	20.461,473	0	(100%)
Prêmios em ações	19.012,000	10.000,036	(47%)
Total	$ 42.373,473	$ 11.900,036	(72%)
Opções exercidas	—	$ 121.502,318	n/a

Nota: n/a = não aplicável.
Fonte: Relatório 10-K da Countrywide Financial Corporation para 2007.

c) Não esclarecer a maneira e o grau de aumentos de pagamento após o período inicial de taxa fixa.
d) Não revelar que as taxas promocionais expirariam e os pagamentos resultantes teriam um aumento tão acentuado que poderiam ir bem além das condições do solicitante de empréstimo.
5. A CFC deliberadamente concedia aos solicitantes hipotecas inadequadas.
6. A CFC fornecia aos subscritores bonificações com base no volume das hipotecas aprovadas.

A Countrywide se retratava como uma financiadora que subscrevia principalmente hipotecas de primeira qualidade usando padrões de subscrição rigorosos. A verdadeira Countrywide estava escondida dos acionistas, uma financiadora cada vez mais irresponsável, assumindo um risco cada vez maior. De 2005 a 2007, a Countrywide se engajou em uma expansão sem precedentes de suas diretrizes de subscrição e estava concedendo empréstimos cada vez mais arriscados, de acordo com a (SEC – *Securities and Exchange Commission*). Uma série de e-mails internos confirmavam que os executivos seniores sabiam que as inadimplências e os pagamentos atrasados aumentariam. Em particular, a SEC destacou o aumento nas hipotecas com opções de pagamento oferecidas pela Countrywide, o que permitia aos tomadores de empréstimo escolher o valor dos pagamentos mensais, mesmo que não cobrissem o total dos juros. Embora a CFC afirmasse que esses empréstimos eram subscritos com prudência, a SEC declarou que Mozilo teria escrito em um *e-mail* que havia evidências de que os tomadores de empréstimo estavam mentindo em suas solicitações e que muitos seriam incapazes de arcar com eventuais aumentos nos pagamentos.

E-mails internos de Angelo Mozilo na Countrywide Financial Corporation

Em junho de 2009, a SEC recebeu acusações de fraude civil contra três ex-executivos da Countrywide, incluindo Angelo Mozilo. A queixa citava *e-mails* enviados por Mozilo como evidência de comportamento fraudulento na Countrywide Financial. As declarações abaixo são excertos de *e-mails* de Mozilo divulgados pela SEC.

13 de abril de 2006: Para Sambol (Presidente da Countrywide Financial Corporation) e outros para tratar de questões relacionadas a empréstimos com financiamento de 100%, depois que a Countrywide teve que recomprar hipotecas vendidas para o HSBC uma vez que o HSBC alegou que elas eram improcedentes:

Os empréstimos têm sido concedidos... por todos os canais, sem respeito pelo processo e a observância das diretrizes.

17 de abril de 2006: Para Sambol a respeito do financiamento integral de empréstimos *subprime* 80/20 da Countrywide. (O termo "FICO" refere-se a escores de crédito usados para avaliar as condições de crédito do solicitante.)

Em todos os meus anos no negócio nunca vi um produto mais tóxico. Não é apenas subordinado ao primeiro, mas o primeiro é a taxa *subprime*. Além disso, os FICOS estão abaixo de 600, abaixo de 500, e alguns abaixo de 400. Com os valores imobiliários abaixando... o produto se tornará cada vez pior. É preciso haver mudanças importantes neste programa, inclusive aumentos substanciais no FICO mínimo... Se você considera o negócio bom ou não, estou preparado para ficar sem ele, quaisquer que sejam as consequências para a nossa produção.

26 de setembro de 2006: Após reunião com Sambol no dia anterior sobre o portfólio de empréstimo com Opção de Pagamento ARM:

Não temos como avaliar, com um grau razoável de certeza, o verdadeiro risco de manter esses empréstimos em nosso balanço patrimonial... O resultado é que estamos fazendo um voo cego sobre o que acontecerá com esses empréstimos em um ambiente tenso, de alto desemprego, valores reduzidos e lenta venda de imóveis [...] está na hora [...] de [...] vender todas as opções de pagamento originadas recentemente e começar a soltar o balanço patrimonial do banco, de maneira organizada.

Programa de empréstimo VIP da Countrywide

A Countrywide mantinha um programa VIP que atribuía pontos, taxas de crédito e regras de empréstimo da empresa para os "FOAs" – (Friends of Angelo), uma referência ao Principal Executivo da CFC. Embora o programa VIP também contemplasse amigos e contatos de outros executivos da CFC, acreditava-se que os FOAs formassem o maior subconjunto. Alguns FOAs eram indivíduos que poderiam estar em posição de ajudar a empresa por meio de questões regulatórias e de observância ou que fossem capazes de manter o mercado *subprime* viável por meio de legislação favorável. O código de ética da Countrywide proibia diretores, representantes da empresa e colaboradores de "influenciar inapropriadamente as decisões dos colaboradores públicos ou subcontratados oferecendo ou prometendo propina, presentes, empréstimos, recompensas, favores ou qualquer outra coisa de valor". Além disso, os colaboradores federais eram proibidos de receber presentes por causa de sua posição oficial, inclusive empréstimos em condições geralmente não disponíveis ao público. As regras do Senado proíbem os integrantes de receber presentes no valor de US$ 100 anuais ou mais de entidades privadas que, como a CFC, empregassem um lobista registrado.

Entre os mais notáveis que receberam empréstimos VIP da Countrywide estavam dois senadores proeminentes dos Estados Unidos, dois ex-integrantes do Gabinete e um ex-Embaixador das Nações Unidas. Em 2003 e 2004, os senadores Christopher Dodd (democrata de Connecticut e presidente do Senate Banking Comittee)[4] e Kent Conrad (democrata da Dakota do Norte, presidente da Comissão Orçamentária do Senado) refinanciaram propriedades por meio do programa VIP da CFC.

Outros participantes do programa VIP eram o ex-secretário de Desenvolvimento Habitacional e Urbano (HUD, *Housing e Urban Development*) Alphonso Jackson, a ex-secretária de Saúde e Serviços Humanos, Donna Shalala, e o ex-embaixador das Nações Unidas e secretário assistente do Estado, Richard Holbrooke. Jackson era secretário adjunto do HUD na administração Bush quando recebeu os empréstimos em 2003. Shalala, que recebeu dois empréstimos em 2002, na época deixou a administração Clinton para assumir a atual posição como presidente da University of Miami. Holbrooke, cuja gestão como embaixador das Nações Unidas encerrou em 2001, também estava trabalhando no setor privado quando ele e sua família receberam empréstimos VIP. O sr. Holbrooke foi consultor da campanha presidencial de Hillary Clinton em 2008. James Johnson, que foi consultor presidencial do candidato Barak Obama na seleção de um representante do partido em 2008, deixou a campanha depois que o *Wall Street Journal* relatou que ele recebera empréstimos CFC a taxas abaixo do mercado.

As tentativas do Bank of America de salvar a Countrywide Financial Corporation

Tão logo a aquisição foi concluída, o BofA fez um acordo de US$ 8,7 bilhões com um grupo de procuradores gerais do estado devido às práticas de empréstimo da CFC. O BofA também concordou em modificar os empréstimos de certos mutuários da CFC com hipotecas *subprime* e com opção de pagamento. Nos quatro primeiros meses após o acordo, o BofA entrou em contato com mais de 100 mil tomadores de empréstimo potencialmente elegíveis, duas vezes o exigido pelo acordo, e realizou modificações em mais de 50 mil deles. Este foi o maior acordo de empréstimo predatório na história dos Estados Unidos, até 2009.

Em março de 2009, o American International Insurance Group (AIG) processou a Countrywide por suas práticas de negócio, alegando que a empresa não esclareceu o risco associado com a venda de hipotecas totalizando mais de US$ 1 bilhão. A AIG alegou que a CFC declarou que suas hipotecas estavam de acordo com os padrões de subscrição AIG.

O BofA abandonou o nome "Countrywide" em 2009 quando tentava se distanciar da marca e das práticas de negócio da CFC. De acordo com o Procurador Geral da Califórnia, Edmund Brown, "As práticas de empréstimo da CFC transformaram o sonho americano em um pesadelo para dezenas de milhares de famílias, envolvendo-as em empréstimos que podiam não entender ou que não tinham con-dições de saldar."[5] Indo adiante, a direção do Bank of America precisaria desenvolver uma abordagem estratégica para assegurar que suas práticas de em-préstimo hipotecário promovessem a aquisição da casa própria de maneira que atendesse aos interesses dos tomadores de empréstimo e dos investidores no mercado secundário de hipotecas, e que considerasse os interesses financeiros da própria empresa no longo prazo.

Notas finais

[1] Esses produtos foram desenvolvidos após a crise das Associações de Poupança e Empréstimos (S&L) na década de 1980 e converteram as hipotecas reais em grupos de hipotecas, o que permitiu às instituições investir e comercializar um título negociável. As MBSs também eram conhecidas como obrigações de dívida com colateral.

[2] Moody's Economy.com.

[3] O negócio essencial da AIG como a maior seguradora geral do mundo era sólido. No entanto, o seguro CDO, embora fosse uma parte muito pequena de seu negócio geral, aproximou a empresa da falência. Quanto do alcance global da AIG, seria extensa demais e um *default* provocaria o colapso de outras instituições financeiras pelos mercados mundiais.

[4] A CFC contribuiu com um total de US$ 21 mil para campanhas da Dodd desde 1997.

[5] Como citado em Frank D. Russo, "Attorney General Brown Announces Largest Predatory Lending in History", *California Progress Report*, http://www.californiaprogressreport.com/2008/10/attorney_genera_3.html (acessado em 5 de setembro de 2009).

Glossário

Alianças estratégicas   Arranjos para reunir forças de duas ou mais empresas com o objetivo de atingir resultados estratégicos mutuamente benéficos.

Ambiente organizacional externo   Também chamado de macroambiente, é formado pelas forças que influenciam o desempenho da empresa, por exemplo, eventos e tendências econômicos, demografia, valores e estilos de vida de uma sociedade, legislação e regulamentação etc.

Ambiente organizacional interno   Fundamental para o diagnóstico organizacional, inclui as competências e recursos de uma empresa, a competitividade de seus preços e custos e análise dos resultados gerados pela estratégia atual.

Ambiente organizacional operacional   Também chamado de ambiente setorial e competitivo, compreende fornecedores, compradores, concorrentes atuais e potenciais (novos entrantes) e produtos substitutos.

Ameaças   Situações desfavoráveis do ambiente, que se ocorrerem trarão dificuldades para a empresa ou aos participantes de um determinado setor ou indústria.

Análise SWOT   Ferramenta para mensurar a força dos recursos de uma empresa e suas deficiências competitivas, as oportunidades de mercado e as ameaças externas ao seu bem-estar.

Atratividade do setor   Cálculo do potencial de lucro que uma empresa pode obter na atuação em determinado setor; pode ser estimada quantitativa e qualitativamente.

Balanced Scorecard   Ferramentas de gestão estratégica; é utilizada para facilitar e controlar a implementação de estratégias, reunindo indicadores financeiros e estratégicos.

Barreiras de entrada   Características que dificultam ou impedem o surgimento de novos concorrentes.

Barreiras de saída   Dificuldades ou impedimentos para que uma empresa deixe de operar em determinado setor de atividade.

Benchmarking   Ferramenta para identificar quais empresas se destacam no desempenho de determinadas atividades para em seguida usar as melhores práticas para o aprimoramento de suas próprias atividades.

Cadeia de valor da empresa   Identifica as atividades básicas que criam valor para o cliente e as atividades relacionadas de suporte.

Competência   Atividade que a empresa desempenha bem.

Competência diferenciada   Atividade competitivamente valiosa que uma empresa desempenha melhor que seus concorrentes – oferecendo, portanto, o potencial para uma vantagem competitiva.

Competência essencial   Atividade competitivamente importante que uma empresa desempenha melhor que outras atividades internas.

Competitividade   Competência que uma empresa tem de enfrentar concorrentes.

Cultura da empresa Clima de trabalho interno de uma empresa e é definida por seus valores centrais, crenças, princípios de negócio, tradições, práticas de trabalho e estilo operacional.

Diversificação Ocorre quando a empresa introduz novos bens ou serviços em mercados em que não operava.

Estratégia Iniciativa ou abordagem desenvolvida pela administração para atrair clientes e agradá-los, conduzir as operações, promover o crescimento dos negócios e atingir os objetivos de desempenho.

Estratégia competitiva Aspectos específicos do plano gerencial para competir com sucesso e assegurar uma vantagem competitiva sobre os concorrentes.

Estratégia corporativa Garante a coerência da abordagem estratégica entre os negócios de uma corporação diversificada.

Estratégia de negócios Consiste no fortalecimento da posição de mercado da empresa e na construção de uma vantagem competitiva.

Estratégia do oceano azul Oferece o crescimento da receita e dos lucros quando uma empresa descobre ou inventa novos segmentos setoriais que criam uma demanda totalmente nova.

Estratégia funcional Ações relacionadas à determinada função ou processo dentro de uma empresa.

Estratégia operacional Ações relacionadas a cada unidade operacional, como fábrica, centro de distribuição, filiais ou determinadas atividades, como compras de materiais, venda pela internet etc.

Estratégias de entrada em mercados internacionais São opções para a empresa que deseja se expandir internacionalmente; podem ser mencionadas a exportação, o licenciamento tecnológico e/ou da marca, a contratação para distribuição, a adaptação da estratégia às especificidades de cada país ou região, a utilização de uma única estratégia para todos os países e o uso de alianças estratégicas.

Fatores críticos de sucesso Elementos estratégicos, atributos de produto, competências competitivas ou ativos intangíveis com grande impacto no futuro sucesso da empresa.

Forças São características diferenciadoras da empresa em relação aos concorrentes, que se forem aproveitadas podem trazer vantagem competitiva.

Forças competitivas Forças que atuam em um setor, como aquelas exercidas pelos fornecedores de matérias-primas, componentes, peças e outros insumos; pelos compradores, com seu respectivo poder de barganha; pelas empresas de outros setores, que ofertam produtos substitutos e pelos novos ingressantes (no setor) em potencial, além daquela força derivada da rivalidade entre empresas concorrentes do setor.

Forças propulsoras (*driving forces*) Principais causas subjacentes de mudança em um setor e nas suas condições competitivas.

Fraquezas Características diferenciadoras de uma determinada empresa em relação aos concorrentes, e quando ocorrem podem trazer desvantagem competitiva a essa empresa.

Governança corporativa Sistema pelo qual as organizações são dirigidas, monitoradas e incentivadas, envolvendo os relacionamentos entre proprietários, conselho administrativo, diretoria e órgãos de controle.

Grupo estratégico Aglomerado de concorrentes do setor que têm metodologias competitivas e posições de mercado similares.

Indicadores de resultado (*lagging indicators*) Efeito produzido no desempenho de uma empresa causado por iniciativas indutoras.

Indicadores indutores (*leading indicators*) Iniciativas que dão origem aos resultados de desempenho de uma empresa.

Integração vertical Extensão do escopo operacional competitivo de uma empresa no mesmo setor em que atua, tanto na direção dos fornecedores quanto na direção dos usuários finais.

Joint ventures Junção de esforços com outra empresa, que pode assumir variadas formas como, por exemplo, uma aliança estratégica e/ou uma compra de participação.

Liderança estratégica Gestão que privilegia resultados, excelência na execução da estratégia e nas atividades operacionais, de forma a estimular em toda a equipe altos padrões de desempenho e a busca permanente de realizações.

Oportunidades Situações favoráveis no ambiente de uma empresa ou dos participantes de um determinado setor ou indústria.

Poder de barganha da empresa Competência de negociar descontos e outras condições favoráveis.

Responsabilidade social corporativa Noção que implica equilibrar a remuneração dos acionistas, a conformidade com os estatutos legais, a responsabilidade ética de aderir aos padrões de moral, justiça e sustentabilidade ambiental, bem como a atuação voluntária no sentido de contribuir para as necessidades não econômicas de uma sociedade.

Sinergia Efeito da junção de duas ou mais empresas ou partes independentes cujo resultado é maior do que a soma das partes isoladamente.

Sistema de valor Representa o conjunto das diversas cadeias de valor, desde os fornecedores iniciais até o consumidor final.

Spin-off **(desmembramento)** Retirar de uma empresa, normalmente para venda, um conjunto de atividades, algumas vezes até formando uma nova organização.

Terceirização (como oposto de integração vertical) Situação em que a empresa renuncia à execução de determinada atividade internamente, contratando-a junto a outras organizações, normalmente especializadas e/ou aliados estratégicos.

Unidade estratégica de negócios Também conhecida como unidade de negócios, e nem sempre organizada legalmente como uma pessoa jurídica, reúne atividades similares entre si quanto a produto, tecnologia e mercado de atuação, fazendo parte de uma empresa maior cujas demais unidades estão envolvidas em atividades distintas de acordo com estes critérios.

Vantagem competitiva Ocorre quando a empresa é capaz de conquistar clientes relativamente aos concorrentes.

Vantagem competitiva de custos Um dos tipos de vantagem competitiva. Quando uma empresa desenvolve este tipo de vantagem, possui custos tão baixos que seus concorrentes não conseguem igualá-los.

Vantagem competitiva sustentável Ocorre quando um número atraente de compradores de uma empresa tem uma preferência permanente sobre seus bens ou serviços em vez da oferta dos concorrentes.

Visão estratégica Descreve a trajetória que a empresa está seguindo, de forma a explicitar as opções feitas pelos gestores e o foco estratégico futuro quanto a produtos, mercados e tecnologias escolhidos.

Índice de nomes

3M Corporation, 212

A

Aaronson, Susan Ariel, 194-195
Adamy, Janet, 6
Agle, Bradley R., 195
Ahlstrand, Bruce, 5
Alexander, Marcus, 130, 170
Aleyne, Adrian, 81
Allard, J., 243
Amelio, Gil, 232
Amsden, Davida M., 211
Amsden, Robert T., 211
Anderson, Fred, 233
Anslinger, Patricia L., 160
Antony, Jiju, 211
Arnold, David J., 144

B

Bailey, Wendy J., 188
Bain, J. S., 47
Bamford, James, 110
Bandlier, James, 183
Barney, Jay B., 69, 70, 220
Barthélemy, Jérôme, 118
Bartlett, Christopher A., 69, 123
Beauchamp, T. L., 187
Beckett, Ron, 210
Benner, Katie, 183
Bergen, Mark E., 119
Berner, Robert, 314
Bezos, Jeff, 27, 125
Bhattacharya, Arindam K., 145
Bianco, Anthony, 295, 313
Birchall, David W., 73
Blank, Arthur, 120
Bleeke, Joel, 138
Blum, Justin, 183
Bogan, Christopher E., 78
Bogner, William C., 70
Bossidy, Larry, 203
Bower, Joseph L., 112
Bowie, N. E., 187
Bradham, Caleb, 264
Brin, Sergey, 247
Brinkmann, Johannes, 184
Brohan, Mark, 125
Bromiley, Philip, 15
Brown, David, 197
Brown, Edmund, 329
Brown, Robert, 15

Brown, Shona L., 5
Buffet, Warren, 289
Burcher, Peter, 211
Burke, Doris, 183
Burnah, Phillip, 207, 214

C

Caliguiri, Paula M., 215-216
Calkins, Laurel Brubaker, 184-185
Calloway, Wayne, 264
Camp, Robert C., 78-79
Campbell, Andrew, 169-170
Caron, Joseph, 130-131
Carroll, Archie B., 190-191
Castro-Wright, Eduardo, 300
Cavanagh, Roland R., 210-211
Chambers, Susan, 314
Champy, James, 210-211
Chandler, Alfred, 205-206
Charan, Ram, 203-204
Chatterjee, Sayan, 158-159
Chen, Ming-Jer, 119-120
Cherry, Brenda, 143-144
Christensen, Clayton M., 7-8
Christensen, H. Kurt, 138-139
Clark, Delwyn N., 219
Clark, Robert C., 30
Clinton, Hillary, 318
Collins, James C., 15, 69-70, 173-174, 196-197
Collis, David J., 15, 69-70
Conrad, Kent, 329
Cook, David, 279
Cook, Timothy D., 233
Cooper, Robin, 79-80
Copeland, Thomas E., 159-160
Covin, Jeffrey G., 123
Coyne, Kevin P., 61-62
Crane, Andrew, 190-191
Cristie, James R., 31
Crosby, Philip, 210-211

D

Dash, Eric, 31
D'Aveni, Richard, 118-119
Davidson, Hugh, 15
Davidson, Wallace N., 196-197
Davis, Scott, 119-120
DeCarlo, Scott, 31
Dechant, Kathleen, 182-184, 184-185
Dell, Michael, 33
Derfus, Pamela J., 48-50
Dienhart, John W., 185-186

Dillman, Linda, 298
Dodd, Christopher, 329
Donaldson, Gordon, 32-33
Donaldson, Thomas, 188
Doolin, Elmer, 264
Doz, Yves L., 111-112, 137-138, 138-139, 141-142, 153-154
Dranikoff, Lee, 173-175
Drucker, Peter F., 173-174
Dunfee, Thomas W., 188, 193-194
Dyer, Jeffrey H., 111-113, 138-139

E

Eastburn, Ronald W., 315
Eichenwald, Kurt, 184-185, 219
Eisenhardt, Kathleen M., 5-7, 157-158
Eisenstat, Russell, 68-69
El-Jelly, Abuzar, 196-197
English, Michael J., 78-79, 209-210
Enrico, Roger, 266-267
Ernst, David, 137-138
Evans, Philip, 72, 96-97
Ewalt, David M., 375

F

Fahey, Liam, 119-120, 138-139
Farkas, Charles M., 223-224
Fawcett, Stanley E., 207-208, 214-215
Ferratt, Thomas W., 210-211
Fiegenbaum, Avi, 60-61
Filo, David, 247
Foote, Nathaniel, 68-69
Ford, Henry, 15-18
Franko, Lawrence G., 160-161

G

Galunic, D. Charles, 157-158
Gamble, John E., 246, 263
Gates, Bill, 232, 260
George, S., 210-211
Geroski, Paul A., 124-125
Ghoshal, Sumantra, 68-69, 123, 136-137, 203-204
Glass, David D., 288, 309-310
Glass, Kathryn, 114-115
Goizueta, Roberto, 273
Golden, Timothy D., 182-184, 184-185
Goleman, Daniel, 223-224
Gordon, Joseph, 210-211
Gordon, M. Joseph, Jr., 210-211
Gordon, Mary Ellen, 58
Gore, Al, 311
Gould, Michael, 169-170
Govindarajan, Vijay, 79-80
Graham, Jefferson, 216-217
Grant, Lorrie, 313
Greenberg, Duncan, 184-185
Grimm, Curtis M., 48-50
Gunter, Marc, 313

H

Hall, Gene, 210-211
Hambrick, Donald C., 119-120

Hamel, Gary, 5-7, 111-112, 124-125, 137-139, 153-154
Hammer, Michael, 210-211
Harding, David, 173-174
Harrigan, Kathryn R., 114-115, 119-120
Haslett, Kevin, 313
Hattaway, John, 230
Hayibor, Sefa, 196-197
Heeley, Michael B., 123
Hegert, M., 79-80
Heifetz, Ronald A., 223-224
Helfat, Constance E., 204-205
Helyar, John, 313
Hempel, Jessi, 244
Hendricks, Kevin B., 20-21
Heskett, James L., 218, 220-221
Hess, David, 193-194
Hindo, Brian, 212
Holbrooke, Richard, 329
Holpp, Larry, 210-211
Horn, John, 61-62
Hubbell, Victoria, 216-217
Hudson, Jennifer, 279
Huey, John, 314
Hughes, Jonathan, 111-112
Hurd, Jonathan, 110
Hyland, Paul, 209-210

I

Iacobucci, Dawn, 78-79
Iansiti, Marco, 94-95

J

Jackson, Alphonso, 329
Jackson, Katy Beth, 230
Jickling, Mark, 31
Jobs, Steve, 230-232, 234, 240, 244-245
Johnson, James, 329
Johnson, Mark W., 7-8
Jones, Del, 212
Juran, J., 210-211

K

Kagermann, Henning, 7-8
Kahaner, Larry, 61-62
Kale, Prashant, 111-112, 138-139
Kanter, Rosabeth Moss, 138-139
Kaplan, Nancy J., 110
Kaplan, Robert S., 19-21, 79-80, 110
Kapner, Suzanne, 175-176
Kaufman, Rhonda, 32-33
Kaufman, Stephen P., 30
Keeble, Justin, 196-198
Kerr, Steven, 131-132
Khanna, Tarun, 144-145
Kim, W. Chan, 15, 120-121
Koller, Tim, 173-175
Korine, Harry, 129-130
Kotler, Philip, 120-121
Kotter, John P., 220-221
Kramer, Mark R., 193-194
Kwak, Mary, 118-119

Índice de nomes

L

Lachenauer, Rob, 72-73, 118-120
Lampel, Joseph, 5-7
Lanzolla, Gianvito, 123
Laurie, Donald L., 223-224
Lautenberg, Frank, 183
Lawrence, Anne T., 181
Lay, Herman, 264
Leibovitz, Mitchell, 19-20
Leibtag, Ephraim, 313
Levien, Roy, 94-95
Levy, Steven, 244
Lieberthal, Kenneth, 129-130, 143-145
Liedtka, Jeanne M., 156-157
Lightfoot, Paul, 314
Loeb, David, 315-321
Lorsch, Jay W., 30, 223-224
Lubatkin, Michael, 216-217

M

MacMillan, Ian C., 119-120
Madhok, Anoop, 117
Madoff, Bernard L., 182-184
Maggitti, Patrick G., 48-50
Main, Jeremy, 78-79, 138-139
Mankins, Michael C., 173-174
Marcus, Bernie, 60-61
Margolis, Joshua D., 196-197
Marino, Lou, 230
Markides, Constantinos C., 151, 156-157, 173-175
Markides, Costas, 5-7, 124-125
Martines, Barbara, 185-186
Mathews, Anna Wilde, 185-186
Matten, Dirk, 190-191
Mauborgne, Renée, 15, 120-121
Mays, Lowry, 114-115
McCain, John, 183
McCombs, Billy Joe, 114-115
McGrath, Rita Gunther, 103-104, 119-120
McGraw, Tim, 279
McMillan, Ian C., 103-104, 119-120
McNerney, James, 212
McQuillen, Bill, 184-185
Menkes, Justin, 203-204
Menor, Larry, 20-21
Michael, David C., 144-145
Miller, Danny, 68-69
Milne, George R., 58
Mintzberg, Henry, 5-7
Mokwa, Michael P., 60-61
Montgomery, Cynthia A., 27-28, 69-70, 173-174
Morris, D., 79-80
Mozilo, Angelo, 315, 320-321, 326-328

N

Nadler, David A., 32-33
Nelson, Bill, 183
Neuman, Robert P., 210-211
Nichols, P. M., 188
Nielsen, Anders P., 69-70

Noble, Charles H., 60-61
Nohria, Nitin, 223-224
Nooyi, Indra, 267
Nordhielm, Christie, 78-79
Norton, David P., 19-21

O

Obama, Barack, 183, 329
Ohinata, Yoshinobu, 209-210
Olian, Judy D., 223-224
Olusoga, S. Ade, 60-61
O'Reilly, Charles A., 212
Osegowitsch, Thomas, 117

P

Page, Larry, 245
Palepu, Krishna G., 144-145
Pande, Peter S., 210-211
Parise, Salvatore, 110
Patterson, Abbe, 248
Peteraf, Margaret A., 68-70, 204-205
Pfeffer, Jeffrey, 27-28, 215-216
Pisano, Gary, 204-205
Porras, Jerry I., 15, 196-198
Porter, Michael E., 39-40, 42-43, 45-50, 76-78, 91-92, 110, 153-154, 193-194, 223-224
Post, James E., 181
Prahalad, C. K., 1, 5-7, 17, 137-138, 141-142, 143-145
Preston, Lee E., 196-197

Q

Quelch, John A., 143-144
Quittner, Josh, 125-126

R

Raines, Franklin, 31
Randall, Robert M., 138-139
Rao, Askay R., 119-120
Reid, Joanne, 216-217, 220-221
Reinemund, Steve, 267
Rhoads, Gary K., 207-208, 214-215
Richardson, Sandy, 20-21
Robert, Michel, 15-18
Roberts, Sarah, 196-197
Rogovsky, Nikolai, 193-194
Roman, Ronald M., 196-197
Rosenthal, Jim, 210-211
Rothschild, William E., 119-120
Rukstad, Michael G., 15
Russo, Frank D., 330
Rynes, Sara L., 223-224

S

Saporito, Bill, 313-314
Sasson, Lisa, 110
Scherer, F. M., 47-48
Schermerhorn, John R., 185-186
Schlender, Brent, 314
Schmidt, Eric, 212-262
Schneider, Antoon, 173-174, 174-175

Schulman, Lawrence E., 72, 96-97
Schumer, Charles, 183
Schwartz, Mark S., 186-187
Scott, H. Lee, 279-281, 286-288, 300, 309-313
Sculley, John, 233
Sessions, Pete, 183
Shalala, Donna, 501
Shank, John K., 79-80
Shaw, Gordon, 15
Shin, Annys, 31
Shuen, Amy, 204-205
Sims, Ronald R., 182-184, 184-185
Singh, Harbir, 111-113, 138-139
Sinha, Jayant, 144-145
Slevin, Dennis P., 123
Smith, Ken G., 48-50
Smith, Kennedy, 210-211
Smith, N. Craig, 196-197
Smith, Steve, 245
Spicer, Andrew, 188
Spindler, Michael, 232
Stalk, George, 72-73, 96-97, 118-119
Stanford, R. Allen, 183
Stern, Andrew, 283
Stone, Joss, 279
Stone, Reuben E., 81-83
Stroh, Linda K., 215-216
Stuckey, John, 114-115
Suarez, Fernando, 123
Syron, Richard, 31

T

Teece, David, 72-73, 204-205
Thomas, Howard, 60-61
Thomas, Terry, 185-186
Tovstiga, George, 72-73
Tushman, Michael L., 212
Twer, Doran, 214-215

U

Ungan, Mustafa, 209-210
Useem, Jerry, 295-313

V

Van Marrewijk, Marcel N. A., 191-192
Van Putten, Alexander B., 103-104, 119-120
Varchaver, Nicholas, 184-185
Veiga, John F., 182-184, 184-185, 215-216
Vogelstein, Fred, 26-27

W

Wade, Judy, 210-211
Walsh, James P., 196-197
Walton, M., 210-211
Walton, Sam, 26-27, 279-280, 287-288
Waters, J. A., 5-7
Watson, Gregory H., 78-79
Weber, James, 181
Weddigen, Rolf-Magnus, 173-174
Weiss, Eric, 31
Weiss, Jeff, 111-112
Welch, Jack, 26-27, 303
Wernerfelt, Birger, 68-69
Wessel, Godecke, 210-211
Wetlaufer, Suzy, 223-224
White, David, 114-115
Wiedman, Christine, 20-21
Williamson, Peter J., 103-104, 157-158
Woods, Tiger, 263, 274
Worrell, Dan L., 196-197
Wozniak, Steven, 230
Wysocki, Bernard, 314

Y

Yip, George S., 48-50
Yoffie, David B., 118-119

Z

Zack, Michael H., 69-70
Zahra, Shaker A., 69-70
Zbaracki, Mark J., 210-211
Zellner, Wendy, 295
Zeng, Ming, 103-104
Zetsloot, Gerald I. J. M., 191-192
Zimmerman, Ann, 313

Índice de empresas

7-Eleven, 134-135

A

A&W, 134-135, 145-147
ABC, 69-70
ABC Outlook, 135
Accenture, 78-79, 298
Acer, 237
Adelphia, 181, 219
Adidas AG, 70-71
Aerospatiale, 140-141
Agilent Technologies, 172-173
AIG. *Veja* American Insurance Group (AIG)
Airbus, 131-132, 140-141
Air France-KLM, 192-193
Albertsons, 39-40
Alfa, Access, Renova (AAR), 140-141
Allegro Manufacturing, 156-157
Alstom SA, 181
Amazon.com, 4-5, 26-27, 72, 95-96, 124-126, 161-162
American Airlines, 111-112
American Insurance Group (AIG), 320
American Standard, 174-175
AM-FM, Inc., 114-115
Amgen, 216-217
AmTran Technology, 102-103
Anheuser-Busch, 41-42
Animal Compassion Foundation, 195
Animal Planet, 100-101
Ann Taylor Stores, 20-21
AOL, 172-173
AOL Time Warner, 30
Apple, 70-71, 91-92, 96-97, 123, 156-157, 220-221, 230
APQC, 79-80
Aral, 135
Arby's, 49-51
Arco, 135
Arsenal Digital Solutions, 140-141
Arthur Andersen, 185-186
Asea Brown Boveri, 267
Ask.com, 119-120
A.T. Kearney, 78-79
AT&T, 151, 244
Audi, 105-106
Australia & New Zealand Banking Group, 192-193
Avon Products, 61-62, 86-88

B

BackRub, 247
Baidu, 262
Bain and Company, 20-21
Bandag, 100-101
Bank of America, 77, 173-174, 315, 317, 320-322
Barnes & Noble, 72

BASF, 192-193
Bear Stearns, 320
Benchnet–The Benchmarking Exchange, 78-79
Ben Franklin, 288
Bentley, 96-97
Bernard L. Madoff Investment Securities, 182-183
Best Buy, 4-5, 10-11, 39-40, 102-103, 108, 293
Best Practices, LLC, 78-79
Better Homes and Gardens, 291
Bharti Enterprises, 293
Biotherm, 178
BJ's Wholesale Club, 293
Blockbuster, 51-52
Bluebird, 266
Blue Coral Seafood & Spirits, 176-177
BMW, 4-5, 59-60, 70-71, 95-96, 105-106, 129-130, 192-193
Bobcat, 174-175
Boeing Corp., 140-141
Bonefish Grill, 176-177
Boston Consulting Group, 212, 267, 286
Boston Scientific, 131-132
Boys & Girls Clubs of America, 283
BP, 135, 140-141
Bravo, 178
Bridgestone/Firestone, 39-40, 126-127
British Aerospace, 140-141
British Petroleum (BP), 213-214
British Telecom, 151, 190-191
BT Group, 192-193
Burger King, 49-51
Business Ethics, 182-184

C

Cadbury Schweppes, 272
Cadillac, 105-106
Campbell Soup, 95-96
Canadian International Trade Tribunal, 143-144
Cannondale Associates, 296
Canon, 95-96
Capital Finance Commercial, 178
Carrabba's Italian Grill, 176-177
Carrefour, 142-143, 286, 294
Cartier, 96-97
Caterpillar, 17, 20-21, 95-96
CBS, 69-70
Cendant, 219
Chanel, 4-5, 60-61, 101-102
Charles Schwab, 95-96
Chase Mortgage, 317
Cheeseburger in Paradise, 176-177
Chevron, 33
Chicago Tribune, 6
Chick-Fil-A, 195-197
China Construction Bank, 173-174
Christian Dior, 169-170

Chrysler, 59-60, 113-114, 119-120, 131-132
Ciba Vision, 212
Cingular Wireless, 244
Circuit City, 293
Cirque du Soleil, 122
Cisco Systems, 112-113, 118-119, 220-221
Citigroup, 181
CitiMortgage, 317
Clear Channel Communications, 113-115, 114-115
CNBC, 178
CNN, 69-70, 123
Coach, 118-119
Coca-Cola, 49-51, 70-71, 95-96, 112-113, 190-191, 266, 272-275
Colgate-Palmolive, 117
Community Coffee, 100-101
Conair Corporation, 156-157
Conservation International, 285
Consumer Electronics Show, 241
Consumer Reports, 242
Coors, 41-42
Costco Wholesale, 102-103, 108, 293
Countrywide Bank FSB, 219
Countrywide Financial Corporation, 315-322
Creative Labs, 241
CTC Consulting, 173-174
CVS, 101-102

D

Daimler AG, 20-21
Daimler-Benz, 140-141
Danone Group, 266
Dell Computer, 46-47, 83-84, 184-185
Delta Airlines, 4-5
DHL, 213-214
Discount Store News, 286
Disney, 241, 291
dMarc, 251
Dollar General, 122
Dom Perignon, 169-170
DoubleClick, 247, 252
Dow Jones Industrial Average, 6
Dr Pepper, 95-96
Duke University Hospital, 20-21
Dunkin Donuts, 6
DuPont, 191-192
Duyvis, 266

E

East Dawning, 145-147
Eastman Kodak, 218
eBay, 17, 113-115, 122-221, 259
EBSCO, 126-127
EigerLabs, 239
Electronic Arts (EA), 137-138
Eller Media Company, 114-115
eMachines, 238
ENI, 192-193
Enron, 30, 181, 184-185, 219
Epson, 7-8
Ernst & Young, 195
ESPN, 241

European Aeronautic Defence and Space Company, 140-141
European Union, 132-133, 137-138, 198-199
Expedia, 111-112

F

Facebook, 72, 257
Fannie Mae, 30, 315, 320
Federal Communications Commission, 114-115
Federal Home Loan Bank (FHLB), 316
Federal Home Loan Mortgage Corporation, 316. *Veja também* Freddie Mac
Federal Housing Administration (FHA), 316
Federal National Mortgage Association (FNMA), 316
Federal Reserve, 173-174
FedEx, 4-5, 95-96, 113-115, 122, 173-174
Fendi, 60-61, 142-143
Ferrari, 59-60, 101-102
Fiat, 131-132
Financial Times, 286
First Automotive Works, 140-141
Flat Earth, 112-113, 269
Fleming's Prime Steakhouse & Wine Bar, 176-177
Forbes, 183
Ford Motor Company, 15
Fortune, 78-79, 103-104, 124-125, 138-139, 160-161, 175-176, 184-185, 243, 272, 286
Four Seasons Hotels and Resorts, 4-5, 101-102
Fox News, 68-69, 123
Freddie Mac, 30-31, 315, 320
Frito-Lay North America, 111-112, 262, 266-268
Fuji-Xerox, 78-79

G

Garner, 178
Gateway, 237
Genentech, 111-112
General Electric, 26-27, 159-160, 178, 210-211, 218, 291, 303
General Motors, 21-22, 59-60, 113-115, 140-141, 169-170, 204-205, 218
Gillette, 7-8, 172-173
Ginnie Mae, 316
Giorgio Armani, 178
Givenchy, 169-170
Glacéau, 112-113
GlaxoSmithKline, 190-191
Global Body, 30
Global Crossing, 30
Goodyear, 39-40
Goody's, 293
Google, 4-5, 18-19, 77, 100-101, 118-119, 126-127, 156-157, 212, 245-261
Government National Mortgage Association, 316
Grupo Iberdrola, 192-193
Gucci, 101-102

H

Handy Dan Home Improvement, 119-120
Harley-Davidson, 4-5, 147-148
Harvard Business Review, 111-112
Health-South, 181
Helena Rubenstein, 178

Hennessy, 169-170
Hero Group, 148-149
Hewlett-Packard, 7-8, 172-173, 236-237
Hilton Hotels, 20-21, 33, 102-103, 134-135
History Channel, 100-101
H.J. Heinz Company, 33
Holcim, 192-193
Home Depot, 21-22, 27-30, 39-40, 95-96, 119-120, 145-147, 286
Home Shopping Network, 173-174
Honda, 59-60, 95-96, 105-106, 140-141, 205-206, 208-209
Hotmail, 124-125
HTC, 230, 246, 257
Hyundai, 59-60

I

IAC/InterActive, 173-174
IBM, 117, 218-219, 231, 233, 298
Ingersoll Rand, 174-175
Intel, 45, 192-193, 220-221, 258
Internet Security Systems, 140-141
iPhone, 123, 230, 233
iRiver Inc., 241
Itausa-Investimentos Itau, 192-193
iTunes Store, 91-92, 230, 240
Izze, 265, 269

J

Jaguar, 105-106, 113-115
J.C. Penney Co., 288
J.D. Power Asia Pacific, 144-145
Johnson & Johnson, 4-5, 111-112, 178

K

Kellogg, 143-144
Kentucky Fried Chicken. *Veja* KFC
Kerastase Paris, 178
Keyhole, 249
KFC, 21-22, 49-51, 134-135, 145-146
Kia, 60-61
Kiehl's, 178
Kimberly-Clark, 312
Kingfisher, 192-193
Kinko's, 113-115
Kmart, 292-293, 309
Kohl's, 293
kozmo.com, 125-126
KPMG, 219
Kraft, 112-113, 272
Kroger, 39-40, 94-95, 286, 289

L

Lancaster Colony, 178
Lancôme, 178
Land Rover, 113-115
Land Securities Group, 192-193
La Roche-Posay, 178
Lee Roy Selmon's, 176-177
Lehman Brothers, 320
Lending Tree, 330
Levi Strauss & Company, 195
Levi Strauss Foundation, 195
Lexis-Nexis, 126-127
Lexmark, 7-8
Lexus, 60-61, 70-71, 104-106
LG, 96-97, 230, 244, 246
Lincoln Electric, 218
Linux, 17
Lipton, 191-192, 262
Listerine, 95-96
living.com, 125-126
L.L. Bean, 77, 96-97
Long John Silver's, 134-135, 145-147
L'Oréal, 178
Louis Vuitton, 96-96, 101-102, 169-170
Lucky, 265
LVMH, 169-170

M

MacWorld Boston, 232
Macy's, 41-42
Mahindra and Mahindra, 144-145
Marine Stewardship Council, 311
Marketing Week, 275
Marriott, 102-103, 193-194
Marsh & McLennan, 219
Mary Kay Cosmetics (MKC), 61-62, 72
Match.com, 173-174
Matrix, 178
Maybelline, 178
Mazda, 59-60
McAfee, 4-5
McDonald's, 49-51, 134-135, 143-144, 190-191, 209-210
McKinsey & Company, 174-175
Mercantec, 140-141
Mercedes-Benz, 70-71
Merck, 111-112, 185-186
Merrill Lynch, 320
Michelin, 39-40, 95-96, 129-130
Microsoft Corporation, 241, 259-260
Moët & Chandon, 169-170
More Group, 114-115
Mortgage Bankers Association, 319
Motorola, 123, 210-211, 231, 243, 266
Movie Gallery, 51-52
MSNBC, 178
Multitech, 237
Muscular Dystrophy Association, 283

N

Naked Juice, 265
Napster, 54-55
NASCAR, 137-138
National Fish and Wildlife Foundation, 283
National Semiconductor, 231
NBA, 137-138
NBC, 69-70, 240
NBC Universal, 178
Neighborhood Markets, 289
Neiman Marcus, 60-61
Nestlé, 112-113, 129-130, 198-199, 266, 272
New York Times, 10-11

New York Times, 10-11
New York University, 313
NeXT, 232
Nextel, 113-115
NFL, 137-138
Nielsen SoundScan, 54-55
Nike, 70-72, 142-143
Nikon, 95-96, 117
Nintendo, 96-97, 119-120
Nissan, 59-60, 77
Nokia, 230, 244-245, 247, 258
Nordstrom, 209-210, 216-217
North Face, 175-176
Northrop Grumman, 140-141
Northwest Airlines, 4-5, 111-112
Novartis, 192-193
NTT Communications, 140-141, 151
Nucor, 212, 222-223

O

Occupational Safety and Health Administration (OSHA), 18-19
Ocean Spray, 265
Office of Federal Housing Enterprise Oversight, 31
Orbitz, 111-112
Outback Steakhouse, 65-66, 176-177

P

Packard Bell, 238
Panera Bread, 116
Parmalat, 181, 219
Patagonia, 193-194, 196-197, 310
Paxton Communications, 114-115
PC Magazine, 239, 247
PC World, 240
Pearson, 192-193
Pemex, 181
Penelopa, 266
Pep Boys, 19-20
PepsiCo, 112-113, 263-266
Pepsi-Gemex SA de CV, 275
Perrigo Company, 101-102
Pets.com, 125-126
Petsmart, 77
Philip Morris International, 137-138
Philips Electronics, 30
Pirelli, 39-40
Pizza Hut, 21-22, 134-135, 145-147, 264
Porsche, 4-5, 59-61, 100-101
Preven, 285
Preventoons, 195
Procter & Gamble, 42-43, 77, 112-113, 172-173, 191-192
Progressive Insurance, 101-102, 103-104

Q

Quaker Foods North America, 269-272
Quaker Oats, 263-266
Qualserve Benchmarking Clearinghouse, 79-80
Quest, 219
Qwest Communications, 30

R

Ralph Lauren, 95-96, 116, 178
Red Bull GmbH, 274
Red Hat Linux, 17, 248
Redken, 178
Reign-com Ltd., 242
Research in Motion, 96-97, 123, 230, 244-245
Resolution Trust Corporation (RTC), 317
Review of Economics and Statistics, 313
Rhapsody, 54-55
RiteAid, 101-102, 181
Ritz Carlton, 4-5, 102-103
Rolex, 4-5, 60-61, 95-97
Ronald McDonald House Charities, 190-191
Royal Ahold, 169-170
Royal Dutch/Shell, 181
Roy's Restaurant, 176-177

S

Safeway, 39-40, 94-95, 289
St. Jude Children's Research Hospital, 183
Saks Fifth Avenue, 60-61
Sam's Club, 102-103, 108, 287, 289-292
Samsung, 96-97, 141-142, 230, 240
SanDisk, 238-240
Sandora, 266
San Francisco Bay Guardian, 285
Sara Lee, 42-43
Scholastic, Inc., 55-57
Sci-Fi Channel, 178
Sears, 218
Securities and Exchange Commission, 9, 31, 182-184, 315, 328
Service Employees International Union (SEIU), 283
SFX Entertainment, 114-115
Sherwin-Williams, 113-115
Shu Uemura, 178
Siemens AG, 20-21, 181
Sirius XM, 7-9
Skype, 113-115
Sleuth, 178
Soft Sheen/Carson, 178
Sony, 77, 95-96, 119-120, 239
Southwest Airlines, 4-5, 78-79, 92-93
Special Olympics, 283
Sprint, 113-115
Stacy's, 266
Stanford Financial Group, 183-185, 219
Stanford International Bank, 183
Stanford Investment Bank, 183
Stanford University, 247
Staples, 39-40
Starbucks, 6, 95-96, 97-98, 122, 196-197, 207-208
Star Foods, 266
Stokely-Van Camp, 266
Strategic Planning Institute, Council on Benchmarking, 79-80
Strauss Group, 266
Sun Microsystems, 247
Suzuki, 59-60, 144-145
Swiss Re, 192-193
Syringe Access Fund, 195

T

Taco Bell, 21-22, 49-51, 134-135, 145-147, 264
Target, 41-42, 65, 108, 286, 292
Tata Motors, 113-115
Ted Airlines, 111-112
Telemundo, 178
Texas Instruments, 238
The Weather Channel, 4-5
Ticketmaster, 173-174
Tiffany, 96-97
Time Warner, 30, 1169-170, 172-173
Timex, 60-61
T.J. Maxx, 41-42
TNT N.V., 1192-193
Towers Perrin, 78-79
Toyota Motor Company, 105-106
Trader Joe's, 16-19
Trane, 174-175
Travelocity, 111-112
Treasury Bank N.A., 321
Tyco International, 181-184

U

UBS, 17
Unilever, 42-43, 112-113, 144-145, 191--193, 312
United Airlines, 4-5, 111-112
United Food and Commercial Workers International Union (UFCW), 283
United Negro College Fund, 283
United Parcel Service, 213-214
U.S. Department of Commerce, 231
U.S. Department of Justice, 192-193, 260, 284
U.S. Federal Reserve, 173-174
U.S. Federal Trade Commission, 266
U.S. Postal Service, 213-214
U.S. Treasury, 321
Universal Outdoor, 113-115
Universal Pictures, 178
Universal Studios Home Entertainment, 178
University of Arkansas, 279
University of Florida, 266
University of Missouri, 313
UPS, 20-21, 117
UPS Store, 134-135
US Airways, 4-5
USA Network, 178

V

Vanity Fair, 175-176
Verio, 140-141
Versace, 60-61
VF Corporation, 174-176
Viacom, 261
Vichy Laboratories, 178
Vizio, 101-103
Voice over Internet Protocol (VOiP), 151
Volkswagen, 59-60, 131-132, 140-141

W

Wachovia, 320
Wake Up Walmart, 283
Walgreen, 101-102
Wall Street Journal, 6, 185-186, 262, 312-312
Walmart, 279-280
Walmart.com, 54-55
Walmart Stores, Inc., 4-6, 32-33, 279-314
Walmart *supercenters,* 289
Walton's 6 &, 26-27, 279
Washington Mutual, 320
Washington Post, 31, 312
WaveRunner, 156-157
Wegmans, 216-217
Wells Fargo, 33, 193-194, 317
Whirlpool Corporation, 95-96, 142-143
Whole Foods Market, 195-197
W.L. Gore, 216-217
WorldCom, 30, 184-185, 219
World Trade Organization, 188
Writely, 251

X

Xerox, 78-79
Xstrata, 192-193

Y

Yahoo!, 247, 254-259
Yale Graduate School of Business, 267
Yamaha, 156-157
YouTube, 246-247, 252-253, 258
Yum! Brands, 145-147
Yum Restaurants, 21-22

Índice

A

Abordagem do *Balanced scorecard*, 20-21, 21-22
Ações antecipadas, 119-121
Adequação de recursos, 169-171
Adequação estratégica
    atratividade do setor e, 161-164
    economias de escopo e, 156-158
    entre setores, 160-162
    valor competitivo da, 165-169
Alianças estratégicas
    com empresas estrangeiras, 136-142
    explicação da, 110, 112
    fracassada, 111-113
Ambiente. *Veja* Ambiente externo
Ambiente externo
    características econômicas dominantes do setor e, 36-38
    fatores críticos para o sucesso do setor e, 61-65
    forças competitivas do setor e, 37-39, 39-54
    forças propulsoras de mudança do setor e, 53-58
    macroambiente e, 35-36
    perspectivas de lucros para o setor e, 62-64, 65
    posição dos concorrentes do setor e, 56-58, 60-61
    prováveis manobras estratégicas de concorrentes e, 60-64
    visão geral de, 34-35, 65-66
Análise da situação interna
    custos e preços e, 76-84
    estratégia empresarial e, 68-69
    força competitiva relativa aos principais concorrentes e, 81-86
    questões estratégicas para o gerenciamento tratar e, 84-86
    recursos e competências e, 68-78
    visão geral da, 68-69, 84-87
Análise SWOT
    elementos da, 72-73, 73-75
    explanação da, 72-73
    fatores a considerar na, 72-74
    valor da, 76-78
Aquisições
    diversificação por meio de, 153-155, 157-158, 159-160
    estratégias para, 113-115
    resultados para, 113-115
Atividades básicas, 76-79
Atividades de produção, 96-98
Atividades de suporte, 76-79
Atratividade do setor
    avaliação da, 160-164
    escores para, 161-162
    matriz de nove células do, 165-169
    posições estratégicas e, 165-167
Avanços tecnológicos
    como força propulsora, 54-57
    como ofensiva estratégica, 119-120
    diferenciação e, 99

B

Balanço Patrimonial Estratégico, 73-74
Barreiras de entrada
    descrição das, 46-50
    fatores que afetam, 48-51
Benchmarking
    explicação de, 78-80
    função do, 103-105
Bloqueador de Chamadas, 55-57

C

Cadeias de suprimento, 96-98
Cadeias de valor
    benchmarking e, 78-80
    categorias de atividades e, 76-79
    desvantagem de custo e, 80-84
    diversificação e, 157-158
    explanação das, 76-78
    gerenciamento das, 92-93
    integração vertical e, 116-117, 137-139
    setor, 80-82
Canais de distribuição, 47-48
China, modelos de negócio para, 145-147
Cidadania corporativa, 190-192
Clientes
    diferenciação para criar valor aos, 96-97
    em mercados estrangeiros, 129-130
    fidelidade dos, 47-48
    mudando a demografia de, 54-55
Compartilhamento da marca, 156-158
Compartilhar custos, 157-158
Competências
    distintivas, 72-73
    essenciais (*core*), 72-73, 129-130, 203-205
    explicação das, 70-73
Competências competitivas
    como fundação da vantagem competitiva, 72-73, 86-88
    desenvolvimento de estratégia e, 68-69
    estratégia correspondente a, 105-107
    relativas aos principais concorrentes, 83-86
    tipos de, 69-71
Competências distintivas, 54-57
Competências essenciais (*core competencies*)
    em mercados estrangeiros, 129-130
    explicação das, 72-73
    para construir a empresa, 230-204
Comunicação
    da visão estratégica, 17
    em alianças transnacionais, 140-142
Concorrência
    intensidade da, 161-162
    modelo das cinco forças da, 40
Condições de mercado

em mercados internacionais, 129-132
        estratégia de diferenciação e, 97-99
Conselho de diretores, 28-30
Contratação, 230-206
Corporações com vários negócios
        avaliação da estratégia corporativa em, 160-176
        combinando estratégia de diversificação relacionada e não relacionada, 160-161
        construção do valor ao acionista em, 152-153
        diversificação e, 151-154, 160-161
        estratégia de diversificação não relacionada nas, 157-161
        estratégia de diversificação relacionada nas, 154-159
        joint ventures e, 153-155
        novo negócio interno em, 153-154
        visão geral das, 151-153
Cultura. *Veja* Cultura corporativa
Cultura corporativa
        adaptativa, 219-222
        alto desempenho, 219-221
        comportamento ético e, 184-186, 218-221
        explicação da, 216-218
        métodos para mudar, 220-224
        traços de insalubridade, 218-221
Culturas adaptativas, 219-221
Culturas de alto desempenho, 219-221
Culturas insulares, 218
Culturas politizadas, 218
Culturas resistentes à mudança, 218-219
Curva de aprendizagem, 141-143
Custos
        concorrência e, 54-57, 76-78
        opções estratégicas para remediar desvantagens nos, 80-82, 83-84
        sustentabilidade corporativa e, 193-194
Custos de produção, 140-143

D

Demanda cíclica, 161-164
Demanda sazonal, 161-164
Demografia em mercados internacionais, 129-131
Desempenho financeiro
        índices para medir o, 227-229
        pressões sobre os gestores para atingir ou superar as metas, 182-183, 184-185
        sistemas de incentivo ligados ao, 214-216
Desinvestimento
        opções para, 173-175
        reestruturando a composição de negócios por meio de aquisições e, 174-176
Diferenças culturais, 129-131. *Veja também* Mercados Internacionais
Difusão de conhecimento, 54-57
Difusão, como força propulsora, 54-57
Distribuição, 97-99
Diversificação
        combinando a, relacionada e a não relacionada, 160-161
        considerações para, 151-154
        entrando nos negócios por meio de nova iniciativa interna, 153-154
        joint ventures para atingir, 153-155
        não relacionada, 157-161
        por aquisição de negócios existentes, 152-154
        relacionada, 154-160
        valor ao acionista como justificativa para, 152-153

Diversificação não relacionada. *Veja também* Diversificação; Empresas diversificadas
        armadilhas da, 159-161
        crescimento e risco reduzido por meio de, 158-159
        explanação das, 157-159
        valor ao acionista por meio da, 158-160
Diversificação relacionada. *Veja também* Diversificação; Empresas diversificadas
        adequação estratégica e economias de escopo e, 156-158
        apelo da, 156-158
        combinada com a diversificação não relacionada, 160-161
        explicação da, 154-157
        vantagem competitiva e ganhos no valor ao acionista e, 156-159
Dumping, 142-144

E

Eficiência, concorrência e, 54-57
Elementos estratégicos abandonados, 5-7
Empresas diversificadas
        adequação dos recursos não financeiros das, 169-170
        atratividade do setor das, 160-164
        classificando as unidades de negócio e estabelecendo prioridades para a alocação de recursos nas, 171
        estratégias para aprimorar o desempenho corporativo em, 168-171
        estratégias para, 151-153
        explicação das, 151
        força competitiva da unidade estratégica de negócio, 166-169
Empresas que ocupam o segundo lugar, 119-121
Escândalos contábeis, 31, 219-221
Escopo do futuro negócio, 16-18
Esforço colaborativo de equipe, 23-24
Estilo de vida, 55-57
Estratégia de diferenciação
        ampla, 91-92, 101-105
        direcionada, 101-105
Estratégia de diferenciação ampla
        abordagens à, 95-97
        condições de mercado favorecendo, 96-99
        criando valor por meio da, 96-98
        explicação da, 91-92
        função da, 95-96
        oportunidades para, 97-101
        perigos da, 99-101
        valor percebido e valor indicativo e, 101-102
Estratégia de diferenciação direcionada
        condições favoráveis para, 101-103
        explicação da, 91-92, 101-102
        perigos da, 101-106
Estratégia deliberada, 5-7
Estratégia direcionada de custo baixo
        condições favoráveis para, 101-103
        explicação da, 91-92, 100-102
        perigos da, 101-106
Estratégia emergente, 5-8
Estratégia do oceano azul, 120-122
Estratégia percebida, 5-8
Estratégia provedora de custo baixo
        condições de mercado para, 92-95
        explicação da, 91-93
        método para atingir, 91-94
        perigos da, 95-96

Estratégias. *Veja também* Estratégias de negócio; Estratégias competitivas
    abordagens globais a, 136-138
    abordagens locais, 134-138
    área funcional, 22-24
    avaliação de, 160-176
    baseadas em recursos, 68-70, 72
    combinando a diversificação relacionada e não relacionada, 160-161
    corporativa, 22-24
    deliberada, 7-8
    emergente, 5-8
    executadas, 5-8
    explanação de, 1-2
    negócios, 22-24
    operando, 23-24
    para mercados de países emergentes, 143-149
Estratégias baseadas em recursos, 68-70, 72
Estratégias competitivas. *Veja também* Estratégias
    aspectos das, 2-5
    da ampla diferenciação, 95-101
    direcionadas, 100-106
    explicação das, 90-92
    o provedor do melhor custo, 103-106
    perigos de ficar em cima do muro, 104-106
    posicionamento do setor e, 90-92
    provedora de custo baixo, 92-96
    recursos e competências da empresa e, 104-107
Estratégias corporativas. *Veja também* Estratégias combinando a diversificação relacionada e não relacionada, 160-161
    avaliação das, 160-170
    explicação das, 23-24
Estratégias de área funcional, 22-24
Estratégias de licenciamento, 132-135
Estratégias de negócio. *Veja também* Avaliação de estratégias, 69-70
    escopo da, 2-3
    evolução das, 4-9
Estratégias de pensamento global e ação local, 136-138
Estratégias de pensamento local e ação local, 134-137
Estratégias de terceirização, 117-119
Estratégias de vários países, 135-137
Estratégias globais, 136-138
Estratégias "localizadas", 134-135
Estratégias ofensivas. *Veja* Ofensivas estratégicas
Estratégias operacionais, 23-24
    Estrutura organizacional
        abordagens à, 205-206
        autoridade na tomada de decisão e, 207-209
        departamental, 205-206
        divisional, 205-208
        matriz, 207-208
Estrutura organizacional departamental, 205-206
Estrutura organizacional divisional, 205-208
Estrutura organizacional matricial, 207-208
Estruturas de comando e controle, 208-209
Ética. *Veja* Ética de negócio
Ética nos negócios. *Veja também* Responsabilidade social
    cultura corporativa e, 183-285, 216-218, 220-221
    custos de fracassos da, 185-187
    explicação da, 181-184
    inteligência competitiva e, 60-64
    liderança e, 27-29
    pressões sobre os gestores para cumprir ou superar metas de lucros e, 182-184, 184-185
    relativismo ético e, 186-188
    universalismo ético e, 186-187
Execução da estratégia. *Veja* Estratégia, execução
Execução da estratégica
    construindo uma empresa capaz de, 201-209
    culturas corporativas e, 216-224
    sistemas de informação e operacionais instalação e, 212-215
    alocação de recursos e, 208-210
    componentes gerenciais da, 201-203
    liderança na, 223-224
    políticas e procedimentos para apoiar, 208-210
    recompensas e incentivos para promover melhor, 212-216
Exportações, 132-135

F

Fatores críticos para o sucesso (FCS)
    explicação dos, 61-64
    identificação de, 61-64, 65
    tipos de, 63
FCS. *Veja* Fatores críticos para o sucesso (FCSs)
FCSs (fatores críticos para o sucesso) relacionados à distribuição, 63
FCSs relacionados à capacidade e a habilidades, 63
FCSs relacionados à produção, 63
FCSs relacionados à tecnologia, 63
FCSs relacionados ao marketing, 63
Fluxo de caixa interno, 228-229
Fluxo de caixa livre, 228-229
Força competitiva
    avaliação da, 83-86
    matriz de nove células da, 165-169
    medidas da, 163-166
Forças competitivas
    de novos entrantes potenciais, 46-50
    de produtos substitutos, 41-43
    de rivalidade entre os vendedores concorrentes, 50-52
    do poder de negociação do comprador, 39-43
    do poder de negociação do fornecedor e da colaboração fornecedor-vendedor, 42-47
    intensidade das, 36-40, 51-54
    intensidade das, coletivas, 51-54
    no ambiente, 37-39
Forças propulsoras
    avaliação das, 56-58
    estratégia para preparar para o impacto das, 56-58
    explicação das, 53-54
    identificação das, 53-58
Fornecedores
    parceria entre vendedores e, 45-47
    poder de negociação dos, 44-47
    relações colaborativas com, 117-119
Franquia, em mercados estrangeiros, 132-135
Fusões
    resultados de, 113-115
    visão estratégica *versus*, 16-17

G

Gerenciamento da Qualidade Total (TQM)
    explanação do, 209-211

objetivo de, 212-214
Gestão da cadeia de suprimento, 77-79
Gestão por ronda (MBWA, *Management by Wandering Around*), 25-28
Gestores
    atrair e reter, talentosos, 230-205
    pressão para atingir ou superar metas, 182-184, 184-185
    recrutamento de, capazes, 203-206
    tarefas de execução da estratégia para, 201-203, 209-211
    transferência de poder dos, 207-209
Globalização, 54-55. *Veja também* Mercados internacionais
Grupos estratégicos
    exame de, 58-60
    explicação de, 56-60

I

Índice de retorno dos dividendos, 228
Índice preço/lucro, 228-229
Índices de alavancagem, 228-229
Índices de atividade, 228-229
Índices de liquidez, 227
Índices de lucratividade, 227
Índices financeiros, 227-229
Integração
    para frente, 116-117
    para trás, 113-116
    vertical, 113-119
Integração vertical
    desvantagens da, 116-117
    explanação da, 114-115
    vantagens da, 114-116
Inteligência competitiva, 60-64
Internet, como força propulsora, 54-55
Irlanda, 131-132

J

Joint ventures. *Veja também* Relações colaborativas
    com empresas estrangeiras, 136-147
    diversificação por meio de, 153-155

L

Lei Sarbannes-Oxley de 2002, 30
Liderança
    elementos de, 27-29
    ética e socialmente responsável, 28-30
    no desenvolvimento de competências competitivas, 27-29
Liderança estratégica, 28-30
Líderes de mercado, 121-122
Localização, para construir a vantagem competitiva, 130-132, 140-143
Lucratividade
    de empresas diversificadas, 162-166
    diversificação e, 158-159, 161-164
    em mercados nacionais emergentes, 145-147
    identificação das ameaças à, 74-75
    perspectivas do setor para, 62-65
    sustentabilidade corporativa e, 191-194

M

Macroambiente, 35-39
Mapas de grupo estratégico
    aplicação de, 59-60
    explicação de, 56-58

valor de, 58-61
Marketing, 54-57, 97-99
Matriz de nove células da força competitiva-atratividade do setor, 165-169
Mercados emergentes
    opções de estratégia para, 144-148
    potencial de crescimento de mercado nos, 129-131
    visão geral dos, 142-145
Mercados internacionais
    alianças estratégicas e *joint ventures* em, 136-142
    condições culturais, demográficas e de mercado nos, 129-132
    coordenação para construir vantagem competitiva nos, 141-142
    impacto das políticas do governo hospedeiro no clima dos negócios nos, 131-133
    mudanças na taxa de câmbio nos, 131-132
    opções estratégicas para entrar e concorrer em, 131-138
    país emergente, 143-147
    razões para expandir em, 129-131
    santuários de lucro para ofensiva estratégica dos salários nos, 142-144
    vantagem competitiva baseada no local nos, 130-132, 140-142
Modelo das cinco forças de concorrência
    explicação do, 39-40, 48-51
    forças coletivas, 51-54
Modelos de negócio
    elementos dos, 7-10
    explicação de, 7-8
    para mercados nacionais emergentes, 145-147
Motivação, 254-257. *Veja também* Recompensa

N

Negócio atual e finalidade, 16-18
Novos entrantes, 46-50

O

Objetivos
    de curto e longo prazo, 20-22
    estratégicos, 2-3, 19-20
    exemplos de empresa, 20-22
    explicação de, 19-20
    financeiros, 19-21
    para todos os níveis organizacionais, 20-24
Objetivos de curto prazo, 20-22
Objetivos de longo prazo, 20-22
Objetivos estratégicos
    abordagem do *balanced scorecard* e, 10-24
    explicação dos, 19-21
Objetivos financeiros
    abordagem equilibrada e, 20-24
    explicação dos, 19-21
Ofensivas de guerrilha, 119-121
Ofensivas estratégicas
    estratégia do oceano azul para, 120-122
    função das, 118-119
    metas para, 119-122
    momento oportuno das, 122-127
    opções para, 118-121
    para proteger a posição de mercado e a vantagem competitiva, 120-123
    santuários de lucro para salários, 142-144
    uso de santuários de lucro para salários, 142-144
Oportunidades de mercado, 74-75

Os últimos a agir
    decisões relacionadas a, 125-127
    vantagens para, 123-126

P

Perseguir ganho pessoal, riqueza e interesses próprios e, 182-184
Pesquisa e desenvolvimento (P&D), 96-98
Planos estratégicos
    desenvolvimento e execução de, 25-27, 32-33
    explanação dos, 15
Poder de negociação
    comprador, 39-43
    fornecedor, 44-47
Pontos de inflexão estratégica, 15
Práticas de relatos financeiros, 28-30
Preços/precificação
    como ofensiva estratégica, 119-120
    dumping para forçar a diminuição dos, 143-144
    em mercados emergentes, 143-147
Preenchimento de cargos
    construindo talento gerencial por meio do, 230-203
    função do, 201-203
    para o gerenciamento capaz, 203-205
Preferências de marca, 47-48
Primeiras iniciativas
    decisões relacionadas a, 125-127
    desvantagens para, 124-126
    vantagens das, 122-123
Principais Executivos (CEOs), 30, 33
Princípios contábeis geralmente aceitos (GAAP), 30
Processo de gerenciamento estratégico
    avaliação de desempenho e etapa de ajuste corretivo do, 35-30
    etapa de concepção da estratégia do, 22-24
    etapa de estabelecimento de objetivos no, 19-24
    etapa de visão estratégica em, 15-20
    etapas em, 13-14, 32-33
    fatores que definem as decisões nos, 14
    implementação de estratégias e etapa de execução do, 23-26
Produtos
    inovadores, 54-57, 119-120
    preferências por, diferenciados, 54-57
    substitutos, 41-47
Produtos substitutos, 41-47
Programas de controle da qualidade Seis Sigma
    abordagem mista aos, 210-214
    explicação dos, 209-212
    objetivo dos, 212-214
Provedor de recursos, 168-170

Q

Questões sociais, 55-57

R

Recompensas
    exemplos de, 216-217
    monetárias, 214-216
    motivação por meio de, 212-216
    não monetárias, 215-216
Recrutamento, 203-206. *Veja também* Preenchimento de cargos
Recursos
    alocação dos, 171, 208-210
    como base da vantagem competitiva, 72-73
    desenvolvimento de estratégias e, 68-70
    em empresas diversificadas, 166-171
    estratégia combinada a, 104-107
    poder competitivo dos, 69-70, 72
    pontos fortes e fracos dos, 72-78
    somados, 72
    substituto, 72
    tipos de, 69-71
Recursos agrupados, 70-72
Recursos substitutos, 72
Reengenharia de processos de negócio
    explicação de, 209-211
    propósito de, 213-214
Reengenharia, processo de negócio, 209-214
Reestruturação
    explicação de, 174-176
    tendências em, 175-176
Regulação governamental
    como barreira de entrada, 47-48
    como força propulsora, 54-57
    mercados internacionais e, 131-133
Relações colaborativas. *Veja também* joint ventures
    com fornecedores, 117-119
    diversificação por meio de, 153-155
    fracasso das 111-115
    função das, 110-112
Relativismo ético, 186-188
Remuneração, executivo, 31
Rendimento dos dividendos das ações ordinárias, 228
Requisitos de capital, como barreira de entrada, 47-48
Responsabilidade social. *Veja também* Ética de negócios
    corporativa, 189-192
    estratégias de sustentabilidade e, 191-197
    liderança e, 27-30
    razão comercial para, 195-198
Responsabilidade social corporativa, 189-192
Risco
    disseminar o, ao operar em mercados estrangeiros, 129-131
    diversificação e, 158-159, 161-164
    em alianças transnacionais, 138-142
Rivalidade. *Veja também* Concorrência; Forças competitivas
    características da, 51-54
    em mercados internacionais, 130-132
    entre vendedores concorrentes, 47-51
    fatores que influenciam o tempo da, 48-54
    inteligência competitiva e, 60-64

S

Santuários de lucro, 142-144
Setor
    características econômicas de, 36-38
    fatores críticos para o sucesso do, 61-65
    forças competitivas do, 37-39, 39-40
    forças propulsoras de mudança no, 53-58
    perspectivas de lucros atraentes no, 62-64, 65
Sistemas de incentivo
    exemplos de, 216-217
    monetário, 214-216
    não monetário, 215-216
    visão geral de, 213-216

Sistemas de incentivo monetário, 214-216
Sistemas de incentivo não monetário, 215-216
Sistemas de informação, 212-215
Sistemas operacionais, internos, 212-215
Sorvedoras de fundos, 168-170
Sustentabilidade corporativa
    empresas com compromissos com a, 192-194, 234-235
    estratégias para, 191-197, 232-235
    explicação da, 191-194

T

Tarifas, 47-50
Taxas de câmbio, 131-132
Telemarketing, 55-57
Teoria integradora dos contratos sociais, 188-191
Teste da melhor condição, 152-153, 157-159
Teste de atratividade do setor, 152-153
Teste do custo de entrada, 152-154
Testes para estratégias vencedoras, 9-10
Timing, de manobras estratégicas, 122-127
Tomada de decisão
    estrutura organizacional e, 207-209
    no processo de gerenciamento estratégico, 14
    relacionada aos primeiros a agir e aos últimos a agir, 125-126
Tomada de decisão centralizada, 207-209
Transferência de habilidades, 156-157
Transferência de poder, 207-209

U

Unidades de negócio
    alocação de recursos nas, 171
    força competitiva das, 163-166
Universalismo ético, 186-187

V

Valor ao acionista
    diversificação não relacionada e, 158-160
    explicação do, 152-153
    relacionado à diversificação e, 156-159
Vantagem baseada na diferenciação, 4-5
Vantagem baseada no custo, 3-5
Vantagem competitiva
    coordenação internacional para construir, 141-143
    desenvolvimento da, 4-5
    diversificação e, 160, 221
    em mercados estrangeiros, 129-130
    estratégia do oceano azul para ganhar, 120-121
    localização para construir, 129-131, 140-143
    opções estratégicas para proteger, 120-123
    sustentável, 3-5, 9-10
Vantagem competitiva sustentável, 3-5, 7-8, 8-11
Varejo na internet, 116-117
Vendedores
    parcerias entre fornecedores e, 45-47
    relações entre compradores e, 39-47
    rivalidade entre, 47-54
Visão estratégica
    benefícios da, 19-20
    comunicação da, 18-19
    declarações de missão *versus*, 15-19
    elementos da, 15-18
    exemplos da, 17
    explanação da, 15-18
Voice over Internet Protocol (CoIP), 54-57